中国中车年鉴

2017

《中国中车年鉴》编委会

中国铁道出版社
2017·北京

《中国中车年鉴》

（2017刊）

编纂委员会

《中国中车年鉴》

（2017刊）

特邀编委

编辑工作人员

打造受人尊敬的
国际化公司
CRRC
中国中车 更上一层楼！

8月26日，原中国中车集团公司董事长、党委副书记，原中国中车股份有限公司董事长、党委副书记崔殿国到株机公司调研

9月13日，原中国中车集团公司党委书记、副董事长，原中国中车股份有限公司党委书记、副董事长郑昌泓到长客股份公司调研

5月24日，中国中车集团公司董事长、党委书记，中国中车股份有限公司董事长、党委书记刘化龙到唐山公司调研

8月19日，中国中车集团公司总经理、中国中车股份有限公司总裁奚国华到浦镇公司调研

4月28日，中国中车股份有限公司党委常委、副总裁赵光兴到洛阳公司调研

11月3日，中国中车集团公司党委副书记，中国中车股份有限公司党委副书记、监事会主席万军为中车首届十大杰出青年颁奖

1月11日，中国中车集团公司党委常委，中国中车股份有限公司党委常委、执行董事傅建国到大连公司调研

11月22日，中国中车集团公司党委常委，中国中车股份有限公司党委常委、副总裁、财务总监詹艳景到四方股份公司调研

11月8日，中国中车股份有限公司党委常委、副总裁孙永才到贵阳公司调研

6月14日，中国中车集团公司党委常委、纪委书记，中国中车股份有限公司党委常委、纪委书记陈大洋到眉山公司调研

10月12日，中国中车集团公司党委常委、副总经理贾世瑞到中车置业公司调研

7月22日，中国中车股份有限公司党委常委、副总裁王军到山东公司调研

6月6日，中国中车股份有限公司党委常委、副总裁楼齐良到西安公司调研

8月17日，中国中车集团公司党委常委、副总经理徐宗祥到天津公司调研

3月17日，中国中车集团公司党委常委、副总经理魏岩到大连电牵公司调研

10月21日，中国中车股份有限公司党委常委、副总裁余卫平到长江公司调研

启航"十三五"

"十三五"时期的指导思想　全面贯彻落实党的十八大和十八届三中、四中、五中全会精神，坚持"市场导向、创新驱动、结构优化、开放合作、人才为本、党的领导"的原则，以提高发展质量和效率效益为中心，以"大国重器、产业引擎"为己任，加快企业转型发展、创新发展、协同发展、共享发展，增强国有资本保值增值能力，不断提升国际竞争力，不断放大国有资本功能，全力打造以轨道交通装备为核心、多元发展、跨国经营的世界一流高端装备产业投资集团，成为受人尊敬的全球企业。

"十三五"时期的总体目标　不断提高发展质量和效益，营业收入稳健增长，力争进入世界500强前200名;净资产收益率保持在12%以上，销售净利率超过5%；资产负债率65%左右，总资产周转率达到0.8次以上；"中车"成为国际行业知名品牌，品牌价值达到国内领先水平。在全面实现总体目标的同时，还要努力实现集团公司转型发展、创新发展、协同发展和共享发展的目标，成为国有资本投资公司的典范。

"十三五"时期的产业发展规划　适应市场化、现代化、国际化新形势，紧紧抓住"一带一路"建设、京津冀一体化、长江经济带建设等战略机遇，全面贯彻落实"互联网+"、"双创"和"中国制造2025"行动计划，加快结构调整和转型升级，做强做优轨道交通装备产业，打造新能源装备、节能与新能源汽车、生态环保、工业电气新材料五大支柱产业，培育发展新业态。

1月18～19日，中国中车2016年工作会议暨党委常委（扩大）会议在北京召开

稳增长　保持公司经营业绩螺旋式增长，到"十三五"末，公司营业收入较2015年营业收入的增长幅度不低于我国"十三五"期间的国内生产总值增长幅度。

调结构　采取国际化、多元化、去产能等措施，优化未来业务结构，提升经济效益。

强素质　打造人力资源管理、资源配置管理、运营绩效管理和风险管理四大平台，不断提升公司经营素质和价值创造能力。在"十三五"规划的指标体系中，将着重突出净资产收益率、资产周转率、资产负债率等效率、效益和风险控制指标。

1月13日，中国中车一届一次职工代表大会以视频会议形式召开

4月12日，中国中车股份有限公司在香港举行2015年全年业绩投资者推介会

4月18日，中国中车以视频会议的形式召开“两学一做”学习教育动员部署会

11月18日，第二届中国中车智能制造业务创新论坛在南京举行

11月28日，中国中车集团公司在北京召开干部大会，国务院国资委党委宣布关于中国中车集团公司领导班子调整的决定

2月26日，中国中车与成都市人民政府、西南交通大学签订战略合作协议

3月31日，中国中车集团公司与中国一汽集团公司签订战略合作协议

3月22日，中国中车与中国建筑签订战略合作框架协议

6月14日，中国中车与中国银行签订“一带一路”暨战略合作总协议

9月13日，中国中车集团公司与中国太平保险集团有限责任公司签订战略合作协议

美国当地时间4月15日，中国中车与芝加哥交通管理局（CTA）签署地铁项目协议

10月11日，中国中车与新西兰Kiwi Rail公司签订出口150辆集装箱平车合同

8月20日，中国中车在印度设立的首家企业——中车先锋电气有限公司正式投产

12月19日， 新西兰中车服务有限公司正式成立

5月20日，莫桑比克总统菲利佩·雅辛托·纽西一行到山东公司访问

9月12日，马来西亚陆路公共交通委员会主席到四方股份公司访问

8月2日美国TTCI客人到眉山公司考察

7月1日，10个发展中国家铁路企业官员和专家到长江公司株洲分公司参观交流

10月21日，11个国家铁路代表团到资阳公司参观访问

3月3～5日，中国中车亮相2016年土耳其欧亚铁路展

5月15～18日，中国中车亮相伊朗第四届国际轨道交通展

9月20日，中国中车携一体化交通解决方案亮相德国柏林国际轨道交通技术展览会

11月8日，中国中车参加拉美地区最大的轨道交通展——巴西轨道交通展

产业报国 勇于创新 为中国梦提速

4月12日，被习近平总书记、李克强总理赞誉为“中国一张亮丽名片”的高铁再次成为世人关注的焦点，以“产业报国、勇于创新、为中国梦提速”为实质内涵的中国高铁工人精神，在国资委新闻中心主办的国企精神研讨会上正式发布

中国高铁工人精神

“为国家争光，为民族争气，一定要打造出中国品牌”的爱国精神；

“不畏艰辛，永不止步，在持续超越中不断进取”的创新精神；

“融合全球，超越期待，中国高铁最可靠”的民族自信精神；

“把标准刻进骨子里，把规则融进血液里”的精益精神；

“用户第一，把客户需求当做前进动力”的服务精神。

12月12日，在“2016年中国品牌价值评价信息发布会”上，中国中车以1093.71亿元的品牌价值和957的品牌强度，高居机械类第一名

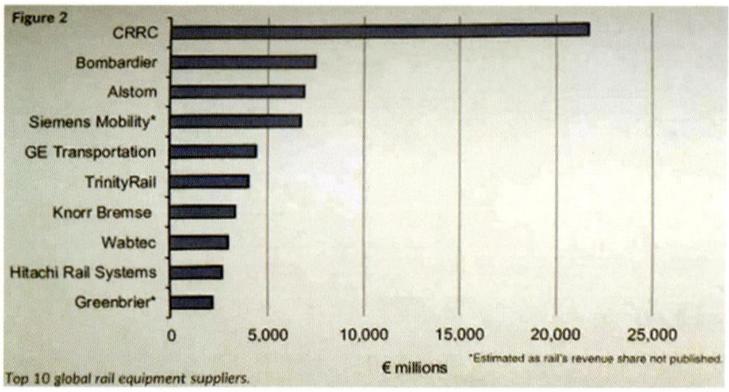

世界著名咨询公司德国SCI Verkehr公司发布了2015年度世界轨道交通装备的排名——中国中车毫无悬念地位居全球轨道交通装备行业世界冠军

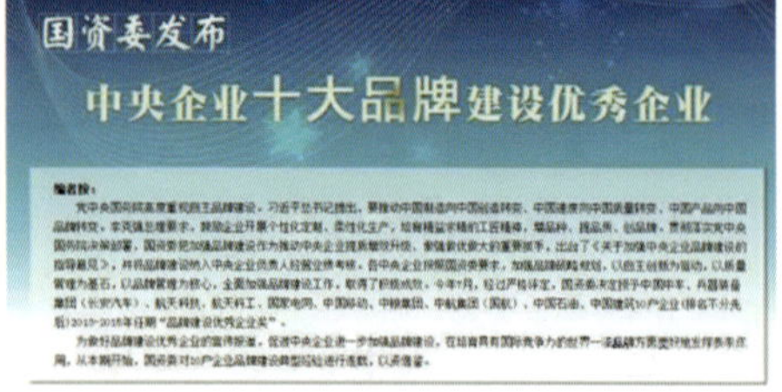

11月7日，国务院国资委公布十大中央企业品牌建设优秀企业，中国中车顺利入选，荣获2013～2015年任期“品牌建设优秀企业奖”

11月2～3日，集团公司团委举办首届中国中车青年风采大赛暨首届“中国中车十大杰出青年”颁奖仪式

4月6～10日，中国中车在中国延安干部学院举办党性教育专题培训班

11月10日，中国中车工会召开劳模创新工作室暨“三线”建设推进会

2016中国中车员工运动会

高速动车组

截至2016年年底，由中国中车研制的中国标准动车组已经正式完成60万公里运营考核，各项指标均达到设计要求

7月15日，由中国中车研制的两列标准动车组在郑徐高铁上完成世界首次时速420公里交会试验

CRH380A型高速动车组行驶在贵广高铁线上

时速350公里卧铺动车组

时速160公里长株潭城际动车组

时速350公里高寒检测车

混合动力动车组

CRH380A型高速动车组行驶在沪昆高铁线上

现代机车

和谐N5K型内燃机车

混合动力机车正线试验

和谐N3D型时速160公里交流传动客运内燃机车

时速200公里八轴客运电力机车

高寒客运电力机车

和谐D3D型电力机车

铁路客车

YW25G型硬卧客车

YW25T型硬卧客车

YZ25T型硬座客车

RW25T型软卧客车

25型系列铁路客车在线运行

铁路货车

TB2型储罐运输车

T型罐车

铁路驮背运输车

X5型多式联运专用车

160公里快装快卸式棚车

BX1K型集装箱专用平车

C96H型通用敞车

P80H型通用棚车

城轨地铁

永磁跨座式单轨列车

石家庄地铁3号线列车

全自动无人驾驶地铁列车

兰州地铁列车

长沙城轨1号线永磁牵引系统列车

氢燃料电池混合动力有轨电车

北京西郊线有轨电车

乌鲁木齐地铁

厦门地铁列车

青岛2号线地铁列车

新能源空轨列车

新能源空轨列车

导轨电车

成都7号线地铁列车

国际市场

出口尼日利亚轻轨车辆

美国芝加哥当地时间3月9日，芝加哥交通管理局（CTA）发布公告，中车四方股份公司中标芝加哥846辆、金额总计13.09亿美元的地铁车辆项目

出口突尼斯动力分散内燃动车组

出口加纳米轨内燃动车组

出口阿根廷机车发运

出口阿根廷米轨机车

出口埃塞俄比亚“耐热型”电力机车

出口肯尼亚内燃机车

出口奥地利格拉兹市定制的18米超级电容储能式现代无轨电车

出口刚果（金）客车

出口澳大利亚棚车

出口阿根廷漏斗车

出口阿根廷敞车装船启运

出口津巴布韦米轨敞车

出口阿根廷敞车

出口埃及敞车

出口坦赞铁路的轻油罐车

“一带一路”上的中国动力

出口伊朗防风沙内燃机车

出口越南遥控机车

出口缅甸米轨内燃机车、客车

出口乌兹别克斯坦大功率电力机车

出口菲律宾轻轨列车

出口伊朗伊斯法罕地铁1号线车辆

出口泰国地铁列车

出口伊朗马萨德地铁列车

出口新加坡石砟漏斗车

出口巴基斯坦漏斗车

出口巴基斯坦守车

出口缅甸棚车

出口缅甸平车

出口泰国集装箱平车在天津港发运

多元产品

轨道工程机械

钢轨铣磨车

地铁清洗车

轨道探伤车

带动力地铁隧道冲洗车

油电混合动力地铁钢轨清洗车

深海探测机器人

矿用自卸车

LNG电力推进船舶

石油钻井机超级电容器储能系统

吊臂平车

中国中车企业文化建设核心理念

中国中车使命　“连接世界，造福人类”

中国中车愿景　“成为以轨道交通装备为核心，全球领先、跨国经营的一流企业集团”

“中车之道”

● 核心价值观

“正心正道，善为善成”是公司的核心价值观，是中车人做人做事的基础。

● 组织氛围

“阳光和谐、简单坦诚、开放包容”是公司倡导的组织氛围。

● 工作作风

“由我来办、马上就办、办就办好”是公司倡导的工作作风。

编 辑 说 明

一、《中国中车年鉴》（2017）是中国中车年鉴编委会编辑出版的第二部年鉴，主要记述中国中车 2016 年 1 月 1 日至 12 月 31 日改革发展、生产经营、科技进步和企业管理等各项工作情况，是承载中国中车发展历程的史册文献，是具有权威性和实用性的资料性工具书。

二、本年鉴设特载、专文、大事记、概况、法人治理、经营与管理、技术管理、人力资源管理、事业部管理与市场营销、党群工作、中车股份一级子公司、中车产业投资有限公司、中车资本控股有限公司、中车置业有限公司、中国中车大学（中车职教集团）、中车资产管理中心、人物与荣誉、统计资料、附录 19 个栏目，栏目下设类目、条目。条目为年鉴基本单元和记述信息数据资料的主要形式，是全书主体。本年鉴在正文前设目录，在书后设索引，以便读者检索。

三、本年鉴主要由中国中车总部及下属单位撰稿，经部门和单位领导审核。总部及各单位领导干部名单以总部及各单位提供的名单为准，下属单位仅登载中国中车任命和聘任的领导。人物荣誉栏目内的先进人物和先进集体根据中国中车党政工团提供的资料汇总，仅登载 2016 年度获得的省部级（含）以上和中国中车综合类荣誉称号。

四、为了叙述简便，中国中车集团公司、中国中车股份有限公司在文中一般简称为“中国中车”，在有必要加以区分时使用内部简称，如中国中车集团公司简称为“中车集团”，中国中车股份有限公司简称为“中车股份”。下属单位的名称除类目标题使用全称外，文中记述时一般使用内部简称。

五、按照年鉴条目署名要求，本年鉴凡多个条目或类目由一个部门或一个单位撰稿，仅在最后一个条目或类目末尾注明××部门或××单位供稿。

六、本年鉴的编辑出版工作，得到了中国中车各级领导和总部各部门、各子公司的关心和帮助，得到了中国铁道出版社和中车大连机车研究所有限公司的支持，编辑人员也付出了大量的心血，谨此致谢。

七、由于编辑水平所限，本年鉴难免存在疏漏笔误之处，恳请读者指正。

目 录

特 载

专 文

大　事　记

概　　况

法　人　治　理

经　营与管　理

技 术 管 理

人 力 资 源 管 理

事业部管理与市场营销

党群工作

中车股份一级子公司

中车产业投资有限公司

中车资本控股有限公司

中车置业有限公司

中国中车大学（中车职教集团）

中车资产管理中心

人物与荣誉

统计资料

附　录

特载

责任编辑　简　勇

坚持党的领导　加强党的建设　为做强做优做大国有企业提供坚强保证

——国务院国资委党委书记郝鹏在中央企业地方国资委负责人会议上的讲话（摘要）（2017 年 1 月 13 日）

扎扎实实　埋头苦干　全力推进国企国资改革发展再创佳绩

——国务院国资委主任肖亚庆在中央企业地方国资委负责人会议上的讲话（摘要）（2017 年 1 月 12 日）

强基达标　提质增效　奋力开创铁路改革发展新局面

——中国铁路总公司总经理、党组书记陆东福在中国铁路总公司工作会议上的报告（摘要）（2017 年 1 月 3 日）

坚持改革创新　勇于履职担当　着力开创铁路行业监督管理新局面

——国家铁路局局长、党组书记杨宇栋在国家铁路局工作会议上的报告（摘要）（2016 年 12 月 28 日）

坚持党的领导　加强党的建设 为做强做优做大国有企业提供坚强保证

——国务院国资委党委书记郝鹏在中央企业地方国资委负责人会议上的讲话（摘要）

（2017 年 1 月 13 日）

过去一年，国资监管系统和中央企业积极应对复杂多变的国内外形势，扎实推进改革发展党建各项工作，取得了明显成效。中央企业经济运行企稳向好，圆满实现了年初预定的效益恢复性增长目标；国有企业改革不断深化，企业活力竞争力进一步增强；瘦身健体提质增效扎实推进，供给侧结构性改革取得积极进展；落实全面从严治党责任，国有企业党的建设得到新的加强，党风廉政建设和反腐败工作取得新成效。同时，在落实国家宏观调控政策、履行社会责任、保障和改善民生等方面也做了大量工作，为国家经济社会发展作出了重要贡献。

下面，我就贯彻落实党的十八届六中全会、全国国有企业党的建设工作会议、中央经济工作会议精神，讲几点意见。

一、深入学习贯彻习近平总书记系列重要讲话精神，坚决同以习近平同志为核心的党中央保持高度一致

党的十八大以来，习近平总书记围绕坚持和发展中国特色社会主义，就改革发展稳定、内政外交国防、治党治国治军发表了一系列重要讲话。从确立“两个一百年”和中华民族伟大复兴中国梦的奋斗目标，到明确五大发展理念，提出适应、把握和引领经济发展新常态；从统筹推进“五位一体”总体布局，协调推进“四个全面”战略布局，到推进全球治理体系变革，提出实施“一带一路”重大战略；从整顿工作作风，严明党的政治纪律和政治规矩，以零容忍态度惩治腐败，到加强和规范党内政治生活，强化党内监督，推进全面从严治党，形成了一系列治国理政新理念新思想新战略。习近平总书记系列重要讲话，丰富和发展了党的科学理论，是社会主义在当代中国发展实践最宝贵的精神财富，是我们党推进伟大工程、伟大事业和伟大斗争的强大思想武器，是指引我们推进民族复兴伟业的根本遵循和行动指南。

习近平总书记高度重视国企国资改革发展，先后多次发表重要讲话，作出一系列重要指示批示。关于国有企业的地位和作用，总书记旗帜鲜明地指出，国有企业是中国特色社会主义的重要物质基础和政治基础，关系公有制主体地位的巩固，关系我们党的执政地位和执政能力，关系我国社会主义制度，为我国经济社会发展、科技进步、国防建设、民生改善作出了历史性贡献，功勋卓著，功不可没。关于国有企业改革的总体要求，总书记指出要有利于国有资本保值增值，有利于提高国有经济竞争力，有利于放大国有资本功能。关于国有企业发展目标，总书记强调必须理直气壮做强做优做大，提高核心竞争力和资源配置效率，不断增强国有经济活力、控制力、影响力、国际竞争力、抗风险能力。关于加强国有资产监管，总书记指出要深化国有资产监督管理体制改革，加强出资人监督，把管资本为主和对人监督结合起来，提高国有资本运行和配置效率。关于国有企业党的建设，总书记强调国有企业是党领导的国家治理体系的重要组成部分，理所当然要坚持党的领导；国有企业不仅要党的建设，而且一定要把党的建设搞好；国有企业和国有资产必须牢牢掌握在党的手中。总书记的重要讲话和指示批示，为我们进一步推进国企国资改革发展各项工作指明了正确方向。

当前和今后一个时期，国资监管系统和中央企业党委（党组）要结合“两学一做”学习教育常态化长效化，以党委（党组）中心组学习为引领，把学习贯彻习近平总书记系列重要讲话精神，特别是关于国企国资改革发展的重要讲话和指示批示精神，作为加强思想政治建设的首要任务，采取更加扎实有效的措施，不断把学习引向深入。一要联系实际学。学习的目的在于应用。要把学习系列重要讲话与个人思想实际联系起来，与国企国资改革发展实际结合起来，把总书记系列重要讲话精神贯彻落实到思想政治水平的提高上、优良作风的铸就上、国企国资改革发展各项工作的有力推动上。二要带着问题学。要增强问题意识、坚持问题导向，把学习系列重要讲话的过程，作为发现问题、查找不足的过程，作为研究问题、找准症结的过程，作为化解矛盾、解决问题的过程，从系列重要讲话中找思路、找办法，使思想认识真正得到提高，使各项工作切实得到改进和加强。三要主动跟进学。总书记系列重要讲话是一个不断发展的、开放的理论体系，面对新形势新任务新要求不断拓展深化，我们要持续跟进学习、持续深化理解。要深刻认识原文就是“真经”，坚持读原著、学原文、悟原理，坚持深入学、全面学、系统学，坚持学而懂、学而信、学而用，切实领会好讲话的核心要义和丰富内涵，更好地武装头脑、指导实践、推动工作。

通过深入系统学习，各单位党组织和广大党员干部要进一步增强“四个意识”特别是核心意识、看齐意识，坚决同以习近平同志为核心的党中央保持高度一致，坚决维护党中央权威，切实把思想和行动统一到党中央大政方针和决策部署上来；要进一步深刻认识推动国企国资改革发展的重大意义，坚定搞好国有企业的信心和决心，切实增强担当精神和进取意识，努力肩负起做强做优做大国有企业的责任和使命；要进一步把学习成果转化为推动国企国资改革发展的思路和举措，努力推动各项工作再上新台阶。

二、贯彻中央从严管党治党要求，全面加强国有企业党的建设

党中央对国有企业党的建设高度重视，党的十八大以来先后作出一系列重大决策部署，对国有企业坚持党的领导、加强党的建设、全面从严治党提出了明确要求。特别是在去年召开的全国国企党建会上，习近平总书记发表重要讲话，为新形势下加强和改进国有企业党的建设进一步指明了方向。

国资监管系统和中央企业党委（党组）坚决贯彻落实党中央决策部署，紧紧围绕全面解决党的领导、党的建设弱化、淡化、虚化、边缘化问题，从严落实管党治党主体责任，进一步明确党组织在公司治理中的法定地位，积极推动党建工作总体要求进章程，全面推行党委（党组）书记和董事长“一肩挑”，进一步健全党建工作机构，配齐党务工作人员，扎实开展巡视整改，深入推进党风廉政建设和反腐败工作，国有企业党建工作取得积极进展。同时我们也要看到，全面贯彻落实中央关于加强国有企业党建工作的

部署要求，特别是全国国企党建会精神，任务还很艰巨，距离准确深入理解、自觉主动贯彻还有很大差距，很多重大理论和实践问题才刚刚破题，我们必须对表总书记重要讲话精神，拿出有效管用的硬措施，推动国有企业党的建设得到明显改善和加强。

*一要坚决贯彻落实全国国企党建工作会议精神。*全国国企党建会是一次具有划时代、里程碑意义的重要会议，国资监管系统和中央企业党委（党组）要把学习好、贯彻好、落实好会议精神，特别是习近平总书记重要讲话精神，作为首要政治任务来抓，切实抓紧抓实抓出成效。要进一步统一思想认识。习近平总书记在全国国企党建会上，对要不要国有企业、国有企业要不要加强党的建设、怎样推进国有企业党的建设进行了深刻阐述，强调坚持党的领导、加强党的建设是我国国有企业的光荣传统，是国有企业的“根”和“魂”，是国有企业的独特优势，要坚持党对国有企业的领导不动摇。我们要切实把思想和行动统一到总书记重要讲话精神上来，把坚持党对国有企业的领导、加强国有企业党的建设，作为坚决同以习近平同志为核心的党中央保持高度一致的重要体现，作为坚决贯彻落实党中央决策部署的具体行动，在认识上不能有任何偏差，在落实上不能有丝毫含糊。要进一步强化责任落实。全国国企党建会召开后，国资监管系统和中央企业党委（党组）就贯彻落实会议精神做了大量工作，各项重点任务正在扎实推进。下一步，对已经明确的任务，要在深化细化具体化上下功夫，建立任务台账，明确工作目标和进度要求，层层落实责任，加强督促指导，确保各项工作落到实处；对一时难以解决的问题，要加大理论研究和实践探索的力度，力争各项重点任务在党的十九大召开前取得重大进展，见到明显成效。要进一步加强宣传交流。深入基层、深入一线宣讲解读会议精神，切实解决“沙滩流水不到头”的问题，推动中央精神在各基层单位落地生根。要注重典型引路，认真总结提炼可复制、可推广的鲜活经验。国务院国资委将适时召开工作推进会，深入开展学习交流，加强督促指导检查。各单位在工作中遇到的共性问题，国务院国资委党委下一步将组织力量进行深入研究，努力推动解决，确保把会议精神和各项部署要求贯彻落实到位。

*二要全面落实从严管党治党责任。*习近平总书记多次强调，各级党组织和党员领导干部要始终保持全面从严治党的使命感和紧迫感，须臾不可忘记管党治党这个最根本的政治责任。最近，中央党建工作领导小组刚刚审议通过了《中央企业党建工作责任制实施办法》，国资监管系统和中央企业党委（党组）要结合实际，认真抓好贯彻落实。党委（党组）要切实履行好主体责任，书记履行党建工作第一责任人职责，专职副书记履行直接责任人职责，班子成员履行“一岗双责”，要通过细化任务清单、责任清单，明确具体人、具体事，层层传导压力、确保责任落实。要强化党建工作责任考核与监督。建立党建工作考核评价机制，坚持中央企业党委（党组）向国务院国资委党委报告年度党建工作、党委（党组）书记向国务院国资委党委述职、基层单位党组织书记抓党建述职评议等做法，加强对党建工作责任落实情况的检查监督。对未能严格履行党建工作责任制的，要加大问责力度，用问责倒逼责任落实。要严肃党内政治生活，不断净化党内政治生态；强化党内监督，做到有权必有责、有责要担当，用权受监督、失责必追究；加强党内法规制度建设，抓好党内法规制度的执行，确保全面从严治党各项要求落实落地。

*三要充分发挥党组织领导核心和政治核心作用。*习近平总书记指出，中国特色现代

国有企业制度，“特”就特在把党的领导融入公司治理各环节，把企业党组织内嵌到公司治理结构之中。国有企业党组织发挥领导核心和政治核心作用，归结到一点，就是“把方向、管大局、保落实”。国资监管系统和中央企业党委（党组）要按照总书记的指示要求，进一步探索创新企业党组织发挥作用的有效途径，切实把加强党的领导与完善公司治理统一起来，不断完善中国特色现代国有企业制度。要抓紧落实党建工作总体要求进章程，进一步明确党组织在公司法人治理结构中的法定地位，使党组织发挥作用组织化、制度化、具体化；继续完善“双向进入、交叉任职”的领导体制，全面推行党委（党组）书记和董事长“一肩挑”；规范企业重大事项决策程序和方式，把党组织研究讨论作为董事会、经理层决策重大问题的前置程序；落实“四同步”、“四对接”的工作要求，确保党的领导、党的建设在国有企业改革中得到体现和加强。同时，我们必须深刻认识到，国有企业加强党的建设，首先是保证党对国有企业的领导，保证中央大政方针在国有企业的贯彻落实，最终目的是实现国有资产保值增值，推动国有企业做强做优做大。我们要把加强党的领导、党的建设与落实党中央、国务院决策部署结合起来，始终坚持服务生产经营不偏离，把提高企业效益、增强企业竞争实力、实现国有资产保值增值作为国有企业党组织工作的出发点和落脚点，以企业改革发展成果检验党组织的工作成效和战斗力。

*四要从严加强企业领导班子建设。*习近平总书记强调，国有企业领导人员是党在经济领域的执政骨干，是治国理政复合型人才的重要来源，肩负着经营管理国有资产、实现保值增值的重要责任。把这支队伍建好、用好、管好，对国有企业坚持党的领导、加强党的建设，对做强做优做大国有企业至关重要。国资监管系统和中央企业党委（党组）要从严选拔企业领导人员。按照国有企业领导人员“对党忠诚、勇于创新、治企有方、兴企有为、清正廉洁”的20字标准，严把政治关、品行关、能力关、廉洁关，选好配强企业领导班子特别是主要领导。要从严教育企业领导人员。注重加强党性教育，引导企业领导人员坚定理想信念，坚持共产党人价值观，永葆共产党人的政治本色。注重加强法治教育，引导企业领导人员依法治企、依法办事，做尊法学法守法用法的模范。注重加强廉洁教育，使企业领导人员始终受警醒、明底线、知敬畏，切实筑牢拒腐防变的思想堤坝。要从严监督管理企业领导人员。强化对权力集中、资金密集、资源富集、资产聚集等重点部门和岗位的监管，特别是加强对主要负责人履职行权的监督约束，促进企业领导人员当好国有资产忠诚卫士。加强日常管理，落实经常性谈心谈话制度，注重抓早抓小、抓苗头抓预防，多做咬耳扯袖的工作，防止小毛病演化成大问题。要积极推进选人用人制度创新。坚持党管干部原则与董事会依法选择经营管理者、经营管理者依法行使用人权相结合，扩大选人用人视野，合理增加市场化选聘比例，推行企业经理层任期制和契约化管理，建立市场化退出机制，形成优者上、庸者下、劣者汰的工作局面。

*五要切实抓好基层基础工作。*习近平总书记指出，要坚持建强国有企业基层党组织不放松，确保企业发展到哪里、党的建设就跟进到哪里、党支部的战斗堡垒作用就体现在哪里，为做强做优做大国有企业提供坚强组织保证。国资监管系统和中央企业党委（党组）要把基层基础工作作为重要任务来抓。要加强基层组织建设。以混合所有制企业、新组建单位、境外机构为重点，全面解决基层党组织“应建未建”的问题，实现基层组织全覆盖，充分发挥基层党组织战斗堡垒作

用和党员先锋模范作用。加强党支部建设和工作考核，把思想政治工作落到支部，把从严教育管理党员落到支部，把党支部建设成为团结群众的核心、教育党员的学校、攻坚克难的堡垒。要加强党建工作力量。推动企业按要求配备专职党委（党组）副书记，进一步规范党务工作部门设置，配齐配强党务工作人员，落实党建工作经费，加强党务干部培训，保证有人办事、有条件做事、有能力干事。要坚持全心全意依靠职工群众办企业。健全以职工代表大会为基本形式的民主管理制度，推行厂务公开，尊重职工群众的首创精神和实践经验，维护职工群众合法权益，让职工群众共享企业改革发展成果。

六要持续推进党风廉政建设和反腐败工作。习近平总书记强调，反腐倡廉是一项长期的、复杂的、艰巨的任务，不可能毕其功于一役。要进一步抓好作风建设，持之以恒落实中央八项规定精神，既要严肃查处公款吃喝等老问题，又要坚决纠正形式主义、官僚主义等突出问题，加大查处通报力度，坚决防止不正之风反弹回潮。要进一步发挥巡视利剑作用，坚定不移深化政治巡视，强化巡视成果运用，加强对中央企业内部巡视巡察工作的领导和指导，推进巡视向纵深发展，力争实现国务院国资委直属单位和直管协会巡视全覆盖，形成纵向到底、横向到边的巡视巡察监督格局。要进一步加大纪律审查力度，把握运用监督执纪“四种形态”，持续保持惩治腐败的高压态势，坚决减少腐败存量，重点遏制增量。坚持标本兼治，加强对权力运行的制约和监督，努力构建不敢腐、不能腐、不想腐的体制机制，为改革发展营造风清气正的环境。

三、坚定不移深化供给侧结构性改革，充分发挥国有企业的骨干中坚和引领表率作用

推进供给侧结构性改革，是以习近平同志为核心的党中央综合研判世界经济形势、着眼我国经济发展全局作出的重大战略决策，是适应和引领经济发展新常态的重大创新，是推动经济持续健康发展的必然要求。国有企业特别是中央企业，作为我国国民经济的重要骨干和中坚力量，要在推进供给侧结构性改革中带头发挥作用，主动作出表率。

一要在创新驱动发展中作出表率。创新是引领发展的第一动力，也是推进供给侧结构性改革的关键举措。推进供给侧结构性改革，必须在推动发展的内生动力上实现根本性转变，形成更多依靠创新驱动、更多发挥先发优势的引领性发展。国有企业特别是中央企业，很大程度上代表着国家的创新能力和创新水平，在建设创新型国家中地位重要、作用关键，必须牢固树立创新发展理念，积极承担国家重大科技任务，不断强化自主创新特别是原始创新，努力在事关国家重大战略的行业和领域，突破和掌握一批关键核心技术，促进科技成果转移转化，保持行业先进水平；大力推动协同创新和“双创”工作，构建高效开放的技术创新体系，推动新技术、新产业、新业态蓬勃发展；完善创新体制机制，激发创新活力，为企业持续健康发展提供内生动力，在国家供给侧结构性改革中发挥更加重要的作用。

二要在优化布局结构中作出表率。结构调整是推进供给侧结构性改革的重要任务。当前，我国经济发展面临的问题，供给和需求两侧都有，但主要是在供给侧。最典型的就是，很多行业和产业产能严重过剩，但同时大量关键装备、核心技术、高端产品还依赖进口。供给侧结构性改革，就是要针对我国经济发展面临的结构性问题，优化要素配置，调整生产结构，提高供给体系质量和效率。国有企业特别是中央企业，大多集中在工业领域，资产结构偏“重”，有效供给不

足、不能适应需求结构变化的问题十分突出，必须进一步落实好“三去一降一补”重点任务，加快化解过剩落后产能，继续加大“僵尸企业”处置和特困企业治理力度，有效压缩管理层级减少法人户数，推动企业瘦身健体提质增效；大力推进企业调整重组，强化企业间同质业务整合，加快企业内部资源整合，突出做强做优主业，提升企业核心竞争力；优化国有资本投向，充分发挥国有资本投资运营公司的作用，促进国有资本合理流动优化配置，努力实现更高质量、更有效率、更可持续的发展。

三要在振兴实体经济中作出表率。振兴实体经济是供给侧结构性改革的主要内容。习近平总书记在中央经济工作会议上，把振兴实体经济的重要性提到了新的战略高度，强调不论经济发展到什么时候，实体经济都是我国经济发展、我们在国际经济竞争中赢得主动的根基。国有企业特别是中央企业大多处于关系国家安全、关系国计民生、关系国际竞争力的实体经济领域，应当立足产业报国，率先扛起国家振兴实体经济的责任和重担。要加大实体经济投资力度，提升投资效益，严控各类投资风险，防止经济脱实向虚；要落实《中国制造 2025》，加快传统产业改造升级，大力发展高端装备制造，不断提高制造业的智能化、自动化水平；要深入开展“增品种、提品质、创品牌”专项工作，全面提升产品、服务的质量和水平，打造一批具有自主知识产权和较强影响力的品牌；要充分利用国际国内两个市场、两种资源，努力在国际分工中占据更有利的地位，培育一批具有国际竞争力的跨国公司。

四要在全面深化改革中作出表率。深化改革是推进供给侧结构性改革的根本途径。国有企业改革是经济体制改革的中心环节，对供给侧结构性改革具有基础性作用。国有企业特别是中央企业，要坚定不移深化改革，大力推动各项改革政策措施的落实落地，全面推动国有资本投资运营公司、落实董事会职权、市场化选聘经营管理者、部分重要领域混合所有制改革等“十项改革试点”，加快形成有效制衡的公司法人治理结构、灵活高效的市场化经营机制，不断增强企业活力和竞争力。国资监管系统要按照以管资本为主加强国有资产监管的要求，继续推进自身职能转变，制定出资人监管权力和责任清单，完善监管体制和制度，改进监管方式和手段，不断提高监管的科学性、针对性和有效性。要进一步加强出资人监督和外派监事会监督，有效整合监督力量，形成监督合力，切实防止国有资产流失。

四、进一步提振干事创业的精气神，扎实推动国有企业不断做强做优做大

今年是实施“十三五”规划的重要一年，是供给侧结构性改革深化之年，同时将要召开党的十九大。因此，做好今年国企国资改革发展各项工作，意义十分重大。面对新形势新任务新要求，国资监管系统和国有企业各级领导人员要坚决贯彻落实党中央、国务院决策部署，坚定信心、奋力拼搏，保持良好的精神状态，撸起袖子加油干，努力再立新功、再创佳绩。

一要充分认识自身肩负的责任和使命。国有企业属于全民所有，是推进国家现代化、保障人民共同利益的重要力量。从经济上看，国有企业特别是中央企业在关系国家安全和国民经济命脉的重要行业和关键领域居于主导地位，中央企业经济增加值占全国 GDP 比重历年基本维持在 10%左右，上缴税费占全国财政收入的 1/6，在国民经济发展中地位重要、作用关键。从政治上看，国有企业是我们党执政兴国的重要力量，国有企业拥有 4000 多万在岗职工、近 80 万个党组织、1000 多万名党员，对于巩固党的执政地位、巩固

我国社会主义制度具有十分重大的意义。各级领导干部要深刻认识国有企业在国家经济社会发展中的重要地位和作用，深刻体会党中央、国务院对国企国资战线广大干部职工的关怀和厚望，进一步增强责任感、使命感、紧迫感，切实承担起监督管理国有资产、实现保值增值的重大责任，切实肩负起做强做优做大国有企业、发展壮大国有经济的重大使命。

二要不断强化敢于担当的精神和勇气。当前，国企国资改革发展正处于爬坡过坎的重要关口。改革进入深水区，瘦身健体提质增效进入攻坚期，面临的任务之重、矛盾风险挑战之多前所未有。国有企业如果能够迈过这个坎、闯过这个关，就有可能浴火重生、再铸辉煌，否则将会进一步分化，不少企业将会面临生死抉择。可以说，现在这个时期比以往任何时候，都更需要各级领导干部讲政治、讲大局、讲担当、讲奉献，为国有企业改革发展、为党和国家事业贡献更大力量。各级领导干部要不断锤炼担当尽责、攻坚克难的精神，敢于动真碰硬，敢于触及矛盾，切实推动解决国企国资改革发展中的重点难点问题。要强化改革创新、开拓进取的意识，发扬企业家精神，面对改革发展中的困难和矛盾，不回避、不退缩，主动想办法、出实招，创造性地推动工作。要始终保持求真务实的作风，埋头苦干、踏实做事，把企业改革发展各项工作抓紧抓实抓到位，努力创造经得起实践检验的工作实绩。

三要持续提高履职尽责的能力和水平。越是在攻坚克难的关键时期，越需要打造一支能力过硬、能打胜仗的高素质干部队伍。各级领导干部要多学习、多调研、多思考，在加快提升自身素质和能力水平上下功夫。要着力提高决策判断能力，善于从复杂环境和条件中找出主要矛盾、理出关键因素，从而作出准确判断。要着力提高市场应变能力，善于审时度势，及时捕捉市场信息，把握市场动态变化，及时在经营计划、营销策略、生产组织等方面作出调整，做到应对及时、调整到位、措施有效。要着力提高风险防范能力，牢固树立风险意识，决策前要充分进行风险评估，当前特别要高度关注投资风险、债务风险、资金风险，不断健全风险防范体系，确保企业稳健经营，实现持续健康发展。

四要积极营造干事创业的良好条件和环境。习近平总书记强调，对国有企业领导人员，既要从严管理，又要关心爱护，树立正向激励的鲜明导向，让他们放开手脚干事、甩开膀子创业。国资监管系统和中央企业要认真贯彻落实总书记的指示要求，努力创造条件、优化环境，为想干事、能干事的人才提供发展平台和空间。要探索建立容错纠错机制，切实为担当者担当、为负责者负责、为干事者撑腰，宽容干部在工作中特别是改革创新中的失误，真正让干部干事创业无后顾之忧。要坚决贯彻执行中央关于企业领导人员薪酬制度改革的精神和要求，不能搞层层降薪、不能搞上下一刀切，建立与选任方式相匹配、与企业功能性质相适应的差异化薪酬分配制度，充分激发干部职工干事创业动力。要牢固树立以人为本的理念，注重加强人文关怀，强化精神激励，不断增强广大干部职工的荣誉感和归属感。要加强宣传引导，讲好国企国资故事，主动回应社会关切，积极营造良好的舆论环境。国资监管系统和中央企业要鼓足干劲、再接再厉，始终坚持以提高发展质量和效益为中心，坚持稳中求进的工作总基调，加强形势研判，进一步增强工作的前瞻性、针对性和有效性；要采取扎实有效的措施，向开拓市场、降低成本要效益，向深化改革、加强管理要效益，向调整结构、协同发展要效益，努力完成全年目标任务，为国家经济稳增长作出更大的贡献。

扎扎实实　埋头苦干
全力推进国企国资改革发展再创佳绩

——国务院国资委主任肖亚庆在中央企业

地方国资委负责人会议上的讲话（摘要）

（2017年1月12日）

一、2016年工作总体情况

2016年，我们牢固树立新发展理念，以提高质量和效益为中心，以推进供给侧结构性改革为主线，奋力拼搏，攻坚克难，各项工作扎实推进，取得了明显成效，实现了“十三五”良好开局。

（一）企业运行企稳向好，质量效益逐步改善。我们始终把稳增长作为全年工作的重中之重，加强组织领导，落实目标责任，千方百计提质增效，扭转了收入利润双下降的局面。2016年，国资监管系统企业累计实现营业收入43.6万亿元，同比增长4%；实现增加值10.4万亿元，同比增长7.4%；实现利润总额2.3万亿元，同比增长6.3%；上交税费总额3.3万亿元，同比增长4.8%。其中，中央企业累计实现营业收入23.4万亿元，同比增长2.6%；实现增加值6.1万亿元，同比增长5.2%；实现利润总额12326.7亿元，同比增长0.5%，扣除政策性降价减利因素外同比增长16.5%，盈利企业达到96家；上交税费总额2.1万亿元，同比增长3%。结果超出我们的预期，圆满实现了年初预定的效益恢复性增长目标。

*一是大力开拓市场，企业产销稳定增长。*中央企业密切跟踪市场变化，及时调整优化经营策略，努力提升市场份额。招商局、中国三峡、中广核等23家企业收入增幅超过10%。中国建筑、中国中铁等7家建筑企业累计新签合同额、实现营业收入和利润总额分别同比增长25.3%、5.6%和8.4%。各地国资委大力推动所监管企业向开拓市场要效益，北京、山东、湖北等12省（区、市）国有企业实现营业收入和利润总额增幅均超过10%。

*二是狠抓降本增效，成本费用持续下降。*深入开展“成本管控、效益否决”专项行动，2016年中央企业百元收入负担的成本费用同比下降0.5元，宝武集团、中煤集团等14家企业成本费用同比下降超过10%。3家电信企业压降销售费用418亿元，3家航空企业压降代理销售费用61亿元，3家石油石化企业桶油操作成本降低1.3美元。许多企业通过加强集中采购推进降本增效，中国中车、东方电气分别节约采购成本21.9亿元和13.8亿元。

*三是妥善应对风险挑战，守住了不发生重大风险底线。*国务院国资委对中央企业债务风险情况进行全面梳理排查，及时组织企业妥善应对重大债务及资产损失风险，对违规开展贸易业务造成重大损失的企业进行责任追究。中央企业不断加大降杠杆和风险管

控力度，2016年平均资产负债率同比降低0.1个百分点，利息支出同比降低1.9%，实现汇兑收益140.1亿元；同时，利用股票市场、产权市场进行股权融资1976.2亿元，充实了企业资本金。按照市场化债转股总体要求，中钢集团、中国铁物完成了债务重组；武钢与金融机构共同设立发展基金，降低杠杆率5.6个百分点。

四是加强协同合作，共赢效果显著。中央企业以市场化方式加强上下游业务协同，航运企业与货主企业合作不断深化，煤炭企业与电力企业建立互助合作机制，机械装备制造企业与用户企业开展供需合作试点，石油石化油品互供规模逐步扩大。央地合作进一步加强，2016年国务院国资委与地方国资委一同推动中央企业与12个省市开展恳谈对接活动，共创新的发展空间。设立中央企业贫困地区产业投资基金，不断加大对口帮扶和脱贫攻坚的工作力度。

（二）各项措施逐步落地，改革成效不断显现。我们持续加强对国企改革的组织领导和统筹协调，一手抓改革方案出台，一手抓改革举措落地，顶层设计搭建完成，“十项改革试点”梯次展开，各项改革措施逐层落地，良好的舆论氛围正在形成，广大干部职工理解改革、拥护改革、支持改革、投身改革的主动性不断增强，国有企业改革呈现出全面推进、成效初现的可喜局面。

一是准确界定企业功能，分类改革扎实推进。我们积极推进中央企业功能界定与分类工作，起草完成《中央企业功能界定与分类方案》。各地国资委普遍开展了企业功能界定与分类，31个省（区、市）国资委出台了分类的实施意见并完成监管企业分类。

二是改组组建国有资本投资运营公司，推进步伐不断加快。在10家中央企业开展国有资本投资、运营公司试点。试点企业动真碰硬、真改深改，中粮集团以“管资本”为核心打造四大专业化经营平台；国投多措并举推动子企业成为市场化投资主体，初步形成“小总部、大产业”格局。35个地方国资委已完成改组组建52家国有资本投资、运营公司。

三是稳步推动混合所有制改革，试点工作取得积极进展。明确首批重点领域混合所有制改革试点企业，确定在10家中央企业子企业开展员工持股试点。中国建材和国药集团混合所有制改革试点取得阶段性成果。上海竞争类企业中2/3已经实现整体或核心资产上市，河南确定的17户混合所有制试点企业中已有14户实现股权多元化，四川发布了336个鼓励和引导社会资本投资的重大项目，总投资额达9000亿元。

四是加强规范董事会建设，公司法人治理结构进一步完善。83家中央企业建立规范董事会，3家航空企业已纳入规范董事会建设范围，4家中央企业开展了落实董事会职权试点。中国一汽在22家子公司开展规范董事会建设工作。省（区、市）国资委所监管一级企业中有88%已经建立了董事会，22个省（区、市）开展了经理层市场化选聘工作。北京、天津、山东等近20个省（区、市）大力推行外部董事制度。

五是加快解决历史遗留问题，重点难点问题取得突破性进展。我们会同财政部等12个部门成立专项小组，出台工作方案并完善相关配套文件，加快剥离国有企业办社会职能和解决历史遗留问题。国有企业“三供一业”分离移交工作在10个试点省市取得积极进展，已在全国推开。各地国资委加大工作力度，湖南、天津等地坚持驻地央企和地方国企同一政策、同步推进，河南等地设立接收平台有效解决接收主体问题。

（三）扎实推进结构调整，供给侧结构性改革步伐不断加快。我们把推进结构调整作为实现升级发展的重要举措，深入开展瘦身健体，大力转方式调结构，推动供给侧结构性改革取得重要进展。

一是加快推进重组整合，布局结构不断优化。2016年完成中储粮与中储棉、港中旅与国旅、中粮与中纺、中国建材与中材集团、宝钢与武钢等5对10家中央企业重组，成立了中国航发集团，监管企业户数减少到102家。推动中央企业产业重组合作整合，指导中央企业加快重组整合步伐。重组效果逐步显现，中国中车2016年获得美国芝加哥地铁846辆、伊朗地铁1008辆等出口大单。在行业整体遇到较大困难的情况下，2016年国家电投实现利润132.1亿元，中国远洋海运实现利润160.4亿元。重组整合方式不断创新，专业化整合取得新进展，中国航材、三大航空公司、中国国新成立航材保障共享平台公司，中国国新、诚通集团、中煤集团、神华集团组建中央企业煤炭资产管理平台公司，中航工业将房地产业务整体剥离重组到保利集团。企业内部资源整合力度不断加大，中国通号将21家子公司整合为7家子集团，经营规模增长3倍，管理费用下降23.7%。中央企业间共同设立基金、联合投资、交叉持股等资本合作方式日益增多。国务院国资委推动成立了中国国有资本风险投资基金和国有企业结构调整基金，总规模达5500亿元。各地国资委加快推进监管企业重组整合。

二是大力化解过剩产能和处置“僵尸企业”，提前完成年度目标。2016年中央企业化解钢铁过剩产能1019万吨，完成率141.7%，分流安置职工33126人；化解煤炭过剩产能3497万吨，完成率109.9%，分流安置职工41945人。宝武集团、鞍钢、神华集团、中煤集团等多家企业提前超额完成任务。积极稳妥开展“僵尸企业”处置和特困企业专项治理工作，2016年完成398户处置和治理工作，安置富余人员11万人，较好地发挥了中央企业的表率作用。

三是深入推动企业压缩管理层级、减少法人户数，管理效能不断提升。我们先后四次部署中央企业“压减”工作，2016年中央企业累计减少法人2730户，93家企业法人总户数下降。国家电网、中国远洋海运、中航工业等企业法人户数净减少超过120户，国投、航天科技、中国航发等企业净压减比例超过8%。“压减”经济成效明显，共减亏43.87亿元，减少管理费用49.11亿元，减少人工成本76.45亿元。各地国资委把“压减”作为瘦身健体的重要措施，重庆将17家企业260户子企业纳入压减范围，已完成压减136户。

四是稳步实施“走出去”战略，国际化经营水平不断提高。中央企业积极参与“一带一路”建设和国际产能装备制造合作，中国三峡、中国电建、中核集团、中交集团等承建中巴经济走廊重点项目进展顺利，国机集团、招商局牵头建设的中国一白俄罗斯工业园项目、中远海运比雷埃夫斯港项目取得重大进展。“走出去”层次和水平进一步提高，中广核英国核电项目取得重大进展。各地国资委积极推动企业“走出去”，河北钢铁收购塞尔维亚斯梅代雷沃钢厂，开辟了我国第一个海外全流程钢铁生产基地。

（四）着力推动创新驱动发展，科技创新能力显著提升。我们坚持实施创新驱动发展战略，不断加强创新能力建设，进一步提高科技创新水平，取得了显著成效。

一是自主创新步伐不断加快，创新成果不断涌现。中央企业科技创新取得重大成果，2016年国家科技奖励中，共有40家中央企业获得78个奖项，占获奖项目总数的33%。神州十一号载人飞船成功对接天宫二号，首次实现航天员中期在轨驻留，掌握了一批核心关键技术。神华集团400万吨煤制油示范项目一次试车成功，标志着我国在能源战略储备方面迈出实质性步伐。中国移动“第四代移动通信系统(TD-LTE)关键技术与应用”获得2016年度国家科技进步特等奖。直-15直升机首飞成功，水陆两栖飞机AG600总装下线，填补了我国该领域空白。ARJ21-700国产支线飞机完成首次商业飞行，运-20顺利交付使用，中低速磁浮列车正式投入运营，全球首台AP1OOO核电机组正式进入性能测试的最后阶段，建筑设计集团自主研发的城市建设数字信息技术应用平台达到国际先进水平。各地国有企业狠抓技术研发，北京京东方实现业内新增专利申请量、产品首发覆盖率、智能手机和平板电脑液晶显示屏、中大尺寸高端显示产品市场占有率五个全球第一。

二是大企业“双创”、“互联网+”广泛开展，有效带动社会创业创新。截至2016年底，中央企业搭建各类“双创”平台409个，同比增长66%；搭建“双创”孵化器和科技产业园区201个，同比增长57%；开展创新创业活动98项，同比增长36%；发起和参与基金超过200支，总规模超过6000亿元。航天科技、航天科工、中国电科、中国电子、中国旅游等企业依托“互联网+”搭建创新创业网络服务平台。兵器工业着力提升“基础设施、服务平台、核心技术、产业生态”四位一体的北斗高精度服务能力，携手阿里巴巴打造一站式高精度位置云服务平台，目前用户已突破1000万。中国移动参与搭建“百万青年创业就业计划”互联网平台，覆盖全国2000多所高等院校，吸引173万名青年开发者参加创新创意大赛。

三是创新体制机制不断完善，创新发展氛围更加浓厚。我们制定出台推动中央企业科技创新的工作举措，加快中央企业国创投资引导基金、国开创新投资引导基金等创新发展基金建设，举办中央企业熠星创新创意大赛，促进创新驱动发展战略深入实施。中央企业累计出台各类创新制度文件145件，积极探索技术入股、收益提成、内部技术转移等激励方式，充分调动广大干部职工创新激情和创新潜能。

四是运用科技手段助推节能环保，绿色清洁发展水平不断提升。大力推广运用新技术、新装备、新产品，促进传统产业清洁生产、绿色改造。宝武集团、中国中车大力推进能源管理体系和能源管控平台建设，打造绿色低碳制造品牌。中国华能、中国大唐、中国华电等中央发电企业已完成燃煤机组超低排放改造1.9亿千瓦。中国石油、中国石化如期完成国家提升燃油品质阶段性目标，提前一年在东部11省市全面供应国V车用汽柴油。神华集团、中铝公司积极推进绿色矿山示范区建设，生态环境治理成效显著。华润集团、国投着力发展循环经济项目，创新产业废弃物综合利用方式，实现经济效益和社会效益双赢。

（五）大力推进国资委自身改革，国资监管针对性有效性进一步增强。我们按照以管资本为主加强国有资产监管的要求，积极探索，主要做了以下工作。

一是优化整合内部机构，监管职能进一步转变。我们对国资监管职能和工作事项进行全面梳理，研究制订出资人监管权力和责任清单，形成职能转变方案，对内设机构进行了优化调整。

二是完善国有资产监督机制，努力防止国有资产流失。新设三个监督局，在加强与监事会监督协同的基础上，分类处置、督办和深入核查委机关、监事会，以及有关监督机构发现移交的问题，组织开展国有资产重大损失调查，形成发现、调查、处理问题的监督工作闭环。中央企业外派监事会不断强化当期和事中监督，加大“一事一报告”力度，全年向国务院报送监事工作专报26份，强化监督成果运用，全年向中央企业印发监督检查情况通报、整改通知和提醒函163份。

三是大力优化国资监管方式，监管效率不断提高。我们出台了分类考核实施方案和分类管理工资总额等政策措施，建立了预算考核分配联动机制，强化企业运行监测分析和重大事项提示预警；进一步加强出资人财务监督，目前已向20家中央企业委派了总会计师。各地国资委不断完善监管方式方法，内蒙、吉林、青海等31个地方国资委建立了监督工作内部协调机制，广西、海南、西藏等25个地方国资委建立了国有资产信息公开制度，山西、安徽、宁夏等17个地方国资委建立了国有企业信息公开制度。

四是加强政策协调，努力为企业改革发展创造良好环境。针对国企国资改革发展中的突出矛盾和问题，我们及时向党中央、国务院汇报情况提出建议，加强与相关部门沟通，做好政策协调工作，有力推动了相关问题的解决。

（六）落实全面从严治党要求，国有企业党的建设得到新的加强。我们认真开展"两学一做"学习教育，深入学习党的十八届六中全会和全国国有企业党建工作会议精神，全面从严加强国有企业党的建设。

一是"两学一做"学习教育扎实推进，成效明显。我们坚持规定动作落得实、自选动作有创新，广泛采取讲党课、中心组专题学习、开展主题党日活动等多种方式，突出抓好各个环节重点工作，认真查摆问题和不足，坚持边学边改、立行立改，推动全面从严治党要求得到有效落实。国务院国资委党委召开"学习习近平总书记重要指示批示，做强做优做大国有企业"专题研讨会，组织中央企业开展学习研讨征文活动。部署指导中央企业领导班子开好"增强'四个意识'，严守政治纪律政治规矩"专题民主生活会，进一步增强企业领导人员"四个意识"特别是核心意识、看齐意识，自觉在思想上政治上行动上同以习近平同志为核心的党中央保持高度一致。

二是强化责任担当，党建主体责任进一步落实。国务院国资委党委成立督导组，对中央企业落实全国国有企业党建工作会议精神进行督导。研究制定中央企业党建工作责任制实施办法和加强中央企业境外单位党建工作的意见，建立了中央企业党委（党组）向国资委党委报告年度党建工作制度。全面推行董事长、党委书记"一肩挑"，配齐专职党委（党组）副书记。全面开展党组织书记抓党建述职评议考核。认真落实中共中央印发的《党委（党组）意识形态工作责任制实施办法》，牢牢掌握意识形态工作的领导权和主动权。坚持把问责作为全面从严治党的利器，对中煤地质总局原党委书记、原纪委书记落实"两个责任"不力问题严肃问责。

三是从严选拔管理企业领导人员，班子建设明显加强。坚持"对党忠诚、勇于创新、治企有方、兴企有为、清正廉洁"标准，严格选拔、教育、管理、监督中央企业领导人员。按照"补充一批、交流一批、退出一批、储备一批"的思路，选优配强企业领导班子。严格执行企业领导人员选拔任用廉洁从业结论性评价制度，落实谈心谈话和提醒、函询、诫勉等制度。国资委党委对抓党建不力、重大资产损失有责、工作不在状态或存在突出问题的5名正职、21名副职进行了组织调整。

四是坚定不移推进党风廉政建设和反腐败工作，风清气正环境正在形成。坚持把严明政治纪律和政治规矩摆在首要位置，企业领导人员党的观念、纪律意识普遍得到加强。严格落实中央八项规定精神，坚决纠正"四风"，一些群众反映强烈的突出问题得到及时解决。把握运用"四种形态"，严肃查处违纪案件，"不敢腐"的震慑作用逐步增强。不断完善制度，加快构建"不能腐"的体制机制。深化纪律检查体制改革，各级纪检监察机构监督执纪问责的作用持续增强。

五是认真落实中央巡视要求，整改工作取得实实在在的效果。国务院国资委党委对中央专项巡视反馈的意见高度重视，及时成立整改领导小组，多次专题研究部署整改工作，对中央开展巡视的中央企业整改工作加强督促检查，确保整改取得实效。同时加大力度、加快节奏，实现巡视全覆盖，开展对直属单位、直管协会的巡视试点，召开中央企业内部巡视巡察工作座谈会，加强对中央企业内部巡视巡察工作的领导和指导。

总的来看，2016 年国有企业在重压下勇于担当，在艰难中拼搏奋进，扭转了收入利润双下降的局面，一些长期亏损企业实现扭亏为盈，一些风险重大企业实现重组有效化解风险。在较好完成生产经营目标任务的同时，国有企业带头落实国家宏观调控政策，积极履行社会责任，为经济社会健康发展作出了重要贡献。

在充分肯定成绩的同时，也要清醒地看到，当前国企国资改革发展中还存在一些突出矛盾和问题。这些问题的存在，既是企业方面的不足，更是监管的责任，需要引起我们高度重视，切实加以解决。

二、2017 年经济形势分析和工作总体要求

总体上看，我国仍处于可以大有作为的重要战略机遇期，经济社会发展具备很多有利条件和积极因素，同时也面临许多困难和挑战，压力仍然很大。

从国际来看，2017 年世界经济仍将处于艰难复苏进程中。美国经济有望继续温和复苏，新兴经济体的作用继续上升，亚洲国家增长相对较快；新技术革命有力推动着全球经济结构调整，信息技术和其他技术深度融合，各类新型供给能力迅速形成。但影响全球经济复苏的复杂性、不稳定性、不确定性因素依然较多，IMF 对今年全球经济增速的预测数据不断变化，最新的只有 2.8%。保护主义加剧，“逆全球化”思潮明显上扬，地缘政治风险上升，各种干扰和冲击因素频发，全球贸易低迷，世界经济复苏步履维艰，短期增长态势尚待观察。美元利率、汇率变化很大，影响巨大，发达国家货币政策转向也可能对资产价格和商品价格产生直接影响。石油、煤炭、钢铁、有色金属等大宗商品价格和波罗的海干散货指数(BDI)等，既有稳定上涨的趋势，也存在大幅波动的概率。

从国内来看，一方面，经济运行稳的态势在持续，进的力度在加大，新的动能在成长，向好的因素在积累。随着供给侧结构性改革的深入推进和宏观调控效果的逐渐释放，2017 年我国经济持续向好的基本面不会改变，经济韧性好、潜力足、回旋空间大的特质不会改变，新经济新动能加快成长，传统产业加速转型升级，经济有望继续保持中高速增长。对此，我们要坚定信心。另一方面，我国正处于经济新常态下“三期叠加”的大环境，经济下行压力依然较大，经济运行仍有不少突出矛盾和问题，市场需求疲弱、投资增长内生动力不足的局面难有明显改观，地区分化、行业分化趋势难以很快扭转，传统动能提升和新动能培育受资金、技术、人才及资源环境制约较多，一些领域风险积聚，这些因素对国有企业拓市场、稳增长、调结构、去产能、降杠杆都形成了较大挑战。

从国有企业自身来看，经济运行总体出现企稳信号，企业实力明显增强，潜力正在挖掘，动力逐步形成，这为我们加快发展提供了良好基础。但也存在一些不稳定不确定因素，需要高度重视。一是结构性矛盾突出，行业和地区分化加剧，新业态、新模式、新产品尚待培育；二是部分企业杠杆率仍然偏高，部分企业资产负债率居高不下，已有风险的处置尚待时日；三是部分企业子公司亏损面较大，资本运营效率有待提升；四是政

策性减利因素影响仍将持续，对相关企业效益带来较大压力；五是境外经营风险持续加大，部分企业境外经营效益下滑；六是去产能、处置“僵尸企业”和特困企业治理任务还十分艰巨，仍需要下大力气推进。

结合当前形势和任务，2017年推进国企国资改革发展的总体要求是：全面贯彻党的十八大和十八届三中、四中、五中、六中全会，中央经济工作会议，全国国有企业党建工作会议，中央纪委七次全会精神，深入学习贯彻习近平总书记系列重要讲话精神，紧密团结在以习近平同志为核心的党中央周围，认真落实党中央、国务院关于国企国资改革发展的系列重大决策部署，坚持稳中求进工作总基调，牢固树立和贯彻落实新发展理念，以推进供给侧结构性改革为主线，以提高质量效益和核心竞争力为中心，全面深化企业改革，大力调整布局结构，持续强化创新驱动，着力加强风险管控，不断完善国资监管，全面从严加强党的建设，进一步提高国有资产保值增值水平，不断增强国有经济活力、控制力、影响力、国际竞争力、抗风险能力，全力完成年度目标任务，以优异成绩迎接党的十九大胜利召开。

按照上述总体要求，今年国企国资改革发展的主要目标任务是：

——国有企业效益实现稳定增长。中央企业利润总额力争同比增长3%、努力达到6%。当好振兴实体经济的排头兵，国有资本保值增值水平稳中有升，资产负债率继续下降，盈利能力不断增强，实现有质量、有效益、可持续的发展。

——国有企业改革实现重要突破。以提高企业核心竞争力和资源配置效率为目标，扎实推进各项改革措施落地，不断激发企业活力。

——国有资本布局结构不断优化。通过深度整合重组，突出精干主业，持续优化国有资本配置，提升国有资本运行效率，放大国有资本功能。

——国有资产监管效能得到新的提升。深入实施以管资本为主推进职能转变方案，努力便监管职能定位更加准确，监管制度体系更加完善，监管方式更力口科学，监管措施更加有效。

——国有企业党建得到新的加强。管党治党主体责任全面落实，基层基础建设全面加强，解决突出问题和重点难点问题取得明显成效。

三、2017年重点工作

今年要着力抓好以下重点工作：

1. 全力完成生产经营目标任务，力创佳绩多作贡献。稳增长在今年具有特别重要的意义，要深刻认识稳是主基调、是大局的战略思想，在稳中体现控制力。国资监管系统和中央企业都要尽最大努力，争取最好结果，为国民经济平稳健康发展作出更大贡献。一要勇担责任，狠抓落实。各企业要量化细化全年生产经营目标任务，深挖潜力、自我加压，以更加积极的目标统领全年稳增长工作。要把工作抓实抓细，制定可量化、可操作、可考核的工作方案，完善财务预算、考核分配紧密联动的推进机制，确保任务层层分解、压力层层传递、责任层层落实，切实做到目标到岗、任务到人。各地国资委也要按照党委、政府要求，抓紧明确全年目标任务并落实到位。二要主动作为，抢抓市场。牢固树立市场意识，不等不靠。加强对经济周期性、规律性的研究和市场形势的分析研判，根据形势和市场变化适时调整经营策略，抓住市场出现的需求回暖、价格回升短暂机遇加大产销力度，开展好增品种、提品质、创品牌工作，努力增加市场份额。三要严控成本，压缩费用。既要强化全员、全要素、全过程成本管控，更要突出重点，创新成本费用管控方式和机制，增加刚性支出弹性，确保营业成本增幅低于营业收入增幅。严控采购成本，规范管理，健全机制，提高集中采购比例。严控人工成本，严格落实考核分配制度，坚持将考核结果、经济效益与企业负责人薪酬、企业工资总额紧密挂钩；对企业员工总量要加强控制。严控资金成本，大力压降“两金”规模，推动资金集中管理，改善资本结构，提高直接融资比重，降低综合融资成本。四要严控风险，稳健经营。严控债务风险，强化动态监测与识别预警，加强债券特别是短融、超短融债券风险梳理和排查，妥善化解风险，加强负债规模和资产负债率双重管控，有效降低企业负债和杠杆水平。严格控制与主业无关的贸易业务，严禁开展融资性贸易和“空转”贸易。严格投资管理，规范投资决策程序，严控非主业投资比例，严控高负债企业推高企业负债率的新增投资，严控产能过剩行业企业的新增投资。加强现金流管理，努力实现企业资金统一监管。五要加强协同，互利共赢。中央企业和地方国有企业要互相沟通、互相支持、合作互利、共同发展。中央企业之间更要在市场上协调协作，减少恶性竞争。同行业企业要积极探索开展交叉持股、战略联盟等多种方式的合作，实现互利共赢。

2. *加快各项改革政策落实落地，尽快在重要领域和关键环节取得实效。*一要明确任务，落实责任。紧密结合企业发展战略和实际，明确改革任务，突出改革重点，制订改革方案，细化改革措施，落实工作责任，建立任务台账，狠抓“1+N”文件落实，确保各项改革扎实有效推进。全面推进“十项改革试点”，坚持边试点、边总结、边完善，尽快在改体制、改机制、改模式上见实效，加快形成可复制、可推广的经验，以点带面推进改革。赋予试点企业更大改革自主权，一些在企业集团层面开展的试点，可以在二级、三级企业加快推进，大胆探索。各地国资委也要加快改革步伐，尽快在重要领域和关键环节取得突破。二要坚持问题导向，在重点难点领域取得新成效。全面推进中央企业分类改革，落实中央企业功能界定与分类方案及配套措施，推进分类改革、分类发展、分类监管、分类定责、分类考核，推动中央企业对二级企业进行功能分类，逐层明确各级子企业功能类别。深入推进公司制股份制和混合所有制改革，积极探索集团层面股权多元化改革，全面完成国有企业公司制改制，支持中央企业间、中央企业和地方国有企业间交叉持股，大力推进改制上市工作，力求包括集团层面在内的混合所有制改革有所突破，在电力、石油、天然气、铁路、民航、电信、军工等领域迈出实质性步伐，抓好10家中央企业子企业混合所有制员工持股试点。继续推进改组组建国有资本投资运营公司，拓展授权内容，加大授权力度，积极探索有效的运营模式，更加有效发挥国有资本投资运营公司在国企改革中的示范作用。完善公司法人治理结构，大力推进规范董事会建设，制订加强外部董事队伍建设的规范性文件，加强出资人机构与董事会的沟通制度化，建立健全外部董事独立报告、董事会述职并接受质询、董事会决策失误问责追责、董事会内部制衡等制度，加快形成权责对等、运转协调、有效制衡的决策执行监督机制。深化企业内部三项制度改革，加快建立市场化选人用人机制，推进企业经理层成员市场化选聘和职业经理人试点。建立健全与劳动力市场基本适应、与经济效益和劳动生产率挂钩的工资决定和正常增长机制，切实做到收入能增能减和奖罚分明，充分调动广大干部职工积极性。三要加快剥离企业办社会职能和解决历史遗留问题，努力取得突破性进展。扎实推进国有企业“三供一业”分离移交、医疗教育机构深化改革、市政社区职能分离移交和消防机构分类处理等改革，在上海、重庆、大连、鸡西、长沙等地开展离退休人员社会化管理试点，进一步加大厂办大集体改革、棚户区改造等工作力度，力争取得突破性进展。

3. 加大供给侧结构性改革力度，坚决打赢瘦身健体提质增效攻坚战。一要继续推动企业压缩管理层级、减少法人单位，不断提高集团管控能力和运行效率。根据工作方案，中央企业管理层级3年内应由5-8级减至3-4级以下，法人层级10级以上的企业应减少3-5个层级，法人单位应减少20%左右。中央企业要结合自身实际有计划、有步骤地推进，2017年要力争实现法人单位减少8%。二要加快化解过剩产能，不断提升盈利能力。进一步推进钢铁、煤炭去产能工作，2017年中央企业要化解钢铁过剩产能595万吨、化解煤炭过剩产能2473万吨。积极探索资产债务规范处置的方式方法，鼓励有条件的企业按照市场化、法治化原则开展债转股。三要大力推进“僵尸企业”处置和亏损企业治理，努力止住“出血点”，积极推进“僵尸企业”处置，2017年完成300户“僵尸企业”处置任务。持续推动特困企业改革脱困，确保实现特困企业亏损额下降20%、亏损面大幅缩减，完成500户特困企业专项治理。推动重点亏损企业特别是重要子企业做好业务整合、冗员分流、债务重组、清产核资等工作，力争实现同比减亏50%。各地对已经明确的处置任务，要坚决完成。四要强化上市公司管控，不断增加股东回报。指导上市公司加强市值管理，持续增强价值创造能力，维护投资者合法权益，坚持诚信为本，带头履行社会责任，做负责任的股东。加强上市公司运行情况监测，推进上市公司健康发展。五要加强企业内控体系建设，规范企业运行程序。以风险为导向，以安全高效为目标，以流程优化和有效执行为重点，加快建立和完善内控体系，切实提高企业经营管理水平和风险防范能力。持续提高内部控制信息化水平，企业董事会、监事会、经理层都要纳入内控体系之中，切实做到体系完整、全面控制、执行有效。地方国资委都要把加强内控体系建设作为监管工作重要事项，强化对企业的监督指导，该完善的抓紧完善，该要求的严格要求。

4. 加快科技创新步伐，持续提升创新能力。一要抓好重大科技任务，力争取得更多重大成果。认真落实“十三五”规划，加强高水平研发机构和国家级研发平台建设，加快推进国家高速列车技术创新中心等国家技术创新中心建设，力争在国家重点实验室、工程实验室、工程中心建设等方面取得新进展。积极承担国家重大科技专项、面向未来的重大科技项目和重大工程、国家重点研发计划等国家科技任务，充分发挥中央企业优势，打造一批产业发展平台，加强与国家重大科技工程衔接，构建具有国际竞争力的现代产业技术体系。二要按照《中国制造2025》的要求，加大技术改造革新力度，努力推动制造业转型升级。加强关键核心技术研发，攻克一批对产业竞争力整体提升具有全局性影响、带动性强的关键共性技术，加快成果转化，努力向高端化、智能化、绿色化、服务化转型发展，向产业链、价值链中高端迈进。三要加快完善创新体制机制，持续激发创新活力。不断完善科技人才评价机制，对科技人才评价要突出中长期目标。认真探索股权、期权、分红等激励措施，提高科研人员成果转化收益分享比例。建立健全管理人员和科技人员发展双通道，让科技人员安心创新事业。四要深入开展“双创”工作，推动形成发展新动能。进一步完善投资引导基金、产业发展基金和企业创新基金三层次的中央企业创新发展基金系。深入实施“互联网+”行动计划，加强大数据、云计算等基础平台建设，推动各类生产要素实现网络化共享、集约化整合、协作化开发和高效化利用，运用大数据创新生产方式和运行机制，构建开放高效的技术创新体系，促进跨界创新融合，催生新模式新业态不断涌现。

5. 坚持突出精干主业，持续提升企业核心竞争力。一要进一步突出主攻方向，做强做优主业。国务院国资委将改进优化对中央企业主业的管理，把监管重点放在提升主业竞争力、控制辅业占用资源比例和中央企业投资项目负面清单上，进一步细化完善相关政策措施。中央企业要坚定不移突出主业、做强主业，推动各类资源向主业集中，每个企业均应有全国乃至全球知名的产品和品牌，不断增强核心业务的盈利能力和市场竞争力。二要围绕做强做优做大目标，加快深度调整重组步伐。稳步推动企业集团层面兼并重组，加快推进钢铁、煤炭、电力业务整合，探索海外资产整合。进一步推动实施专业化重组，支持中央企业以优势龙头企业和上市公司为平台，通过股权合作、资产置换等方式整合同质化业务，继续推动航材共享，指导已重组企业做好内部整合。三要围绕服务国家战略，不断优化国有资本投向。即将印发的《中央企业投资监督管理办法》和《中央企业境外投资监督管理办法》，对投资管理提出了明确要求，中央企业要切实贯彻执行。进一步优化国有资本重点投资方向，充分发挥国有资本投资、运营公司功能，加快探索与国有资本投资运营相匹配的业务模式，增强资本运营能力，促进国有资本合理流动优化配置。积极探索发挥国有企业结构调整基金、国有资本风险投资基金的引导带动作用，加大对补短板领域的投资力度，培育发展战略性新兴产业、先进制造业、现代服务业等，加快培育新的经济增长点。加大低效无效资产清理处置力度。四要稳步开展国际化经营，提高国际竞争力。积极参与“一带一路”重大项目建设，在推进能源、资源合作及铁路、公路、港口等基础设施建设中发挥优势，承担一批有代表性的示范项目。扩大国际产能和装备制造合作，继续推动高铁、核电等优势产业全产业链出口，推进钢铁、水泥等领域开展国际合作。优化国际市场布局参与境外合作园区建设，努力构建全球化的物流、仓储、运营网络体系，提升全球资源配置能力。在国际化经营过程中要充分发挥各自优势，努力扩大市场渠道，掌握关键技术，打造国际品牌，有序开拓国际市场，避免无序恶性竞争。

6. 持续推动职能转变，不断提高监管效能。一要继续优化国资监管职能，确保监管更加规范高效。进一步梳理监管职能和各项规章制度，明确出资人监管职责边界，制定完善权力和责任清单，确保国资监管职能定位更加准确，持续提高监管效能。二要强化国有资产监督，严防国有资产流失。强化外派监事会作用，围绕企业财务、重大决策、运营过程中的重要事项和关键环节，董事会和经理层依法依规履职情况，企业内部控制体系的完整性和有效性等重点，着力强化对企业的当期和事中监督。整合各方面监督力量形成合力，增进监督协同，提高监督效能。推动国有资产和国有企业重大信息公开，自觉接受监督。完善委派总会计师制度，扩大试点企业范围。组织开展违规经营投资损失责任追究，加大问责力度。各中央企业也要加大对分子公司的监管。三要加强境外国有资产监管，确保境外资产安全运营和保值增值。落实集团总部和境内投资主体经营管理责任，全面厘清发展方向模式，清理海外资产，深入开展境外投资项目专项监督检查，进一步加强企业内部审计监督，做到境外企业、境外业务审计全覆盖，加强对重点企业、重点业务的年度审计。健全完善境外国有资产监管制度和工作机制，加强对国有企业境外投融资、产权变动和资金的管控，强化境外法律风险防范，逐步开展常态化的监督检查。四要完善监管方式，不断提高监管水平。提升监管信息化水平，全面梳理优化监管流程，建立系统科学有效的标准和制度体系，推进信息化与监管业务深度融合，切实解决信息不对称、监管不到位的问题，消除监管空白点。强化依法监管，严格依据国资监管相关法律法规规定的权限和程序行权履职，健全完善国资监管法规制度体系。强化章程管理，充分发挥董事会和股东代表作用，注重通过公司治理结构体现出资人意志。五要增强服务意识，积极为企业改革发展创造条件。国资监管系统在加强监管的同时，要切实提高办事效率和质量。进一步加强政策协调沟通，积极反映企业困难和政策诉求，为企业健康发展争取各方面支持，想方设法帮助企业纾难解困。深入参与涉外谈判对话，争取有利于国有企业改革发展的国际规则。探索全国国资系统信息共享，交流改革发展经验，不断推动国企国资改革发展再上新水平。

7. 全面从严加强党的建设，为国企国资改革发展提供坚强保证。一要坚持全面从严，切实落实管党治党责任。要牢固树立“四个意识”，始终在思想上政治上行动上同以习近平同志为核心的党中央保持高度一致。要围绕《中央企业党建工作责任制实施办法》的贯彻落实，完善制度，健全机制，把管党治党主体责任落到实处。党委（党组）书记要把管党治党第一责任扛起来，班子成员都要认真履行“一岗双责”，管行政搞业务的负责同志也要担好党建之责。二要坚持两个“一以贯之”，实现加强党的领导与完善公司治理有机统一。中央企业党委（党组）要切实发挥领导核心和政治核心作用，把方向、管大局、保落实。按照规定把党建工作总体要求纳入公司章程，明确党组织在公司治理中的法定地位。把党组织研究讨论作为董事会、经理层决策重大问题的前置程序。按照“对党忠诚、勇于创新、治企有方、兴企有为、清正廉洁”的要求，建设高素质企业领导人员队伍，弘扬企业家精神，引导广大企业领导人员当好国有资产忠诚卫士。配齐配强党务工作人员，实现基层党组织“应建必建”，党组织换届“应换必换”，党务工作力量“应配必配”。三要坚持标本兼治，加强党风廉政建设和反腐败工作。贯彻落实《关于新形势下党内政治生活的若干准则》、《中国共产党党内监督条例》，严肃党内政治生活，加强党内监督。坚持把纪律和规矩挺在前面，抓住中央企业系统选举党的十九大代表、中央“两委”人选考察这个重点，坚决把好政治关、廉洁关，营造风清气正的政治生态。锲而不舍加强作风建设，持之以恒落实中央八项规定精神，坚决防止“四风”反弹。把握运用监督执纪“四种形态”，保持惩治腐败的高压态势，构建“不敢腐、不能腐、不想腐”的体制机制。切实抓好巡视整改，做到巡视发现的问题条条要整改、件件有着落，健全整改落实长效机制。四要切实加强宣传舆论引导，为国企国资改革发展营造良好环境。要理直气壮、旗帜鲜明、积极主动地宣传国有企业的地位作用和重要贡献。要不断加大国企国资改革政策的解读力度，及时回应各方关切，最大限度凝聚共识。要讲好国企故事，宣传推广好的典型，唱响主旋律，传播正能量，为国企国资改革发展营造良好环境。

强基达标　提质增效
奋力开创铁路改革发展新局面

——中国铁路总公司总经理、党组书记陆东福在中国铁路总公司工作会议上的报告（摘要）

（2017年1月3日）

一、关于2016年铁路工作回顾

2016年铁路各项目标任务圆满完成，实现了“十三五”良好开局。

——*学习贯彻习近平总书记系列重要讲话精神不断深入*。结合“两学一做”学习教育，深入学习党中央治国理政新理念新思想新战略，总公司党组带头，制定党委中心组学习规划，组织各级党委中心组集中开展15个专题学习讨论，形成一批学习研讨成果。以总公司和铁路局两级党校为主阵地，加强以学习系列重要讲话为主要内容的理论培训，教育引导全路干部职工尤其是各级领导干部，牢固树立“四个意识”特别是核心意识、看齐意识，坚决与以习近平同志为核心的党中央保持高度一致。十八届六中全会召开后，坚决贯彻落实中央决策要求，集中开展18个重大课题研究，进一步统一了思想，增强了使命感和责任感。

——*安全保持基本稳定*。坚持把安全工作作为重中之重，突出高铁和旅客安全，健全安全管理规章制度体系，强化过程控制和应急处置，狠抓安全生产责任制落实，安全管理基础得到加强。深入开展安全大检查和安全专项整治，集中解决了一批安全突出问题和隐患。依法开展治安环境治理和反恐怖斗争，强化护路联防联控体系，确保了全国“两会”、G20峰会等重要时期铁路治安稳定。2016年，全路消灭了重大及以上事故，消灭了造成旅客死亡的责任行车事故，铁路从业人员万人生产安全事故死亡率同比减少0.01，路外死亡人数同比下降11.2%。

——*建设任务圆满完成*。坚决贯彻中央决策部署，以中西部地区铁路建设为重点，加强施工组织管理，狠抓工程质量安全，全面完成了年度建设任务。2016年，全国铁路行业固定资产投资完成8015亿元，其中国家铁路完成7676亿元；投产新线3281公里、复线3612公里、电气化铁路5899公里；新开工项目46个，新增投资规模5500亿元，其中15个项目以地方政府或社会资本投资为主，投资规模约3600亿元。到2016年底，全国铁路营业里程达12.4万公里，其中高速铁路2.2万公里以上。沪昆高铁全线运营，云桂铁路、渝万高铁等重大项目相继投产；中西部铁路营业里程扩充至9.5万公里、占比达到76.6%；12个铁路扶贫干线工程开工建设，完成投资234亿元。会同国家有关部门编制《中长期铁路网规划》，经国务院批准，绘就了铁路建设新的蓝图。

——*客货运输取得新成绩*。2016年，铁路客运保持强劲增长，国家铁路发送旅客27.7亿人、同比增长11.2%。其中动车组发送14.43亿人、占比超过52%；单日发送旅客最高达 1442.7 万人，创历史新高；互联网售票占比超过 60%，其中手机购票占总量比例超过 40%。2016 年，铁路货运止跌回稳。国家铁路发送货物 26.5 亿吨，降幅较 2015 年收窄 9.3 个百分点。其中，集装箱、商品汽车、散货快运量同比分别增长 40%、53% 和 25%，均创历史新高；试水“双 11”，拓展了快运物流市场。全力完成公益性运输、重点物资运输和军运、特运、专运、抢险救灾物资运输等任务。切实履行社会责任，全路直接投入定点扶贫资金 2411 万元。2016 年，国家铁路主要效益指标换算周转量完成 33786.9 亿吨公里，运输总收入 5945 亿元，同比实现双增长。

——经营管理和综合开发工作得到加强。完成清产核资和资产评估，土地授权经营得到落实，截至 2016 年底铁路总公司资产总额达 7.1 万亿元。对总公司所属企业债权进行清理，清收债权 980 亿元。加强运输收入稽查和专项检查，查堵漏收少收款 1.3 亿元。全面落实“审计全覆盖”要求，完成经营业绩、财务收支、建设项目、经济责任及专项审计 2160 项，维护了国有资产完整和安全。改革设备修程修制，加大物资招标采购力度，加强资金内部调剂和使用管理，全年节约支出 79 亿元。深入推进铁路依法经营和维权工作，加强重大决策和重要管理制度的合法性审查，落实合同联签审批制度，进一步规范了经营行为。加强合资铁路公司管理。2016 年，多元经营创收 2171 亿元，综合创效 210 亿元、同比增长 18.4%。

——技术进步和科技创新取得新成果。开展设备质量状态评估技术攻关，动车组检修周期和主要技术装备使用寿命进一步延长。完善客运服务平台运营管理体系，开发新一代客票系统技术，深化大宗货物运输市场监测、货运电商平台等技术研究。推动重大工程技术创新，复杂结构桥梁、特殊地质隧道、大跨度地下车站等设计施工技术取得新突破。组织相关企业成功研制具有完全自主知识产权的时速 350 公里中国标准动车组，在机车货车、列控系统等方面取得一批自主创新成果。加快技术标准体系建设，推进中国标准国际化，参与 43 项国际标准的制定修订工作。

——服务“一带一路”建设取得新进展。充分发挥铁路运输优势，全力打造中欧班列国际物流品牌，习近平主席亲自出席在波兰举行的中欧班列首达欧洲仪式，班列开行数量大幅增长。2016 年，开行班列 1702 列、同比增长 109%，其中返程班列 572 列、同比增长 116%。大力发展国际联运和口岸运输，铁路口岸运量完成 4200 万吨、同比增长 12%。充分发挥企业牵头协调优势，加大境外铁路项目组织实施力度，印尼雅万高铁、中老铁路、巴基斯坦拉合尔橙线轻轨工程进展顺利，匈塞铁路、中泰铁路等合作项目取得新进展。积极配合高层互访和国际峰会，主动参与国际铁路组织工作，参加重要双边、多边交流 68 次，扩大了中国铁路话语权。

——职工物质文化生活有新改善。落实工效挂钩考核，增量不增人，劳动生产率进一步提高，职工收入挂钩增长。持续改善职工住房条件，2016 年建成保障性住房 3.39 万户，完成棚户区改造 8600 户。投入 36.6 亿元用于生活线、文化线、卫生保健线建设，开展丰富多彩的文体活动，沿线和艰苦地区职工生产生活条件进一步改善。实施职工健康行动计划，落实带薪休假制度，规范企业社保管理，全年组织 131.2 万名职工健康体检、22.5 万名职工健康休养。深入开展助困、助学、助医活动，全年累计投入帮困资金 9.5 亿元，救助职工和家属 45.2 万人次。

——全面从严治党向纵深推进。按照中央统一部署，在全路 5.6 万个基层党支部、96 万名共产党员中开展“两学一做”学习教育，共组织专题党课近14万场次，集中培训党员20多万名、党支部书记7万多人次。集中开展基层党组织换届等专项检查，1580个基层党组织进行了换届改选。深化运输一线党支部建设三年基础工程，实施铁路企业党支部建设纲要，推动基层党组织建设取得新成效。从严选拔任用干部，对总公司所属67个班子进行了调整优化。分层分类开展管理和专业技术人员培训，举办培训班1978期，培训18.4万人。认真落实中央党的群团工作会议精神，铁路各级工会、共青团组织作用得到发挥。

——党风廉政建设和反腐败工作扎实有力。总公司党组重申并作出深入贯彻落实中央八项规定精神的决定，制定党组决策“三重一大”事项规定，规范完善37个议事协调机构，健全了跨部门工作协调推进机制。落实“两个责任”，推行责任清单制度，加大责任约谈力度，严肃责任追究。持续深化巡视整改工作，严肃认真办理巡视移交问题线索，有效整改办公用房、公务用车、业务招待等方面突出问题，工程建设、物资采购、运输管理、非运输企业经营等重点领域廉政风险防控取得新进展。落实监督执纪“四种形态”，推行违纪违规问题专题民主生活会制度，抓好谈话函询和教育提醒工作，加大典型问题通报力度，全年对75名局级干部进行了谈话函询、对1078名违纪违规党员干部进行了实名通报。坚持执纪必严、违纪必究，严肃查处了1839起违纪违规问题。

——宣传思想文化工作深入人心。加强社会主义核心价值观教育和新时期铁路精神教育，铁路职工队伍爱路兴企、敬业爱岗的意识进一步增强。组织开展“转观念、闯市场、增效益”主题教育活动，全路共举办宣讲报告会9800余场次，讨论对话会覆盖一线车间班组，有效促进了干部职工思想观念转变。坚持讲好中国故事铁路篇，中央主要媒体、新媒体对铁路的关注和重点报道大幅增长，全方位展示了铁路发展的新成就。

二、关于铁路面临的形势和需要把握的工作原则

党的十八大以来，以习近平同志为核心的党中央对加强国有企业党的建设、深化国有企业改革、做强做优做大国有企业，作出一系列重大决策部署，我们要深刻理解。一是关于国有企业地位和作用的重要论述，充分认识国有企业是中国特色社会主义的重要物质基础和政治基础，我们党执政兴国的重要支柱和力量，理直气壮地把国铁企业做强做优做大；二是关于深化国有企业改革的重要论述，坚持国企改革方向不动摇，加快建立现代企业制度，落实铁路企业市场主体地位和责任，增强企业发展的内生动力、市场活力和抗风险能力；三是关于加强国有企业党的建设的重要论述，发挥企业党组织领导核心和政治核心作用，保证党和国家方针政策、重大部署在铁路企业得到坚决贯彻执行，保证铁路改革发展的正确方向；四是关于加强国有企业党风廉政建设的重要论述，充分认识反腐倡廉国企没有特殊、没有例外，必须完善企业监管制度，把“两个责任”落到实处，加强对领导班子监督，加大审计监督力度，防止国有资产流失；五是关于加强国有企业领导班子建设的重要论述，努力建设一支“对党忠诚、勇于创新、治企有方、兴企有为、清正廉洁”的铁路企业领导干部队伍，切实肩负起经营管理国有资产、实现保值增值的重要责任；六是关于我国工人阶级地位作用的重要论述，坚持全心全意依靠工人阶级的方针，自觉做到政治上保证、制度上落实、素质上提高、权益上维护，教育引导铁路职工发扬光荣传统，拼搏奉献，为中华民族伟大复兴当好先行。

贯彻习近平总书记上述系列重要讲话精

神，我们要坚持和把握以下重要原则：

1. 坚持国家铁路的战略定位，自觉服从中央、服务大局。全路必须守土有责，坚持在大局下行动，切实承担起保障国家战略、国家安全、国民经济运行和服务人民群众的重大社会责任，坚决完成国家部署的铁路建设任务，主动承担公益性运输任务，确保关系国计民生重点物资运输，完成军运、特运、专运、抢险救灾等运输和国防动员工作，决不辜负中央的重托和人民的期望。

2. 坚持安全责任重于泰山，坚决守住高铁和旅客安全生命线。全路各级组织必须始终把铁路安全放在各项工作的首位，牢固树立安全发展的理念，坚守发展决不能以牺牲安全为代价的红线，全面落实安全主体责任，全力构建人防、物防、技防“三位一体”的安全保障机制，确保铁路安全特别是高铁和旅客安全持续稳定。

3. 坚持发挥优势，以改革创新推进铁路建设可持续发展。全路要切实承担铁路建设主体责任，在坚持铁路一张网的前提下，全力抓好国家铁路干线网建设，尤其是服务中西部地区发展、脱贫攻坚、国土开发、国防动员等铁路建设，同时要发挥行业和专业技术优势，支持地方政府和社会投资机构抓好城际、支线等铁路建设，实现总公司和地方政府、社会投资者优势互补、合作共赢，形成分类分层建设、可持续发展的新格局。

4. 坚持融合发展，为降低社会物流成本多作贡献。全路要努力稳定和扩大大宗货物运输份额，加快调整货运产品供应，大力发展集装箱、特货运输、快运业务和多式联运，不断优化运输物流结构，实现各种交通方式优势互补、合作竞争，努力降低社会物流成本，进一步发挥好铁路在综合交通体系中的枢纽骨干作用。

5. 坚持以人民为中心的发展思想，持续改善旅客的出行体验。全路要牢记“人民铁路为人民”的宗旨，把满足人民群众不断增长的出行需求作为最主要任务，充分发挥高铁成网的优势，统筹高铁和普速客运资源，优化客车开行方案，创新客运产品供给，全面提升客运服务水平。铁路不仅创造出了令世人惊叹的高铁建设“中国速度”，而且有能力打造出让世人体验良好的高铁旅行“中国品牌”。

6. 坚持应用创新重点，为保安全、强管理、增效益提供科技支撑。全路要自觉肩负铁路科技创新的历史责任，立足铁路行业发展，围绕铁路技术标准、安全生产、经营管理、提高服务质量和效益等重点领域，加大应用创新力度，广泛运用现代信息技术，推进智慧铁路建设，使科技创新成果更好地转化为现实生产力，转化为便民利民的服务新产品，不断提升铁路企业的安全水平和经济效益。

7. 坚持发挥铁路资源优势，大力拓展资产综合开发效益。全路要坚持深化供给侧结构性改革，发挥市场在资源配置中的决定性作用，以开放合作的方式，统筹优化资源的市场配置，以创新的经营体制机制，全面加强铁路土地资源综合开发，努力形成做强运输主业与做优资产综合开发、多元经营协同发展的新格局，使铁路优势资源获取更多溢出效应。

8. 坚持依法治企，提高铁路企业依法管理、诚信经营水平。全路各级领导干部都要自觉尊法、守法、宣法、用法。积极推动铁路立法工作，依法规范企业经营行为，防范法律和道德风险，维护公众利益，树立铁路企业良好的社会形象。

9. 坚持党的领导，筑牢铁路企业的“根”和“魂”。全路必须始终坚持党对国铁企业领导这一重大政治原则，始终坚持建立现代企业制度这一国有企业改革方向，按照全面从严治党要求，充分发挥企业党组织的领导核心和政治核心作用，切实加强铁路企业党建工作和宣传思想文化工作，深入推进党风廉政建设和反腐败工作，不断凝聚铁路改革发展的正能量。

10. *坚持依靠方针，发扬职工群众推进铁路改革发展的首创精神。*全路要坚定不移地落实党的依靠方针，尊重职工首创精神，保障职工民主权利，高度重视职工队伍素质建设，弘扬劳模精神，培养“铁路工匠”，最大限度地调动广大职工积极性、主动性和创造性，万众一心，就能汇聚创造铁路改革发展新业绩的不竭动力。

三、关于2017年铁路工作重点目标和任务

2017年铁路工作的总体思路是：深入贯彻习近平总书记系列重要讲话精神，全面贯彻党的十八大和十八届三中、四中、五中、六中全会精神，以及中央经济工作会议、全国国有企业党的建设工作会议精神，突出把握“强基达标、提质增效”工作主题，着力构建“三位一体”安全保障体系，确保铁路安全持续稳定；着力创新铁路建设机制，实现铁路建设可持续发展；着力深化运输供给侧结构性改革，提高铁路服务质量和经营效益；着力推进应用技术创新，强化科技对铁路发展的支撑作用；着力服务“一带一路”建设，扩大国际交流合作；着力加强和改进铁路党建和宣传思想工作，充分调动干部职工的积极性主动性创造性，奋力开创铁路安全稳定、改革发展新局面，以优异成绩迎接党的十九大胜利召开。

2017年主要工作目标是：

铁路安全：不发生重大及以上责任事故，不发生客车较大及以上责任行车事故、造成旅客死亡的责任行车事故、从业人员较大及以上责任死亡事故，铁路从业人员万人生产安全事故死亡率控制在0.3以内，铁路交通10亿吨公里死亡率控制在0.3以内。

铁路投资：全国铁路行业投资保持去年规模，全面完成国家下达的固定资产投资计划。投产新线2100公里、复线2500公里、电气化铁路4000公里。

铁路运输：完成旅客发送量30.25亿人、货物发送量27.5亿吨、总换算周转量34546亿吨公里。

铁路经营：完成总收入9116亿元，其中运输总收入6266亿元，多元经营收入2850亿元、综合创效280亿元。

铁路节能减排：能源消耗折算标准煤同比下降4.3%，化学需氧量排放量控制在2108吨以内。

铁路劳动生产率：控制用工总量零增长，运输业劳动生产率达到35.6万元／人；职工工资和劳动生产率保持同步增长。

（一）预防为主、标本兼治，构建“三位一体”安全保障体系。

1. *规范和创新安全管理。*全面加强安全管理制度建设，严格“两纪一化”，抓好现场作业管理和结合部管理。健全安全生产责任制和干部履职质量考评机制，建立安全责任追溯制度。完善专业管理模式，开展专业对规对标，建立高铁运营安全质量评估制度。修订完善规章制度，强化专业管理，统一完善跨局长交路岗位作业标准、作业联控和应急处置办法。配齐配强主要行车工种人员，实现关键岗位梯次配备、动态优化。健全企业内部监督检查机制，结合行业和政府监管，构建强有力的安全监督管理体系。

2. *强化设备质量基础。*进一步完善采购合同质量责任条款，采购运用先进成熟、经济可靠的技术装备，严格监理监造，强化设施设备质量源头控制。健全高铁设备维护管理体系，科学界定设备维护周期、范围和技术条件，提升自主修能力。编制机车车辆图谱表，推进铁路装备简统化，提高零部件通

用性。深化设备修程修制改革，完善设备投入保障机制，提高专业化维修水平。

3. 加强对安全风险源的控制。构建安全风险管控和隐患排查治理双重机制，对突出问题实行挂牌督办。推进安全生产标准化建设，按照去繁就简、科学适用、易于操作的原则完善作业标准体系，加强岗位作业达标管理，有效防控现场作业风险。加强铁路治安综合治理，构建路地联防联控机制，着力打造平安铁路。

4. 提高应急处置和救援能力。健全和完善总公司、铁路局、站段应急指挥平台，进一步规范应急处置流程，严格突发情况信息报告制度，健全岗位应急处置办法，构建与中央部门、地方政府部门协调联动的应急救援机制，加强日常应急演练，做到应急有备、反应迅速、程序严密、处置得当，决不让故障上升为事故，决不让事故演变成灾难。

5. 加强安全重点课题技术攻关。围绕确保高铁和旅客安全，充分运用科技新成果，特别是现代信息技术，突破一批安全难点问题。整合强化各类实时监控监测系统，建立专业化检测监控队伍，实现对安全数据信息的及时采集、系统分析、科学评估、有效预警。逐步将铁路沿线视频监控纳入“天网工程”，补强高铁站车视频等监控设备和防入侵报警系统，提升铁路安全的技防水平。

（二）持续推进铁路建设，全面加强工程质量安全。

1. 科学合理安排建设项目。以西部铁路建设为重点，按照《中长期铁路网规划》和“十三五”铁路建设规划，区分轻重缓急，优先安排运输急需，有利于提高路网效率效益、实施集中连片地区脱贫攻坚、补齐发展短板、促进融合发展、形成有效供给的项目。强化建设为运输服务的理念，提高项目前期工作质量，科学确定功能定位、技术标准和技术方案，合理安排建设时序和项目工期，加强概预算管控，从严控制建设规模和投资，充分发挥铁路投资效益。更改和大修计划安排要更好地为提质增效服务。

2. 有序推进项目组织实施。对在建重点项目，加强施组管理，优化建设资源配置，及时解决建设过程中出现的问题，盯住关键节点，均衡有序推进，实现投资和实物工作量相匹配。对年内计划开通项目，抓好工程收尾、竣工验收、安全评估、运营准备等工作，确保按期顺利开通运营。落实与国家有关部委、地方政府协商沟通机制，协调解决资金落实、征地拆迁、市政配套等难点问题，保障铁路建设顺利推进。

3. 加强质量安全管控。遵循铁路建设规律，严格按施组工期推进，不允许随意抢工期、赶进度。建立健全质量安全管理体系，优化设计方案，抓好原材料质量控制，抓好工艺工法的落实，紧盯制度标准、检测检验、验收开通等关键环节，切实加强对质量安全问题的检查整治，建立负面行为清单，强化合同约束，落实质量终身负责制，从严追责问责。

4. 创新铁路建设管理。全面实行分类分层建设，总公司集中力量抓好路网干线项目建设，通过代建和总承包方式，支持地方政府和社会投资机构抓好城际和支线等铁路建设。创新建设管理模式，全面实施项目专业化管理，开展建设项目工程总承包试点，用好铁路参建企业信用评价机制，进一步规范参建各方行为。

（三）推进运输供给侧结构性改革，全面提高铁路服务质量。

1. 优化客运产品结构。建立列车开行效益评估机制，动态优化客车开行方案，实现客运资源效益最大化。进一步改进互联网售票系统，优化票额智能预分策略，探索常旅客积分制度，扩大中铁银通卡应用规模，优化电子支付功能，提供方便旅客购票的系列服务。进一步优化客运站旅客引导揭示系统，全面落实基本服务标准，开展个性化、特色服务。

2. 强化货运产品开发。以市场监测分析为基础，加强市场营销策略研究，建立基本稳定客户关系，科学细分目标市场。坚决稳固扩大大宗货物运量，与重点企业签署运量长协议，组织好均衡运输。大力发展集装箱、商品汽车运输，加快内陆港建设，推进多式联运，补齐接取送达、运到时限、装卸组织等方面的短板，确保集装箱发送箱同比增长40%以上，商品汽车运量同比增长50%以上。探索拓展新型冷链、高铁快运和社会物流市场，力争冷链物流运量、高铁快运发送件数同比分别翻一番。

3. 提高运输保障能力。建立面向市场需求的阶段性运行图调整机制，提高运力资源配置效率。坚持运输集中统一指挥，完善运输组织考核办法，维护调度指挥的严肃性和权威性，追求全路效率效益最大化。合理安排动车组、机车、货车、装卸机械等装备购置，探索多种渠道增加装备供给的新途径。实施运输“短平快”项目，加快推进物流基地建设和既有货场的适应性改造，多方合力推进专用线进厂、进园、进港，提高物流综合服务能力。

4. 实施高铁“强基达标、提质增效”工程。以持续提升高铁运营品质和效益为导向，总公司将科学制定指导意见和工程达标验收办法，加强对全路实施推进工作的指导和检查。在落实铁路局主体责任的同时，总公司将组织推进京沪高铁标准示范线建设并实施“京沪高铁品牌”战略。要研究建立高铁运营的后评估制度，通过“强基达标、提质增效”工程的实施，全面打造中国高铁品牌，实现高铁经济与高铁品牌交相辉映，让人民群众有更多获得感。

（四）加强经营管理，构建权责统一新机制。

1. 加强全面预算管理。研究建立铁路运输企业以运输收入、盈亏总额为核心的预算目标管理制度，切实加强预算执行过程分析、控制和考核，充分发挥预算管理的约束激励作用，促进各运输企业努力增收创效节支。要加大成本控制力度，优化生产组织改革设备修程修制，减少生产和维修成本支出。要加强物资集中招标采购，严格设备采购最高限价管理，降低物资采购成本。继续推进“三供一业”移交和公务用车制度改革。

2. 健全经营管理新机制。修订完善工效挂钩考核机制，实行工资总额与安全业绩、盈亏结果和运输总收入挂钩考核，强化收入分配的激励约束作用。探索建立符合全成本核算、多种交通方式比价合理、灵活对接市场、有降有升的运价体系。优化货运清算办法，适当调整货运到达等清算标准，鼓励铁路局积极拓展货运市场。开展货运承运清算模拟运行，努力构建成本收入紧密联系的市场化货运承运清算体系。积极推动建立稳定的铁路公益性补贴机制。

3. 依法规范企业经营行为。建立铁路企业党政主要领导法治建设责任制，提高企业依法治理水平。建立完善经营管理活动合法合规审查制度，加强对产权流转、对外担保、物资采购、招标投标、运输产品定价等经营行为的监督审查，强化经营风险防控。建立企业违规经营和投资责任追究制度及责任倒查机制，对企业重大决策实行终身责任追究。

4. 完善经营责任考核机制。总公司对所属企业负责人经营业绩实行分类考核，全面客观评价企业领导班子经营绩效。对各铁路局主要考核安全指标、效益指标、经营指标、监控指标，并增设完成重点任务等单项指标。把国家对总公司的考核传导到总公司对所属企业的考核上来。

（五）落实经营权责，提高铁路资本经

营效益。

1. 规范和落实铁路两级主体企业权责。按照总公司和铁路局的职能定位，进一步优化权责划分，充分发挥两级机构的优势和主体的作用。总公司要统筹全路的发展战略规划、政策制度标准、企业经营目标、重大改革举措、党的建设和群团工作、企业文化建设管理，重点以战略决策、行为规范、组织指挥、协调服务、监督考核等方式，加强与改进对铁路局的管理。铁路局要强化市场经营主体意识，贯彻落实总公司的各项决策部署，依法在职权范围内开展经营管理工作，实行自主决策、自主管理、自主经营、自担风险。总公司将进一步推进权力清单制度建设，公布总公司权力清单目录和权力事项管理流程，研究建立铁路局权力事项和负面清单，实现总公司机关和铁路局权力运行有序规范，两级企业的经营活动协调高效，各负其责，各扬其长。

2. 推进铁路资产资本化经营。研究推进铁路企业债转股，深化铁路股权融资改革。研究探索铁路资产证券化改革，积极开展资产证券化业务，总结完善既有铁路控股上市公司经营管理机制，对具备条件的科技和专业市场前景良好的企业逐步改制上市，增强国铁资本的控制力，扩大资本溢出效应。加强合资铁路公司管理，依法合规推进优化重组工作，促进合资铁路健康可持续发展。

3. 开展混合所有制改革。拓展与铁路运输上下游企业的合作，采取国铁出资参股、设立合作平台公司等方式，促进铁路资本与社会资本融合发展。探索股权投资多元化的混合所有制改革新模式，对具有规模效应、铁路网络优势的资产资源进行重组整合，吸收社会资本入股，建立市场化运营企业。创新铁路发展基金发行模式，畅通企业、社会投资铁路发展基金渠道。

4. 加大综合经营开发力度。落实铁路局土地综合开发主体责任，赋予必要的开发自主权，面向社会资本，推出一批土地综合开发项目，争取早落地、早见效。实施“互联网+”工程，拓展电商业务，提高网络资源效益。培育一批与主营业务协同发展的非运输企业，提高经营效益。

（六）突出关键重点领域，积极推进应用技术创新。

1. 推进安全生产领域技术创新。推进设备管理信息化，全面建立主要行车设备电子档案，构建安全数据共享平台，开展设备健康状态评估、故障预警和维修决策等技术研究。推进自主化列控系统、智能牵引供电系统等技术研发，增强技术装备的适用性、可靠性。推进高铁防灾及异物侵限监测、高铁救援装备设施技术研究，提升综合防灾和应急救援技术水平。强化科研试验验证手段和新产品运用考核验证，提高设备源头质量。

2. 推进运输经营领域技术创新。加强动车组顶层设计，推进中国标准系列动车组研发。开发面向旅客的智能化服务项目，推进站车 WiFi 系统建设。开展集装箱运输、快捷运输、冷链物流、多式联运等关键装备技术研究，为发展现代物流提供支撑。深化运输调度管理系统应用，完善 12306 和 95306 网站功能，推进铁路客服中心互联互通，搭建铁路互联网经营数据服务平台，提高运输服务信息化水平。

3. 推进工程建设领域技术创新。深入开展大跨度复杂结构桥梁、穿越城市密集建筑群大直径铁路隧道、高地震烈度地质条件铁路建设等技术攻关，持续推进无砟轨道、新型综合交通枢纽建造等技术研究，不断优化施工工装和工艺工法，为保证建设质量安全、节约建造成本提供科技支撑。

4. 推进铁路信息化建设。制定实施信息化总体规划，推进重点业务应用系统优化整合。制定铁路物联网总体方案，扩大物联网应用范围。制定大数据应用实施方案，依托既有数据资源优势，统筹开展设备状态分析、客货运服务等大数据专项应用。推进信息网络向站段、车间、班组延伸。加强铁路网络安全管理，确保铁路网络安全。

5. 加强铁路科技创新基础工作。加强铁路科研、认证、计量实验检验平台建设，完善铁路知识产权管理，推进运输生产急需的技术标准制修订工作，主动承担一批国际重要标准制定任务，扩大中国标准的国际影响力。

（七）扩大铁路对外交流合作，服务“一带一路”建设。

1. 大力发展中欧班列等铁路国际物流。充分发挥国际联运优势，加强与相关国家铁路的沟通协调，建立国际铁路联运合作机制，完善服务保障措施，继续打造中欧班列品牌，加大班列尤其是回程班列组织力度，提高国际运输能力和效率，构建与“一带一路”建设相适应的铁路国际物流体系。全年中欧班列、中亚班列开行继续保持稳步增长势头。

2. 扎实推进境外重点铁路合作项目。完善工作机制，创新合作模式，发挥总公司在企业层面的牵头作用，建立境外项目趋势研究机制，加强境外项目组织实施中的质量安全和资金管理，推进印尼雅万高铁、中老铁路工程建设，推动中泰铁路、匈塞铁路合作建设，持续推进俄罗斯莫喀高铁、马新高铁前期合作工作。

3. 深化对外交流合作。加强与其他国家和地区、国际铁路组织的双边、多边交流合作，进一步丰富合作内涵，提升合作质量，厚植合作的技术与人文基础。通过采取举办展览、交流论坛、项目推介等形式，广泛宣传中国铁路发展成就，营造有利于扩大、深化国际合作的良好氛围。

（八）发挥职工群众的主人翁作用，建设企业与职工命运共同体。

1. 尊重职工首创精神。大力弘扬劳模精神、劳动精神，培养和造就“铁路工匠”，把职工群众中蕴藏的劳动潜能和创新智慧充分激发出来，在全路营造劳动光荣、创造光荣的浓厚氛围和舆论导向，激励广大职工敬业爱岗，通过劳动创造财富、获得收入、展示才华、成长进步，为铁路强国贡献力量。

2. 提高职工队伍素质。以提高职工职业道德、职业技能水平为重点，实施职工素质建设工程，制定职工培训规划，创新教育培训方式，完善培训保障体系，组织好对职工的经常性培训，大力开展岗位练兵、技术比武、技能竞赛活动，加强优秀高技能人才选拔使用，促进职工队伍整体素质不断提升，建设一支知识型、技术型、创新型的铁路职工队伍。

3. 保障职工民主权益。加强职工代表大会制度建设，抓好基层民主管理工作，畅通民主监督渠道，保障职工的知情权、参与权、表达权和监督权，使广大职工更为广泛地参与企业管理。构建发展和谐劳动关系，健全和落实信访工作责任制，解决职工群众反映的突出问题。

4. 不断改善职工生产生活条件。坚持工效挂钩的分配导向，全年实现职工收入同步增长，调增机车乘务员等一线特殊关键工种岗位的生活补贴标准。有序推进职工保障性住房建设和棚户区改造。推进健康铁路建设，完善职业健康保障机制，落实职工健康行动计划和带薪休假制度，提高职工健康水平。健全并落实帮扶救助工作长效机制，实施精准帮扶，帮助困难职工解困脱困。

坚持改革创新　勇于履职担当 着力开创铁路行业监督管理新局面

——国家铁路局局长、党组书记杨宇栋在国家铁路局工作会议上的报告（摘要）

（2016 年 12 月 28 日）

这次会议的主要任务是，深入贯彻党的十八大和十八届三中、四中、五中、六中全会以及中央经济工作会议精神，以习近平总书记系列重要讲话精神为指导，回顾总结工作，分析当前面临的新形势新任务，部署2017 年重点工作。

一、国家铁路局组建以来工作回顾

国家铁路局组建以来，坚决贯彻中央决策部署，自觉服务大局、勇于担当作为；坚持边组建边履职，顺利完成机构队伍组建等各项基础建设，积极推进行内监督管理工作，发挥行业专业优势，为促进铁路事业发展作出了积极贡献。

1. 始终坚持把安全质量监管放在首位，强化行政执法，有力维护了铁路安全持续稳定。

2. 发挥铁路建设在稳增长、调结构、惠民生中的作用，强化工程质量安全监管，促进了铁路建设有序推进，工程质量安全总体稳定。

3. 坚决贯彻中央全面依法治国的决策部署，初步构建起行业监管的法规制度和标准体系，依法行政水平不断提高。

4. 坚决贯彻中央全面深化改革的决策部署，持续推进“放管服”改革，减少行政审批、创新监管机制取得实质性成效。

5. 坚决贯彻中央全面建成小康社会的决策部署，加强规划与政策研究，推动科技创新，为促进铁路改革发展提供了重要支撑。

6. 积极服务“一带一路”战略，加强政府间铁路交流合作，推动铁路加快“走出去”，取得了一系列重要成果。

7. 坚决贯彻全面从严治党要求，落实治党管党主体责任，为顺利推进行业监督管理工作提供了坚强的政治保障。

二、当前铁路工作面临的新形势新任务

在统筹推进“五位一体”总体布局和“四个全面”战略布局、贯彻落实新发展理念、适应把握引领经济发展新常态的形势下，铁路工作面临诸多新机遇、新挑战。

（一）铁路部门要认真学习、深刻领会、坚决贯彻、扎实落实习近平总书记关于交通运输工作的重要指示精神。习近平总书记高度重视交通运输工作，对交通运输事业给予了殷切期望和亲切关怀。总书记指出“十三五”是坚持新发展理念，实现全面建成小康，推进供给侧结构性改革的关键时期，是经济社会发展的重要时期，也是交通运输基础设施发展、服务水平提高和转型发展的黄金时期，要求我们抓住这一时期，加快发展不辱使命，为实现中华民族伟大复兴中国梦发挥更大作用；指出实现扶贫脱贫要多措并举，路、水、电等基础设施是重要方面，“要想富，先修路”不过时；指出推进供给侧结构性改

革，促进物流业“降本增效”，交通运输大有可为，要求我们在组织创新、管理创新等多个方面有所作为，把简政放权、提高效率放到重要位置；指出“三大战略”和“四大板块”是经济发展的重点，特别是“三大战略”都是从全国和国际国内大局出发提出来的，要求我们找准位置，不辱使命，有所作为，发挥先行作用；指出综合交通运输进入新的发展阶段，在体制机制上、方式方法上、工作措施上都要勇于创新、敢于创新、善于创新，推进各种运输方式融合发展；指出“两路”精神充分体现了交通运输系统的风采，在新形势下进一步弘扬并创新发展。这些重要论述，是习近平总书记治国理政新理念新思想新战略在交通运输领域的集中体现，更是推进铁路现代化建设的行动指南。

学习好、领会好、贯彻好、落实好习近平总书记的重要指示，是当前的重要政治任务。我们要将学习重要指示与学习贯彻习近平总书记系列重要讲话精神紧密结合起来，与贯彻落实党中央、国务院各项决策部署紧密结合起来，牢固树立“四个意识”特别是核心意识、看齐意识，始终与以习近平同志为核心的党中央在思想上政治上行动上保持高度一致，用总书记重要指示精神统一思想、武装头脑、指导工作。牢固树立“人民铁路为人民”的宗旨意识，坚持以人民为中心的发展思想，让人民群众共享铁路发展成果。发挥骨干作用，积极推进综合交通运输体系建设，切实担负起服务国家重大战略的职责使命。

（二）习近平总书记对安全工作多次作出重要指示批示，铁路安全事关人民群众生命财产安全，我们必须进一步增强红线意识，全力维护铁路安全稳定。总书记指出，对各类事故要有所防范，坚决克服现阶段事故“不可避免论”，要经常临事而惧，要有睡不着觉、半夜惊醒的压力，坚持命字在心、严字当头，敢抓敢管，勇于负责，不可有丝毫懈怠。总书记还强调，要把握安全生产规律特点，抓住源头、综合治理，努力构建安全生产长效机制，实现长治久安。政企分开改革以来，虽然没有发生特别重大和重大铁路交通事故，但较大事故时有发生。铁路安全责任重于泰山，我们要牢记习近平总书记的指示，要以睡不着觉得态度，认真分析研究解决安全问题，确保铁路安全万无一失。

这里重点强调高铁安全。经过十多年的发展，我国高铁已经呈现出以下特点：一是规模大，高铁运营里程超过 2 万公里，占全世界高铁的 60%以上，动车组完成工作量占客运总量的一半以上；二是工程建设条件复杂，不仅有平原地区，还有高原地区、常年冻土层地带、喀斯特岩溶地质、沿海冲积平原、沙漠荒漠地区、湿陷性黄土地区、南北地震带、大江大河和地质断裂带等各种复杂地形地貌和地质条件；三是运营距离长、跨度大，有的动车组从-30℃的高寒地区，一次运行 2000 公里以上，到 30℃的热带地区，还有的经过长距离风区和多风沙地带，动车组运行经历着世界上最复杂的环境条件考验；四是运营实践中面临着不少风险和隐患，动车组配件丢失、隧道掉块、异物侵限，特别是外部环境对高铁的影响较大，沿线一些危及高铁安全的非法违法行为屡禁不止，自然灾害和异常天气加大了安全风险管控难度。我们对高铁运营安全规律的认识和把握还没有完全到位，人防、物防、技防还有大量工作要做。

铁路外部治安环境比较复杂。沿线违法上道、放牧烧荒、石击列车、线路摆障、破坏防护栅栏、拆盗铁路器材等案件时有发生，特别是针对高铁的破坏和针对铁路的暴恐事件已经发生多起，不仅影响铁路运输安全，而且严重威胁公共安全和国家安全。高铁安全不仅仅是铁路的行业安全，而且已经上升到公共安全和国家安全的高度。确保铁路运输安全，确保人民群众生命财产安全，这是我们维护党和人民利益的责任担当，是铁路发展必须坚守的底线，是政府监管义不容辞的首要责任。

铁路行业监督管理部门必须深入贯彻《中共中央国务院关于推进安全生产领域改革发展的意见》，牢固树立安全发展理念，准确把握铁路安全形势变化新特点新趋势，坚守发展绝不能以牺牲人的生命为代价这条不可逾越的红线，以防范遏制重特大安全事故为重点，坚持安全第一、预防为主、综合治理的方针，突出高铁和旅客列车安全，督促企业落实安全生产主体责任，深入推进安全防护工程建设，强化安全基础建设，着力堵塞监督管理漏洞。依靠严密的责任体系、严格的法治措施、有效的体制机制、有力的基础保障和完善的系统治理，切实增强安全防范治理能力，全面提高安全管理水平，确保铁路安全持续稳定。

（三）落实“三去一降一补”和深化供给侧结构性改革，我们必须以改革创新带动运输产品优化升级，提高服务供给质量，促进形成综合交通运输体系的大格局。习近平总书记强调，供给侧结构性改革最终目的是满足需求，主攻方向是提高供给质量，根本途径是深化改革。我国高铁快速发展的实践证明，铁路运输市场蕴含巨大需求，铁路客运持续快速增长，大量潜在客运需求转化为现实铁路运量，就在于高铁建设和动车组投入运用，优化了铁路运输产品结构，提供了社会需要、人民满意的高质量产品和服务。国家铁路局承担着铁路发展规划、科技创新、行业标准等方面的职责任务，要在加快铁路技术进步、提高行业质量标准上下功夫，通过铁路装备现代化、服务标准化，为铁路企业开发新产品、新市场创造条件，促进铁路供给侧结构性改革，为综合交通运输体系提质增效发挥合力作用，为全社会搭建成本更低、服务更好的平台。

从客运看，深化铁路供给侧结构性改革，要以高铁逐步成网为契机，充分展示高铁在旅客运输方面的优势，不断优化运输组织。在中国标准动车组基础上，进一步优化动车组设计和制造，不断优化运输产品。加强对城际、市域市郊及其他短途客运市场的开发和培育。加大客运产品的开发，创新服务理念和服务模式，形成高速动车、城际列车、普速客车、市郊列车等层次多样、能力协同、满足需求的旅客运输系列产品。加大站车服务设施设备和环境整治力度，推进旅客服务系统建设，为旅客提供高效便捷、安全优质的出行体验。推进售票服务创新，完善客票系统建设，提高列车服务品质。修订完善旅客运输服务质量标准，规范站车服务行为，不断提升服务质量，让旅客有更多获得感。

从货运看，深化铁路供给侧结构性改革，就是要促进铁路与其他运输方式融合发展，加快综合交通运输体系建设，降低全社会物流成本，提高整体经济效率和效益。去年我国全社会物流总费用达到 10.8 万亿元，占 GDP 的 18%，高于美国、日本、德国等发达国家 9.5 个百分点左右，高于全球平均水平 6.5 个百分点。这其中，各种运输方式没有很好衔接是一个重要原因，必须加快推进物流大通道建设，促进交通物流融合发展，加强铁路集装箱运输、驮背运输等相关技术装备的研发及推广使用，加强主要港口疏港铁路、综合物流园区铁路专用线规划建设，完善铁公、铁水、铁空联运设施，破解“最后一公里”瓶颈。

以不断改进运输产品为源头，加快铁路技术装备现代化，对于带动相关产业链发展，振兴实体经济，具有十分重要的现实意义。2015 年 8 月，习近平总书记在考察长春客车厂时指出，高铁动车体现了中国装备制造业水平，在“走出去”、“一带一路”建设方面也是“抢手货”，是一张亮丽的名片。希望高铁建设再接再厉、创新驱动、继续领跑、勇攀高峰，带动整个装备制造业形成比学赶帮超的局面。加快铁路技术装备现代化，从而带动相关实体经济发展，这也是深化铁路供给侧结构性改革的重要任务。

推动铁路科技进步是国家铁路局的主要职责。要主动适应、把握并引领运输市场需求变化，依靠科技创新和技术进步，着力改进技术装备，加强新技术成果的推广应用，补齐产品结构上的短板，增强铁路市场竞争力，不仅要补硬短板也要补软短板，不仅要补发展短板也要补制度短板。要充分发挥政府部门组织、引导、协调、服务作用，动员社会各方力量和资源，推动基础研究、应用研究、成果转化及产业化紧密结合，加速重大科研成果转化应用，为运输发展增添新动能。充分发挥技术标准对推动科技创新、提升产品质量的促进作用，加快重大技术标准制修订工作，为增加铁路产品和服务的有效供给提供标准支撑。

（四）深入实施“四大板块”区域发展总体战略和三大国家战略，我们必须立足国家大局谋划发展，在服务国家战略中担当作为。我国地域辽阔，属于典型的大陆性国家，四大直辖市、各省会城市之间直线平均距离1400公里。铁路运输以其技术经济优势，可以突破地域辽阔形成的空间阻隔，实现人员、物资的大范围快速流动，将资源丰富的中西部地区与产业发达的东部地区有机联接起来，使经济社会发展的整体性和联系性得到有效强化。

作为国民经济大动脉和国家关键基础设施，铁路发展对于促进区域经济社会协调发展具有重要的基础保障和先导作用。特别是“一带一路”战略的实施与我国铁路领先发展的新阶段产生了历史性交会，使我国铁路发展的地理空间已经突破国界，有着更加广阔的发展前景和作为天地。从这个意义上来展望，深入实施西部开发、东北振兴、中部崛起、东部率先的“四大板块”区域发展总体战略，继续实施京津冀协同发展、长江经济带发展、“一带一路”建设三大战略，推进新型城镇化和城乡一体化，实施贫困地区脱贫攻坚，对铁路发展提出了新的更高要求，“十三五”仍然是铁路快速发展的重要战略机遇期。

“十三五”末，我国铁路营业里程将达到15万公里，其中高速铁路3万公里，形成区域覆盖广泛、服务层次多样的现代铁路网络，支撑陆海双向全面开放、城乡区域协调发展。服务和支撑国家战略，既是政治责任，又是难得机遇；既是历史使命，又是发展空间。我们要抓住机遇，顺势而为，以奋发有为的精神状态和责任担当，积极主动地服务国家战略，在服务大局中体现作为。要增强国家意识和战略思维，从大局着眼制定铁路发展规划、法规标准、政策措施，努力使各项决策适应国家战略需要。要充分发挥铁路运能大、效率高、排放少、占地省的比较优势，积极推动铁路融入综合交通运输体系，优化交通运输结构，促进交通运输业可持续发展。要加强规划顶层设计，积极参与区域性铁路网和城际铁路、地方铁路等建设规划和技术评审，加强对技术标准、技术方案的专业指导，抓好衔接配套。要进一步规范铁路建设市场秩序，强化建设工程质量安全监管，为加快铁路建设营造良好法治环境。

（五）铁路是大众化交通工具和重大民生工程，事关人民福祉和切身利益，我们必须坚持以人民为中心的发展思想，让人民群众共享铁路发展成果。党中央要求，坚持普惠性、保基本、均等化、可持续方向，从解决人民最关心最直接最现实的利益问题入手，增强政府职责，提高公共服务共建能力和共享水平，使全体人民有更多获得感。铁路作为大众化交通工具，是联系民生最紧密、服务群众最直接的行业之一。满足人民群众的出行和远输服务需求，是铁路部门的基本职责。人民铁路为人民，就是要从解决人民最关心最直接最现实的利益问题入手，提高运输能力和服务水平，让人民群众享受满意的出行服务，共享铁路改革发展的红利，获得更多实惠。这是铁路部门牢固树立政治意识、大局意识、核心意识、看齐意识的直接体现。

近年来，铁路的通达度和覆盖面进一步扩大，旅客出行的多样性和选择性增多，客运服务的舒适性和便捷性增强，越来越多的老百姓选择高铁出行，重点物资运输保障有力，高铁快运、中欧班列等品牌效应日益显现，客货运输组织改革深入推进，售票方式、货运受理和站车服务等公共服务水平明显改善。但也应该看到，当前铁路运输服务与人民群众的要求相比仍有较大差距，政府网站每天都会收到涉及运输服务质量的投诉举报来件，大量集中在退票还款不及时、乘降不方便、服务态度生硬、餐饮服务质量和卫生环境差、货物运行时限长、货物受理不便捷等等。还有不少投诉，涉及到行业的老规矩和深层次问题，如无座票票价、儿童票票价、列车晚点索赔等等。

作为铁路行业监督管理部门，我们要把维护人民群众利益作为工作的出发点和落脚点，研究建立运输服务质量监督标准体系，推进铁路客货运输服务质量评价指标体系建设，建立健全运输服务行政监督工作的体制机制，积极回应社会关切，推动铁路行业适应人民群众新需求，不断提高铁路运输服务质量。

（六）深入推进放管服改革，我们必须加快政府职能转变，充分发挥市场配置资源的决定性作用和更好发挥政府作用，创新行业监督管理机制。深化简政放权、放管结合、优化服务改革，是推动经济社会持续健康发展的战略举措，其关键是转变政府职能，处理好政府和市场的关系，使市场在资源配置中起决定性作用和更好发挥政府作用。我们要从稳增长、促改革、调结构、惠民生、防风险这个大局来看待这项改革，结合铁路工作实际，以更大决心、更有力举措深化放管服，以转职能促进提效能。

要继续按照精简优化的原则，坚决把应该由市场机制发挥作用、由企业自行决定的事项交给企业。对依法实施的行政许可，要精简程序、优化服务、方便企业。在放管结合方面，要结合铁路实际，深入研究探索事中事后监管的有效机制，特别是对直接涉及铁路安全的事项，必须尽职尽责，管住管好。

要切实转变政府职能，优化行政许可。深入推进“双随机一公开”，提高公正监管、公正执法的水平，加大对违法非法行为的打击查处力度，增强监管执法的权威性。巩固和强化部门间联合监管、联合执法、联合整治，深化综合监管，推进信息共享、协同监管、联合惩戒，促进铁路监督管理工作上水平、上台阶。要进一步推进政务公开，推进“互联网+政务服务”，减轻企业和群众办事负担，更好便民利民，同时主动接受社会监督，打造阳光政府、服务政府。

要协调国家立法部门，适应改革发展的新形势新要求，把铁路重大改革决策和铁路发展的大政方针用法律的形式规范化、制度化，完善铁路市场规则，促进市场开放，营造权利平等、机会平等、规则平等的市场环境。

三、2017年工作安排

2017年，国家铁路局总体工作思路是：深入贯彻党的十八大、十八届三中、四中、五中、六中全会以及中央经济工作会议精神，以习近平总书记系列重要讲话精神为指导，紧紧围绕“五位一体”总体布局、“四个全面”战略布局和稳中求进工作总基调，改革创新，依法行政，履职担当，全面加强铁路行业监督管理。坚持安全第一、预防为主、综合治理，突出高铁和客车安全，保障铁路运输安全持续稳定；加强标准体系建设和科技创新运用，推动铁路装备技术现代化，促进铁路供给侧结构性改革；坚持以人民为中心的发展思想，加强工程质量、设备质量、服务质量和市场秩序监管；以服务企业为目标，深化“放管服”改革；服务国家四大板块区域发展总体战略和三大国家战略，促进完善综合交通运输体系，加强发展规划，加快铁路建设，深化国际合作交流，服务经济社会发展大局，开创铁路行业监督管理新局面。

根据总体工作思路，明年要在全局开展“安全质量服务年”活动，以“安全质量服务年”为载体，不断细化、实化、深化行业监督管理职能，推动铁路事业持续健康发展。

“安全”就是狠抓“四监管”，即铁路运输安全监管、外部环境安全监管、专用设备安全监管、工程建设安全监管；“质量”就是进一步提高运输服务质量、提高设备产品质量、提高工程建设质量；“服务”就是服务人民群众、服务国家战略、服务经济社会发展、服务企业发展。

主要抓好12个方面的重点工作：

1. *加强铁路运输安全监管，确保安全持续稳定。*铁路安全监督管理，必须坚决贯彻习近平总书记关于加强安全基础建设的重要指示精神，督促企业和企业各级管理者，按照铁路安全管理的客观规律办事，全面系统掌握铁路安全各个方面、各个环节、各个要素，打牢安全基础。在安全监督管理过程中，我们要全面抓、系统抓，学会转盘子、弹钢琴，不仅要监督企业解决本单位、本部门阶段性重点突出问题，更要监督企业管理者全面抓好安全基础，防止长时间偏废某个方面、某个环节、某个要素，或者以标榜创新的名义，违反安全生产管理规律，搞单打一、个性化、不符合实际的东西，从而埋下安全隐患。

安全监管要坚持高标准、严要求。一是抓小防大。既要对惯性的一般事故、普遍的设备故障紧抓不放，防止惯性问题多发，长期得不到根治，引发严重事故；更要敏感关注偶发的新问题和新故障。新问题中往往隐藏着新设备、新技术的设计缺陷，一旦放过了将可能在各种因素耦合条件下酿成大祸。二是督促企业严格落实规章标准。狠抓制度执行，狠抓标准达标，有效防控安全作业漏洞。三是严格事故分析定责追责。要依法追究事故直接责任人和管理者的责任，防止大事化小、小事化了。要把重大风险隐患当成事故来对待，对长期不能消除隐患或查出问题不整改的，视同事故责任予以追究。各地区监管局要对辖区内典型行车事故责任单位整改落实情况进行检查评估，整改措施不落实的要依法处理。要采取综合治理措施，大力压缩路外事故，努力减少伤亡人数。

要高度重视铁路沿线安全环境综合治理。积极推进普速铁路安全保护区划定工作，新建高铁开通运营前必须依法完成安全保护区划定。重点针对铁路沿线违法私搭乱建、非法开采、危险品非法生产储存销售等影响铁路安全的突出问题，加强协同监管，与有关部门和地方政府、公安机关开展联合执法，坚决查处非法违法行为。研究制定安全环境治理约谈、挂牌督办、考核办法，督促地方政府及相关部门落实责任。

2. *积极探索高铁运营安全规律，强化高铁安全监管。*认真贯彻落实中央领导同志关于加强高铁安全的重要指示批示精神，始终把保障高铁安全作为安全监管的重中之重，着力研究解决规律性问题，防范严重问题发生。一是积极推进实施高铁安全防护工程。立足于“人防、物防、技防”相结合，督促铁路运输企业完善高铁防灾防护、监测监控系统。建立安全信息通报和问题督办机制，完善高铁安全防护工程数据库平台，掌握工程建设、设备造修、安全管理、人员素质、外部环境等方面存在的突出问题，总结运营实践经验，研究完善法规标准，推动形成“企业主体、政府监管、社会监督”的高铁运营安全综合管理格局。二是探索建立高铁工程质量责任追究终身制。针对运营过程中暴露出来的线路沉降、隧道空洞掉块等工程源头质量问题，分析查找勘察、设计、施工、监理等单位责任，对严重问题实施终身责任追究，督促企业落实标准规范，不断提高工程源头质量。三是探索建立动车组设备制造质量完善提升责任制。针对运营过程中暴露出的制动故障、热轴、齿轮箱和牵引电机故障、裙底板脱落等突出问题，督促设备制造和运用单位认真分析原因，由制造单位负责，研究改进设计制造工艺，不断提升动车组制造质量，为运用安全提供质量保证。国产动车组是国家名片，要督促厂家提高车内上部设施和外观质量，在制造工艺细节上下功夫。四是强化高铁反恐防暴措施落实。加强与国家反恐办、公安部门联系，及时掌握信息，采取有效防范措施。督促铁路运输企业严格依法加强安全检查，坚决把违禁物品堵在站外车下。完善高铁防护设备设施行业标准，加快高铁防护电子围栏、光纤围栏等防侵入报警系统建设推广，推进车站、线路及旅客列车视频监控系统建设，提升反恐防暴、反破坏的能力。对高铁安全防护工程推进不力的企业，要向社会公开公布并严肃追责。加强高铁沿线巡查，及时发现并制止非法进入线路的行为。五是发挥铁路行业专业优势，聚焦高铁安全，组织开展跟踪分析研究，为强化监管提供科学依据。围绕促进高铁发展，组织开展高铁经济研究等重大课题，总结经验、探索规律。

3. 加强工程质量监管，服务铁路建设发展大局。一是加强工程质量监督检查。针对当前工程质量管理中存在的“不按工程设计图纸或技术标准施工、使用不合格的建筑材料、将不合格工程按合格工程验收”等突出现象，组织开展“三不问题质量行为”专项整治，督促参建企业落实主体责任，严格按建设程序和规定依法施工。以铁路隧道工程质量特别是衬砌厚度、空洞等质量问题和铁路桥梁制运架等大型施工机械设备安全、新开工项目铁路安全保护区划定公告、工程质量安全事故“四不放过”落实情况、建设项目冬季施工等为重点，开展质量安全专项监督检查，督促企业狠抓问题整改。二是完善铁路工程监管机制。组织做好国家审批铁路建设项目质量监督工作，严格按规定抓好质量监督机构委托及考核，督促监督机构健全完善管理制度，组织开展监督人员培训考核。加大调研指导力度，帮助地方政府落实地方审批铁路建设项目质量监督责任。加强与铁路总公司有关单位沟通协调，进一步理顺铁路总公司审批项目质量监督权责关系。加大与铁路总公司、地方政府以及中国中铁、中国铁建等企业的协调力度，定期通报监督检查情况，各地区监管局也要定期向辖区内企业通报。研究建立协同联动机制，开展联合检查，促进铁路建设质量不断提高。三是规范铁路建设市场秩序。深入推进整治违法发包、违法承包、违法建设的“三违”专项行动，对贯彻不实、执行不力、隐瞒不报的单位加大查处和通报力度。加强工程招标投标监管，认真处理投诉举报，依法严肃查处违法违规行为。各地区监管局要加强同各地交易中心和综合监管部门的协调沟通，共同推动铁路工程建设项目实行电子招投标。推进建设市场诚信体系建设，提出铁路建设市场信用制度框架、实施步骤和阶段目标，对严重违法企业探索实施“黑名单”制度，推动建立市场主体失信惩戒机制和跨部门联合惩戒机制。同时加强正向激励，加大铁路优质工程、部级工法等表彰宣传力度，弘扬大国工匠精神。四是充分运用监督检测技术手段，为监督检查、投诉举报调查、事故调查处理等铁路工程监管工作提供科学有效数据支撑，为查处违法违规行为提供有力证据。加快推进铁路工程监管数据库建设，加强信息采集、追踪、分析和处理，建立信息监测、共享、发布体系，提高铁路工程监管信息化水平。

4. *加强铁路专用设备质量安全监管，提高装备保安全的水平*。一是把好铁路专用设备及生产企业准入关，依法严格实施行政许可。对事关铁路运输安全、重大技术创新以及新申请进入铁路行业的许可申请，加强审查把关，切实从源头卡控铁路专用设备质量安全。对许可企业要强化事中事后监管，重点检查企业持续保持许可条件的情况，对已不满足许可条件或有问题不认真整改的企业，采取有效惩戒措施。积极主动服务企业，将中国标准动车组等重点许可项目作为铁路新产品的重要引导，主动跟踪了解供需企业需求，做好相关许可服务。二是强化运用过程中的设备质量安全监管。针对铁路运输高峰期和恶劣气象条件下铁路设备运行特点，强化安全检查，动态掌握设备运用中存在的质量安全突出问题，确保设备质量安全可靠。对设备惯性故障和铁路交通事故中暴露出的产品质量问题和运用维护问题，一追到底，查明问题症结所在，督促企业改进产品质量、消除安全隐患。特别是对产品设计制造源头上的问题，要认真分析查找原因，改进设计制造缺陷，必要时实施缺陷产品召回。三是建立设备造修企业和运用单位定期会商机制。把设备源头质量控制摆在突出位置，贯通设备生产、维修、使用全过程，通过会商机制落实责任主体，大力提升铁路运输设备质量安全可靠性。各地区监管局每年对辖区内设备制造企业进行安全评估并与企业主要负责人交换意见。

5. *加强铁路运输服务质量监管，让人民群众有更多的获得感*。一是组织研究修订运输服务质量标准，制定相关监管制度。特别是对人民群众反映比较集中的老大难问题，要从服务质量标准上坚决改。明确运输服务质量监管内容，规范企业提供服务、履行合同等行为，督促铁路运输企业建立服务质量内部监督机制。二是重点加强春运、暑运、十一黄金周等客运高峰期站车服务质量监督检查。建立服务质量问题反馈机制，督促企业贯彻执行相关服务标准，不断提高服务水平。三是建立市场满意度评价制度。探索利用社会专业机构，开展服务质量满意度调查。聘请常旅客担任客运服务质量社会监督员，拓宽社会监督渠道。完善服务质量投诉举报处理机制，对社会热点问题积极组织相关单位研究改进服务，回应社会关切。

6. *推进科技创新及成果应用，促进铁路供给侧结构性改革*。一是积极推动改进技术装备，提高铁路产品供给质量，增强对需求变化的适应性和灵活性。要大力发展先进适用的运输装备，加快推进货运装备专业化、标准化、现代化。要大力提升旅行服务品质，完善高品质、多样化、个性化的客运服务。发挥组织协调服务作用，加快研制时速 350 公里新型卧铺动车组、时速 160 公里动力集中型动车组、时速 160 公里快运棚车和大吨位大容量棚车、新型普速餐车，推广应用中国标准动车组，为高速客运和快捷货运发展提供更多更好的产品及服务。采取有效措施加快铁路集装箱运输发展，推广应用大吨位宽体集装箱、冷链集装箱、敞顶集装箱等专用设备，促进铁公联运、铁水联运、铁海联运；加快研制驮背运输专用车，发展半挂车联合运输，促使铁路运输加快融入综合交通运输体系，更好发挥铁路比较优势，降低全社会物流成本。加强运输装备标准体系研究，组织研究制定《集装箱海铁联运场站设计标准》，提高综合交通运输装备的匹配性、专业化和标准化水平，从硬件和软件两个方面推动科技创新。二是构建铁路行业科技创新协调机制。加强与国家有关部门、企业、科研机构的联系沟通，立足服务企业和行业发展，积极参与国家重点铁路科技创新项目实施，申请国家科研项目管理，搭建行业重大科技创新实验平台和促进成果转化应用平台，整合铁路科技资源和力量，形成合力。三是积极推荐铁路项目参评国家科技奖、中国专利奖等奖项，提升铁路科技工作者积极性，扩大铁路科技影响力。

7. 坚持依法行政，加强铁路法规和标准体系建设。一是推进《铁路法》《铁路交通事故应急救援和调查处理条例》修订等重点立法项目，积极参与综合交通运输法规研究起草。做好与重点立法项目相配套的课题研究和规章制修订工作，审议发布实施《铁路技术安全规则》，完善铁路安全管理法规制度体系。二是围绕简政放权、规范行政许可，修订铁路运输基础设备生产企业审批办法及实施细则。贯彻《无线电管理条例》，配合工业和信息化部修订《铁路无线电管理规则》，制定《铁路机车电台执照核发管理办法》。三是强化标准工作的战略定位。发布实施《铁路标准“十三五”发展规划》，抓好规划宣传和解读工作，发挥标准对行业发展的重要支撑作用。四是推进重点领域标准制修订工作。抓紧制修订高速动车组、高速及重载铁路轨道部件、列车运行控制以及系统间接口等关键核心技术标准，支撑和引领装备现代化。深入研究高铁安全防护标准，全面修订铁路工程施工安全技术系列规程，编制完成高速、城际、客货共线、重载铁路工程施工质量验收全套标准。深入开展工程定额测定工作，制订铁路工程概预算编制办法，编制完成铁路工程预算定额成套标准，完善铁路工程造价标准体系。启动磁悬浮技术标准研究，围绕市域市郊铁路设计、高速铁路主要技术标准评价、客货共线铁路速度匹配、建筑信息模型（BIM）技术应用等关键技术标准，组织开展前瞻性重大课题研究，强化标准基础科研支撑。

8. 加强铁路规划研究，发挥规划对经济社会发展的引领作用。一是宣贯实施《铁路“十三五”发展规划》。组织好规划宣传和规划解读，协调各方全面推动实施。研究制订“十三五”时期铁路安全和技术装备现代化等专项规划，促进行业全面发展。二是积极参与国家专项规划研究及地方铁路规划指导评审，重视铁路规划与其他专项规划衔接平衡，加强对区域性城际铁路网规划的专业指导，把实施铁路规划与国家三大战略紧密结合起来，体现国家意志，支撑发展大局。三是在综合交通运输规划制定中，深入研究论证铁路在多式联运、综合枢纽、物流发展、港口集疏运等方面的作用，更好体现综合交通运输体系中的骨干地位。四是推进铁路建设项目前期工作，建立完善铁路项目数据库和项目评审专家库，规范项目评审程序和方式，提高评审质量。

9. 服务国家“一带一路”战略，加强政府间铁路交流合作。一是抓好重点合作项目实施。推进实施巴基斯坦一号铁路干线项目，进一步深化政府层面沟通，指导企业加快推进初步设计，签署《框架协议》，争取年内全面开工建设。按照“一带一路”战略部署，进一步完善大湄公河次区域、中蒙俄等重点区域铁路网规划。二是加强双边铁路合作。落实中巴、中印等已签署铁路合作文件确定事项，推进双边铁路政府间合作机制化建设。

积极参与中俄、中泰、中蒙、两洋、马新以及非洲铁路等项目前期工作。三是扩大在多边组织的话语权和影响力。深度参与铁路合作组织、国际铁路联盟、大湄公河区域铁路联盟、国际标准化组织、国际电工委员会的工作，推进标准联通“一带一路”行动计划落实。代表中国铁路参与国际标准化组织战略、政策和规则的制定。组织推进由我国主持制定的铁路国际标准项目编制工作，争取更多新项目提案立项。四是抓好国际铁路联运规章制修订和实施工作，简化铁路过境运输手续，促进中欧班列开行进一步便利化、常态化。发挥铁路行业优势，协调有关部门、地方政府及铁路企业，统筹优化中欧班列运行组织，提高运行效率和整体效益。五是抓好铁路技术标准英文版翻译工作。组织翻译《高速铁路预应力混凝土简支梁》《铁路隧道盾构法技术规程》等52项铁路技术标准，推进在编标准翻译项目编制和审查发布工作。

10. 深化放管服改革，推进监管机制创新。一是进一步精简铁路行政许可项目及产品目录，减少申报材料、提供便捷服务，推进网上办理，加快行政许可标准化建设。二是适应新建高铁大量投入运营的需要，加快建设动车组标准化模拟驾驶考试示范基地，加强动车组驾驶适应性测试能力建设，为驾驶人员资格许可提供快捷通道。三是加强调研督导，各地区监管局要与辖区内铁路运输企业、设备造修企业、工程施工企业建立定期联系制度，深入调研听取意见，加强指导督导，主动做好服务。四是强化事中事后监管，推进“双随机一公开”监管改革。落实随机抽查要求，编制完善监管抽查事项清单，建立监督检查对象名录库和监督检查人员名录库，编制实施细则。及时向社会公告监督检查信息，加强信息共享、信用约束、联合惩戒、举报监督等方面的配套衔接。五是深入推进“互联网+政务服务”，构建一体化网上政务服务平台，全面公开政务服务事项，加快政务服务资源互认共享，最大程度利企便民。六是加快完成铁路安全监督管理信息化一期工程建设，加强各专业监管数据库建设，提高监管工作信息化水平。

11. 加强铁路行业统计分析，发挥经济运行“晴雨表”作用。统计是实行科学决策和管理的基础，开展铁路行业统计工作是国家铁路局的重要职责。一是明确铁路行业统计的基本任务。界定铁路行业统计调查范围和工作职责，理顺铁路行业统计与企业统计的关系，重点针对涉及全行业运输、装备、建设、投资、安全、服务等方面的统计指标，建立铁路行业统计指标体系，及时准确完整地反映铁路行业发展状况，反映铁路在综合交通运输体系中的地位作用，反映铁路对国民经济运行及社会发展的影响。二是加强统计信息的分析运用。加强对铁路专业领域统计数据的分析研究，运用科学的统计信息，监测研判铁路经济运行和安全态势，定期发布统计分析报告，为加强行业监督管理提供数据支撑。加快推进统计信息化建设，构筑铁路行业统计数据采集与处理系统，提高统计分析的质量，为大数据分析运用提供基础条件。建立铁路行业统计与国家统计、综合交通运输统计、地方统计及铁路企业统计信息的共享机制，使铁路行业统计信息更好服务于国民经济和社会发展需要。三是完善铁路行业统计的工作机制。建立铁路行业统计信息渠道，加强铁路行业统计管理，建立健全统计数据调查、统计信息发布、统计资料管理等工作制度，保障统计信息真实、准确、完整、及时，提高统计工作的规范化水平。

12. 加强各项行政服务工作，为行业监督管理提供可靠支撑保障。一是加强财政预算工作。财政是国家治理的基础和重要支柱。国家铁路局履行行业监督管理职责的资金保障，全部来源于中央财政预算。预算资金的分配、执行、管理、使用，直接关系到行政履职的成效。要遵循统筹兼顾、量力而行、讲求绩效和收支平衡的原则，深入梳理行政事权，坚持行政事权与支出责任相适应，综合考虑履职布局，实施全面规范、公开透明的预算制度，把绩效管理的理念和要求融入项目支出预算管理各个环节，建立事前有目标、事中有监控、事后有评价、结果要运用的全过程绩效运行机制，切实发挥好财政预算对行政履职的支撑保障作用。二是加强政务公开、新闻宣传、行政复议等工作。通过政府网站向社会全面公开铁路行业监管履职的行政职能、法律依据、职责权限、管理流程、监督方式等事项，坚持以公开为常态、不公开为例外，推进决策公开、执行公开、管理公开、服务公开、结果公开，明确“五公开”的主体、内容、时限、方式。按照法定要求办理申请政府信息公开工作。充分发挥中央媒体、铁路媒体和新媒体作用，加强新闻舆论工作，方便群众诉求表达，回应社会关切。充分发挥行政复议的内部纠错机制作用，及时化解矛盾，维护稳定大局。三是加强信访工作。加强与铁路企业的协调沟通，开展信访工作调研。按照法定途径优先的原则，综合运用法律、经济、行政等手段化解疑难复杂信访问题。认真做好政府网站电子邮箱来件处理工作，推进网上信访、阳光信访，深入排查化解矛盾纠纷，切实维护群众合法权益。四是加强信息收集和分析报告。围绕铁路行业发展态势和监督管理重点工作，加强信息收集整理、分析研判、归纳综合，及时向中央报送有价值的决策参考信息。五是加强督查督办工作。把抓落实作为重中之重，突出党中央国务院重大决策部署、中央领导同志批办工作、局全年重点工作安排、局领导重要批办事项和全国人大代表政协委员建议提案等五个方面的重点内容，以督查督办为基本载体，明确责任分工，严肃问责问效，狠抓任务落实。

专文

责任编辑　简　勇

承载使命　砥砺前行
为建设世界一流跨国企业而奋斗

——集团公司董事长、股份公司董事长崔殿国在中国中车2016年工作会议上的讲话（摘要）

（2016年1月19日）

新中车的成立，是中国乃至世界轨道交通发展的重要里程碑。中国中车成立以来，牢牢把握发展目标，积极应对一系列困难挑战，各项工作取得了新的突破。荣获第十一届中国上市公司董事会建设特别贡献奖，股份公司市值在A股市场排名第13位，始终位居机械行业第一位。超额完成了国务院国资委下达的2015年经营业绩考核指标，有望荣获国资委经营业绩考核A级企业，向党和国家交上了一份满意的答卷。

下面，我讲三点意见。

一、正确认识集团公司与股份公司的关系

实现集团公司与股份公司协同发展，是我们遵循社会主义市场经济改革方向，完善国有资产管理体制、放大国有资本功能的内在需要，是我们建设世界一流跨国企业、振兴国家高端装备制造业的战略追求，也是公司上下共同面对的重大课题。

明确集团公司和股份公司发展定位。集团公司未来发展定位是：以“承接国家战略，助推产业升级”为宗旨，立足高端装备，依托轨道交通，集聚优质资源，多元投资经营，全面打造以轨道交通装备为核心、多元发展、跨国经营的世界一流高端装备产业投资集团。未来集团公司要成为国有资本投资公司，依法自主开展国有资本运作，上为大国重器，下担产业引擎，服务国家战略。股份公司未来发展定位是：以“融合全球，超越期待”为己任，全面推进全球化战略，努力建设以轨道交通装备为核心，跨国经营、全球领先的高端装备系统解决方案供应商。未来股份公司主要负责使用投入的国有资本和其他类型资本，担当起集团公司承担国家使命的主要责任。

集团公司和股份公司肩负共同责任。一是保证整体利益最大化的责任。集团公司和股份公司二者密不可分、相互衔接，保证“中车整体利益最大化”，是未来共同发展过程中必须遵守的一项基本准则。二是捍卫国有资产的责任。股份公司是集团公司的核心企业，二者都是国有资产保值增值的捍卫者、管理者、执行者。三是担当共同发展的责任。集团公司和股份公司的战略重点完全一致。股份公司是集团公司核心能力的体现，是集团公司拓展业务的基础，是集团公司经济效益的提供者和资本价值的创造者。在一定的时期内，集团公司与股份公司的经营目标是近似的，二者休戚与共，一荣俱荣。

把握好整体发展的关键。在经营发展上，集团公司和股份公司必须相互促进。集团公

司主要依托现有高端装备产业基础，向国有资本投资公司方向发展，努力实现“做实做大做好”；股份公司主要面向国内、国际两个市场，发挥生产经营和资本经营两方面优势，努力实现“做优做强做大”。在产业发展上，集团公司与股份公司必须坚持差异化路径，按照有利于产业发展和股东利益最大化的原则，发挥集团公司和股份公司两个不同平台优势，确定产业发展方向，实现优势互补、资源共享。在协同发展上，集团公司与股份公司必须坚持良性互动，通过业务、资产置换，并购、重组等手段，盘活存量资产，化解过剩产能，提升盈利能力，促进整体发展。

二、牢牢把握“十三五”三大重点任务

“十三五”期间，我国发展仍处于重要战略机遇期，中国中车调结构、拓市场、抓创新三大任务艰巨繁重。

（一）调结构。一是把握调结构的必要性。从国家层面和央企承载的使命来看，调结构有利于增强市场竞争力、加快中国装备“走出去”，有利于产业升级，有利于实现国有资产保值增值。从我们自身的总体情况看，对标国际一流企业，我们还存在一定差距。主要表现为：产业结构单一，产能过剩凸显，跨国经营指数偏低，所属企业两极分化严重。从子企业的情况看，由于历史原因，造成市场同一化、产品同质化、产能富余化、投资重复化。面对这种形势，需要我们加快结构调整，实现资源的合理高效配置。二是把握调结构的大方向。作为高端装备系统解决方案供应商，中国中车要从提高供给质量出发，调整产业结构、组织结构、投资结构、区域结构，促进产能过剩有效化解，促进产业优化重组，降低企业成本，发展战略性新兴产业和现代服务业，打造以轨道交通装备为核心，面向全球、行业领先、布局合理、组合协同的业务结构和管理体系。要优化存量、引导增量、主动减量，做好加减乘除法，实现更高水平发展。以高端化、国际化、多元化、协同化为目标，去产能、去库存、去杠杆、降成本、补短板，重点围绕打造战略业务单元、消化和转移过剩产能、改善两极分化状况、提高盈利能力等方面，做好结构调整。在推进的过程中，贯彻“创新、协调、绿色、开放、共享”的发展理念，适应和把握新常态的趋势特征，提高发展质量和经营效益。三是把握调结构的落脚点。调结构需要找准落脚点，一步一个脚印踏实推进。总的原则是：坚持问题导向，针对薄弱环节；遵循市场规律，做好顶层设计；统筹兼顾，分类指导；分步实施，有序推进；引导增量，优化存量。总的思路是：有进有退、有保有压，内外兼顾、整体最优。具体来说，“进”以健康成长为导向，支持拥有核心技术、核心能力和发展前景的产品开发和业务拓展，不断创造新市场、开辟新空间。“退”以盘活资产为导向，对过剩产能、低效、无效资产以及弱势业务，在寻求比较优势的前提下，采取消化、转移、重组、租赁、出售、淘汰等方式，主动退出。“内”以协同创效为导向，支持具有协同效应的企业重组和业务资源整合，提高产业集中度，提高资源利用率。龙头企业要发挥带动作用；其他企业要不等不靠，主动想办法、找出路、寻求合作。“外”以共享共赢为导向，根据公司战略目标，通过与用户、政府、合作伙伴间多层次、多方式的战略合作，利用并购重组、合资合作等手段，优化资本结构、产业结构和资源布局，实现中车利益最大化。通过区域化、专业化、平台化等模式，坚持一区一策、一企一策、一产业一策，变中求新、变中求进、变中突破。对于已经明确方向和重点的项目，要用“快思维”，坚定不移推进；对于一时看不透，或者认识不统一的项目，则要用“慢思维”，缓进行；对于“两难”、“多难”问题，要科

学论证，比较选优。把调结构的“试验田”，变为建设世界一流跨国企业的“丰收田”。

（二）拓市场。一是持续引领市场。在营销产品和服务的基础上，以客户思维来思考市场，充分发挥整合能力，丰富服务内涵，对传统业务进行前展后延，嵌入规划、设计、建设、运营、维保、服务等各个环节，为用户提供系统解决方案。紧紧抓住区域经济发展和国家建设新型城市、推动绿色发展的有利契机，加快推进轨道交通、新能源、新材料等业务的市场开拓和推广。主动服务国家战略，落实“一带一路”战略、推动国际产能和装备制造合作，积极参与周边基础设施互联互通、非洲“三网一化”，加快国际市场布局和拓展，不断提升应对全球竞争、利用全球资源的能力。积极与相关企业组成战略联盟，抱团出海，加快“走出去”步伐，重构全球竞争格局，推动中国高端装备走向世界。二是积极创造市场。新市场开拓有两个重要途径，一是提供定制化产品和服务，满足市场；二是推出全新产品和服务，创造市场。世界一流企业已经在创造市场方面有了成功的实践，中国中车在创造市场方面，还有很大的潜力和空间。要结合当前国内外技术创新发展的新形势和有利政策契机，立足高端装备制造主业基础，以更加开放的心态，更加广阔的视野，更加快捷的思维，充分发掘商机，以新型优质的产品和服务不断创造市场、培育市场、发展市场，寻找属于中国中车的“新蓝海”，为企业持续稳健发展提供不竭动力。三是构建新型竞合关系。没有竞争，企业发展就会停滞不前；过度竞争，最终损害企业整体利益；适度竞争，可以有效提升企业活力。我们提倡适度竞争，在市场机制下，尊重客户、尊重历史、尊重市场规律，各企业有序竞争，在竞争中发展，在发展中创效，最终实现中车利益最大化。这一点，需要我们做好顶层设计、通盘考虑，系统策划好各企业在国内外市场开拓中的角色和定位，构建新型竞合秩序。我们鼓励协同发展，各企业要树立“全中车营销、营销全中车”的理念，在国内外市场开拓过程中，不仅营销本企业产品，也要协助兄弟企业开拓市场，协同发展，共享共赢。主机企业与配套企业紧密合作，共同推进产业链的纵向联合，走内涵式发展道路。我们坚决制止以重复投资、低价竞争、牺牲中车整体利益等方式来换取市场。公司关于规范市场行为的一系列措施，是我们必须遵守的底线，绝不允许任何企业以任何名义、任何理由去突破。

（三）抓创新。一是加快科技创新。科技创新是企业持续发展的源动力。未来，拥有核心技术、关键技术，意味着拥有竞争的话语权。中国中车作为轨道交通装备领域的最大企业，一定要有危机意识、超前意识和引领意识。做好顶层设计，充分整合原南北车技术创新资源，充分融入全球创新网络，充分吸纳全球创新成果，形成统一的技术创新体系，全面提升核心竞争能力，支撑中国中车全球化发展。高度关注行业潜在竞争和跨界竞争，着眼于未来5-10年行业技术发展方向，加大对前瞻性、基础性、实用性技术和产品的研究，努力在基础技术、核心技术等领域实现快速升级，不断塑造先发优势，占领市场先机。深入开展大众创业、万众创新，充分激发创新活力，汇聚大众智慧，完善关键技术创新平台，持续不断创造新产品、新服务、新业态，点燃企业发展引擎。二是强化管理创新。我们要聚焦问题管理，创新管理理念，以国际化视野、市场化观念、互联网思维打开思路，革新固有思维模式，善于从开拓性、预见性、超前性来思考问题、解决问题，使管理创新成为竞争的新优势。以跨国经营、全球领先为导向，持续推进精益管理向纵深发展，不断完善效绩考核机制，构建独具特色的质量管理体系，全面提升发展的品质、效率、效益，培育新动能，激发新活力，推动管理升级。借助国家实施“互联网+”行动计划，加快推动新一代信息化技术与工业化深度融合，在建立子企业统一集成的管理平台基础上，逐步实现全中车的信息共享和业务协同。三是推进模式创新。面对行业内竞争模式变革升级和行业外跨界进入的双重威胁，中国中车要迎难而上，抢抓机遇，在经营好轨道交通装备主业的同时，围绕产业链、价值链部署创新链，大力推动经营模式创新，拓展业务领域。深化商业模式创新，通过联合投资、工程总包、融资租赁等方式，推动中国中车向输出“产品+技术+管理+资本+服务”转型。瞄准未来全球经济结构和竞争格局调整方向，发挥竞争优势，不断拓展新的发展空间。借助《中国制造2025》的实施，全面推进智能制造，全力提升公司内部及产业链上下游之间的协同效率和生产效能，促进制造模式升级，构建新型制造体系。

三、重点关注2016年工作中的七个问题

抓住长远，也要关注眼前。今年，中国中车将要重点围绕融合、变革、升级三大主题，激发成长动力，承接国家战略，助推产业升级，全面推进世界一流跨国企业建设进程，全力打造国有资本投资平台和高端装备制造产业集团。这里，我再强调当前工作中需要重点关注的七个问题。

（一）努力提升发展质量和效益。提高发展质量和效益是企业的根本出发点和落脚点。稳住经济效益，是党中央、国务院对中央企业一以贯之的要求。今年，国务院国资委要求我们实现收入和利润双增长。这是对两级班子的一次重大考验。要坚定发展信心。信心比黄金更重要。当前，“一带一路”、京津冀协同发展、长江经济带等国家战略的推进，为中国中车的发展提供了广阔空间。党中央、国务院对中国中车的改革发展重视程度前所未有，“高铁外交”举世瞩目，国家建设新型城市、推动绿色发展，都将为中国中车保持平稳健康发展提供有力支撑。我们要紧紧抓住和用好一切有利条件，确保全面完成各项经营目标。要强化责任担当。责任就是承诺，要不折不扣落实好责任书要求。有条件、有能力的企业，要聚焦优势、抢抓机遇，力争加快发展，不仅要步步高，还要努力蹦得更高、多做贡献。有困难的企业，特别是减利因素较多的企业，要主动作为、多措并举，全力遏制下滑势头。要突出提质增效。加快调整产业结构，深化企业改革，推动转型升级，向做好增量要效益，向盘活存量要效益，向管理提升要效益。立足自身，大刀阔斧降成本，从人工、财务、采购、销售、运营等方面，深入开展全价值链、全生命周期的成本费用管理，健全成本管控责任制度和目标考核机制，压缩非生产性支出，努力提高综合成本利润率。我们要上下协同，共克时艰，以良好的经营业绩，积极回应党和国家对企业发展的新要求、广大员工对企业发展的新期待。

（二）制定和落实好“十三五”规划。“十三五”时期是中国中车成立的第一个五年，也是中国中车落实国家战略、迈向世界一流跨国企业的关键五年。科学制定“十三五”发展规划并抓好落实，至关重要。“十三五”规划是我们未来发展的重要指引，必须坚持创新驱动、转型升级、变革发展，明确重点，突出问题导向、目标导向、效果导向，着力做好创新驱动、结构调整、开放合作、深化改革、提质增效、加强党建六篇大文章。通过创新驱动增强发展动力，通过结构调整提高发展质量，通过开放合作扩大发展空间，通过深化改革增强发展活力，通过提质增效提升发展水平，通过加强党建为发展提供保障。必须坚持走内涵式、精益化、质量效益

型的发展道路，由中车制造向中车创造转变、由中车速度向中车质量转变、由中车产品向中车品牌转变，实现有质量、有效益、可持续的发展。必须科学论证重要目标指标，找准公司发展短板，聚焦战略制高点，抓住对未来发展有牵引作用的关键领域和环节，做好与国家发展政策、与各业务板块、与各子企业、与年度工作等方面的有效衔接，实现整体升级和各业务发展的协调统一。同时，要围绕任务目标，完善具体措施，确保规划落地。各业务部门、各事业部、各子企业要加强横向交流，注重纵向沟通，各尽其职、各负其责，上下齐心、齐抓共管，确保规划顺利起步，实现良好开局。

（三）系统性全方位深化融合。中国中车成立半年以来，集团公司和股份公司的管理架构搭建完成，人员迅速到位，整章建制基本完成，各项业务流程基本理顺，总的来看，前期融合非常到位，大家“同声相应，同气相求”，值得充分肯定。但是，融合是一项长期的工作，复杂而又艰巨。习近平总书记说过，人心是最大的政治。没有人心的融合，就没有实质性的重组整合。只有在人心融合上实现“1+1=1”，才能在价值创造上实现“1+1>2”，这需要我们切实提高认识，时刻用“同一个中车”的理念来衡量言行、凝聚人心。同时，融合还是一项系统工程。从企业内部看，我们要深入推进技术融合、业务融合、管理融合、服务融合、思想融合、文化融合等；从企业外部看，我们要深入推进产业链相关企业之间的融合，价值链相关企业、群体的融合，公司战略与国家政策的融合，中车价值观与世界各地文化的融合等。俗话说：“兄弟同心，其利断金”。我相信，只要各企业凝心聚力，打造出一个坚实的“中车命运共同体”，中车兄弟们的心就会越来越齐。未来，我们就能用中车方案解决世界交通问题，惠及各国人民，推动道路联通、贸易畅通乃至民心相通，共同享有中车发展带来的“红包”，中车的“朋友圈”就会越来越大。

（四）持续强化企业风险管控。我们必须要进一步强化风险管控意识，加强对风险的识别和研判，围绕管理风险、业务风险、资本风险、跨国经营风险等，建立风险识别和应对模型，健全主要业务领域的风险预警指标，不断完善风险管控机制，构建全面风险管控体系，加强重点领域风险防控。一是防控转型风险。企业转型升级是大势所趋，但轨道交通装备产业受宏观经济影响比较明显，资产专用性强，抗风险能力非常有限，转型非常困难。要严格规范决策程序，有效防范由于盲目扩张、贪大求全而导致企业超出管控能力造成的风险。对于新创业务，要优先利用现有资产、注重资产柔性，着力防范经营风险；对于存量业务，配置适量弹性资产，对冲产业周期风险。二是防控资本经营风险。近年来，很多企业在类金融、贸易类业务方面的投入越来越大，出现的问题不少，风险也不小。事实上，当今世界正处在严重的资本过剩周期里，资本逐利的机会、空间、行业非常有限，资本大潮涌到哪里，哪里就会造成价格偏离价值的风险，对此，我们要保持清醒的认识，加强对融资性贸易、委托担保、垫资建设、信托、金融衍生品等业务的管控，高度重视防范各类资本经营的风险。三是防控海外市场风险。国际政治经济形势错综复杂，不确定因素非常多。在“走出去”过程中，无论是投资设企，还是并购重组，都要统筹考虑政治、经济、社会、环境等因素，充分做好风险评估，严控高风险业务，避免重大损失。

（五）积极稳妥推进企业改革。改革和发展高度融合，是贯穿企业各项工作的双重奏。要充分发挥改革的突破性和先导性作用，加快形成有利于企业科学发展的体制机制，为中国中车持续发展提供活力和动力。股份公司层面，深入推进企业产业结构变革、运营模式变革、“资本+”模式变革以及管理架构变革。重点推进货车板块去产能变革。深化企业内部三项制度改革。全面落实法人治理、内控制度的系列规定，不断提高公司治理水平。集团公司层面，积极推进董事会建设试点，争取成为国有资本投资公司试点。加快存续企业改革，落实主体责任，做好长远规划。对存续优良资产，要重点扶持，精心培育，努力打造资源融合、结构调整的重要平台；对低效无效资产，要下大力气，加快处置，逐步化解和退出；对非经营性资产，要认真研究产业政策，有序转化，确保国有资产不流失。争取国家政策和地方政府的支持，积极稳妥推进“三供一业”分离移交工作，加快分离企业办社会职能；积极稳妥推进厂办大集体改革改制工作，使厂办大集体企业成为产权清晰、自负盈亏的独立法人实体和市场主体。积极处置“僵尸企业”，建立主要负责人牵头的工作机制，按照务实管用、可操作、可检查的基本要求，一企一策具体安排。

（六）切实加强企业家队伍建设。赢得中车未来，关键在人、关键在企业家。在全球化、市场化的时代背景下，需要拥有一批与时俱进的中车企业家队伍。中车企业家应该充满梦想、敢于担当、勇于创新、包容合作、坚韧执着，这是我们迎接挑战、寻求突破、完成使命的必备品质。从组织的层面，我们要以奋斗者为本，加强中车企业家队伍的培养，并研究中长期激励政策，充分调动企业家的创业激情；要科学搭建班子，形成梯次结构，良性互动，能力互补，实现整体合力最强。从个体的层面，我们要立足中国中车发展目标，增强工作的前瞻性，增强全球思维和战略眼光，努力使自己成为政策水平高、专业能力强、实践经验多、善于改革创新的中车企业家。同时，必须坚定理想信念，践行“三严三实”，讲实话、干实事，言必信、行必果，以思想和作风建设的新成效奋力把我们的事业推向前进。

（七）着力塑造中国中车新形象。良好的企业形象是公司在市场竞争中的有力武器。当前，中国中车在社会上的影响力越来越强，如何不负众望、让央企改革发展典范的形象常驻人心，对我们进一步提升企业形象提出了新的要求。一是规范运作。要坚决守住底线、不碰红线，夯实规范治理的基础。建立权责对等、运转协调、有效制衡的决策执行监督机制。规范“三会”运作，为公司重大事项的科学决策提供有力支持。二是市值管理。合理运用市值管理的各种策略，建立市值管理常态机制，改善公司价值在资本市场上的表现，增强市场对公司的信心，有效利用市值为股东创造财富。三是品牌建设。中车员工人人争做“品牌形象大使”，充分利用信息时代媒体传播的新形式、新途径，传递中国中车高端化、多元化、国际化品牌形象，凝聚加快发展的正能量。四是社会责任。建立健全企业社会责任战略、治理、融合、绩效、沟通机制，推进与利益相关者之间的共同发展，赢得市场，赢得人心，赢得尊重，不断提升企业的经济效益、社会效益、环境效益，全力打造负责任的央企形象。

加强党的建设 强化责任落实 为做强做优做大中国中车提供坚强保证

——集团公司党委书记、股份公司党委书记郑昌泓在中国中车党委常委（扩大）会议上的讲话（摘要）

（2016 年 1 月 18 日）

2015 年，我国经济发展保持新常态，正在经历着转型阵痛期。这一年，是新中车改革发展史上极为不平凡的一年，也是中国和全球轨道交通装备制造业发展史上具有里程碑意义的一年。我们快速完成合并组建工作，建立健全体制机制，扎实推进生产经营，克服重重困难，实现了“十二五”圆满收官。大家付出了巨大努力，各级党组织发挥了重要作用。但我们面临的结构性矛盾更加凸显，机车、货车、普通客车业务面临严峻的市场形势，相关企业陷入困境，转型升级迫在眉睫。

当前，我们正站在“十三五”和全面建成小康社会决胜阶段的新起点上，共同肩负着推动中车巨轮扬帆远航的光荣使命。对此，各级党员干部尤其是党员领导干部必须有高度的觉悟，坚定必胜的信念，统一思想认识，强化责任担当，奋发有为做好各项工作。

一、要发挥党委政治核心作用，把握好中车“十三五”发展方向

中车首个五年计划期已经开启，当务之急是要加快谋划“十三五”发展规划，深入贯彻党的十八大、十八届三中、四中、五中全会精神，落实创新、协调、绿色、开放、共享五大发展理念，贯彻中央和国资委党委关于中央企业党的建设要求，提高工作水平，厚植战略胜势。关于中车的未来，我认为应该至少从以下四个维度去把握：

1. *未来的中车，应该是有前景的中车。*我们有充分的理由相信，中车的发展有着光明的前景。一方面，中车是在强强联合中诞生的，具有百年历史积淀下来的优良传统，具有在较短时间内成功推动产业技术升级、跨入世界一流的勇气，具有国内铁路市场的强力支撑，以及竞争对手无可比拟的规模优势和独特技术优势，并在多元发展方面逐步走向成熟，企业综合实力得到极大提升。另一方面，我们背后有党中央、国务院的大力支持，史无前例的支持，尤其是为我们国际化经营创造了历史性的机遇。另外，也是至关重要的，我们拥有一支最坚韧不拔、敢于担当的干部团队和一支最能吃苦耐劳、甘于奉献的员工队伍。我坚信，有这三个方面的条件，我们一定能够开创中车光明的发展前景。

2. *未来的中车，应该是有责任的中车。*按照习近平、李克强等中央领导同志的指示精神、我国“十三五”发展规划，以及国资委要求，我认为，未来的中车至少要在四个重要领域担当起引领发展的责任。一要在全球范围内引领轨道交通装备制造业的发展方

向，引领我国高端装备制造业加快发展，打造驰骋全球、享誉世界的国家“金名片”；二要在前瞻性战略性产业方面发挥引领发展的作用，要在高端机器人、海工装备、节能与新能源汽车等领域重点加快发展和领先；三要引领国资国企深化改革，争取各项改革先行先试，打造典范，尤其要争取在中央企业重组整合中发挥更大的作用；四要在打造内外兼修的国际化一流企业，依法治企，诚信经营，绿色发展，履行社会责任等方面发挥引领作用。

3. *未来的中车，应该是有品质的中车。*品质中车应该有产业、产品、制造、质量、商业模式和效率效益的全方位支撑。一是产业高端，成为国家战略和综合竞争力的重要支撑；二是产品高端，掌握行业领先的核心技术，并且能长期保持领先、领跑，产品的科技含量和附加值高；三是制造高端，占据产业链的高端环节，在智能制造、绿色制造等方面达到世界先进水平；四是质量高端，专注于为客户打造值得完全信赖的精品；五是商业模式高端，由生产型制造转为服务型制造，熟练开展资本运营，实现轻资产运作，具备高端装备系统解决方案供应能力，效率效益水平比肩国际先进同行。

4. *未来的中车，应该是有活力的中车。*未来中车的活力应该至少由这么几个方面构成：一是创业活力。党员领导干部敢于担当、自我加压、锐意进取、拼搏有为，广大员工忠诚团结、专业精进、务实勤劳，发自内心地以身为“中车人”而骄傲和自豪。二是创新活力。专注创新，注重自主创新、合作创新、并购创新，扩大原始创新、集成创新，有力引导需求、支撑发展。三是改革活力。能够不断破除企业发展的体制机制障碍，在管理上逐步形成独特的模式和优势。四是开放活力。搭建开放的发展平台，对外广泛交流合作，实现互利共赢。五是文化活力。企业文化凝心聚力、汇才集智、激发干劲、引领向上的作用充分发挥。

另外，未来的中车，员工收入要与我们的发展地位相匹配。这应该是我们两级领导班子担当的重要方面。中车属于高端装备制造业，是国家名片，但我们的员工收入还处在中央企业中等偏下的水平，这种状况必须改变，要让员工有更多的获得感。党的十八大和国家“十三五”规划都提到，要在 2020 年实现城乡居民人均收入比 2010 年翻一番。之前我讲，我们要提前两年，也就是在 2018 年实现这个收入倍增目标，达到 9 万。根据快报数，2015 年我们的人均收入，同口径计算（剔除博戈公司和 BST 公司）是 8.27 万，好像已经接近这个目标了，但其实不然。各企业非常不平衡，受市场大幅下滑影响，所有的货车企业和 80%的机车企业人均收入都在平均线以下。今年的形势可能更为严峻，有些企业的员工收入可能还会降低，转型升级势在必行。我认为，我们可以以收入倍增为抓手，一方面强化目标引领和责任担当，破釜沉舟，痛下决心，加快资产整合、结构调整，提质升级，提高企业价值创造能力；另一方面，下功夫解决好冗员问题，主要是严进宽出，盘活存量，控制总量。

二、要围绕战略发展需要，加强干部人才队伍建设

中车承载着党中央、国务院的期望，承载着广大股民的期待，承载着 19 万员工的期盼，肩负着光荣的发展使命，人才引领发展，这对我们干部人才队伍建设提出了新的更高要求。

1. *要牢固树立“同一个中车”理念，深入推进中车协同融合发展。*各级党员领导干部要有大局意识，带头树立和践行“同一个中车”的理念。不能只关心局部而忽视全局，不能为了局部而影响全局，不能让局部与全

局发生矛盾冲突。我们要认识到，各子公司不是毫无干系的市场主体，而是推动中车改革发展的一致行动人，都要对集团负责；彼此间也是负有责任的，是利益共同体、命运共同体、责任共同体。要切实增强“共同体”意识，服从指挥、服务全局，在中车资产整合和业务重组、转型突破、创新发展、跨国经营中，勇于担当，携手并进，实现共同发展。内部相互间要加强沟通协调，把心思都用在解决实际问题、推动落实集团改革发展决策部署上，积极营造干事创业的浓厚氛围，服务好集团整体发展利益。总部要发挥好大脑和指挥中枢的作用，对子公司的支持、服务和指导要到位；龙头企业要主动承担起带头发展、带动发展的责任，方方面面都要作表率；困难企业要抢抓先机，充分发挥主观能动性，不等不靠，积极作为，率先在产业升级、结构调整方面取得突破，走出发展困境。

2. *要牢固树立“好干部标准”理念，大力加强干部队伍建设。*要在干部培养、选拔中，全面贯彻好干部标准。严格执行选人用人的程序，重点把好政治关、品行关、廉洁关和能力关，按照政治强、作风正、懂专业、善治理、敢担当的标准，大力加强干部队伍建设。认真抓好领导干部个人有关事项报告和抽查核实工作，从严做好干部的监督和选拔。要结合企业改革发展的新要求，深化“四好”领导班子创建活动，按照经营有道、创新有术、管理有方、兴企有为的标准，加强企业领导班子建设。要按照标准化、科学化、市场化、一体化、日常化的思路，认真做好企业领导班子选配、职业经理人队伍建设、后备人才选拔培养、领导干部管理监督等工作；要加大优秀年轻干部选拔培养和企业领导人员交流力度。

3. *要牢固树立“人才资本”理念，深入实施人才强企战略。*人才资本是与知识经济相对应的新的资本形态，是通过有意识、长时间、高成本的投资而形成的。我们要把人才资源视为企业的重要发展资本，加大投入，推动人才素质提升，实现与企业的同步可持续发展。要秉持“中车弛骋、人才牵引，创新发展、人才至上，价值分配、人才唯先”的人才观，制定实施好“十三五”人才发展规划。以打造中车人才高地为目标，推进实施职位管理系统、能力管理系统、人力资源信息系统建设“三大项目”，积极构建人才内生、人才引进、人才共享、人才度量“四大机制”，努力打造好高级职业经理人、国际化人才、核心技术人才、核心管理人才、高技能人才“五支队伍”。

三、要突出重点，着力提升党建工作科学化水平

各级党组织要把抓党建、强党建作为主业主责和首要政治任务，坚持问题导向，强化顶层设计，突出重点，抓好工作，确保企业党建工作不断得到加强，为企业健康发展提供坚强保障。

1. *思想上要重视起来。*从各方面反映的情况看，我们企业普遍存在党的建设弱化虚化淡化的问题，有的企业管党治党责任落实不够，重经营、轻党建，存在党建工作与经营管理“两张皮”问题；有的党政主要职务一肩挑的领导干部“书记意识”不强，抓党建不够；有的企业党组织话语权不足，工作空间压缩，存在边缘化问题；有的企业党内政治生活原则性、战斗性不强，领导班子解决自身问题能力不足，不够团结，问题反映多；有的企业对领导干部管理失之于宽、松、软，个别领导干部存在顶风违纪现象；有的企业基础薄弱，党务工作机构过度合并，工作力量配备不足，党建工作层层衰减；有的企业没有做到党务干部与经营管理干部同级同酬。我认为，存在这些问题有体制机制的

因素，但根本原因在于对党建工作的思想认识不到位，没有跟上中央的要求。各级党组织、党员领导干部要真正从思想上重视起来，立足岗位，认认真真抓好企业党的建设工作。

2. *责任要落实下去*。我们在党建方面出现的问题，责任没有落实是一个很重要的原因。国资委正在制定落实党建工作责任制的文件，我们一要落实中央和国资委要求并结合自身实际，建立完善两级党建工作责任制，把中车党委、子公司党委负什么责任，书记怎么履行第一责任，班子成员怎么履行“一岗双责”，履行不到位怎么追责等都梳理清楚，形成抓书记、书记抓，抓班子、班子抓，一级抓一级、层层抓落实的党建工作格局。要严格执行党委会议制度，认真研究和有效推进党建工作，有效参与企业改革发展重大问题的决策，研究领导人员管理、反腐倡廉、党组织建设等，绝不能以党政联席会、总经理办公会等代替党委会。二要建立刚性管用的党建考核评价办法。考核的重点是党建工作责任落实情况，以及党委发挥政治核心作用，推动企业改革发展的情况，考评的结果要与企业领导班子奖惩任免挂钩，通过考核，把责任和压力层层传导下去。从今年开始，子公司每年要向中车报告党建工作情况，要适时推行子公司党委书记抓党建述职评议工作。对责任不落实、抓党建不力的，严肃责任追究。三要加强对党建工作的监督检查，结合巡视检查、纪检监察等，不定期开展党建工作专项检查，督促子公司有效解决存在的问题，不断加强党建工作。今年，要对各企业党建工作开展情况，特别是对贯彻落实中央《关于在深化国有企业改革中坚持党的领导加强党的建设的若干意见》和中车党建工作会议要求情况，开展一次专项督促检查，通报存在的问题，确保整改到位。

3. *基础要打扎实*。我们要以学习贯彻中央企业党的建设工作座谈会和中央企业党建工作专题推进会议精神，落实中国中车党建工作会议要求为抓手，筑牢党建工作基础，增强党建工作活力。一要把党的建设纳入中车和子公司“十三五”规划，把加强党的建设与“十三五”改革发展紧密结合起来。在深化企业改革中坚持党的建设同步谋划、党的组织及工作机构同步设置、党组织负责人及党务工作人员同步配备、党的工作同步开展，推进体制、机制、制度、工作对接。二要抓紧把党建工作总体要求纳入企业章程，确立党组织在公司法人治理结构中的法定地位，创新党组织发挥作用的途径和方式。三要坚持和推进“双向进入、交叉任职”的领导体制，健全完善和严格执行“三重一大”决策制度。四要建立健全基层党组织。要重视抓好党委换届选举工作。按照党建工作会提出的企业规模和员工总数标准，科学合理设置，健全完善党建工作机构，坚决杜绝随意撤并党务部门。推进基层党建工作标准化建设，整顿软弱涣散基层党组织。进一步探索创新境外单位的党建工作，实现党的组织、党的工作和党员作用的有效覆盖。五要切实加强党建工作力量。要配齐配强党务工作人员，保障党务经费开支，坚决落实党务干部与经营管理干部同级同酬。要加强党务干部的培训教育，加大党务工作与经营管理岗位干部的交流使用，努力打造一支既能在改革发展中冲锋陷阵，又能在党的建设上积极作为的复合型人才。六要坚持好民主集中制，严肃党内政治生活，用好批评和自我批评的武器，要切实解决问题，增强企业领导班子的凝聚力、战斗力。七要围绕融入中心、服务中心，推进党建工作在思维思路、体制机制、方式方法、平台载体等方面的创新。继续推动基层党组织晋位升级，深化创先争优和“四强四优”活动，鼓励子公司结合自身实际充实内涵、完善机制、创新形式、丰富载体。要加强内部工作交流，及时总结推广好的经验和做法。探索党建与“互联网+”的有效结合形式，推动党建工作创新，搭建中车统一的党建网络平台。

四、要强化理论武装，加强宣传思想文化及品牌建设工作

今年，我们要继续巩固和拓展“三严三实”专题教育的成果，按照中央和国资委党委部署，开展“学系列讲话、学党章党规，做合格党员”学习教育，组织各级党员干部加强理论学习，提高政治理论素养。同时，我们还要抓好宣传思想、企业文化及品牌建设工作。

1. 认真开展好“两学一做”学习教育。这是今年中央部署的一项重要政治任务。我们要高度重视，按照中央部署和国资委党委要求，组织公司党员干部深入学习贯彻习近平总书记系列重要讲话精神，把思想和行动统一到中央决策部署上来；深入学习贯彻党章党规，尊崇党章，进一步增强党章党规党纪意识，同时，要把中央从严治党的实践成果转化为企业全体党员共同遵守的纪律和道德要求，争做合格党员。各级领导班子和领导干部要在学习教育中当好表率。

2. 深入细致抓好思想政治和宣传教育工作。现在我们有的企业转型和发展面临严峻挑战，有的企业承担着推动发展的重要任务。要深入细致做好思想政治工作，激发广大干部员工的干事创业热情，维护企业稳定，为加快转型突破、推进持续发展提供保障。要按照中央和国资委党委要求，认真落实意识形态工作责任制，党委负主体责任，党委书记是第一责任人。要增强抓意识形态工作的主动性、主动权，牢牢把握正确的政治方向，强化广大干部员工的马克思主义主流意识形态。要加大宣传教育工作的力度，继续推进“新中车 • 中车心”主题宣传教育活动，开展“十三五”发展规划宣贯工作，做好中国“第一代高铁工人精神”的宣传推广。要加强新闻宣传、舆论引导、形势任务教育等工作，提高各级领导干部引领发展、推动发展的积极性、主动性。要认真践行社会主义核心价值观，深化企业精神文明建设。加强保密工作，严防重大失泄密事件发生。

3. 全面加强企业文化和品牌建设工作。企业文化和品牌建设工作是我们推进中车内在精神和外在形象融合统一，提升企业核心竞争力的重要抓手。要加强顶层设计，制定企业文化和品牌建设“十三五”规划。加快研究建立符合中车战略发展要求的企业文化体系，立足产业特点，把握时代潮流，传承百年文化优势，把诚信、责任、创新、品质、效率等要素纳入到企业文化的核心价值范畴，着力打造独具中车特色的企业文化体系，抓好文化落地。推行统一品牌管控模式，推进诚信中车、责任中车、品质中车、活力中车建设，强化内在支撑，大力开展品牌宣传推广工作，打造世界一流的中国高端装备品牌。

五、要持续用力，抓好企业党风廉政建设和反腐败工作

过去一年，中央推进党风廉政建设、反腐肃贪的步伐坚定、力度不减，始终坚持反腐零容忍、无禁区、全覆盖，动辄则咎，通过各级党委巡视检查，组织明察暗访，畅通群众监督渠道，运用“一键通”“人人拍”等新媒体、新技术手段，形成了无处不在的监督网，及时发现和查处各类违纪违法案件。2015 年，全国共查处违反中央八项规定精神问题 36911 起，处理 49508 人，给予党纪政纪处分 33966 人；全年接受组织调查的中管干部 37 人。中央用 2 年多的时间，完成对 55 家中管央企的巡视全覆盖，仅 2015 年就巡视了 43 家，节奏和力度空前，反映了中央对央企党风廉政建设工作的重视。发现的问

题主要集中在党的领导弱化、工程招投标和物资采购不规范、权力寻租、选人用人违规、顶风违纪、违规决策等方面。这些问题在我们企业也不同程度地存在。从 2015 年信访举报和巡视检查反映的情况看，我们企业党风廉政建设形势虽然整体相对较好，但并没有我们想象的乐观，个别企业问题比较集中。这与中车的对外形象和我们要承担的重要使命不相称。

前不久召开的中央纪委六次全会，部署了 2016 年纪律检查工作任务。习近平总书记发表重要讲话，强调党中央坚定不移反对腐败的决心没有变，坚决遏制腐败现象蔓延势头的目标没有变。全会传达了两个非常清晰的信号：一是反腐败斗争力度不减、节奏不变、尺度不松，继续保持遏制腐败高压态势；二是越往后执纪越严，全面从严治党向基层延伸。

我们要认真学习，深刻领会，切实贯彻落实好全会精神，持续用力抓好企业党风廉政建设和反腐败工作，为企业改革发展、迈向世界一流营造积极向上、风清气正的氛围。一是各级党组织要落实主体责任，贯彻全面从严治党方针，坚持以德治党与依规治党相统一，坚持问题导向、见人见事，增强针对性和时效性。二是纪委要落实监督责任，全面履行党章赋予的职责，创新体制机制，持续推进转职能、转方式、转作风。要把纪律和规矩挺在前面，严格贯彻“两项法规”，运用好监督执纪的“四种形态”。继续坚持贯彻中央八项规定精神，严防“四风”反弹。要结合企业实际和实践，不断建立健全不敢腐、不能腐、不想腐的有效机制。严格执行落实好纪委书记的任职交流和述职制度。三要强化对权力运行的制约监督，尤其是加强对企业主要领导履职行权的监督约束，加强对工程、采购、用人等关键领域和薄弱环节的监督检查，严格落实重要岗位轮岗交流制度。落实“一案双查”，既追究主体责任、监督责任，又追究领导责任。四要盯住领导干部这个“关键少数”，加强对各级领导干部的日常管理、教育和监督，注重抓早、抓小，经常性开展谈心谈话。按照干部管理权限，企业党委每年至少要安排与所属单位主要负责人进行一次谈心谈话。五要持续深入开展巡视工作，着力发现问题，推动整改和自查自纠。六要努力打造一支忠诚干净担当的纪检监察和巡视干部队伍，有力保障中车持续健康发展。

我们要高度重视群团工作。今后一段时间将是我们中车改革发展的关键时期，群团工作必须做到坚强有力，最大范围地把广大员工的积极性充分调动起来，凝聚强大正能量，推动企业改革发展、和谐稳定。各级党组织要加强对群团工作的领导和支持。各级群团组织要全面加强自身建设，把保持和增强政治性、先进性、群众性放在首位，围绕企业中心工作，创新思路，激发活力，主动担当，积极作为，在推动企业改革发展中建功立业。

承接国家战略　助推产业升级
开创中国中车“十三五”改革发展新局面

——集团公司总经理刘化龙在中国中车2016年工作会议上的报告（摘要）

（2016年1月19日）

这次工作会议是新中车成立后，在回顾“十二五”、开启“十三五”、踏上新征程的关键时刻召开的一次重要会议，对于中国中车未来五年发展和2016年起好步、开好头，至关重要。下面，我作集团公司工作报告。

一、不负重望，无愧时代，“十二五”业绩辉煌

2015年南北车重组谱写了央企强强联合的一曲时代华章。过去的一年，我们顺应打造高端制造装备龙头企业的时代呼唤，深刻把握国资国企改革的内涵，坚决贯彻落实国家战略意图，勇当改革排头兵，圆满完成两大集团的重组整合。工作衔接有序，经营管理顺畅，“新中车、中车心”成为19万员工的自觉意愿，初步实现了文化认同和思想融合，全面开启了新中车的发展征程。积极应对重组整合和生产经营交织并行的复杂局面，采取有力措施，保证了重组和经营双丰收。“融合—改革—发展”协同推进，“集团—平台—业务”架构初成。强力推进扭亏控亏工作，集团392家并表企业中亏损企业户数由6月底合并时的141户减为87户。根据财务快报，2015年集团公司超额完成国资委下达的经营目标。

2015年我们奏出的时代最强音，来自“十二五”五年间的厚积薄发。“十二五”期间，南北车走过了一条具有鲜明时代特色的快速发展之路，既有激情、也有追求；既勇于担当、也善作善为，真正体现了中央企业的顶梁柱作用，为国民经济稳定发展作出了积极贡献。

1. *国有资产实现了保值增值。*始终把国有资本保值增值作为首要任务，坚持高目标引领，外抢市场，内强管理，经营业绩连年攀升，国有资本的影响力、带动力明显增强。五年间，营业收入从1316亿元增至2423亿元，增长84.5%；利润总额从60亿元增至163亿元，增长175%；总资产从1641亿元增至3323亿元，增长102%；净资产从533亿元增至1177亿元，增长121%；国家所有者权益从309亿元增至565亿元，增长84.5%；年年超额完成国资委下达的经营指标，前四年一直保持国资委经营业绩考核A级企业，获得“业绩优秀企业奖”等荣誉称号。特别是2015年，在市场下滑和企业重组的双重压力下，加强精益管理，提高运营效率，控制企业风险，想方设法增效益，千方百计保增长，为国民经济“稳增长”尽到了央企的责任。

2. *国企改革担当了探路先锋。*在深化国有企业改革的背景下，南北车重组工作历时一年，取得圆满成功。2015年6月1日，中国中车股份有限公司正式成立；2015年9月

28日，中国中车集团公司召开成立大会，标志着南北车重组工作全面实现整合目标。南北车的"强强联合"，既是贯彻落实国家战略、加快中国装备走出去，推动我国从制造大国转向制造强国的战略抉择，也为深化中央企业改革探索了成功经验、提供了有益借鉴。集团公司依据国资委对南北车重组的批复意见，结合自身发展实际，迅速明晰了发展定位和业务模式，初步建立了适应国有资本投资平台的精干高效的管控架构，丰富了业务结构，搭建了轨道交通、产业投资、类金融业务、地产置业、职业教育、资产管理六大业务平台。在强力支持并确保股份公司发展的同时，成立了产投公司、金控公司、置业公司、中车大学和资产管理中心，为集团公司尽快形成多元业务格局安装了新引擎。

3. 高端制造走出了发展新路。随着中国高速铁路的快速发展，中国高速动车组技术不断进步，成为响当当的"国家名片"。具有完全自主知识产权的中国标准动车组世界领先，充分体现了我们的自主创新能力，为中国高铁走出去再添重量级砝码。高速铁路与载人航天、探月工程等成为中国创新型国家建设的重大突破，轨道交通装备列入《中国制造2025》十大重点领域，在国家产业体系中的地位大幅提升。同时，以高铁、地铁、城际等为代表的绿色交通工具改变了人们的出行方式，改善了交通体系，带动了产业链发展，逐步形成了较大规模的轨道交通产业集群，助推了相关产业和地方经济的发展。坚持"包容、共存、多赢"的原则，牵头或参与组建产业联盟6个，先后与省、市政府和大型企业集团、金融机构等签订战略合作协议，促成多个项目落地。

4. 国际化经营成绩靓丽。积极落实国家战略，立足国内，放眼全球，大力推进产品"走出去"和国际产能合作，竞争实力不断提高。在经营理念上，增强了市场自信，实现了从产品输出向"技术输出、资本输出、管理输出"的转变；在经营方式上，优化了市场策略，实现了从"游击战"到"阵地战"的转变；在经营业绩上，取得了质的突破，出口产品实现从中低端到高端的升级，出口市场实现从亚非拉地区到欧美地区的飞跃。南北车在国际轨道交通市场上的活跃表现，对国际产业巨头形成了强大冲击，正在重塑国际市场新格局。目前已在21个国家和地区设立56家境外公司和机构，拥有海外研发中心9个、海外资产26.5亿美元、海外员工4951人，产品覆盖全球六大洲、98个国家和地区，跨国经营指数从1.61%提高到6.07%。中车品牌的业内美誉度、社会影响力和国际知名度迅速提升，成为中国高端装备走出去的金色名片。

5. 自主创新体系日趋完善。成为全球规模最大、产品最全、技术领先的轨道交通装备供应商，以高速动车组、大功率机车、重载货车、城市轨道交通车辆为代表的系列产品，已达到世界先进水平，永磁牵引电机、车载实时以太网和大功率IGBT等核心技术取得突破。持续完善技术创新体系，注重科技创新投入，不断提升自主创新能力，已建成国家级研发机构和国家级企业技术中心29家，初步搭建起产品设计、试验验证、仿真分析平台。主持或参与制（修）订并发布国际标准56项、国家标准174项、行业标准691项，创造有效专利13292项，其中：发明专利2075项、国际专利115项；7项重大科技成果获得国家科技进步奖，先后获得中央企业"科技创新特别奖"等荣誉称号，被国资委确定为"做强做优、培育具有国际竞争力的世界一流企业"工作十家重点联系单位。

6. 产业发展空间深入拓展。稳妥推进结构调整，已建立起从基础材料、核心部件、关键系统到整机产品的制造以及运营维护的完整产业链。在做强做优做大轨道交通装备核心主业的基础上，初步形成了多元化产业形态，风力发电装备、新能源汽车、工业传动系统、高分子复合材料、节能环保产品等领域取得较好业绩。

7. 企业与员工和谐发展。坚持党的领导，把加强党的领导和完善公司治理有机统一，各级党委在生产经营、结构调整、重组整合等重大问题的决策和实施中，把关定向、积极推进、引领发展，充分发挥了政治核心作用。企业文化内化于心，外化于行，企业凝聚力和向心力不断增强；品牌建设扎实有效，品牌知名度持续提高。人才队伍建设取得明显成效，涌现出一批领军人才，拥有中国工程院院士 2 名，享受国务院政府特殊津贴 350 余人（包括退休，在职为 171 人），詹天佑、茅以升铁道科学技术奖等获得者 160 余人，中华技能大奖获得者 6 人、技术能手 96 人。初步搭建各类人才职业生涯发展通道，激励和约束机制不断完善，员工积极性和创新活力不断激发。

二、审时度势，攻坚克难，“十三五”任重道远

“十三五”时期，我国发展仍处于可以大有作为的重要战略机遇期，也面临诸多矛盾叠加、风险隐患增多的严峻挑战，中车集团置身于同样的发展环境，既有机遇也有挑战。从战略机遇而言，中车的发展正处于从“量的积累”转向“质的飞跃”的风口，拥有从“体量优势”转向“质量优势”的机遇，准确把握战略机遇期的深刻内涵十分关键；从矛盾挑战来看，核心业务遭遇瓶颈，发展失衡集聚风险，只有坚持问题导向，精准定向操作，才能更加有效地应对各种矛盾和挑战，不断开拓发展新境界。

（一）把握战略性机遇，积极作为。

首先，供给侧结构性改革是高端装备制造行业最大的政策性利好。供给侧改革，是以制度供给为核心，以改革为统领的“新供给管理方略”，反映了我国经济调整思路和策略的重大转变。供给侧改革从供给、生产端入手，淘汰落后产能，清理僵尸企业，将发展方向锁定新兴领域、创新领域，着力提高供给体系质量和效益，通过解放生产力、提升竞争力促进经济发展。供给侧改革的实施，通过“市场出清”扶持高端制造发展，将会增强我国在国际竞争环境中的综合竞争力和发展后劲，从而有助于跨越“中等收入陷阱”，迎来我国经济社会新的快速发展阶段。其次，国家的简政放权、铁总的市场化改革、以及其他央企的深化改革，旨在优化我国整体经济环境，降低实体企业的制度性交易成本。国家陆续出台了普惠性降税、调整财政赤字率、降低养老保险缴付比例、降低物流成本，处置“僵尸企业”的配套政策等一系列措施，将减轻企业负担、重塑市场格局、完善市场体系，对占据先机的高端装备制造企业应是如虎添翼。

高端装备制造产业作为整个装备制造业“由大到强”转变的关键突破口，其发展一直得到政策强力支持。作为高端装备制造的龙头企业，“十三五”时期是集团发展的重要窗口期和机遇期。一方面，国家扶持的力度不断升温。2015 年 5 月，国务院印发《中国制造 2025》，这是我国实施制造强国战略第一个十年的行动纲领。国家在轨道交通装备、高端船舶和海洋工程装备、工业机器人、新能源(电动)汽车、现代农业机械、高端医疗器械和药品等重点领域，强化政策引导，加大支持力度，积极地发挥政府作用，其意义就是要加快我国高端制造的发展进程，应对世界主要国家展开的“再工业化”的竞争。另一方面，市场需求的前景更加明朗。我国实施的“一带一路”战略，正在打造更加积极主动的开放格局，重塑当前的国际产业分

工格局，这将助力以高铁为代表的高端装备走出去的步伐。从国内消费趋势看，机器替代人工成为趋势，国民对于高端产品的消费能力不断提高，极大增加了对高端制造的潜在需求，进口替代空间巨大，旺盛的需求必将拉动高端装备制造这一基础型工业的发展。还有，我国供给侧改革通过实施“去产能、去库存、去杠杆、降成本、补短板”五大任务，将助推产业升级和技术变革，加速低端装备的淘汰，进而扩大高端装备的有效供给。

总之，不论是政策环境还是市场因素，中车集团搭建国有资本高端装备产业投资平台都恰逢其时，凭借我们在轨道交通领域高端制造领域深厚的技术和管理底蕴，不仅可以转身进入其他高端制造领域发掘更多的市场机会，而且也为整合国内外装备制造相关产业链建立了机制优势。

（二）直面五大挑战，迎难而上。

一是稳增长的压力。“十三五”头两年，正值结构调整阵痛期、新旧动力转换关键期，外部经济下行和行业相关政策的不确定性，对集团未来的持续稳定发展造成重大冲击。轨道交通装备制造作为集团的核心业务，已多年持续在高位运行，未来增量有限，部分板块需求拐点明显，机货车进入需求疲软期，修理业务政策变数大，营收“减速换挡”的可能性大增，核心业务支撑集团继续稳定快速增长的基础在动摇。

二是走出去的压力。“走出去”是中车的政治使命和历史责任，但我们国际化经营的核心能力与国际知名企业相比还有明显差距，与社会的期望也有距离，打造好高铁这张“金色名片”任重道远。国际化经营实现“量变”到“质变”，目前缺乏“临门一脚”的手段，需要进一步把控好国际化的节奏。

三是促改革的压力。规模扩张、投资冲动、粗放经营所带来的资源错配、产业失衡的问题，在“三期叠加”的经济新常态的催化下，面临着矛盾爆发的“临界点”。市场倒逼改革，常规的修修补补已难以解决长期积累的深层次问题，需要以壮士断腕的勇气加大改革力度，对固有的发展理念和体制机制动“大手术”。

四是调结构的压力。随着供给侧改革的推进，特别是铁总改革的深化，传统及优势业务的发展瓶颈将加速显现，业务拓展与风险管控的矛盾也更加突出，势必加速业务结构的调整和资源优化配置，业务结构调整和全面融合即将进入重大考验期。

五是保稳定的压力。部分企业不断增加的经营困难局面，与转型升级难以取得实质性突破的状况，以及实施“去产能、去库存、去杠杆、降成本、补短板”等因素相互叠加，将深深冲击员工思想情绪，不但影响企业和谐稳定，而且还会给产品质量安全埋下隐患。

（三）破解四大制约性矛盾，勇于担当。

一是传统经营理念对变革商业模式的制约。我们在特殊体制下长期形成的固化的商业模式，主要通过投资拉动、技术改造推动产业升级，这种典型的制造工厂式的产品经营理念，偏爱固定资产投资和规模扩张，导致资源配置失衡，资源过多集中于单一领域，阻碍着集团商业模式的变革。

二是“一业独大”对集团转型升级的制约。集团轨道交通“一业独大”的格局以及子公司业务过于依赖轨道交通的现状，把我们的发展视野和思维固化在两条钢轨上，导致在拓展其他高端装备制造领域、丰富业务结构上形不成合力，做不到资源的集聚和倾斜，出现了多元业务分散和过度多元化的问题，影响着集团转型升级的进程。

三是集团管控模式对激发内部活力的制约。重点是有效解决“集团管控与企业活力”的关系，完善集团战略型管控模式。要优化各自的功能定位，强调权责对等，注重机制的创新和建设，突出考核机制的导向作用，建立适度的“容错机制”，真正能够管得住、放得开。

四是人力资源现状对完成繁重任务的制约。由于优秀管理团队和核心骨干都基本集中在轨道交通领域，人才结构、知识储备与多元化发展的要求不很匹配，加上没有建立有效的市场化用人机制，国际化经营人才、资本运作人才短缺，特别是作为“关键少数”的集团各级高管团队，其素质能力与多元化发展的市场要求相比还存在差距，整体的人才状况难以完全适应当前央企繁重的改革和经营任务。

（四）把握五大关键，锐意进取。

一是再造商业模式。新常态下，必须尽快转变发展方式、缩短新旧动能转换过程，围绕做强做优做大国有企业的目标，利用新中车业务融合的契机，大力创新商业模式，坚持走内涵式、精益化、质量效益型的发展道路，才能在未来的发展中真正掌握主动。

二是深化创新驱动。要把创新摆在做强做优做大新中车的核心位置，通过创新找到发展新动力。强化创新主体地位和主导作用，突出创业创新，加速创新体系建设，提升自主创新和原始创新能力；促进互联网和实体经济的融合发展，推进供应链、物流链、资金链管理和创新。强化有利于创新的体制机制保障，充分激发和调动全集团的创新潜力。

三是优化资源配置。针对目前集团存在的固定资产比重较大、产能过剩问题，加快建立科学的投资机制，引导“轻资产运作”，科学合理地控制固定资产投资及规模扩张，注重产出效益。进一步完善人才结构，加强人才储备，提高全要素生产率。

四是调整竞争策略。大集团要有优化市场环境的能力。在国际市场竞争中，实施竞合共赢策略，深化与其他企业的合作，形成行业自律，建立利益共享机制，把竞争层面转向高端产品、高端价格。在国内市场，重视战略布局的超前性，提升产业方向的影响力，建立市场秩序的可控性。坚决避免个别企业为一己之私，培养竞争对手的行为。

五是内部提质增效。在费用刚性增长和产品价格走低的双重挤压下，企业亏损面和亏损额不断加大。要通过管理提升、深化改革来开展降本增效工作。有效控制和降低质量损失，加大成本对标工作、加大集采和内部配套比例，算好科技投入的经济账。

三、创新理念，求真务实，2016年踏浪启航

“十三五”是新中车深化改革、转型发展的关键五年。围绕“承接国家战略、助推产业升级”这一宗旨，集团“十三五”时期的指导思想是：全面贯彻落实党的十八大和十八届三中、四中、五中全会精神，坚持“市场导向、创新驱动、结构优化、开放合作、人才为本、党的领导”的原则，以提高发展质量和效率效益为中心，以“大国重器、产业引擎”为己任，加快企业转型发展、创新发展、协同发展、共享发展，增强国有资本保值增值能力，不断提升国际竞争力，不断放大国有资本功能，全力打造以轨道交通装备为核心、多元发展、跨国经营的世界一流高端装备产业投资集团，成为受人尊敬的全球企业。

“十三五”时期的总体目标：不断提高发展质量和效益，营业收入稳健增长，力争进入世界500强前200名；净资产收益率保持在12%以上，销售净利率超过5%；资产负债率65%左右，总资产周转率达到0.8次以上；“中车”成为国际行业知名品牌，品牌价值达到国内领先水平。

在全面实现总体目标的同时，还要努力实现以下目标：

——转型发展。实现由“产业公司”向

“投资公司”转型，实现由“本土企业”向“全球公司”转型，实现由“轨道交通装备”向“高端装备”转型，成为国有资本投资公司的典范。

——创新发展。持续推进经营模式创新、技术创新、管理创新，体制机制改革实现新突破，逐步形成国际一流的管理模式。

——协同发展。实现集团内外协同发展，做到市场协同、技术协同、资源协同、管理协同，促进优势互补，强强联合，以强带弱，集约发展，构建高效强大的战略合作体系。

——共享发展。承接国家战略，履行社会责任，实施员工收入倍增计划，坚持合作共赢、和谐发展。

“十三五”时期的产业发展规划：适应市场化、现代化、国际化新形势，紧紧抓住“一带一路”建设、京津冀一体化、长江经济带建设等战略机遇，全面贯彻落实“互联网+”、“双创”和“中国制造2025”行动计划，加快结构调整和转型升级，做强做优轨道交通装备产业，打造新能源装备、节能与新能源汽车、生态环保、工业电气、新材料五大支柱产业，培育发展新业态。

轨道交通装备作为核心产业，是集团的生存之本、发展之源，要坚定不移的按照“补强提升”的原则，迅速做强做优，实现全球领先，成为行业的领导者。新能源装备、节能与新能源汽车、生态环保、工业电气、新材料等五大产业借助中车品牌和技术优势，采取内部资源整合与外部并购重组相结合的方式，加快成长为核心竞争能力突出、行业地位领先的集团新的支柱产业。类金融产业、地产置业、教育培训业务、资产管理业务依托制造业的转型升级，打造新的增长极。

2016年是“十三五”开局之年。集团公司2016年工作的总体要求是：立足高端装备，依托轨道交通，找准国有资本投资公司的功能定位，继续落实国资投资平台建设任务，以管资本为主线，以调结构为重心，以全方位创新为驱动力，深化企业改革，加速深度融合，激发协同效应，推动集团公司的多元化、国际化发展，全面打造高端装备制造产业投资集团。

集团公司2016年的主要目标是：营业收入规模和经济效益稳中求进，完成国资委下达的经营业绩考核指标。

（一）加快改革步伐，贯彻好国企改革指导意见。深入贯彻落实《中共中央国务院关于深化国有企业改革的指导意见》，按照市场化的改革取向，把企业打造成真正的市场竞争主体。

以国有企业董事会建设试点为契机，加强相关制度体系建设，切实落实和维护董事会依法行使重大决策、选人用人、薪酬分配等权利，进一步完善公司法人治理结构。不断改革集团的体制机制，满足国有资本投资公司改革试点的相关要求，不断提升国有资本的管控能力，推动国有资本合理流动优化配置，按照责权对应原则切实承担起保值增值责任。按照“管资本”为主的改革思路，统筹推动六大平台的改革创新。通过深化改革，进一步提高资源使用效率和效益，激发内部活力，释放协同效应，体现整合成果。2016年是我国推进供应侧结构性改革的攻坚之年。集团的供应侧结构性改革，六大平台各有侧重。股份公司的主要改革任务是推进内部业务重组和去产能，对落后产能、过剩产能有针对性地调整、化解或退出。产投平台、金控平台的工作重心是创业创新，提供有效供给。地产置业平台的工作重点是去库存，加快现有地产项目的去化速度。资产管理中心的工作重点是主动瘦身、减轻负担。力争实现由“产业公司”向“投资公司”转型，实现由“本土企业”向“全球公司”转型，实现由“轨道交通装备”向“高端装备”转型，成为国有资本投资公司的典范。

（二）明晰发展思路，建设好国有资本投资公司。国家对中车的定位是“大国重器、产业引擎”，建设国有资本投资公司是落实这一战略的载体。

2016年是集团建设国有资本投资公司的关键一年。加快平台建设，争取政策落地是集团的中心任务。建设国有资本投资公司，要依托中车多年来积累的发展优势，把着力点放在积极放大国有资本功能作用上。一是依法自主开展国有资本运作，对所出资企业行使股东职责，维护股东合法权益。健全监督检查体系，以战略、章程、预决算、考核分配为主线，通过强化事前约定和事后评价，充分体现出资人意志，切实承担起国有资产保值增值责任。二是借鉴其他央企的成功经验，创新、完善集团的管控机制，建立健全权责对等、运转协调、有效制衡的决策执行监督机制，从管理理念、制度建设、决策体系等方面，推动从“管资产”向“管资本”的真正转变。三是适应国有资产监管方式的变化，按照市场主体的运作规律，优化集团管控流程，切实履行好国有资本的监管责任。四是丰富集团整体业务结构，在推动股份业务继续快速发展的同时，加速集团其他平台业务的整合、培育、孵化和成长，从根本上改变集团业务过度依赖“两条钢轨”的局面。五是不断增强集团在国内高端装备产业体系中的地位。要深研政策，主动出击，把握机遇，择机实施并购，在引领我国高端装备技术创新和国际市场竞争等方面起主导作用。

集团对六大平台的管控，实施宏观管控与指导，主要是管战略、管投资、管风险、管人才。要按照管资本的模式，优化设计集团本部的管理职能和流程，强化市场化的理念和建立市场化的机制，高度重视价值创造，引导轻资产运行，推动管理机制深刻转变。强化业绩考核的导向作用，突出“出资人引导”考核原则，用好出资人这根指挥棒。集团对六大平台的业绩考核，要对做强做优做大发挥引领作用、对提质增效升级发挥带动作用、对国有资产保值增值发挥支撑作用。要做实任期考核，通过当期考核与中长期考核的有效衔接，引导各业务平台加强战略规划，培育发展潜力，避免短期行为。

（三）突出主攻方向，打造高端装备制造产业链。

要贯彻落实好《中国制造2025》，把打造引领性强、覆盖面广的高端装备制造产业链作为集团的业务主攻方向，不断巩固和扩大集团在高端装备制造领域已形成的竞争优势和发展优势。集团六大平台，都是增强集团在国家高端装备制造体系中战略地位的有机组成部分。股份公司是核心业务平台，集中体现集团在高端装备领域的实力水平；产投公司是创业创新平台，围绕实体经济发现产业新模式、新业态；金控公司是产融结合平台，用金融资本支持实体产业，以融助产；地产置业是价值创造平台，发掘腾退的优质土地资源的最大价值，反哺制造业；中车大学是价值提升平台，提升产业体系中人力资本的价值；资产管理中心作为资产流转平台，要尽可能盘活沉淀的非经营性资产，变负担为财富。

轨道交通装备是集团发展的根基所在。要通过产品和技术创新，能够不断在价格优势之上叠加性能、质量优势，向产业链、价值链高端攀升，巩固和保持集团在轨道交通装备领域的优势地位。积极探索把轨道交通装备的成功经验复制到其他制造产业，进一步扩大在其他高端装备产业的影响力。按照国家新型城镇化的发展方向，重点在节能环保、基础设施、现代农业等领域寻求高端装备制造的商业机会。充分发掘当前制造行业低谷期的潜在价值，对“轨道装备”以外的高端装备相关研发制造企业择机实施并购和整合。要在打造高端装备制造产业链的过程中，完善中车现有的产学研用相结合的创新体系，带动信息产业、电子工业、材料工业等相关产业链整体素质的提升，真正实现创新驱动、内在增长，进一步增强集团的发展后劲。

打造相对完整的高端装备制造产业链是一项系统工程。首先是抓好总体规划的制定实施工作，保持前瞻性、系统性、稳定性，科学严谨，精准导向，一张蓝图画到底。稳步推进规划实施，以点带面，逐步完善提升，明确分工，责任到人，纳入集团的战略管理和绩效考核。其次是加速两化融合。围绕“智能产品、智慧工厂”两大方向，推动工业技术与信息技术融合。建设好电子商务平台“中车购（CRRCGO）”、产品智能服务平台、旅客信息系统“中车行”。切实解决管理信息化建设的“软肋”，突破传统管理手段，建设实用高效的管理信息化平台。三是科学实施。项目投资突出重点，重点投入关键领域和环节，注重投资后的价值创造，避免遍地开花。

（四）加速发展融合，确保集团业务协同发展。全面完成今年的经营指标是集团的首要任务，必须采取一切有力措施，保持企业经营工作的持续稳定增长。

提质增效保增长，业务协同是基础。为此，今年集团必须加速发展融合，体现出整合成果，下好结构调整先手棋，打好转型升级主动仗。在六大业务平台中，股份公司是集团的核心业务平台，集聚了目前全集团最优质的资源，是集团业务协同发展的“发动机”。集团将从股份公司的股东权益报酬率、轨道交通装备业务的核心竞争力、高端装备走出去的步伐和国际化指数、市值管理、风险控制等关键项点，继续推进资源整合，加大对股份公司发展的支持。在推动业务结构协同发展过程中，结合现有产业的发展规律和特点，结合集团的资源能力，坚持差异化的产业发展路径，一要为股份公司的成长留下足够的发展空间；二要努力实现股份公司和其他业务平台在业务方向上不重叠和少交叉；三要根据不同业务平台的功能特点，打造不同的产业发展格局，形成优势互补；四要实现股份公司与其他平台之间的资产互动，有效提升股份公司的造血功能和集团的价值创造；五要倡导商业模式的创新与相互复制，充分发挥既有土地资源、人才资源、无形资产的优势，推动资源共享，实现管理成本最小化。继续坚持落实“四个带动”（以强带弱、以大带小、以造带修、以整带零），完善带动机制建设，加快业务整合和资产重组，优化价值链，拓展产业链，高效配置资源，提高集团整体协同发展水平。

发展与融合关键在于产业结构调整，既需要做好增量，也需要盘活存量，还需要主动减量。做好增量方面，重点是进一步优化资本布局，重点突破高端制造业，加快发展环保水处理、新能源、新材料等新产业、新业态、新模式。盘活存量方面，重点是加快资产证券化步伐，通过股份公司与其他业务平台之间双向资产注入和业务互换以及并购、重组等手段，提升股份公司的盈利能力。主动减量方面，重点是加快退出落后产能、过剩产能。要充分利用好国家推进清理僵尸企业的政策，切实分析亏损企业状况，加快解决历史遗留问题，坚决止住出血点。加快推进“三供一业”分离移交工作。

（五）加强风险管理，维护国有资本安全。集团按照国有资本投资公司的运行要求，主要是行使好战略控制、财务控制、风险控制和资源配置四大职能。作为出资人，集团将坚持增强活力和强化监管相结合，根据不同产业平台、业务板块、子企业的市场特点和业务成熟程度，实施不同的管控模式，要求不同的资本回报，依法落实企业法人财产权和经营自主权，进一步激发企业活力、创造力和市场竞争力。

发展与风险相伴相生。在发展的同时，集团将强化风险意识，确保国有资本安全。要进一步提高集团经营管理关键环节的风险管控能力，抓好重大项目风险评估和风险预警分析，强化风险管理和内部控制，加强审计工作。一要加强集团管控的风险管理；二要加强产业发展的风险管理；三要加强现金流的风险管理；四要警惕“走出去”的风险；五要化解安全稳定的风险。高度关注产品质量安全工作，确保动车组的安全运行，做好质量危机事件的公关预案。加强生产安全工作，严防群死群伤事故。努力做好经营困难企业员工的思想工作，帮助解决困难员工的生活问题，加强信访工作，避免群体事件，确保企业稳定。

（六）坚持以人为本，不断提升企业软实力。加强人才队伍建设，重点是建立价值导向、利益导向、事业发展导向的市场化人才机制，加快形成企业与人才的利益共同体，在具备条件的子企业试行高管持股及骨干核心人才入股。真正落实高管的任期制和经营目标管理，做到能上能下、能进能出，造就一批德才兼备、善于经营、充满活力的优秀企业家；积极探索高管及核心人才的流动机制建设，拓宽选人用人渠道，实施“全球引智”，核心人才要留得住、用得好、引得来，让全球顶尖人才为我所用；不断深化分配制度改革，建立以岗位绩效工资为主、多种分配方式并存的薪酬体系，积极探索和实践国际化劳动工资管理模式，建立高端稀缺人才协议工资机制和中长期激励约束机制；深入推进高技能人才队伍建设，提高劳动效率和人工投入产出效益；推进中车大学建设，以“人才育成、知识管理、组织变革、文化传承”为主要功能，构建具有国际先进水平的中车模式职业教育体系，成为央企集团化办学、提高人才培养质量的典范。

持续推进企业文化和品牌建设。加快形成开放包容统一的中车文化体系，实现集团内部文化融合，内强企业素质，外塑企业形象，增强企业凝聚力，提高企业软实力，着力打造绿色中车、品质中车、和谐中车。继续推进国际化中车的企业文化建设之路，加快中车海外公司与集团的文化融合。加强品牌建设，提升“中国中车（CRRC）”品牌的国际知名度和影响力，打造享誉全球的知名品牌。创新品牌推广渠道和形式，形成传统与新兴媒体、国内与国外媒体、线上与线下媒体全面传播企业品牌的工作局面。做好展会策划，发挥好展会的传播平台和商业平台作用。加强新闻宣传策划，强化舆论导向，不断集聚品牌正能量。落实好央企社会责任，树立绿色环保的央企形象，公众评价积极正面，股东、企业、员工关系和谐共赢。

“十三五”征程已经开启，重组整合后的中车承载着国家战略和央企使命，将以崭新的姿态引领和带动我国高端装备制造业乘势疾行、驶向全球。

创新变革　攻坚克难
凝聚起推动改革发展的强大气场

——集团公司总经理刘化龙在中国中车2016年经营工作座谈会上的讲话（摘要）

（2016年10月27日）

今天召开的中国中车2016年经营工作座谈会，是确保完成国务院国资委的考核指标、实现全年目标任务的部署会、推进会和落实会。

今年是新中车完整运营的第一年，也是“十三五”规划的开局之年，全面完成国资委下达的考核指标，有着特殊的重要意义。南北车重组后，新中车名声在外、倍受瞩目。对中车的改革发展情况，党和国家领导人、国资委和其他国家部委高度关注。在资本市场上，中国中车经营业绩的好坏，已被证券机构专家和分析师看作我国宏观经济的风向标、晴雨表。特别是在经济下行压力持续加大的严峻形势下，中车作为央企保增长的主力军，国资委领导希望中车能够作出表率和示范作用，为中央企业效益恢复性增长、国民经济稳增长作出积极贡献。我们要坚定信心、顶住压力，勇于担当、积极作为，在保增长中尽到中车的政治责任和经济责任。

刚才，国华同志从经营业绩、改革重组、技术创新、管理提升、国际业务五方面总结了1-9月份经营工作，以“四个仍然没有变”深入分析了完成全年经营任务的有利条件，以“四个坚持不动摇”部署了后两个月经营工作，从预算编制、技术创新、深化改革、国际化四方面对谋划2017年经营工作作了强调。长客股份公司、四方股份公司、株洲所、株机公司、四方所、齐齐哈尔公司等6家子公司，围绕完成全年经营目标，分别作了现场交流发言。龙头企业有着力争上游、勇当排头的光荣传统，也有着讲政治、顾大局的优良作风。希望龙头企业敢打硬仗、能打硬仗，自加压力、高定一格，多完指标、多作贡献，在确保集团保增长中体现龙头企业的责任担当。越是困难的时候，越需要坚定信心。“信心比黄金更重要”。希望亏损企业提振信心、逆势图强，攻坚克难、守住底线，千方百计、控亏减亏，为集团扭亏治亏创造回旋余地。这次会议开得很及时、也很必要，请大家高度重视，认真抓好会议精神的贯彻落实。一是召开专题会议，研究落实措施，迅速传达会议精神，将全体员工的思想和行动统一到完成全年各项目标任务上来。二是明确目标，责任到人，确保成果。要突出问题导向和目标导向，细化具体对策措施，分解落实任务，层层传递责任，激发广大员工完成目标任务的使命感和责任感。三是全员发动，齐抓共管，决战后两月。特别是各级领导干部要牢记使命、勇于担当，解放思想、锐意进取，站在中车改革发展的大局上，以高昂的士气、务实的作风带领广大员工奋力拼搏。四是及时沟通，全面协同，立足当前、精准发力，全力确保完成年度经营目标，实现完美收官。

在近段时间的工作中，有几点感悟和体会：一是我们有完成目标的基础和信心，二是我们有勤奋敬业的员工队伍，三是我们有优秀的中车文化和品牌。

下面，我再强调几项工作：

一、坚决向改革要活力要效益要发展

目前，中车深化改革的顶层设计已经形成，就是“1+19”政策文件体系。“1”是指《中国中车集团公司深化改革指导意见》(以下简称《深改意见》)，这是中车深化改革的总体设计，是指导中车深化改革的纲领性文件；“19”是为解决中车当前在业务结构、资源配置、管控体系、运营机制、党的建设等方面困扰和束缚企业发展的关键问题，配套提出的19个专项推进计划，是落实《深改意见》、深化改革的具体路径和操作性文件。《深改意见》是“纲”，专项推进计划是“目”，纲举目张，互为补充，互相支撑，二者具有内在的逻辑性。目前，集团已印发包括《深改意见》在内的5个文件。总部相关部门要按计划于年底之前完成其余15个专项推进计划的制订，履行决策程序后印发施行。各一级子公司要成立深化改革工作机构，主要领导要亲自抓，分管领导具体负责，明确主管部门，统筹谋划，依据《深改意见》和专项推进计划，结合本单位实际，进一步分解和细化，研究制订本单位的深化改革工作方案，不折不扣地推进相关工作，通过改革增强发展活力，通过改革增加经营效益，通过改革破解发展难题。

集团当前的改革目标，是按照国企国资改革和供给侧结构性改革要求，强化市场主体建设，建立更加符合市场经济发展要求、更加适应多元化发展和国际化经营的管控体系和运营机制，激发活力和动力，聚焦高端装备，加快结构调整，减少两极分化，打造合理的业务结构，优化全球资源布局，到2020年，内部改革的重要领域和关键环节取得决定性成果，建成国有资本投资公司，成为我国高端装备“走出去”的主力军。

强化市场主体建设，要坚持市场导向、放管结合、机制创新、稳妥有序、党的领导等五项原则，以提升发展质量和经济效益为中心，核心内容就是“一调整、三优化、一加强”。即：调整业务结构，优化资源配置、管控体系和经营机制，加强和改进党的领导。

一是调整业务结构，实施分类管理。总体而言，中车业务分为核心业务、支柱业务和支撑业务三大类。不同业务实行差异化管理。轨道交通装备是中车的核心业务，重点是控产能、降成本、补短板、国际化，推动内部资源整合，加强与同业或产业链上下游企业重组整合，尽快补齐铁路通信信号等机电总包能力短板，使产业链更加完整、布局更加合理、自主创新能力更强、行业话语权更大、国际化经营水平更高。新产业是中车的支柱业务，重点是厘产业、明主体、聚资源、求突破，确定重点发展方向，尽快打造3个左右核心竞争能力突出、行业地位领先的支柱业务。现代服务业是中车的支撑业务，要助推实体产业发展、创造丰厚价值、推进转型升级，推进金融类业务资源整合，打造集团统一的类金融业务平台。

二是优化资源配置，提升发展质量和效益。重点从业务重组、科技创新、国际化经营、投资、“僵尸企业”处置和特困企业治理、加快剥离企业办社会职能和解决历史遗留问题、商业模式创新七个方面进行改革。通过巩固加强一批、创新发展一批、重组整合一批、清理退出一批，使中车主业更加突出、业务更加精干，增强内部协同，实现转型发展。加快科技创新资源整合和优化，重塑科技创新体系。按照“全球化思维，本土化运作”的原则，不断提升跨国经营能力和国际竞争实力，加快从出口企业向跨国公司和全球企业方向发展。加快“僵尸企业”重组整合和市场出清，特困企业亏损额每年下降20%、亏损面缩减50%，用三年左右时间基本完成“僵尸企业”处置和特困企业的专项治理。积极争取国家政策和资金支持，加快剥离企业办社会职能和解决历史遗留问题，实现瘦身减负，为中车公平参与市场竞争创造条件。

三是优化管控体系，提高运转效率。按照“管资本”的基本定位，确定管理边界，优化总部职能，总部突出战略控制、财务控制、风险控制和资源配置四项职能，推行大部制，实行简政放权。重塑组织架构和调整管控模式，逐步形成“集团总部——专业化公司（平台公司）——成员企业”三级管理架构；对核心业务实行战略和财务相结合的管控模式，对支柱业务和支撑业务实行战略管控模式，对新进入业务初期应实行运营管控模式。加强内外部监管，完善内部监督体系；密切配合国资委监事会和巡视组，加强外部监管，提升资产回报水平。

四是优化经营机制，激发活力和动力。积极推进集团层面公司制改革，落实好董事会职权试点工作。创新考核机制，以市场化为导向，构建以企业价值为核心的战略管理体系，建立差异化的绩效考核机制，建立新产业培育的激励和约束兼容的机制，建立完善的利益平衡和补偿机制。深化三项制度改革，形成员工能进能出的合理流动机制。建立科学的领导干部评价机制，建立激励约束长效机制。

二、凝聚起推动全面深化改革的强大气场

《深改意见》的下发，标志着集团改革步入新的阶段，进入了全面深化改革的施工高峰期和落实改革任务的攻坚期。其关键就是抓谋划、抓统筹、抓落实，集聚一切改革资源，凝聚起推动改革的强大气场。

一要精准发力扭住“牛鼻子”。《深改意见》作为集团改革的行动总纲，各子公司要采取多种形式组织领导班子和广大员工学习，深刻领会《深改意见》和专项计划或实施意见的精神实质和核心要义，确保文件精神的广覆盖，进而统一思想认识，凝聚改革共识。要在吃透《深改意见》的基础上，结合各专项计划或实施意见，加快制定本单位的改革实施方案。按照供应侧结构性改革的思路，业务重组是我们集团改革的牛鼻子，对经营管理有着“牵一发动全身”之效。在业务重组上，目前基本形成了一个“15653”总体规划（“一个目标”——2018年基本完成主体业务重组工作；“五项原则”——持续发展、多方共赢、依法合规、一项一策、稳妥有序；“六个结合”——目标导向与问题导向相结合、优化存量和发展增量相结合、专业化和区域化相结合、改革创新与风险防控相结合、内部重组和外部并购相结合、集团公司和股份公司相结合；“五项重点”——做好增量、主动减量、盘活存量、转型脱困、退城进郊；“三个保证”——组织保证、机制保证、素质保证），各子公司要结合经营、结合业务重组，从共性和个性两个方面入手，改革直奔问题去，问题指向“准而又准”、改革步骤“精而又精”、责任落实“细而又细”，突出针对性和可操作性，精准施策，精细操作，切实提高改革的精准化、精细化水平。要按照既定的时间表、路线图，更加注重发挥改革对经营管理的牵引作用，准确把握各项改革之间内在联系，强化基础支撑，完善工作机制，严格督察落实，提高改革执行力和改革措施落地能力。改革是探索未知的过程，不可能完全正确，要善于抓试点、求突破，加强试点工作统筹，及时评估试点的成效、经验和问题，对证明行之有效的经验和做法，及时推广应用；要针对不同地域、不同板块、不同子企业的实际情况和特点，结合形势和要求的变化，适时调整和完善改革方案。

二要务求实效有担当。中车和其他央企一样，改革已经进入攻坚期和“深水区”。此时，每前进一步，困难就增加十分。但逆水行舟，不进则退。要看到，对于改革，还存在聚焦不准、执行不力、工作不实、能力不足、机制不顺、效果不彰等问题，成为深化改革的现实阻碍。对深化改革过程中出现的问题，要按照习总书记和党中央提出的抓实目标任务、精准落地、探索创新、跟踪问效、机制保障等“五个抓实”要求，以实打实的作风、硬碰硬的气魄，真刀真枪地干，不断聚集改革资源、激发创新活力，在全集团形成良好改革预期。各子公司要强化责任担当，以自我革命的精神推进改革，坚决端正思想认识，坚持从改革大局出发，坚定抓好改革落实。要发挥主观能动性，根据资源禀赋、发展水平、特色优势的差异，把基层的实践创新和集团的顶层设计结合起来，让改革举措真正接地气、有生命力。改革必然会攻坚克难，呼唤一批敢改革、善攻坚、勇担当的改革实干家。要按照“三个区分开来”，建立容错机制，尊重基层首创精神，在推进供给侧结构性改革、培育新动能新业务新业态过程中，鼓励敢试敢闯、探索新路。要着力抓宣传、聚共识，越是在矛盾交织、问题叠加的攻坚期，越需要找到思想的共鸣点、利益的交汇点，找到推进改革的最大公约数。要加强思想政治工作，及时了解群众利益诉求，不断增强群众的获得感，集众智、汇众力，让改革创新的源泉充分涌流。

三要把握好深化改革的五大关系。全面深化中车改革要把握处理好若干关系，这里我重点强调五个关系.

一是把握好解放思想和实事求是的关系。面对经营困境和改革难题，要解放思想，有活跃的思想、开放的思维，才会有更好的办法，但解放思想的目的在于更好地实事求是。要坚持从实际出发，把握改革深水区矛盾问题的特点，确定哪些需要大刀阔斧、哪些需要循序渐进，从而更好地实现改革的力度、发展的速度和社会可承受度的统一。

二是把握好整体推进和重点突破的关系。随着中车改革不断深入，各个领域各个环节改革的关联性和互动性明显增强，不整体推进，很多单项改革很难完成。所以，围绕《深改意见》，集团又配套制订了 19 个专项计划或实施意见。这种改革的整体性特征，决定了我们的各项决策部署，必须更加注重改革措施的相互促进、良性互动、协同配合。但整体推进并不是平均用力、齐头并进，而是要注重抓主要矛盾和矛盾的主要方面，注重抓改革的关键环节。以这些重点领域和关键环节为突破口，可以对全面改革起到牵引和推动作用。

三是把握好顶层设计和摸着石头过河的关系。加强顶层设计和摸着石头过河都是推进改革的重要方法。《深改意见》是中车改革的顶层设计，要认真把握、全力落实。但强调顶层设计，决不是否定基层创新的重要性，很多行之有效的改革措施来自基层首创。要坚持“自上而下”和“自下而上”的统一，使顶层设计和基层创新更好地结合起来，在摸石过河中加深对规律的认识，在统筹规划中协力推进改革。

四是把握好胆子要大和步子要稳的关系。这次中车改革的艰巨性、复杂性前所未有，不仅没有现成的路可走，而且涉及重大的利益关系调整，有很多亟待解决的难题。所以，要有“敢为天下先”的勇气，有一点“闯”的胆识；否则，改革就可能沦为口号，最终前功尽弃。但是，要坚持正确的改革方法论，尤其要重视调查研究，使改革的步子迈得更坚实，避免改革出现大的波折。

五是把握好改革发展稳定的关系。发展是中心，改革是动力，稳定是前提，三者要有机结合、相互促进。改革的力度、发展的速度、企业的可承受度，是处理改革发展稳定关系必须坚持的三个维度。力度不能小，改革不是修修补补，而是一场深刻革命。速度不能慢，很多深层次的矛盾和问题必须靠发展来消化解决。承受度不能冒，总结改革渐进式推进的成功经验，必须使改革从易到难、从小到大、从外围到核心、从增量到存量不断推进。特别是在当前经济下行压力依然较大、部分企业生产经营困难的复杂形势下，要把握好改革的次序、节奏和力度，优先推出和实施有利于促进发展的改革措施，释放改革红利，推动转型升级。

三、强力抓好影响企业发展的重要工作

集团当前最现实的问题就是原有业务萎缩、新业务增长缓慢，存在着新旧发展动能转换不畅，新发展动能缺失的问题。从今年经营状况看，集团发展中存在的不平衡、不协调、不可持续的问题进一步凸显。面对深层次问题，我们正在以更为务实的精神，坚持问题导向，精准发力，着重解决“优化存量、发展增量”的问题，推动集团转型升级。

一要扎实推进“处置治理”和“压减”工作。8月中旬，集团分别印发了处置“僵尸企业”和特困企业专项治理工作实施方案和压缩管理层级、减少法人户数工作方案。8月下旬，集团专门召开视频会，对这两项工作作了动员和部署。这两项工作是国资委高度关注的国企“瘦身健体”、深化改革的重点工作，有规定的政策执行期限。“处置治理”工作的目标是2016年底确保完成天津装备公司、成都公司的专项治理，2017、2018年分别完成列入国资委名单的其余24家子公司的专项治理。“压减”工作的目标是2018年底前净减少法人单位86户，其中：2016年17户、2017年35户、2018年32户。各单位要高度重视、统一认识，加强组织领导，落实工作责任，扎实推进工作，确保合法合规；不要等待观望，务必提前启动，充分利用好政策的窗口期。要抓住市场机遇，推进“造修一体化”，抓紧启动株机公司与洛阳公司的整合工作；推进“成都地铁成都造”，集团对此已作出部署，目前四方股份公司和长客股份公司主要领导均表示服从集团大局、积极推进，要全力做好方案的论证和落地等工作；推进用工协同，加大内部协作和调剂力度，加强信息沟通，结合企业长远发展做好用工工作。

二要努力抓好企业减亏控亏工作。根据集团提质增效工作安排、亏损企业专项工作方案部署，2016年亏损企业治理总体目标是：力争减少亏损企业数量40%左右，总数力争控制在80户以内，亏损金额同比降低5亿元。从目前情况看，亏损企业治理工作形势不容乐观、任务依然艰巨。截止到9月底，集团公司全级次亏损户数138户。后两个月，各子公司作为治理工作的责任主体，要进一步强化底线思维，认真落实“一企一策”治理方案，把控制亏损面作为常态化工作（月度报表中消灭100万元以内的亏损户数），把减亏控亏与提质增效结合起来，确保实现阶段性目标。总部各部门、各事业部要继续加大对亏损企业治理工作的监控，将这项工作纳入对子公司年度专项重点工作考核；同时，协调解决亏损企业治理中遇到的各种问题，积极为各子公司减亏控亏提供指导和支持。

三要进一步加大“两金”压降工作力度。7月初，集团专门召开视频会，推进“两金”压降工作。虽然我们不断加大“两金”压控力度，但效果并不理想。“两金”占用蕴藏着资产减值、坏账损失的潜在风险，是影响今年集团经营目标实现的重大因素。各子公司务必要高度重视，狠抓落实，强化执行，确保完成“两金”压降5%～10%目标。一是要动真碰硬，志在必得，动用一切资源，激发活力机制，促进“两金”压降。二是货车企业要用好此次铁路招标的机会，全力压减通用配件的库存。三是要审慎预投，不要盲目提前采购和投料，严肃生产作业计划。

四要确保安全生产、产品质量及运行安全。今年1-9月份，集团所属各子公司发生死亡事故1起（死亡1人），上报重伤事故1起、轻伤事故18起，安全生产形势并不太平。进入四季度，前松后紧的生产形势和寒冷、干燥的季节特点给安全生产带来较大的风险隐患。特别是为完成全年经营目标，各企业加班抢产，员工疲劳作业，安全管理难度加大。各单位要始终绷紧安全生产这根弦，结合生产形势和季节特点，采取有针对性安全技术措施，把安全生产工作抓严抓细抓实，确保安全生产形势总体稳定。

冬季来临，低温、严寒等给现场质量控制、产品安全运行均带来了不确定性因素。特别是随着春运开始，保障产品运用安全更是关系重大。各子公司要结合季节生产特点，加强现场质量管控，严格质量标准，狠抓质量管控体系落地，努力降低质量损失，确保产品源头质量；要深入产品运营一线，加强售后服务，完善快速反应机制，做好应急预案，及时解决产品在运营中出现的各种问题，为铁路运输安全提供技术服务和支持。

五要做好思想政治和信访维稳工作。10月10日至11日，全国国有企业党的建设工作会议在京召开，习近平总书记出席会议并发表重要讲话。习总书记在讲话中提出了国企必须具备的“六种力量”，国企深化改革要坚持“三个有利于”，国企的两个“一以贯之”，国企党建工作“两个坚持”的总要求，“中国特色”现代国有企业制度，党对国有企业的领导方式，坚持全心全意依靠工人阶级方针，对国企领导人的“五个要求”，全面从严治党在国企落地“四个要”。习总书记着眼党和国家事业发展全局，深刻论述了国企发展的规律所在，深入回答了国企党建面临的一系列重大问题，为做好新形势下国企党建工作提供了根本遵循，也为下一步国企改革指明了方向。我们要结合集团实际和公司党委的统一安排，把贯彻落实全国国有企业党建工作会议精神，与“两学一做”学习教育、与学习贯彻正在召开的十八届六中全会精神,紧密结合起来、认真抓好落实工作。

要高度重视信访维稳工作。年初以来，集团信访维稳工作形势非常严峻，集体访、个人访、电话访、信件访、国家信访局和国资委交办的信访事项明显增多。下一步，随着中车深化改革的推进，“三供一业”等企业办社会职能分离移交、厂办大集体改革、处置“僵尸企业”和特困企业专项治理等均涉及员工切身利益，由利益调整引发不稳定问题的潜在风险增大。各子公司要发挥责任主体作用，主动分析信访稳定工作形势，落实稳定风险评估机制和相关预案，把各种不稳定风险和因素消除在企业内部，为集团改革发展营造和谐稳定的内部环境。需要特别强调的是，各子公司绝不能把问题和责任向上推；若发生重大稳定事件，集团将严厉追究相关责任。

再过两个月就到年底，今年收口、明年开局各项工作都要提上日程。希望大家按照会议要求，结合各自实际，做好相关工作，全力以赴完成年度各项目标任务，深入抓好明年工作的统筹规划，为“十三五”改革发展奠定坚实基础。

围绕三大主题 激发成长动力 全面推进世界一流跨国企业建设进程

——股份公司总裁奚国华在中国中车2016年工作会议上的工作报告（摘要）

（2016年1月19日）

在圆满完成南北车重组整合，顺利实现新中车2015年经营目标，昂首跨入“十三五”的重要时刻，我们召开中国中车2016年工作会议，主要任务是：深入贯彻落实中央经济工作会议和中央企业负责人会议精神，总结2015年经营工作，分析面临形势，明确“十三五”目标，部署2016年经营重点工作，动员广大干部职工，围绕三大主题，激发成长动力，打好“十三五”开局第一仗，加快推进世界一流跨国企业建设进程。

下面，我代表股份公司经营班子作工作报告。

一、2015年经营工作简要总结

2015年是轨道交通装备行业发生重大变革的一年。中国中车的成立，掀开了中国乃至世界轨道交通发展的新篇章。面对经济形势复杂多变、市场环境震荡起伏等冲击，在董事会的科学决策与正确领导下，股份公司及所属各企业主动适应经济发展新常态，积极应对重组整合和生产经营交织并行的困难挑战，快融合、促改革、谋发展，经营业绩稳定增长，各项工作成效显著，全面开启了中国中车发展的新征程。

（一）传承南北优秀积淀，经营实现良好开局。

（二）中国中车精彩亮相，重组效应逐步释放。

（三）经营模式探索创新，转型升级开始发力。

（四）技术创新硕果累累，核心能力显著提升。

（五）管理提升扎实推进，降本增效成绩显著。

（六）国际业务换挡加速，跨国经营扬帆起航。

二、面临的经营形势

当前和今后一段时期，国内外经济形势错综复杂，企业内外经营环境冷暖不一，我们必须认真分析研判，积极主动应对，既要立足当前，确保完成2016年经营目标，又要着眼长远，全面推进世界一流跨国企业建设进程。

（一）全球竞争格局深化调整，产业发展面临新变化。今年，世界经济将延续疲弱复苏态势，主要经济体增长态势同向趋弱。除美国经济外，其他发达经济体增速可能继续放缓；部分新兴市场面临滞涨困局，可能形成国际金融危机以来“第三波”冲击。大宗商品价格持续低迷，资本跨境流动更趋频繁，国际资本市场震荡或将“常态化”，汇率波动风险进一步加大。加上大国政策调整分化，地缘政治冲突加剧，外部环境的复杂程度前所未有。

从挑战看，一是世界经济复苏缓慢，国

际政治经济局势风云变幻，给海外市场拓展、投资并购带来较大风险；二是全球产业再分工态势日趋明显，以美国为代表的发达国家纷纷实施“再工业化”战略，重塑制造业竞争优势，其他发展中国家也在加快谋划和布局，我国制造业面临发达国家和其他发展中国家的双向挤压，国际竞争更加激烈；三是国际贸易规则重塑，贸易保护主义抬头，新的壁垒正在形成。全球气候变化及能源危机加剧，对高端装备的绿色环保要求更加苛刻，国际市场开拓难度不断加大；四是科技发展日新月异，轨道交通装备行业发展可能面临颠覆性的改变。传统行业界限正在被逐步打破，跨界融合将成为常态。我们不仅要防范行业内的技术跨越，还要警惕跨行业颠覆性技术的出现，未来我们将面临巨大的全球挑战。

从机遇看，一是随着世界政治经济格局的深刻变化，境外资源价格大幅下降，不少国家在重点领域放宽投资限制，给企业带来难得的投资机会；二是国家深入实施“一带一路”战略，推动国际产能和装备制造合作，推动周边基础设施互联互通和非洲“三网一化”建设，涉及的多个新兴经济体将对轨道交通装备释放更大需求；三是发展中国家由于经济发展需要，逐步加大轨道交通等基础设施建设。发达国家对轨道交通产品进行综合集成升级。受这些因素影响，德国权威咨询机构 SCI 预测，预计到 2020 年，全球轨道交通总需求将超过 2000 亿欧元，市场需求总体向好；四是近几年我国高速铁路成功运营，在全球范围形成强烈的示范效应，为我们加快“走出去”创造了更为有利的条件。放眼全球，企业未来发展空间仍然广阔。对此，我们一定要坚定信心，加紧部署，固本培元，加快培育新的增长动力，为建设世界一流跨国企业积蓄力量。

（二）国内经济走向稳中有进，经济发展趋向新常态。党的十八届五中全会提出“创新、协调、绿色、开放、共享”的发展理念，描绘了未来发展的宏伟蓝图，我国经济将步入全面建成小康社会的决胜阶段，经济发展呈现出速度变化、结构优化、动力转化的新特征。

从挑战看，一方面，我国经济发展周期性矛盾和结构性矛盾并存，结构性问题已成为当前的主要矛盾，突出表现为经济增速下降、工业品价格下降、实体企业盈利下降、财政收入增幅下降、经济风险发生概率上升；另一方面，需求总量不足和有效供给不足并存，需求侧刺激效应递减，粗放型发展方式难以持续，加大供给侧结构性改革力度，加快转变经济发展方式势在必行，企业发展已到了转型升级的关键窗口期。

从机遇看，一方面，我国发展仍然处于重要战略机遇期。我国经济发展长期向好的基本面没有变，经济韧性好、潜力足、回旋余地大的基本特征没有变，经济持续增长的良好支撑基础和条件没有变，经济结构调整优化的前进态势没有变，经济发展前景仍然广阔；另一方面，国务院去年研究制定的一系列“稳增长”、“促改革”、“调结构”、“惠民生”、“防风险”的政策措施陆续落地见效，特别是去年底召开的中央经济工作会议，对全面推进经济结构性改革作出了总体安排，在适度扩大总需求的同时，着力加强供给侧结构性改革，明确了宏观政策要稳，产业政策要准，微观政策要活，改革政策要实，社会政策要托底，部署了去产能、去库存、去杠杆、降成本、补短板五大任务，一系列具有重大牵引作用的改革措施将陆续出台，将对提振市场信心、减轻企业负担、优化经济环境发挥至关重要的作用。同时，关于深化国有企业改革的“1+N”文件体系全面实施，将加快形成有利于国有企业科学发展的体制机制，为做强做优做大国有企业持续提供活力和动力。总的来看，新的增长点正在加快孕育并不断破茧而出，新的增长动力正在加快形成并不断蓄积力量。我们必须准确把握我国经济发展的新特点、新要求、新目标，抓住机遇，增强信心，推动企业健康发展。

（三）行业发展形势总体向好，需求结构呈现新特点。在经济发展新常态下，轨道交通作为国家重要的基础设施，仍是国家重要投资方向，将继续发挥拉动经济发展的关键作用。各级地方政府也把轨道交通建设作为稳增长的重要举措，把城市综合交通体系作为推动新型城镇化建设的重要内容，我国轨道交通装备需求将维持高位，行业发展形势总体向好，但市场需求结构极不均衡，供需矛盾更加突出。

从挑战看，一是铁路市场总体需求呈下降态势；二是各业务板块市场需求极不平衡，并可能成为一种新常态。货车市场已经进入“寒冬期”，货车企业亏损额可能持续扩大。机车市场需求呈现逐步下降态势，生产经营同样面临极大的困难；三是主要客户在产品价格、合同履约、质量安全等方面提出了更加苛刻的要求，对我们企业的生产组织、运营管控和盈利能力提出了更加严峻的考验；四是我们自身还存在一些问题和不足，需求不足和产能过剩、转型升级和资源配置、两极分化和协同发展等矛盾集中显现，对完成今年的经营任务，无疑是“雪上加霜”。

从机遇看，当前轨道交通装备制造业与国家重大发展战略高度契合，在国家“一带一路”、“京津冀一体化”和“长江经济带”等重大战略中，轨道交通都扮演着重要角色。一是铁路装备需求基本稳定。“十三五”期间，全国计划新增铁路营业里程2.9万公里，到“十三五”末预计达到15万公里以上。其中高铁营业里程规划建设1.1万公里，“十三五”末将达到3万公里，铁路装备将保持基本稳定的市场需求；二是城市轨道交通装备需求旺盛。国家正大力推进城市群形成，城际铁路建设将会快速发展，“十三五”期间预计规划投资建设城际铁路5000公里，到“十三五”末运营里程达到8000公里，城际动车组的需求将有较大增量。目前我国已有39座城市经国家批准建设轨道交通，预计到2020年，将有超过50个城市建设轨道交通，规划线路里程将超过10000公里，我国将进入城轨交通建设大发展阶段。同时，新型城镇化建设不断加快，未来城市轨道交通装备需求旺盛；三是我国出台了一系列支持制造业发展、加快培育新兴产业的政策措施，公司风电装备、环保水处理、高分子复合材料、新能源汽车、工程机械、船舶与海工装备、智能装备、光伏发电、信息软件等九大新产业发展必将迎来新的机遇；四是传统经济迎来互联网时代，国家实施《中国制造2025》专项规划和“互联网+”行动计划，推动工业化和信息化深度融合，为公司转型升级、结构调整、商业模式创新带来新的发展空间。

总之，今年的市场环境极为严峻，完成全年经营任务需要付出更大的艰辛和努力。如何解决面对的一系列困难和问题，顺利迈过企业前进道路上的坡和坎，我们两级经营班子面临着巨大的压力和挑战。

三、“十三五”规划目标任务

“十三五”时期是我国全面建成小康社会的决胜阶段，也是股份公司在新形势下向新目标迈进的第一个五年。根据国家有关产业发展和国企改革政策，以及对主要目标市场的综合分析，基本形成了股份公司“十三五”及未来发展规划纲要。

（一）中长期发展战略（2016－2025年）。以向交通、能源、工业、环保等领域提供高端装备和服务为业务重点，坚持科学发展、市场导向、深化改革、以人为本四项原则，走国际化、多元化发展之路，融合全球，打造国际品牌；超越期待，引领行业发展；转型升级，塑造高端形象；跨国经营，实现全球协同，努力成为以轨道交通装备为核心，全球领先、跨国经营的高端装备系统解决方案供应商。

中长期发展战略的核心是全面推进以“转型升级、跨国经营”为主要特征的全球化战略。全球化战略实施分两个阶段：第一阶段是从出口企业向跨国企业转变，利用3－5年的时间，基本形成全球布局、多元发展的总格局，经营业绩稳步增长，业务结构持续优化，创新能力显著增强，两化融合取得新成果，核心人才规模、结构满足发展需要，品牌价值不断提高。第二阶段是从跨国企业向全球企业转变，再通过5－8年的努力，基本实现多业务全球协同的发展格局：形成以轨道交通装备为核心的多元化、梯次化业务结构，具备提供全面系统解决方案的能力；构建既能满足区域响应速度又能提高核心资源效率，全球协同的跨国公司管理体制；成为掌握核心技术、拥有国际知名产品、具有较强话语权的行业领导者；实现企业数字化管理、智能化制造；拥有全球行业领军人才；拥有国际知名品牌，品牌价值全球领先。

（二）“十三五”时期指导思想。深入贯彻党的十八大和十八届历次全会精神，以中长期发展战略为指引，以转型升级、跨国经营为主线，以稳增长、调结构、强素质为主基调，坚持创新、协同、融合、高端的发展理念，实现更高质量、更有效率和更可持续发展，为成为以轨道交通装备为核心，全球领先、跨国经营的高端装备系统解决方案供应商奠定坚实基础。

稳增长：保持公司经营业绩螺旋式增长，到“十三五”末，公司营业收入较2015年营业收入的增长幅度不低于我国“十三五”期间的国内生产总值增长幅度。

调结构：采取国际化、多元化、去产能等措施，优化未来业务结构，提升经济效益。

强素质：打造人力资源管理、资源配置管理、运营绩效管理和风险管理四大平台，不断提升公司经营素质和价值创造能力。在“十三五”规划的指标体系中，将着重突出净资产收益率、资产周转率、资产负债率等效率、效益和风险控制指标。

（三）“十三五”时期的主要目标。

——经营业绩方面：“十三五”末，公司营业收入力争突破3300亿元；销售净利润率不低于5%。

——跨国经营方面：基本完成全球区域布局，海外业务收入占比争取达到20%，跨国经营指数超过10%。

——多元发展方面：基本形成结构合理、定位清晰、分工明确、资源集中的多元业务格局，非轨道装备业务收入占比超过1/3，支柱型业务板块达到2个以上。

——创新驱动方面：基本建成面向全球的技术创新体系；前瞻性、基础性、共性技术研究取得成果；制动、列控、绿色节能等关键技术实现突破；产品平台和产品结构进一步完善。公司整体信息化水平有新提高，智能制造方面有新进展。

——整体协同方面：推进业务主导型运营模式，按照总部、战略业务单元、子公司三级架构理顺业务管理体系；加强国际业务区域统筹，形成总部－区域总部－地区办事处三级区域管理架构。

——人才建设方面：以价值创造为导向，不断创新人才管理机制，着力营造人力资本增值环境，有效实现人力资源管理能力转型突破，全面提升人力资本核心竞争力，系统构建战略人才管理体系。

（四）“十三五”时期业务发展重点。

铁路装备板块：抓住国内铁路稳步发展机遇，推进技术创新和管理提升，优化业务结构和资源配置，加强协同平台建设，探索业务模式创新，核心技术引领行业发展，加快由提供产品向提供全面解决方案、由制造型企业向“制造+服务”转变，到2020年，国内铁路装备板块营业收入达到1250亿元，盈利能力进一步提升。

城市基础设施及城轨业务板块：抓住国家加快推进城镇化建设、大力发展绿色公共交通的机遇，以提供城市轨道交通全链条系统解决方案为发展方向，以产融结合和产业转型为发展路径，延展城市轨道交通相关功能设施和城轨产业链，通过整合、并购、合资、合作等手段，发展信号、供电系统、运营等强相关业务，建立差异化的竞争优势，到2020年，销售收入超过400亿元，其中城轨车辆超过300亿元，工程总包100亿元，成为有轨电车、单轨列车、磁悬浮列车最有竞争力的系统解决方案供应商。

新产业板块：通过创新产业投融资渠道、创新业务模式和探索新的体制机制，以风电装备、高分子复合材料、环保产业、新能源汽车为重点，培育一批核心竞争能力突出、行业地位领先的未来发展业务群。到2020年，新产业板块总体规模要力争达到750亿元。

服务业板块：依托金融与类金融业务和物流业务，立足中车品牌，专注产融结合，优化存量业务，拓展增量业务，境内外并举、内外部结合，引入新体制、新机制和高端人才，培育高利润业务群，力争到“十三五”末，收入达到300亿元，利润达到40亿元，可变现资产比重20%左右。

国际业务板块：以技术领先、品牌领先、市场地位领先为定位，建立全球化运营平台，成为当地受人尊敬的优秀企业公民，实现全球化经营、本土化运作，融合全球文化。到2020年，实现国际业务签约额150亿美元，实现营业收入600亿元以上。

四、2016年经营重点工作

2016年是股份公司完整运营的第一年，是中国中车实施“十三五”规划的开局之年。2016年股份公司经营工作总体思路是：深入贯彻落实党的十八大和十八届历次全会精神，按照中央经济工作会议和中央企业负责人会议的总体部署，牢固树立“同一个中车”发展理念，围绕“融合”、“变革”、“升级”三大主题，构筑基础，培育动能，激发活力，促进企业转型提质增效，加快把中国中车打造成为以轨道交通装备为核心，跨国经营、全球领先的世界一流跨国企业。

融合，就是要加快推动南北车文化融合，放大重组效应；主动融入全球，担当国家使命；促进全球融合，带动经济发展，筑就中车品牌。

变革，就是要持续推进产业结构变革、运营模式变革、资本运作模式变革，激发成长活力，蓄积新的动能，突破发展瓶颈，应对全球竞争，赢得企业未来。

升级，就是要坚持创新驱动，统筹推进产业升级、技术升级、管理升级，打造竞争优势，引领行业发展，成为央企改革发展典范。

根据经营工作总体思路和三大主题，2016年要重点抓好以下五个方面工作：

（一）聚焦三大主题，咬定发展目标。 2016年是近年来市场环境最为复杂，经营形势最为严峻的一年。面对党和国家的希望、广大投资者的期盼和广大员工的期待，我们经营管理者别无选择，只有坚定信心，奋勇前行。

融合、变革、升级这三大主题三位一体，相互联系，相互支撑，相互促进，以融合倒逼变革，以变革推动升级，以升级引领发展，以发展促进融合，不断推进企业从优秀走向卓越，永葆基业长青。围绕三大主题，2016

年经营目标是：保持营业收入基本稳定，归属母公司净利润增长10%以上，各项经营指标全面优化。确定这样的目标，推动企业发展螺旋式上升，是我们立足“十三五”整体目标，保持企业合理增长的理性选择，也是我们应对市场变化、化解过剩产能、推动转型升级的综合考量。目的就是引导企业更加注重质量和效益，为未来发展蓄势贮能，推动企业行稳致远，确保“十三五”期间营业收入复合增长率不低于国内生产总值增长幅度，确保实现“十三五”规划目标，表明我们志存高远，体现中央企业的责任担当。

要上下协同共克难关。总部各部室、各事业部要着眼经营型总部建设，不断强化服务、监督、考核职能，立足追求效率、强调执行、创造价值，更加重视动态监控与考核，更加重视经济活动分析，及时发现经营中的机遇和风险，促进企业改善经营。改进总部绩效管理，从今年开始，公司经营班子每位成员及总师、副总师级领导都将承担具体工作项目或分项经济指标，股份公司总部要实现盈利，总部员工收入要与股份公司整体经营成果挂钩。通过机制转换，落实责任，强化服务意识，使“由我来办，马上就办，办就办好”成为每个部门、每个员工的自觉行动。各企业要充分发挥主观能动性，咬定目标，步步为营，重点在市场开拓、管理提升、降本增效上下功夫，在结构调整、转型升级、科技创新上下功夫，狠抓落实，定向发力，全力以赴完成全年经营目标。总部各部室、各事业部、各子企业之间要相互支持，群策群力，坚决打赢稳增长攻坚战。

要大力推进降本增效。加强成本管控。进一步细化措施，落实责任，强化全员、全要素、全过程的成本管控，千方百计压降成本费用。大力推动核心系统的自主化，积极拓展盈利空间，扩大牵引、制动、齿轮箱等系统的装车比例，内部配套额度在2015年基础上增加20亿元以上。加强资金管理。拓宽融资渠道，降低融资成本，加快流动资产周转，盘活非流动资产，优化投资结构，加强资金使用管理，不断提高资金使用效率和效益。严格控制费用水平。研发费用支出要节省10亿元以上；期间费用中可控部分同比下降3%；应收账款、存货净额较2015年末降低5%；提高资产周转效率，各企业流动资产净额占收入比重要同比下降。努力降低采购成本。加大集中采购力度，集采上线率要提高到75%以上；开展降低物资配件采购成本效能监察，规范物资采购管理，降低采购成本2%。加大亏损企业治理力度，力争通过减亏控亏，降低亏损额5亿元。积极处置“僵尸企业”，坚持一企一策，确保稳妥推进。

（二）坚持融合发展，拓展成长空间。“和合”是中华民族文化的精髓，是传统文化中最富生命力的文化内核。我们所倡导的融合，正是“和合”文化的具体体现。融合出凝聚力，融合出创造力，融合出竞争力。要坚持融合发展，推动同一个中车营销战略，发挥协同效应，拓展成长空间，在全球舞台上展现中国中车风采。

推动内部融合，强化同一个中车的核心能力。同一个中车，不仅要机构合、业务合、人员合，更要思想合、文化合、行动合。深化各项工作融合。每一项工作，每一项措施，都要充分考虑和汲取原来各自的优点，取长补短，事半功倍。唯有如此，同一个中车的意识才能在我们心中生根发芽，才能凝聚起推动同一个中车营销战略的强大合力。深化内涵式发展。加快推进产业链的纵向联合，加大内部配套力度。今年，要建立子企业内部配套产品目录和零部件清单，关键零部件内部配套率原则上达到100%；重要零部件内部配套率70%以上；一般零部件按市场竞争原则进行配套，配套比率50%以上。通过内部市场拉动，加快核心技术与关键系统的突破，增强同一个中车的核心竞争力。加强同类资源共享。在同一个中车的平台下，要大力推动资源共享，包括制造资源、研发力量、试验装备等等，消除重复建设和重复开发，强化同一个中车的核心能力，实现优势互补，抱团发展，共克难关。

推动区域融合，搭建同一个中车的一体化经营平台。加强市场协同。各业务板块、各子企业要增强同一个中车意识，树立大市场、大营销理念，关注中车全产业链，不仅要推销自己企业的产品，也要推销兄弟企业的产品。加强区域协同。每个子企业、每个区域都要成为同一个中车的营销、服务、文化、品牌、人力资源的平台，同一区域的子企业更要加强协同，发挥产业积聚的辐射效应，以点拓面，推动区域一体化经营战略。2016年，我们要在有实力、有影响力的子企业所在区域，推行同一个中车营销战略，重点带动工程总包、新能源汽车、水处理、风力发电等产业快速发展。加强业务协同。在同一个中车的思想指引下，各企业要主动适应市场和客户需求变化，老客户要拓展新业务，新市场要关注全业务。要协同配合，共同引导市场，影响用户，推动中车业务整体进入。

推动全球融合，加快同一个中车的全球化步伐。立足配置全球资源，对接“一带一路”战略，融入国际产能合作，在全球布局、全球经营等方面进行全新尝试，推动中国中车向全球企业转变。合力拓展海外市场。各个子企业都是中车的海外营销平台，都有责任把中车的所有产品推向海外。要改变传统的营销模式，共享营销资源，挖掘客户的综合需求，发挥同一个中车产业链的优势，争取传统市场实现新的突破，新兴市场成为区域龙头。2016年力争实现海外市场签约额80亿美元。有序推进本土化运作。本土化运作是实现跨国经营的必由之路。要积极适应目标国家的经济、文化、政治环境，熟悉掌握与行业有关的政策法规、技术标准、运营条件等情况，更好地融入当地经济发展。要通过兼并重组，获得技术、品牌、营销渠道或资质条件，突破技术壁垒，实现“借船出海”；要通过投资合作，在境外设立研发机构、制造基地、售后网点等，实现“安营扎寨”。要通过推进本土化运作，把每一个基地都建设成为同一个中车的海外经营平台。积极推进国际区域公司试点。建立国际区域公司是中国中车推动全球化经营和本地化运作的大胆尝试。国际区域公司是重要的海外运营平台，负责区域一体化协调，包括维护区域内客户关系和公共关系，制定区域经营战略，协调区域内各项目公司的生产、销售、售后服务等。国际事业部牵头对区域公司实行业务管理，总部各职能部门对其实行职能管理。区域内的项目公司由投资主体和区域公司实行矩阵式管理。今年，将选择2个区域公司试点，先试先行，总结经验，逐步推广。全面推行项目管理模式。在海外项目中推行项目管理模式，是提高海外项目合同兑现能力、成本管控能力以及运维保障能力的有效途径。各企业海外项目都要积极推行项目管理模式，提高项目执行效率，提升企业经营效益。

构建长效机制，支撑同一个中车的持续发展。为统筹推动内部融合、区域融合和全球融合，股份公司将制定相应的激励约束办法和配套措施，形成长效机制。对于积极推动中车一体化经营的企业、领导和员工，股份公司将加大奖励力度，搭建各类平台，提供必要资源，充分调动大家干事创业的激情，让想干事的有机会，能干事的有平台，干成事的有地位，形成人人争当发动机的良好局面，使“同一个中车”成为每个企业、每个员工的自觉追求。

（三）推动创新变革，激发内生动力。

在全球产业深刻调整的背景下，以变革推动发展，是我们破冰前行、攻坚克难的必然选择。唯改革者进，唯创新者强，唯改革创新者胜。我们必须要拿出壮士断腕的决心、敢为人先的勇气，推动创新变革，激发内生动力。

积极推进产业结构变革。产业结构不合理，产能过剩问题，已经成为阻碍我们企业持续健康发展的一大痼疾。深入贯彻“创新、协调、绿色、开放、共享”的发展理念，落实供给侧结构性改革战略部署，调整产业结构，化解过剩产能，已经到了刻不容缓的时候。为加快推进产业结构调整，股份公司已经成立业务重组工作领导小组和业务重组办公室，统筹推进业务调整和资源整合。做好增量。要立足自身优势，通过自主研发和资本运作等方式，完善和提高系统集成能力，培育业务增量。延展城市轨道交通产业链，努力培育信号、供电系统、运营等强相关业务。加大对新产业的支持，瞄准产品有市场、投资有效益、科技含量高的业务，加大投资力度，为企业可持续发展增加动能。对成长性良好的新产业，比如新能源、新材料、污水处理、电动汽车等，给予政策、资金支持，通过自主经营或联盟、并购等方式，促进其快速发展，尽快形成支柱产业。主动减量。对落后产能、过剩产能要有针对性地调整、化解或退出。深入分析“京津冀一体化”、“长江经济带”等战略机遇，认真研究相关企业资源整合方案，促进相关企业转型升级。对产品无竞争优势、市场前景不明朗的亏损企业要逐步转型。对长期亏损、扭亏无望的企业，对规模偏小、效益低下的企业，将实施重组整合。统筹研究国内城轨业务整体布局，逐个梳理城轨业务项目，对尚未开始实质实施的项目暂缓实施；对正在实施但投资进度不足50%的项目，结合市场、订单和建设进度等实际情况，控制投资节奏，压缩投资规模；对城轨基地项目所有的二期全部停止上报、审批和开工建设，严禁重复投资和重复建设，切实提高资源使用效率和效益。盘活存量。要充分利用现有上市公司平台，通过股权和资产调整，推动公司层面和产业链层面的整合重组，实现产业结构优化，推动资源向价值链高端集中。统筹考虑研发、实验验证等相关资源的重组整合，形成一个拳头，打造竞争新优势。

积极推进货车业务变革。今年，货车板块困难会进一步加剧，经营效益会持续下滑，调结构、去产能问题已经无法回避。我们要以优化货车资源配置为重点，加速推动货车企业转型升级。业务重组办公室要牵头会同相关部门，深入调研论证货车业务资源整合问题，以“瘦身落后资产，压缩新造产能，调整修理布局”为方向，以“拓展国际市场、创新业务模式、新产业整体带动”为路径，设计资源整合方案。要坚持市场导向原则。以铁路货运方式改革和市场需求趋势为切入点，确定既有货车产能的压缩整合规模，达到产能与市场基本匹配，并适时搭建与现代物流相关的新业务单元。同时，通过其它新产业整体带动，实现结构调整，拓展生存空间。要坚持效益优先原则。始终以中车整体效益最大化为目标，实现资源优化配置，各类要素充分利用，运营效率提高，经济效益提升，核心企业竞争能力显著增强。要坚持分步实施原则。货车板块产业结构调整是一项复杂的系统工程，涉及点多面广，影响因素复杂，必须要确立阶段目标，循序渐进，分步实施，稳妥推进。货车企业要立足自身，不等不靠，主动谋划，上下协同，打好货车板块去产能攻坚战。

积极推进运营模式变革。进一步推进业务主导型运营模式，发挥重组效应，统筹资源，协力公关，拓展市场，形成开拓市场的强大动力。继续深化事业部改革，增强事业部层面统筹协调功能，加强事业部在推进业务整合、新业务开展以及市场营销方面的统筹协调作用，逐步建立覆盖全板块的业务管理体系。2016年，选择服务事业部作为试点，赋予更大的自主权，构建服务战略业务单元，统筹成员企业发展，统领服务业务板块的各项工作。总部负责战略规划，财务、投资预算计划，战略业务单元可以决定业务开展，进行资源配置，扩展相关业务，逐步向利润中心方向发展，最终建立“总部—战略业务单元—子企业”三层运营管理架构。

积极推进“资本+”模式变革。拓宽金融思维，创新盈利模式，利用境内外投资平台和融资平台，综合运用资本手段，发挥资本作用，整合社会资源，实现对高新技术、优质资源、新兴产业等高级要素的整合利用，创造投资价值，提升资本运作贡献率。2016年股份公司要确保专项资本运作资金预算。按照成为行业领袖、培育支柱产业、创造投资价值的原则，择机启动1—2项国际、国内并购项目，并力争取得实质性突破。适度配置金融性资产，通过参股优质公司，获取权益性收益，提高整体赢利能力。积极推动产融结合，一方面要加快发展类金融业务，把类金融业务做强做优；另一方面应与发展高端装备制造业形成良好互动，提升核心竞争力。

（四）加快全面升级，打造竞争优势。中车的发展已经步入爬坡过坎的攻坚阶段，面临着许多新问题、新矛盾。只有加快推动产业、技术、管理全面升级，重新塑造竞争优势，提升价值创造能力，我们才能实现有质量有效益的增长，才能在新一轮产业竞争中赢得主动。

推动产业升级。从价值链和技术升级两个维度，关注用户需求，针对客户痛点，提供解决方案，重点抓好全生命周期服务、两化融合等工作，引导企业进一步向价值链高端延伸。大力推动向全方位全生命周期服务转型。作为轨道交通装备系统解决方案供应商，在产品进入市场的同时，必须同步谋划全方位全生命周期服务业务。充分发挥核心技术优势，从传统业务做起，不断拓展服务领域。善于将信息技术嵌入到提供的产品和服务中，不断提高智能化、信息化水平，打造差异化优势，为用户提供更好的增值服务，促进企业逐步由生产制造型向生产服务型转变。大力推动向互联网+高端装备转型。以互联网为代表的信息技术日新月异，成为创新驱动发展的先导力量，引领着社会生产新变革。顺应互联网发展趋势，推动两化融合，塑造中国中车“互联网+高端装备”的形象。持续建设“中车购”电商平台，联通产业链上下游，逐步实现中车整个供应链的高度透明和高效协同，力争入驻会员超过2000家，年交易额突破500亿元。进一步完善轨道交通装备互联网系统解决方案。加快高速列车和城轨车辆等产品的新一代旅客信息系统的推广应用，打造统一的轨道交通装备智能产品的运维和服务平台。积极推进中车“智造”。充分利用物联网、云计算、大数据等技术，实现企业设计开发、生产制造、质量控制和运营管理系统全面互联互通，全力打造“数字化管理、智能化制造”。大力推动向新业态新模式转型。积极搭建“大众创业、万众创新”平台，依托既有的技术创新战略联盟，大力推行“双创”模式，打造轨道交通开放创新平台、中车大众创意平台和全球协同创新平台，汇聚大众创新的磅礴力量，推动跨界发展，创造全新业态，培育全新商业模式，推动传统产业向新业态新模式转型，打造经济增长新引擎。

推动技术升级。当前，全球新一轮科技革命方兴未艾，科技创新正加速推进，成为重塑世界格局、创造人类未来的主导力量。要深入贯彻落实国家创新驱动发展战略，以全球领先为目标，培育技术优势，打造产品优势，提升创新能力，主导全球竞争格局。实施体系创新工程。构建“开放、协同、一体化和全球布局”科技创新体系，最大化利用全球优势科技创新资源，支撑中国中车全球化发展。积极建设国家级、行业级研发机构，在行业国家科技创新体系建设中占据主导地位。2016年，要重点做好高速列车全球创新中心建设。积极承担国家级政府科研项目，承担国家重点研发计划“轨道交通重点专项”，打造全球核心技术领先优势。加大关键核心技术研究，建设10家左右专项技术研发中心。建设3家海外研发中心。加强中车研究院建设，使之成为公司技术创新的引擎。实施研发创新工程。着眼未来5－10年的技术发展，统筹技术研究和产品开发，加强聚合，持续深化，全面提升产品技术研发能力和水平。2016年，要重点做好时速350公里中国标准动车组60万公里线路运用考核。稳步推进高速磁浮列车、时速250公里中国标准动车组、时速160公里动力集中动车组等产品研制。推进驮背运输车、时速160－200公里系列快捷货车研发。做好2兆瓦超低风速风力发电机组、新一代新能源汽车等战略性新兴产品的研制。实施能力创新工程。充分发挥科技创新能力优势，形成快速响应全球用户需求的产品开发能力。提升标准化工作国际化能力，积极参与全球标准制定。加强经济技术情报信息工作。强化知识产权战略，在全球竞争中谋求主动。

推动管理升级。管理是企业永恒的主题。在经营环境急剧变化的复杂环境中，要准确把握发展的新趋势，创造独具特色的管理模式，支撑中国中车融合变革，不断超越。进一步完善中车特色的精益管理体系。按照“实施精益生产、深化精益管理、打造精益企业”的总体路径，锁定品质、效率、效益目标，实施差异化推进策略，持续打造以“6621运营管理平台”为核心的精益管理体系，致力构筑中国中车特色的精益管理平台，形成可输出、可复制、可平移的管理模式和标准体系，不仅能够在中车内部复制和推广，而且能够向供应链企业平移和覆盖，逐步成为全球高端装备制造业通用的管理标准体系。进一步完善效绩评价考核体系。适应当前形势，着眼长远发展，坚持激励约束导向原则，构建科学高效的考核体系。突出当期经营效益与长远发展能力相结合。立足年度经营指标，着眼长远发展战略，实现当期考核与任期考核的有效衔接，引导所属企业加强战略规划，培育发展潜力，促进转型升级，使考核真正成为企业发展的“指挥棒”；突出价值创造和效益提升相结合。围绕完成国务院国资委下达的业绩考核指标，强化对利润总额、经济增加值（EVA）、流动资产周转率等指标的引导和落实，提升价值创造能力，提高资产运营效率，确保资产保值增值；突出子企业经营目标与股份公司总体目标相结合。充分调动子企业积极性，激发内在潜力，将“发球权”交给企业，引导子企业自觉自愿认领目标，有效解决反复博弈定指标的作法，形成上下联动、齐抓共管的良好局面。

（五）把握主题内涵，夯实发展基础。“合抱之木，生于毫末；九层之台，起于垒土”，基础管理是企业健康发展的重要基石，也是我们顺利推动融合、变革、升级的前提条件。要深刻把握三大主题内涵，练好内功，夯实基础，为推动融合、变革、升级提供强大支撑。

激发人力资源活力。变革不易，创业艰难。但境由心造，事在人为。归根到底，人才是发展的动力、变革的根基。健全人才培养体系。围绕打造中国中车人才高地这条主线，以价值创造为导向，创新人才管理机制，完善人才培养体系，畅通人才成长渠道，全面提升人力资源核心竞争力，构筑中车人才高地，驱动中国中车驰骋全球。培养五支人才队伍。全面分析企业发展对各类人才的需求，以能力素质提升为目标，深入实施“61162”人才工程，综合运用内部培养、外部引进、人才共享等多种措施，着力打造高级职业经理人、国际化人才、核心技术人才、核心管理人才、高技能人才等五支队伍，为推动融合、变革、升级提供人才保障。深化劳动用工和分配制度改革。坚持总量控制，统筹优化劳动力配置，提升整体人力资源效率。加强对子企业工资总量和人工成本管控力度，继续实行工效挂钩和预算管理。创新激励约束机制，积极探索员工持股、限制性股票、股票期权等方式，增强企业凝聚力。

塑造高端质量形象。随着中国轨道交通装备不断走出国门，质量关乎的不仅仅是企业的发展，更代表着大国的形象、大国的内涵，更直接关系国际产能合作。要充分认识加强质量管理的极端重要性，认真落实2016年质量工作会议精神，进一步深化全员、全过程、全方位的质量管理，稳步提升产品质量。2016年，质量损失率要在上年基础上降低10%。借鉴国际质量管理的先进理念和方法，逐步建立覆盖全产品、全过程、全产业链的质量管理体系。坚持需求导向，将质量管理体系覆盖到所有员工，拓展到供应商管理，延伸到用户使用现场。注重培育质量文化，努力营造全员“追求卓越、创造完美、打造精品”的质量文化氛围，努力打造中国高端装备吹不皱、淋不湿的金牌名片。

筑牢安全生产防线。要牢固树立安全发展理念，严格落实安全生产责任制，加强生产过程监管，认真排查安全隐患，筑牢安全生产防线，坚决杜绝重特大安全生产责任事故，确保安全生产形势持续稳定。推进企业能源管控和关键设备智能监控系统平台建设。将节能减排理念贯穿于产品的整个生命周期，实现产品的绿色设计、绿色制造。认真履行中央企业社会责任，提升环保意识，推动绿色发展，促进节能减排，杜绝较大及以上突发环境事件。严格按照国家法律法规和企业规章制度办事，坚持依法治企，合规经营。

站在“十三五”发展的新起点上，回首过去，我们心潮激荡；面向未来，我们豪情满怀。前路漫漫，任重道远，只要我们坚定信心，奋发进取，敢于担当，我们就一定能够肩负起发展的使命，承载起员工的期盼，努力打造世界一流跨国企业。

坚定信心　精准发力
确保完成国务院国资委下达的
经营业绩考核指标

——股份公司总裁奚国华在中国中车2016年经营工作座谈会上的讲话（摘要）

（2016年10月27日）

在全公司上下奋力冲刺全年经营目标的重要时刻，我们组织召开这次经营工作座谈会，总结前9个月工作，分析形势，交流经验，确保完成国务院国资委下达的2016年经营业绩考核指标。

下面，我讲四点意见。

一、1～9月份经营工作主要进展

今年以来，面对经济下行压力持续加大、市场需求结构性矛盾更为突出的严峻形势，在国务院国资委的正确领导下，我们深入贯彻中央经济工作会议和中央企业负责人会议精神，全面落实中国中车2016年工作会议部署，围绕“融合”、“变革”、“升级”三大主题，主动应对各种困难挑战，各项工作取得积极进展。主要体现出以下五个方面的特点：

（一）经营业绩逆势企稳，指标进度略低预期。1～9月，集团公司实现营业收入1495.07亿元，同比减少2.16亿元，降低0.14%；实现利润总额114.87亿元，同比减少1.55亿元，降低1.33%。股份公司实现营业收入1470.6亿元，同比减少4.95亿元，降低1.01%；实现利润总额116.48亿元，同比减少1.93亿元，降低1.63%；实现归属于母公司净利润75.2亿元，同比减少4.41亿元，降低5.54%。从各业务板块情况看，动车组及客车、机电、城轨等业务板块总体增长。四方股份公司、长客股份公司、株洲所、永济电机公司、株洲电机公司、四方所等企业充分发挥核心骨干作用，为公司稳定经营提供了有效支撑。机车板块企业面对市场需求断崖式下滑，货车板块企业面对市场低谷，主动作为，狠抓管理，苦练内功，千方百计减亏控亏，做了大量卓有成效的工作。株机公司、大连公司面对市场波动，千方百计开拓市场，稳住经营局面。石家庄公司、山东公司、西安公司在困难中前行，努力改善经营困局。石家庄公司持续赢利，山东公司、西安公司今年有望扭亏为盈。新产业和现代服务业务板块企业，严控经营风险，积极寻求业务突破。中车置业“去化”工作取得积极进展，腾退土地开发成效显著。中车产投、中车金控运行平稳，发展举措扎实推进。其他企业也都做出了各具特色的努力。从目前经营指标完成情况看，虽然指标进度略低于预期，但是公司经营总体保持稳定态势。

（二）协同融合展现活力，变革升级蓄势待发。企业融合协同效应逐步显现。在“同一个中车”理念指引下，以青岛地区、株洲地区、大连地区为代表，各企业互相支持，优势互补，市场和业务联系更为密切，产业积聚效应不断放大。四方股份公司、四方有限公司、四方所之间的业务协同不断增强，区域一体化经营平台的雏形初步形成；株机公司、株洲所、株洲电机公司加强横向联合，共同拓展市场；大连地区企业增强协同，中车品牌区域影响力不断提升。跨区域融合正在成为共识，内部配套规模持续扩大，截至9月末，内部配套额度实现100亿元，企业经营的内生动力逐步释放。在四方股份公司、长客股份公司、唐山公司、株机公司、大连公司、浦镇公司等主机企业的大力支持下，眉山公司拉铆紧固件、资阳公司电气连接器、戚墅堰所380B型齿轮箱，以及山东公司、株洲所集便器等相关产品内部配套，都取得积极成效。

内部业务重组整合逐步提速。财务公司、香港公司、香港资本公司、物流公司、租赁公司等类金融业务调整顺利完成，金融服务平台、资本运作平台和物流租赁平台不断完善。中车云链金融网络平台建设取得良好成效，为中小微企业提供资金、技术和服务支撑，有效带动了社会创新创业。成立业务重组工作领导小组和办公室，相关业务调整加快推进。兰州公司业务重组转型升级总体方案开始实施，为了彻底走出困境，兰州公司领导班子不计较个人得失，紧紧抓住搬迁改造机遇，不等不靠，通过多种方式主动引入优势产业，尽快实现转型升级。天津装备公司处置方案着手实施，四方所领导班子大局意识强，勇于担当，敢为人先，统筹考虑天津装备公司既有业务延续、产能转移和富余人员安置，做了大量艰苦细致的工作，为方案的顺利实施打下坚实基础。瞄准相关企业扭亏脱困和转型升级，产业结构调整调研全面展开。

资本运作稳妥推进。适度配置金融性资产，成功入股中华联合保险，持有中华联合保险13.06%股权，资产组合逐步优化。完成收购中新苏州工业园区市政公用工程建设有限公司100%股权，工程总包业务领域进一步拓展。改革措施陆续实施。认真贯彻落实深化国有企业改革的“1+N”文件体系，加强顶层设计，制定《中车集团深化改革指导意见》总体方案，“1+19”政策文件体系框架初步形成。《服务事业部开展战略业务单元试点方案》印发实施，开始模拟“经营中心、利润中心”管理与考核，战略业务单元试点工作迈出实质步伐。

（三）技术体系不断完善，创新能力显著提升。统筹推进技术创新三大工程。实施体系创新工程。和青岛市共建的“国家高速列车技术创新中心”获得科技部和国务院国资委批复，中国中车在国家和行业科技创新中的引领地位进一步凸显。实施研发创新工程。“国家重点研发计划——先进轨道交通重点专项”工作有序推进，“轨道交通系统安全保障技术”、“时速400公里及以上高速客运装备关键技术”、“磁浮交通系统关键技术”等3个项目完成评审申报工作。重点产品研发持续加快。时速350公里中国标准动车组运用考核进展顺利，各项指标表现优异；国内首条中低速磁悬浮快线正式投入运营；首列悬挂式轨道列车成功下线。驮背运输车、时速160-200公里系列快捷货车等重点产品研发项目进展顺利。实施能力创新工程。统筹研究技术资源利用问题，绘制“中车试验验证能力地图”，试验验证资源配置进一步优化。知识产权工作不断加强，在日前国家知识产权局发布的“中国企业专利奖排行榜”上，中国中车以38件获奖专利位居第2位，居装备制造业之首。

（四）管理提升扎实推进，发展基础更加稳固。承接国家战略，聚合各方智慧，制定实施中国中车“十三五”发展战略，形成分工协作、有效衔接的战略规划体系。加强战略合作，与部分省市地方政府、有关中央企业、高等院校以及国际机构，签署战略合作协议37项，合作领域不断拓展。把握投资节奏，严控投资规模，产业布局持续优化。加强运营监控，针对市场形势变化，强化运营分析和季度经营调度，有效落实经营指标，确保经营稳定。深入实施“61162”人才工程，员工创新激情和创造活力不断迸发，人才牵引作用显著增强。积极推进员工余缺调剂工作，合计调剂1100余人次，既缓解了优势企业人力资源压力，又为困难企业培养和留住了高技能人才。精益管理扎实推进，管理效率和效益稳步提升。质量管理不断加强，运营保障工作措施得力，得到用户的充分肯定。安全生产形势总体平稳。两化深度融合不断加快。以国家智能制造试点示范项目建设为切入，部分企业开始智能制造实践。“中车购”电子商务平台稳步推进。互联网列车项目开始在中国标准动车组上装车测试。“互联网+高端装备+制造服务”模式在探索中前进。

（五）国际业务增势强劲，海外布局明显加快。传统市场地位继续巩固，相继获得肯尼亚56台内燃机车、泰国BTS绿线延长线24列地铁、印度德里76辆地铁、巴基斯坦1405辆货车等项目订单。产品进入发达国家成为常态，成功中标芝加哥846辆地铁项目，获得澳大利亚墨尔本65列大容量地铁订单。借势“高铁外交”，随着印尼雅万高铁、中泰铁路、中老铁路、匈塞铁路、俄罗斯高铁等项目陆续启动，高速动车组“走出去”有望实现突破。截至9月末，累计实现海外市场签约额34.5亿美元，同比增长32.69%。海外业务布局不断加速，北美公司、南美公司正式设立，前期工作初见成效，在印度设立的首家工厂建成投产，美国春田制造基地建设进展顺利，博戈公司、SMD公司并购整合成效显著。

总的来看，在异常严峻的经营形势下，我们仍然保持了生产经营稳健发展的势头。取得这样的成绩，非常不容易。

在充分肯定成绩的同时，必须清醒地认识到，完成全年经营任务，仍然面临重重困难和挑战，突出表现在：一是经营指标与预期进度仍然存在较大差距。营业收入完成年初预算指标的61.2%，利润总额完成年初预算指标的68.45%。二是“两金”占用仍然居高不下。截至9月末，集团公司“两金”占用合计1599.93亿元，其中：应收账款净额830.73亿元，较2015年末增加103.56亿元，增长14.24%；存货净额769.20亿元，较2015年末增加114.05亿元，增长17.41%，距离公司“两金”压降总体目标还有差距。三是亏损企业专项治理工作效果不够理想。企业整体亏损面、亏损户数仍然较大，各级次亏损户数达到138户，亏损金额40.52亿元，还没有达到减亏控亏预期目标。四是业务重组整合和产业结构调整推进力度需要进一步加大。货车、机车等业务重组方案尚处于调研论证阶段，相关产业调整成效还没有充分显现，与部分企业扭亏脱困、转型升级的迫切愿望存在一定差距。五是融合协同需要进一步加强。有的企业还没有牢固树立“同一个中车”理念，不讲规矩、不守秩序、低价竞争、重复投资等情况还没有根本杜绝，损害集团整体利益。这些困难和问题，给完成全年指标带来巨大压力，需要引起我们的足够重视，以更大的决心和勇气、更坚决的措施和办法，认真研究解决。

二、准确把握完成全年经营任务的有利条件

当前，国内外环境依然错综复杂。从国际看，全球经济复苏势头低于预期，国际贸易投资保护主义制约加大，地缘政治风险多点凸显，增加了世界经济的不确定性。从国内看，经济运行新常态特征更加明显，经济运行中结构性、周期性矛盾仍然突出，稳定运行的压力持续加大。从我们自身情况看，

市场需求特别是国内铁路市场需求结构性矛盾突出，新困难新问题集中显现，效益下滑的压力同样在加大。完成全年经营任务，面临的挑战之大、困难之多、任务之重，可谓前所未有。但是，综合分析当前经营形势，我们仍然面临着许多有利条件和积极因素，集中表现为四个“仍然没有变”。

（一）企业稳定经营的总体市场支撑仍然没有变。准确把握行业发展趋势和市场变化，是完成全年经营任务的基本前提。面对市场需求结构性变化，我们既要看当前、看基础，更要看趋势、看未来。综合分析市场形势，支撑企业稳定经营的空间仍然存在。

从当期经营业绩看，轨道交通市场仍然是我们完成全年目标的核心支撑。国内经济运行要保持合理区间，需要发挥铁路投资对消化过剩产能、拉动经济增长的重要作用，今年铁路固定资产投资将保持8000亿水平。随着年底相关铁路通道的陆续开通，机车车辆产品招标近期陆续启动，预计年内还会释放一定需求。城轨地铁也将陆续有10余个项目招标，年底是传统的地铁线路开通运营节点，要加强与客户沟通，努力争取提前兑现订单，形成当期收益，弥补国铁市场缺口。

从未来市场趋势看，轨道交通装备需求总体稳定。铁路建设将继续为经济发展和民生改善发挥作用。近期颁布实施的《中长期铁路网规划》，勾勒出新时期现代铁路网络建设的宏伟蓝图，提出要“完善普速铁路网，建成高速铁路网，打造综合交通枢纽，构建现代综合交通运输体系”。到2020年，铁路营业里程将达到15万公里，其中高铁营运里程将达到3万公里，覆盖80%以上的大城市，铁路投资将超过3.5万亿，铁路装备投资规模将达到5000亿，“十三五”期间需求总体平稳。但客运换乘“零距离”、物流衔接“无缝化”、运输服务“一体化”，对铁路装备提出了更高的要求，市场需求结构性不平衡的矛盾仍然突出。城市轨道交通继续保持增长，随着新型城镇化、城市群建设进程的不断加快，城市轨道交通将逐步成为国民经济新的增长点。随着城市申报轨道交通建设政策的放宽，城市轨道交通还会有一定的增长空间，PPP模式将会成为轨道交通领域的重头戏。我们必须充分发挥独有的行业优势，大力发展工程总包业务，努力向产业链前端的基础设施建设管理延伸，向配套机电系统延伸，向后期运营和维护环节延伸。

从海外市场看，为促进经济发展，许多国家逐步加大轨道交通等基础设施建设，全球轨道交通装备行业整体趋于活跃，市场需求逐步释放。不少国家也放宽了重点领域的投资限制，为我们加快国际业务布局提供了难得的机遇。如何统筹推进产品服务贸易、资本运作、工程承包及租赁，如何将海外市场订单转化为当期经营效益和未来发展支撑，需要我们统筹兼顾，认真谋划。中国中车的经营规模已经稳居全球行业第一，但从市场份额来看，除去国内市场，国际市场份额占比还不到5%，这与我们的地位远远不匹配，海外市场仍然大有作为。

（二）新产业新业态新动能持续累积的前进态势仍然没有变。发展新产业既符合公司转型升级的战略方向，又是实现公司持续发展的不竭动力。我们必须把握住新产业新业态发展的有利机遇，积极拓展发展新空间。

新产业发展具备坚实基础。经过多年培育，我们在新产业领域，已经形成了良好的技术优势和产业优势，积累了稳固的产品、市场和人才基础。1～9月，新产业收入占营业收入的25%，特别是高分子复合材料、新能源汽车、环保、船舶海工装备等领域，增长势头强劲。新产业的蓬勃发展，成为我们完成全年经营指标的重要支撑。

新产业成长正在形成新动力。我国积极推进能源结构优化升级和资源节约集约利用，推动战略性新兴产业和生产服务业发展。我们重点推进的新产业业务，都属于战略性新兴产业或“中国制造 2025”重点支持的领域。国家将陆续出台《“十三五”国家战略性新兴产业发展规划》和《战略性新兴产业重点产品与服务指导目录》，以及配套支持政策，加快指导新产业发展，一系列重大投资项目也将随之启动。同时，伴随着新一轮科技革命，新动力正在强化，新业态不断呈现，新产业面临着巨大发展空间。我们必须抓住机遇，充分发挥当前在新产业领域形成的既有优势，通过采取贸易、投资、合资、并购等方式，获取技术、渠道和资质等核心资源，不断推进新产业快速成长壮大。

新动能正在不断孕育累积。随着前期提质增效措施的逐步落地，经营效率和效益将进一步提升。而且，部分企业挖潜增效的潜力仍然很大，有的企业“两金”压降措施不到位，有的企业成本费用控制不理想，有的企业人工成本控制与经济效益不匹配，这些情况说明提质增效还有一定空间。随着“三去一降一补”五大任务逐步落实，部分落后产能淘汰，生产要素实现优化配置，产业结构调整呈现积极变化。“同一个中车”理念逐步深入人心，协同效应不断放大，内生动力持续累积，部分企业经营呈现向好趋势。

（三）推动企业改革发展的政策环境条件仍然没有变。我国经济运行总体平稳，国家陆续出台了一系列稳增长、促改革、调结构、惠民生政策，进一步落实和完善支持实体经济的相关政策措施，企业改革发展的政策环境持续优化，我们恰逢国家政策红利密集释放的“窗口期”。

准确把握深化国有企业改革的红利。随着深化国有企业改革“1+N”文件体系落地实施，国企改革步入“加速期”，落实董事会职权等十项改革试点工作加速推进。我们必须充分利用国家政策，发挥在轨道交通领域、高端制造领域深厚的技术和管理底蕴，加快推进内部重组整合，加快实施产业结构调整，加快瘦身健体步伐，加快解决历史遗留问题，推动企业转型升级提质增效。

准确把握供给侧结构性改革的红利。国家积极推进供给侧结构性改革，把改善供给结构作为主攻方向，有力、有度、有效落实好“三去一降一补”五大任务。我们必须下决心瘦身健体、苦练内功，减少无效和低端供给，扩大有效和中高端供给，着力在“优化存量、引导增量、主动减量”上下功夫，改造提升传统动能，积极培育发展新动能。

准确把握国家相关支持政策的红利。国家深入实施“中国制造 2025”、“互联网+”行动计划、创新驱动发展战略纲要，鼓励和支持制造业转型升级。国家和地方各级政府将采取国有资本金预算、财税政策、资金补贴等方式，帮助企业解决员工分流安置、内部重组整合、减轻社会负担等重点难点问题。我们必须抓住这些政策机遇，努力完成全年经营指标。

（四）企业长期积累的良好发展基础仍然没有变。经过多年的发展，我们企业积累了比较厚实的家底，截至 9 月末，集团公司资产总额已达到 3645.8 亿元，所属各企业的经营规模、竞争实力、管理水平都显著增强，抗风险能力大幅提升。更为可贵的是，经过多年的市场经济风雨洗礼，我们培养了一支爱国敬业、勇闯市场、具有国际视野、思想政治素质高的企业家队伍，以及一大批高素质的技能工人、科研人员、经营管理者队伍，企业把握市场机遇的能力已今非昔比。特别是在中国高铁发展实践中，我们创造了“产业报国，勇于创新，为中国梦提速”的中国高铁工人精神。这种精神拥有丰富的内涵，是支撑我们不断开创中车事业的坚定信念和精神力量。更为重要的是，我们拥有党建工作的优良传统，具有厚重的红色文化底蕴，形成了自己的特色品牌，这是我们企业的“根”和“魂”，是我们完成全年经营目标、实现可持续发展的最重要依靠。

总之，形势严峻复杂，机遇挑战并存，困难希望同在。我们要对行业持续健康发展的长期趋势有足够自信，要对企业长期积累的发展实力有足够自信，要对中国中车改革发展的光明前景有足够自信，要对发挥企业党建工作的传统优势有足够自信。有了这些自信，我们就能够“站在中车看中车”、“跳出中车看中车”，敏锐把握各种风险和矛盾，紧紧抓住各种有利条件和机遇，因势而谋，因势而动，因势而进，牢牢把握工作主动权，确保实现“十三五”良好开局。

三、全力以赴抓好后两个月经营工作

现在距离年底只有两个月，时间紧迫，任务艰巨。我们要紧盯重点工作，抓牢关键环节，弘扬长征精神，直面困难问题，加快节奏，加大力度，争分夺秒，努力完成全年各项经营任务。

（一）必须坚持全年经营目标不动摇。今年是中国中车完整运营的第一年，完成全年指标，保持稳定经营，具有特殊的政治经济意义。为确保完成国务院国资委下达的经营业绩考核指标，充分考虑市场波动的实际情况，我们对经营出现异常的少部分企业经营指标进行了微调，绝大部分企业仍然按照6月19日经营指标落实会精神，指标不作调整。集团公司要实现营业收入2280亿元，利润总额168亿元；股份公司要确保实现营业收入2250亿元，利润总额170亿元，归母净利润118亿元。我们必须坚定信心，咬定目标，确保完成。

在困难和考验面前，各企业要进一步统一思想，迎难而上，以等不起、慢不得的危机感，坐不住、输不起的使命感，以更加坚定的决心、更加扎实的作风、更加有力的措施，精准发力，力争超额完成任务。重点盈利企业，要多做贡献，主动担当，努力向更高目标迈进；主要亏损企业，要设定红线，认真分析自身问题，努力减亏控亏，扭转经营的不利局面；因市场变化导致经营异常的企业，要坚守防线，不等不靠，主动作为，千方百计遏制效益下滑趋势；其他企业要守住底线，全力以赴，为实现全年经营目标贡献力量。集团公司产业投资、类金融、地产置业、职业教育、资产管理等业务板块，也要全力以赴，努力多做贡献。

对于超额完成经营指标的企业，公司将按考核办法兑现企业工资总额，并对领导班子在年薪基础上，进行特别奖励。对于完不成经营指标的企业，除按相关办法进行考核外，还要对企业领导班子严格考核。对连续三年大额亏损、经营不力的企业，将视情况对主要领导进行组织调整。对连续两年亏损、经营状况没有好转的企业，调低企业工资总额基数。对连续亏损的企业，将严控投资项目，严控资金使用。

总部各部室、各事业部要增强服务意识，加强统筹协调，为企业发展创造更好的环境。对于优势企业，要在体制创新、资源配置等方面给予更大空间。对于暂时遇到困难的企业，既要有针对性地提供支持，更要指导企业在思想观念、改革创新等方面大胆突破。各企业、各事业部、总部各部室要整体联动，并肩作战，党政工团组织要同心协力，共克难关，确保全面完成各项经营任务。

（二）必须坚持大力开拓市场不动摇。各业务板块、各企业要紧紧抓住开拓市场这条生命线，放眼中车全产业链，积极推动“同一个中车”的营销战略，共同应对市场变化，共同响应客户需求，共同享有企业资源，全力以赴开拓市场，努力增加当期经营效益。

全力开拓轨道交通市场。近期，要加强与铁路总公司的沟通，周密做好机车车辆招标的前期组织协调工作，充分发挥协同效应。加强与各铁路局的沟通联系，深化与大客户的合作，努力获取新的订单。深耕精耕检修业务，拓展新的增值空间。进一步统筹协调好城轨市场招标，坚决杜绝恶性竞争，决不允许低价竞标，确保集团整体利益。充分发挥骨干企业在地方的优势，积极延展城市轨道交通相关功能设施和城轨产业链，建立差异化的竞争优势，大力发展工程总承包业务，加快重点项目跟进，确保昆明、芜湖、乌鲁木齐等项目取得突破。

全力开拓新产业市场。按照相关多元、行业领先的原则，统筹谋划，分工合作，协同作战，打造差异化竞争优势，努力培育新的经济增长支柱。新能源汽车、节能环保、风力发电、高分子复合材料等业务板块要巩固良好发展势头，为完成全年经营指标多做贡献。同时要努力向国际新产业市场进军。

全力开拓国际市场。加快推进南美公司、北美公司等海外区域公司建设，充分发挥海外业务平台的作用。有序推进海外本土化运作，抓好既有项目的建设，发挥辐射带动作用。积极推进海外并购。加强南非维保、洛杉矶地铁、费城双层客车等重点项目跟踪，力争今年实现签约。已经签约的项目，要加强同客户的沟通，科学组织生产，加快交付进度，力争年底前形成收入。我们提倡企业之间有序竞争，适度竞争，避免内耗。海外市场要严格执行《国际业务管理办法（试行)》，国内市场也要遵守相关规定，决不允许上有政策、下有对策，决不允许有令不行、有禁不止，决不允许在贯彻执行上打折扣、做选择、搞变通。对于损害国家利益，损害中车整体利益的行为，我们将严肃处理。

（三）必须坚持抓好提质增效不动摇。打好提质增效攻坚战，是实现全年经营目标的重要支撑。各企业要进一步突出重点，抓住关键，对“1+9”提质增效方案进行再梳理、再细化、再落实，任务到岗，责任到人，打破“中梗阻”，畅通“微循环”，确保各项工作有效落地。

大力推动降低采购成本、压降“两金”占用、控制期间费用、降低重复开发费用等各项配套措施，进一步巩固前期工作成效，努力提升经营效益。降低采购成本专项活动，要再接再厉，向更高目标努力。“两金”压降，要进一步采取坚决措施，加大应收账款清收工作，想方设法消化重点存货产品。期间费用，要严格控制各项开支，力争可控部分同比压减3%。研发费用，要加强科研项目管理，减少重复开发、重复投入。进一步强化专项效能监察，持续跟踪问效，全力推动指标落实。今年以来，纪检监察系统不断强化规范采购管理和“两金”压降专项效能监察，重点推进独家采购、代理采购清理整改，重点监察应收账款、存货清理和主机企业内部配套落实情况，有效推动了各项工作落实，维护了中车整体利益。要加快处置低效无效资产，抓紧盘活土地等资源，实现国有资本形态转换。集团公司与股份公司相关部门要协同作战，加大工作力度，加快工作进程，特别是要全力做好兰州、成都、太原、天津土地处理工作。各子企业退城入园、腾退土地全部由中车置业统一规划开发。

深化精益管理，努力提升管理效率和效益。严格控制员工总量，合理做好人力资源配置。困难企业要抓住国家的政策机遇，结合专项治理，积极推进分流安置富余人员工作。严格按照工效挂钩办法和“两低于”原则，加强工资和人工成本调控。加强质量工作，努力提升产品质量和服务水平，保障产品运用安全可靠，千方百计降低质量损失。认真落实安全生产责任制，针对年终岁末生产任务前松后紧的实际，加强隐患排查整治，确保安全形势总体稳定。

（四）必须坚持推动融合变革不动摇。

牢固树立“同一个中车”理念，推动企业融合变革，协同发展，既是我们攻坚克难的重要法宝，也是我们完成全年经营任务的重要保证。

进一步加强内部配套。认真落实中国中车内涵式发展与产业链建设工作会精神，按照协同化、市场化、规模化、专业化原则，加大内部配套工作力度。坚持以合作共赢为导向，立足打造高效协同、具有核心竞争力的产业链，促进技术创新、结构优化和质量提升，推动主机企业与配套企业共享利益、共担风险、共同发展。海外项目要更加重视内部配套，这对于更好地推进“产品+服务”模式，增强中车产品的美誉度，提升中车的竞争力，都有积极的意义。

进一步加快产业结构调整。加快推进成都公司结构调整转型升级步伐。在前期重组整合过程中，四方股份公司以强烈的大局意识和责任意识，积极推进技术平台、组织架构、管理模式等向成都公司平移和复制工作，成都轨道交通产业园建设实现了既定目标，首列铝合金A型地铁车辆顺利下线，成都公司转型升级迈出实质性步伐。四方股份公司还要继续大力支持一把，总部各部门要全力推动一把，成都公司自己也要再努力一把，今年要彻底走出困境，摘掉特困企业的帽子，努力成为中车推进重组整合的典范，成为实施“同一个中车”战略的典范，成为转型升级的典范，为其他业务重组整合作出示范。加快推进兰州公司业务重组转型升级，大连公司、长客股份公司、株洲所要发挥核心企业优势，投入必要资源，加强协同配合，落实相关措施，力争取得阶段性成效。加快机车、货车板块业务重组论证，年底前要形成资源整合总体方案，确保明年开始实施。

进一步推进运营模式创新。深化服务事业部战略业务单元试点，积极推进业务主导型运营模式，聚焦客户需求，优化资源配置，努力构建覆盖金融与类金融、物流租赁等现代服务业务的管控体系，向利润中心方向发展，力争现代服务业务新突破，为扩大试点工作积累经验。完善总部运营模式，优化总部职能，理顺管理边界，重塑组织架构，打造精干高效的经营型总部。

进一步抓好商业模式创新。瞄准高端化、智能化、多元化、国际化方向，努力向产业链价值链高端延伸。深化两化融合，打造智能制造体系。持续完善“中车购”电商平台。大力推行“双创”模式，充分利用现有金融平台、资本平台、电商平台和互联网平台，推动传统产业向新业态新模式转型，让传统动能不断焕发新的生机。

进一步推进企业改革。按照集团公司深化改革“1+19”政策文件体系要求，加强领导，细化任务，稳步推进各项改革措施落地。积极推进“僵尸企业”处置和特困企业专项治理工作，稳妥实施天津装备公司、成都公司专项处置工作方案，必须确保完成今年的处置任务目标。积极推动科技体制改革，致力构建充满活力的科技管理和运行机制，年底前形成科技体制改革总体方案，力争明年开始推进实施。

大事记

责任编辑　尹宝雨

2016年大事记

2016 年 大 事 记

1　月

5 日　国家工业和信息化部正式批准株机公司组建轨道交通装备国家级工业设计中心，这是中国首个轨道交通装备行业国家级工业设计中心。

7～8 日　中国中车股份有限公司参与并成功竞得中华联合保险 20 亿股股权，本次交易完成后，中国中车将持有中华联合保险 13.06%的股权。

8 日　在中共中央、国务院于北京召开的国家科学技术奖励大会上，由中国中车作为核心队伍参与的京沪高铁获国家科技进步奖特等奖，其中长客股份公司、唐山公司、四方股份公司、株洲所为主要参与单位，马云双、赵明花、孙帮成、荣智林、梁建英、李军为项目主要完成人。

同日　中国中车 2016 年度安全生产工作会议在武汉召开。

9 日　中央电视台“新闻联播”节目以《中国中车：高铁名片 叫响世界》为题，报道了中国中车走向世界的卓越成就，中国中车总裁奚国华接受了采访。

11 日　中国中车党委召开常委会议，听取中国中车专项巡视暨 2015 年第二批巡视工作情况汇报。

12 日　中国中车 2016 年质量工作会议在长春召开，股份公司副总裁王军作题为《科学谋划，狠抓落实，全力开创“十三五”质量工作新局面》的报告；股份公司总裁奚国华发表题为《统一认识，创新管理，全力打造中国中车世界质量高地》的讲话。

13 日　中国中车一届一次职工代表大会以视频会议形式召开，会议审议通过了《中国中车职工代表大会实施办法》及提案工作、民主评议、法律监督和安全监察 4 个工作委员会成员建议名单。

14 日　二七车辆公司研发的 BX1 型新型冷藏车集装箱列车试运行取得圆满成功。

18 日　中国中车党委召开常委（扩大）会议，中国中车集团公司、股份公司党委书记郑昌泓发表题为《加强党的建设，强化责任落实，为做强做优做大中国中车提供坚强保证》的讲话；郑昌泓还与全体与会人员进行了集体廉政谈话。

同日　中车资本控股有限公司（简称金控公司）在北京中车大厦（方庄）举行挂牌仪式。

同日　中车投资租赁有限公司在北京瑞德中心新办公楼举行揭牌仪式。

同日　湖南省首批“制造强省项目”的株洲电机公司研究院和工程研究中心在株洲田心高科园举行奠基仪式。

19 日　中国中车 2016 年工作会议在北京召开，中国中车集团公司、股份公司董事长崔殿国发表题为《承载使命，砥砺前行，为建设世界一流跨国企业而奋斗》的讲话；中国中车集团公司总经理刘化龙作题为《承接国家战略，助推产业升级，开创中国中车“十三五”改革发展新局面》的报告；中国中车股份有限公司总裁奚国华作题为《围绕三大主题，激发成长动力，全面推进世界一流跨国企业建设进程》的报告；会议举行了股份公司 2016 年度绩效目标责任书签字仪式和中国中车大学揭牌仪式。

同日　2015 年中国十大科技进展新闻、世界十大科技进展新闻评选揭晓，中国中车的“‘永磁高铁’牵引系统通过首轮线路试验考核”获评中国十大科技进展新闻。

21日 在埃及进行国事访问的中共中央总书记、国家主席习近平与埃及总理伊斯梅尔共同参观由中国政府举办的中国高科技展，对由中国中车股份有限公司与中国铁路总公司组成的中国铁路展团展出给予高度称赞。

同日 中国印度尼西亚合作项目雅加达—万隆（雅万）高速铁路举行隆重的开工仪式，中国首个全方位“出海”的高铁项目正式启动，作为中国高铁出海的核心成员，中国中车总裁奚国华应邀出席开工仪式。

28日 中国中车党委召开2016年党风建设和反腐败工作会议，陈大洋作题为《全面落实两个责任，持续加强纪律建设，为中国中车十三五开好局起好步提供坚强保障》的工作报告，崔殿国、郑昌泓分别发表讲话，7个单位纪委书记围绕履行监督责任进行了述职。

同日 中国中车党委印发《中国中车集团公司所属企业领导人员管理暂行规定》《中国中车集团公司所属企业领导班子和领导人员综合考核评价暂行办法》《中国中车集团公司“四好”领导班子考核评价暂行办法》等11项制度。

同日 中国中车2016年干部人事工作会议在广州召开。

本月 中国中车集团公司获北京产权交易所颁发的“最佳产权交易组织奖”。

2 月

3日 中国中车党委印发《中国中车集团公司党委工作规定（暂行）》，明确党委主要职责、参与重大问题决策的主要途径、加强领导班子建设、加强党风廉政建设等方面内容。

4日 中国中车集团公司、股份公司党委书记郑昌泓，中国中车集团公司总经理刘化龙到北京动车段，慰问负责高铁售后维护、保障高铁春运的中国中车售后团队。

15日 由长客股份公司、四方股份公司分别领衔研制的两列中国标准动车组“金凤凰”和“蓝海豚”完成难度最大的互联互通试验，至此，中国标准动车组66项型式试验已完成62项。

19日 大连电牵中心与中国卫星控股旗下的大连航天北斗科技公司签订战略合作框架协议，这是中国轨道交通装备与航天科技的首次跨界合作。

23日 中国中车党委印发通知，在全系统开展“守纪律、讲规矩、明底线、知敬畏”党规党纪集中学习教育活动。

24日 中共中央组织部、国务院国资委国有企业党建工作专题调研组到中国中车，就党建工作开展情况进行专题调研。

26日 中国中车与成都市人民政府、西南交通大学在成都签订战略合作协议。

同日 由北京市轨道交通建设管理有限公司牵头组织，四方股份公司等8家单位联合攻关的全自主化、自动化等级最高的全自动无人驾驶地铁列车下线，这是国内地铁技术领域的又一重要新突破。

29日 中国中车党委启动2016年第一轮巡视回访工作，四个巡视组陆续进驻长江公司、戚墅堰公司、洛阳公司、二七车辆公司，进行为期一周的现场巡视回访。

本月 由长客股份公司研制的时速250公里CRH5E型新型卧铺动车组到铁科院进行型式试验。

3 月

1日 中国中车集团公司与昆明市政府在北京签署战略合作框架协议，双方以PPP模式进行合作，建设昆明地铁9号线。

同日 中国中车召开开展“四风”问题

整治情况“回头看”工作部署视频会。

4日 中国建设投资基金管理公司在北京召开第一次股东会和第一届一次董事会，宣告中国中车第一家投资建设轨道交通和基础设施的基金管理公司发起设立。

9日 美国芝加哥交通管理局（CTA）发布公告，中国中车旗下四方股份公司中标芝加哥846辆、金额总计13亿美元的地铁车辆项目，首批授标400辆，这是迄今为止中国向发达国家出口的最大地铁车辆项目。

同日 美银美林全球联席总裁迪亚哥·乔治率队到中国中车总部访问，双方表示要进一步加强沟通交流，相互支持，在全球有较好发展前景的业务领域开展深入合作。

10日 中国中车集团公司与深圳地铁集团签订PPP项目战略合作框架协议。

同日 中国中车召开2016年度审计工作视频会议。

上旬 中国中车“十三五”国际化人才“631工程”初、中、高级进阶式培养项目陆续启动。

11～12日 中国中车2016年度财务工作会议在成都召开。

12日 由株洲所研制的国内首套地铁永磁直驱牵引系统顺利通过装车试验考核。

15日 大连公司在旅顺新厂区举行出口南非内燃机车下线暨环行试验线开通仪式。

16日 《中国中车》公布中国中车企业文化建设核心理念和中国中车品牌建设核心内容。

17日 浦镇公司与印度德里地铁总部签订诺伊达地区采购19列76辆不锈钢地铁车辆合同，总金额1.09亿美元。

19日 中国中车股份有限公司总裁奚国华在“中国发展高层论坛2016”年会上发布题为《让中国高铁成为联结发展梦想的纽带》演讲。

21日 中国中车党委召开会议，启动中国中车2016年第一轮巡视工作。

22日 全球最大的轨道交通装备制造企业中国中车与全球最大的建筑地产综合企业集团中国建筑在北京签署战略合作框架协议。

同日 中国中车2016年信息化工作会议在青岛召开。

23日 中国中车与安徽省芜湖市政府在北京签署战略合作框架协议。

同日 中国中车2016年科技工作会议在青岛召开。

24日 中国中车董事长崔殿国在长沙会见湖南省委书记徐守盛、省长杜家毫等湖南省领导，推进双方合作，加快中车驻湘企业发展。

28日 中车产投2016年度经理人峰会在贵阳召开，中国中车集团公司总经理刘化龙参加会议并讲话。

29日 全国政协副主席陈元率全国政协综合调研组到齐齐哈尔公司考察调研。

同日 在第二届中国质量奖颁奖大会上，中国中车所属株洲所时代电气获中国质量奖，长客股份公司获中国质量奖提名奖，四方股份公司宁允展获中国质量奖个人提名奖。

27～30日 中国中车精益管理首期培训班在中车大学举行。

31日 中共中央政治局常委、国务院副总理张高丽在湖南省委书记徐守盛、省长杜家毫等陪同下，到株机公司和株洲所视察。

同日 中国中车集团公司与中国一汽集团公司签署战略合作框架协议，双方将以新能源汽车领域合作为契机，建立长期战略合作伙伴关系。

同日 中国中车2016年节能减排工作会议在株洲召开。

30～31 日 中国中车 2016 年共青团工作会议在株机公司召开。

30～31 日 中国中车工会女职工委员会第一次全体会议在武汉召开。

本月 株洲电机公司“2MW 超低风速直驱永磁发电机研发及产业化”项目获国家火炬计划立项。

4 月

6 日 中国中车召开提质增效工作动员暨推进视频会议，全面动员和部署中国中车开展以“加大降本增效力度，超额完成经营目标”为重点的提质增效工作。

同日 中国中车与同济大学在北京签署战略合作框架协议。

7～8 日 中国中车 2016 年劳资工作会议在武汉召开。

6～10 日 中国中车在中国延安干部学院举办党性教育专题培训班。

11 日 中国中车集团公司总经理刘化龙在成都参加 2016 中国知名企业四川行活动。

12 日 全国政协副主席、科学技术部部长万钢到中国中车位于德国德累斯顿的中德轨道交通技术联合研发中心考察调研，对中德双方务实合作给予充分肯定。

同日 中国中车以“产业报国、勇于创新、为中国梦提速”为实质内涵的中国高铁工人精神，在国资委新闻中心主办的国企精神研讨会上正式发表，人民网进行了全程直播，包括新华社在内的 30 多家媒体参与了报道。

同日 中国中车股份有限公司在香港举行 2015 年全年业务投资者推介会。

13 日 中国中车集团公司、中国中车股份有限公司董事长崔殿国到中车香港公司和中车香港资本管理公司检查指导工作。

15 日 中国中车与美国芝加哥交通管理局（CTA）在芝加哥举行会议，四方股份公司与 CTA 签署协议，中国中车将在芝加哥当地建厂，负责车辆总组装，这是芝加哥 35 年来的首家轨道交通车辆制造厂。

16 日 在深圳会展中心举行的第 14 届中国国际人才交流大会上，中国中车作为核心参展企业发布 41 名人才计划，力邀全球高端人才加盟。

18 日 中国中车以视频会议形式召开“两学一做”学习教育动员部署会，贯彻落实习近平总书记关于“两学一做”学习教育的重要指示和中央、国资委党委关于“两学一做”学习教育的要求，对中国中车“两学一做”学习教育进行部署。

20～21 日 中国中车集团公司厂办大集体改革推进会在青岛召开。

22 日 株洲电机公司自主研制的新能源汽车第二代动力系统——轮边永磁驱动系统成功下线，实现了中国国产新能源汽车动力系统由第一代动力集中型向第二代动力分散型的转变。

25 日 中国中车领导班子成员参加国资委党委党章党规辅导报告视频会议。

26 日 中国中车党委召开常委会议，集中学习毛泽东《党委会的工作方法》。

27 日 中宣部、中央文明办、全国总工会在北京召开“全国最美职工”发布会，四方股份公司钳工高级技师宁允展名列其中。

28 日 中国中车联合中国工程院在宁波举办“智能传感技术在轨道交通中的应用工程前沿技术论坛”，中国工程院院长周济到会指导并致词，株洲所董事长丁荣军主持论坛并作首场报告。

同日 中国中车股份有限公司总裁奚国华在杭州拜会浙江省委常委、常务副省长袁家军，双方就深化合作进行了探讨交流。

同日 中国中车与河南省安阳市在北京签署战略合作框架协议，双方将在安林市域铁路、安阳市区轨道交通、南太行旅游专线等项目上，采用 PPP+EPC 的模式，建立合作及项目建设的统一平台，推进各工程合作项目的建设。

同日 被列为国家“十二五”科技支撑计划的世界首列商用型燃料电池/超级电容混合动力 100%低地板现代有轨电车在唐山公司下线。

29 日 中央电视台《新闻联播》《朝闻天下》等栏目播出《大国工匠 • 匠心传奇》，重点关注大连公司铸造高级工人技师毛正石，展示毛正石作为大国工匠的精湛技艺。

同日 中国中车智能制造工作研讨会在戚墅堰所举行。

30 日 中国中车主数据管理信息系统经过需求调研、蓝图设计、系统实现、集成测试四个阶段，历时十五周时间，完成系统切换工作，并顺利发布首条测试数据，系统成功上线运行。

同日 中共中央宣传部“一线劳动者典型报道”重点关注长客股份公司李万君，中央电视台推出专题节目，《人民日报》发表评论员文章，新华社、《经济日报》、《光明日报》、中新社进行集中报道。

本月 国家标准化委员会、工业和信息化部联合颁发通知，中国中车所属中关村科技园区丰台园国家高端装备制造业标准化试点、山东青岛市城阳区国家高端装备制造业标准化试点、湖南株洲高新技术产业开发区国家高端装备制造业标准化试点被列为国家高端装备制造业标准化试点项目。

本月 工业和信息化部印发通知，中国中车所属北京时代、株洲所、浦镇海泰公司、浦镇公司、戚墅堰公司、洛阳公司被评为机电产品再制造试点单位。

本月 作为国家科技支撑计划项目的国内首列混合动力动车组在长客股份公司完成调试工作，进入整车型式试验阶段。

5 月

1 日 中央电视台“中国梦 • 劳动美”五一特别节目在长客股份公司设分会场。

5 日 中国中车集团产业投资有限公司、中车城市交通有限公司、中城海外投资有限公司在匈牙利首都布达佩斯举行中车产业投资有限公司欧洲办公室揭牌仪式。

同日 中国首条完全拥有自主知识产权的中低速磁浮快线——长沙磁浮工程启动载客试运营，湖南省委书记徐守盛、省长杜家毫试乘株机公司研制的磁浮列车。

同日 中国中车党委中心组成员参加国务院国资委举办的深入学习以习近平为总书记的党中央治国理政新思想新战略专题辅导报告会。

6 日 四方股份公司研制的时速 160 公里 CRH6F 型新型动车组获得由国家铁路局颁发的型号合格证和制造许可证，具备了批量生产和正式上线载客运营的条件。

12 日 中国中车联合同济大学与美国伊利诺伊大学香滨分校（UIUC）共同建设的中美轨道交通联合研发中心在 UIUC 正式成立。

13 日 中车投资租赁有限公司与中信金融租赁公司在北京签订战略合作协议。

6～13 日 中国中车举办第一期优秀领导力培训。

14 日 中国中车—密西根大学先进制造联合研究中心在美国正式揭牌。

17 日 中国中车股份有限公司副总裁王军应邀参加在美国休斯顿召开的“中美创新与投资对接大会”，并作为重要嘉宾作题为“中国高铁科技创新和发展”的大会演讲。

同日 “中国中车—兴业银行”银企合作协议在北京中车总部签署。

15～18 日 中国中车携动车组、城轨车辆、机车、客车、货车等多种产品参加在德黑兰国际展览中心举办的2016伊朗第四届国际轨道交通展。

19日 中国自主研制的首列永磁跨座式单轨列车在四方股份公司正式下线。

20日 莫桑比克共和国总统菲利佩·雅辛托·纽西到济南公司参观访问。

16～22日 中国中车第一期优秀领导力培训在北京大学举行。

24日 中国中车集团公司“十三五”发展战略经董事会审议通过，正式印发施行并上报国务院国资委。

23～27日 中国中车党建工作专题培训在中组部全国组织干部学院举行。

26～27日 在中石化中原油田召开的中央企业社会主义核心价值观建设交流会上，中国中车作为6个经验交流发言单位之一，介绍了企业在弘扬高铁工人精神、推动核心价值观落地生根上的具体做法。

29日 国务院国资委主任、党委副书记肖亚庆一行到株洲所调研。

同日 中央电视台对话节目播出《中国中车：向世界延伸》，中国中车股份有限公司总裁奚国华受邀畅谈中国中车的国际化之路和中国中车向中车中国转变的梦想。

30日 戚墅堰公司与中国路桥公司签约，向肯尼亚出口56台内燃机车，包括东风8B型、东风11型和东风7G型。

本月 在甘肃省举行的全省精准脱贫暨双联行动考核大会上，中国中车集团公司获甘肃“双联行动”暨精准扶贫省外帮扶单位“民心奖”。

6 月

2日 中国中车召开第一届管理创新成果审定委员会会议，审议确定中国中车第一届管理创新成果。

3日 党和国家领导人习近平、李克强、张德江、俞正声、刘云山、王岐山到北京展览馆参观国家“十二五”科技创新成就展，中国中车展品接受了习近平总书记的参观。

3日 四川省眉山市委书记李静到中国中车集团公司总部访问，双方就如何共同推进眉山公司转型升级、提质增效进行深入交流并达成共识。

2～3日 中车国际化人才“631工程”2016年中初级项目第一期培训分别在北京语言大学、中南大学和中车大学常州校区圆满结束，302名学员完成为期3个月的系统学习。

5日 第七次中美创新对话在北京香格里拉酒店举行，中国中车股份有限公司副总裁王军应邀参加，作了题为“中美合作背景下的中国中车”的大会发言。

6日 株洲所时代电动与奇瑞万达签订2万套新能源汽车电驱动系统订单，这是迄今全国新能源汽车核心系统单笔最大订单。

同日 全国人大常委会副委员长、民盟中央主席张宝文到四方股份公司视察。

同日 中国中车党委印发《中国中车集团公司党委意识形态工作责任制实施办法（暂行）》。

7日 中国中车与铁科院、国家认监委认证认可技术研究所、中国铁道学会、中国铁路工程总公司、中国铁道建筑总公司、北京交通大学、西南交通大学等11家单位联合发起成立中国轨道交通检验检测认证联盟。

4～7日 根据国家统一部署，在科技部的指导下，由中国中车牵头组织实施的轨道交通重点专项首批项目完成申报，这是中国首个由企业牵头组织实施的国家重点专项，标志着中国科技管理体制改革试点拉开序幕。

8日 中国中车党委书记、副董事长郑昌泓在宁波和匈牙利外交与对外经济部部长西雅尔多·彼得举行会谈，双方就下一步加强合作进行了深入的交流和沟通。

13日 在中国国务院总理李克强和德国总理默克尔出席的中德经济顾问委员会座谈会上，中国中车分别与德国铁路公司、西门子公司、福伊特公司签署战略合作协议，在全球市场开拓、国际产能合作、科技开发交流与合作以及进一步深化资本层面合作等方面加强合作。

14日 中国中车股份有限公司与中国银行签署《“一带一路”暨战略合作总协议》。

19日 中国中车股份有限公司2016年经营指标落实座谈会在青岛召开，股份公司总裁奚国华在会上作了题为《坚定信心，攻坚克难，为全面完成2016年经营目标而努力奋斗》的重要讲话。

20日 中国中车集团公司扶贫开发工作领导小组在北京召开第一次全体会议，集团公司总经理刘化龙在讲话中指出，参与定点扶贫工作是集团公司回报社会、履行社会责任的具体体现，积极做好帮扶工作是中国中车义不容辞的政治责任。

同日 国务院国资委印发表彰决定，中国中车4人被授予中央企业优秀共产党员、3人被授予中央企业优秀党务工作者、4个党组织被授予中央企业先进基层党组织称号。

22日 国资委监事会在中国中车总部召开监督检查情况通报会，通报国资委监事会对中车2015年监督检查的情况。

17～22日 在河北固安举行、有25个国家59支代表队参赛的2016（第四届）北京“嘉克杯”国际焊接技能大赛上，中国中车代表队以绝对优势获得团体第一名，22人获得竞赛名次，还在技术交流项目中获一等奖1项，二等奖、三等奖各2项。

23日 中国中车集团公司党委在总部召开纪念建党95周年座谈会，扎实推进“两学一做”学习教育，学习先进、弘扬先进，突出先进典型的示范引领作用，大力推动争创“四强”党组织、争做“四优”共产党员活动深入开展。

同日 在2016年中国国际公共关系大会上，中国中车“高铁梦之旅”品牌推广获得“中国企业走出去特别奖”。

24日 中国中车党委发布决定，表彰71个先进基层党组织、111名优秀共产党员和71名优秀党务工作者。

25日 中国铁路总公司、俄罗斯铁路股份公司、中国中车和西纳拉集团联合签署“关于在俄罗斯境内进行高速、快速动车组及铁路装备本地化生产合作的意向书”。

26日 中国中车党委书记、副董事长郑昌泓应邀出席第七届中国企业创新活动日暨2016中国企业创新论坛，发表题为《把握好第四次工业革命下的创新机遇》的演讲。

27日 中国中车卓越领导力第二期培训在北京大学圆满结束，中国中车一级子公司董事长、总经理及总部部分中高层管理人员74人参加了系统学习。

28日 中国中车集团公司与南宁市签署战略合作协议。

7 月

4日 中国中车党委印发《中国中车2016～2017年贯彻落实建立健全惩治和预防腐败体系实施方案》。

5日 成都市委副书记、市长唐良智带队到成都公司新都厂区调研，深入了解中车成都产业园及城轨制造项目投资情况，推动重点项目落地和轨道交通装备制造产业升级发展。

7日 人力资源和社会保障部人力资源市场司司长孙建立一行4人到中国中车总部，就中车承担国家重点专项及人才引进等工作开展情况进行专题调研。

13日 《财富》（中文版）发布中国500

强排行榜，中国中车以2419亿元的总收入、118亿元的利润位居中国企业500强第22位，比上年第44位（以原中国南车和原中国北车收入总和为依据）提升了22位。

14日 长客股份公司研制的CRH3A新型动车组获国家铁路局颁发的型号合格证和制造许可证，具备了批量生产和正式上线载客运营的条件。

同日 大连公司研制的首台时速160公里交流传动客运内燃机车下线。

11～14日 长客股份公司组织四方所、戚墅堰公司代表中国中车集团公司，参加在俄罗斯叶卡捷琳堡举行的第三届中俄贸易博览会和第七届俄罗斯创新工业展。

15日 中国中车自主研制设计的两列中国标准动车组以超过420公里的时速在郑徐高铁上交会而过，相对时速超过840公里，相当于每秒233.33米，交会时间约0.9秒。

同日 中国中车党委书记郑昌泓应邀赴中组部在北京大学光华管理学院组织的“培育中央企业核心竞争力”专题研讨班上，向部分中央企业和中管金融机构的高层管理者交流中国中车国际化发展的实践经验。

1～15日 中国自行设计研制、全面拥有自主知识产权的中国标准动车组，在郑州至徐州高速铁路进行了综合试验，成功实现时速420公里两车交会及重联运行的目标。

19日 中央纪委驻国资委纪检组组长江金权到中国中车一线企业走访调研，了解检查中国中车落实全面从严治党主体责任和监督责任情况。

20日 世界500强榜单和中央企业业绩榜单同日发布，在世界500强榜单上，中国中车首次上榜，排名第266位，位居中国企业第54位；在中央企业2015年度业绩考核中，位居第7名；在世界品牌五百强排行榜上，位居第179位。

21日 中国中车首列导轨电车在四方有限公司发布。

25日 《人民日报》头版刊发消息《唐山用创新托举新生》，新华社发表长篇通讯《彰显“四个自信”的涅槃重生——唐山抗震四十周年启示录》《从“唐山不死”以“唐山突围”》，报道了地震后四十年唐山公司取得的成就。

26日 中国中车党委制定颁发《中国中车集团公司党委关于深入贯彻落实中央八项规定精神的具体措施》。

27日 中国中车与乌鲁木齐市签署深化战略合作协议，在原有合作协议的基础上，大力开展城市基础设施、新产业、服务三大板块的业务合作。

28日 中国中车印发《中国中车“十三五”人才战略规划》。

29日 中国中车召开安全生产视频会议。

26～29日 中国中车党委在延安举办第一期基层党支部书记“两学一做”培训示范班，年内共举办两期。

30日 由中国中车为巴西里约热内卢地铁4号线研制的地铁列车全部上线投入运用，巴西代总统特梅尔与国际奥委会主席巴赫成为首批乘客。

同日 中国中车党委书记、副董事长郑昌泓代表中车出席在钓鱼台举办的第十四届中国企业发展高层论坛，结合中车的供给侧结构性改革发表演讲。

本月 由中车时代电气研制的长沙市轨道交通1号线永磁牵引系统顺利通过载客前评审，成为国内首套具备载客运营资质的自主永磁牵引系统，投入载客运营。

8 月

2日 中国中车向新西兰出口第四批内燃机车签约暨中车新西兰公司成立仪式在大

连举行。

同日 美国《橡胶与塑料新闻》周刊公布2016年全球非轮胎橡胶制品50强排行榜，株洲所时代新材位列第16位，比2015年第28位上升12位。

8日 在以“信心与匠心”为主题的第十届中国品牌节上，中国中车获评2016中国品牌节“华谱奖”。

9日 资阳公司签订向伊朗出口15台客运内燃机车、15台货运内燃机车合同，这是2015年国际社会对伊朗解禁后，中国中车与该国客户签订的第一个购销合同。

11日 中国中车纪委印发《中国中车纪检监察工作“十三五”规划》。

15日 中国中车自行设计研制、拥有全面自主知识产权的中国标准动车组首次载客运行。

16日 国务院派驻中国中车集团公司第一届监事会以视频会议形式进驻。

17日 中国科协党组书记、常务副主席尚勇率中国科协调研组到株洲所调研考察。

18日 中国中车在常州召开精益管理推进会，进一步贯彻经营工作座谈会精神，深化落实推动精益管理重点工作。

22日 中国中车股份有限公司发布2016年半年报，公司实现营业收入942.05亿元，比上年同期增长1.04%；实现归属母公司所有者的净利润47.95亿元，比上年同期增长2.04%。

24日 中国中车党委书记、副董事长郑昌泓参加全国党建研究会党建高端智库建设规划国有企业调研座谈会，并作交流发言。

25日 中国中车组织召开机车新造业务专题研讨会，进一步落实全年经营效绩目标，降低存货占用资金，同时引入公开公平竞争机制，维护良好市场秩序。

同日 中国中车组织召开第二次时速160公里快运棚车项目工作推进会，根据用户提出的新要求，进一步完善方案设计，提前做好储备。

26日 国务院国资委副主任王文斌到株机公司调研了解中车及企业基层党组织“两学一做”学习教育开展情况，并以《加强党性修养做合格共产党员》为题讲党课。

同日 由中国中车联合工业和信息化部电子科学技术情报研究所、中国信息通信研究院、中国电子技术标准化研究院、电子产品可靠性与环境试验研究所、中国电子信息产业发展研究院、中钢集团、用友科技等单位共同发起组建的中国制造业与互联网融合发展联盟宣告正式成立。

同日 中国中车在山东公司召开智能装配控制系统技术交流会，贯彻落实国家《中国制造2025》发展战略，进一步推进中车智能制造技术及产业发展。

同日 在中国两化融合大会上，四方股份公司获2016年度两化融合创新实践奖，眉山公司获2016年度两化融合突出贡献奖。

30日 中国中车在北京召开内涵式发展与产业链建设工作会，股份公司副总裁孙永才作题为《融合共享促进发展，协同共建优势产业链，全面提升中车整体核心竞争力》的讲话；中国中车纪委书记陈大洋作题为《讲纪律顾大局以实际行动维护中车整体利益》的讲话。

本月 国家知识产权局下属中国专利技术开发公司发布“中国企业专利奖排行榜”，中国中车以38件获奖专利位居排行榜第二位。

本月 第一届“中国中车十大杰出青年”评选揭晓，中国中车集团公司党政工团联合决定，授予王令军等10人第一届“中国中车十大杰出青年”荣誉称号，授予朱英波等13人第一届中国中车青年五四奖章。

本月 全球首套盾构机永磁同步电机在株洲电机公司研制成功顺利交付客户，并实现装载试运行。

本月 中国中车党委印发《中国中车党群制度汇编》。

9 月

3日 印度尼西亚总统佐科在参加二十国集团（G20）领导人第十一次峰会期间，专程乘坐唐山公司研制的CRH380BL型高速动车组，体验中国高铁列车，称赞列车速度很快、很平稳。

6日 中国中车召开主数据标准贯标工作培训会议，对“十三五”期间全中车范围内主数据贯标工作进行统一安排部署。

同日 美银美林亚太区总裁、全球执行委员会委员马修·科德率队到中国中车总部访问。

7日 中国中车党委启动2016年第三轮专项巡视工作。

10日 中国首列可以在空中运行的空铁轨道列车在浦镇公司正式下线。

11日 国务院国资委主任肖亚庆在吉林省省长蒋超良等陪同下到长客股份公司调研。

12日 乌鲁木齐中车产业园揭牌暨首期项目奠基仪式在乌鲁木齐市经济开发区举行，结束了新疆没有轨道交通装备产业的历史。

13日 中国中车党委为6万多名在岗党员编印发放《党员手册》，提供6方面28万字的党员教育学习资料。

19日 中国中车党委召开境外党建工作座谈会，研究讨论《关于加强中国中车境外单位党建工作的实施意见》。

20日 在德国柏林轨道交通展上，中国中车携一体化交通解决方案参展。

同日 以“交流合作，合作共赢”为主题的中车柏林轨道交通技术高峰论坛在德国柏林举行，中国中车董事长崔殿国发表致辞，股份公司副总裁余卫平发表主题演讲。

同日 中国中车与法国泰雷兹集团签署合作谅解备忘录。

同日 世界著名咨询公司德国SCI Verkehr公司发布2015年度世界轨道交通装备排名，中国中车位居全球轨道交通装备行业第一位，销售收入大于第二名至第四名的总和。

21日 中共中央政治局委员、全国人大常委会副委员长、中华全国总工会主席李建国在河北省委书记赵克志、省长张庆伟等陪同下，到石家庄公司调研工会工作。

同日 在国务院国资委举办的中央企业“三供一业”分离移交培训班上，中国中车集团公司作了题为《坚定信心树立目标，加快推进中车集团公司“三供一业”分离移交工作》的经验发言。

21～22日 中国中车集团公司总经理刘化龙在成都分别拜会四川省委书记王东明、成都市委书记唐良智，就轨道交通产业发展进行了合作交流。

23日 中国中车在北京召开2016年保密和信息安全培训会议。

27日 中华全国总工会副主席、书记处书记阎京华一行到中国中车总部进行推进产业工人队伍建设工作调研。

26～27日 中国中车在中车大学北京校区举办纪委副书记、监察部长培训班。

28日 中车大学在二七车辆公司举行北京校区揭牌仪式。

29日 中国中车党委印发《中国中车集团公司党建思想政治工作暨企业文化研究会章程》。

本月 科技部、国务院国资委正式批复中国中车和青岛市共同建设国家高速列车技术创新中心，这是国家科技部、国务院国资委共同推动建设的第一个国家技术创新中心，标志着首个国家技术创新中心的建设在高铁领域正式启动。

本月 中国中车总部组织所属12家单位联合组建中车国际化人才全球引智团队，首次赴海外开展为期7天的国际化人才招聘，现场签约博士、硕士研究生17人，意向签约近70人。

10 月

5日 由中国企业在海外首次采用全套中国标准和装备建造的从埃塞俄比亚首都亚的斯亚贝巴到吉布提港的亚吉铁路正式开通，中国中车研制的客运电力机车开始服务于首条非洲中国标准铁路。

8日 大连公司研制的首批12台香港铁路内燃机车运抵香港，通过验收后交付港方运用。

同日 中国中车举行党委中心组（扩大范围）学习会，学习研究《中长期铁路网规划》。

11日 《财富》杂志发布2016年“最受赞赏的中国公司”，50家中国公司入选，中国中车位居其中，并在制造业和央企两大系列中位居前列。

同日 在天津召开的“2016新媒体团泊峰会暨新媒奖”颁奖盛典上，“中国中车”微信公众号获“2016最具影响力央企新媒奖”。

12日 在中央企业与北京市创新发展合作推进会上，中国中车股份有限公司总裁奚国华介绍了中国中车与北京市的创新发展合作，以及在北京打造的高新装备制造、技术研发、互联网+、产业互联网创新金融四大创新合作发展平台。

12日 中国中车党委中心组举行集中学习，传达并学习全国国有企业党的建设工作会议精神和习近平总书记发表的重要讲话，要求中国中车各单位要深入学习领会、全面贯彻落实，切实把思想和行动统一到讲话精神上来。

14日 中共中央政治局委员、国家副主席李源潮在河北省委书记赵克志等陪同下，到唐山公司视察。

12～14日 四方股份公司、中车工业研究院与美国斯坦福大学联合主办首届轨道交通结构健康监测国际研讨会，13个国家地区的200余名院士、教授、知名学者以及行业专家齐聚中国中车，共同探讨结构健康监测在轨道交通领域的应用。

17日 国务委员王勇参观由国资委组织的中央企业“双创”展台，中国中车集团公司总经理刘化龙汇报了中车近几年围绕科技创新和商业模式创新所开展的卓有成效的工作。

19日 中央纪委驻国资委纪检组召开中央企业构建“不能腐”体制机制工作推进座谈会，中国中车在会上作了重点发言。

20日 国家知识产权局公布第十八届中国专利奖获奖名单，中国中车获发明专利金奖2项、发表专利优秀奖3项和外观设计优秀奖1项。

同日 在马来西亚ERL公司主办的吉隆坡机场线车辆揭幕仪式上，由长客股份公司研制的铰接动车组正式启运，这是中国首次对外输出铰接式动车组。

21日 包括时速600公里高速磁浮、时速400公里跨国联运高速列车、轨道交通系统安全保障技术等项目在内的国家重点研发计划先进轨道交通重点专项首批3个项目在北京举行启动会，这是中国首个由企业牵头组织实施的国家重点专项，标志着中国科技管理体制改革专项试点拉开序幕。

22～23日 以“和谐中车，为中国梦提速”为主题的中国中车首届员工运动会在湖南株洲举行，来自中车集团所属40家企业（38支代表队）的600余名员工运动员参赛。

25 日　中国中车党委常委会召开以“增强‘四个意识’，严守政治纪律政治规矩”为主题的“两学一做”专题民主生活会。

26～27 日　中国中车国际化人才“631 工程”2016 年高级项目历时 8 个月，经过国内国外两个阶段的学习培训，全面完成预定学习任务，中国中车分别在西交利物浦大学、宁波诺丁汉大学举行项目结业呈现和结业典礼活动。

27 日　中国中车在北京召开经营工作座谈会，中国中车集团公司总经理刘化龙作了题为《创新变革，攻坚克难，凝聚起推动改革发展的强大气场》的讲话。

31 日　中国中车集团公司召开党委常委会，集中学习贯彻中共十八届六中全会精神。

11　月

1 日　中车株洲投资控股有限公司在株洲田心揭牌成立。

3 日　由四方股份公司和英国帝国理工学院合作共建的中英轨道交通技术联合研发中心在四方股份公司揭牌成立。

2～3 日　中国中车集团公司团委在唐山公司举办主题为“打造世界一流企业，争做最美中国青年”的首届中国中车青年风采大赛暨十大杰出青年颁奖仪式。

4 日　中国中车党委举行中心组集体学习，全文学习《习近平就〈关于新形势下党内政治生活的若干准则〉和〈中国共产党党内监督条例〉起草的有关情况向全会作说明》，以及《准则》和《条例》全文，传达国资委学习十八届六中全会精神会议有关要求。

7 日　国务院国资委公布十大中央企业品牌建设优秀企业，中国中车获 2013～2015 年任期中央企业品牌建设优秀企业奖。

8 日　在圣保罗举行的拉美地区最大轨道交通展巴西轨道交通展开幕式上，中国中车党委副书记万军发表主题演讲。

同日　中国中车集团公司以社会投资人身份成功中标陕西省韩城市悬挂式单轨 PPP 项目，此次中标为中车集团进军建设工程领域 PPP 项目拉开了序幕。

同日　在人民日报社主办的中国品牌论坛上，中国中车荣获“中国品牌创新奖”，中国中车集团公司总经理刘化龙出席论坛并发表主旨演讲。

10 日　中国中车股份有限公司总裁奚国华会见河南省洛阳市委书记李亚，双方就加快洛阳公司产业升级、深化城市轨道交通项目合作等进行了深入交流。

同日　齐齐哈尔公司研制的铁路驮背运输车通过中国铁路总公司组织的样车试用评审，标志着中国公铁联运铁路驮背运输装备实现新突破。

11 日　中国中车与中南大学在湖南长沙签订战略合作框架协议。

同日　广西玉林市市长苏海棠一行到中国中车总部访问。

14 日　中国中车首届企协年会暨《管理与实践》杂志笔会在洛阳召开，会议审议通过了《中国中车企业协会章程》、中车企协常务委员会组成人员名单和《管理与实践》改版方案等议案。

14 日、15 日　新华社、中新社、《人民日报》、《经济日报》、中央人民广播电台等中央新闻媒体先后发表有关中国中车改革的报道。

16 日　中国中车股份有限公司与同济大学在上海签署合作协议，双方创新校企全面深度合作机制，共建“同济中车创新研究中心”。

18 日　全国人大常委会副委员长、民革中央主席万鄂湘到株机公司视察。

同日 由中国中车股份有限公司、中车工业研究院主办的第二届中国中车智能制造业务创新论坛在南京召开。

16～18日 四方股份公司、国际工业设计联合会和中国工业设计协会联合主办了2016轨道车辆工业设计国际研讨会，这是全球轨道交通工业设计领域的首个国际性研讨会，27个国家地区的400余名专家学者参加了研讨。

20日 中国企业创新论坛2016年年会在北京人民大会堂举行，中国中车集团公司总经理刘化龙应邀出席会议，并发表题为《以管理创新助推中车快速发展》的演讲。

25日 中国中车发布公告，长客股份公司与澳大利亚2家公司组成的联合体获得澳大利亚维多利亚州政府65列高运量地铁车辆项目（HCMT）订单，合同总金额20亿澳元（约合101亿元人民币），其中长客股份公司占45%，这是中国中车地铁等城轨车辆首次进入大洋洲。

28日 中国中车集团公司在北京召开干部大会，宣布关于中国中车集团公司领导班子调整的决定，刘化龙任中国中车集团公司董事长、党委书记，提名为中国中车股份有限公司董事长、党委书记人选，奚国华任中国中车集团公司副董事长、党委副书记，提名为中国中车集团公司总经理和中国中车股份有限公司副董事长、党委副书记人选；崔殿国、郑昌泓到龄退休。

30日 国务院国资委副主任徐福顺一行到中国中车总部督查调研年度工作完成情况。

同日 四方有限公司与孟加拉国铁道部在孟加拉国首都达卡签订吉大港帕哈特利工厂改造项目合同。

同日 中国中车印发《中国中车“十三五”企业文化建设规划》和《中国中车“十三五”品牌建设规划》。

本月 由株洲所时代电气自主研制的4000A/4500V IGCT及配套FRD器件，装载在国产20MVA三电平IGCT超大功率交直交轧机主传动系统中，顺利通过客户现场试验考核，标志着株洲所的IGCT器件研发及生产达到国际水平。

本月 唐山公司研制的时速250公里CRH3A型动车组（CJ-1城际动车组）获得国家铁路局颁发的制造许可证，具备了批量生产和正式上线载客运营的条件。

12 月

6日 中国中车股份有限公司选举产生新一届公司领导。

同日 美银美林集团（亚太区）企业及投资银行联席总裁伊立芙、美银美林（中国区）主席兼行政总裁任克英等到中国中车总部访问。

8日 在人力资源和社会保障部于北京召开的第十三届高技能人才表彰大会上，长客股份公司维修电工罗昭强获中华技能大奖。

同日 中国首列商品化新能源空铁在资阳公司竣工下线。

9日 中国中车首个欧洲维保基地——中车中电轨道装备有限公司在白俄罗斯首都明斯克正式揭牌成立。

11日 第四届中国工业大奖表彰大会在北京人民大会堂举行，戚墅堰所承担的“高铁列车高可靠性齿轮传动系统研发及产业化”项目以第一位的排名获中国工业大奖（项目）。

12日 在2016年中国品牌价值评价信息发布会上，中国中车以1093.71亿元的品牌价值和957的品牌强度，位居机械类第一名。

11～12日 中国中车董事长、党委书记刘化龙应邀出席在北京由中央电视台主办的“2016 央视财经论坛暨中国上市公司峰会”，在“大国重器智造未来”论坛上发表题为《创新驱动，智能转型，打造智能化中车生态圈》的主题演讲。

16 日　戚墅堰公司出口肯尼亚项目首批 12 台内燃机车交付。

同日　唐山公司研制的首列北京 S1 线“玲龙号”中低速磁浮列车完成调试，通过公路运往北京 S1 线石门营车辆段。

19 日　香港地铁南港岛线举行开通庆典，长客股份公司自行研制的中国第一个 GOA4 等级全自动无人驾驶地铁车辆正式运营。

同日　株机公司在布拉格与捷克私营铁路运营商里奥快铁公司签订 3 列动车组采购合同，这是中国动车组继马其顿项目后，进一步获得欧盟市场的认可。

21 日　中国中车股份有限公司联合中铁二局工程有限公司、中新苏州工业园区市政公用工程建设有限公司成功中标昆明轨道交通 9 号线 PPP 项目，工程总投资约 269 亿元。

22 日　交通运输部副部长、国家铁路局局长杨宇栋到中国中车，就中国中车改革经营发展情况进行调研。

27 日　中国中车科协第一次代表大会在株洲召开，会议通过了《中国中车集团公司科学技术协会章程》。

28 日　中国中车党委印发《中国中车集团公司党委贯彻落实全国国有企业党的建设工作会议精神重点任务》和《关于中国中车所属一级子公司党委工作机构设置、党务工作人员配备、待遇和党建工作经费保障的实施意见》。

29 日　中国中车启动 2017 年元旦春节期间送温暖活动，中国中车党委书记、董事长刘化龙赴北京动车段，走访慰问中国中车驻地售后服务团队。

31 日　中央电视台新闻大型直播节目《苟日新 日日新》介绍中国中车科技研发团队关于中国中车标准动车组的研发，党建工作如何助力中国中车定义高铁中国标准。

下旬　由中国中车研制的中国标准动车组正式完成 60 万公里运营考核，各项指标均达到设计要求。

本月　在中国科协举办的首届全国企业创新方法大赛中，经过 3 个月的激烈角逐，长客股份公司工程技术部青年工艺师高畅带领的团队获全国企业创新方法大赛一等奖。

本月　《中国中车年鉴》（2016）获中国版协全国年鉴质量评比一等奖，获此荣誉的央企年鉴仅有 2 部。

（总裁办　供稿）

概 况

责任编辑　程伯瑶

行政工作

党群工作

行 政 工 作

【概述】 2016年，是中国中车完整运营的第一年。面对经济下行压力持续加大、市场需求结构性矛盾更加突出的严峻形势，中国中车围绕“融合”“变革”“升级”三大主题，主动作为，真抓实干，有效应对各种困难挑战，各项工作取得积极进展，开创了深化改革、创新发展的新局面。围绕用户需求，全力开拓市场，积极推进业务主导型运营模式，促进精益管理体系有效运转，加快变革升级步伐，持续增强市场协同与融合效应。坚持“创新驱动发展”战略，全面启动国家高速列车技术创新中心建设，持续提升高端制造整体水平；围绕“中国制造2025”“互联网+”和“走出去”等国家战略，强化创新步伐，完善产学研用协同创新平台，深入开展轨道交通系统安全保障技术、时速400公里及以上高速客运装备关键技术、磁浮交通系统关键技术等重大技术研究；坚持品质发展，开发世界先进水平的高端装备，陆续推出中国标准动车组、无人驾驶地铁车辆、悬挂式轨道列车、新能源空铁列车、驮背运输车、货运动车组等新产品，为客户提供更加优质、安全、可靠、环保的产品，成为科技创新的排头兵。积极融入“一带一路”建设，以国际产能合作为契机，深度拓展国际市场，成功中标美国芝加哥地铁车辆订单，并相继获得肯尼亚、泰国、印度、巴基斯坦等国家订单；深入推进从传统的产品出口单一模式到“产品+ 服务”、本地化投资与合资、产品全寿命周期服务等复合商业模式，从“走出去”到“走进去”的国际化经营模式的转变，加快形成以技术、品牌、质量、服务、资本为核心竞争力的国际化经营新优势，着力打造永不褪色的品牌和金灿灿的中国名片。年内，中国中车入列世界著名品牌评价机构Brand Finance“世界品牌五百强排行榜”第179位，比上年的275位上升96位，居全球轨道交通装备行业前列。入列《财富》（中文版）中国企业500强排行榜第22位，较上年第44位上升22名。被财富杂志评为“最受赞赏的中国公司”，并在制造业和央企两大序列中位居前列。连续获得国务院国资委授予的“中央企业十大品牌建设优秀企业”，以及人民日报社主办的中国品牌论坛所颁发的“中国品牌创新奖”。在“2016年中国品牌价值评价信息发布会”上，以1093.71亿元的品牌价值和957的品牌强度，位居机械类第一名。

【经营业绩】 中国中车深入贯彻落实国务院国资委关于坚决打好提质增效攻坚战的决策部署，所属企业、各业务板块、各职能系统全面落实“1+9”提质增效方案，层层分解经营指标，着力推动降低采购成本、压降“两金”占用、控制期间费用、降低重复开发费用等各项配套措施，提升经营效益。加强运营监控，强化月度运营分析和季度指标调度，确保经营稳定。推进业务主导型运营模式，聚焦用户需求，全力开拓市场，年内新签市场订单2626亿元，全年，中车集团实现营业收入2331亿元，实现利润总额164亿元，其中，中车股份实现营业收入2297亿元，实现归属于母公司所有者的净利润112.96亿元。与上年同期相比，经营业绩总体保持稳定。

根据各企业经营指标完成情况，按照《中国中车所属企业负责人表彰奖励暂行办法》，四方股份公司、长客股份公司、唐山公司、株洲所、株机公司、四方有限公司、四方所、永济电机公司和株洲电机公司9家企业获“突出贡献奖”；长客股份公司、株机公司、四方股份公司、四方所、大连公司、兰州公司和置业公司7家企业，以及国际市场协同开拓和城轨基础设施业务2个项目团队获“特别贡献奖”；戚墅堰所、南方汇通公司、大连电牵公司、山东公司、石家庄公司、广州公司、天津公司、西安公司、物流公司和成都公司10家企业获“突出进步奖”。

【市场拓展】 发挥同一个中车营销战略的引领作用，增强所属企业之间的区域协同、市场协同、业务协同，不断提升产业积聚效应。以青岛地区、株洲地区、大连地区企业为代表，互相支持，优势互补，市场和业务联系更加密切，中车品牌区域影响力不断提升。市场协同成为共识，融合效应不断显现，相继成功中标韩城、芜湖、昆明、武夷山轨道交通PPP项目，工程总包业务多点开花。中车置业“去化”工作取得积极进展，腾退土地开发成效显著，城市基础设施业务成为第二个支柱产业。中车产投作为集团公司国有资本投资的试验田，在深化改革上做了初步探索。完成资阳电气公司部分股权协议转让工作，进一步增强集团公司和股份公司的协同效应。加强海外协同，长客股份公司和株洲所协同行动，实现主机厂和核心系统配套企业联合“出海”。不断深化内涵式发展，加快推进产业链的纵向联合，持续扩大内部配套规模，逐步释放企业经营的内生动力。

【结构调整】 中国中车内部业务重组整合陆续展开，成都公司加快转型升级步伐，成功实现扭亏脱困；天津装备公司专项处置工作方案稳步实施，完成“僵尸企业”专项处置目标任务；兰州公司推进业务重组转型升级；“僵尸企业”处置和特困企业专项治理工作初见成效，压缩管理层级、减少法人户数取得阶段性成果。积极稳妥推进困难企业员工分流安置工作，全年分流安置员工2442人。服务事业部战略业务单元试点推进，开始模拟“经营中心、利润中心”管理与考核。不断完善金融服务平台和融资租赁平台。顺利完成财务公司、物流公司、租赁公司、香港公司、香港资本公司等类金融业务调整。金控公司运行平稳，共享服务管理模式探索实施，产融结合格局基本形成。稳妥推进资本运作，综合运用资本手段，创造投资价值，助力产业发展。适度配置金融性资产，成功入股中华联合保险。完成中国中车A股定向增发，成功融资120亿元。收购中新苏州工业园区市政公用工程建设有限公司100%股权，拓宽城市基础设施业务领域。贯彻深化国有企业改革总体部署，加强顶层设计，制定《中车集团深化改革指导意见》“1+19”政策文件框架体系。印发实施6个专项改革方案，重组整合货车业务，初步形成科技体制改革总体框架方案。加强集团资产管理工作，推进企业办社会职能改革，完成12项“三供一业”分离移交和8户厂办大集体改革工作，获得中央财政补助资金4.16亿元。

【技术创新】 中国中车统筹推进技术创新三大工程。实施体系创新工程，坚持自主创新、开放创新和协同创新相结合，构建完善灵活高效的技术创新体系，面向“十三五”布局的首个国家技术创新中心—国家高速列车技术创新中心获批建设并全面启动，将发挥央企科技改革试点的示范作用；中美轨道交通联合研发中心和中国中车—密歇根大学先进制造研究中心成立，海外研发机构达到12家；完善产学研用协同创新平台，组建同济—中车创新研究中心，191校企联盟模式（中车+同济大学等9所高校联盟+观察员湖南大学）开始运行；组建“中国中车传感测量技术研发中心”等8家专项技术研发中心。实施研发创新工程，承担国家重点研发计划—先进轨道交通重点专项（中国首个由企业代表国家牵头组织的项目），凸显中国中车在国家及行业科技创新中的引领和支撑作用；重点产品研发持续加快，时速350公里中国标准动车组完成运营考核并获得国家型号许可，国内首条中低速磁悬浮快线正式投入运营，北京磁悬浮列车成功交付，首列悬挂式轨道列车、首列新能源空铁列车成功下线，时速350公里卧铺动车组、时速250公里标准动车组、160公里快捷客货运机车、27吨及以上大轴重重载货运机车、驮背运输车、货运动车组、时速160～200公里系列快捷货车等产品研发进展顺利。实施能力创新工程，统筹研究技术资源利用问题，绘制“中车试验验证能力地图”，进一步优化试验验证资源配置。知识产权工作不断加强，在第18届中国专利奖评选中，获得发明专利金奖2项，占全国的10%，居于装备制造业第一位。中国中车入列“2016全球企业研发投入排行榜”，排名第96位。所属相关企业承担的京沪高铁项目获得“国家科技进步特等奖”，株洲所列车牵引控制关键技术及应用项目获得“国家技术发明二等奖”，戚墅堰所高铁列车齿轮传动系统项目获得第四届中国工业大奖。“中国标准动车组”、“云链金融”等创新成果受到党和国家领导人的高度赞扬。中国中车成为央企科技创新的排头兵。

【管理提升】　承接国家战略，聚合各方智慧，制定实施中国中车“十三五”发展战略，相继完成各业务板块、各职能系统、各企业“十三五”规划，形成分工协作、有效衔接的战略规划体系。加强战略合作，与部分省市地方政府、中央企业、高等院校以及国际机构签署战略合作协议43项，不断拓展合作领域。深入实施“61162”人才工程，增强人才牵引作用，形成由2名院士、7名中车科学家、61名首席技术专家、9名首席管理专家、19名首席技能专家构成的领军团队。中车大学揭牌运行，有效发挥人才赋能平台作用。推进员工余缺调剂工作，缓解优势企业用工压力，为困难企业培养和留住高技能人才，年内合计调剂员工1600多人次。推进精益管理体系建设，评价标准体系开始运行，3家企业达到精益管理二级，3家企业达到精益管理三级；6家企业达到精益生产一级，8家企业达到精益生产二级。初步搭建具有中车特色质量管理体系框架，有效促进产品质量提升。积极落实节能减排工作，能耗强度和污染物排放总量持续续下降。全面开展国家两化融合管理体系达标活动，稳步推进“数字化中车”建设，7个项目纳入国家智能制造试点，获得工信部补贴资金3亿元，部分企业开始智能制造实践。持续完善“中车购”电子商务平台，2000多家供应商入驻平台开展业务，具备行业电商平台雏形。探索推进“互联网+高端装备+制造服务”模式，卫星通讯+互联网系统在标准动车组中投入使用。

【国际化经营】　中国中车产品进入发达国家成为常态，先后成功中标美国芝加哥、洛杉矶、波士顿地铁车辆订单；重构澳洲市场格局，获得澳大利亚墨尔本65列大容量地铁百亿订单。拓展“制造+服务”的全寿命周期服务模式，成功签约南非维保项目，合同金20.5亿美元。继续巩固传统市场地位，相继获得肯尼亚、泰国、印度、巴基斯坦等国家订单。全年，累计实现海外市场签约额80.92亿美元，同比增长40%，超额完成年初制定的目标；国际业务实现营业收入189.25亿元。

海外业务总体布局基本形成，设立北美公司、拉美公司，前期工作初见成效。在印度设立的首家工厂建成投产，美国春田基地挂梁平顶，芝加哥基地开始筹划。博戈公司、SMD公司并购整合成效显著，并成功并购意大利Blue公司，遍布全球的轨道交通装备全产业链服务体系正在形成。

【社会责任履行】　2016年，中国中车积极应对困难挑战，坚持做强做优做大，认真履行企业社会责任，深入参与脱贫攻坚战，勇做行业的领导者，深化国企改革的实践者，振兴实体经济的排头兵，努力实现企业经营与履行社会责任的高度统一，锻造责任竞争力，实现了经济、社会、环境的全面、协调、可持续发展。

根据国资委《关于中央企业履行社会责任的指导意见》、国际标准化组织《社会责任指南(ISO 26000)》、香港联合交易所《环境、社会及管治报告指引》、上海证券交易所《上市公司环境信息披露指引》《〈公司履行社会责任的报告〉编制指引》等要求，中国中车积极搭建企业社会责任管理体系，推动企业社会责任的履行，深化责任理念落地，让企业在创造利润、对股东负有责任的同时，积极承担起对其他利益相关方的责任，从而实现企业与利益相关方在经济、社会、环境方面的共同可持续发展。公司下发《中国中车股份有限公司捐赠管理办法》等管理文件，编制完成公司《社会责任指标管理手册》（初稿），并依据香港联合交易所的最新要求，开展社会责任环境指标对标研究。同时，根据全球报告倡议组织(GRI)《可持续发展报告指南(4.0)》等指南要求，编制《中国中车股份有限公司2015年社会责任报告》（以下简称报告），并按照上海证券交易所要求公开发布。报告主要从产品责任、环境责任、员工责任、社区责任等四个方面，全面系统披露公司的履行社会责任的特色实践及绩效，重点强调了公司科技发展、对国际社会做出的突出贡献，对各利益相关方的关注做出积极回应。报告同时被美国ARC机构评为“轨道非英语类报告银奖”、“轨道类封面设计银奖”等两个奖项。

加大扶贫工作力度，贯彻落实国务院扶贫办等九部委《关于进一步完善定点扶贫工作的通知》精神，全力落实帮扶资金和年度帮扶措施。2016年直接投入资金共806万元，按计划完成了对甘肃省天水市麦积区、甘谷县和广西壮族自治区百色市靖西市、那坡县4个贫困县的定点帮扶任务。积极筹集扶贫资金。下属企业根据《中国中车集团公司扶贫资金收缴办法》，在规定时间内完成了上缴任务。及时向甘肃省天水市麦积区、甘谷县各投入资金180万元；向广西壮族自治区百色市靖西市投入资金200万元、那坡县投入资金240万元（其中50万元用于开展“救急难”行动），共计帮扶资金800万元，为完成年度扶贫任务打下了基础。积极开展帮扶调研和交流互动。扶贫开发工作领导小组先后7次共23人到定点扶贫地区与相关地方领导和部门进行对接沟通、交流，实地查看扶贫项目，结合精准扶贫要求，并就今后的扶贫工作事宜达成一致意见；甘肃省和广西壮族自治区相关省、市、区、县领导4次共30多人到集团总部座谈扶贫工作。制定精准扶贫、精确脱贫年度工作计划，做到年初按贫困户、贫困人口登记编号；年底按实际脱贫情况如实“销号”，建立健全定期向集团公司扶贫开发工作领导小组专题汇报工作制度。积极开展春节“送温暖”活动。春节前夕，对天水市两区县进行了慰问。充分发挥“中车购”平台优势，建立长效脱贫机制。通过“中车购+特产”模式，让贫困地区的优质农产品进入中国中车近20万的消费群中，以实际行动帮助贫困地区农民脱贫致富。

（总裁办　供稿）

党群工作

【概述】 2016年，中国中车党委深入学习贯彻中共十八大和十八届三中、四中、五中、六中全会精神，学习贯彻习近平总书记系列重要讲话精神和全国国有企业党的建设工作会议精神，进一步增强全面从严治党意识，落实管党治党责任，不断提高党建工作制度化、规范化、科学化水平。牢固树立"抓党建就是抓发展，抓发展必须抓党建"的思想，坚持党建工作与行政工作"四同步、四对接"，实现党建工作和生产经营同步布置、同心发力。深入开展"两学一做"学习教育，持续推进"新中车·中车心"主题宣传教育活动，不断增强各级党组织的创造力、凝聚力、战斗力。大力宣传"产业报国，勇于创新，为中国梦提速"的中国高铁工人精神，成为新时期国企精神的代表。大力弘扬劳模精神，培养和造就"大国工匠"，提升员工队伍素质，改善生产生活条件。成功举办中国中车首届员工运动会。中车党建工作形成了特色品牌，促进中车融合发展、快速发展、和谐发展。

【全国国企党建会精神贯彻落实】 召开党委常委会、党委中心组学习会、各一级子公司党委副书记会议等，专题传达学习中共十八届六中全会精神和全国国有企业党的建设工作会议精神。研究制定《中国中车集团公司党委贯彻落实全国国有企业党的建设工作会议精神重点任务》，明确35项重点任务，并细化责任部门和完成时限。着力推进解决"三个重点问题"，修订集团公司章程，在"总则"部分明确党组织机构设置、人员编制、经费保障等内容，并列出"党委"专章，对党组织设立、职责权限等作出明确规定；研究制定《关于中国中车所属一级子公司党委工作机构设置、党务工作人员配备、待遇和党建工作经费保障的实施意见》，对配齐配强各一级子公司党务工作力量，夯实党建工作基础，提出具体要求；推进子公司党委书记、董事长"一肩挑"，先后分2次调整15家一级子公司党政主要领导，设立党委、实行法人治理结构的50家所属子公司中，年内有33家做到党委书记、董事长"一肩挑"。

【"两学一做"学习教育】 深入开展"两学一做"学习教育，全面加强思想政治建设和作风建设。制定实施党建工作联系点制度和"两学一做"督导制度，领导班子成员及总师级领导分别联系两家企业，督促指导联系企业的党建工作和"两学一做"学习教育。坚持党委中心组学习、"三会一课"、专题讲座等基本形式，加强党员干部学习教育，全系统累计组织专题党课3600场次。创新学习教育形式，各级党组织坚持"线上学"与"线下学"相结合，利用中车党建网、微信、微博等平台，推进党内教育全覆盖、常态化。编写28万字《党员手册》（口袋书），收录中国共产党党建理论和基本知识、国际共产主义运动简史、中共党史提要、文献引读、党内法规选编、中车党建工作文件选编等六方面内容，发放到在岗6万多名党员。党委常委会召开主题为"增强'四个意识'，严守政治纪律政治规矩"专题民主生活会，领导班子成员带头查摆问题，深入开展批评和自我批评，营造良好党内政治文化氛围，确定了四个方面33条整改措施。各级党组织广泛开展戴党徽、亮身份、树形象活动，教育引导党员立足岗位争当先进，自觉践行"四讲四有"合格党员要求。

【党建管理体系建设】 坚持垂直管理为主

导，不断健全党的建设“三级”管理体系，集团公司、子公司、生产车间三个层级上下联动，持续深化党建工作。按照“四同步、四对接”要求，总部层面强化顶层设计，科学谋划党建工作，把党的建设作为“十三五”发展战略“八大任务”之一，加以推进实施。总部层面利用中国延安干部学院、中组部全国组干学院等培训资源，举办所属企业党委书记、副书记、党支部书记、党务干部培训班，共369人参加培训。启动实施中车党建网络平台项目建设并实现上线运行，同时研究制定配套管理制度，开展平台信息维护培训，确保网站平台良好运行。

【制度建设】 中国中车自2015年6月成立后，按照中央要求，不断加强党的建设，坚持全面从严治党，建立健全党群工作各项管理规章制度，以完善制度体系建设为基础，不断推进党群各项工作的制度化、规范化、科学化。2016年8月，中国中车党委印发《中国中车党群制度汇编》(简称《制度汇编》)，收录了中国中车组建后制定和颁布的70余项党群制度文件，内容分为党委工作制度、组织工作制度、宣传和思想工作制度、干部人才队伍工作制度、党风廉政建设制度、党委巡视工作制度、工会工作制度、共青团工作制度共八个部分。《制度汇编》是中国中车及所属子公司各级党组织和群团组织开展工作的标准范本，是党群部门和党务工作者加强工作执行的指导教材。9～12月，中国中车党委又制定发布了《关于加强中国中车境外单位党建工作的实施意见》《中国中车集团公司党建思想政治工作暨企业文化研究会章程》《关于中国中车所属一级子公司党委工作机构设置、党务工作人员配备、待遇和党建工作经费标准的实施意见》等规章制度，进一步完善中国中车党建工作的制度体系。

【重大决策参与】 制定《中国中车集团公司党委工作规定》，明确党组织参与重大问题决策的内容和程序，进一步理顺重大问题议事决策机制。全国国企党建会后，进一步细化党委常委会议事决策范围清单，明确党委直接决策和参与决策的7个方面35项议事内容，厘清党委和其他治理主体的权责边界，建立起重大经营管理事项先由党委常委会研究讨论、再提交董事会决策的议事决策机制。年内，中车集团召开党委常委会17次，集体研究讨论议题119项；中车股份召开党委常委会16次，集体研究讨论议题124项。党委常委会主要研究了中车年度经营计划、“十三五”规划、绩效考评、安全生产、党建工作、党风廉政建设、干部任免、效能监察、巡视监督等方面的重要事项。

【四项排查】 开展党员组织关系集中排查，共排查清理失联党员685名，其中取得联系603人，纳入组织管理530人；排查“口袋”党员1326名，其中1118人重新开具介绍信并纳入党组织管理。开展党费收缴工作专项检查，制定《中国中车集团公司党费收缴、使用和管理办法》，全面完成2008年4月以来交纳党费情况的核查、补缴工作。开展基层党组织按期换届情况专项检查，所属一级子公司党委有20家进行了换届选举，6家企业由于机构调整、企业改制、领导班子调整等问题延期换届。开展党代表和党员违纪违法未给予相应处理情况的排查清理，清理前已给予党纪处分26人，排查清理过程中按规定给予党纪处分或组织处理17人。

【领导班子和人才队伍建设】 以创建“四好”领导班子为龙头，不断加强领导干部和人才队伍建设。推进职位、能力、信息化管理系统“三大项目”建设，基本形成“职位+能力”的战略人才管理体系。制定实施“十三五”人才战略规划，深入推进“4431”战略举措。推行任期制和竞聘制，完成18家子公司领导班子任期综合考核评价和11家子公司副职全体竞争上岗，初步形成优者上、庸者下、劣者汰的机制。推进中高级经营管理人才继任计划与职业生涯管理，建立起基础领导力、发展领导力、优秀领导力、卓越领导力分级培训培养机制，全年实施系列领导力、国际化人才、核心人才培训重点项目47期，培训2115人次。推进“核心技术人才、核心管理人才、领军技能人才”三支队伍建设，组织开展公司首届核心技术、核心管理人才选拔评审工作，产生公司级核心技术人才1798人、核心管理人才406人，聘任首席技能专家19人、资深技能专家82人、技能专家637人。年内，27人获得“国务院政府津贴”，1人获得中华技能大奖称号，3人获得全国技术能手称号。

【党组织和党员队伍建设】　修订完善中车集团党代会换届选举工作程序规定、党支部工作细则、民主生活会实施细则和民主评议党员制度，建立健全基层党组织设置管理办法。健全完善党组织体系，调整设立12家非制造业企业党委，成立资本公司党支部，组织关系挂靠物流公司党委；撤销南方总部党工委、南车集团投资管理公司党委，党员组织关系转入中车集团总部机关党委。根据《关于加强中央企业境外单位党建工作的指导意见》，组织召开境外党建工作座谈会，研究制定《关于加强中车境外单位党建工作的实施意见》，相继成立中车香港、南美、北美公司党工委，并指导株机公司成立南非基地党工委。指导企业编制本年度党员发展计划，按照“控制总量、优化结构、提高质量、发挥作用”总要求，下发本年度发展率控制指标，全年发展党员1265人。各级党组织围绕生产经营开展创先争优和晋位升级活动，探索形成一系列党建典型经验和品牌活动。

【宣传思想文化建设】　坚持正确的政治方向和宣传导向，加强宣传思想和形势任务教育。深化“新中车·中车心”主题教育活动，不断增强全体员工“同一个中车”意识。提炼出以“产业报国，勇于创新，为中国梦提速”为核心内容的中国高铁工人精神，作为新时期国企精神的代表广泛传播。制定实施“十三五”企业文化规划和品牌建设规划，不断完善企业文化体系。充分发挥展会平台效应，推广智慧列车解决方案，提升中国中车品牌效应。加强中车网站、报纸、微博、微信等宣传阵地建设，与中央主流媒体保持密切联系，强化对外宣传工作，“中国中车”微信公众号关注用户达6.6万，微信公众号获“2016最具影响力央企新媒奖”。

【党风廉政建设】　积极落实“两个责任”，深入推进党风廉政建设。加强廉洁教育，集中开展“守纪律、讲规矩、明底线、知敬畏”党规党纪学习教育活动，不断增强党员干部廉洁从业意识。围绕降低采购成本、减亏控亏、“两金”压降、“压减”工作，深入开展效能监察和专项监察。不断深化巡视监督，完成三轮14户企业专项巡视和12户企业巡视回访。坚决纠正“四风”，制定实施《中国中车集团公司党委关于深入贯彻落实中央八项规定精神的具体措施》，营造企业改革发展良好环境。综合运用监督执纪“四种形态”，严肃执纪问责，全年立案39件，党纪政纪处分、组织处理204人次；启动问责程序5起，党纪政纪处分、组织处理26人。

【中国中车首届职代会】　2016年1月13日，中国中车一届一次职工代表大会以视频会议形式召开。集团公司和股份公司在京领导、职工代表在中车五棵松办公区主会场参会，子公司职工代表分别在32个分会场参加会议。会议应到职工代表291名，实到245名。会议所有表决事项和议程材料，均提前一周发至各代表团（组）职工代表审阅讨论并征求意见。大会由中国中车工会主席邱伟主持。会议审议通过了《中国中车职工代表大会实施办法》及中国中车职工代表大会提案工作委员会、民主评议领导人员工作委员会、劳动法律监督和安全监察工作委员会成员建议名单。中国中车股份有限公司总裁奚国华和中国中车集团公司总经理刘化龙先后对职工代表讨论审议《股份公司工作报告》《集团公司工作报告》所提意见建议进行说明并讲话，中国中车党委书记郑昌泓作重要讲话。大会表决通过了《中国中车第一届职工代表大会第一次全体会议决议》。

【群团组织建设】 贯彻落实中央党的群团工作会议精神，坚持党建带群建，支持群团组织依法依章独立自主开展工作。加强工会组织建设，努力打造“有为工会”“维权工会”“温馨工会”“创新工会”“活力工会”；制定《中国中车职工代表大会实施办法》，进一步健全以职工代表大会为基本形式的民主管理制度；修订完善《中国中车深入推动金蓝领和劳模创新工作室建设工作指导意见》等16份规范性文件；扎实开展“六送三关注”活动，面向基层、服务员工，通过“金秋助学”“结对帮困”“三线”建设等，实施精准帮扶；举办以“和谐中车，为中国梦提速”为主题的中车首届员工运动会，展现中车员工良好精神风貌，增强企业凝聚力向心力；各级工会广泛开展“四比一创新”劳动竞赛、群众性经济技术创新活动。年内获得“全国工人先锋号”奖杯和“全国五一劳动奖章”各1个，6个单位获“火车头奖杯”，33人获“火车头奖章”。共青团组织以“创新发展，青年担当”为主线，围绕“中车发展与青年使命”“践行雷锋精神、深化志愿服务”“青春轨迹、团聚引航”等主题开展主题团日、青春讲堂、征文演讲、知识竞赛、劳动竞赛等活动，搭建业务培训、教学练比、导师带徒、操作创新、金蓝领工作室等平台，服务企业改革发展和青年成长成才。举办中车第一届青年风采大赛，开展首届“中国中车十大杰出青年”和青年安全生产示范岗评选活动，49个青年集体受到表彰。

【保密工作】 加强保密组织机构建设，成立中车集团保密委员会和国家安全小组，明确工作职责；坚持保密管理与技术防护并重，实施双保密办主任和兼职保密联络员和信息安全员制度；成立中车保密专家组，加强保密专业队伍建设。完善保密管理制度体系，制定《中国中车国家秘密载体保密管理规定》《中国中车涉密人员保密管理规定》等11项保密管理的规章制度；编制《保密制度汇编》，收录中车发布的33项保密和信息安全管理制度以及34项国家保密法律法规。加强保密宣传教育，开展总部保密和信息安全专项培训、中车全系统相关人员保密和信息安全培训；组织总部各部门负责人和重要岗位人员参加中央国家机关保密平台轮训和考试，27人通过保密专项考试；编写《中国中车员工保密须知》，设计制作保密提示鼠标垫、中车保密提示20想20不准等宣教用品，提高干部员工保密意识。搭建中车保密管理综合平台，实现保密信息采集与发布、保密宣传教育、保密在线培训考试、保密考核评价等功能。制定《中车保密调研检查目录》，重点就各子公司保密工作责任制落实、组织机构和人员队伍配备、计算机网络及信息系统安全建设等内容开展保密调研检查，完成14家子公司的调研检查，并针对发现的问题和隐患提出整改意见。

（党办　供稿）

中国中车集团公司董事会、经理层人员名单

董事会

董　事　长　刘化龙（11 月任）
　　　　　　崔殿国（任至 11 月，12 月退休）
副董事长　奚国华（11 月任）
　　　　　　郑昌泓（任至 11 月，12 月退休）
董　　　事　刘化龙　奚国华
　　　　　　崔殿国（任至 11 月）
　　　　　　郑昌泓（任至 11 月）

经理层

总　经　理　奚国华（11 月任）
　　　　　　刘化龙（任至 11 月）
副总经理　贾世瑞　徐宗祥　魏　岩

中国中车集团公司党委、纪委领导人员名单

党委书记　刘化龙（11 月任）
　　　　　　郑昌泓（任至 11 月）
党委副书记　奚国华（11 月任）　万　军
　　　　　　崔殿国（任至 11 月）　刘化龙（任至 11 月）
纪委书记　陈大洋
党委常委　刘化龙　奚国华　万　军　詹艳景
　　　　　　陈大洋　贾世瑞　徐宗祥　魏　岩
　　　　　　崔殿国（任至 11 月）　郑昌泓（任至 11 月）
　　　　　　傅建国（任至 7 月，调出）

中国中车集团公司总师层级人员名单

总 经 济 师　邵仁强

总经理助理　王宫成　黄纪湘（2月免）

工 会 主 席　邱　伟

中国中车集团公司副总师层级人员名单

副 总 工 程 师　黄十周　杨志华（2月免）

副 总 经 济 师　何树高

副 总 会 计 师　鄢德佳　朱三华

副总法律顾问　张慈宏

纪 委 副 书 记　程冬然　邱立成（任至10月）

工 会 副 主 席　胡朝晖

总部机关党委书记　邱立成（10月任）

中国中车集团公司总部部门负责人名单

办公厅（董事会办公室）

主　　任　何树高（兼）

副 主 任　刘国岩

战略发展部

部　　长　赵明德

副 部 长　曹卫东　贾　薇　陈建强

财务部

部　　长　陈　勇

副 部 长　冯晋春

资本管理部

部　　长　鄢德佳（兼）

副 部 长　于彦斌

风险管理部

部　　长　朱三华（兼）

法律事务部

部　　长　张慈宏（兼）

集团资产管理中心

总 经 理　黄十周（兼）

副总经理　赵　蔚　李国勇

中车大学

校　　长　魏　岩（兼）

副 校 长　薛　松（兼）　曾金传（兼）　史小余（兼，9月免）

党委办公室

主　　任　魏　东
副 主 任　梁　军

纪委

办公室主任　李文刚
审理室主任　何明新
检查室主任　熊纯浩
监察室副主任　于文德

巡视工作办公室

主　　任　郑　胜

党委组织部

部　　长　陈　刚
副 部 长　张之明

党委干部部

部　　长　薛　松（兼）
副 部 长　张利明　吴新林
　　　　　郝晓龙

党委宣传部（党委统战部）

部　　长　曹钢材（兼）
副 部 长　李　敏

总部机关党委

书　　记　邱立成（10月任）
　　　　　万　军（兼至10月）
副 书 记　郎　杰

工会办公室

主　　任　沙金红

团　委

书　　记　陈　刚（兼）
副 书 记　苏　旭

中国中车党委巡视组组长、副组长名单

组　　长　王　奇　桂祖康（5月任）　曾继宗（9月任）
　　　　　郝树青（10月任）　刘岱华（2月退休）
　　　　　罗燕鸣（4月退休）　曹国炳（10月退休）

副 组 长　赵晓谦　张毅力　南选义（2月任）
　　　　　王海玉（4月任）　任利军（2月免）
　　　　　孟维新（4月退休）　姚卫东（9月免）

中国中车股份有限公司
第一届董事会、监事会、经理层人员名单

董事会

董　事　长　刘化龙（12 月任）　崔殿国（任至 11 月）
副 董 事 长　奚国华（12 月任）　郑昌泓（任至 11 月）
执 行 董 事　刘化龙　奚国华　崔殿国（任至 11 月）
　　　　　　郑昌泓（任至 11 月）傅建国（任至 7 月）
非执行董事　刘智勇
独立非执行董事　李国安　张　忠　吴　卓　辛定华　陈嘉强
董事会秘书　谢纪龙

监事会

监事会主席　万　军
监　　　事　万　军　陈方平
职 工 监 事　邱　伟

经理层

总　　　裁　奚国华
副　总　裁　孙永才　王　军　楼齐良
　　　　　　余卫平　赵光兴（任至 12 月，调出）
副总裁、财务总监　詹艳景

中国中车股份有限公司党委、纪委领导人员名单

党　委　书　记　刘化龙（12 月任）　郑昌泓（任至 12 月）

党委副书记　奚国华（12 月任）　万　军

崔殿国（任至 12 月）　刘化龙（任至 12 月）

纪　委　书　记　陈大洋

党　委　常　委　刘化龙　奚国华　万　军　詹艳景　孙永才

陈大洋　王　军　楼齐良　余卫平

郑昌泓（任至 12 月）　崔殿国（任至 12 月）

傅建国（任至 7 月）　赵光兴（任至 12 月）

中国中车股份有限公司总师层级人员名单

总　工　程　师　张新宁

总　信　息　师　王勇智

总　经　济　师　苗永纯

总法律顾问　陈方平

安全生产总监　饶　庶

行　政　总　监　何凤华

总　裁　助　理　郭炳强　王雁平　张　作（9 月免）

曾继宗（9 月免）　刘　杰（2 月免）

工　会　主　席　邱　伟

中国中车股份有限公司副总师层级人员名单

副总工程师	王松文　王星明　黄俊辉　张振翔 谢步明　徐洪春　林　田　王顺强 安春生　朱龙驹（2月免）　陈　笃（2月免）
副总经济师	那利明　阴明月光　薛　松　曹钢材 赵　虎　梁　兵　郭法娥　梁　弢 宋治贵（1月退休）　沈家骏（2月免） 陈大勇（2月免）　杜鹏远（2月免）
副总会计师	陈　雄　王　健　徐伟锋（2月免）
副总信息师	符　刚
纪委副书记	程冬然　邱立成（任至10月）
工会副主席	胡朝晖
总部机关党委书记	邱立成（10月任）

中国中车股份有限公司授权代表等人员名单

授权代表	奚国华（兼）　王佳欣
联席公司秘书	谢纪龙（兼）　王佳欣
证券事务代表	丁有军

中国中车股份有限公司
总部部门负责人名单

董事会办公室

主　　任　丁有军

总裁办公室

主　　任　赵　虎（兼）

副 主 任　李海林　牛卫东

投资发展部

部　　长　梁　兵（兼）

副 部 长　燕汉民　张　纯　巩保欣

运营管理部

部　　长　阴明月光（兼）

财务部

部　　长　王　健（兼）

副 部 长　张　玲

人事部（外事管理办公室）

部　　长　薛　松（兼）

副 部 长　张利明　吴新林　郝晓龙

劳动工资部

部　　长　郭法娥（兼）

副 部 长　赵　莉　刘继斌

监察部

部　　长　姜海洋

企业文化部

部　　长　曹钢材（兼）

副 部 长　李　敏

资本运营部

部　　长　周爱武

副 部 长　谭　沐

审计和风险部

部　　长　陈　雄（兼）

副 部 长　王克勤　陈震晗

法律事务部

部　　长　陈晓毅

科技管理部

部　　长　谢步明（兼）

副 部 长　任　健

质量管理部

部　　长　王全乐

副 部 长　沈浩淳　富荣彪

信息化管理部

部　　长　王顺强（兼）

副 部 长　李万程

安技环保部

部　　长　刘　智

副 部 长　王志刚　向　欣

行政管理部（扶贫办公室）

部　　长　王　勇

副 部 长　徐建刚　安新建（1月退休）

业务重组办公室

主　　任　房志坚

副 主 任　詹余斌　陈又专

一组组长　李　扬

二组组长　孙　勇

党委办公室

主　　任　魏　东
副主任　梁　军

纪　委

办公室主任　李文刚
审理室主任　何明新
检查室主任　熊纯浩
监察室副主任　于文德

巡视工作办公室

主　　任　郑　胜

党委组织部

部　　长　陈　刚
副部长　张之明

党委干部部

部　　长　薛　松（兼）
副部长　张利明　吴新林　郝晓龙

党委宣传部（党委统战部）

部　　长　曹钢材（兼）
副部长　李　敏

总部机关党委

书　　记　邱立成（10月任）　万　军（兼至10月）
副书记　郎　杰

工会办公室

主　　任　沙金红

团　委

书　　记　陈　刚（兼）
副书记　苏　旭

机车事业部

总经理　李国强

客车事业部

总经理　王松文（兼）
副总经理　黄俊辉（兼）　周广华　徐循元

货车事业部

总经理　张振翔（兼）
副总经理　周东海

通用机电事业部

总经理　安春生（兼）
副总经理　张　涛　冯　琳　何翠微

城轨事业部

总经理　王雁平（兼）
副总经理　郭　杰（5月任）　王　浩　王　飚

产业发展事业部

总经理　陈明军

服务事业部

总经理　徐洪春（兼）
副总经理　刘振清

国际事业部

总经理　陈大勇（兼）
副总经理　沈家骏（兼）　武　岩　季　强　时圣林　刘　明（6月免）

法人治理

责任编辑　田传运

董事会工作

监事会工作

董 事 会 工 作

【概述】 2016年，中国中车董事会认真履行《公司法》《证券法》等法律法规和《公司章程》赋予的职责，坚持股东价值最大化，探索充分发挥董事会作用的有效途径，建设高效、规范、充满活力的董事会，在公司发展战略、资本运作、制度建设及重大事项决策等公司治理方面发挥了核心作用，推动了公司持续健康发展。

【董事会成员调整】 7月22日，傅建国因工作需要辞去公司执行董事、董事会战略委员会委员职务。11月28日，崔殿国因年龄原因辞去公司董事长、执行董事、董事会战略委员会主席及委员、提名委员会委员职务，郑昌泓因年龄原因辞去公司副董事长、执行董事、董事会战略委员会副主席及委员、提名委员会委员职务。12月6日，第一届董事会第十八次会议选举刘化龙为公司董事长，选举奚国华为公司副董事长，增选刘化龙、奚国华为提名委员会委员；根据《中国中车股份有限公司战略委员会工作细则》，刘化龙为董事会战略委员会主席。

【会议召开情况】 公司合法合规组织召开董事会及董事会专门委员会会议，谨慎审核召开条件、表决方式等各项要素的合规性，集思广益，科学决策。全年公司召开董事会会议10次，审议通过议案62项，内容涉及定期报告、非公开发行、委托贷款、制度修订等；召开董事会专门委员会会议13次（其中战略委员会3次、审计与风险管理委员会8次、提名委员会1次、薪酬与考核委员会1次），审议议案46项。

【董事会会议】 第一届董事会第10次会议于1月18日在北京召开，审议通过关于修订《中国中车股份有限公司董事会审计与风险管理委员会工作细则》的议案等3个议案。

第一届董事会第11次会议于2月29日以书面传签方式召开，审议通过关于四方股份公司高速动车组次轮五级检修建设项目（一期工程）的议案。

第一届董事会第12次会议于3月29日在北京召开，审议通过关于中国中车股份有限公司2015年年度报告的议案等21个议案。

第一届董事会第13次会议于4月27日在济南召开，审议通过关于中国中车股份有限公司2016年第一季度报告的议案等3个议案。

第一届董事会第14次会议于5月27日在北京召开，审议通过关于中国中车股份有限公司符合非公开发行A股股票条件的议案等17个议案。

第一届董事会第15次会议于6月16日在北京召开，审议通过关于中国中车股份有限公司和中国中车集团公司、兖州煤业股份有限公司、中国国储能源化工集团股份公司、天津信托有限责任公司合资设立中车金融租赁有限公司的议案。

第一届董事会第16次会议于8月22日在西安召开，审议通过关于中国中车股份有限公司2016年半年度报告的议案等6个议案。

第一届董事会第17次会议于10月28日在北京召开，审议通过关于中国中车股份有限公司2016年第三季度报告的议案等4个议案。

第一届董事会第18次会议于12月6日在北京以现场加通讯方式召开，审议通过关于选举中国中车股份有限公司第一届董事会董事长的议案等3个议案。

第一届董事会第19次会议于12月23日在北京以现场加通讯方式召开，审议通过关于中车集团武昌车辆厂支付戚墅堰机车有限公司补偿款涉及关联交易的议案等3个议案。

【董事会战略委员会】 遵照《董事会战略委员会工作细则》等制度要求，独立、客观履行职责。1月18日在北京召开第一届第4次会议，审议通过关于中车青岛四方机车车辆股份有限公司铁路试验线建设项目的议案等3个议案。3月29日在北京召开第一届第5次会议，审议通过关于中国中车股份有限公司2016年度融资计划的议案等3个议案。5月27日在北京召开第一届第6次会议，审议通过关于中国中车股份有限公司非公开发行A股股票方案的议案等7个议案。

【董事会审计与风险管理委员会】 遵照公司《董事会审计与风险管理委员会工作细则》等制度要求，独立、客观履行职责。1月18日在北京召开第一届第4次会议，审议通过关于修订《中国中车股份有限公司董事会审计与风险管理委员会工作细则》的议案。3月28日在北京召开第一届第5次会议，审议通过关于中国中车股份有限公司2015年年度报告的议案等15个议案。4月27日在济南召开第一届第6次会议，审议通过关于中国中车股份有限公司2016年第一季度报告的议案等3个议案。5月27日在北京召开第一届第7次会议，审议通过关于本次非公开发行涉及关联交易事项以及中国中车股份有限公司与中国中车集团公司签署《附条件生效的非公开发行股份认购协议》的议案等2个议案。6月16日在北京召开第一届第8次会议，审议通过关于中国中车股份有限公司和中国中车集团公司、兖州煤业股份有限公司、中国国储能源化工集团股份公司、天津信托有限责任公司合资设立中车金融租赁有限公司的议案。8月22日在西安召开第一届第9次会议，审议通过关于中国中车股份有限公司2016年半年度报告的议案等2个议案。10月28日在北京召开第一届第10次会议，审议通过关于中国中车股份有限公司2016年第三季度报告的议案。12月23日在北京召开第一届第11次会议，审议通过关于中车集团武昌车辆厂支付戚墅堰机车有限公司补偿款涉及关联交易的议案等2个议案。

【董事会薪酬与考核委员会】 遵照公司《董事会薪酬与考核委员会工作细则》等制度要求，独立、客观履行职责。3月28日在北京召开第一届第1次会议，审议通过关于中国中车股份有限公司董事、监事薪酬方案的议案等4个议案。

【董事会提名委员会】 遵照《董事会提名委员会工作细则》等制度要求，独立、客观履行职责。3月28日在北京召开第一届第3次会议，审议通过关于评核独立非执行董事独立性的议案等2个议案。

【股东大会】 2016年6月16日，中国中车股份有限公司召开2015年度股东大会，审议通过关于中国中车股份有限公司2015年度董事会工作报告的议案等26个议案。

【信息披露】 公司依法合规履行信息披露义务，严格审核信息披露的公平公正，按照上交所和联交所的要求及时披露信息，在上海证券交易所年度信息披露评价中获得A类评价。全年在香港联交所发布繁体公告151个、英文公告59个、中英文定期报告各2个、业绩公告各4个。在上交所发布临时公告130个、定期报告4个、定期报告摘要2个，共计136个。披露的重大事项有股权收购，H股可转换公司债发币，非公开发行H股、选举副董事长及重大合同等。全年披露重大合同80余项，披露合同金额约674.2亿元。

【投资者关系管理】 公司重视投资者关系管理，主动与资本市场互动，保持与投资者的稳定良好关系。4月，组织2015年业绩推介会，开展年度业绩路演，积极与各大金融机构投资者、资深分析师及潜在投资者沟通交流。5月，组织非交易路演，与股东进行沟通。8月，组织分析师反向路演，先后在株洲及宁波开展分析师调研活动，让投资者了解公司IGBT核心技术的研发情况、磁浮列车及电动大巴车生产情况，增强投资者投资公司发展的信心。全年共组织路演2次，反向路演1次，接待投资者来访63批次、召开电话会议55次，安排投资者到子公司调研18次，参加证券机构策略会18次，接听投资者电话2000多人次。

【非执行董事履职】 注重发挥非执行董事在董事会决策中的作用，提高董事会决策的科学性。非执行董事到株机公司、二七机车公司、济南公司、太原公司、西安公司等19家一级子公司开展考察调研，深入了解子公司生产经营情况、重点投资项目情况、新兴产业项目进展情况以及企业发展思路、企业存在的主要问题等。赴南非、肯尼亚、埃塞俄比亚三国考察调研公司非洲项目。全年调研5次。参加公司经营管理工作会，与审计师召开闭门会议交流沟通，广泛掌握信息；参加上交所组织的培训，学习新规则、掌握新政策，为科学决策提供支持。

2016年，全体董事勤勉尽责，认真审议各项议案，审慎、客观、公正发表意见，维护公司和股东利益，公司治理水平不断提升。公司获得2016中国证券金紫荆奖之最佳科技创新上市公司奖和最佳上市公司CEO奖、第十六届中国上市公司百强高峰论坛之中国百强企业奖、中国创新企业奖、中国百强杰出企业家奖；获第十二届中国上市公司董事会“金圆桌”奖之最佳董事会奖。

（董事会办公室 供稿）

监　事　会　工　作

【概述】 2016年，中国中车监事会按照《公司法》等法律法规和《公司章程》《监事会议事规则》的有关规定，认真履职，监督和检查公司财务、股东大会决议执行、董事会重大决策程序及公司经营管理活动的合法合规性、董事及高级管理人员履行职务情况等，积极有效开展工作，维护股东利益，促进公司持续健康发展。在中国上市公司协会、上海证券交易所、深圳证券交易所共同主办的“上市公司监事会最佳实践评选活动”中，公司监事会被评为“上市公司监事会卓有成效30强”。

【监事会会议】 2016年，中国中车召开监事会会议7次，审议议案32项。

3月28日以现场会议方式召开第一届监事会第5次会议，审议通过《关于中国中车股份有限公司2015年年度报告的议案》等13项议案。

4月27日以现场会议方式召开第一届监事会第6次会议，审议通过《关于中国中车股份有限公司2016年第一季度报告的议案》等2项议案。

5月27日以现场会议方式召开第一届监事会第7次会议，审议通过《关于中国中车股份有限公司符合非公开发行A股股票条件的议案》等11项议案。

6月16日以现场会议方式召开第一届监

事会第8次会议，审议通过《关于中国中车股份有限公司和中国中车集团公司、兖州煤业股份有限公司、中国国储能源化工集团股份公司、天津信托有限责任公司合资设立中车金融租赁有限公司的议案》。

8月22日以现场会议方式召开第一届监事会第9次会议，审议通过《关于中国中车股份有限公司2016年半年度报告的议案》等2项议案。

10月28日以现场会议方式召开第一届监事会第10次会议，审议通过《关于中国中车股份有限公司2016年第三季度报告的议案》。

11月23日以现场会议方式召开第一届监事会第11次会议，审议通过《关于中车集团武昌车辆厂支付戚墅堰机车有限公司补偿款涉及关联交易的议案》等2项议案。

【监事会成员参加公司其他会议情况】 2016年，监事会成员出席公司2015年度股东大会、年度工作会、经营管理工作会等会议，列席公司董事会会议9次、总裁办公会25次。按照《公司章程》规定，监事会对公司股东大会、董事会会议召开程序、议题、投票表决程序等进行有效监督，在会议表决过程中派出1名监事参与监票，监督董事和高级管理人员执行股东大会决议情况。在参加上述会议时，与相关部门进行沟通，对重要议案进行研究质询，对重要事项发表意见和建议，确保了各项工作合法合规。

【监事会专题调研】 根据公司《监事会议事规则》规定，保障监事会知情权，确保监事对公司财务状况和经营管理情况进行有效监督、检查和评价，监事会到企业调研考察4次。3月29日至4月1日，到京津唐地区9个所属企业调研考察；4月27～28日，到济南公司调研考察；8月23～25日，到西安、宝鸡和永济共6个企业生产现场调研考察；12月4～13日，考察公司南非机车项目、肯尼亚蒙内铁路项目及埃塞俄比亚亚吉铁路项目情况。调研了解企业财务经营状况，强调应收账款管理，提高资金使用效率；关注重大合同的签订、执行情况、资金运用情况和盈亏情况等信息。

（董事会办公室　供稿）

经营与管理

责任编辑　程伯瑶

运营管理

战略发展

投资发展

财务管理

资本管理

资本运营

风险管理

审计与风险管理

法律事务

运 营 管 理

【概述】 2016年，中国中车围绕“融合”、“变革”、“升级”三大主题，以经营计划为引领，以绩效考核为保障，以管理创新为手段，持续优化运营管控，细化责任制考核，深化精益管理，着力为打造世界一流企业做出贡献。面对经济下行压力、铁路需求有所减少的形势，全体员工克服内外部不利因素，着力推进提质增效，实现持续稳健经营。全年，中车集团实现营业收入2331亿元；实现利润总额164亿元，同比增加1亿元，增幅为0.61%，达到国资委业绩考核目标要求。其中，中车股份实现营业收入2297亿元，实现归属于母公司所有者净利润112.96亿元，保持了经营的稳定增长态势，完成营业收入、归属于母公司净利润必保目标。

【运营管控】 贯彻落实国务院国资委稳增长要求和中国中车工作会议精神，认真分析公司面临的机遇和挑战，坚持高目标引领，编制下发《中国中车股份有限公司2016年度经营计划》《中国中车集团公司2016年度经营计划》，确定2016年主要经营目标。优化运营管控的制度和流程，按月度召开运营分析会议、按季度召开经营调度会议，持续加强月度、季度的经营计划管理、日常运营监控和经济活动分析；根据经营需要和实际，抓住重点、难点问题，加强调研督导并跟踪落实，协调好日常运营问题的解决；组织召开经营指标落实座谈会、部分企业经营指标约谈会、部分企业经营目标落实会，提出经营工作要求，推动公司经营计划目标完成；面对市场变化，机车需求“断崖式”萎缩、货车需求处于低谷的经营形势，下发《各子公司2016年经营必保目标的通知》，明确提出必保目标，奠定实现公司经营目标的基础。

按照国务院国资委要求，扎实推进以“加大降本增效力度，超额完成经营目标”为重点的提质增效活动，制定“1+9”为主要内容的提质增效方案，抓住“加大降本增效力度，超额完成经营目标”这“1”条经营主线，大力推动降低采购成本、提高内部配套比例、加强亏损企业治理、压降“两金”占用、控制期间费用、节约研发费用、控制质量损失、控制投资规模、拓展海外市场等“9”项配套措施。强化组织保障，加强动员发动， 抓实目标分解，把提质增效作为“一把手工程”大力推进，围绕提质增效目标和任务，分解落实年度经营指标及九项提质增效专题工作，落实具体措施和指标，推动提质增效专项工作落实，致力提高企业发展质量，持续提升经营效率和效益。

深化对标体系，发布《中国中车及子公司2011~2015年度对标资料》，推进公司内部和国际可比公司对标工作。做好国资委、国家和地方统计等部门的日常统计报表和定期统计报表工作，保持信息渠道畅通、对外报表及时准确。制定下发《中国中车统计工作制度》，规范统计行为，完善统计数据采集体系，建设中国中车统计数据采集信息平台，逐步实现统计数据与信息化手段充分结合，发挥好统计信息、统计咨询和统计服务等职能。强化运营数据分析，提高决策参谋能力。

贯彻落实国务院国资委《关于中央企业开展亏损企业专项治理工作的通知》要求，积极推进中车专项治理亏损企业工作方案。围绕“减少单体子公司亏损数，亏损额同比降低5亿元”目标，下发《中车股份2016年亏损企业减亏目标计划》，分解落实亏损额降低目标。按季度通报亏损企业治理情况，督促企业减少亏损企业数量和亏损额。截至年末，中车集团单体子企业406户，全级次亏损企业90户，亏损面22.17%，较上年同期22.48%降低0.31个百分点；亏损企业数量较中车亏损企业治理工作方案时的亏损基数141户（2015年6月）减少51户，降低36.17%。亏损企业累计亏损金额40.03亿元，亏损金额最大的前10户企业亏损金额合计21.68亿，占中车集团亏损总金额54.17%。

围绕“关键零部件内部配套率原则上达100%、重要零部件内部配套率70%以上、一般零部件配套比率50%以上”的要求，制定下发《降低采购成本、加大内部配套专项工作方案》，建立子企业内部配套产品目录和零部件清单，并在2016年子公司效绩评价计分办法中，明确对内部配套激励约束的配套措施。

【效绩目标责任制考核】 中国中车落实国资委效绩考核目标，按国资委保增长的目标要求，采取有力措施使规模和效益持续提升。2016年国资委公布的中央企业2015年度经营业绩考核，中车集团得分135.50分，业绩考核结果为A级，位列第7名；2013~2015年任期考核，中车集团经营业绩考核得分130.56分，考核结果为A级；中车集团还获得2013~2015年任期“业绩优秀企业”、“科技创新优秀企业”、“品牌建设优秀企业”称号。按新修订的《中央企业负责人经营业绩考核暂行办法》的要求，中国中车集团公司与国资委签订2016年度及2016~2018年任期经营业绩责任书。

制定下发《中国中车股份有限公司2016年子公司效绩评价考核实施办法》。修订完善效绩评价考核办法，进一步强化目标管理，创新效绩评价考核方法，强化业绩考核导向，引领企业提升效益、转型升级。制定《中国中车集团公司2016年子公司效绩评价考核实施办法》，在效绩评价考核体系基本框架下，对服务事业部所属成员单位下放考核权限，制定差异化评价考核办法。对中车集团所属中车产业投资有限公司、中车资本控股有限公司、中车置业有限公司、中车集团资产管理中心、中车大学等，实施差异化考核。

落实子公司效绩评价和考核，强化绩效考核的导向作用，确定2016年度考核指标，组织签订年度效绩目标责任书，分解落实工作责任。按照效绩考核办法和配套评价计分办法，组织对一级子公司效绩评价考核。中车股份所属一级子公司制造类35家子公司有四方股份公司、长客股份公司、株洲电机公司、四方所、株洲所、四方有限公司、石家庄公司、唐山公司、大连电牵公司、株机公司、广州公司、工程公司、永济电机公司、天津公司、西安公司、山东公司等16家子公司获评A级，眉山公司、戚墅堰所、沈阳公司、信息公司、贵阳公司、资阳公司、二七车辆公司、浦镇公司、大连公司、齐齐哈尔公司、大连所、长江公司等12家子公司获评B级，太原公司、洛阳公司、大同公司、兰州公司、戚墅堰公司、二七机车公司、南口公司等7家子公司评为C级；服务事业部所属5家子公司有物流公司、财务公司获评A级，香港资本公司获评B级，租赁公司、香港公司获评C级；中车研究院、国际公司按特殊子公司进行评价考核，评为A级；上海公司、中铁装备公司、深圳资本公司、资本公司、美国公司、南非公司、马来西亚公司等7家子公司本年度不参与排序、另行考核兑现。中车集团所属一级子公司中，置业公司得分140分、金控公司得分128分、产投公司得分128分，资产管理中心模拟得分116分。存续子公司的评价考核，按照委托管理关系纳入对相应托管子公司实施“捆绑”考核。

【精益管理】 突出战略规划引领，围绕创新、变革、国际化主题，制定《中国中车精益管理五年实施规划》，进一步明确精益管理战略定位，确定深化精益管理的目标、思路和工作路径。完善精益管理标准体系，按照构建特色的可复制、可平移、可输出管理体系的要求，制定《中国中车精益管理体系建设工作方案》，整合形成《中车精益管理评价体系标准》，发布一系列工作标准及规范指南，推进精益体系构建工作。制定年度精益重点工作计划，推进年度重点工作落实，全年立项2834个标准工位、254个建设精益示范区（线）、162个精益车间建设项目，持续夯实精益制造基础；立项79个模拟线项目，探索构建“6621运营管理平台”；重点组织524个改善项目，推动全价值链系统改善。组织开展年度工作评价，对照精益管理评价体系标准，按评价结果业务板块内排序，建立竞先争优机制，评定精益管理二级企业3个、精益管理三级企业3个、精益生产一级企业6个、精益生产二级企业8个、精益生产三级企业8个，评定三星级精益示范区（线）10个、二星级精益示范区（线）10个，新建二级精益车间8个、三级精益车间19个、优秀模拟线项目10个。营造精益管理文化氛围，党政工团齐抓共管、共推精益，通过专项劳动竞赛、专题知识竞赛和精益培训等活动，把传播精益文化作为主要内容，形成精益改善的常态工作机制。组织编写《精益管理之道》，奠定传承、积淀和持续深化精益管理的基础。

【管理创新】 适应中国中车经营发展新形势，围绕经营重点和管理主线，开展管理创新工作。组织第一届管理创新成果评审，《以规划落地为核心的企业战略管控体系构建与实施》等8项成果评为一等奖，《借力搬迁再造推动传统装备制造企业转型发展》等10项成果评为二等奖，《构建以客户价值为导向的新型营销模式》等17项成果评为三等奖成果。参加第二十三届国家级企业管理现代化创新成果评审，浦镇公司《轨道装备制造企业基于精益制造的智能化物流管理》、株机公司《轨道交通装备制造企业推进战略实施的全面绩效管理》等2项成果获一等奖，齐齐哈尔公司《铁路货车制造企业价值链战略联盟的构建与实施》、石家庄公司《百年国企以转型升级为目标的战略调整》、株洲所《基于快速响应客户个性化需求的研发体系建设》等3项成果获二等奖。

（运营管理部 供稿）

战 略 发 展

【概述】 2016年，是中国中车完整运营的第一年。围绕“融合”“变革”“升级”三大主题，战略发展各项工作取得积极进展。印发中国中车“十三五”发展战略，分解“十三五”发展目标，推动战略落地。编制完成中国中车2016~2018年滚动规划，启动2017~2019年滚动规划编制。制定印发《中国中车集团公司深化改革指导意见》，并构建“1+19”文件体系。积极申请中车集团改组为国有资本投资公司，系统梳理现有业务，开展产业研究。积极开展战略合作。宣贯投资管理制度，优化投资管理，积极对接国家部委，争取国家政策资金支持。有序开展“处置治理”和“压减”工作，按时完成阶段目标。积极推进双创工作，组织所属企业参加熠星大赛。创新开展政策研究工作，服务改革发展。

【中国中车“十三五”发展战略编制】 经过调研、论证、起草、决策四个阶段，完成中国中车“十三五”发展战略的研究编制，总经理办公会、党委常委会和董事会审议通过后，印发施行并上报国务院国资委。中国中车“十三五”发展战略作为指导公司未来五年发展的纲领性文件，确定了中国中车的使命是“连接世界，造福人类”，发展愿景是“成为以轨道交通装备为核心，全球领先、跨国经营的一流企业集团”，“十三五”期间营业收入、利润总额年均复合增长率为10%，提出了“国际化、多元化、高端化、数字化和协同化”五大任务，明确了轨道交通装备、新产业、现代服务业等业务的发展方向、原则、目标和路径。

【中车集团战略规划管理】 年内，中车集团分解“十三五”发展目标，推动战略落地，督促、指导产投公司、金控公司、置业公司、资产管理中心、中车大学等五个业务平台根据中国中车“十三五”发展战略制订本单位“十三五”发展规划并组织审核。根据国资委要求，分解落实中国中车“十三五”发展目标，编制中国中车2016～2018年滚动规划，经总经理办公会审议通过后上报国资委。印发《关于做好2017～2019年滚动规划的通知》，安排中车股份、中车产投、中车金控、中车置业、资产管理中心、中车大学编制三年滚动规划。

进一步完善中车集团战略管控模式，按照“战略管控型”总部定位，制订《中车集团战略规划管理模式》，促进五年发展战略、三年滚动规划和年度经营计划有效衔接，建立战略“研究—制订—实施—评价—修订—提高”的管理体系。

【企业改革】 贯彻落实《中共中央、国务院关于深化国有企业改革的指导意见》及相关配套文件，围绕“十三五”发展战略，深入分析长期困扰企业发展的关键因素，研究制订《中国中车集团公司深化改革指导意见》，明确中车集团深化改革的“一调整、三优化、一加强”五大重点任务（即调整业务结构，优化资源配置、优化管控体系、优化经营机制，加强和改进党的领导），并构建“1+19”文件体系。“1”是指《中国中车集团公司深化改革指导意见》，是中车集团深化改革的总体设计，具有纲领性和统领性；“19”是指为解决中车当前在业务结构、资源配置、管控体系、运营机制、党的建设等方面困扰和束缚企业发展的关键问题，配套提出的19个专项推进计划，是落实《指导意见》、深化改革的具体路径和操作性文件。《指导意见》提出，中车集团深化改革的总体目标是，到2020年建成国有资本投资公司，内部改革的重要领域和关键环节取得决定性成果；聚焦高端装备，优化业务结构，推动协同发展，减少两极分化，优化全球资源布局，成为中国高端装备“走出去”的主力军；建立更加符合市场经济发展要求、更加适应多元化发展和国际化经营的管控体系和运营机制，激发活力和动力，提升质量和效益，为实现中国中车“十三五”战略目标提供有效支撑。

年内，国资委改革办、改革局、国资委领导、全国政协侨办、全国人大财经委员会、国务院国有企业改革办公室督导组、中央改革办督导组7次到中车集团督导检查、调研深化改革工作。根据国资委改革办要求，按中车重组整合历程及取得的初步成效、国际产能合作、科技创新、党的建设四个方面系统梳理和全面总结南北车集团重组合并过程、整合后采取的主要措施和取得的效果，刊登在国务院国资委《改革工作简报》2016年第14-17期。全面总结云链金融的做法和取得成效，向国资委报送《中国中车“云链金融”带动全产业链共同发展》，刊登在国资信息参考第5期。全面总结中车开展“压减”工作的做法和亮点，向国资委报送《中车集团大力开展“压减”工作促进重组整合持续深入》，刊登在国有企业改革动态2016年第20期。

【结构调整】 系统梳理现有业务，开展产业研究。围绕“中国制造2025”提出的十大重点发展领域，结合中车实际，确定中车在做强做优轨道交通装备、引领全球行业发展的同时，聚焦高端装备，重点发展风电装备、新能源汽车、工业电气、环保产业和高分子复合材料，适度发展金融、地产、物流、职业教育等现代服务业。分为核心业务、支柱业务、支撑业务三类，根据不同业务的特点和所处的不同发展阶段，实施差异化管控，促进各业务持续快速发展。

对中车集团改组为国有资本投资公司进行深入研究，为抓住国企国资改革机遇，切实优化中车集团业务结构，适应国有资本投资公司发展需要，增强抵御轨道交通装备行业调整和市场波动的能力，组织对多家企业的基本情况进行调研，提出中车集团重组整合目标企业的建议。

【战略合作】 年内，先后与四川省政府、湖南省政府、中国太平保险集团公司、中国国有企业结构调整基金4家单位签订战略合作协议，为中车集团的产业布局、业务发展创造空间。与云南省政府、江西省政府、东航集团、中航工业、中化集团、光大集团6家单位沟通，共同探讨合作事项，并起草战略合作协议。全面清理以中车集团名义签订的战略合作协议并建立台账，收集协议文本并妥善处理，为推动具体合作项目落地奠定基础。

【投资管理】 4月，组织召开中国中车投资管理制度业务培训会，收集国家关于投资工作的规定并印发《投资管理规章制度汇编》，传达国家专项建设基金申报（包括国家重大项目库填报）、管理等相关要求。

及时审核、论证、批复投资项目。固定资产投资主要是产业投资项目，如南方汇通纳滤膜及板式超滤膜生产线建设项目，部分“先改造，后移交”的“三供一业”项目；长期股权投资项目主要是为开展新业务而设立的公司，如保理公司、保险经纪公司等。开展投资项目前期调研工作和已完工项目竣工验收。先后组织相关部门对公司PPP类业务进行研究，提出中车系统协同开展PPP业务的建议方案；对台州市域铁路及配套开发项目、佛山地铁三号线特许经营项目、陕西省韩城市悬挂式单轨PPP项目进行审核、论证，逐步规范、理顺公司PPP类业务管理。

协调推进既有土地开发，减轻企业搬迁压力，提升中车集团整体效益。牵头组织相关部门，进一步明确置业公司为中车集团既有土地及房地产开发业务主体，理顺中车股份相关企业与置业公司在地产开发业务的关系，加快推动土地开发工作。

【投资计划】 2016年，中车集团安排固定资产投资预算106.79亿元，其中集团非股份6.27亿元、股份公司100.52亿元。年内，累计完成固定资产投资93.29亿元，完成全年计划的87.36%，其中集团非股份完成2.81亿元，完成年初预算44.82%；中车股份完成90.48亿元，完成年初预算90.01%。

全年中车集团安排股权投资预算353.34亿元，其中集团非股份65.76亿元、股份公司287.58亿元。年内，共完成股权投资260.1亿元，完成年初预算73.61%，其中集团非股份完成88.52亿元，完成年初预算134.61%；中车股份完成171.57亿元，完成年初预算59.66%。其中，对合并范围内企业投资155.06亿元，对合并范围外企业投资105.08亿元；境外长期股权投资22.16亿元，向子公司增资61.59亿元，境内收购、合资、独资项目投资 54.93 亿元。

根据国务院国资委和中车集团 2017 年度投资预算的整体安排，组织召开中国中车 2017 年度投资预算编报工作会议，安排和部署 2017 年投资预算编报工作，完成中车集团非股份企业投资预算“三上”材料的申报、审查工作。

【项目申报】 主要包括国家发展改革委专项建设基金、中央预算内投资、在京总部企业的相关奖励和补助政策申报等。截至年底，中国中车共有 16 个项目累计获得专项建设基金约 15 亿元，获得支持资金在国家开发银行服务的中央企业中（包括中国铁路总公司）名列第 9。

【压减工作】 根据国务院国资委的压减工作部署，先后印发《关于印发中国中车集团公司压缩管理层级减少法人户数工作方案的通知》《关于成立压缩管理层级减少法人户数工作领导小组的通知》。为落实压减指标，分别于 9 月、11 月组织召开落实压减指标会议。下发《关于加大“压减”工作力度、严格控制新增法人户数的通知》，确保压减任务完成。中车集团“压减工作”基数为 440 户，三年需净减少企业 88 户，其中第一年完成 40%即 36 户，第二年完成 40%即 36 户，第三年完成 20%即 16 户。截至年底，压减工作基数外新增法人企业 8 户，取得完成压减证明企业 19 户，净减少 11 户，另有 6 户企业进入最后工商注销程序。

【处置工作】 根据国务院国资委的工作部署，中车集团有 26 户子公司纳入处置治理工作范围。先后印发《关于印发中国中车集团公司处置“僵尸企业”和特困企业专项治理工作实施方案的通知》《关于成立处置“僵尸企业”和特困企业专项治理工作领导小组的通知》，并与国资委签订处置治理工作责任书。将工作范围内 26 户企业分成 3 组，分别由战略发展部、投资发展部、重组办进行督导，并进行首轮工作督查。

中车集团 2016 年的任务为完成天津机辆轨道交通装备有限责任公司（僵尸企业）、中车成都机车车辆有限公司（特困企业）的处置治理工作。天津装备公司以兼并重组方式，通过四方所公司注入新业务，提升既有业务能力，开展资产租赁，偿还债务、注入资本金等多项措施完成治理，截至年底，天津装备公司经营性亏损预计 5444 万元，较上年减亏 50%，资产负债率已降到 64.05%。推进人员安置，在四方所转岗工作 65 人，自然减员 82 人，达成内退 189 人，协商一致达成解除劳动合同意愿 386 人，从事重组后新业务人员 116 人，共分流安置 838 人，支付安置补偿费用 8647 万元，同时将在下年成立新公司，富余人员分流安置工作基本达到国资委下达的 935 人预期目标。成都公司通过开展成都地区业务重组，以四方股份公司兼并重组等方式，采取降本增效、严控人工成本和控制库存等措施，开展土地处置、“三供一业”分离移交等各项工作，实现提质增效，完成专项治理，全年实现营业收入 15.87 亿元，净利润 5090.28 万元，资产负债率为 59.63%；推进人员安置，通过发展新业务，内部转岗安置 424 人，另外完成“内部退养协议”签订 187 人、“协商一致解除劳动合同协议”签订 29 人，在中国中车系统内其他企业转岗 99 人，共计 315 人，实现在 2016 年底完成国资委下达的 280 名人员分流安置工作目标。

截至年底，处置治理范围内 26 户企业累计安置分流人员 4444 人，发生安置分流费用 57599 万元，收到财政部处置“僵尸企业”专项拨款 5593 万元。

【双创工作】 先后两次向国资委汇报公司

双创工作取得的成绩，组织所属企业参加国资委2016年中央企业熠星创新创意大赛，组织相关部门对参赛项目进行审查、遴选，最终按照国资委要求上报了30个项目（上报项目最大数），代表中车参加比赛，共19个项目通过初选，9个项目通过复选，进入导师辅导阶段，其中包括云链金融，该项目得到国家和国资委领导表扬。

【政策研究】 围绕供给侧结构性改革、国资国企改革以及创新驱动发展战略、“一带一路”等区域发展战略，坚持目标导向，加强常规研究，全年共发布《中国中车战略研究》39期。政策研究方面，按月完成政策摘要12期，编发相关重要文献4个，包括国家创新发展战略纲要，中长期铁路网规划等。经济研究方面，编发研究报告8个，包括2016年国内外经济形势展望，供给侧结构性改革与中车发展专题研究报告，经济L型的国际比较，一带一路建设进展报告等。产业研究方面，编发研究报告6个，包括发展服务型制造的基本路径，中美制造业比较，发达国家再制造业化战略研究等。企业研究方面，编发研究报告9个，包括国资国企改革试点方案解读、国有控股上市公司“二次混改”研究报告、华为的战略与管理、富士胶片成功转型的势术道、复星的战略与管理、联想控股与淡马锡的投资对话等。

坚持问题导向，开展专项研究，完成《从战略角度看国企改革政策与实践》《公司业务重组工作总体规划草案》等专项报告。发布中车集团政策研究管理办法及课题管理实施细则，完成相应工作流程的编制。参加中央企业智库联盟启动工作及系列专题研讨活动，完成中车智库建设相关材料撰稿。7月，中车集团成为中央企业智库联盟首批26家理事单位之一。

（战略发展部　供稿）

投　资　发　展

【概述】 2016年，按照国务院国资委要求，组织制订《中车集团公司2016~2018年滚动规划》。组织制订并印发《中国中车“十三五”发展战略》，明确公司的使命、愿景、中长期发展目标，提出“十三五”时期的目标、任务和措施。按照战略规划管理要求，组织中车股份各事业部、各职能部门以及各一级子公司完成相关专项业务发展规划、专项职能发展规划以及各企业“十三五”发展规划，促进战略规划目标逐级分解落实。在投资管理方面，组织开展年度投资预算审核编制，强化投资计划管理，严控投资规模，以促进新产业发展、加快业务结构调整、加快海外布局为重点，强化投资项目组织管理。组织做好国家财政预算支持申报工作。贯彻落实国资委工作要求，组织开展压缩管理层级、减少法人户数工作。在战略合作方面，以拓展战略新兴产业、加快国际合作为重点，组织与地方政府、重点企业以及国外知名企业签署战略合作协议43项。以探索构建境外区域管理公司为重点，组织开展海外区域管理体制和管理机制研究。

【企业发展战略执行情况】 按照“十三五”战略规划工作部署，在认真总结中国中车“十二五”战略规划执行情况基础上，贯彻落实国家“十三五”规划纲要以及中央企业深化改革指导意见等政策文件精神，结合中车发展实际，组织制订《中国中车“十三五”发展战略》，通过征求各方面意见、履行各项审议程序，以《关于印发中国中车“十三五”发展战略通知》印发执行。组织各事业部分别完成铁路装备、城市基础设施、新产业、现代服务四大业务板块共15项业务发展规划编制印发，组织相关部门完成15项职能发展规划，组织各一级子公司完成各企业“十三五”发展规划编制，形成了目标明确、层级清晰、协调统一的战略规划体系。为进一步督促战略规划目标分解落实，组织各子公司完成2017~2019年滚动发展规划编制，开展长客股份公司、大连公司、株洲所、长江公司等13家企业战略询审。

【中长期发展规划】 未来十年乃至更长时期，公司将遵循创新驱动、结构优化、提质增效、开放合作和人才强企的经营方针，面向交通、能源、工业、环保等领域，致力于为全球客户提供高端装备和系统解决方案，融合全球，打造国际品牌；超越期待，引领行业发展；转型升级，塑造高端形象；跨国经营，实现全球协同，努力成为自主创新能力强、资源配置能力强、风险管控能力强、人才队伍强，经营业绩优、公司治理优、布局结构优、社会形象优的高端装备跨国企业集团，力争到2025年进入世界100强。

【投资项目管理】 加强投资项目管理，从“战略吻合度、效益先进性”两个维度严格投资项目审查，降低投资风险；严格投资项目审批决策管理，共组织相关部室和有关专家审查项目建议书、可研报告、初步设计和公司设立方案107项，其中完成固定资产投资项目建议书50项、可研报告36项、初步设计9项，完成长期股权投资项目立项批复3项、可研批复7项，完成注销公司2项。强化投资计划管理，全年固定资产项目计划投资104.55亿元，实际完成固定资产项目投资90.48亿元，占全年计划的86.5%。全年长期（股份）股权投资项目计划投资205.34亿元，实际完成股权项目投资123.87亿元，占全年计划的60.3%。

【募集资金项目执行情况】 中国中车A股募集资金投资项目共有三批，计划投资28家子公司62个项目。经3月28日召开的第一届监事会第五次会议、3月29日召开的第一届董事会第十二次会议、6月16日召开的2015年年度股东大会审议，通过《关于终止部分募集资金投资项目并将剩余募集资金永久补充流动资金的议案》。按照通过的议案，终止中车整体信息化项目的大同公司信息化建设项目（子项目）、洛阳公司和谐电力机车检修基地建设项目和浦镇公司广州城市轨道车辆维修组装基地建设项目等3个项目，项目资金计划额调减52778万元，用于补充营运资金；其他59项募集资金项目均完成项目建设，结余募集资金（不含账户利息）5557万元，全部用于补充公司营运资金。截至年末，A股三批62个募集资金项目全部完成募集资金投入，实际使用募集资金1993706万元（计划使用募集资金1993706万元）。

【固定资产投资项目批复及验收】 围绕中国中车发展战略，优先安排对未来发展具有重大支撑作用的项目投资，全年围绕加强国际经营布局、提升研发试验水平、智能制造、促进新兴产业发展方面，共组织完成39个重点投资项目立项、可研报告或初步设计的批复。起草《关于成立中国中车验收委员会的建议方案》，组织完成株机公司南宁南车铝材精密加工项目（一期）、转向架及车体焊接厂房烟尘治理等项目竣工验收备案工作；指导子公司自行完成竣工验收项目3项。完成四方股份公司组团赴德国、唐山公司组团赴意大利参加设备预验收等29个出国培训和设备验收的审查。

【项目申报】 根据国家发改委重大工程包项目申报要求，组织并完成2016年度第一批、第二批专项基金申报工作，共申报项目投资额约 50 亿元。按照工业和信息化部要求，组织完成中国制造 2025—轨道交通装备板块 2016 年重点技术发展方向专项材料提报工作；组织开展中国制造 2025 重大项目库、三年滚动投资项目库填报工作，为进一步争取国家专项资金支持创造条件。

【制度建设】 制订印发《中国中车合资合作管理办法》，研究制订《中国中车境外投资管理办法工作指引》《中国中车战略合作管理工作指引（试行）》及《中国中车境外投资项目外部审批工作指引（试行）》。研究起草《中国中车固定资产投资项目竣工验收管理办法》，强化固定资产投资项目管理，促进投资项目及时发挥效益。起草编制《中国中车引进设备出国验收和技术培训管理办法》等，规范引进设备出国验收工作的管理。

【战略合作】 以拓展新兴产业和国际市场为重点，加强与地方政府、重点企业和国外知名企业战略合作。年内，中国中车与地方政府、国内外相关企业签署战略合作协议 41 项，其中与地方政府签署战略合作协议 16 项、与企业签署合作协议 9 项、与科研院所签署合作协议 7 项、与国际知名企业签署合作协议 9 项。签署协议的地方政府主要有浙江省政府、海南省政府、山西省政府、四川省政府以及乌鲁木齐市政府、龙岩市政府、南宁市政府、安阳市政府、芜湖市政府、昆明市政府、成都市政府、达州市政府、天津东疆保税港区管理委员会、蔚县政府、麻城市政府、和县政府；大型企业主要有中国铁建股份有限公司、浙江省交通投资集团有限公司、中国外运长航集团公司、中国路桥集团、中国第一汽车集团公司、中国建筑股份有限公司、深圳市地铁集团有限公司、中国银行股份有限公司以及中国银联股份有限公司；科研院所主要有湖南大学、中南大学、大连交通大学、北京交通大学、同济大学、西南交通大学、成都市人民政府\西南交通大学；国际知名企业主要有庞巴迪公司、西门子股份公司、德国铁路有限公司、TUV 北德集团、泰雷兹集团、哈萨克斯坦铁路股份公司、拉脱维亚交通部、西纳拉集团股份公司、德国福伊特驱动技术系统有限公司等。尤其是中国中车与德国、俄罗斯、加拿大等国家企业签署战略合作协议，得到中外两国领导人的现场见证，有效促进了公司品牌国际知名度的提升。

【产业布局】 中国中车利用国家推进“一带一路”战略的契机，加强区域间合作，优化国内产业链布局，推动国内不同区域协调发展。在轨道产业发展项目方面，创新商业模式，组织工程公司与沈阳浑南现代交通有限公司合资设立中车沈阳轨道交通运营有限公司，开拓轨道交通运营服务市场；以 PPP 模式，组织四方股份公司参股组建高明 PPP 项目公司，通过与当地政府的资本纽带，拓展城轨业务；加强与铁路局合作，开展嵌入式营销，组织四方股份公司设立北京四方同创轨道交通设备有限公司、株洲所与兰州铁路局成立合资公司，拓展运维服务。完善业务布局，组织时代电气公司在长沙全资设立湖南中车时代通信信号有限公司，加快中车通信信号产业发展步伐。积极拓展环保业务发展，以工程建设运营服务总包形式，组织山东公司独资设立常熟中车水务有限公司，开展村镇分散污水治理业务，进军环保产业。组织浦镇公司与物流公司合资设立南京中车物流服务有限公司，拓展工业物流业务。工程公司、信息公司合资设立八维通科技有限公司，通过乘客信息系统的研发、生产、实施服务和技术支持，开展信息增值业务。

【结构调整】 优化资源配置，以强核心、补短板，加快海外布局、压缩过剩产能投资为重点，加强产业结构和业务结构调整。增强生产服务能力，组织实施四方股份公司高速动车组次轮五级检修建设项目、长客股份公司高速动车组检修基地建设项目、唐山公司高速动车组检修能力提升技术改造项目等，提高高速动车组高级修能力，实现动车组业务修造一体化。增强技术创新能力，组织实施长客股份公司提升高速动车组试验验证能力建设项目、长客股份公司国家轨道客车系统集成工程技术研究中心建设、大连公司以及四方股份公司铁路试验线建设项目、株洲电机公司提升研发试验检测能力建设项目等，增强轨道交通装备试验检测能力。加快海外布局，组织实施美国春田基地建设、印度生产基地、南非机车生产基地、东盟城轨车辆检修中心等建设项目，实施四方股份公司向美国公司增资、长江公司向北美货车合资公司增资等项目，提升国际化经营能力。拓展新产业，主要以高性能芳纶材料及制品产业化建设、大连所旅顺基地建设以及投资哈密风电场项目、设立湖南中车时代通信信号有限公司等，促进新兴产业发展。按照严控方向、压减规模、优化结构、提高效益的总要求，严格控制机车、货车等产能过剩传统产业投资规模，压缩国内城轨业务项目投资，同企业申报投资预算比，2016 年机车业务投资压减 73.31%、货车业务投资压减 44.23%、城轨业务投资压减 55.28%，暂缓实施深圳、呼和浩特等城轨基地项目；组织完成成都南车通力铁道车辆有限责任公司和帝安帝国际实业有限责任公司的注销工作，实现企业业务结构优化。

【业务整合】 持续推进内部业务整合，解决集团公司和股份公司间同业竞争问题。经 2016 年第 1 次总裁办公会议审议，同意受让集团公司及其所属企业持有的青岛北车日立轨道通信信号有限公司、上海北车永电电子科技有限公司和北车船舶与海洋工程发展有限公司股权项目立项，实现公司整体利益最大化。组织相关部门和企业起草二七机车公司、二七车辆公司、兰州公司转型升级方案。顺利完成国资委挂牌督导的天津装备公司、成都公司处置治理工作。

【资产重组】 年内，组织完成四方所对天津装备公司的重组整合。按照专业化、协同发展的原则，完成中车物流有限公司、中车投资租赁有限公司、中车资本管理有限公司重组设立工作，促进服务业务发展。

【国际合资合作】 根据国家有关部委要求，及时总结汇报中车国际业务发展情况，组织编写了《中国中车国际化经营“十二五”后评价及 2015 年国际化经营情况总结》《中国中车 2015 年度境外国有产权管理状况的报告》《中国中车在德企业经营情况及对德投资问题反馈》《关于中车参与中巴产业园建设的初步建议》等报告材料。以探索构建境外区域管理公司为重点，完成《区域管理体制机制研究报告》；加强海外布局研究，起草《十三五战略跨国经营指数目标导向下的中车国际化经营策略及实施路径》《中国中车全球区域发展分析报告》等专项研究报告；对标行业国际标杆企业，形成《行业国际标杆企业分析专项报告》。加强境内合资合作管理，跟踪、了解中车股份及各子公司所属境内合资企业运营情况，完成《2016 年中车中外合资企业及机构情况报告》。

境外投资及合资合作方面，按照加强海外资源配置、增强国际经营能力的要求，依据境外投资决策程序共批复境外股权投资项目 13 项，其中批准设立境外子公司 12 项，批准实施境外收购项目 1 项。批准设立境外子公司，主要是中车股份在美国芝加哥市全资设立中车北美有限公司，中车股份在巴拿马全资设立中车拉美有限公司，株洲所下属株洲时代新材公司投资新设博戈橡胶塑料（日本）股份有限公司，四方股份公司在美国加利福尼亚州参股组建中国铁路国际（美国）有限公司，四方股份公司在英国参股组建中国铁路国际（英国）有限公司，大连公司与齐齐哈尔公司共同投资与太平洋动力发展（新西兰）有限公司合资成立新西兰中车机车车辆服务有限公司，长客股份公司与澳大利亚 Partners Group、Plenary 以及 Downer 公司合资成立革新铁路有限公司，长客股份公司在澳大利亚墨尔本投资设立澳大利亚中车长客轨道交通装备有限公司，长客股份公司在以色列特拉维夫成立以色列中车长客轨道交通装备有限公司，唐山公司在丹麦哥本哈根市成立丹麦中车唐山机车车辆服务有限公司，四方股份公司在新加坡成立新加坡中车四方车辆服务有限公司，眉山公司、香港资本公司共同投资与美国 ARS 铁路货车公司在加拿大蒙克顿市合资成立中车眉山加拿大机车车辆有限责任公司。境外收购项目为唐山公司收购意大利蓝色工程有限责任公司 60%股权项目。完成向海外企业增资 2 项，分别为四方股份公司向美国中车四方有限公司增资，长客股份公司向美国中车麻省公司增资及股权协议转让。完成境外股权投资 8 项，投资金额合计 3.1169 亿美元。

（投资发展部　供稿）

财　务　管　理

【概述】　中国中车财务管理认真落实年度工作会议和财务会议部署，充分发挥财务的目标引领、资源配置、业务支持与风险管控职能，不断加强财务管理和会计核算基础工作，扎实开展提质增效专项工作，积极推动业财融合，深化管理会计应用，克服各种困难，圆满完成预算监督与管控、决算编报与披露、资金筹措与保障等重点工作，为公司经营提供了财务保障。财务与其他职能、业务部门以及子公司紧密协作，共同努力，确保公司经营业绩总体企稳。全年，中车集团累计实现营业收入 2331 亿元；实现利润总额 164 亿元，同比稳中有增。中车股份也顺利实现了调整后的经营业绩目标。

【预算管理】　财务部门围绕公司经营目标和管理要求，充分发挥全面预算的引领和统驭作用，不断创新和完善预算管理机制，使预算成为公司保障经营业绩的重要抓手之一。引入三级弹性预算目标管理机制，分别确定一级子公司年度经营的最低、基础、奋斗目标，灵活应对产品周期性波动和业务不确定性的矛盾，引导子公司弹性安排预算指标和控制成本费用。完善预算沟通协调机制，年初、年中、年末根据经营实际，分别召开财务总监或企业负责人参加的预算工作会议，沟通情况，明确要求。强化预算执行监督与反馈机制，不断加强滚动预算监控与分析，协同各事业部和相关职能部门，通过月度、季度经营会安排预算过程性指标，力保预算执行均衡。探索专项预算管理机制，制定“专项投融资预算”，统筹安排企业并购、财务投资、资产盘活等专项工作，提供专业支持和资源保障，通过资产经营、资本经营的多种形式增加资产收益，取得初步成效。

【成本效益管理】　认真落实“稳增长”工作要求，统筹安排、积极协调，千方百计支持企业开源节流、降本增效，取得一定成效。稳增长方面，全力保障资金和资源供应，支持企业的产品研发和市场拓展，维护经营稳定。降本增效方面，子公司普遍开展成本对标活动，不断精细化成本核算，提高成本管理水平，采取各种措施降本节支，提高经济效益；严控期间费用开支，认真落实集团公司“压减可控期间费用”的要求，精打细算，“过紧日子”。可控费用较上年下降6.02%，超额完成3%的压减目标。配合业务部门开展“提质增效”活动，在治理亏损、降低采购成本、加大内部配套、降低科技经费、控制质量损失等专项工作中积极发挥职能作用，取得良好成效。

【融资管理】 开展形式多样、互为补充的外部融资活动，保障资金供给。发行零票息H股可转债，融资募集6亿美元。实施A股定向增发，成功募集120亿元。利用三季度债券融资成本走低的机会，中车集团、中车股份成功发行“5+5”“3+2”年公司债60亿元，创中长期融资利率新低。开展应收账款证券化项目，盘活存量资产融资24亿元，成为中央企业首单完全出表的ABN融资。利用银行间市场超短融资券，低成本募集资金150亿元。获得国家开发银行专项基金3亿元。运用出口项目订单融资，获得进出口银行优惠贷款17亿元。

出政策、建平台、推产品，增强内源资金筹集能力。将资金归集度纳入企业年度资产经营责任制考核，建立资金归集的制度保障。建设三个平台，稳步推进境内外、本外币资金的归集。搭建财务公司跨境资金池，建立境内外本外币双向流通的渠道，建设境内外汇归集和调剂、外汇风险管理的能力。建设香港资本公司从事境外资金管理、融资方案设计和外汇风险管理的能力。支持云链金融推广使用云信结算方式，积极探讨云信业务与公司资金管控模式的协同，并为供应链创造价值。

【资源配置】 树立“大资金”管理概念，以资金管理带动资源的优化配置，不断提升资产运用效率。积极开展“两金压降”，盘活沉淀资产。灵活把握形势，择机优化资产配置。参股中华联合保险，适度配置金融性资产，增加资产活性，并获取权益性收益。工程公司收购中新苏州工业园区市政公用工程公司100%股权，拓宽城市基础设施业务领域。推动产融结合，完成物流公司、租赁公司等类金融业务调整。中车研究院推进成都产研院的设立，以资本为纽带撬动社会智力资源。香港公司积极发挥贸易融资平台作用，节省财务费用，并通过税费筹划创造效益。

【财税管理】 加强税法和财政政策研究，编制财税专项预算，加强与各级政府部门的沟通联系，争取政策支持。认真研究跨国财税政策，开展国际税收筹划，利用国别差异实现出口项目总体税负降低，在风险可控的前提下做到财税收益最大化。积极争取各类政府补助。总部与子公司密切协作共争取各类补贴资金5.3亿元。重点落实“营改增”政策，对涉税业务进行规范调整。统一组织重大技术装备进口免税申报，积极推动财政部、工信部、海关总署修订进口免税清单，获得减免税费2.6亿元。

【会计基础工作】 健全财务管理制度，规范会计核算和报告程序。进一步完善财务制度，优化会计报表体系。集团产权交易组织工作获得上海产权交易所颁发的产权交易金奖。深化管理会计应用研究，开展“业务资源配置型管理会计体系的构建与实施”课题研究，为公司各业务单元的战略实施与经营管理提供针对性的财务信息支持。开展全级次专项检查，促进会计基础工作提升。探索集中财务管理模式，支持有条件的子公司建立财务共享中心。依托香港资本公司探索建立境外财务共享和资金集中管理平台。株机公司财务共享系统在13家异地子公司成功上线，并获得了年度“全国国有企业财务管理创新成果一等奖”和“中国管理模式杰出奖”。加强风险管理，增强重点事项管控。将融资额度管理范围扩展到香港公司、香港资本公司、美国麻省公司等境外子公司，实现全面覆盖。加强融资性贸易、委托担保、垫资建设、信托、金融衍生品等业务的管控，防范资本经营风险。

（财务部　供稿）

资　本　管　理

【概述】　2016年是中国中车实施十三五规划的开局之年，是深化改革实施完整运行的第一年。面对国家宏观经济形势错宗复杂、稳增长防风险任务艰巨、国资国企改革矛盾交织的内外复杂形势，资本管理部门按照集团公司的年度工作目标，积极落实相关工作，推动深化改革、优化资源配置。

【国有资本经营管理】　国有资本经营预算是国家用于支持中央企业发展的战略资源，2016年中车集团共获得了国有资本预算资金41572万元，其中包括三供一业31277万元、棚户区改造4702万元、僵尸企业补助5593万元，为中车集团的发展提供资金支持。

【股权投资与业务并购】　2016年，中车集团立足于国有资本投资公司，大力发展非轨道交通业务，充分发挥以产权为纽带合理配置资源的功能，建设非轨道交通业务平台、类金融业务平台、中车置业平台。出资20亿元成立产投公司，合理运用产权无偿划转的政策，调整产投公司内部资源配置，将南方汇通、宁波新能源、株洲特装科技、株洲天力锻业等公司划入产投公司，成立株洲资本控股公司；完成产投公司收购资阳电气股权，做强做大电连接器产业。出资4亿元成立金控公司，使金控公司成为中国中车新的利润增长点和商业模式创新点。发起设立中车轨道交通发展基金，引入银行、证券、保险、信托等不同领域金融资本参与中国中车在轨道交通基础设施领域的投资，充分利用资金杠杆扩大集团营业规模和市场占有率，提升品牌影响力，优化中车的资产结构，协同城轨板块、工程承包、通信信号、机电设备等产业的发展，强化中车在轨道交通全方位服务供应能力。成立中车保险经纪公司，整合集团内部保险资源，搭建资产风险管控平台，在风险评估、保险技术建议、保险价格、灾后勘查和风险管理、海外发展等多方面为轨道交通产业提供全方位服务。搭建中车置业平台，使其成为扭亏增赢的典范。整合地产业务资源，打造中车地产板块的综合业务平台，以集团公司整体利益最大化和土地获取价格市场化为业务发展原则，减亏扭亏，转型发展。

【财务投资】　围绕轨道交通装备产业链，适当兼顾其他细分行业，针对有发展前途、有上市预期的产业开展财务性股权投资。在宁波成立中车股权投资基金管理公司（注册资本1000万元），发起设立股权投资基金，基金规模2亿元。金控公司投资参与中油资本重组ST济柴及配套融资，并以中车金控为平台，投资参与由国资委主导、由诚通集团发起的国有企业结构调整基金，为集团公司在央企整合和结构调整项目中寻找投资机会创造条件。戚墅堰厂协议转让所持时代电气股票，转让后戚墅堰厂可获利收入3.02亿元，为中车集团经营提供支持。

【增资工作】　以提高资本配置效率为目标，落实管资本、加强国有资产监管的要求；以股权管理为手段促进资源优化配置，强化出资人职能，批复南方汇通公司对大自然公司单方资方案、中企云链公司增资扩股方案、齐车公司调整注册资本及章程方案等以及中车置业增资等方案，发挥资本在资源配置中的作用。

（资本管理部　供稿）

资　本　运　营

【概述】　2016年，是中车股份完整运营的第一年，是中国中车实施“十三五”规划的开局之年，资本运营工作围绕中国中车“融合”“变革”“升级”三大主题，在股权管理、业务并购、财务投资领域，优化资源配置，促进企业转型提质增效。

【资本市场情况】　截至2016年底，中国中车A股收于9.77元，股价较年初下跌17.48%；同期上证综指下跌5.84%，中国中车A股走势低于大市。中国中车H股收于6.96港元，股价较年初下跌23.35%；同期恒生指数上涨3.16%，中国中车H股走势低于大市。

【股权投资与并购业务】　年内，重点实施多个境内外并购项目。完成唐山公司并购意大利蓝色工程公司项目，投资540万欧元。完成工程公司并购中新市政公司100%股权项目，投资1.4亿元。完成玫瑰项目立项、法国SM项目立项。组织对重点子公司进行项目跟踪和指导，提出工作建议。

【股权管理】　按照中共十八届三中全会提出的发展混合所有制经济和国务院提出的中央企业“瘦身健体”要求，结合公司经营发展实际情况，开展股权管理工作，通过整合资源、优化出资结构、处置僵尸企业、减少企业法人层级和户数，加快公司的业务重组与转型升级。年内，中车股份批复15个股权调整、处置项目，主要是中车股份将持有的上海轨发51%股权转让至长客股份公司；株洲所对国变中心整合，将上海汉格升级为其一级子公司；组织研讨并制定株机公司所属义马金裕公司剥离方案；成都公司转让成都圣通公司19%股权；变更乌鲁木齐中车轨道交通装备有限公司股权结构，引入新股东；株洲所将所持中铁宏吉股权协议转让时代新材；中车股份将在麻省公司的股权协议转让给长客股份公司；资阳公司将所持资阳中车电气科技有限公司51%股权协议转让产投公司；株洲所两个参股风电企业实现合并；株机公司所属兰达亿飞地中车维保有限公司股权变更；四方有限公司挂牌转让油库业务等。

【增资工作】　中国中车加强对增资项目的管理和协调，改善相关子公司的资本结构和财务状况。年内，批复7家子公司12个事项的增资，涉及资金约61亿元，对株洲所注入资本金10亿元人民币；株洲所对时代投资增资1亿元；对眉山公司增资1亿元；株洲所向襄阳中车电机技术有限公司增资21692.06万元；时代电气对昆明电气增资5200万元；对香港公司增资5.5亿港元；四方股份公司对美国中车四方有限责任公司增资3亿美元；株洲所向上海中车汉格船舶与海洋工程有限公司增资3.6亿元；株洲所对湖南中车时代电动汽车股份有限公司增资10亿元；长客股份公司向美国中车麻省公司增资1亿美元；四方股份公司向济青高铁增资216万元。

【利润分配】　3月29日，中国中车召开第一届董事会第十二次会议，审议通过《关于中国中车股份有限公司2015年度利润分配预案的议案》，按照每10股派发1.5元（含税）人民币的预案向股东进行利润分配。6

月 16 日 2015 年度股东大会批准该议案，8 月 5 日利润分配方案实施完毕。

【财务投资】 2016 年，财务投资约 70.24 亿元，其中中车股份购买中华联合保险控股股份有限公司 13.06%股权，投资金额 44.55 亿元;香港公司 5 个 H 股 IPO 基石投资项目，投资金额 3.03 亿港元；香港公司与香港资本公司共投资 16 支债券，投资金额 3.24 亿美元；电机公司投资并购基金 5000 万元；共实施 9 支股票投资退出，退出收益-1415 万元。

【多元化子公司三会议案审核】 年内，组织、指导对 8 家公司三会议案的审核工作，包括成都公司、资阳公司、长客股份公司、四方股份公司、装备公司、信息公司、天津公司和广州公司。

（资本运营部　供稿）

风　险　管　理

【概述】 2016 年，中车集团风险管理工作围绕集团发展战略，以“大视野、全覆盖、差异化、重预防、永创新、见实效”的标准为工作原则和出发点，紧密结合集团公司业务板块特点，明确集团公司风险管控的大方向、大框架，从管控层级、系统架构、机制创新等多维度，积极做好风险管控体系的顶层设计，充分发挥风险管理及内部审计职责，全面履行重大风险的预警、防控以及内部审计的监督与服务职能，以构建“体系完善、信息畅通、决策高效的风险管控中心”为导向，做好集团风险管控体系顶层设计，为有效防范重大风险事件的发生，实现集团公司做实做大、建成国有资本投资公司提供有效支持。

【风险管控体系建设】 积极做好风险管控体系的顶层设计，充分履行风险管控防患未然的职能，为中车集团实现发展战略、保障日常生产经营，发挥“防患未然”及“免疫系统”的作用。

梳理、分析当前中车集团的组织架构及管理职能，初步探索并确立中车集团公司风险管控的模式，即依据“大视野、全覆盖、差异化”的原则，对中车集团及各子公司风险管理的责任及层级进行不同的分工和明确，中车集团负责“重大风险的集中、宏观及模块化管控，各子公司则依据中车集团的要求，对自身日常的风险进行管控，并确保中车集团的管控要求及风险应对措施的落地和有效实施。依照当前中车集团的行政组织架构将风险管控体系划分为两个模块、四个层级，即由中车集团集中管控的集团模块，含中车集团总体和业务板块两个层面；由各子公司管控的模块，含各子公司层面和各子公司业务操作层两个层面。四个层级关系延伸如下：集团总体层面→业务板块层面→各子公司层面→各子公司业务操作层面。通过确立管控模式，明确中车集团及各子公司风险管控的职责，初步建立起贯通上下、系统化、体系化的分级风险管控架构，确保风险管控突出重点、分工明确，责任清晰、措施执行到位。

依据管控模式，进一步细化各层级的风险管控职责，结合中车集团管理组织架构及风险管控模式，确定建立中车集团、集团风险管理部，子公司、子公司风险管理部门多层级的风险组织架构管理体系，各负其责，各司其职。在集团公司层面，中车集团董事会/总经理办公会是最高决策机构，中车集团风险管理部作为集团风险管理归口部门，履行制定中车集团风险管理基本制度及管理标准职责，负责中车集团重大项目及风险的集中管理、风险评估、风险分析、应对方案评估等先期把关作用，制定审核规则，明确工作流程等工作内容。负责制定基础性管理制度和业务板块风险管理指引，建立统一的风险管理的语言、风险管理的流程、风险的分类原则等。各子公司依照权责分工，分别形成董事会、风险管控委员会、风险管理部门等管理层级，负责各自授权范围内的风险管控责任，同时集团风险管理部对下属各级企业风险管理部在企业部门横向联系与沟通上提出明确要求，加强各级企业风险管理部门与业务部门的协调配合，在风险日常管理上形成多道防线、齐抓共管。

初步搭建风险管控的制度体系，结合风险管控模式及组织架构，将中车集团风险管控制度体系划分为四个层级，即集团风险管理的基本制度→业务板块风险管理指引→风险管理实施细则及风险管理手册。基础制度与实施细则、管理手册之间上下对应、相互衔接、内容互补，初步形成以基本制度为基础，以不同业务板块风险管理指引为指导，以实施细则和风险管理手册为标准的全面的、系统性制度体系，实现从宏观到微观、从重大到一般、从企业战略到日常经营活动的全覆盖，为规范化、系统化、流程化、标准化开展风险管理工作发挥指导作用。

通过对风险管理理论及国内外实践活动的总结，形成并提出构建中车集团风险管控中心新思路，即通过做好顶层设计，逐步建立完善的组织体系和制度体系，建立畅通的信息收集和反馈渠道，高效的风险决策及应对机制，建成中车集团体系完善、信息畅通、决策高效的风险管控中心。分析研究构建管控中心核心要素，包括打破信息壁垒、从“等信息”转变为“抓取信息”、从“传统手段”转变为“平台对平台”、从“取得一级子企业信息”转变为“抓取各层级报警信息”、由“采集过去时点信息”逐渐转变为“采集实时信息”、由“点的突破”逐渐到“面的突破”等内容，为中车集团构建风控中心及信息化风险管控平台的整体谋划及分步实施提供详细、可操作性较强的路径及方法。

【风险管理】 按照平台管控的模式，为防范新兴业务风险，针对中车集团新涉足或开展的类金融及置业业务板块，相继制定并下发相应的风险管理指引，包括《中国中车集团风险管理指引第 1 号—类金融业务风险管理指引》《中国中车集团风险管理指引第 2 号—置业业务风险管理指引》，进一步加强和规范新兴业务板块的风险管理工作，促进业务板块防范风险的能力和水平提升。指引明确中国中车内部控制以及风险管理的相应要求，按授权分级审核的原则，承担风险管理的具体内容，严格规范决策的程序、流程等，确保风险管理落实到位，形成完整的闭环，确保业务板块的风险管理工作制度化、规范化、流程化、标准化。

加强风险防控方法研究，包括研究制定落实风险定量分析，分类管理风险；及时做好风险识别，把握风险排序，时刻跟踪风险改善情况。研究制定风险分类标准，对公司的风险程度进行多层级分类和评级，按照 AAA、AA、A、BBB、BB、B 六大类评级，提示风险程度。建立风险库，逐步完成初始信息的收集等。

组织开展年度风险评估工作，全面评估和排查全集团年度风险，经评估确认，2016 年中国中车面临的重大风险共 4 项，包括市场风险、产品质量风险、宏观政策风险和汇率风险。分析重大风险进行原因并制订风险应对措施，通过开展对重大风险及事件进行专项督查、跟踪、审计等方式，保障风险应对措施落地，防范重大风险的发生。按照国资委要求，完成年度风险评估及报告的编制工作，并及时向国资委上报《集团公司 2016

年全面风险管理报告》。

【风险预警】 全面做好风险预警报告的发布，以前瞻性、重预防的角度，选择重要的项点，深入调查研究，参考国内外成熟经验，做好风险预警报告的发布，及时提示重大、重要风险，督促集团公司及所属企业提前采取防范措施，避免可能造成的损失。制订印发《关于并购项目风险预警的通知》《关于印发集团公司债务风险预警及重点管控企业名单的通知》2 份风险预警报告，提出并购动机不明确的风险、项目选择的风险、信息不对称的风险、自有资本不足贷款比例过高的风险、控制力不足的风险、法律方面的风险六大方面共 17 条子风险。调研原北车收购的长春电动汽车公司和原南车收购的河南义马煤机公司目前的现状，提报调研报告。

关注增量投入的风险，按照增量投入要控制风险的工作思路，积极介入增量项目的风险分析，并按照管理制度化、制度流程化、流程表单化的思路，制定风险控制的流程和表单，独立发表风险管理部门的意见。提出增量项目风险管控的重点内容，包括在项目风险管控中，要重点关注项目是否符合中车集团发展战略，是否符合授权原则，是否履行内部决策流程，是否进行生命周期分析，可研分析数据的可靠性等内容，避免项目决策失误、造成损失甚至亏损等风险。

【重大风险事项督导】 全面强化对重大风险事项排查及跟进督导，针对中车集团重组前，在全国各地布点较多的基地投资项目，要求各子公司按照急、缓的原则，选择重点项目，深入现场，了解第一手材料，做好风险排查，将出现的风险及时提报决策层，为结构调整提供第一手材料；启动对重大风险事项跟进督导，下发《关于对中车物流公司、租赁公司和香港公司风险管理工作跟进督导的通知》，实施调查和跟踪，完成《当前重大风险事件跟踪调查情况汇报》，并上报集团公司有关领导。

【中车集团内部审计】 结合经营状况，对重大风险事项开展跟踪审计调查，年内针对中车集团管理的公司、预亏损较大的存续企业开展专项审计，完成鑫源酒店、原北车投资公司、原南车投资公司、成都中车隧道装备有限公司、南口厂、沈阳工贸公司的财务审计，以及南方汇通公司董事长黄纪湘任期经济责任审计、北车地产有限公司原董事长李晓思离任经济责任审计。在全集团部署开展技术开发费专项审计工作，确保技术开发费使用合理、有效，减少不必要的支出。持续关注热点板块，负责对未设立审计部门的非中车股份所属企业的经济责任审计和财务审计、重要事项的专项审计；通过内部控制体系的评价，发现企业内部中存在的制度设计缺陷和运行缺陷；通过开展现场审计，增强发现问题以及督促、检查、落实问题整改的工作能力，从体制、机制及体系制度执行、落地等方面，全面提升企业的综合管理水平及风险防范能力。按照《北车地产太原项目立项的批复》，组织开展太原项目全过程跟踪审计，探索建立置业项目风险管理及内部控制标准化管控模式，为中车集团今后开展此类项目提供规范化的指导和管控模板。

【风险管理基础工作】 结合中车集团战略发展，开展风险管理课题的研究。做好知识储备，及时了解宏观政策环境，加强对未来中长期所面临风险的全局性、趋势性研判。针对当前经济形势，布置开展宏观环境风险的研究，行业外部环境研究、行业估值变化趋势、行业风险对标、美元指数以及人民币汇率对行业的风险等作为研究的课题，做好行业风险研究、金融风险研究和地产风险研究，为制订相关制度规定及风险管理指引奠定基础。

组织风险管理业务知识及能力培训，全集团180人参加培训，占全集团风险管理及审计人数的40%，促进中车集团各级风险管理部门及人员的综合业务能力及水平提升。

加强基础制度建设，制定下发中车集团管理制度9项（包括集团风险管理、集团内部审计2项基本制度以及《中国中车集团公司财务审计办法（试行）》等7项专业管理制度），并完成中车集团内部审计工作规定及实施细则的修订发布、内部审计档案管理办法的发布，为中车集团规范开展风险管理及内部审计活动提供业务规范。进一步完善审计专业制度，完成《中国中车集团公司内部审计工作规定》《财务审计管理办法》《经济责任审计办法》《经济合同审计办法》《建设项目审计办法》，并研究中车集团《内部审计发现问题责任追究办法》的制定，形成闭环管理，不断提升审计发现问题、解决问题、防范问题作用。落实审计署、国资委建立责任追究和问责机制的要求，制定《内部审计发现问题责任追究办法》，发挥内部审计监督作用。

【服务支持】 发挥专业特长，参与项目评审，从风险管控角度提出专业化的建议，包括鼎汉技术定增、中节能参股、美年健康产业投资基金、众生达定增、浙江东方、懋峘基金、宁波中车产业基金、浙江台州PPP项目、长期股权、地产公司业务发展汇报、金控公司发展业务汇报、产投公司发展论坛、沙龙等。履行管理职能，完成中车集团日常合同审核及招议标过程的监督管理，全年完成5个项目的招议标监督及合同审核。

（风险管理部　供稿）

审 计 与 风 险 管 理

【概述】 以中国中车“十三五”规划为指导，以风险为导向，积极探索工作思路、完善体系建设、强化资源整合、创新工作方法，提升审计、风险管理和内部控制工作成效。各级审计部门全年完成审计、风险管理和内部控制项目845项，超额完成了年度工作计划，其中完成审计项目368项，提出审计意见和建议2435条；完成风险管理项目318项，识别出风险事件1309件，提出风险应对措施2656条；完成内控项目159项，发现并督促完成内控缺陷整改。进一步构建中国中车风险管理的“三道防线”，提高对业务活动风险管理的指导，全年制订并印发《中国中车风险管理指南第1号—风险信息》等3个风险管理指南、《中国中车风险管理指引第A1号—战略风险》等3个风险管理指引、《中国中车内部控制指南第1号—内控评价》等3个内部控制指南和《中国中车内部控制指引第2号—战略规划》等23个内部控制指引。

【中国股份内部审计】 调动中车股份内外部审计资源，全年完成财务公司、香港公司、租赁公司、物流公司、沈阳公司、资阳公司、长江公司、兰州公司、二七机车公司等12项经济责任审计，实现离任必审。按照中国中车工作会议领导讲话要求，围绕质量损失管理短板，组织33家制造业子公司共同开展质量损失管理审计，分析质量损失构成，揭示质量管理中存在的普遍问题。发挥审计服务职能，实施研究院和国际公司财务审计，结合两个子公司不同的业务类型，针对内控体系建设、项目管理、财务管理等，提出改进建议。制定印发《关于进一步加强审计工作的通知》，各级审计部门逐条对照，积极完善审计工作体制机制，提升审计队伍水平。

在经济责任审计中引入外部中介机构参与，共同组成审计组，内审人员学习和固化外审的做法和标准，促进审计质量的提升。齐齐哈尔公司、大连公司、二七车辆公司、戚墅堰所等子公司开展费用专项审计，将审计结果与绩效考核挂钩，深化审计成果的利用。四方有限公司、洛阳公司、浦镇公司、西安公司、永济公司等子公司围绕经营管理难点、热点，深入开展“两金压降”、定额管理、物资管理等专项审计，寻找管理短板，促进管理提升。长江公司、沈阳公司、眉山公司、四方有限公司、大连所等子公司在经济责任审计中，延伸审计范围，加大审计频率，提升审计时效性。株机公司、四方股份公司、兰州公司等子公司在境外审计、重大工程项目审计和物流业务审计中，拓展审计领域，为节约投资成本、退出高风险业务等提供决策支撑。

【风险管理】 以专项风险分析为突破口，有效推动风险管理实务的“落地”。深入推进专项风险分析工作，在组织完成年度风险管理评估的基础上，全年完成5个专题风险分析项目。与中介机构组建咨询团队，对洛阳公司试行内部控制和风险管理咨询，评价内部控制设计和执行的有效性，识别、评估各项业务风险源，提出应对策略和管控措施，为推广风险和内控咨询积累经验。株洲所实施船舶电力推进系统和电动汽车业务风险调研，从基本面上分析产业外部环境与发展态势，厘清上下游企业的盈利模式与利益分配机制，揭示风险因素，推动了高风险产业战略再规划；资阳公司针对垃圾无害处理等新兴业务和海外重大项目，开展项目动态风险评估，持续监控项目风险；株机公司重点开展海外项目风险管理，包括海外并购项目、南非项目专项风险评估与管理、马来西亚项目风险管理审计，为项目决策和运营提供了信息支持，确保风险管控对项目管理的保障和助推作用。这些子公司聚焦新兴产业和海外项目等高风险点，有效降低项目实施风险。四方有限公司、浦镇公司、唐山公司、永济公司、财务公司、戚墅堰所、戚墅堰公司等子公司在风险识别、风险评估和风险应对措施等环节都有所创新和深入。

【内部控制】 以完善内部控制评价和内控缺陷整改为重点，提高监督和评价能力。继续按照证监会要求，组织各子公司开展2016年度内控评价工作，中车股份总部及所属子公司按照流程梳理、穿行测试、控制测试、缺陷认定、问题整改和总结报告六个阶段开展内控评价工作，评价结果显示中车股份内部控制体系健全，控制有效，没有发现存在重大和重要内控缺陷。配合德勤与毕马威事务所开展2016年度内部控制审计工作，积极沟通、协调，提供审计资料，组织各相关部门接受访谈并配合测试，为审计报告的客观定性奠定基础。长客股份公司、长江公司、大同公司、太原公司、株洲电机公司、租赁公司、西安公司、二七车辆公司等以内控评价为手段，建立信息化自评价系统，持续梳理修订本企业内控制度和流程，不断提升内部控制机制建设水平。资阳公司、长江公司、戚墅堰公司等在审计中运用内控测试的方法，风险评估中重点结合审计揭示的管理薄弱环节，内部控制中重点把握风险高发领域，实现审计和风控工作的有效融合。株机公司在内控评价中融合与运用专项管理审计的结果和审计思维，构建专项管理领域内控评价模型，将评估项目建设模式、发包方式、招标文件、工程量清单、招标控制等建设环节的风险，作为切入点和重点，实现工程审计与风险管理的互融。株洲所、兰州公司、大连所、大连电牵公司等积极整改监事会、巡视组提出的内控缺陷，制订详细计划，推进落实整改。

【工作交流】 各级审计部门采取多种措施，加强资源整合，提升整体素质，推动团队建设。年内，组织对20家子公司调研，宣传审计、风险管理和内部控制的职能和作用。建立审计部门负责人年度工作述职机制，首次组织43家子公司审计部门负责人年度工作述职，四方股份公司、株机公司、株洲所、资阳公司、齐齐哈尔公司、长客股份公司、四方有限公司、长江公司、西安公司、戚墅堰所10家企业被评为优秀。组织各子公司参加中车集团风险管理培训，聘请集团外专业的风险管理专家传授知识，7个子公司的审计和风险部门负责人与大家分享经验。创新中车风险内控工作，奠定风险管控工作的制度基础，组织专门团队制定中车风险内控指引（指南）详细的编制、审核计划，对各级审计部门提交的62个指引（指南）进行4次集中讨论、评审，逐一修改完善。齐齐哈尔公司选送的《铁路货车企业以增值为导向的管理审计体系建设》获中国中车第一届企业管理创新成果二等奖。

（审计和风险部　供稿）

法　律　事　务

【概述】 2016年，法律事务以合规审核为工作主线，紧紧围绕新中车的各项经营管理活动，依法维护中国中车合法权益，确保中国中车依法决策、依法合规经营。面对境外复杂的贸易环境和境内PPP、基金管理等新的商业模式或经营行为，主动贯彻落实中国中车领导的相关指示精神，积极发挥法律服务及支撑作用，有效降低和规避了运营管理过程中的法律风险。

【法制建设】 审核编制中国中车法制建设五年规划，并由中车集团上报国资委。贯彻落实国资委的中央企业法制建设工作要求，在原有法制建设基础上，重点加强以完善总法律顾问配置为代表的法律队伍建设工作，对照国资委新的“五年规划”中“中央企业以总法律顾问为核心的法律顾问队伍全面实现专职化，法律人员配备比例接近国际同行业标准”的总体要求，中国中车重要子企业均配置总法律顾问，但是部分仍然兼职，系统法律团队配置人员数量和能力或质量在中车系统内部不均衡，总体看与国资委要求以及其他优秀的中央企业相比较仍然存在差距。

【规章制度管理】 搭建规章制度体系，从中国中车制度是否“合规”的角度进行法律审核，全年中国中车制定并发布各项规章制度51个。对总部职能部室编制的规章制度全面进行合规性、合法性的法律审核，重点关注各项规章制度是否符合公司章程、相关治理准则、公司法、证券法以及相关机构对上市公司的监管要求，是否符合税法、国资监管方面的规章和规范性文件要求，确保规章制度或内控管理制度合法、合规，规章制度合规审核率达100%。编制完成《中车股份联合体投标暂行规定》《中车股份反商业贿赂管理办法》《中车股份境外购买H股权益披露管理办法》《中车股份子公司章程管理办法》《中车股份法律纠纷管理办法》等5项制度。

【合同或协议法律审核】 法律事务部将合同或协议法律审核作为核心业务，全年法律审核各类合同或协议174份，合同内容从科技开发合同、软件开发及服务合同、采购合同、国内外展览展示合同、保密协议、重组并购协议、股权交易类协议、金融类委托理财协议、担保协议、中介服务合同等。审核中国中车签订的战略合作协议或战略框架协议52份，审核过程中对部分条款进行修改，依法维护中国中车合法权益。

【重大事项法律审核】 从重大项目实施的合法合规性、具体操作环节或程序的合法性以及项目相关协议或合同法律审核等角度参与重大事项的法律论证或审核工作。A股定向增发项目，融入项目法律工作小组，配合外部律师团队完成公司法律尽职调查，对项目涉及的中介服务协议等相关合同或协议进行法律审核，并参与上报相关材料的联合会审，确保项目依法合规顺利实施。境外投资项目，参与由国际业务部、投资发展部牵头发起的美国、巴西、新西兰、南非、老挝、印尼、澳洲、英国、以色列、新加坡等全部境外投资项目，从法律管理层面提供法律服务，重点审核章程、合资协议等，并要求境外项目实施团队针对境外司法辖区的法律规制，聘请境外当地合资格的律师进行协助审核把关，确保依法合规实施境外项目，依法维护中车公司的合法权益。境内外并购与业务整合项目，参加资本运营部牵头发起的境内外全部并购项目（包括境外意大利BLUE项目、捷克ROSE项目、德国VEM项目，境内中新苏州工业园区工程公司项目），提供法律支持与服务，配合外部律师规避项目存在的法律风险；参加天津公司业务调整整合工作，提供法律咨询与服务工作，确保整合工作依法实施；国际业务海外布局法律服务。

参与中国中车治理相关的决策事项法律审核，包括同业竞争处理、关联交易分析、母公司担保事项处理等，以中国中车内部律师从中车内部治理角度发表意见，并提出妥善处理的方式或措施。

【其它法律事务管理】 强化合同签署法人授权环节的合规审核，中国中车对外签订的合同或协议，均需编制授权委托书，确保合同签署合规并且规范，年内办理法人授权委托9项。加强子公司章程管理，审核并办理子企业章程修改事项，重点针对党建条款、子公司治理结构调整及公司名称变更等涉及子企业章程调整事项，年内完成子公司章程编制或修订审核22项。办理中国中车工商事务，完成南北车合并北车股份公司注销登记（境内北京工商局、境外香港公司登记处）及法定代表人变更工商登记工作；完成境外香港登记处中车股份董事变更工作。办理商标事务，国际商标注册完成注册申报，等待各相关国家反馈注册或异议信息；国内商标注册，年内处理CRRC标识、中车标识、“车字图形”标识在全部45个产品和服务类别申请注册后的异议答辩、撤销冲突商标的未使用申请等相关工作；完成“中国中车”等在65个产品及服务类别的注册工作，取得商标注册证。为城轨事业部PPP项目、服务事业部基金公司项目等有关部室、长江公司美国VRC公司涉及美国CFIUS审查、资阳公司OFAC审查等提供法律咨询法务。

【法律纠纷处理】 年内，配合处理物流贸易、融资租赁过程中产生的法律纠纷，协调处理货车子公司与内蒙昆德公司货车买卖纠纷项目，协调处理印度项目纠纷，研究并处理“联合体投标”潜在连带责任或担保问题。

（法律事务部　供稿）

技术管理

责任编辑　肖洪乐

科技管理

质量管理

信息化管理

安技与环保

科　技　管　理

【概述】 2016年，中国中车坚持“创新驱动发展”战略，全面启动国家高速列车技术创新中心建设，持续提升高端制造整体水平。围绕“中国制造2025”“互联网+”和“走出去”等国家战略，加快创新步伐，完善产学研用协同创新平台，深入开展轨道交通系统安全保障技术、时速400公里及以上高速客运装备关键技术、磁浮交通系统关键技术等重大技术专项攻关。坚持品质发展，开发世界先进水平的高端装备，陆续推出中国标准动车组、无人驾驶地铁车辆、悬挂式轨道列车、新能源空铁列车、驮背运输车、货运动车组等新产品，为客户提供更加优质、安全、可靠、环保产品。围绕年度经营目标，重构“开放、协同、一体化、全球布局”科技创新体系。面对诸多困难和挑战，科技系统全面落实科技创新各项重大决策部署，扎实推进三大技术创新工程，攻坚克难，开拓进取，多项工作取得重大突破。

【产品研发】 时速350公里中国标准动车组、时速250公里高寒卧铺动车组、CRH3A型城际动车组取得型号合格证和制造许可证、投入市场；时速350公里高速卧铺动车组顺利下线；CJ-2型、CJ-6型、CRH6F型城际动车组投入试验及运用考核；时速250公里中国标准动车组、快捷货运动车组研发工作有序推进。八轴快速客运电力机车、时速160公里客运内燃机车完成样机试制；双动力48头打磨车通过中国铁路总公司试验评审。27吨轴重C80E型通用敞车获得型号合格证和制造许可证；P80型通用棚车和KM98型煤炭漏斗车完成运用考核；QT1、QT2型驮背运输车研制有序推进。北京燕房线全自动驾驶地铁列车顺利下线，珠海现代有轨电车地面供电技术改造工作完成并即将投入正式运营；国内首列永磁电机地铁列车在长沙地铁线完成载客运营考核。

开展关键部件和系统技术攻关，完成分布式网络智能模块机车空气制动系统和超低温高速动车组齿轮传动系统试制，完成时速350公里中国标准动车组制动控制系统装车和型式试验。开展基于卫星通信的动车组信息化及旅客服务系统研究；开展时速160公里双动力动车组内燃动力包、时速160公里动力集中动车组牵引电传动系统开发。建立基于铜工艺的800安/6500伏IGBT平台，成功研制3000安/3300伏压接式IGBT。新一代LKJ-15C型列车运行监控系统完成运用考核，通过中国铁路总公司组织的技术评审。

国内功率最大的海上风力发电“大力神”6兆瓦半直驱永磁同步风力发电机成功下线。第五代纯电驱动技术平台新能源汽车样机完成研制，10.5米快充纯电动城市客车获得中国公告，18米储能式无轨电车通过欧盟认证、进入欧洲市场。载重240吨“巨无霸”矿用自卸车顺利下线。叶片打磨机器人完成研制并投入应用试验。遥控水下机器人ROV2.0项目完成总体方案设计。村镇分散污水治理用系列净化槽技术消化与示范项目完成第一台原理样机试制。

高速动车组牵引控制系统、制动系统、永磁电传动系统、大功率IGBT等核心技术取得实质突破，无人驾驶技术、工业以太网等关键技术取得较好进展。中国标准动车组以时速超过420公里、相对速度840公里/时交会通过，成功完成运用考核；首条中低速磁悬浮快线正式投入运营；首列悬挂式轨道列车成功下线；驮背运输车、时速160~200公里系列快捷货车等重点科研产品进展顺利。高速动车组、大功率机车、重载货车、城轨车辆等轨道交通装备整机产品达到世界先进水平。

【技术研究】 2016年，国家第一个由中国中车牵头组织65家企业、高校、科研院所实施的“国家重点研发计划—轨道交通重点专项”正在实施，中国中车在国家和行业的引领地位进一步凸显。积极开展新材料、智能产品、智能制造等领域的核心技术研究。开展石墨烯改性金属材料研究，完成电导率高于银的金属复合材料合成制备；开展遗态功能纳米材料研究，试制出新型光解水蒸汽的材料样件；组织智能产品研究，完成高集成化传感器节点原理样机设计开发和智能感知网络系统地面验证中心搭建；推进协同设计平台研究，完成中国中车协同设计平台顶层架构方案。

【技术创新体系】 年内，持续完善技术创新体系。通过持续建设，中国中车拥有11个国家级行业研发机构、21家国家级企业技术中心和12家海外研发中心，初步搭建具有国际先进水平的轨道交通装备设计、制造、产品三大技术平台。作为国家科技改革试点，中国第一家由企业承担的“国家高速列车技术创新中心”开始建设。中国中车牵头成立国际轨道交通车辆工业设计联盟、中国IGBT技术创新与产业联盟、中央企业电动车产业联盟等，持续引领中国中车各业务领域实现快速发展。

推进国家高速列车技术创新中心组建。中国中车联合青岛市共同推进国家高速列车技术创新中心建设，获得国家批复并全面启动建设。创新中心建设将借鉴成功经验，高效整合重组创新资源，实现“聚智、协同、转移、辐射、合作”功能，成为重大关键技术的供给源头，成为行业技术标准制修订的国际化基地，成为引领世界高速列车技术与产业发展的“火车头”。

推动轨道交通车辆系统集成国家工程实验室建设。在整合原有高速列车系统集成国家工程实验室基础上，全面融合中国中车所属企业的创新资源，共同组建的轨道交通车辆系统集成国家工程实验室得到国家发改委正式批复，按照“一中心、三区域、五平台”的总体构架启动实验室建设，翻开中国中车内部企业合作建设国家级创新平台新篇章。

开展中国中车专项技术研发中心建设。组建传感测量技术、网侧高压电器技术、紧固连接技术、电连接器技术、钩缓技术、机械传动技术、换热技术、污水处理与真空排水技术等8个首批中国中车专项技术研发中心，促进关键系统、核心部件正向开发，着力强化新产业技术研发能力，支撑新产业加快发展。

持续推进中国中车合作研发平台建设。整合全球创新资源，成立中车一密西根大学先进制造联合研究中心、中保智能检测系统装备研发中心，提升全球创新资源运用能力。加强科技创新合作，与同济大学共建“同济中车创新研究中心”，与北京交通大学共建“中车研究院北京交通大学绿色动力系统技术分院”，与湖南大学共建“中国中车湖南大学研究中心”，“191”校企联盟模式(中车+同济大学等9所高校联盟+观察员湖南大学)开始运行，完善产学研用协同创新平台。

【科技预算及投入】 2016年，中车股份全年科技经费投入115.1亿元，技术投入比率为5.0%，位列“2016全球企业研发投入排行榜”第96位，居中国制造业首位。充分发挥融合效应，减少重复研发投入，同比节省科技经费20.8亿元，新产品贡献率超过60%，提质增效成果显著，更加凸显创新对发展的支撑作用。

【科研项目管理】 2016年，中国中车承担并实施“国家重点研发计划—轨道交通重点专项”，获得第一个由企业代表国家牵头组织实施项目的殊荣，成为国家科技体制改革试点排头兵。“轨道交通系统安全保障技术”“时速400公里及以上高速客运装备关键技术”“磁浮交通系统关键技术”3个项目，首批完成立项并启动实施，共获得中央财政资金支持9.67亿元，有效聚合44家企业、16家院校、5家科研院所等优势科技创新资源。积极申报并承担中国铁路总公司科研课题，“时速250公里中国标准动车组研制”和“时速160公里动力集中动车组—动力车关键技术研究、控制车和拖车关键技术研究”作为中国铁路总公司重大课题立项；“160km/h快捷货车试验考核体系研究”等29个项目作为中国铁路总公司重点课题立项。面向市场需求和关键技术研究，组织中国中车科研项目立项工作，启动实施4项中国中车科技创新重大专项、24项中国中车重大项目和177项中国中车重点项目。中国标准动车组、洲际列车、智慧列车、云链金融等创新成果，受到党和国家领导人的高度赞誉。同年10月，第一届轨道交通结构健康监测国际研讨会在青岛召开，来自中、美、德、英、法、日、韩等13个国家地区的200余名院士、教授、知名学者及行业顶级专家出席研讨会，极大提升中国中车在国际科学界的学术地位。

【科技成果评审】 戚墅堰所高铁列车齿轮传动系统项目，摘得“第四届中国工业大奖”桂冠；时速200公里城际动车组研制项目，荣获“中国铁道学会科学技术奖特等奖”。2016年，中国中车经积极申报，获得中国铁道学会科学技术奖共30项，其中“时速200公里城际动车组研制”项目荣获特等奖、一等奖5项、二等奖13项、三等奖11项。经中国中车科学技术奖励评审委员会评定，获得中国中车科学技术奖共112项，其中特等奖6项、一等奖15项、二等奖36项、三等奖55项。

2016年中国中车获中国铁道学会科学技术奖情况统计

序号	项目名称	获奖等级	主要完成单位
1	时速200公里城际动车组研制	特等奖	四方股份公司、中国铁路总公司安全监督管理局、济南铁路局青岛机车车辆监造项目部、浦镇公司、北京交通大学、株洲中车时代电气公司
2	40t轴重中交叉支撑转向架	一等	齐齐哈尔公司
3	基于动力单元的大功率交流传动电力机车组技术研究与运用	一等	株机公司、株洲中车时代电气公司、株洲电机公司
4	SDA1型大功率交流传动内燃机车研制	一等	资阳公司
5	阿根廷布市萨缅托和麦特线电动车组研制	一等	四方股份公司
6	12V265柴油机	一等	大连公司
7	出口澳大利亚30t轴重不锈钢煤炭漏斗车	二等	齐齐哈尔公司
8	出口澳大利亚30t 轴重准轨煤炭漏斗车	二等	长江公司
9	内电混合动力轨道牵引机车研制与运用	二等	株机公司、南京地铁建设有限责任公司
10	HXN3型交流传动高原内燃机车研发及应用	二等	大连公司、青藏铁路公司、永济电机公司、西南交通大学
11	出口阿根廷SDD7型内燃机车研制	二等	戚墅堰公司
12	自主化WTB/MVB网关	二等	大连电牵公司
13	中国标准化25T型客车研制	二等	唐山公司
14	时速250公里高寒抗风沙动车组牵引电机	二等	永济电机公司

序号	项 目 名 称	获奖等级	主要完成单位
15	电气化铁路优质、高效供电关键技术研究及应用	二等	株洲变流技术国家工程研究中心
16	JZ-8 型机车制动系统	二等	四方所
17	新型电控真空保持式集便器	二等	山东公司、山东中车华腾环保科技有限公司
18	基于 CRH5 型动车组的经济型镟修车轮踏面研制	二等	长客股份公司
19	PW-220K 型转向架研制和推广	二等	浦镇公司
20	高速动车组用空气弹簧国产化项目	三等	株洲时代新材料科技公司
21	符合 UIC 标准的 MUB 型铁路车辆空气制动系统研制	三等	眉山中车制动科技公司
22	30t 轴重铝合金煤炭漏斗车	三等	长江公司、神华集团公司运输管理部、四方所、西南交通大学机械工程学院、北京交通大学机械与电子控制工程学院
23	出口澳大利亚塔斯马尼亚米轨铁路系列货车	三等	沈阳公司
24	HXN3 内燃机车自主化网络和牵引控制系统研发及应用	三等	大连公司
25	HXN5 型机车二年检技术研究	三等	戚墅堰公司
26	CRH3C 动车组四级修检修工艺技术	三等	唐山公司
27	30 吨轴重货车车轴、车轮和轴承的研发与应用	三等	四方所、铁科院金属及化学研究所、齐齐哈尔公司、成都天马铁路轴承公司、上海联合滚动轴承公司
28	铝合金搅拌摩擦焊焊缝检测技术研究	三等	戚墅堰所、株机公司、长江公司、四方股份公司
29	GW70 型食用油罐车	三等	西安公司
30	内燃动车组用系列冷却系统	三等	大连所

2016 年中国中车科学技术奖情况统计

序号	项 目 名 称	获奖等级	主要完成单位
1	C80E(H、F)型通用敞车	特等奖	齐齐哈尔公司、铁科院、四方所、北京交通大学、西南交通大学、大连交通大学、同济大学、鞍钢股份公司
2	CRH5G 高寒抗风沙动车组技术研究及应用	特等奖	长客股份公司
3	时速 160 公里城际动车组研制	特等奖	四方股份公司
4	南非 1065mm 轨距双流制 26 吨轴重电力机车研制	特等奖	株机公司
5	轻轨车辆及其铰接式转向架	特等奖	株机公司
6	一种电机端盖和一种电机	特等奖	株洲电机公司
7	长编组单轨列车研制	一等奖	长客股份公司
8	HXD3A 型交流传动八轴货运电力机车	一等奖	大连公司
9	大功率机车柴油机燃油电控喷射技术研究	一等奖	大连公司
10	运输汽车-普通货物双层两用车研制	一等奖	二七车辆公司
11	基于 CRH2 型动车组技术平台的动车组耐高寒、抗风沙技术研究	一等奖	四方股份公司
12	出口泰国 SDA3 型交流传动内燃机车研制	一等奖	戚墅堰公司
13	42t 轴重矿石敞车研制及既有车增载可行性研究	一等奖	长江公司
14	CRH3 系列动车组钩缓装置	一等奖	四方所
15	纯电动中型公务客车研发	一等奖	株洲所
16	LKJ-15C 型列车运行监控系统	一等奖	株洲所
17	GTC-80 型钢轨探伤车	一等奖	株洲所

序号	项 目 名 称	获奖等级	主要完成单位
18	《IRS 50561 客车通过台》国际标准制定	一等奖	四方所
19	《IEC/TS 62580-2：2016 轨道交通 车载多媒体系统 第 2 部分：视频监视/CCTV 服务》国际标准制定	一等奖	株洲所
20	《IEC 62847：2016 轨道交通 机车车辆 电连接器基本要求和试验方法》国际标准制定	一等奖	株洲所
21	《IEC 62848-1：2016 轨道交通 地面装置 直流避雷器和限压装置 第 1 部分：避雷器》国际标准制定	一等奖	株洲所
22	BHP 公司 40t 轴重矿石车	二等奖	齐齐哈尔公司
23	WPG 矿石漏斗车及底门机构	二等奖	齐齐哈尔公司
24	重载快捷及出口铁路货车大型部件铸造技术研究与应用	二等奖	齐齐哈尔公司
25	新一代 70%及 100%低地板列车研制	二等奖	长客股份公司
26	时速 250 公里城际动车组技术研究及应用	二等奖	长客股份公司
27	TIP TIG 焊接技术在轨道车辆制造中的研究与应用	二等奖	长客股份公司
28	福州地铁 1 号线研制	二等奖	唐山公司
29	出口阿根廷米轨交流传动内燃动车组	二等奖	唐山公司
30	出口刚果(金)CKD8C1 型内燃机车	二等奖	二七机车公司
31	30 吨轴重货运电力机车牵引电机	二等奖	永济电机公司
32	高寒高海拔抗风沙动车组电传动系统	二等奖	永济电机公司
33	新型 2MW 空空冷双馈风力发电机	二等奖	永济电机公司
34	无涂装干线不锈钢客车车体制造工艺开发及样车研制	二等奖	四方股份公司
35	高速动车组车体先进焊接制造技术及应用	二等奖	四方股份公司
36	青岛地铁 3 号线车辆研制	二等奖	四方股份公司
37	高速动车焊接质量先进支撑技术体系研发	二等奖	四方股份公司
38	32.5t 轴重柴油铁路罐车研制	二等奖	西安公司
39	出口伊朗三城市地铁车辆研制	二等奖	浦镇公司
40	出口阿根廷客车研制	二等奖	浦镇公司
41	阿联酋五联底开门道砟车组	二等奖	长江公司
42	神华铁路货车空气制动系统配置研究与应用	二等奖	眉山公司
43	广州市轨道交通三号线增购车辆研制	二等奖	株机公司
44	FYDK01 异步风力发电机关键技术研究及产业化	二等奖	株洲电机公司
45	中低速磁悬浮列车直线电机及悬浮磁铁关键技术研究及产业化	二等奖	株洲电机公司
46	出口泰国米轨交流传动内燃机车研制	二等奖	资阳公司
47	SDD23 型大轴重宽轨内燃机车研制	二等奖	资阳公司
48	CRH3 型动车组冷却系统技术深化研究与应用	二等奖	大连所
49	异步电机参数动态辨识技术及其应用研究	二等奖	大连电牵公司
50	100%低地板有轨电车牵引传动系统	二等奖	四方所
51	CRH2 型动车组加装撒砂系统	二等奖	四方所
52	160 公里（HXD1D/HXD3D）快速客运大功率电力机车齿轮传动装置研制	二等奖	戚墅堰所
53	80km/h 钢轨高速探伤车检测系统	二等奖	株洲所
54	车载实时以太网关键技术研究及模块式平台研制	二等奖	株洲所
55	高品质大功率传动控制关键技术平台研究及应用	二等奖	株洲所
56	高流动性尼龙 6 的研究及产业化项目	二等奖	株洲所

序号	项 目 名 称	获奖等级	主要完成单位
57	6500V/25A IGBT 芯片和 6500V/50A FRD 芯片	二等奖	上海北车永电电子科技有限公司
58	轮轴、转向架和货车组装一体化制造技术研究及应用	三等奖	齐齐哈尔公司
59	高速动车组全寿命周期维修技术研究	三等奖	长客股份公司
60	高速动车组转向架维修技术和服役可靠性研究	三等奖	长客股份公司
61	纵向换轨车	三等奖	沈阳公司
62	大连 1、2 号线地铁车辆	三等奖	大连公司
63	16V240ZD 型重油发动机的研制	三等奖	大连公司
64	出口尼日利亚发电车研制	三等奖	唐山公司
65	轨道车辆虚拟现实平台构建及应用	三等奖	唐山公司
66	出口东非地区窄轨铁路客车开发及应用	三等奖	唐山公司
67	多品种城轨车柔性化生产线构建	三等奖	唐山公司
68	GCY520 型内燃机车	三等奖	二七机车公司
69	莫桑比克窄轨平车	三等奖	太原公司
70	出口澳大利亚 40 英尺集装箱平车	三等奖	太原公司
71	新厂工艺规划与设计	三等奖	太原公司
72	1.5 兆瓦低风速风力发电机组	三等奖	山东公司
73	动车组给水卫生系统研制	三等奖	山东公司
74	大功率机车车轮制动盘拧紧机	三等奖	山东公司
75	动车组检修技术研究	三等奖	四方股份公司
76	时速 160km 液力传动轨道车用 SYD-160A 型转向架研制	三等奖	四方有限公司
77	青藏发电车 A4 级检修工艺研究	三等奖	四方有限公司
78	货运重载铁路综合检测车车辆研制	三等奖	洛阳公司
79	基于有限工序单元工艺设计方法的检修技术平台构建	三等奖	洛阳公司
80	基于运行数据预测故障率和量化可靠性的部件选型的方法研究	三等奖	浦镇公司
81	喀麦隆米轨客车转向架研制	三等奖	浦镇公司
82	轨道车辆先进电气检测技术研究	三等奖	浦镇公司
83	出口坦赞铁路 SDD20 型内燃机车研制	三等奖	戚墅堰公司
84	机车牵引风道流体动力学设计	三等奖	戚墅堰公司
85	地铁自行式焊轨车的研制	三等奖	戚墅堰公司、戚墅堰所
86	DZ2 型转向架	三等奖	长江公司
87	PNR 双层小汽车运输车	三等奖	长江公司
88	TB2 型四氧化二氮储罐保温运输车	三等奖	长江公司
89	中国标准动车组电气连接器研制	三等奖	资阳公司
90	《往复式内燃机 大功率柴油机 连续纤维锻钢曲轴 检验方法：湿法连续法磁粉检测》机械行业标准研制	三等奖	资阳公司、船舶重工集团第七一一研究所
91	32/40 曲轴柔性化生产加工工艺	三等奖	资阳公司
92	EMD710 曲轴制造工艺开发	三等奖	资阳公司
93	27t 轴重 DZ3 型转向架的研制	三等奖	眉山公司
94	出口澳大利亚轻量化大容积棚车	三等奖	眉山公司
95	铁路货车内铆式专用拉铆钉	三等奖	眉山公司
96	新型有轨电车储能电源研制	三等奖	株机公司
97	160km/h 速度等级米轨动车组研制	三等奖	株机公司

序号	项 目 名 称	获奖等级	主要完成单位
98	商用空调用高速永磁同步变频调速电机关键技术研究	三等奖	株洲电机公司
99	2MW 高速型双馈风力发电机关键技术研究	三等奖	株洲电机公司
100	储能式电动大巴用永磁同步牵引电机关键技术研究	三等奖	株洲电机公司
101	基于双流制窄轨电力机车牵引变压器关键技术研究	三等奖	株洲电机公司
102	120/120-1 型控制阀主阀体组成气爆清洗机	三等奖	贵阳公司
103	重载机车节能减排平稳运行操纵控制关键技术研究	三等奖	大连所
104	HXD2 和 HXD2B 型机车远程监测与诊断系统	三等奖	大连所
105	阿根廷米轨内燃动车组网络控制系统	三等奖	大连电牵公司
106	列车受电弓视频监控系统	三等奖	四方所
107	轨道车辆踏面清扫装置关键技术研究及应用	三等奖	戚墅堰所
108	风电齿轮箱状态监测及故障诊断技术	三等奖	戚墅堰所
109	高速铁路站台门关键技术研究及产业化	三等奖	株洲所、中铁第四勘察设计院
110	DPT 型接触网检修作业车	三等奖	株洲所
111	GCD-600 型重型轨道车	三等奖	株洲所
112	2.8V/30000F 纳米混合型超级电容器的制造及其产业化	三等奖	宁波中车新能源科技公司、株机公司

【通用技术】 开展增材技术在模具制造及关键零部件生产和修复中的应用、面向智能制造的工艺技术、焊接结构设计及疲劳应力评估等研究。开展激光 MIG 复合焊、工艺仿真、粘接与密封等新工艺技术研究。完成和谐型机车 C5 修工艺技术开发，深入开展动车组关键零部件寿命、修复技术和故障诊断技术研究，优化动车组修程修制。组建中国中车热处理、涂装、粘接技术专家组，开展通用技术联合攻关和推广应用；引入国际焊接、粘接质量管理体系标准，加快人才培训，推进企业贯标和认证工作；组织轨道交通先进制造技术论坛，开展国际焊接、无损检测新技术交流活动。

制定计量和理化实验室信息化系统建设指南；完成《计量培训教材》修订；制定计量理化实验室综合技术管理系统建设指南；开展计量、理化培训考核，分别完成 215 人、185 人的考核工作；开展“测量不确定度评级及应用”专项培训工作。

【标准化工作】 2016 年，中国中车标准化工作取得新成绩，国际标准化工作达到新高度。成功承办 IEC/TC9 第 56 届年会；主导制修订的《IEC/TS 62580-2：2016 轨道交通车载多媒体系统第 2 部分：视频监视/CCTV 服务》《IEC 62847：2016 轨道交通机车车辆电连接器基本要求和试验方法》《IEC 62848-1：2016 轨道交通地面装置直流避雷器和限压装置第 1 部分：避雷器》和主导修订的《IRS 50561 客车通过台》4 项国际标准正式发布，实质参与国际标准制修订项目 58 项；株洲所获得 2016 年中国标准创新贡献奖组织奖。

积极承担国家和行业标准的制修订任务，主持制定国家标准 53 项、行业标准 95 项，参与制定团体标准 2 项。组织中国中车技术标准体系研究及建设工作，完成 15 项中国中车技术标准制定。

【知识产权及专利技术管理】 2016 年，在第 18 届中国专利奖评选中，中国中车获得发明专利金奖 2 项，株机公司的“轻轨车辆及其铰接式转向架”专利和株洲电机公司的“一种电机端盖和一种电机”专利；获得发明专利优秀奖 4 项，株洲中车时代电气股份有限公司的“一种重载变流器”专利、株洲所的“一种太阳能变频空调系统”专利、株洲时代新材料科技股份有限公司的“大型复合材料风电叶片及其制备方法”专利和眉山中车制动科技有限公司、成都广屹实业发展有限公司的“一种用于制造铁路货车制动产品的方法”专利；获得外观设计专利优秀奖2项，四方有限公司的“轨道车辆车头”专利和唐山公司的“低地板车车身”专利。在国家知识产权局发布的“中国企业专利奖排行榜”上，中国中车以38件获奖专利位居第2位，居装备制造业之首。按照“总量适度、质量提高、国际布局”的原则，精心部署专利申请工作，全年申请专利4034件，其中发明专利2471件；授权专利2956件，其中授权发明专利1275件；申请海外专利303件，授权海外专利93件。知识产权许可或转让332项，实现许可收入3593万元。全年共发生5起知识产权纠纷，总体风险可控。

（科技管理部　供稿）

质　量　管　理

【概述】　2016年，按照中国中车统一部署，印发《中国中车“十三五”质量发展规划》。完成《中国中车集团公司质量管理工作指引》修订，在内容上覆盖中车集团相关产业，围绕股份公司生产经营和年初确定的重点工作，认真组织开展各项工作，保证了公司产品质量安全形势的基本稳定，为中国中车生产经营各项工作的顺利开展奠定了基础。

【产品质量指标】　2016年，中国中车未发生特别重大、重大质量事故；未发生一般A、B类质量事故；杜绝批量质量问题；未发生因产品质量问题导致严重影响交货期、被用户投诉拒收、召回的情况。依据《中国中车股份有限公司2016 年子公司效绩评价考核实施办法》《中国中车股份有限公司2016年度经营计划》和《中国中车股份有限公司质量责任追究若干规定》，提出对有关子公司的考核建议。

【质量体系运行监督】　年内，中国中车借助整体合力优势，通过体系审核、项目审核和问题审核等三个维度，对所属企业质量管理重点、难点问题进行排查和诊断，交流管理经验，提出改进建议，质量监管督导工作呈现出许多新亮点。全年共计实施浦镇公司25型铁路客车造修过程、戚墅堰所齿轮箱产品实现过程等审核4次，促进所属企业针对性地改进提升；对眉山公司、株机公司等7家所属企业开展质量管理体系第三方审核见证，调动总部、所属企业、第三方审核合力优势效果明显；组织所属企业质量工作诫勉谈话1次，起到既警示帮扶直接责任企业、又提醒其他企业重视与反思的作用。在机、客、货车即时质量问题短信信息平台基础上，搭建海外产品即时质量问题短信信息平台，及时掌握有关质量情况。每季度编制下发“中车质量工作通报”，密切与所属企业的工作沟通交流。

【产品质量认证与生产许可】　2016年，中国中车产品质量认证与生产许可情况稳定。11月，国家铁路局副局长苏全利一行到中国中车总部进行行政许可、质量安全监管相关工作调研。中国中车董事长、党委书记刘化龙围绕机车车辆设计制造维修行政许可、质量事故责任判定、产品质量保证等事项与国家铁路局领导深入交换意见，副总裁孙永才对中车产品行政许可有关情况进行汇报，并提出具体意见建议。齐齐哈尔公司、长客股份公司、大连公司、唐山公司、二七机车公司、株机公司、长江公司、戚墅堰公司、株洲所等所属企业相关工作主管领导参加座谈并发言。12月，国家铁路局局长杨宇栋一行到访中国中车，董事长、党委书记刘化龙，总经理、总裁奚国华，副总裁孙永才就中国中车改革发展总体情况向国家铁路局领导进行汇报，双方围绕提升机车车辆产品水平，促进中国铁路事业持续安全发展、健康发展进行深入交流。会谈确定中国中车牵头起草“铁道机车车辆质量安全保证规范”，并尽快启动相关工作。

【产品质量监督检查】 中国中车全年发生3起外部产品质量监督抽查不合格，其中：国家铁路局铁路产品监督抽查不合格2项，中国铁路总公司铁路产品质量抽查不合格1项。

【质量问题攻关与整改】 2016年，中国中车所属企业围绕产品质量安全，不断推进质量攻关工作。动车组源头质量整治初设定整改项目128项，整治完成70项，整治完成率54.7%，正在整治38项，已制定方案即将实施整治13项，正在研究解决方案7项，计划兑现率97.7%。与上年同期相比，长客股份公司动车组百万公里故障率降低29.1%，四方股份公司降低22%，唐山公司降低20.2%。

中国中车以科研项目管理方式，组织选定6家质量管理基础好的所属企业承担18个质量预防改进项目，从质量管理模式、质量管控手段和方法以及故障诊断分析技术3个方向开展研究，推动质量工作“由事后处置向事先预防转变”。

【QC 小组活动】 6月，在北京召开中国中车年度质量管理小组成果审定与经验交流会，完成优秀QC小组成果的申报推荐工作。年内，2个生产班组获得全国信得过班组；1个QC小组获得国家级优秀QC小组称号，并代表铁道行业参加全国优秀QC成果发布大会，为行业和中国中车赢得荣誉；35个QC小组获得铁道行业优秀QC小组称号；63个QC小组获得中国中车优秀QC小组称号。

【专项质量管理活动】 为实现“安全出行、方便出行、温馨出行”的常态化春运目标，年初，中国中车印发“关于做好2016年春运、调图及新线开通服务保障工作的通知”，对相关工作进行全面安排部署。春运开始后，中国中车主要领导带领部分所属企业负责人分头走访沈阳铁路局等8个路局，听取用户意见。所属各机、客、货车相关企业，按照中国中车统一要求，于春运开始前成立企业服务保障领导小组及工作小组，采取得力措施，确保在线运用的每台（辆）车重要关键部件都在受控范围内，确保春运和“两会”期间在用机车车辆产品质量稳定可靠。

为确保铁路运输生产安全，按照国家铁路局要求，在6月全国“安全生产月”期间，中车股份组织所属企业开展以“强化质量安全理念，提升质量安全素质”为主题的“质量安全月”活动。9月，按照国家质检总局等部委部署，结合中国中车生产经营实际，组织开展以“提升产品质量，建设质量强企”为主题的2016年“质量月”活动，明确“继续将产品质量安全牢固放在首位”等6项工作要求，所属企业活动取得预期效果。

年底，中车股份组织所属企业开展截至2017年“春运”前的“质量安全大检查”活动，所属企业按照国家铁路局、铁路总公司和中车股份的安排部署，认真做好贯彻落实；同时积极提前谋划“春运”服务保障工作，为2017年“春运”期间机车车辆运用产品的质量安全形势稳定奠定基础。

【供应商管理】 2016年，中国中车制订下发《采购产品与供应商质量管理规范》《供应商资质管理办法》及操作指导文件，明确供应商管理的基本要求和工作流程，共享供应商质量管理经验，进一步提升整体配套优势。组织开展内部配套供应商资质梳理与评审工作，发布《中国中车内部配套合格供应商资质名录（第一批）》，共有71家生产企业的460类产品纳入名录。组织对眉山公司紧固件、资阳公司电连接器进行内部配套供应商资质现场评定，初步构建发挥质量管控合力优势、培育内部配套供应商的工作机制。

【质量管理工作会议】 1月12日，中国中车2016年质量管理工作会议在长春召开。会议总结回顾“十二五”质量工作情况，分析研究“十三五”质量工作面临形势和任务，确定2016年重要工作。中国中车股份公司总裁奚国华以《统一认识，创新管理，全力打造中国中车世界质量高地》为题发表讲话，副总裁王军作题为《科学谋划，狠抓落实，全力开创“十三五”质量工作新局面》报告。会议期间，总工程师张新宁主持召开质量管理委员会第一次秘书处会议，审议有关事项。会后，中车股份下发“中国中车2016年质量工作要点”，对全年质量管理工作进行安排。

（质量管理部　供稿）

信息化管理

【概述】 2016年，中国中车信息化工作紧密围绕公司发展战略，以推进智能制造和两化深度融合为核心，加强信息化顶层设计，科学编制信息化“十三五”规划，积极推进信息化管理制度体系建设，完善信息化工作机制，有序推进智能制造、主数据、供应链电子采购、“中车购”、互联网+装备+服务、IT国际化工程等信息化项目，持续完善IT基础设施，有效维护各类网络及应用系统运行。召开信息化工作会议，全面部署全年信息化重点工作，描绘“数字化中车”“智能化中车”的宏伟蓝图，通过聚焦“融合、变革、升级”，进一步统一思想，形成合力，奠定落实“十三五”信息化发展规划的基础。

【信息化规划和管理制度】 2016年，结合中国中车“十三五”业务发展战略，编制完成并下发信息化“十三五”规划。确定以《中国制造2025》和“互联网+”行动计划为指引，制定“63336”信息化总体战略，到2020年实现“数字中车”目标。明确信息标准化工程、集团管控工程、精益管理工程、协同研发工程、智能制造工程、电子商务工程、智能服务工程、IT国际化工程、IT基础设施工程、信息安全工程等10项信息化建设工程。确定以深入推进“两化融合”为抓手，以“智能制造”为重点，不断提升信息化的价值创造能力，促进企业走创新发展、绿色发展、智能发展和协调发展之路的工作主线。通过推进中国中车“产品网”、“智造网”、“服务网”三网融合，促进中国中车技术创新、管理创新和商业模式创新。

完善信息化制度体系建设，印发信息化工作、信息化预算、信息化项目、信息化绩效考核、信息化建设水平评价、计算机网络系统、信息安全等26项管理办法。强化管理制度贯彻落实，加强对所属企业信息化项目管控，确保中国中车信息化发展方向。

【两化融合管理体系贯标】 年内，深入开展两化融合管理体系贯标，打造基于信息化的新型能力。6月15日，组织召开中国中车两化融合管理体系贯标工作推进视频会议，确定两化融合贯标工作指导思想、目标、重点工作内容，启动第一批14家所属企业两化融合贯标工作。戚墅堰公司、长江公司、眉山公司、株机公司、戚墅堰所、株洲所时代电气公司6家企业，通过两化融合管理体系贯标认证。搭建两化融合贯标服务平台，确定中国中车两化融合关键指标，组织完成33家制造企业两化融合水平评估工作，编制完成《中国中车2016年两化融合发展情况分析报告》，中国中车两化融合发展指数为72.9，领先全国两化融合发展指数（50.7）22.7%。

【信息化项目建设与管理】 围绕“定标准、建平台、清数据、提效益”，全面推进中国中车主数据标准贯标工作。扩充中国中车物料主数据标准，制定非产品物料分类规则及属性规范，拓展中国中车物料主数据应用范围。开发完成中国中车主数据管理平台，2016年5月1日正式上线运行。同年9月，组织召开主数据标准贯标工作培训会议，在37家一级子公司（含4家托管企业）全面推进中国中车主数据标准和平台应用，确保实现“一个中车、一套标准、一套数据”目标，促进中国中车信息共享和业务协同。

积极开展“互联网+装备+服务”实践，促进中国中车向服务制造型企业转型。根据中国铁路总公司《关于开展铁路站车Wi-Fi系统车地通信技术测试工作的通知》要求，中国中车向中国铁路总公司上报正式文件，建议在新造的时速350公里中国标准动车组上进行卫星相关设备安装并开展有关测试工作，组织四方所、信息公司、四方股份公司、长客股份公司、唐山公司完成方案设计、产品开发和装车运用，形成基于卫星通信技术，为旅客提供语音通话、互联网接入、多媒体娱乐等信息增值服务解决方案，并于10月利用中星10号、12号卫星完成高铁卫星通信现场测试，达到预期效果，为后续探索旅客信息增值服务运营方案奠定良好基础。

开展出口机车远程监测与诊断系统建设。以戚墅堰公司出口肯尼亚机车为载体，组织信息公司和戚墅堰公司完成《出口机车远程监测与诊断系统建设总体方案》《出口机车远程监测与诊断系统信息安全方案》设计。根据戚墅堰公司出口肯尼亚机车交付计划，同步进行车载终端的安装和调试，开展传输子系统、地面子系统等开发及测试工作；有效提高出口机车故障监测和诊断效率，为加快推进中国中车高端装备“走出去”及向“制造+服务”转型奠定坚实基础。

全面推进IT国际化工程建设。按照海外信息化建设“统一规划、统一标准、统一设计、统一投资、统一建设、统一管理”基本原则，实施中国中车国际化咨询项目，形成《中车海外发展战略及业务运营模式咨询报告》《中车海外IT规划及实施策略》。对国际事业部、财务部、人事部、香港资本公司、四方股份、株洲所等部门、子公司进行调研，完成IT国际化项目可研报告编制，进一步明确IT国际化战略目标、建设原则、海外主要信息系统规划、实施路径以及IT治理等工作内容。确定以株洲所整合博戈项目作为中国中车试点向前推进。

整合供应链采购平台，深入探索电子商务应用模式。按照“全球化、精益化、协同化和服务化”总体思路和“统一的采购制度、统一的采购平台、统一的采购方式、统一的采购程序”原则，启动实施供应链采购平台整合项目，实现与中国中车主数据管理平台、企业ERP系统集成，规范、固化9种采购方式、22个业务流程。围绕“采购需求提报、采购方案编制、采购寻源、合同要素管理和供应商注册管理”等功能，完成平台功能开发和系统培训工作，计划2017年切换上线运行。

深化“中车购”电子商务平台应用。完成“中车售、中车采、中车E商城、中车公益”等4个平台的功能开发，有序推进中车购平台运营工作。完成总部台式机、笔记本2类物资的线上应用试点。为甘肃天水、广西百色2个革命老区提供特色农产品线上电子商务服务，开启中车“精准扶贫+电子商务”的央企定点扶贫模式。在长客股份公司、唐山公司、永济电机公司、四方股份公司、浦镇公司、株洲所6家企业开展“中车购”平台试点应用工作，截至年底，平台入驻供应商超过2000家。

【总部信息系统建设】 年内，加强总部信息系统建设，全面支撑协同高效的集团公司管控。组织开展互联网网站群系统建设，完成中车主网站建设及41家一级子公司的开发上线，同时开展30余家二级子公司网站的开发建设，按照《中车股份互联网网站群管理办法》完成网站上线前审核工作，中车互联网网站群于6月6日正式上线运行，于9月完成验收。完成总部运营指标、劳资信息管理、科技管理、生产安全、节能环保等信息系统的开发和优化整合，实现统一平台、统一数据采集、统一管控流程、统一数据存储、统一数据分析，为集团管控提供全面、及时、准确的数据支撑。搭建19家在北京企业协同办公平台，优化移动办公应用功能，完成费控审批、员工出差审批等流程的手机应用。持续优化人力资源信息系统功能和性能，实现核心人力资源业务全员、全业务覆盖；建立人才管理信息平台，为中国中车人才战略管理体系落地提供信息化支撑。开展统一外事管理信息系统项目建设，实现外事业务的全面信息化，构建全方位的外事管理系统平台。启动中国中车质量管理信息平台建设，围绕“简化管理、提高效率，深化数据应用”，强化质量信息一体化管理，推进质量信息互联互通，逐步实现对子公司质量管理工作情况的“知→控→管→谋”；开展总部电子邮件归档系统建设，完成总部电子邮件系统升级，美化系统界面的同时加强系统易用性。

【基础设施建设】 2016年，完成高清视频会议系统建设，有效提升中国中车全球通讯水平。采取现场实施和远程调试相结合方式，接入物理终端55个、软终端185个，实现会议的录播、点播，海外分支机构、主要合作伙伴、专线未覆盖企业通过互联网接入参会等功能。通过抗丢包处理技术、动态视频码流带宽调整技术和抗网络抖动技术等技术应用，图像压缩比提高50%、带宽使用节省40%、传输稳定性提升10倍、抗网络抖动能力达到1000毫秒，音视频传输应用水平显著提高，实现中国中车视频会议系统全球无死角的全高清覆盖，有效提升中国中车全球沟通能力。

启动“中车全球IT基础平台架构和标准规范建设”，编制中国中车全球化IT基础架构建设方案，明确全球网络建设、四级数据中心建设、基础架构云平台建设、运维体系建设、基础应用平台建设五大子项目目标和实现路径，形成标准化、模块化、可复制、可重构的IT基础架构建设和服务模式，为中国中车国际化海外业务应用提供基础支撑。

成立北京IT共享运维服务中心，建立信息技术共享运维服务模式。制定服务目录、服务流程、应急服务响应、现场服务行为规范等管理制度及运维服务质量评价体系，为在北京所属企业提供信息化建设方案咨询及各类运维支持服务。

实施总部数据中心数据备份容灾建设项目，进一步提升核心业务系统数据安全保障能力。为解决总部五棵松和方庄数据中心备份域分散，备份软件和存储设备老旧、技术落后等问题，实施部署全球技术领先的Veritas数据备份软件，整合数据中心容灾备份区域和资源，实现数据备份一体化管理，增强数据备份的稳定性，简化备份系统架构，备份与恢复性能提高约10倍，数据压缩率提升10倍，数据存储空间降低90%，大幅度提升对业务系统的保障能力，实现两中心的同城数据容灾。

【智能制造项目】 2016年，智能制造综合标准化和新模式应用项目再结硕果。4月29日，中国中车智能制造工作研讨会在戚墅堰所召开。会上，首批智能制造新模式项目试点单位株机公司、株洲所、戚墅堰所汇报企业智能制造项目进展情况、存在问题和推进计划，参观戚墅堰所智能制造新模式项目生产现场。四方股份公司、长客股份公司、唐山公司、大连公司、浦镇公司、齐齐哈尔公司、永济电机公司等拟申报智能制造项目单位介绍项目准备情况。会议讨论“中车智能制造工作实施方案”，并对下一阶段工作进行安排部署。

积极组织2016年工业和信息化部智能制造标准及新模式项目申报工作，总部《高速动车组智能工厂运行管理综合标准化项目》、唐山公司《高速车车体制造新模式》、四方股份公司《高速动车组关键零部件智能制造新模式应用》、株机公司《中车电车新能源客车柔性制造智慧工厂》、株洲所《8英寸IGBT智能制造与数字化工厂建设》5个项目再次获得工信部批复立项，项目计划总投资12.49亿元，获得国家智能制造专项资金补贴近2.88亿元。四方股份公司《高速动车组转向架智能制造试点示范》项目被列入工信部2016年智能制造试点示范项目，填补轨道交通行业空白；《高速列车轮对制造智能化生产线技术改造项目》获工信部产业振兴和技术改造专项资金扶持；《高速动车组转向架数字化车间》获得2016年青岛市互联网工业“三个五”示范企业示范项目认定。

智能装备产业取得新突破。浦镇公司《轨道装备制造企业基于精益制造的智能化物流管理》成果，荣获中国企业联合会第二十三届企业管理创新成果一等奖。山东公司智能化装配系统首次进军变速箱整线项目，完成福伦德变速箱装配及试验线设计及系统集成；成功中标中国重汽卡车公司智能装配线项目，该项目被列入济南市经信委2017年市重点科研项目。株洲电机公司开发出全球第一套发电机铁芯自动叠装系统，可提高工效超过30%，一次交验合格率达99.5%以上，完工准时率达99.9%。株洲所自主研制出国内首条针对50米以上的集“测量—操作—加工”于一体的大型风电叶片多机器人协同磨抛装备，并在用户企业实现批量生产，该系统一次装夹能完成叶片90%以上区域的集成加工，打磨效率高达104平方米/时，可有效替代12名人工进行作业。

【信息化安全保障】 2016年，根据公安部、国资委等国家部委关于互联网网站安全专项整治行动工作安排，统一开展互联网网站安全防护建设，完成网站防篡改系统、web应用防火墙升级及安全云等项目实施。根据信息安全等级保护工作相关规定，完成2个三级系统和11个二级系统的等级保护定级和公安机关备案工作。组织开展工控系统调查工作，排查工控系统信息安全风险和隐患，推进工业领域国产密码算法的应用。持续推动软件正版化工作，成立中国中车软件正版化工作领导小组和实施工作组，完成办公软件统一采购工作，制定《中国中车金山WPS办公软件实施推广方案》，全面部署办公软件正版化工作。组织注册信息安全专业人员（CISP）、注册信息安员（CISM）认证培训，10个所属企业17人次获得证书。

【第二届中国中车智能制造业务创新论坛】 11月在南京召开，总部及所属23家主要制造企业分管领导和信息部门负责人共120余人参加论坛。中车股份副总裁王军作题为《激发新动能、承接新使命、打造新生态，迎接互联网时代下轨道交通智能制造的创新发展》主旨演讲，中车研究院院长龚明分享中车智能化技术架构及建设推进思路，浦镇公司、信息公司、株洲所、唐山公司、四方股份公司、山东公司6家企业进行智能产品、智能制造项目实施经验交流。会议阐述“智能化中车”总体架构，明确智能化标准体系、智能产品、智能制造新模式等3个方面工作内容和实施路径，为中国中车所属企业指明开展“智能制造”转型方向。

【信息化工作会议】 3月22日，中国中车2016年信息化工作会议在青岛召开。会议邀请国家工信部软信司副司长安筱鹏、周剑主任讲解“中国制造2025”、“两化融合”等产业政策。会议明确了深入开展“两化融合”工作重要意义，总结回顾“两化融合”工作取得成绩，强调以“两化融合”促进转型升级、建设精益企业、开展信息化效益评估、加强人才队伍建设，加快推进“数字化中车”、“智能化中车”建设。会议对全年信息化重点工作进行了全面部署，描绘“数字化中车”“智能化中车”宏伟蓝图，确定以深入推进“两化融合”为抓手，以“智能制造”为目标，不断提升信息化的价值创造能力，促进企业走创新发展、绿色发展、智能发展和协调发展之路的工作主线，通过聚焦“融合、变革、升级”，进一步统一思想，形成合力，为落实“十三五”及中长期信息化发展规划奠定坚实基础。

（信息管理部　供稿）

安　技　与　环　保

【概述】 2016年，中国中车安全生产工作以“一二三四”安全生产体系建设为核心，以保护员工生命安全健康为重点，深化统一的安全生产管理思路和模式，促进安全文化、安全理念全面融合，保证了安全生产有序可控、总体稳定。全年发生生产安全责任死亡事故1起、死亡1人，重伤事故1起、重伤1人，轻伤事故44起、轻伤44人，无新增现岗职业病发生，全面完成各项安全生产指标。

按照国资委关于节能减排的政策要求以及“十三五”的战略规划部署，将实际工作与生态文明建设、绿色发展理念和绿色低碳中车文化相结合，以“连接世界、造福人类”为使命，围绕“成为轨道交通装备为核心、全球领先、跨国经营的一流企业集团”的战略愿景，全面落实节能减排年度工作会议精神，加大节能减排工作力度。全年能耗指标与主要污染物排放指标持续下降，增加值（可比价）综合能耗同比降低11.9%、SO2排放量同比降低2.2%、氮氧化物排放量同比降低2.4%、COD排放量同比降低1.3%、氨氮排放量同比降低9.3%，没有发生重大违规和环境事故，顺利完成国资委下达的年度节能减排指标要求。

【安全专项整治活动】 中国中车组织具有铸造作业场所的11家一级子公司开展为期三个半月的铸造作业场所安全专项整治活动，整治隐患589项，并组织召开专项整治现场会议。组织开展为期半年的起重、调车作业安全专项整治活动，逐一建档、逐项检查、逐台整治。全年安全生产费用提取使用52361.6万元，总部集中投入1841.8万元，对5家单位安全生产重点项目进行专项改善。永济电机公司先后开展涂装作业、危化品、变配电系统专项整治。长客股份公司利用微信平台发动全员发现和报告隐患。二七车辆公司等单位广泛使用水性漆，二七机车公司在企业效益困难的前提下保持安全投入，改善安全条件。四方股份公司、成都公司购置防爆柜，规范危险化学品存放。四方有限公司、洛阳公司开展起重、调车作业专项整治回头看。长江公司开展安全生产专项效能监察。

【安全管理体系建设】 印发《精益安全工位建设工作指南及评价标准》《安全生产检查评价标准（2016版）》《安全生产管理指引》《应急管理指引》，编印182部法律法规制度汇编，整理130多个典型事故案例，启动746个安全技术操作规程编制工作。组织开展危险源识别与风险评价工作，持续推进精益安全工位建设。组织上半年安全生产大检查和下半年企业全面自查，对5家一级子公司和5家二级子公司的年末安全生产情况进行督查。年内，开展了职业卫生现状、安全生产费用提取与使用两个专项调研，促成了天津公司、济南公司、西安公司、太原公司、南口公司成立独立或相对独立的安全生产管理机构。浦镇公司组织提炼了工区安全管理要点“一口清”、“一图清”。四方股份公司开展了“职业健康防护知识培训暨职业健康安全路演”。大连电视台、大连广播电台等新闻媒体对大连公司职业卫生工作情况作了专题报道。中车安全管理在中央企业安全生产工作会议上做了经验交流。

【安全文化体系建设】 “安全生产月”期间，组织开展了安全文化理念植入活动、安全文化氛围营造活动、安全生产知识宣贯活动、安全生产应急预案演练活动、安全生产事故隐患曝光活动、精益安全工位建设推进活动、班前站队安全讲话规范活动。年内，株机公司举办了“快乐迎新年 共建大安全”文化主题活动，完成4000人的现场灭火实战培训，通过了2011~2013年度全国安全文化建设示范企业复审。大同公司获得2016年度全国安全文化建设示范企业称号。齐齐哈尔公司举办了“安全文化”主题毛笔书法大赛。资阳公司开展以“平安工作，幸福生活”为主题的安全道德讲堂活动。沈阳公司开展了争做“安全第一人”活动。

【安全管控与应急保障】 组织所属单位做好岁末年初、开工复工、节假日等特殊时期安全生产工作。指导各单位加强异地子公司和售后服务安全管理，保证异地作业安全。石家庄公司建立子公司安全监管机制，定期组织检查评价。唐山公司编制《设备设施检修作业安全管理办法》，对较大风险制定作业管控卡。眉山公司制定《复工安全准备标准》，保障复工复产安全。组织所属单位开展应急预案演练，全年共演练1575次，参演人数达66034人。加强安全生产事故管理，落实国资委安全生产工作部署，先后转发下达5个国资委文件，提出针对性要求，组织所属单位全面汲取事故教训。对太原公司“8·5”死亡事故和南口公司“4·21”灼伤事故进行事故调查和严肃处理。戚墅堰所推行“事故追责制”向“隐患问责制”转变。

【安全行为规范】 中国中车总部印发《安全生产禁令》和《员工安全生产行为基本规范》，规定了安全生产禁令12条和基本行为规范28条，促进员工安全能力提升。所属单位通过广播、报刊、OA系统、微信、视频、漫画等多种形式组织学习和宣贯，制定“零容忍”的处罚措施，部分单位组织严格考试和全员背诵。

【安全人才体系建设】 开展安全生产课题研究，收集研究成果91篇，甄选出20篇优秀成果推广应用。组织62名分管安全生产副总经理资质培训、94名安技部长及主管业务培训、87名安全信息管理员能力培训，选派6名安技部长参加国家安监总局组织的境外培训。加强安技队伍建设，鼓励所属单位引进安技管理人才。截至年末，中国中车从事安全工作的团队有研究生33人、本科生439人、注册安全工程师305人，分别占专职安技队伍的3.33%、44.34%、30.8%。

【能源环保管理工作】 中国中车完善能源管理队伍建设，明确统计核算、专业检查和综合管理三类人才的要求和能力，选拔推荐、审核确认45人入选专家库。戚墅堰所、二七车辆公司、四方所等成立能源管理二级机构，唐山公司专门配属从事信息化的技术人员，充实能源管控系统专业力量。

推进能源环境体系认证，四方股份公司、株机公司、大同公司、永济电机公司完成能源管理体系认证审核，大连公司、贵阳公司完成环境管理体系换版审核，株机公司、四方有限公司、株洲所通过清洁生产审核。年内，中国中车有10家一级子公司、3家二级子公司取得能源管理体系认证证书，8家一级子公司和3家二级子公司进行了能源审计工作。

夯实能源环保基础管理，构建环保“一书”（中国中车环境风险评价报告）“一表”（中国中车污染源调查表）、能源“一册”（中国中车重点用能设备统计汇总表）和能源环保“一课”（微课）四个一平台。

开展规范化检查评价，根据评价办法，在所属企业自我评价基础上，创新检查模式，统一检查标准，规范检查要素，按检查计划对14家一级子公司及4家二级子公司进行能源环保检查评价，下发各类整改项问题262项，并对检查评价工作进行总结和通报，促进企业之间交流与经验分享，强化风险意识。

组织所属企业制定以《能源管控和关键设备效能监控系统要求》为主标准的“1+6”系列标准，为建设能源和设备管控系统提供统一的管理规范和技术支持。形成《中国中车能源管控模式的探讨与实践》《中国中车能源管控工作的再认识》专题报告，在国资委中央企业节能减排培训班上交流，得到国资委肯定。

【节能减排投入】 加大技术投入，进一步优化能源结构，所属企业结合自身工艺特点，完成节能减排技改项目204项，全年共计投入资金2.04亿元，保证了节能减排目标全面完成。争取优惠和补贴。年内，9家企业通过准确核算用电负荷、变压器报停或降容，节约基础电费2000多万元；5家企业利用分时电价，降低用电成本；12家企业通过电力直接交易，降低用电成本1863万元。二七车辆公司开展碳交易实现收益40万元；齐齐哈尔公司获得政府财政补贴915万元，西安公司获得燃煤锅炉拆除补贴款474万元，长江公司获得233万元财政补贴，戚墅堰公司获得市节能与循环经济补助资金10万元。

【消防管理】 组织召开中国中车全系统第一次消防工作会议，强化遵守国家消防法律法规意识，布置“十三五”及2016年消防重点工作任务，并在总结经验和现状分析基础上，提出“完善消防制度建设、规范消防基础管理、构建消防信息平台、确保消防资金投入、研究消防检查标准、编制消防培训课题”6项重点工作议题，系统推进消防管理体系建设。编制下发《关于规范消防基础管理的指导意见》《中国中车“十三五”消防工作目标、指标》《消防安全硬件建设、资金投入指导意见》《中国中车集团公司应急管理指引（试行）》，完善消防应急管理制度体系。开展消防应急工作调研，从消防安全管理机构设置、消防管理制度建设、火灾隐患排查治理、消防应急预案编制与演练、消防档案规范化建设、"十二五"期间消防设计审核与验收执行等情况以及应急物资储备等多个方面，对所属各一级子公司及重点二级子公司进行现场和书面调研，全面梳理所属企业消防工作现状，分析问题、查找不足、提出对策，规范中国中车消防管理工作，强化所属企业消防"四个能力"建设。落实公安部、国务院国资委关于消防工作部署，聘请公安部消防权威专家和中国中车消防安全领域资深专家，组织各一级子公司和部分重点二级子公司消防管理人员 120 余人，从国家法律法规综合知识、企业消防安全管理、易燃易爆危化品防火管理、突发火灾事故应急处置及消防信息系统建设等多个方面，开展消防应急业务培训培训。

【应急抢险工作】 面对 6·15 株洲地区突破历史极值的特大暴雨灾害，及时与株洲地区企业进行联系，了解汛情，启动防涝应急预案，指导企业开展应急救援。通过断电、加强巡检、应急抢修、临时休工、工地停工、隔离警示、保险理赔等一系列有条不紊的应急自救措施，使株机公司、株洲所、株洲电机公司、长江公司株洲分公司等企业经受住了考验，应急成果显著，不仅无人员伤亡，而且实现快速恢复正常生产。针对常州地区戚墅堰公司、戚墅堰所、长江公司常州分公司、常铁校、戚墅堰厂等企业防洪应急问题，经过现场调研与多次协调，本着谋划长远，全方位评估防洪排涝存在的问题，统一部署 5 家企业的防洪排涝措施，兼顾存续企业以及工房区，形成"五位一体"建设方案，组织编制常州地区企业排水防涝自保综合治理方案，从而达到可以抵御 50 年一遇的洪水灾害，实现中国中车企业地区合作、统一项目建设、集中管理、上下联动、统一指挥的防汛体系建设模式创新，提高防汛抗洪应急管理综合水平，为中国中车其他地区企业防洪应急建设提供示范指导作用。

【安全生产工作会议】 1 月 8 日，中国中车 2016 年度安全生产工作会议在武汉召开。会议传达中共中央总书记习近平在中共中央政治局常委会上关于加强安全生产工作 5 项重要指示，贯彻落实国务院副总理马凯在 2016 年全国安全生产电视电话会议上的讲话精神和国家安监总局 2016 年安全生产工作部署以及中车集团总经理刘化龙、中车股份总裁奚国华对安全生产工作的指示和要求。中车股份副总裁王军作题为《安全为天、守土有责，以特色安全文化引领中车安全发展》的讲话，强调"树立安全生产高远目标"重要意义，总结提炼安全生产"严、细、实、慎"4 点体会，以及"融入精益、齐抓共管，治理源头、抓好重点，夯实基础、补上短板，重在执行、勇于创新"4 项经验。同时，展望"十三五"，就如何建设"平安和谐中车"，提出"以特色安全文化引领中车安全发展"工作思路，要求紧紧把握住"创造安全的工作环境"和"培养员工做出正确安全决定的能力"2 个核心，精心培育安全文化理念，积极推进安全文化工程建设，着力抓好员工自主保安全教育，努力构建企业安全文化新体系。安全生产总监饶庶作 2016 年度安全生产工作报告，从五个方面回顾"十二五"安全生产工作情况，提出"十三五"安全生产思路、方针、原则、"1234"安全管理模式和建设安全生产"十项重点工程"要求，部署 2016 年安全生产重点工作。

株洲所、齐齐哈尔公司等单位交流了安全生产工作经验。同时，针对 1000 分安全检查评价标准、多维度网格化安全监管评价规定等进行工作研讨。

（安技环保部　供稿）

人力资源管理

责任编辑　刘兴国

人才体系建设

领导班子建设

人才开发与配置

劳动工资管理

总部建设

人才体系建设

【概述】 2016年，贯彻落实中国中车党的建设工作会议和年度工作会议精神，围绕“转型发展、创新发展、协同发展、共享发展”的战略目标，聚焦“融合、变革、升级”三大主题，以“责任导向、协同推进、创新驱动、价值引领”为总纲领，推进体系建设，创新干部管理，打造人才高地，强化总部管控，加强外事管理。

【人才发展规划】 制定印发《中国中车“十三五”人才战略规划》，建立人才内生、引进、共享、度量四大机制，细化分解人才培养指导性目标，推进“十三五”人才工作顶层设计。制定印发《中国中车推进“十三五”人才战略规划实施办法》，从人才战略规划的编制与管理、战略业绩评价、战略分解实施以及战略目标与举措的检查、督导和评比等方面提出具体措施和要求。编制《中国中车“十三五”人才培训开发规划》，构建分类分层分域的人才培训开发体系。

【三大项目建设】 构建中国中车“系统化、一体化、规范化、信息化”的战略人才管理体系，推进“职位管理系统、能力管理系统、信息化管理系统”三大项目建设工作。制定印发《中国中车战略人才管理体系“三大项目”推进实施工作方案》，加强项目推进过程管控，完成包括制度文件、管理流程、工作表单等85个项目成果。人才评价中心项目将职称评审、核心人才选拔、领导干部考核竞聘（含一报告两评议）等业务纳入项目系统建设，开发完成涵盖“评价、评议、评审”全业务的中车“大人才评价中心”信息系统。

【培训管理及实施】 围绕构建一体化中国中车培训体系，对各级培训业务人员共88人进行能力提升培训。联合中车大学组织开展首批高级培训师选拔聘任工作。推进公司培训资源共享平台建设，拓展人才培养资源和培养平台，先后与德累斯顿大学建立中国中车国际化人才交流培训中心（德国）、与同济大学建立同济中车高端人才培养与培训分中心。

【外事管理】 制定《总部因公出国（境）管理办法》和《领导干部因私出国（境）管理规定》，推进以制度为核心的外事管理体系建设。加强外事知识管理体系项目建设，以海外重点区域或国家为切入点，形成覆盖重点区域和国家知识体系架构。强化因私证照管理，规范因私出国（境）登记备案手续，防范证照管理风险。全年共审核办理各类外事请示3379件次，审批办理因公出国（境）团组3043个12058人次，审批办理邀请来华团组336个543人次。策划50名外籍员工分两批来华参加“中车文化之旅”活动。

【人力资源信息化建设】 做好项目管理工作，完善系统实施工作方案。全年共计召开项目例会16次，编制简报15期。持续开展系统功能和性能优化，共计进行系统升级131次，功能优化153项、新需求72项。建设人力资源信息系统数据中心，实现人力资源信息系统与各子公司AD域系统、门户系统、OA系统、财务系统、流程系统、ERP系统的广泛集成。举办一期关键用户训练营，30余家子公司的105名HCM系统关键用户参加了为期5天的培训。全年在系统中共办理人事事件9798个，涉及46033人次；绩效方案1990个，涉及658539人次；薪资发放过程6251个，涉及179751人，1768414人次；培训班9044个，涉及300515人次。

【年度工作会议】 中国中车2016年干部人事工作会议于1月在广州召开。会议突出“责任•价值”主题，全面总结了中国中车2015年干部人事工作，分析了当前及今后一段时间内干部人事工作面临的形势和任务，并从推进“三大项目”建设、创新干部管理机制、打造高端人才队伍、构建外事管理体系、HR团队建设和五星总部建设等六个方面，部署了2016年干部人事重点工作。会议期间，还组织开展干部选拔任用及干部监督管理专题培训、《干部教育培训工作条例》宣贯和公司培训管理体系解读。组织开展了制造类子公司干部人事部门负责人年度工作述职，从子公司考评、年度述职评价、重点工作评价三个维度开展“五星HR”创建评价工作，四方股份公司、株机公司、株洲所、长客股份公司、株洲电机公司、浦镇公司、唐山公司、齐齐哈尔公司等8家子公司被评为“五星HR”单位，有22家被评为“四星HR”单位，4家被评为“三星HR”单位。

（人事部　供稿）

领导班子建设

【概述】 2016年，中国中车贯彻落实中共中央和国资委党委关于加强干部工作的一系列重大决策部署，把坚持党管干部原则贯穿到干部选拔使用管理监督的全过程，持续完善干部管理制度流程体系和企业领导人员任职资格标准体系。创新推进领导班子考核考察调整工作，扎实开展后备干部推荐选拔和集中培训。努力强化副总师层级人员管理以及领导干部日常监督，进一步提升了领导班子建设和干部管理工作的规范化、标准化和科学化水平。

【领导班子建设基础工作】 年内，制定印发《中国中车企业领导人员分类分层管理暂行办法》，探索所属企业领导人员层级权限明确、权力运行规范、治理结构健全、权责对等到位的管理体制。组织开展企业领导人员任职资格标准体系项目建设，固化、细化习近平总书记提出的好干部标准以及国有企业领导人员标准，研究提出子公司领导班子配置和分工的标准模式，建立“通用性+分岗位”的子公司领导人员任职资格标准体系，为干部管理各项工作奠定更加科学、坚实的基础。

【领导班子考评】 按照制度规定，严格标准和程序，组织开展新中车首次两级“四好”领导班子考评推荐以及子公司领导人员年度综合考评工作。根据子公司“四好”领导班子年度创建情况，综合班子自评、员工满意度测评、公司领导以及总部部门评价得分，表彰11家子公司、69家基层单位领导班子为2015年度“四好”领导班子。

【领导干部调整】 总结新中车成立以来子公司领导班子任期考核与竞争上岗工作经验，在评价内容和评价方式上进行改革创新，增加干部选拔任用“一报告两评议”环节，运用新开发的人才评价中心信息系统，现场进行在线民主测评和汇总分析。高效规范组织完成18家子公司领导班子任期考核、竞争上岗、配置调整等工作，其中在11家子公司组织开展副职全体竞争上岗，以竞争上岗方式提拔子公司正职4人、副职24人、续聘副职73人，并组建股份公司业务重组办公室、国家高速列车技术创新中心筹建办公室以及

4家新设子公司领导班子。落实中央和国资委关于党委书记、董事长由一人担任的要求，对15家子公司正职职务进行了调整，使“董事长、党委书记一肩挑”的子公司占比达到三分之二。全年累计调整干部355人次，其中共提拔使用41人（正职15人、副职26人）。

【后备干部队伍建设】 充分运用人才管理信息系统，在35家制造类子公司组织正职后备干部推荐，在40家子公司组织副职后备干部推荐，参加在线投票推荐的共有2500余人。根据推荐总票数排序，综合考虑领导班子正职推荐情况、人选年龄、岗位等结构分布以及平时了解掌握的情况，研究提出69名子公司正职后备干部和342名子公司副职后备干部的初步人选。在严格履行考察以及个人事项报告重点核查程序的基础上，取消了13人的后备干部资格。聚焦“全球化背景下的领导力发展”这一主题，围绕“中车管理之道、创新思维之道、实践提升之道”三大内容，分4批组织后备干部集训，取得良好成效。

【领导干部监督】 年内，贯彻落实《中国共产党党内监督条例》，加强对领导干部的日常监督工作。组织完成全集团6781名干部个人事项报告年度集中填报工作，组织随机抽查735人、重点抽查1776人。经比对核实，集团及子公司党委对漏报、瞒报人员进行了批评教育或组织处理，其中诫勉71人，取消提拔、转任重要岗位或后备干部资格28人，降职2人，给予党纪政纪处分3人。推进干部人事档案专项审核，制定实施人事档案管理办法和档案整理工作细则，组织完成613名中车党委管理干部的档案审核、材料补充、信息认定工作。持续加强因私出国（境）审批管理、领导人员兼职报批等重点工作，推进实施谈心谈话、提醒、函询和诫勉制度，强化对子公司选人用人工作的民主监督，不断提高干部日常管理监督的实践成效。

（人事部　供稿）

人才开发与配置

【概述】 根据中国中车“十三五”发展战略和人才规划，对接国际化发展需求，编制《中国中车“十三五”人才培训开发规划》及《中国中车2016年人才培训工作要点》。围绕“人才培训开发3353工程”规划和打造人才内生机制，构建分类分层分域的人才培训开发体系。

【人才队伍建设】 年内，对接员工职业生涯发展通道管理体系，按照“总量控制、目标牵引、竞争择优、选育联动”的原则，策划核心人才队伍建设实施方案，组织开展公司首届核心技术、核心管理人才选拔评审工作。选拔产生公司科学家7人、首席技术专家61人、资深技术专家319人、技术专家1410人，首席管理专家9人、资深管理专家70人、管理专家327人。27人获2016年国务院政府特殊津贴，6人获第十三届詹天佑铁道科技奖（贡献奖1名、青年奖5名），12人获2016年度茅以升铁道工程师奖、3人获第十三届茅以升铁道科学技术奖，四方股份公司的“中国高铁科技创新研发团队”获得国家级优秀科技创新团队荣誉称号。

【专业职务任职资格评聘】 组织工程、会计、经济、政工等系列高级、教授级共8个评审会，利用人才评价中心系统全面实现评审业务线上开展。经评审，106人取得教授级资格，965人取得高级资格。

【员工培训】 围绕中国中车战略发展与运营管理关键，策划培训项目方案，精准培训目标，全年共组织培训项目47期，2115人次参加培训。其中举办系列领导力培训项目8期，培训539人；举办国际化人才初级、中级、高级培训项目共29期（班次），培训906人次；举办核心人才培训项目4期，培训163人；其他培训项目6期，培训364人。组织核心技术人才赴德累斯顿大学进行专业前沿理论培训和国际一流企业学习观摩，组织核心管理人才赴韩国一流企业进行学习培训。

【校园招聘与人才引进】 全年共举办40余场以“连接世界，与你同行”为主题的校园招聘宣讲会，受到高校毕业生的热情响应。共签约2017届优秀高校毕业生2000余人。策划“全球引智”项目，推进海外高层次人才引进工作。采取猎头招聘、境外高校招聘、柏林轨道交通展专项招聘等方式，累计完成近300人面试，现场签约博士、硕士研究生17人，意向签约近70人。组织部分子公司参加第十四届国际人才交流大会（深圳）招聘工作。中国中车获第十四届中国大学生最佳雇主单位和制造业最佳雇主单位两项荣誉。

（人事部　供稿）

劳动工资管理

【概述】 2016年，中国中车劳资工作紧紧围绕公司年度经营目标和工作计划，以贯彻落实中共十八大以来关于劳动用工和收入分配工作精神及国资委年度用工和分配工作会精神为指引，以提高劳动效率和经济效益为中心，进一步完善制度体系建设，深入推进劳动用工和分配制度改革，加强企业用工和人工成本总量调控，推动高技能人才队伍建设，不断提高规范化管理水平，人力资源竞争力得到有效提升。

【劳动用工管理】 按照业务分类管理的思路，持续优化企业用工配置，深化企业用工制度改革，搭建与现代企业制度相适应的市场化用工体制；强化目标导向，完善劳动用工总量调控机制；严把入口，健全招聘机制；疏通出口，完善员工退出机制；探索精益化用工管理模式，不断内部挖潜，全面构建具有中车特色的劳动用工管理体系。全面搭建公司人力资源共享平台，印发《企业余缺员工调剂指导意见》，实现余缺人员信息在线提报、在线查询等功能，累计上传余缺信息27万人天，其中富余信息19万人天，短缺信息8万人天，涉及50个职业（工种），集团内部开展余缺调剂员工1673人次。印发《中国中车企业优化员工结构员工分流安置工作操作指南》，指导企业依法依规积极稳妥开展员工安置分流工作，年内共计内退、协解安置分流员工2442人。积极推进区域统一售后服务业务平台搭建工作，实现集中就近提供售后服务，全面打造专业化、集约化、规模化的售后服务人员队伍，大幅提升售后服务效率，年内实现售后服务本地化用工60余人。指导企业做好海外并购与扩能搬迁中的用工配置工作，鼓励企业优先采用中国中车内部借调或招聘方式用工，持续挖掘人力资源效能潜力。夯实劳动用工管理基础，印发《劳动定额管理暂行办法》，完成轨道交通行业14项职业劳动定额标准复审工作，组织轨道交通行业22项职业劳动定额标准开展修订工作。本年，中车集团实现从业人员人均营业收入1262358元/人；实现现价工业总产值劳产率1221661元/人；实现增加值劳产率327411元/人；中车股份实现从业人员人均销售收入 1272953 元/人；实现现价工业总产值劳产率 1164033 元/人；实现企业增加值劳产率 329293 元/人。

【员工构成】 中车集团全部合并报表单位员工人数 186784 人（其中中车股份 183061 人），与上年同期相比减少 2604 人。员工人数中在岗员工 180829 人，非在岗职工 5955 人。新增员工 8374 人，其中接收复转军人 67 人，录用大学毕业生及以上 3243 人、大专毕业生 861 人、中专毕业生 122 人、技校毕业生 234 人，社会招聘 2110 人，其他新增 658 人。减少员工 10978 人，其中退休退职 4915 人，解除劳动合同 4407 人，终止劳动合同 349 人，调出 558 人，其他减少 674 人。员工学历结构：本科及以上学历 57279 人，其中博士生 364 人，硕士生 9880 人，本科学历 47035 人。本科及以上学历占员工总数 30.7%；大专学历 42000 人，占 22.5%；中专学历 17937 人，占 9.5%；高中技校学历 50650 人，占 27.1%；初中及以下学历 19125 人，占 10.2%。大专及以上学历层次人员超过 50%。员工年龄结构：25 岁及以下员工 16480 人，占全部员工总数 8.8%；26～35 岁员工 67625 人，占 36.2%；36～45 岁员工 44945 人，占 24.1%；46～50 岁员工 25373 人，占 13.6%；51～55 岁员工 22551 人，占 12.1%；56 岁以上员工 9807 人，占 5.3%。员工年龄结构比较合理，平均年龄 38.59 岁。员工岗位结构：在岗员工 180829 人，占员工总数 96.8%，其中生产人员 110407 人，技术人员 35179 人，管理人员 34410 人，服务人员 3756 人，其他人员 3032 人。非在岗员工 5955 人，占员工总数 3.2%。

【工效挂钩与工资预算管理】 中国中车坚持“效益决定工资”的基本原则，对所属企业实行工效挂钩和工资预算管理。在国资委批复的工资总额预算范围内，对各企业核定下达工效挂钩指标和薪酬总额预算。对不同类型的企业，根据其经营特点采取差异化的工资总量调控方式。在工资总额预算的基础上，以提高人工成本投入产出效益为目标，考虑其他人工成本的提取基数和提取比例，对所属企业从严核定下达薪酬总额预算。加强过程管理，密切关注工效挂钩及薪酬预算执行情况，对工资发放情况进行动态监控。通过工效挂钩分析、“两低于”分析以及预算执行进度分析等各种方法，对企业工资发放的合理性进行分析研判，及时与有关企业沟通，提出意见和要求；每季度对各企业重要劳资指标的完成情况在系统内部进行通报，对企业用工和薪酬调控等重要问题提出明确的管理要求。年内，中车集团实发员工工资总额 167 亿元，增幅 1.8%；实发人工成本总额 278 亿元，增幅 2.7%。中车股份实发员工工资总额 163 亿元，增幅 1.4%；实发人工成本总额 273 亿元，增幅 2.5%。中车集团公司百元营业收入人工成本 11.92 元，增长 0.82 元；人工成本占总成本比例 12.78%，增长 0.99 个百分点；人工成本利润率 20.09%，降低 1.18 个百分点；人工成本占增加值比例 45.98%，下降 0.38 个百分点；劳动分配率 27.77%，降低 0.77 个百分点。中车股份公司百元营业收入人工成本 11.87 元，增长 0.87 元；人工成本占总成本比例 12.61%，增长 0.87 个百分点；人工成本利润率 41.42%，降低 2.99 个百分点；人工成本占增加值比率 45.89%，增长 0.33 个百分点；劳动分配率 27.66%，下降 0.29 个百分点。

【薪酬与福利管理】 深化分配制度改革。在深入调研的基础上，印发《深化企业内部分配制度改革指导意见》，明确了收入分配的岗位价值导向和工作成果导向。指导和推动企业切实贯彻落实改革要求，建立健全收入分配制度体系，完善以岗位绩效工资为主、多种分配方式并存的工资制度，构建决定和调整工资水平的指标体系，完善员工工资决定和正常增长机制，实现员工工资随企业效率效益增长而适度增长。适应公司国际化发展战略，起草制订境外企业用工和薪酬管理办法。加强企业负责人薪酬、履职待遇和业务支出管理，建章立制，制订印发《股份公司董事、监事薪酬方案》《股份公司高管人员薪酬方案》《集团公司所属企业负责人薪酬管理办法（试行）》《股份公司 2016 年度专项工作奖励办法》《集团公司所属企业负责人履职待遇业务支出管理办法》等制度。根据 2015 年度企业业绩考核结果、高管绩效考核得分等情况，按照“业绩升、薪酬升，业绩降、薪酬降”的原则，完成所属企业负责人年薪兑现等工作。按照表彰奖励办法和年度专项工作奖励办法，对企业负责人实施专项奖励，以鼓励企业不断提高经营效益和市场竞争力。严格落实国资委要求，规范企业负责人履职待遇、业务支出管理，并按照逐级管控要求，对一级子公司企业负责人履职待遇、业务支出管理办法和年度预算方案进行审核备案，并组织开展了业务培训。推进集团公司全系统公务用车制度改革工作。完成三类人员预留费用精算组织工作，截至年末，中车股份纳入三类人员预留费用管理人数 112535 人，其中离休 1265 人、退休 106549 人、内退 1298 人、遗属 3423 人，预留费用 28.83 亿元。推进企业年金工作，按照中车股份年金管理办法对有关企业年金方案进行审核批复。完成困难企业离休干部医药费补助申请上报工作，全年中车集团 11 家企业、389 人符合财政补助条件，收到财政部拨付补助资金 688 万元，转拨到相关企业。

【高技能人才队伍建设】 加强技能领军人才队伍建设，组织参加第十三届中华技能大奖和全国技术能手评审工作，长客股份公司罗昭强获得“中华技能大奖”荣誉称号，齐齐哈尔公司王海、唐山公司苏健、石家庄公司刘志彬等 3 人获得“全国技术能手”荣誉称号。开展享受“国务院政府津贴”技能人选推荐工作，齐齐哈尔公司王建中、长客股份公司胡俊祥与何岩、大连公司高云巍、唐山公司张健与马永志、永济公司邱文军、四方股份公司李文龙、浦镇公司姚光虎、戚墅堰公司何东英、长江公司王家福、株机公司桂志红、戚墅堰所杨余明等 13 人享受 2016 年“国务院政府津贴”。开展“核心技能人才”评审工作，聘任中国中车首席技能专家 19 人、资深技能专家 82 人，技能专家 635 人；开展 2016 年技师评审工作，共有 1199 人取得技师资格，412 人取得高级技师资格。

推进金蓝领和劳模创新工作室建设，截至年末，所属企业共建立金蓝领和劳模创新工作室138个，其中国家级技能大师工作室17个，全国示范性劳模工作室7个，省级技能大师工作室35个，地市级技能大师工作室50个。金蓝领和劳模创新工作室在攻坚克难、优化工艺、技艺传承、成果转化等方面多项工作并举并取得成果，全年完成攻坚克难任务2528项，完成优化工艺（生产）任务2425项。获得各类奖项1689项，其中国家级8项，省部级21项，集团级19项，市级47项，一级子公司级112项，一级子公司（系统级）1482项。获得国家专利208项，其中发明专利108项，实用型专利100项，此外，还向国家申报专利272项。

开展以技师研修班为重点的高技能人才集中培训，全年共完成数控加工、电焊工、冷作工、钳工、维修电工等培训班34个，有1000多人参加培训。完成赴德国焊接高级技师培训班和赴日本班组长精益管理培训班两个境外培训班，共培训59人。组织多名高技能人才参加人社部和国资委举办的赴德国、美国等国家的境外培训班。

截至年末，公司已拥有高技能人才57660人，占技术工人总数的62.3%，其中技师和高级技师共有12113人。

【职业技能竞赛】 6月17日至22日，由国际焊接技能大赛组委会、国际机电工业协会、中国机械工业联合会和中国焊工技术协会联合举办的2016（第四届）北京“嘉克杯”国际焊接技能大赛在河北固安举办。本次竞赛规模大，参赛人数多，组织规格高，被誉为焊接行业的“世界杯”。中国、德国、俄罗斯、乌克兰、罗马尼亚、韩国、南非、印度等25个国家派出59支代表队参赛，选手共计300多人。中国中车派出38名选手和6名教练，共44人参赛。大赛分为技能竞赛、焊接表演赛和焊接技术交流三个部分，中国中车获团体第一名。其中在技能竞赛部分的6个项目中，浦镇公司沈文胜、大同公司王强分别获得机器人焊接的第一、第二名；四方股份公司牟世超、浦镇公司高申申分别获得熔化极气体保护焊接第一、第三名，戚墅堰公司魏昊天获得钨极氩弧焊接第二名。除成品件焊接外，大赛组委会在其余5个项目中设置了青年组单项奖，戚墅堰所公司王成、吴明翔、浦镇公司高申申、戚墅堰公司戚飞、大同公司王强包揽全部5个项目第一名。根据大赛组委会的相关政策，中国中车有22人获得报请国资委授予“中央企业技术能手”称号的资格。在技术交流部分，中国中车的全部5篇论文在25篇论文中脱颖而出，分别获得一等奖1项，二等奖、三等奖各两项。在表演赛部分，共有21个项目参加，中国中车的4个表演项目分别获得第八、九、十五和十六名。

【职业技能鉴定】 围绕中国中车发展战略，继续坚持以质量建设为中心，夯实鉴定工作基础，完善制度体系建设，优化技能人才评价体系，为公司快速、持续发展，提供技能人才保障。组建中车集团职业技能鉴定中心及所属企业考核站，编制下发《中国中车集团公司职业技能鉴定管理办法》，统一职业技能鉴定考务系统。对照新版《中华人民共和国职业分类大典》，梳理各企业鉴定职业情况，下发中国中车职业技能鉴定职业分类目录清单。推广应用《技能操作考核框架》，举办2期培训班，共培训命题专家和技能鉴定管理人员150多人，并派出19支督导组，对技师、高级技师实作考试进行督导。完成3次鉴定统一理论考试命题工作，共拟定试卷326套。年内，中国中车职业技能鉴定指导中心下设的39所职业技能鉴定考核站，共组织进行了86批次、12365人的职业技能鉴定，合格的8779人，其中初级工910人，中级工2387人，高级工3573人；技师1413人，高级技师496人。公司拥有技能人员9.3万人，持有职业资格证书的比例达95.4%。

（劳资部　供稿）

总　部　建　设

【概述】 2016年，为适应中国中车转型升级、跨国经营新要求，立足追求效率、强调执行、创造价值的目标，以流程建设为载体，推进总部职能建设；以素质提升为驱动，提升总部人员能力素养；以绩效考评为保障，完善总部激励约束机制；以优化配置为重点，规范总部人事基础管理，确保总部工作衔接顺畅、运转高效创新。

【总部职能管理】 推进总部管控模式变革，围绕“小总部、大业务”方向，在突出总部战略管控、财务管控、风险管控、资源配置、核心人事安排等职能基础上，按照简政放权、放管结合、动态调整的原则，优化总部职能，重塑组织机构，合理划分总部、战略业务单元和企业的权责边界，明晰总部、战略业务单元的权力清单，简化审批程序，建立起总部决策与监督分离、管理与服务分离的管控机制。

【总部员工管理】 撰写《关于总部人员配置情况的分析与建议报告》，做好总部人员配置管理，组织开展员工写实及岗位负荷分析工作。制定《总部部门和员工绩效考核办法》《公司负责人业绩考核办法》，建立总部绩效考评制度与组织体系，健全完善激励约束机制。完成2015年度总部部门和员工绩效考评组织，制订2016年度部门和员工绩效计划。申报承担国家重点研发计划先进轨道交通项目引进人才户口调剂计划，接受人社部人力资源市场司专题调研，推进2016年度京外调配计划及重点专项计划户口申报的落实。

【人事档案管理】 按照中组部、国资委人事档案专项审核工作安排，开展总部人事档案专项审核，完成子公司领导人员及总部副处长以上613份档案审核和专项审核《任免审批表》填写、个人档案主要信息确认、补充材料收集及初步认定等工作。制定《中国中车集团公司人事档案管理暂行办法》《中国中车集团公司人事档案整理工作细则》，健全完善档案管理制度体系。举办中国中车人事档案专项审核及业务能力提升培训班，参培101人，提高全系统档案管理队伍专业能力，推进子公司人事档案专项审核工作。根据国资委要求，完成公司干部档案数字化工作规划制订工作。

【在京子公司管理】 成立总部人力资源共享服务中心，搭建专业化的人力资源管理服务平台，指导和服务部分在京非制造类子公司的人力资源工作，提高人力资源管理水平和工作效率，降低运营成本。梳理共享中心与服务子公司的业务界限及任务清单，推进共享中心规范化、标准化管理。全年共审核批复招聘请示11项，协助和参与完成人员招聘99人。

（人事部　供稿）

事业部管理与市场营销

责任编辑　刘兴国

机车事业部

客车事业部

货车事业部

通用机电事业部

城轨事业部

产业发展事业部

服务事业部

国际事业部

事业部管理与市场营销

责任编辑　刘兴国

机车事业部

客车事业部

货车事业部

通用机电事业部

城轨事业部

产业发展事业部

服务事业部

国际事业部

机　车　事　业　部

【概述】　机车事业部主要职能是：负责制定业务单元发展规划，参与组织成员企业开展投资、业务重组等，在板块生产经营、市场开拓、产品研制、质量管控、平台及体系搭建等方面发挥统筹、协调、督导等作用。业务板块主要负责干线铁路装备的机车整车业务和轨道工程机械整车业务。成员单位有：株机公司、大连公司、大同公司、资阳公司、戚墅堰公司、二七机车公司、洛阳公司、兰州公司、广州公司和天津公司。2016 年铁路装备业务中机车业务收入 124.05 亿元。新造机车 470 台，修理机车 1080 台。

【新产品开发】　机车事业部及成员企业根据市场需求与技术发展趋势，研制了 160 公里/小时动力集中电力动车组动力车、2500 千瓦（和谐 N6）内电混合动力调车机车，研发了 3000 马力节能环保型内燃调车机车；研制并全面试验了八轴 160 公里/小时（和谐 D1G/和谐 D3G）客运电力机车、160 公里/小时（和谐 N3K/和谐 N5K）客运内燃机车；推进开展了 27 吨/30 吨（和谐 D1F/和谐 D2F）大轴重交流传动电力货运机车运行考核；研制交付了阿根廷宽、窄轨内燃机车（CDD5A1/CDD6A1）和肯尼亚（CDD5B1/CDD5C1）内燃机车，研发了尼日利亚机车（CDD3B1）；进行了和谐型机车 C6 修检修技术研究，完成和谐 D1/和谐 D3 型电力机车 C6 修规程初稿编制。已形成和谐 D1/和谐 D2/和谐 D3/和谐 N3/和谐 N5 等 5 大系列产品，有着丰厚的技术积淀和完整的机车产品谱系。

轨道工程机械板块研发了 GCD-600Ⅱ、GCY-300Ⅱ（高原）型重型轨道车，研制了 JX300Ⅱ型接触网检测车和 RTI（港铁 K1802）超声波检测车，完成隧道清洗车技术平台研究及研制，完成高铁救援起重机试制和型式试验。轨道工程机械业务单元形成了完整的产品谱系。

【市场开发与营销】　面对国内经济增速放缓，国铁市场机车装备数量和产品结构需求调整的现状，积极应对，以客、货运多层次多形式需求为导向，以“高速化、重载化、舒适化、快捷化、智能化、环境友好化”为技术目标，研制经济适用、编组灵活的动力集中动车组动力车，开发节能环保型内燃调车机车，推进大轴重机车运行考核进程，实现出口机车统一技术平台产品的输出和交付，组织快捷货运机车项目研究。引导市场需求，探索建立新型客户战略合作关系，谋划机车合作修布局，开拓和谐型机车检修市场，搭建和谐型机车 C6 修业务平台，初步建立“以造带修”的业务模式。盘活存量资源，实现成都与资阳公司间机车检修资源整合。

创新营销模式，与用户建立研发合作关系，加强板块企业间分工与协同，精耕国铁和地铁维护设备市场，开发高原、高寒特殊运用环境产品，加强产品的精准投放，适应高铁救援需要，快速抢占市场高地，进一步提高产品市场占有率。

【运营管理】　根据中国中车发展战略，编制机车和轨道工程机械业务“十三五”发展规划。分解落实年度经营指标，科学制定业务板块年度经营计划，针对不同企业实际制定差异化的指导方案，重点推动企业年度经营目标分解、落实。围绕经营工作重点，组织成员企业开展“两金压降”和内部配套工作，促进企业内涵式发展。完善企业生产经营情况月报制度，实现产品从合同签订、生产组织到验证交付的闭环管理，实现企业经营计划节点和过程管控。密切跟踪成员企业市场订单完成进度，确保合同按时兑现。组织召开月度运营分析会，监控各项经营指标完成情况，按月、季度对事业部各相关企业生产经营完成情况进行综合对比分析，发现问题及时管控纠偏，提高效益水平。

【产品及配件销售】 2016年，国铁新造机车销售285台，金额54.5亿元，其中电力机车278台（和谐D1C型电力机车30台，和谐D1D型电力机车103台，和谐D2C型电力机车25台，和谐D3D型电力机车120台），内燃机车7台（全部为和谐N5B型内燃调车机车）。比上年同期减少557台，金额减少142.2亿元。大修机车（全部为直流机车）招标数量745台，金额19.4亿元。其中中国中车所属各相关企业共中标大修机车663台，占比89%；金额合计17.4亿元，占比89.7%。年内，轨道工程机械装备市场好于上年同期。

（机车事业部 供稿）

客 车 事 业 部

【概述】 客车事业部主要职能是：负责研究制定动车组、客车业务单元的发展规划，组织重点工作的推进落实，对成员单位和本业务单元运营情况进行管控，在技术质量管理、搭建相关技术平台及市场营销等方面，发挥统筹、协调、督导、指导作用。中国中车客车板块包括动车组业务和铁路客车业务，动车组业务主要包括动车组新造和动车组检修业务，动车组整车业务企业有：长客股份公司、四方股份公司、唐山公司、四方有限公司和浦镇公司5家企业；客车业务主要包括客车新造和客车检修业务，客车整车业务企业有：长客股份公司、四方股份公司、唐山公司、四方有限公司、浦镇公司，以及从事客车检修业务的西安公司等6家企业。动车组业务和铁路客车业务已形成了产品+服务的产业体系。2016年客车业务收入83.80亿元，动车组业务收入751.62亿元；新造动车组3547辆，修理动车组5712辆；新造客车1279辆，修理客车4583辆。

【市场开发与营销】 加强营销组织与协调，规范动客车相关企业营销行为，加强市场协同管理，推动同一个中车营销战略顺利开展。制定有关动车组、客车市场协同管理制度和办法，并通过与中国铁路总公司沟通协调，进一步强化动客车市场营销管理。编写《动客车业务营销协同管理调研报告》，为后续加快动客车企业融合，强化企业间的营销协同，实现动客车行业利益最大化及持续、稳定和健康发展提供理论指导。精耕细作国铁市场，强化客户关系维护及市场拓展。积极跟踪掌握动、客车采购信息，组织完成招投标的组织、协调与配合工作。2016年，中国中车动客车造、修市场签约额总计为248.4亿元，其中新造产品累计签约额为48.4亿元，检修产品累计签约额为200亿元。新造产品主要是大秦公司采购5组CRH380A动车组，铁路总公司招标采购各型铁路客车648辆，集通公司采购60辆客车，广珠公司采购CRH6A城际动车组16组。检修产品主要是铁路总公司招标采购各型动车组高级修953组，其中，中车企业中标796组。铁路总公司招标采购各型铁路检修客车5477辆，其中，中车企业中标3990辆。

【产品开发】 长客股份公司、四方股份公司研制的时速350公里中国标准动车组，获得“型号合格证”和“制造许可证”。四方股份公司研制的350公里中国标准动车组正式命名为CR400AF型。长客股份公司研制的时速350公里中国标准动车组正式命名为CR400BF型。CR400AF、CR400BF型高速动车组各项技术性能表现优异，充分展示了中国标准、中国技术和中国元素。时速160公里动力集中动车组（拖车）项目研制按计划推进。借助中国铁路多年来的高速发展，中国中车成功搭建了以高速动车组为代表的技术创新平台和制造平台。通过整体布局，已形成以长客股份公司、唐山公司、四方股份公司、四方有限公司和浦镇公司等主机厂为龙头，以株洲电机公司、永济电机公司、四方所、戚墅堰所、株洲所等零部件企业为配套的完整的动车组产业链，拥有动车组系统总成、关键子系统和部件等核心技术自主配套研发和制造的能力。中国中车已研制出时速200～350公里不同速度等级、不同编组形式、包括座车、卧车的高速动车组系列化产品，并已实现批量生产和投入运营，主要有：CRH1型系列、CRH2型系列、CRH3型系列、CRH5型系列、CRH380A和380B型系列、综合检测列车等高速动车组，以及拥有完全自主知识产权的CR400AF型、CR400BF型系列高速动车组。城际动车组方面，已研制形成时速140、160、200公里不同速度等级、不同编组型式、不同平面布置的CRH6型城际动车组系列化产品。

【运营管理】 按照板块年度经营计划，通过重点监控月度滚动预算、订单项目和重点工作的执行，积极组织相关各子公司完成年度经营工作。针对动、客车业务板块收入预算指标，加强调研和与相关子公司的沟通，及时掌握预算内项目执行进展和存在的问题，并组织研究相应措施，确保年内经营计划目标的实现。持续优化运营信息收集渠道和子公司运营信息月报制度，确保信息渠道通畅、规范。通过业务板块子公司运营信息的收集、汇总与统计、分析，及时发现问题并组织协调解决。推进降本增效工作，研究提出成员企业降低采购成本指标，通过分析掌握成员企业降本增效工作方案，督导成员企业认真落实，有序开展。

【产品实物质量管理】 贯彻落实铁路总公司及中车级的各项实物质量管理工作，每月（季度）按时编发动车组、客车产品运用质量简报，督导企业开展源头质量整治工作。年初组织4家动车组主机企业深入研究分析各型动车组百万公里故障率发生趋势和特点，提出各季度末故障率预测目标，制定了相应的针对性措施。7月份根据动车组故障率实际情况，在北京组织主机企业、主要配套企业参加的专题会，总结上半年动车组故障发生情况，预测下半年故障目标，要求企业保证实现年初既定目标。年内，4家动车组主机企业百万公里故障率明显降低。加强售后服务，探索产品服务协同化，建立统一的动、客车售后体系。

（客车事业部　供稿）

货　车　事　业　部

【概述】 货车事业部主要职能是：负责研究制定铁路货车业务单元的发展规划，组织重点工作的推进落实，在技术质量管理、市场营销等方面，发挥统筹、协调、指导作用。板块业务主要包括：铁路货车新产品研发、铁路货车新造、修理及配件。成员单位有：齐齐哈尔公司、长江公司、山东公司、沈阳公司、石家庄公司、西安公司、二七车辆公司、眉山公司、太原公司和贵阳公司 10 家子公司。2016 年，货车业务收入 109.49 亿元。新造货车 17875 辆，修理货车 53606 辆。

【市场开发与营销】 积极发展新型客户战略合作关系，组织企业走访大客户，创新售后服务模式，为用户提供系统解决方案，为成员企业搭建合作平台，寻找和引导市场需求。组织研讨铁路货车产品成本，为企业与用户的商务活动提供指导。强化合同管理，加强生产组织协调，提升产品质量，全年合同如期履约。中国中车新造货车签订订单总量 22026 辆；国铁检修货车签订订单总量 52490 辆。

【运营管理】 针对货车板块市场需求不足，企业生产经营面临的巨大压力，组织企业专题开展盈亏平衡分析、推行集约化经营研讨，引导企业“瘦身健体”，适度减员、减资产、降低成本，进一步提升企业盈利能力。指导齐齐哈尔公司下属齐车公司和哈尔滨公司对货车修理业务优化调整。组织召开铁路货车行业经营管理座谈会及货车运营分析会，强化对成员企业的运营管控，促进企业提质增效。强化“两金”管理，全面清理应收账款及存货。组织有关企业对坤德公司货车欠款进行清理，组织消化铜陵公司和牡丹江公司货车大部件库存共 5000 辆份。深入开展新造货车对标活动，年内，石家庄公司、山东公司和西安公司三家成员企业实现了扭亏为赢，整个业务板块实现了减亏目标。

【产品研发与推广】 坚持协同设计、资源共享，货车产品研发推广工作取得新进展。组织各货车子公司共同推进货车研发项目，以主导厂牵头、相关企业参加，发挥各自企业优势的方式，推进 80 吨级系列货车的运用推广。由货车事业部牵头、联合设计的 160 公里/小时快捷棚车项目正在按计划有序推进。成立 C80E（H、F）型通用敞车、P80 型棚车、GQ80 型罐车、80 吨级平车、漏斗车、水泥罐车等车型项目推进组。C80E（H、F）型通用敞车取得型号合格证和制造许可证。P80 型棚车完成各项型式试验和试运用考验，具备了申报型号合格证和制造许可证的条件。160 公里/小时集装箱车、冷藏货物运输技术研究及装备研发有序推进。QT1、QT2 型驮背运输车样车通过了铁路总公司组织的试运用评审。X5 型多式联运车样车通过铁路总公司组织的方案评审。

【质量管理】 组织开展新造货车首次批量生产厂家的质量评价工作，保证了批量制造质量。组织对新型货车集成制动装置的制造、装车进行监督检查。组织各货车企业认真贯彻国家铁路局、中国铁路总公司关于抓好源头质量、确保运输安全的要求，对运用中发现的典型故障、事故进行原因分析，制定措施，改进跟踪。全年，货车产品质量稳定，未发生重大事故及大事故，未发生用户质量投诉，货车典型故障反馈率进一步下降。

（货车事业部　供稿）

通用机电事业部

【概述】 通用机电事业部主要负责轨道交通装备及相关延伸产业关键系统和核心零部件业务。下辖 8 个成员单位：株洲所、四方所、永济电机公司、株洲电机公司、戚墅堰所、大连所、大连电牵公司、南口公司。推进“十三五”规划编制，组织开展系列工作，在青岛召开规划研讨会，调研并指导相关业务单位规划编制，组织专题汇报，顺利完成通用机电业务发展规划、内燃机业务发展规划、制动系统业务发展规划的编制工作，确定了通用机电业务的远期发展目标。2016年，共计完成营业收入584亿元，比上年增长5.8%。

【经营管理】 推进内涵式发展，加快产业链建设，确保内部配套工作有效落实。编制中国中车2016年内部配套考核指标，补充完善内部配套产品名录及配套企业目录。策划并组织召开中国中车内涵式发展暨产业链建设工作会。组织编写《中国中车配套产品图册》，图册收集整理了中国中车所属企业1300多种配套产品，涉及轨道交通、新兴产业和基础通用三大类，对推动中国中车内部配套与产业链建设起到积极作用。培育和打造新的产业，先后召开紧固件、传感器、弹簧、柴油机气阀业务现场会，促进新产业不断做优、做强、做大。

【技术管理】 在重大产品研制及科研立项工作方面，主持中车新一代机车制动控制系统科研项目，组织3000马力调车机车用12V240柴油机适应性论证工作。把好设计质量关，先后组织大连电牵“出口伊兹密尔六轴铰接车网络控制系统”、大连所“时速160公里双动力动车组内燃动力包”、永济电机公司“160公里动力集中动车组牵引电传动系统”等科研项目的技术评审工作。推进国内外技术交流，促进企业间协同合作，开展了3D金属打印技术国内外调研工作，组织制动技术骨干到法维莱、克诺尔等国际先进制动企业开展制动业务技术交流，组织到ABB、里卡多、李斯特、AVL等国际柴油机知名企业考察交流，组织永济电机公司、株洲电机公司研讨技术协同、项目合作及差异化发展等工作。

【产品结构调整和产业布局】 推动制动系统整合相关工作，结合前期调研成果及“十三五”规划内容，提出中车制动系统资源整合建议方案。开展了电动轮矿车业务内部产业链调研，组织项目团队对株洲所、株洲电机公司、永济电机公司、戚墅堰所、大连所等单位开展多次调研，赴南美对合作伙伴、用户单位进行实地调研，为矿车业务产业布局做好基础准备工作。

【检修业务】 按照中国铁路总公司相关管理办法要求，先后组织业内专家对戚墅堰所武汉检修基地动车组齿轮箱高级修、四方所DC600V电源装置E4E5修、株洲所时代电气青岛检修分公司动车组牵引变流器（含辅变）高级修、永济电机公司长春检修基地动车组辅助变流器五级修等产品检修资质进行初步审查。优化中车检修服务业务，对8家成员的检修服务业务进行综合调研，组织召开检修服务业务工作研讨会，进一步明确了中国中车通用机电配套产品检修业务工作内容。

（通用机电事业部　供稿）

城轨事业部

【概述】 城轨事业部主要职责是：负责研究制定城轨车辆、城轨工程业务单元的发展规划，对成员单位和本业务单元运营情况进行监控，在技术、质量管理及市场营销等方面，发挥统筹、协调、督导、指导作用。成员单位有：工程公司。2016年，围绕“有序竞争、协同发展、强化能力、提质增效”四大主题，统筹城轨业务资源、促进业务不断增长，完成了年度城轨业务各项经营目标，确保城轨业务健康、有序、持续发展。全年城轨和城市基础设施板块实现销售收入271.41亿元，比上年增长10.27%。新造城轨地铁5107辆，修理城轨地铁430辆。

【发展规划制定】 研究制定城轨车辆业务“十三五”发展规划，明确业务发展指导思想，突出创新、协调、绿色、开放、共享的发展理念，强化创新驱动，促进协同发展，提升产品研制、验证能力，拓展车辆维保服务业务，培育核心技术和竞争能力。研究制定城轨基础设施工程总承包业务“十三五”发展规划，进一步明确业务发展思路。

【运营管理】 组织召开2016年城轨业务工作会议，明确目标、落实责任，研究部署全年城轨业务工作。加强城轨业务运营管理，落实并完成年度经营计划和各项重点工作。加强城轨业务以及成员企业日常经营监控，完成月度运营分析和经营管理各项工作，抓住关键环节，推进经营工作取得成效。完成对子企业2016年城轨业务绩效评价考核。贯彻股份公司提质增效、“两金”压降等要求，加强对成员企业监督指导，完成阶段目标。成功收购中新市政公司。强化项目执行，确保完成工程总承包业务指标。加强投资管控，做好重庆、乌鲁木齐等地投资项目立项审查工作，把好程序审批的第一关。培育城轨产业链，提升系统解决方案能力，有效落实内部配套、集中采购工作。

【产品开发】 2016年国内第一条自主知识产权的中低速磁浮列车长沙机场线正式商业运营，北京S1线“玲龙号”中低速磁浮列车启运出厂；乌鲁木齐轨道交通1号线、厦门地铁1号线、天津地铁5号线、成都地铁7号线和石家庄地铁1号线等城市地铁车辆下线交车，同时北京燕房线全自动“无人驾驶”地铁车辆和首列商用型燃料电池/超级电容混合动力100%低地板现代有轨电车下线；四方股份公司开发了跨座式单轨，浦镇公司开发了悬挂式储能型单轨。城轨事业部牵头立项的6项科研课题和工程总包BIM研究课题取得新进展。

【市场开发与营销】 规范管理，持续获取城轨车辆市场项目，各企业参与国内40个招投标项目，中车累计获得38个城轨车辆投标项目，车辆数总计4837辆，中标总金额约327亿元，市场占有率达到97%，涵盖地铁、有轨电车等多种制式产品。加强工程总包市场开发，组织完成了国内城市轨道交通10个PPP项目的资格预审和9个项目投标工作，实际中标4个城轨工程总承包项目，项目建设总投资共计约413亿元，其中中车股份牵头联合体中标芜湖单轨和昆明地铁9号线PPP项目、中车集团牵头联合体中标韩城旅游空轨PPP项目和唐山公司牵头组成联合体中标武夷山有轨电车PPP项目。工程公司签署了沈阳浑南有轨电车南站支线项目和重庆地铁4号线一期增设安家湾站项目工程总包合同，总签约金额4.55亿元。

（城轨事业部　供稿）

产业发展事业部

【概述】 产业发展事业部负责风电装备、高分子复合材料、环保产业、新能源汽车、船舶与海工装备、光伏发电、智能装备（含工业机器人）、重型工程机械及矿山机械、信息及软件产业九大产业板块发展的相关事宜。成员单位包括信息公司、中铁装备公司。2016年，周密筹划产业发展战略研究、产业规划、市场拓展、产业投资与布局，新兴产业总体发展稳健，产业布局进一步完善，产业地位持续提升，销售收入快速增长，产业效益持续好转。全年完成营业收入280.54亿元，较上年增长3.13%。

【产业发展规划编制】 根据中国中车“十三五”发展战略与规划编制工作的要求，以《中国中车“十三五”发展战略》为指导，编制下发了《中国中车新兴产业“十三五”发展纲要》《中国中车风电产业“十三五”发展规划》《中国中车环保产业“十三五”发展规划》《中国中车新能源汽车产业“十三五”发展规划》《中国中车高分子复合材料产业“十三五”发展规划》，为新兴产业在“十三五”期间的发展指明方向。

【运营管理】 所属产业板块抓住国家加大对新能源汽车、节能环保、智能装备等产业的政策支持力度，在战略合作、市场开拓、商业模式创新、技术与产品研发等方面积极开展工作。加强管理与协调，组织株洲所、山东公司召开风电整机技术研讨会，对2兆瓦超低风速机组研发、2.5/3兆瓦风力发电机组研发、大功率海上风电关键技术研究、整机及部件型式认证等方面进行协调分工，对智能风场控制系统技术研究、风电场运维服务业务技术研究的开展做出安排。组织株洲所、山东公司在株洲召开风电市场协调研讨会，协调两家整机制造企业的市场划分与合作。组织株洲所、山东公司、永济电机、株洲电机、南口公司、戚墅堰所召开智能风场控制技术与3兆瓦中速永磁机组研发研讨会。会议对整机与部件企业协作推进智能风场技术研究和3兆瓦中速永磁机组研发的有关工作进行讨论和安排。

【市场开发与营销】 在新能源客车领域，加强前期市场策划及营销资源投入，实现收入增长78%，并成功突破北京、广州市场，实现国内一线城市整车订单零的突破。在环保领域，在做好江苏省常熟试点项目的基础上，山东公司完成四川丹棱县等项目的落地与实施。大同公司完成安徽省和县、广东省惠州市的项目的落地与实施。在高分子复合材料领域，时代新材继续加快对BOGE的整合，释放协同效应。通过持续优化产品构成、加快工厂产能布局、进行全球采购、开拓中国区等新兴市场、同步提升研发团队、建设上海分管理中心等措施，大幅降低BOGE运营成本。继续选派生产管理、技术开发、生产装备自动化、供应链、客户管理等专业领域的对口人员赴BOGE开展专项学习，实现“1+1＞2”效应。通过与BOGE职能管理的共享，快速提升时代新材在全球范围内整合、配属资源能力。

【结构调整与产业布局】 基于现有铁路产业基础向相关业务领域延伸，逐步调整产业结构，开展多元业务，重点打造九大业务板块。在环保产业、风电装备产业、模块化建筑产业上积极推进相关工作。对污水处理产业运营与盈利模式进行深入调研、分析和研究，编制完成《中国中车环保水处理产业发展战略研究报告》，全面分析了国内环境产业的现状、发展趋势，提出了中国中车进入环境产业的战略、策略与实施路径，组建了项目平台公司筹备组。在对风电产业充分调研、分析的基础上，编制了《中车风电整机产业发展战略研究报告》《关于中车风电整机产业整合的建议方案》。依托中国中车制造实力，助推货车企业转型升级，就装配式建筑在国内的发展情况及前景与行业专家进行多次交流访谈，并赴澳大利亚实地考察。根据调研结果，组织编制了《中国中车模块化建筑产业发展研究报告》，提出了中国中车发展该产业的竞争策略和产业运作思路。

【技术开发与重大科技成果】 年内，新兴产业九大板块重大、重点立项项目共23项，其中重大专项1项，正在组织实施；重大项目2项（其中污水项目列为中车重大专项），完成1项；重点项目20项，完成8项。插电式混合动力客车产业化技术攻关等4个项目获得中国中车科技成果二等奖，2.0 兆瓦低风速风力发电机组研制等 2 个项目获得三等奖。山东公司动车组（高寒）给水卫生系统研制项目、大功率机车车轮制动盘拧紧机、天地轨型升降旋移二层立体停车设备 3 个项目和株洲电机公司 2 兆瓦高速型双馈风力发电机研制、株洲所纯电动中型公务客车研发项目均通过中国中车科技成果鉴定。

（产业发展事业部　供稿）

服　务　事　业　部

【概述】　服务事业部主要业务范围为金融与类金融业务和物流业务两部分，包括金融服务、融资租赁、财务投资、资本管理、集中采购和物资贸易。成员单位有财务公司、租赁公司、香港公司、物流公司、香港资本公司、深圳资本公司、资本公司、金融租赁公司（筹）共 8 家。2016 年，服务事业部围绕服务板块“十三五”战略规划，坚持试点先行，积极推进战略业务单元试点工作，依托金融与类金融业务和物流业务，积极开展金融服务、融资租赁、财务投资、资本管理、集中采购和物资贸易等业务。全年，现代服务业实现营业收入 377.31 亿元，比上年增长 10.39%。

【经营计划与实施】　围绕金融与类金融业务和物流业务两大板块开展业务，专注产融结合，打造“境内外金融服务平台”、“境内外投融资平台”、“境内外融资租赁平台”和“境内外物资贸易集采平台”四大平台，践行提质增效，培育高利润业务群。树立“市场为王”的理念，推进业务的差异化、专业化发展。年内，财务公司资金归集稳中有升，授信额度逐渐增加，投融资平台功能显现、信贷品种不断创新；香港公司贸易融资初见成效，海外项目资金运作、代付业务逐步开展，财务投资效果显著；物流公司营收大幅提升，集中采购品种扩大，风控体系全面建立，物资贸易稳健开发；租赁公司业务领域不断拓展，品牌效应开始显现，盈利模式不断创新，业务协同效果明显；资本公司设立 PPP、PE 基金公司，投资项目积极开展。

【结构调整和产业布局】　年内，完成集采业务整合，初步完成融资租赁业务整合，完成香港公司和香港资本公司整合，新设成立中车资本公司，积极推进金融租赁筹备，各项工作衔接井然有序，业务融合顺畅，重组效应逐步显现。建立健全运营分析机制，得到加强动态监控作用。顺应互联网发展趋势，推动两化融合，塑造中国中车“互联网+高端装备”形象，推动南北车电商采购平台整合。探索“中车购”电商平台发展模式，联通产业链上下游，为逐步实现中国中车供应链的高度透明和高效协同奠定基础。

【运营管理】　完成服务板块“十三五”战略规划，坚持试点先行，积极推进战略业务单元试点工作，在明确产融结合目标方向的前提下，有序推动成员企业业务重组，积极搭建金融与类金融和物流两大运营平台。突出提高效率效益，鼓励业务创新，体现协同效应，努力以全新思维、全新模式打造服务业战略业务单元。按照“重心下移、激发活力”和“放管结合”的思路，在责权利对等原则的基础上，模拟战略业务单元“经营中心、利润中心”管理与考核，逐步强化经营管理责任。总部授予战略业务单元一定的业务主导权、经营自主权、业绩考核权、运营协调权。对成员企业实施规划管控、预算管控、运营管控、风险管控，统筹优化好内部资源配置，加快成员企业建立起发展规划协同、经营业务协同、资源配置协同的运营管理机制，加快推进各事业部业务板块的整体运作。加强调研，创新经营模式。聘请外部专业咨询公司，开展战略业务单元发展模式设计。实施差异化考核，激发工作活力。以业务主导型运营模式为核心，以提升净资产收益率水平为主线，制定了《2016 年服务事业部主导的考评指标考核体系》，提升业务考核的针对性和有效性，以差异化考核体系为载体，推动战略业务单元的组织架构、决策机制、制度流程、资源配置、考核体系等管控模式的市场化转变。搭建并推动“业务战略体系、预算管理体系、管理报告体系、风险控制体系、绩效评价体系、经理人评价体系”六大体系 42 项核心管理制度为主的，具有中车特色的金融和类金融业务管理制度体系的建设，通过专业化手段，推进战略业务单元多元业务作为利润中心的构建、落实、监控和执行。

通过建立资本纽带关系，在商业银行业务、投资银行业务、境内外资金管理及相关业务联动、融资租赁业务、供应链金融业务、特色保险业务等方面探讨联合开发若干“产融结合”的新业务、新产品，积极探索产融结合发展新模式。加强制度建设，成立物资供应链管理专家组，完成制度体系顶层设计，制定印发《授权集中采购管理办法》《物资供应链管理规定》《物资采购过程管理办法》《物资供应链管理绩效评价办法》等8项规章制度。加强物资与供应链管理体系建设，搭建金融与类金融业务体系，形成《金融与类金融业务风险管理指引》《财务投资业务操作指引》。推进原南北车采购平台整合，提升采购效率，为“中车购”电子商务平台的实施提供条件。全年，物资授权集中采购累计金额21.9亿元，降采率2.2%。

（服务事业部　供稿）

国　际　事　业　部

【概述】 国际事业部主要职能是：负责研究制定并组织实施海外业务发展规划、产业布局规划，对重点项目订单进行过程管控，统筹、规范海外市场管理，组织海外市场业务开拓、产品推介、售后服务等工作。2016 年，国际事业部作为中国中车国际化战略实施的职能管理及对外窗口部门，联合各一级子企业协同努力，拓展全球化视野和国际化思维，以国际化经营战略为指导，完善职能管理，加强市场开拓，加快区域布局，完成海外市场开拓及各项重点工作。

【经营计划与实施】 制定 24 项重点工作，在国际业务中全面推行项目管理，有序推进本地化运作，加强国际化经营风险管控，建立全球统一售后服务体系，进一步优化海外业务秩序管理，建立“三三制”国际业务管理基础，持续推进品牌建设和提升品牌影响力，加快四大业务板块协同走出去，加大市场拓展力度，密切跟踪项目进展，科学组织境外投资项目的调研审核工作，加强境外安全管理并保障境外人员安全。修订印发《中车国际业务管理办法》，制定国际业务定厂评分细则，对 435 个项目进行了协调定厂。根据中车“十三五”发展战略，进一步优化定厂管理机制，充分考虑各子企业已形成的海外市场格局，对澳大利亚、土库曼斯坦、泰国、美国、南非、巴基斯坦、越南等相对成熟的市场主体进行划分，形成合理布局。

【运营管理】 2016 年，中国中车实现国际业务销售收入 190.52 亿元；实现海外业务合同额 80.92 亿美元，比上年增长 40%。其中整车出口签约额 47.36 亿美元，占比 58.52%，包括电力机车 2 台、内燃机车 132 台、电动车组 570 辆、内燃动车组 52 辆、地铁轻轨 2044 辆、客车 84 辆、货车 4174 辆、工程车 9 辆、公铁两用车 9 台。配件、总包及并购企业新增订单 33.56 亿美元，占比 41.47%，其中配件出口主要包括电机及配件、构架、橡胶件、电气元件及机车车辆配件。

【海外政策研究和市场调研】 深度开展国际市场研究，周密制定国际市场营销策略。加强与咨询机构的合作，强化区域公司地域优势，组织子公司一同开展全球铁路市场调研，将市场细分为 11 个大区域，综合分析市场需求、市场特征、环境特点、技术要求、供应商情况等内容，及时掌握市场最新动态，分别制订符合区域市场特征的市场营销目标和策略，为中国中车和各子公司开展海外营销活动提供指引性文件。

【国际交流与战略合作】 强化品牌及产品推广，树立中国中车高端品牌形象。在德国、土耳其、巴西、澳大利亚等具有辐射效应的国家和地区参加轨道交通装备专业展会。利用新中车全新影响力，把握中国高铁外交、“一带一路”等国家战略契机，丰富推广模式，体现新中车品牌文化内涵，在德国柏林 InnoTrans2016 展览会上组织“中车技术高峰论坛”及 60 多场商务洽谈。在第 7 届中欧“汉堡峰会”和“中丹产能合作创新之路论坛”发表讲演，展示中国中车高端品牌形象。

（国际事业部　供稿）

党群工作

责任编辑 哈 鸣

组织工作

宣传工作

纪检监察工作

巡视工作

工会工作

共青团工作

总部机关党委工作

学会·协会

组 织 工 作

【概述】 2016年，中国中车有基层党组织2347个，其中党委108个，党总支179个。党员总数84074人，其中正式党员82702人，在岗职工党员61670人，离退休党员22340人，女党员17083人。年内，中国中车组织工作深入贯彻中共十八届六中全会和全国国有企业党的建设工作会议精神，进一步巩固党的群众路线教育实践活动和“三严三实”专题教育成果，深入开展“两学一做”学习教育，提高企业党的组织建设水平，切实发挥党组织的政治核心作用、党支部的战斗堡垒作用和党员的先锋模范作用，为把中国中车打造成为世界一流企业提供坚强的组织保证。

【“两学一做”学习教育】 2016年4月18日，中国中车以视频会议形式召开“两学一做”（即学党章党规、学系列讲话，做合格党员）学习教育动员部署会，贯彻落实习近平总书记关于“两学一做”学习教育的重要指示精神和中央、国资委关于“两学一做”学习教育的部署精神，对中国中车“两学一做”学习教育进行动员部署。4月28日，中国中车党委印发学习教育实施方案，所属52个一级子公司党委全部研究起草了“两学一做”学习教育实施方案，结合实际迅速启动。中国中车组织部门统一印制《学习笔记》，集中力量编辑《党员手册》印发全体在职党员。《党员手册》共分六个篇章，28万余字，原文辑录《中国共产党章程》等重要法规文件8个，中国中车党建工作文件11个，推动“两学一做”学习教育全面开展。中国中车和所属企业党委设立“两学一做”专题网站，转载刊发“两学一做”的相关资料和报道，并通过编印学习资料及组织召开动员部署会等多种方式，及时传达开展学习教育的各项要求。中国中车“两学一做”学习教育督导组分两个阶段完成对全部子公司学习教育开展情况督导工作。至年底，两级党委共举办中心组学习345次，各级领导上党课达3600余次，党支部集中学习6500余次。党员参加集中学习的比率约占95%，其他党员通过网站、邮件、微信等方式参加学习教育，参学率达到100%。根据中央和国资委精神，扎实推进“两学一做”学习教育领导班子民主生活会、党支部专题组织生活会和民主评议党员工作。

【民主生活会】 10月25日，按照国资委党委安排，中国中车党委组织召开了领导班子“增强‘四个意识’，严守政治纪律政治规矩”专题民主生活会。在前期学习研讨、征求意见、座谈交流的基础上，领导班子和班子成员紧扣主题，进行了充分的思想准备、组织准备和工作准备。民主生活会上，中国中车党委领导班子分析梳理出引领发展的能力需要进一步提升、改革发展的步伐需要进一步加快、企业党的建设需要进一步加强、企业整体管理水平需要进一步提升、关心群众工作需要进一步用力等五个方面的问题，并深刻剖析了产生这些问题的五个方面主要原因。领导班子成员联系思想实际和岗位职责，严肃开展批评与自我批评，自我查摆问题70条，相互提出意见建议57条。党委领导班子及成员针对查摆出来的问题及各方面意见建议，分别制定整改措施，提出努力方向。

【党委换届选举】 依据《党章》和《中国共产党基层组织选举工作暂行条例》，按照《中国中车党代表大会换届选举工作程序规定》，全年指导齐齐哈尔公司、大连公司、南口公司、株洲电机公司、长江公司、四方所、威墅堰所以及新设立党委的金控公司、信息公司、物流公司、财务公司、建筑工程公司、置业公司等20个所属一级子公司召开党代会、党员大会进行换届或首届选举。相关企业党委严格履行“三报三批一汇报”程序，党委有关部门和纪委在会前集中审查把关，党委领导到会讲话提出要求，组织部门监督选举现场指导，会后及时审核办理批复，党代会和党员大会质量得到进一步提高。相关企业通过召开党代会或党员大会，使全体党代表和党员受到了一次实实在在的党性教育、党性锻炼，选出全体代表信任的两委班子，统一了思想，振奋了精神，鼓舞了士气。

【党委工作机构设置】 12月28日，中国中车印发《关于中国中车所属一级子公司党委工作机构设置、党务工作人员配备、待遇和党建工作经费保障的实施意见》。《意见》要求中国中车一级子公司员工人数在5000人及以上的企业，员工人数在3000人以上且年主营业务收入在50亿元以上的企业，党员数量较多、管理幅度较大、情况比较复杂，根据工作需要应独立设置相应党委工作部门的企业，均需单独设置党委组织部、党委宣传部、党委办公室等。员工及党员数量较少的企业，非制造业企业，要设立党委工作专门机构，党委的组织、宣传、办公室、干部等工作可以和行政部门合署办公，但必须保证党建工作能够正常开展，确保党组织有机构管事。各一及子公司设置的党委工作部门应纳入企业职能管理部门的编制，在企业设置的部门等级序列中，与重要部门、关键部门同等级别。党务工作人员原则上不得少于企业同级部门平均编制；专职政工干部的数量不低于企业正式员工总数的1%，与经营管理人员同职级、同经济待遇；按照不低于上年度员工工资总额0.5%的比例安排党建工作经费。加强党对群团工作领导的经费保障，各一级子公司按照每月员工工资总额的2%向工会拨缴经费，按照企业35岁以下青年人数每人每年不低于100元的标准安排共青团组织工作经费。

【“一先两优”活动】 为纪念建党95周年，发挥先进典型的示范引领作用，推进“两学一做”学习教育，中国中车党委评选表彰先进基层党组织71个、优秀共产党员111名、优秀党务工作者71名。经选拔推荐，国资委党委表彰中车先进基层党组织4个、优秀共产党员4名、优秀党务工作者3名。长客股份公司李万君被评为全国优秀共产党员，株机公司党委被评为全国先进基层党组织。七一前夕，中国中车党委组织获得国资委党委和中国中车党委表彰的“一先两优”代表在京召开纪念建党95周年座谈会，党委书记郑昌泓与会讲话，副书记万军提出希望和要求。

【“四查”整改工作】 按照中组部和国资委要求，围绕党员组织关系、党代表和党员违纪违法、基层党组织到期换届选举、党费收缴等方面认真展开排查整改，解决基层组织建设中存在的问题，纯洁党员队伍，规范组织管理。对党员组织关系集中排查，清理失联党员685名，“口袋”党员1326名，大部分已取得联系、纳入管理。对党费收缴工作专项检查，坚持严肃认真、稳妥有序推进，按照上级规定的时间节点，完成2008年至2015年党费收缴专项检查工作。对基层党组织按期换届情况专项检查，到期未换届的14个党支部全部按时完成整改，因机构调整、企业撤并等问题，2家一级子公司党委换届需要延期。对党代表和党员违纪违法未给予相应处理情况排查，核查出十八大以来受到刑事责任追究或行政处罚的党代表和党员共计43人，其中26人在清理前给予党纪处分或纪律处置，17 人在排查清理过程中按规定作出党纪处分或组织处理。

【基层组织建设】 年内，先后在大同、南京召开组织部长座谈会，部署组织系统重点工作，促进企业间组织工作交流融合。落实中共中央组织部等部委关于加强中央企业境外单位党建工作的指导意见，在香港召开境外党建工作座谈会，围绕制定中国中车加强境外单位党建工作实施意见进行深入研讨。制定《关于加强中车境外单位党建工作的实施意见》，成立中车南美、北美、香港公司党工委，指导株机公司成立南非基地党工委。加强企业党的组织设置和班子成员调整工作的指导，撤销原中国南车集团投资管理公司党委，其组织关系转隶总部机关党委；指导新设金融租赁公司成立党支部，就近隶属物流公司党委管理； 5 个企业党委完成委员补选。积极配合党委巡视组督导，指导太原公司、株洲电机公司、四方所、戚墅堰所完成相关问题整改。连续举办两期基层党支部书记培训班，156 人参加培训，增强基层党支部书记履职能力，全面提升基层党建工作水平，深化“两学一做”学习教育，在“两学一做”、党史党风、发展理念讲座、国企改革、党建实务等方面受到良好教益。

【党员教育管理】 结合“两学一做”学习教育和多次专项检查，各级党组织严格落实“三会一课”制度，强化党员日常管理，加强党费收缴工作，及时转接组织关系，健全党员管理台账，积极筹备党支部专题生活会和民主评议党员工作。根据中央和国资委关于党员发展工作的总体要求，指导企业编制年度党员发展计划，召开党委组织员培训会议，对企业发展党员工作流程、进度把握及存在的问题逐一进行检视和纠正，并由齐齐哈尔公司、大同公司结合实际进行了讲座辅导。企业党组织遵照“控制总量、优化结构、提高质量、发挥作用”的总体要求，全年发展党员 1265 名，其中 35 岁及以下党员 807 名，占发展总数的 63.8%。做好党内统计和党费收缴工作，第一季度完成上年度相关情况的分析整理和汇总上报，第四季度举办培训，围绕党内统计和党费工作相关精神、软件应用等组织系统学习。

【慰问帮扶活动】 中国中车党委高度重视做好慰问生活困难党员和老党员工作，作出统筹安排，以建国前入党的老党员及获得集团公司级以上荣誉的生活困难党员作为走访慰问重点，广泛组织开展走访慰问活动。春节和七一前夕，各级党组织两次开展走访慰问活动，全系统共使用党费 273.4 万元，慰问建国前入党的老党员、生活困难党员共计 3924 人，在节日之际送上组织的关怀和温暖。

（组织部　供稿）

宣　传　工　作

【概述】 2016 年，中国中车党的宣传工作坚持正确的政治方向和宣传导向，加强宣传思想和形势任务教育。持续深化“新中车 •中车心”主题教育活动，“同一个中车”理念深入人心。制定实施“十三五”企业文化规划和品牌建设规划，不断完善企业文化体系，发布“中国高铁工人精神”，作为新时期国企精神的代表广泛传播。加强中车网站、报纸、微博、微信等宣传阵地建设，与中央主流媒体保持密切联系，对外宣传工作亮点频出，“中国中车”微信公众号关注用户达 6.6 万，微信公众号获 2016 最具影响力央企新媒奖。

充分发挥展台平台效应，智慧列车解决方案备受瞩目，显著提升了中国中车品牌效应。

【企业文化】 “新中车、中车心”第一阶段活动结束后，及时收集并总结活动开展情况，并将活动转入到第二阶段深化推进环节。通过中心组学习、研讨会、教育培训、文化活动、宣传资料等形式，促进文化融合，使广大员工牢固树立“同一个中车”的意识。制定并印发《中国中车企业文化建设指导意见》《中国中车“十三五”企业文化规划》，确定中国中车的使命、愿景、核心价值观、组织氛围、工作作风等核心理念，以及企业文化建设的目标、任务和措施、实施步骤、保障措施等。同时，要求全集团范围内广泛学习宣传中国中车企业文化，制定实施方案，成立组织机构等。培育同一个中车意识，组织开展企业文化的系列活动，征集企业文化案例，征集中车司歌，征集品牌口号。

【中国中车企业文化建设核心理念】 中国中车使命：连接世界，造福人类。中国中车愿景：成为以轨道交通装备为核心，全球领先，跨国经营的一流企业集团。中国中车核心价值观：正心正道，善为善成。“正心正道”是要端正自己的心态品行，做有道义的事，它是中车人诚信和责任的集中体现，也是新时代企业和员工的担当；“善为善成”是善于做事，并力求做到最好，它是中车人不断创新、勇于超越、敢于引领的重要体现，也是中车人矢志追求的发展境界。中国中车倡导的组织氛围：阳光和谐、简单坦诚、开放包容。“阳光和谐”是要让员工光明磊落的做人，要打造开放透明的体制机制，从而促进企业和员工的和谐发展；“简单坦诚”是要倡导简单的人际关系，要让彼此之间坦诚相待，从而促进团队凝聚力的形成和发挥；“开放包容”是要树立共生、共享、共赢的意识和心态，要用宽广的胸怀来容纳创新的事物，从而促进企业和员工的不断进步。中国中车倡导的工作作风：由我来办、马上就办、办就办好。“由我来办”是敢于担当的责任意识，“马上就办”是只争朝夕的效率意识，“办就办好”是符合规范的标准意识。

【中国高铁工人精神发布】 2016 年 4 月 12 日，被习近平总书记、李克强总理赞誉为“中国一张靓丽名片”的中国高铁工人精神在国资委新闻中心主办的国企精神研讨会上正式发布，人民网进行了全程直播，包括新华社在内的 30 多家媒体参与了报道。中国高铁工人精神的实质内涵是“产业报国、勇于创新，为中国梦提速”。这一精神主要包括五个方面的内容：“为国家争光，为民族争气，一定要打造出中国品牌”的爱国精神；“永远在起点，永远在路上，在持续超越中前行”的创新精神；“融合全球、超越期待，中国高铁最可靠”的民族自信精神；“把标准刻进骨子里，把规则融进血液中”的精益精神；“用户第一，把客户需求当作前进动力”的服务精神。中国中车印发学习和弘扬高铁工人精神的通知，挖掘高铁工人精神的优秀代表和典型的故事，广泛开展学习和宣传活动，在《中国中车》报上推出系列评论，开辟专栏，在中车外网推出专题，将中国高铁工人精神宣传不断引向深化。

【新闻宣传】 2016 年，中车官方微博、微信发展进入常态化维护阶段，成为中车员工以及外界了解中车的重要平台，也成为媒体记者报道中车的重要新闻素材来源。其中“中国中车”微博公众号关注用户近 7 万户，微信用户达 6.6 万。年内，建立了“中车新媒体矩阵”微信群、“中车通讯员”微信群，还与多家子公司的新闻传播人员建立了业务研讨群。中国中车各子公司的新媒体运营水平均得到较大提升，在清博指数央企二级企业的新媒体百强排行榜上，中车各二级子公司几乎占据了将近10%的席位。

与《人民日报》、新华社、中央电视台等中央主流媒体保持密切联系。年内，中国中车登上《新闻联播》就超过30次，《焦点访谈》超过5次，《对话》栏目1次。先后参与了《中国高铁》《超级工程》《大国工匠》《走遍中国》《解密世界级中国企业》《大国重器2》《华人世界》等众多节目录播。

【《中国中车》报】 围绕公司改革发展主线，加强《中国中车》报的策划，开辟了“企业文化”、“弘扬高铁工人精神”、“降本增效”等专栏。还配合公司年度工作会议，公司成立一周年、集团公司可转债发行、香港业绩发布会、中国中车年度股东大会、建党95周年等，做好思想宣传工作。围绕公司或行业重大事件，坚持每期一篇《主编评论》，以公司意志引导员工主流思想。

【品牌建设】 制定品牌战略“十三五”规划，加强品牌建设顶层设计。规划确定“十三五”品牌建设的总体思路、目标、中长期目标；确定了品牌建设的主要任务措施、具体的实施步骤、保障措施；明确中国中车的品牌架构和品牌定位，确定品牌价值、形象、传播和管理四大体系。确定中国中车品牌建设核心内容：品牌定位为“以高端装备为核心的全价值创造者”；品牌核心价值为客户导向的、负责任的、可靠的、创造的；在国内的品牌形象为“创新引领者”，在国外的品牌形象为“创新推动者”。制定《对外新闻发布管理办法》《舆情管理办法》《中国中车报管理办法》《VI管理办法》《品牌建设工作评价办法》等一系列制度和配套文件，加强制度建设。基本完成VI整改工作，组织对VI整改工作进展情况的监督和抽查，制定并印发《中国中车VI手册》。“车迷有约走进中车”已经成为中国中车的品牌活动，在社会上产生了越来越大的影响。中国中车成立后，根据实际情况判断，决定活动由一年一期增加为一年两期。8月23日，在永济电机公司举办第二届“车迷有约走进中车”活动，来自全国各行各业的火车迷相约永济，探秘“高铁心脏”，产生了广泛的社会影响。

主动参加国内外的权威品牌评价活动。其中，品牌金融（Brand Finance）评价中国中车位列世界品牌500强排行榜第179位，品牌价值73.37亿美元；世界品牌实验室评价中车位列中国500最具价值品牌31位，品牌价值1078.25亿元，机械行业第一位；另外，还获得《财富》杂志2016年最受赞赏的中国公司、人民日报中国品牌创新奖等荣誉。年内，中国中车获评国资委2013-2015年任期考核“品牌建设优秀企业”，获此殊荣的企业只有十家。这是国资委对中车品牌建设的充分肯定。

【展会参展工作】 2016年柏林展是中国中车成立后，首次亮相这一国际业内顶级展会。按照项目制的运作方式，协调各部门、各子公司圆满完成参展任务，引起国际业内人士广泛关注。本次展览确定了前瞻的面向未来的展示定位、基于解决方案的展示项目、国际化现代化时代感的展示语言、周密策划的立体传播，并把展会作为一个综合公关平台来运作。展会期间，中国中车展台举办了60多场商务洽谈，参与商务洽谈的客户来自20多个国家和地区，中国中车还组织了中车技术高峰论坛，中车与泰雷兹集团合作签约仪式“中国馆日”发布会等活动。

年内，本着加强国外和新产业类展会，适度收缩国内轨道交通类展会的原则，指导或组织了公司参加了90余场各类展会，并举办了展会业务研讨会。在历次展览中，均注重展览的商务活动，将静态展览变为动态传播，将人际传播延伸为大众传播，将产品展示变为营销平台，将物理展示变为行业分析，提升展览展示的有效性，扩大投入产出比。加强对C类以上展会的管理，对参展方案、参展展品、参展人员进行审核，引导子企业有序参展。

【宣传思想工作】 在公司网站、《中国中车》报制作相关专题，及时传达中央、国资委、总部的精神，随时报道子公司活动开展情况，上传学习资料、学习心得、经验总结等材料。围绕“两学一做”、十八届六中全会、“国企党建工作会议”开展中心组学习。全年组织学习次数达到近20次，并围绕热点，定期为中心组成员编印学习资料。征集布置年度党建政研课题，编辑印发《中车企业文化研究》4期。通过电话会议、专题培训、系统会议等形式，对有关人员进行培训，提高业务素质。组织首届新闻宣传通讯员培训班，来自46家子公司的89名新闻通讯员骨干参加了培训。

（党委宣传部　供稿）

纪　检　监　察　工　作

【概述】 2016年，中国中车纪委认真贯彻党的十八届五中全会、中央纪委六次全会精神，按照中央企业党风廉政建设和反腐败工作会议统一部署，公司各级党组织切实落实从严治党主体责任，公司各级纪检监察组织认真履行监督责任，坚持把纪律挺在前面，积极实践“四种形态”，加大纪律建设力度，为落实全面从严治党要求，推进新中车改革发展，实现“十三五”开局目标提供有力纪律保障。

【“两个责任”落实】 年内，中国中车党委常委会多次研究党风廉政建设，班子成员以上率下认真履行“一岗双责”，既管事、又管人，既造车、又育人。同步建设纪检组织，实现纪检组织全覆盖；积极稳妥推进纪检体制改革；加强对纪委工作的领导，配干部、鼓干劲，出课题、压担子。全年，中国中车党政主要领导共对22件重要问题线索做出75次重要批示，对8名所属企业党政主要领导进行诫勉谈话。中国中车纪委健全向上级纪委报告工作和述职制度，会同党委干部部门提名考察27名纪委书记，考察批复5名纪委副书记。建立纪检监察工作考核办法，把监督执纪“软任务”变成“硬指标”，基本实现“三个为主”。制定廉洁风险防控实施办法，推进 “三重一大”、物资采购等11个项目的廉洁风险防控工作。年内，启动问责程序5起，对10个集体、26名个人进行问责，给予党纪处分4人、政纪处分2人、组织处理20人，对38名企业班子成员予以绩效考核。

【信访举报和线索处置】 中国中车两级纪委全年共受理信访举报770件次，其中，自收550件次，中央纪委、驻国资委纪检组和省市区纪委转办220件次；中国中车纪委受理374件次，企业纪委受理396件次。共处置问题线索417件，其中中国中车纪委处置104件，各企业纪委处置313件；共拟立案41件，立案率10%，初核293件次，初核率70%，谈话函询94件次，谈话函询率23%，暂存6件次，了结360件。信访举报和问题线索呈上升趋势的主要原因和特点是：信访举报渠道进一步畅通，党委巡视进一步加强，监督执纪更加有力，执行向上级报告纪律更加严明。

【纪律审查】 中国中车纪委把监督执纪“四种形态”贯穿纪律审查全过程。年内，两级纪委共立案39件，结案38件，共处分56人，其中党纪处分53人，政纪处分19人，双重处分16人。企业纪委“零执纪、零问责”占比较上年明显降低。在问题线索处置中，对构不上纪律处分的一般性问题线索涉及的102名党员干部，及时采取提醒谈话、诫勉谈话等处理后作了结处置；在执纪审查中，对30名认识到位、整改积极的轻微违纪党员干部，给予免于处分、诫勉谈话、调整职务等处理后作结案处理；在纪律处分中，党纪轻处分占比75%，重处分占比25%；针对纪律审查中发现的问题，下达17份纪检监察建议书，指出49个问题，提出54条整改建议。中国中车纪委的作法受到驻国资委纪检组领导的肯定。

【纠正“四风”工作】 中国中车纪委坚持扭住“四风”不放，零度容忍，言出纪随。年内，两级纪委共自收检举控告类初次信访举报325件，其中明确反映违反中央八项规定精神问题101件，占比达到31%；在涉及6大纪律、合计439个违纪问题中，涉及违反廉洁纪律问题233个，占比达到53%。共严肃查处5起违反中央八项规定精神问题，给予7名党员干部党纪政纪处分；坚持“一案双查”启动问责程序，追究9名领导干部责任，其中1人受到纪律处分，8人受到诫勉谈话。坚持查处一起、通报一起，区分所在支部、企业、集团三个层次，实行三次通报制度，释放出越往后执纪越严的强烈信号。修订印发深入贯彻中央八项规定精神的26项具体措施。按照中央纪委和驻国资委纪检组统一部署，细化14类问题，重点围绕看什么、怎么看、看过之后怎么办，开展“四风”整治“回头看”，纠正了一些苗头性问题。建立重大节日专项检查制度，对总部2个办公区、5家在京子公司、20家子公司驻京办进行明察暗访，组织2家驻京办立行立改，受到驻国资委纪检组的表扬。

【加强监督监察】 中国中车两级纪委书记对企业重要人事安排从初始酝酿阶段即进行参与，纪委向党委出具17份、129人的“廉洁鉴定意见”，建议否决1名因违纪拟进班子人选，建议暂缓3名因问题线索尚未了结拟提拔干部议案，向省市区组织部门出具9份“廉洁意见回复”；各企业纪委全程监督重要干部选拔1844人。2016年，中国中车纪委监察部门紧跟改革发展重点难点，开展规范物资采购、“两金”压降、亏损企业治理、“压减”工作等4项监察，会同有关部门对14家子公司进行了联合检查。积极跟进加强海外和城轨市场恶性竞争、执行内部配套纪律的监督。

【清理独家和代理采购】 深入开展独家采购和代理采购清理。摸清39家生产经营型企业共有独家采购供应商4277家，共有代理采购供应商3155家。盯住占独家采购总额85%的9家重点企业和占代理采购总额70%的7家重点企业。7月21日召开视频会议，专题安排部署清理整改工作，先后向5家企业派出综合督导组“解剖麻雀”，向13家企业下达专项纪检监察建议书，向7家企业下达问题说明函，提出整改建议105条，督促企业深度整改，至年末，39家企业独家采购取消109.58亿元，独家供应商取消1890户，物资采购项数取消31551项；代理采购取消25.48亿元，供应商取消788户，物资采购项数取消39803项。这些措施，为实现降采2%目标、实际节约采购成本21.9亿元做出积极贡献。这些做法受到驻国资委纪检组的关注，指定在央企构建“不能腐”体制机制推进会上作大会交流发言。

【党规党纪教育】 2月23日，中国中车党委印发通知，在全系统开展“守纪律、讲规矩、明底线、知敬畏”党规党纪集中教育活动。年内，中国中车纪委认真组织学习党纪条例和习近平总书记系列重要讲话，督导推进“两学一做”教育活动。班子成员送条例到干部，讲纪律到课堂，为70多名企业党委书记和总部部门负责人作条例辅导，为390名专兼职纪检干部讲专题党课。开展“守纪律、讲规矩、明底线、知敬畏”党规党纪集中学习教育活动，组织6万多名在岗党员签订廉洁承诺书。中国中车党政主要领导带头“下谈一级”，见人见事。年内，共对党员干部开展提醒谈话1768人、任职谈话780人、诫勉谈话132人，坚持开展集体廉政谈话。加强节日廉洁教育，从年初到岁尾，连点成线、没有间断，3次发布专项禁令，6次通过OA系统RTX廉洁教育群，向两级班子成员、总部员工、纪检监察干部累计发送廉洁短信6000多条。

【纪检队伍建设】 中国中车两级纪委不断转职能、转方式、转作风，增强纪检监察干部忠诚岗位、忠实履职和担当精神。指导20家企业纪委换届和4家企业开展向物资采购等重要部门派驻纪检监察员试点。自觉践行自责，严管纪检队伍，坚持“办管”、“检审”分开，强化案件监督。坚决执行“不喝企业一口酒、不收企业一分钱礼物”两条刚性规矩。对1名履行监督责任不到位的纪检干部立案问责。举办2期培训班，组织纪检监察领导干部参加中纪委组织的培训，共计培训纪检监察干部156名。

【党风建设和反腐败工作会议】 1月28日，中国中车党委召开2016年党风建设和反腐败工作会议，中国中车在京的党委常委和公司纪委委员，副总师以上领导等在总部主会场出席会议，各企业领导班子成员，纪委委员等在各分会场出席会议，参加会议共820多人。刘化龙传达了中共十八届中央纪委六次全会和国资委党委中央企业党风建设和反腐败工作会议精神。陈大洋作题为《全面落实两个责任，持续加强纪律建设，为中国中车十三五开好局起好步提供坚强保障》的工作报告，强调要聚焦中心任务，突出“六个严格”，即严格责任担当，落实管党治党责任；严格巡视整改，加强成果运用；严格纪律审查，用好监督执纪“四种形态”；严格监督监察，规范权力运行；严格纪律提醒，筑牢思想防线；严格管理队伍，以铁的纪律打造忠诚干净担当的“中车坚强卫士”。崔殿国作题为《担当新的责任使命，依法依规从严治企》的讲话；郑昌泓作题为《在全面从严治党实践中扎实推进党风建设和反腐败工作》的讲话；国资委纪委政研室主任王黎晓作了讲话，代表中央纪委驻国资委纪检委提出要求。奚国华主持会议并就贯彻落实会议精神提出要求。会议期间，齐齐哈尔公司、大连公司、永济电机公司、浦镇公司、长江公司、株机公司、株洲所纪委书记围绕履行监督责任进行了述职。

（纪委监察部　供稿）

巡　视　工　作

【制度建设】 2016年，组织制定《中国中车党委巡视工作办法》《关于被巡视企业党委配合巡视组开展工作的规定》《中国中车党委巡视组信访工作办法》，编制工作模板21个、作业指导书7个，形成《巡视工作手册》并印制下发执行，实现巡视工作制度化、规范化、模板化、表单化。

【巡视监督】 中国中车党委分别于本年的3月、7月和9月启动了三轮共14户企业巡视监督工作，巡视单位为唐山公司、二七机车公司、四方股份公司、贵阳公司、南方汇通公司、株机公司、南口公司、永济电机公司、济南公司、大连所、大连电牵公司、常铁校、株洲所、兰州公司。三轮巡视均以“常规+专项+专题”模式安排巡视内容，即：紧扣“六大纪律”（政治纪律、组织纪律、廉洁纪律、群众纪律、工作纪律、生活纪律）、紧盯“三大问题”（党的领导弱化、党的建设缺失、全面从严治党不力）、紧抓“三个重点”（重点人、重点事、重点问题）开展常规巡视监督，聚焦采购环节开展专项巡视监督，围绕履职待遇和业务支出开展专题巡视监督。共计发现问题249个，向集团公司提出意见建议16条、移交信访38件54条线索，向被巡视企业提出意见建议123条、移交信访举报126件172条线索，向领导小组提交了14份综合报告和14份采购情况专题分析报告。在巡视移交信访件中，两级纪委共立案7件，初核115件，谈话函询37件；27人受到组织处理，12人受到党纪政纪处分，其中，5名一级子公司主要负责人受到组织处理，4名一级子公司副职受到组织处理和党纪政纪处分，震慑作用得到彰显。

【巡视回访】 中国中车党委分别于本年2月、5月、11月启动了三轮共12户企业巡视回访工作。前两轮为常规巡视回访，重点检查企业党组织落实“两个责任”、抓巡视反馈意见及有关交办事项整改落实的情况，包括移交企业的信访举报和问题线索的查办情况，同时了解反映企业领导班子及其成员的新情况、新问题，回访单位为长江公司、戚墅堰公司、洛阳公司、二七车辆公司、戚墅堰所、太原公司、四方所、株洲电机公司。第三轮为“常规+专题”模式的巡视回访，即：在做好常规巡视回访基础上，突出贯彻落实中央八项规定精神和反“四风”要求，围绕履职待遇和业务支出开展专题巡视回访，回访单位为浦镇公司、成都公司、西安公司、大连公司。各单位根据巡视反馈意见制定整改措施1299项，完成1071项，完成率为82%，另有176项列入长期整改项。

【巡视意见整改】 中国中车党委重点督促抓好巡视意见整改工作，要求被巡视企业党委及时召开党委会进行专题研究，分析查找存在问题的原因，研究制定整改方案，建立问题清单、任务清单、责任清单和整改例会、销项、督查三项工作制度，认真进行整改，并及时上报整改报告，企业主要领导要分别以个人名义报送整改情况报告。同时，将整改情况纳入子公司专题民主生活会，要求被巡视企业党委书记按照巡视整改第一责任人、班子成员按照“一岗双责”要求，分别就所负责的整改项点整改情况在民主生活会上做出说明，实现了民主生活会对整改情况的再监督。

【巡视队伍建设】 全年组织巡视工作研讨和座谈2次、专题业务培训2次，召开制度、模板、作业指导书修订审核会议2次。年内有4名组长和副组长退休及时增补，4名专员轮换补充（各占50%）。

（巡视工作办公室　供稿）

工 会 工 作

【概述】 2016年，中国中车工会工作密切契合中国中车“十三五”发展战略和年度工作重点，以融合、创新、发展为主线，围绕“整合、变革、升级”三大主题和提质增效目标，沿着“继承固化、新增深化、完善优化”路径，运用“互联网+”思维，努力建设“有为工会”“维权工会”“温馨工会”“创新工会”“活力工会”，精心打造“四比一创新”、“双关心双维护”、“六送三关注”、“高铁工人团队”和“目标管理”等五个工作品牌，实现工会工作创新发展，促进企业改革发展稳定。至年末，有下属工会组织40个，其中一级子公司工会38个，工会筹备委员会（组）1个，总部机关工会1个。共有会员190347名，专职工会干部522名。

【主题劳动竞赛】 围绕中国中车“转型升级、跨国经营”的全球战略和生产经营中的重点、难点，工会组织动员广大员工深入开展以“新中车、新贡献”为主题，以“比质量、比安全、比效益、比效率”为主要内容的“四比”和“提质增效”等主题鲜明的劳动竞赛，采取多种形式开展技术革新、技术攻关、合理化建议和精益改善提案等活动，使经济技术创新活动全面融入企业的各个环节和企业部室、车间、班组各个层面。各级工会自觉把“保增长，促发展”作为重中之重，主动协同职能部门，团结带领广大员工发扬主人翁精神，深度融入市场开拓、技术进步、质量安全、精益生产、技能培训、管理提升全过程，全力发展生产，提质增效，保证年度经营目标的完成。

【“安康杯”竞赛】 中国中车尊重和发挥员工的主体价值，收集处理安全隐患信息，扎实开展职工代表安全专项巡查，持续深入开展“安康杯”竞赛和“查身边安全隐患，保员工身体健康，促企业安全生产”专项活动，增强员工的安全和劳动保护意识。着力改善一线员工生产作业条件，提升安全生产水平。4个单位荣获全国“安康杯”竞赛优胜单位。

【民主管理】 中国中车工会指导开展《集体合同》《女职工专项合同》《工资集体协议》续签工作，进一步突出维护员工的经济权益，保障稳定就业权利，形成工资平等协商、合理调整、正常支付的工作机制。规范理顺了所属单位职代会届次，促进各级职代会规范化。各单位工会进一步完善职代会民主评议企业领导人员制度，对企业领导人员进行民主评议。定期开展职工代表履职能力培训，不断提高职代会提案征集质量，加强提案落实情况跟踪、反馈、报告。各级工会通过职代会、厂务公开栏、手机微信等新媒体平台，拓展厂务公开领域，合法合规积极推进厂务公开民主管理工作。完善劳动争议信息预报制度，积极开展法律援助，引导员工合法表达合理诉求。发挥工会组织密切联系群众的优势，排查、有效化解影响劳动关系和谐稳定的苗头性问题，稳定员工队伍。

【困难员工帮扶工作】 中国中车工会以实现员工“快乐工作、健康生活”为宗旨，制订下发“六送三关注”工作指导意见和专用资金管理办法，建立“覆盖广泛、运作规范、帮扶及时、保障有力”的工作机制，做到“冬送温暖、夏送清凉、秋送助学、节送慰问、难送帮扶、病送关怀”。结合一些企业的实际困难，加大精准帮扶力度，将91%的历年节余经费投向基层，元旦、春节期间，一次性划转送温暖资金达2400万元。在金秋助学活动中，募捐近200万元，帮助1700余名困难员工子女解决入学资金问题。各基层工会扩大范围、提高标准，切实做到“精、准、快”帮扶，通过实施理顺社会保障关系，举办就业指导和技能培训，“结对帮困”等系列措施，缓解困难企业和困难员工的压力，促进员工队伍的稳定。

【“三线”建设工作】 2016年，中国中车工会加强售后服务站点驻外员工“生活线、卫生线、文化线”建设，制订下发《“三线”建设专项经费使用管理办法》并抓好落实。针对公司售后服务站点的新设和调整，下拨专项经费1400万元，解决各企业售后服务人员就餐、饮水、住宿、洗浴、文化娱乐等基本问题。11月9日，召开“三线”建设推进会，勉励各单位“三线”建设再加油，将广大员工的生产激情引导和投入到年底前的生产冲刺中去。

【女工活动】 年内，制定《女职工委员会工作管理办法》，组建中国中车女职工委员会。召开了女职委第一次全体会议。继续实施“女员工关爱工程”，组织开展纪念“三八”系列活动、书香铁路女职工读书活动，组织申报“铁路爱心书屋”18个；完成全国铁路女职工健康状况调查。持续推进“长客大姐”、“株机女子学校”等特色女员工品牌活动，1个团队荣获“全国三八红旗集体”称号。

【技能提升活动】 中国中车工会继续开展全方位、系统化、专业化的技能提升活动，把学技能、练内功作为主攻方向，拓展学习练兵渠道，为员工搭建提高技能、展示才能、实现价值的舞台，培育和造就更多适应企业发展的技能型、专家型、复合型员工。通过搜集经济技术创新“金点子”和合理化建议、评选先进操作法、举办技术运动会和班前喊话、组织技能培训和技术攻关等活动，最大限度地调动和激发广大员工的生产积极性，广泛集中员工群众的集体智慧，推动员工技术技能素养的整体提升。

【劳模工作】 2016年，中国中车工会对原南北车劳模创新工作室基本情况进行摸底、调研，制订《深入推动金蓝领和劳模创新工作室建设工作指导意见》。持续关爱劳模和先进，组织召开劳模座谈会，分两批组织80名劳模健康疗养。大力宣传“产业报国、勇于创新，为中国梦提速”的中国高铁工人精神。积极引导广大员工以劳模为榜样，立足本职、爱岗敬业、争创一流。本年，中国中车所属企业荣获“全国工人先锋号”奖杯、“全国五一劳动奖章”各1枚，33名员工荣获“火车头奖章”，6个单位荣获“火车头奖杯”、1个单位荣获“火车头劳模创新工作室”。有10名劳模和先进生产者被推荐到全国总工会和中央电视台作为“大国工匠”宣传，长客股份公司李万君代表全国劳模在全国“五一”表彰大会上发出倡议书，强力宣扬了中国中车这张金色名片。

【工会基层建设】 本年，中国中车工会规范调整工会组织设置和名称，理顺所属单位的工代会届次。指导协调7家子公司工会换届改选，11家子公司工会主席替补，4家新建企业组建工会，7家子公司延期换届。完成中国中车集团公司工会法人资格证书变更工作。开展会员评议职工之家活动，深入推进“模范职工之家”“模范职工小家”建设。《“家和”文化》获全路最佳“三有”创新成果奖。通过目标分解、管理分类、过程监督、多元激励等措施，建立工会工作目标管理体系并推进实施，开展半年考核通报，促进工会各项重点工作的落实。围绕工会重点工作，依托中车工会网页平台，更新8个栏目256项内容；全年编发工会信息137期。依据《工会信息工作管理办法》，按各子公司信息上报、采用情况，对上年度信息工作进行表彰。

先后在清华大学、北京大学举办有工会主席、副主席参加的工会工作培训班，请专家、学者系统讲解习近平总书记系列讲话精神和新时期工会工作新要求，熟悉新形势下创新工会工作的理论和案例，努力提高工会干部的理论水平和政治素养。

【财务经费管理】 中国中车工会严格执行中华全国总工会、全国铁路总工会有关财务规定，规范工会经费及专项资金管理，细化经费管理办法，执行经费预算管理制度。制定《中国中车工会财务会计管理办法》颁发执行。强化会费管理，制订下发会费收缴使用管理办法；全面清理工会经费少缴欠缴情况，追缴6家单位共计2550万元经费。持续开展财务会计管理规范化建设，实施工会财务会计规范管理星级考核评比。按照“离任必审”和“两年一审、一审管两年”的工作要求，依法履行审计监督职责，突出审查重点，完成对19个单位的经济责任审计；组织对23个子公司的工会主席进行了离任或任中审计；配合完成铁路工会对中车工会经济责任审计。推进实施经审规范化建设考核办法，确保工会资产使用依法、合规、安全、有效。

【2016·中国中车员工运动会】 本次运动会以“和谐中车 为中国梦提速”为主题，实行赛区与赛会相结合的混合赛制，依照“丰富趣味性、团队合作性、全面参与性、高度安全性、示范推广性”的项目设置理念，共设置7个比赛项目，分别在常州、大连、青岛、长春、株洲五个赛区举行。从5月起，陆续在戚墅堰公司、大连公司、四方股份公司、长客股份公司分别举行了乒乓球赛、毽球、气排球、羽毛球4个球类分项比赛。10月22~23日，在株机公司举行开闭幕式，38支代表队700余名运动员参加了田径比赛。本次运动会，株机公司、株洲电机公司、株洲所、大连公司、唐山公司、长江公司、戚墅堰公司、齐齐哈尔公司获团体总分前8名，10个单位获得体育道德风尚奖。会后，中国中车工会组织编辑出版了《中车员工运动会纪念画册》。

（工会办公室　供稿）

共　青　团　工　作

【概述】 2016年，中国中车共青团组织深入学习贯彻中共十八届历次全会精神和习近平总书记系列重要讲话精神，紧密围绕形势任务，充分依托“创新发展 青年担当”主题实践活动，扎实开展各项工作，服务企业改革发展，服务青年成长成才，各级团组织发挥新作用，各项工作取得新进展，团员青年有了新进步。至年末，中国中车35周岁以下青年（不含团员）33818人，共青团员33948人，专兼职团干部2861人，其中专职团干部77人。

【青年思想政治教育】 中国中车团委以中共十八届历次全会精神和习近平总书记系列重要讲话精神为主要内容，制定年度学习计划，做出详细安排，提出明确要求。所属各级团组织通过理论培训、“三会一课”、座谈、讨论等多种形式，深入开展青年思想教育，引导青年在推动企业发展进程中贡献力量。中共十八届六中全会召开后，齐齐哈尔公司、眉山公司、成都公司等单位团组织迅速行动，组织团员青年开展了学习活动。各级团组织以节庆日、纪念日为契机，结合团员青年思想实际，设计开展形式多样、内容丰富的主题活动，切实加强团员青年的教育与引领，激发团员青年的爱党爱国情怀。“五四”青年节期间，各企业团委通过组织召开纪念大会，开展文体文化活动，举办主题团日、优秀人物事迹分享等活动，激励广大青年弘扬“五四”精神，增强团组织的感召力、凝聚力，在团员青年中积极营造崇尚先进、赶超先进的浓郁氛围。结合建党95周年、建国67周年，开展多种纪念活动，引导青年立足岗位、勤奋工作，助力企业转型升级，助推中车蓬勃发展。

【形势任务教育】 中国中车团委组织开展“中车发展与青年使命”主题教育实践活动，引导广大团员青年认清形势，贡献青春力量。活动中，所属企业各级团组织制订切实可行的工作方案，结合企业形势任务教育、提质增效、创新实践等工作实际，通过召开青年大讲堂、主题团日、劳动竞赛、业务知识培训、征文等形式，开展主题突出、内容丰富、形式多样的活动。大连公司团委开展“提质增效—青年与领导面对面”活动；沈阳公司团委开展“增强质量意识，青年以身作则”主题团课活动；大同公司团委围绕活动主题，举办“我为企业提质增效出份力”青春大讲堂，通过开设“专家说”、“青年说”、向青年发出倡议等形式，进一步强化团员青年的主人翁意识，提高责任感和使命感。

【青年志愿者活动】 中国中车团委以“践行雷锋精神，深化志愿服务”为主题，指导所属企业团组织在“两节”期间，通过组织团干部走访慰问包保对象、困难员工及患病青工，到帮扶对象家中打扫卫生等方式，全面做好“送温暖、献爱心”活动。以“3·5”学雷锋纪念日为契机，开展提供免费医疗咨询、义务维修家电、清理厂区环境卫生、关爱企业农民工子女等活动。以青年志愿者为主体，开展“凝聚青春正能量建功立业新中车”慰问高铁售后服务青年活动，以驻站（段）高铁售后服务青年为对象，通过座谈交流、分享身边先进人物事迹、解决青年实际困难、开展理论学习、业务培训、文体文化联谊等活动，关心青年生活，关注青年成长。32家企业团委分别走访了25个售后服务站点，开展相关工作，为售后服务青年搭建互相了解、增进友谊的桥梁，保证全身心投入工作。

【舆论宣传工作】 加强团的宣传信息工作整体建设，发挥信息的宣传、指导、交流、服务功能，使信息工作制度化、规范化、科学化。制定下发《中国中车团的信息工作管理办法》，对团的宣传信息收集、整理、发布、考核以及工作网络建设等方面内容做出明确细致的规定。充分依托《中国中车青年工作通讯》，广泛收集、及时发布工作信息，增设《简讯》版块，丰富信息报送内容，加快信息反馈速度。年内共编发《中国中车青年工作通讯》48期，综合视频新闻7期。充分利用各种新媒体，借助网络、手机等传播载体，做好工作的宣传报道。继续加强向中央企业青年网和团的有关媒体的信息报送工作，加强信息工作交流，及时反映工作动态。

【青年人才培养】 中国中车团委根据青年的岗位需求，通过分层次、分类别抓培训，增强培训针对性，提高培训效果。广泛开展青年拜师学技活动，重点提高新入职和新换岗青年的操作技能。通过“教、学、练、比”、导师带徒、操作创新、金蓝领工作室等形式，不断提升青工技能素质。以提高技术、管理岗位青年的专业能力和业务素质为目标，帮助青年做好职业发展规划，开展职业生涯导航，创造有利于青年成长成才的环境和条件，为推动企业技术进步、促进企业管理升级提供人才保障。带领青年立足岗位开展技术革新、管理创新等活动，使青年技术和管理人员提高技能、增长才干，促进企业不断提升发展质量和效益。各企业团委还广泛开展青年安全生产示范岗等形式多样的主题活动，强化青年安全生产理念，提升安全生产能力，筑牢安全生产的青春防线。

【第一届中国中车十大杰出青年评选】 2016年，中国中车团委组织开展了第一届“中国中车十大杰出青年”评选活动。活动得到所属企业的积极响应和广泛参与，通过企业自荐申报、评委提名推荐，确定正式候选人23名，7月18~24日，在“中车党建网络平台”、《中国中车》报、中车微信公众平台和公司公告栏对候选人进行了公示。随后，经活动评委会、所属企业、公众分别进行投票，产生了第一届中国中车十大杰出青年，11月2~3日，举行了第一届中国中车十大杰出青年颁奖仪式。活动中，在中车党建网络平台和《中国中车》报对十位杰出青年进行了深度宣传报道。据统计，微信公示及公众投票期间，累计阅读量达215946人次，人选累计得票数424515票，在接受广大员工监督的同时，有效扩大了杰出青年事迹的宣传面。

【青年人文关怀】 中国中车团委发挥共青团组织服务育人的职能，面向新入职毕业生，开展“青春轨迹，团聚引航”活动。活动中，各企业团委充分利用自身优势，依托青年志愿者队（组），围绕“中车发展与青年使命”这一主题，举办座谈交流、事迹报告、“团队建设”拓展、文化联谊活动，关心单身青年、新入职员工和外来务工青年的业余生活，关注青年的身心健康。积极开展适合青年特点的文体文化活动，帮助青年办理入职手续，熟悉企业环境，尽快消除陌生感。大力倡导健康向上的业余文化生活，实现借助团的组织优势、发挥服务职能，加强培训引导、辅助青年职业规划，借助丰富活动、增强感情凝聚的工作目标。株洲所、南口公司、成都公司等企业团委结合新时期青年的需求和特点，相继举办了集体婚礼等活动，让青年感受到企业大家庭的温暖。

【青年科技创新实践】 中国中车各级团组织围绕企业科技创新、生产运营管理、安全管理等重点内容，通过强化过程管理，巩固项目化运作，以创新出成果，以成果塑品牌，以品牌促发展，深入开展各项工作。齐齐哈尔公司举办第一届职业技能大赛暨第一届青年职业技能大赛，参赛青年112人，快速提升了青年员工操作技能水平。唐山公司开展“唐车青年创新季”活动，实现青年创新成果774项，激发青年的创新热情。株机公司团委开展第九届“成才之星”头脑运动会，吸引262名青年参加，为企业培养选拔青年人才做好基础性工作。戚墅堰所团委开展“提升质量意识，提高设计素养”首届青年CAD决赛，8个团总支组队参赛，有效提升了青年研发设计能力。太原公司团委开展青年科技论文征集活动，共征集47篇科技论文并进行评审表彰。积极推进管理创新实践，中国中车团委开展青年安全生产示范岗评选活动，表彰了49个青年集体。所属企业团委通过知识竞赛、主题演讲、青年安全班组创建等形式，开展青年安全生产管理工作，为推动企业改革发展贡献青春力量。

【深化先进活动】 中国中车加大对“青年文明号”集体的宣传力度，不断规范创建集体的各项规章制度，创新青年文明号创建内容，在广大青年集体中树立良好形象。注重基础建设，按照共青团中央和中央企业团工委要求，完成2015-2016年度全国青年文明号网络创建工作。年内，开展年度“号、手”评选工作，命名表彰中国中车杰出青年岗位能手10人、青年岗位能手51人和青年文明号53个。按照企业要求，依托“号、手”活动，将精益生产作为团组织服务企业经营工作的有力抓手，开展多项精益生产学习宣传活动，通过现场观摩、改善提案、交流评比等活动，为企业精益生产工作的深入开展贡献团组织和团员青年的智慧与力量。

【团的基础建设】 中国中车团委提出全年工作指导思想和重点内容，形成文件下发，更好的指导企业团委开展工作。召开中国中车共青团工作会议，总结上年共青团工作，研讨部署本年团的重点工作。在各企业团委中开展调查摸底工作，重点了解掌握企业青年人数、基层团组织数量、专兼职团干部状况以及企业共青团的经费情况，汇总形成书面材料，为中国中车党委相关决策提供依据和参考。先后制定下发中国中车团委联系基层、团的组织选举规则、青年岗位能手、青年文明号、青年安全生产示范岗管理办法等近10项工作制度，进一步强化团的基础建设。

【基层组织建设】 加强“推优入党”工作，不断提高“推优”数量和质量。开展本年度共青团组织报表统计工作和上年度团费收缴工作，全面了解掌握基层组织状况以及各项团的重点工作开展情况。“五四”青年节期间，开展团内“两先两优”评选表彰活动，共评出中国中车五四红旗团委14个，五四红旗团支部39个，优秀团干部63名，优秀共青团员63名。年内，指导株洲所、二七车辆公司、成都公司、浦镇公司、资阳公司召开团代会，按期完成换届工作。

【团员队伍建设】 年内，举办三期团干部培训班和企业团委书记能力提升培训班，所属企业近40名团委负责人参加了培训。深入贯彻落实中央党的群团工作会议精神，培养造就高素质的团干部队伍。培训围绕“团的工作助推国际化”“团的工作助推人才发展”“团的工作助推精益管理”三大主题展开。在团中央井冈山革命传统教育基地举办两期基层团干部培训班，所属企业基层团干部共计100余人参加。培训围绕党的群团工作会议精神、革命传统教育、共青团理论知识等内容进行。扎实开展团员教育、民主评议、团籍注册等基础工作，不断提高团员的政治意识、组织意识和模范意识。

（团委　供稿）

总部机关党委工作

【概述】 2016年，总部机关党委以习近平总书记系列重要讲话精神为指导，以“两学一做”学习教育为重点，紧紧围绕“融合、变革、升级”三大主题，深入贯彻落实中国中车党委常委（扩大）会议和本年工作会议精神，求实创新，开拓进取，扎实工作，不断加强总部机关党的建设，充分发挥总部党委的政治核心作用、党支部的战斗堡垒作用，充分调动总部全体党员和全体员工的积极性、主动性和创造性，为完成全年生产经营和党的建设各项工作提供坚强的政治保证。

【党建政治思想工作】 总部机关党委按照中国中车党委统一部署，把“两学一做”学习教育作为一项重大政治任务，结合总部工作实际，提前谋划，精心安排，对学习教育工作做出详细的安排。制订《总部机关党委“两学一做”学习教育推进计划》，下发通知，对学习教育提出明确要求，要求各党支部切实担负起主体责任，支部书记要承担起第一责任人的职责，有效保证学习教育从严从实有序推进。把学习作为教育的前提和基础，通过专题网站在线学习、编发学习资料及支部书记培训等形式，组织党员深入学习党章党规，深入学习习近平总书记系列重要讲话精神，提升思想政治素质，坚守政治信念，坚定政治立场。为总部党员配发《党章》《中国共产党廉洁自律准则》《中国共产党纪律处分条例》以及《习近平总书记系列重要讲话文章选编》等书籍，并配发学习笔记。督促党员干部摘抄有关文献，撰写读书笔记，记录心得体会。对离退休党员，尤其是年老体弱的党员，既体现从严要求，又考虑实际情况，以送学上门、就近参加等方式组织其参加学习教育，做到学习教育党员全覆盖。在开展专题学习讨论的基础上，组织中国中车领导班子成员到所在党支部讲党课，郑昌泓、崔殿国、刘化龙、奚国华带头为所在支部讲党课，结合个人学习体会，与党员分享个人的思考、认识和观点。组织召开总部机关“两学一做”交流座谈会，交流学习经验和体会，进一步推动学习教育深入开展。“七一”前，在二七纪念馆举行“重温入党誓词，铭记入党初心，践行对党承诺”的主题党日活动，增强党员意识和党性观念。开展七一慰问老党员活动，走访慰问老党员 11 名。按照工作计划，有序推进召开专题组织生活会和民主评议党员等工作。

【党组织建设】 总部机关党委把做好党支部选举工作作为加强总部党的建设、健全党内民主生活的重要内容。根据《党章》和《中国共产党基层组织选举工作暂行条例》的有关规定，印发《关于党支部选举的通知》，精心组织，周密安排， 严格程序，保证各支部选举顺利进行。截至 3 月底，总部 33 个党支部全部完成选举工作，通过民主选举产生 33 名党支部书记。选举期间，总部机关党委加强指导，做好党员思想教育工作，尊重党员民主权利，把选举过程变成对党员进行权利与义务、民主集中制教育的过程。组织总部 26 名党支部书记及副总师级领导参加了中国中车党委在延安组织的党性教育培训；选派 15 名党支部书记参加集团公司党委举办的“两学一做”学习教育培训班。通过系统的学习培训，提升党支部书记队伍的整体素质，增强支部书记做好基层党建工作的信心。认真落实“两个责任”，经集团公司党委批准，总部机关党委设置纪委书记。进一步落实党风廉政建设责任制，努力推进惩防体系建设，组织党员干部层层签订党风廉政建设责任书和廉洁责任承诺书。组织党员干部深入学习《守纪律、讲规矩、明底线——中国中车党员领导干部纪律手册》，增强全体党员的纪律性和底线意识，营造总部良好的内部环境。

【创先争优活动】 为激励总部广大党员干部立足本职，创先争优，以优异的工作业绩向党的生日献礼，“七一”前夕，下发《关于开展“一先两优”推荐评选工作的通知》，开展 “一先两优”评选工作。通过普推和推优两轮推荐，总部党委讨论，严格按照评选标准，评选出 5 个先进党支部、6 名优秀共产党员和 6 名优秀党务工作者，在总部树立起学先进、赶先进、争先进的良好风尚。6 月 17 日，总部机关召开“一先两优”表彰暨党支部建设座谈会，对“一先两优”进行了表彰。通过评选表彰，营造创先争优的良好氛围。注重积极分子培养，吸收新鲜血液，严格按照发展党员的标准，培训党的积极分子，保证党组织的先进性和纯洁性。“七一”前夕，有 3 名党的积极分子成为中共预备党员，向党旗庄严宣誓，另有一名预备党员正式转正。健全完善总部信息交流平台，在网站上及时发布各党支部的工作动态、学习体会、活动信息等，供大家相互学习交流。全年共编辑发布《总部机关通讯》98 期。

【总部党员队伍建设】 在“七一”纪念建党 95 周年当天，组织总部全体党员佩戴党徽，亮明身份，争当先锋，进一步增强党员意识和党性观念，使党员具有更加强烈的责任感、使命感和光荣感。开展支部名言警句和党员座右铭征集活动，引导党员干部践行诺言，有诺必践，规范一言一行，使思想有方向，行动有指南。通过开展主题党日活动、征集名言警句和座右铭等活动，使党员始终不忘身份，不忘初心，提醒党员时时处处注意发挥先锋模范作用。组织总部党员深入贯彻落实中国中车党委常委（扩大）会议和本年工作会议精神，以及6月19日股份公司经营指标落实座谈会和10月27日中国中车经营工作座谈会精神，把党员的思想和行动统一到公司的各项工作部署上来，迅速定措施、见行动，在开拓市场、结构调整、降本增效、内部配套、亏损企业治理、两金压降等重点工作中，自我加压，贡献才智，充分调动员工积极性、主动性和创造性，用全面完成本年经营指标的实践成果检验党建工作的成效。

以建设世界一流跨国企业新总部为目标，将党建工作与“五型”总部、“四型”员工队伍建设有机结合，聚焦对党忠诚、个人干净、敢于担当，突出作风建设。总部党委结合当前工作实际，对总部党员提出了“严格廉洁自律，严格遵守纪律，密切联系基层，树立良好形象”四项要求。各党支部对照四项要求的具体内容，深入查找存在问题，边学边找，边找边改，进一步严明纪律，改进工作作风，引导总部党员干部立足本职岗位，积极践行“由我来办、马上就办、办就办好”的工作作风，进一步提高工作效率，展示廉洁守纪、勤政高效的总部形象。

【总部群团工作】 总部机关工会以建设“服务到位、工作活跃、深受信赖”的职工之家为目标，深入开展“送文化、送健康、送爱心”活动，努力创造和谐型总部。深入开展夏季送清凉、两节送温暖活动，对困难员工进行摸底帮扶，及时走访看望生病员工，送去组织的关爱和温暖。贯彻落实中国中车工会提出的“六送三关注”活动，两节期间慰问困难职工和党员30人，慰问因病住院或职工父母子女生病住院的60余次。筹备为职工过生日的方案，总部每名员工生日，工会组织都送上温馨祝福，体现了新中车大家庭的融融亲情。年内，为全体员工办理市区公园年票，组织女职工过快乐“三八节”，组织“八一”慰问复转军人活动。通过这些活动，不断增强总部的向心力、凝聚力和战斗力。

针对中车成立后青年员工增多的实际，组织开展五四青年节活动，充分展现青年风采。开展爱读书、读好书活动，总部机关党委推荐的《商业的本质》一书，受到青年和广大员工的喜爱。组织总部及在京子企业青年代表，参加了中信银行组织的“七夕”联谊会。通过这些活动，关爱青年，活跃工作，努力营造和谐发展环境。

【总部文化活动】 总部机关党委坚持文化促融合、活动促融合，寓教于乐，以重大节日为契机，广泛开展形式多样、积极向上的文化活动，丰富职工业余文化生活，增强员工集体荣誉感和凝聚力，充分展现总部员工的良好风貌，凝聚推动企业改革发展正能量。策划并举办总部机关本年新春团拜会。本着融合、超越、振奋、喜悦、祥和、民主、沟通和向上的方针，搭建舞台，发掘职工的才艺才能，充分展示中国中车总部机关员工的精神风貌。

组建篮球、足球、羽毛球、太极拳、徒步、摄影、书画等兴趣活动小组，广泛开展羽毛球、乒乓球、足球、毽球、太极拳、健身等各类兴趣活动。组织开展春季“踏青赏花徒步行”活动。举办“六一”亲子书画展，精心筹划 “中秋、十一”摄影比赛活动。通过丰富业余生活，促进员工交流，培养兴趣爱好，引导员工在追求相同兴趣爱好的过程中，增进友谊，促进融合，共同创造推动新中车事业发展的总部文化氛围。

策划并组织本年中国中车总部机关暨二七机车第37届员工运动会，得到总部全体员工的积极响应，组织总部员工参加中国中车运动会，总部机关党委和机关工会积极组织，分别派出乒乓球、毽球、气排球、羽毛球、大众体育以及田径比赛的队员参加了各分赛区的比赛。组织总部员工参加运动会开幕式，激发员工强烈的幸福感、自豪感、归属感和责任感。

（总部机关党委　供稿）

学　会·协　会

【政研会】　2016年，组成中国中车集团公司党建思想政治工作暨企业文化研究会（简称政研会）第一届常务委员会，会长郑昌泓，常务副会长万军，常务委员吴建兴、谷大存，秘书长曹钢材。9月29日，中国中车党委印发《中国中车集团公司党建思想政治工作暨企业文化研究会章程》。年内，政研会按照围绕中心、服务大局、立足应用、指导实践的原则，深入研究探索新形势下企业党建、思想政治、企业文化工作的新思路、新方法、新途径，重点研究习近平总书记关于企业改革发展重要论述，培育和实践社会主义核心价值观，国企精神的培育与研究，企业文化融合，加强企业舆论引导能力等。征集布置年度党建政研课题工作，编辑印发《中车企业文化研究》4期。三家企业提出的课题荣获中央企业政研会年度优秀成果二、三等奖。

【企业管理协会】　11月14日，中国中车集团公司企业协会在洛阳召开首届年会，审议通过《中国中车企业协会章程》、中车企协常务委员会组成人员名单和《管理与实践》改版方案等议案。根据中国中车集团公司《关于各学会第一届常务委员会组成人员的通知》，中国中车集团企业协会第一届常务委员会人员组成：名誉会长赵小刚，会长崔殿国，常务副会长王军，副会长孙锴、张军，常务委员刘克鲜、王研、肖孝州、王宪、孙克，秘书长阴明月光。

年内，围绕创新、变革、国际化主题，把握中国中车的深刻内涵，认真办好核心管理期刊。按照创新、改革、经营、发展的新趋势、新任务、新要求，策划制定期刊改版方案，在企协年会通过后组织实施，《改革与管理》更名为《管理与实践》，并在版面设计、内容纲目、主题等方面创新形式，力求主题鲜明，形成特色。做好稿件策划邀约，突出融合、提质、增效主题，组织高层、中层及专业人员等不同层级、不同专业的人员撰稿，为中国中车转型升级、改革发展献计献策；对管理热点、焦点、难点进行解读和追踪报道，重点在国际化经营人才的培育与打造、精益管理深化、商业模式创新、海外市场拓展等进行重点刊载，对推动工作起到积极作用。突出工作方法创新，按照“编辑、三审、三校”工作流程高效率做好稿件的编辑、排版、印刷。新改版期刊仍为双月刊，采用纸质版、电子版同步发行，受众主体涵盖所属子公司、部分省企业联合会、中国铁路总公司及18家铁路局。期刊已成为读者了解中国中车改革管理、发展状况，交流管理经验、探索管理创新的窗口和平台。围绕企业改革、发展、管理提升等方面开展工作调研，为企业发展提供咨询。

（企管协会　供稿）

【科学技术协会】 2016年，根据中国中车集团公司《关于各学会第一届常务委员会组成人员的通知》，组成中国中车科协第一届常务委员会：主席奚国华，常务副主席王军，副主席唐克林、刘友梅、丁荣军，常务委员张新宁、石晓丁，秘书长谢步明。12月27日，在株洲召开中国中车科协第一次代表大会，会议通过了《中国中车集团公司科学技术协会章程》，唐克林代表中国中车科协作工作报告，王军作题为《服务创新 助力发展，在建设世界一流跨国企业的实践中建功立业》的重要讲话。

年内，中国中车科协工作全面深化“讲理想、比贡献”活动，实现与企业生产经营活动的有机结合、相互促进、协调发展，充分激发广大科技人员的创新热情，大力组织科技人员投身群众性技术创新竞赛活动中。加强与中国科协、中国工程院和有关科研单位、学会的联系，结合轨道交通装备的特点，组织科技人员参加各种学术会议，更好地了解相关领域的前沿技术、发展方向和趋势，提升科技人员的整体科技素质。按照总部职能部门的委托，积极做好科技成果评价和投资项目可研报告评审等工作。

（科　协　供稿）

【体育协会】 2016年，中国中车党委明确体协归口工会管理。根据中国中车集团公司《关于各学会第一届常务委员会组成人员的通知》，中国中车体协第一届常务委员会组成：名誉主席王立刚，主席刘化龙，副主席邱伟，常务委员王家琪，秘书长胡朝晖。

年内，组织召开了新中车成立后的第一次体协工作暨秘书长会议。举办2016•中国中车员工运动会。积极参加全国铁路第十三届运动会乒乓球、羽毛球、桥牌、男子气排球、大众体育等比赛项目。各子公司均按企业实际情况，本着“小型、多样、业余”的原则，制订体育工作计划并推进实施。其中，株机公司足球队晋级2016“我爱足球”中国足球民间争霸全国总决赛，晋级全国八强，为历史最好成绩。

（体　协　供稿）

【人力资源研究会】 2016年，成立中国中车人力资源研究会第一届常务委员会，会长赵光兴，常务副会长蒋松，副会长郭法娥。年内，制定研究会工作要点，积极营造理论研究的浓烈氛围。紧贴“十三五”人才开发战略全局，紧密结合中车人才开发实际，全年有许多研究成果立于业内外前沿，出现了一批高质量、高水平的力作。在本年中国职协优秀科研成果评审中，中国中车共有51项成果获奖，其中一等奖9项，二等奖14项，三等奖13项。中国中车集团公司再次荣获优秀科研单位奖和科研工作组织奖。全年，中国中车在《中国培训》等国家级期刊发表论文、通讯10余篇。创新会刊编辑，实现会刊改版，优化栏目设置，紧贴重点工作，提升用稿质量，力求优中选优。全年用稿109篇。

（人力资源研究会　供稿）

【财会学会】 2016年，组成中国中车财会学会第一届常务委员会，会长詹艳景，常务副会长陈勇，副会长陈雄、朱三华、鄢德佳、王健。《中车财会》作为中国中车唯一正式的内部财经刊物，在财会学会的领导下，发挥财经理论研究、实践交流、经验分享、展现财审人员风采的重要作用，得到中车领导、各一级子公司学会领导的高度重视，特别是中车财会学会会长亲自撰写论文，从财务角度指明新中车的发展方向。

全年，收到论文249篇，发表论文57篇，参与人员达500余人次。稿源较多的单位主要有株洲所、沈阳公司、长客股份公司、永济电机公司、株机公司、浦镇公司、齐齐哈尔公司、株洲电机公司、中车股份总部等。期刊所发的论文紧密贴合工作实际，在全面预算、内控审计、资金管理、成本管控、并购与重组等多个方面，充分展示了中车财务、审计管理方面的才能。年内，由财会学会选送的株机公司《业务驱动式财务共享服务平台建设的推进》获全国国有企业管理创新成果一等奖、第十五届全国交通企业管理现代化创新成果二等奖；株洲所《股权并购项目整合实施阶段管理研究》《制造企业服务采购管理提升研究》分别获铁道财会学会科研课题一、二等奖；浦镇公司《铁路客车修理业务实时成本控制的实践与思考》获铁道财会学会优秀论文一等奖。

（财会学会　供稿）

中车股份一级子公司

责任编辑　俞鸣霞　陈宗河　赵　萍

中车齐齐哈尔交通装备有限公司
中车长春轨道客车股份有限公司
中车沈阳机车车辆有限公司
中车大连机车车辆有限公司
中车唐山机车车辆有限公司
中车北京二七机车有限公司
中车北京二七车辆有限公司
中车北京南口机械有限公司
中车石家庄车辆有限公司
中车大同电力机车有限公司
中车太原机车车辆有限公司
中车永济电机有限公司
中车山东机车车辆有限公司
中车青岛四方机车车辆股份有限公司
中车成都机车车辆有限公司
中车四方车辆有限公司
中车洛阳机车有限公司
中车西安车辆有限公司
中车兰州机车有限公司
中车南京浦镇车辆有限公司
中车戚墅堰机车有限公司
中车长江车辆有限公司
中车资阳机车有限公司
中车眉山车辆有限公司
中车株洲电力机车有限公司
中车株洲电机有限公司
中车贵阳车辆有限公司
中车大连机车研究所有限公司
中车大连电力牵引研发中心有限公司
中车青岛四方车辆研究所有限公司
中车戚墅堰机车车辆工艺研究所有限公司
中车株洲电力机车研究所有限公司
中车国际有限公司
中车物流有限公司
中车资本管理有限公司
中车投资租赁有限公司
中车财务有限公司
中车建设工程有限公司
中车深圳资本管理有限公司
中国中车香港资本管理有限公司
中国中车（香港）有限公司
北京北车中铁轨道交通装备有限公司
中车信息技术有限公司
上海轨道交通设备发展有限公司
中车工业研究院有限公司
广州电力机车有限公司
天津电力机车有限公司

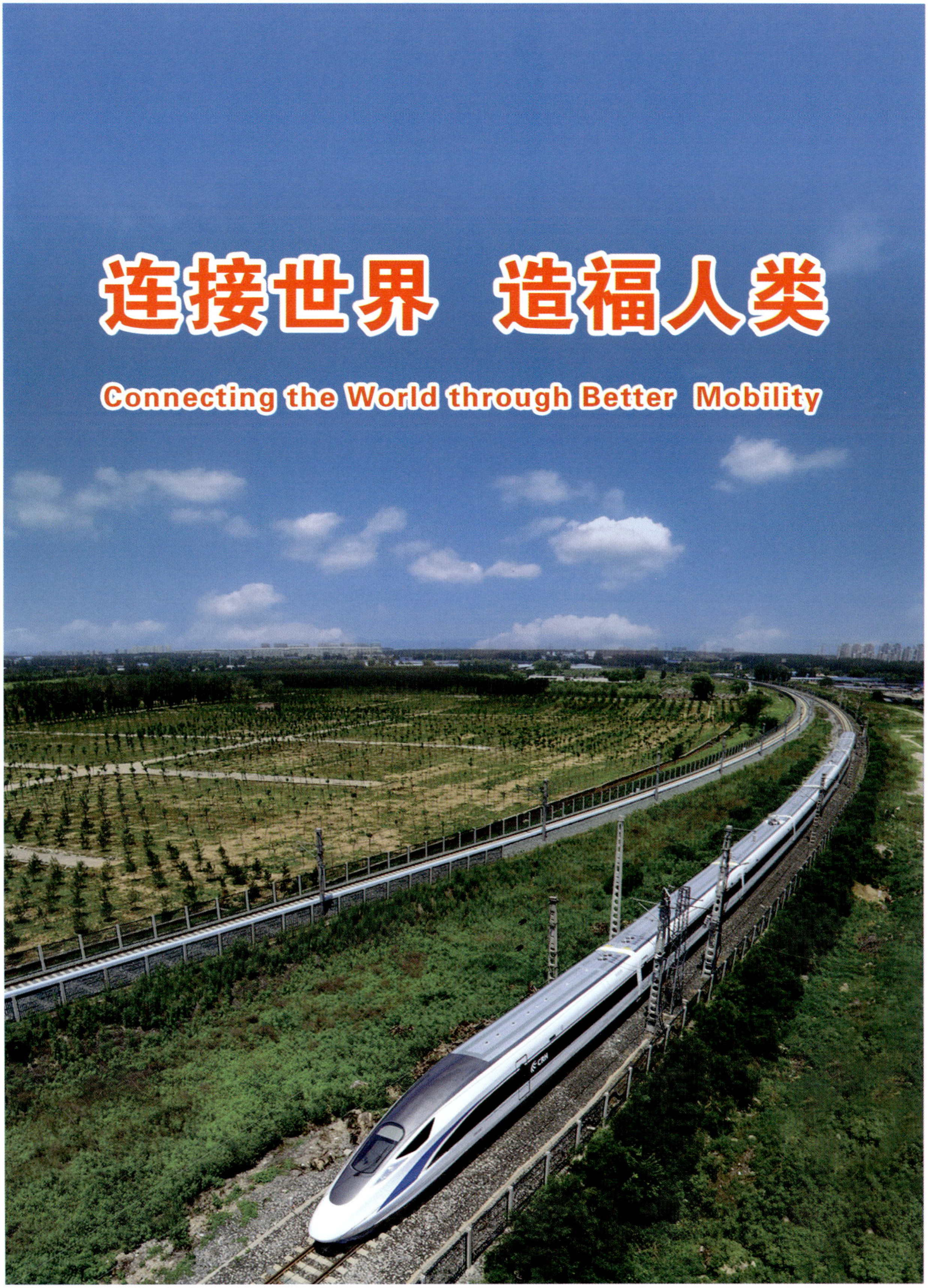
连接世界 造福人类
Connecting the World through Better Mobility

3月7日，公司与美国思创通公司签订合作备忘录

出口新西兰铁路货车在铁路线上运行

SQ6型凹底双层运输汽车专用车

NX70A型共用平车

500吨连续式玉米烘干机

11月10日，铁路驮背运输车通过中国铁路总公司组织的样车试用评审

公司厂区一角

时速400公里及以上高速客运装备关键技术项目暨长客股份公司课题启动

国家轨道客车工程研究中心在公司重庆中心挂牌

公司与莫斯科国立交通大学等单位签订“中俄高铁技术联合研发中心组建协议书”

长春市地铁列车

“缘定长客 挚爱今生”——公司举行青年集体婚礼

中车沈阳机车车辆有限公司
CRRC SHENYANG CO., LTD.

办公大楼一角

公司研制的北京地铁纵向换轨车正式投入使用

NX70A型平车

X5型多式联运专用车

公司举办员工职业技能大赛

厂前区一角

3月15日，出口南非内燃机车下线暨环行试验线开通仪式在旅顺新厂区举行

出口南非D45型交流传动内燃机车

公司旅顺基地环形试验线项目全部竣工并通过验收

12V240H型柴油机

出口越南CKD0B型内燃机车

香港机车

出口伊朗伊斯法罕地铁1号线列车

中车唐山机车车辆有限公司
CRRC TANGSHAN CO., LTD.

公司董事长侯志刚出席第三次中国——中东欧国家地方领导人会议“一带一路”建设与国际产能合作论坛并作主旨演讲

科技研发大楼一角

总经理周军年陪同铁路总公司领导考察高速动车组生产线

燃料电池/超级电容混合动力100%低地板有轨电车

出口土耳其铰接式100%低地板现代有轨电车

公司制造的中国标准动车组

石家庄地铁一号线列车

新型高速卧铺动车组

2月29日，德国Vossloh公司总经理弗克尔·申克先生一行到公司考察

公司新型矿用车等产品参加2016美国拉斯维加斯国际矿业展览会

HSM型钢轨铣磨车

公司与美国DHTE公司联合研制的双燃料发动机

CR100矿用自卸车

6月7日，公司举行CR100型矿用自卸车下线仪式

中车北京二七车辆有限公司
CRRC BEIJING ERQI VEHICLE CO., LTD.

公司召开一届一次职代会暨公司工作会议

公司党委组织召开“两学一做”专题党课

泰国客人到公司考察

公司通过IRIS外部审核

出口泰国集装箱平车在天津港整装待发

SQ7型汽车、普货两用运输车

三联关节式双层集装箱运输车

中车北京南口机械有限公司
CRRC BEIJING NANKOU CO., LTD.

1.5MW风电齿轮箱

空压机整机产品

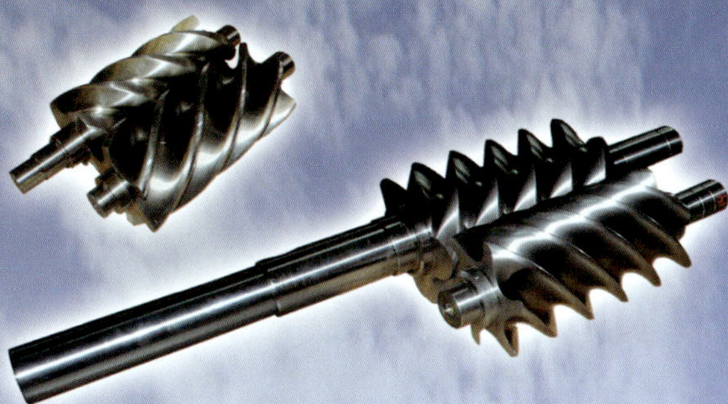
螺杆转子产品

20立方空压机主机产品

CJ-1城际动车组齿轮箱

CHR380C高速动车组齿轮箱

厂前区一角

3月31日，公司举办石家庄地铁3号线首列车辆下线仪式

石家庄地铁3号线列车

地铁工程平车

凿岩台车

公司精准扶贫为贫困村修通致富路

GQ70型罐车

新研发科技办公楼投入使用

当地时间12月9日，公司第一个海外公司——中车中电轨道交通有限公司在白俄罗斯首都明斯克挂牌成立

2月29日，公司召开2016年工作会议暨一届一次职代会

9月30日，公司参加德国柏林国际轨道交通技术展

4月14日，日本三菱电机株式会社客人到公司访问

3月9日，中央电视台聚焦中白机车诠释中国品牌在海外

电力蓄电池工程牵引车落成

12月14日，公司文化广场竣工

中车太原机车车辆有限公司
CRRC TAIYUAN CO., LTD.

4月16日，公司举行新厂区办公大楼启用仪式，标志百年企业搬迁工作圆满完成

公司为台湾制造的工程作业车

由教育部设立，公司与兰州交通大学共建的“国家级工程实践教育中心” 在公司正式揭牌

出口阿根廷米轨石砟车

KM70型煤炭漏斗车（独立风控管理系统）

CXD–1型隧道冲洗车

中车永济电机有限公司
CRRC YONGJI MOTOR CO., LTD.

公司举行全国首批“中国出口质量安全示范企业”新闻发布会

公司荣获“全国模范职工之家”称号

公司启动绿色综合智慧能效项目

托克逊中车永电能源装备有限公司成立暨首批机组下线仪式

公司研制的重型轨道车

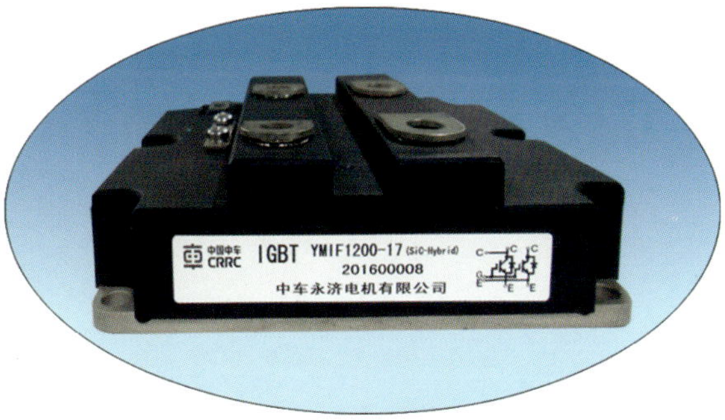

1700V1200A SiC JBS二极管混合IGBT模块

牵引电机总装生产线

风力发电机生产线

中车山东机车车辆有限公司
CRRC SHANDONG CO.,LDT

出口阿根廷敞车

出口伊拉克漏斗车

KM70型漏斗车

25层高智能立体车库内景

台位式制动盘双轴拧紧机

真空排水实验平台

风电场远程监控中心

风力发电机生产线

新型风机安装在烟台海阳小纪镇风场

5月30日，公司召开监事会、董事会和临时股东大会

9月12日，马来西亚交通代表团到公司考察

4月15日（美国当地时间），公司总经理马云双与美国芝加哥交通管理局总裁多尔瓦·卡特签署地铁项目协议

11月20日，公司与成都公司同泸州市政府签订轨道交通项目合作协议

2月27日，公司与西南交通大学举行深化合作交流会

时速140公里市域列车

全自动无人驾驶地铁列车

跨座式单轨列车

中车成都机车车辆有限公司
CRRC CHENGDU CO., LTD.

7月1日，公司新都厂区举行投产仪式

11月30日，公司成华厂区搬迁工作正式启动

公司举行成都地铁7号列车下线仪式

成都地铁7号线列车

成都商报和市民代表参观新都厂区

新都厂区一角

引进德国FOOKE龙门加工中心

铝合金车体生产线

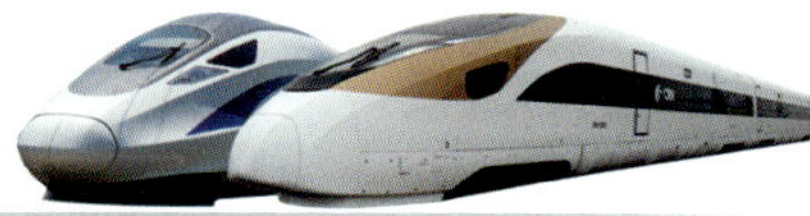

1月12 日，公司举行出口刚果（金）铁路客车项目签约仪式

11月30日，公司与孟加拉国铁道部签订现代化工厂改造项目

公司举办导轨电车发布暨学术交流活动

4月8日， 公司与山东高速签署战略合作协议

公铁两用救援清扫车

公铁两用车首秀英国

出口刚果（金）铁路客车

22型升级25G型铁路客车

11月25日，公司举办2016年科技成果鉴定会

SPZ−200配砟车

公司检修的北京地铁公司工程车

起重吊臂平车

JW−4型检修作业车

深圳地铁轨道探伤车

中车西安车辆有限公司
CRRC XI'AN CO., LTD.

NX70A型平车

GQ80型轻油罐车

出口坦赞铁路罐车

JY43(1AA)型LNG罐式集装箱

JJC型接触网检修车

J19（1C）型罐式集装箱

铁路罐车生产线

3月1日，公司与新疆五家渠市政府签订项目合作协议

11月29日，公司与中车置业公司签订共同开发公司老厂区土地合作协议

11月11日，兰州中车时代轨道交通科技有限公司举行揭牌仪式

9月1日，公司派技术人员和技术工人赴路局学习和谐C4、C5型机车检修技术

4月23日，公司举行首台SS7C型电力机车轻大修竣工剪彩仪式

9月10日，公司举行国产首列新能源空铁列车下线仪式

上海10号线地铁列车

公司与港铁签订轻轨列车采购合同

12月2日，时速200公里CRH6A型城际动车组在珠三角投入正式运营

公司举行纪念280柴油机研发40周年座谈会

公司举办先模人物、核心人才绝技绝活展示活动

公司举行出口阿根廷内燃机车交付仪式

纯电动公铁两用牵引车

公司获肯尼亚铁路56台内燃机车订单，并实现年内交付12台

公司一角

P80型棚车

KM82型煤炭漏斗车

LNG罐式集装箱

L70型粮食漏斗车

CY48K型低温液态气体铁路罐车

6月7日，美国ER公司首席执行官Scott先生到公司访问，就“集装箱智能物流系统”合资合作事宜进行交流

12月16日，召开中共中车长江车辆有限公司第一次代表大会

8月31日，公司举行首台出口阿根廷米轨机车下线仪式

7月21日，公司研制的世界最大功率混合动力机车通过2500米高原正线试验

8月9日，公司与伊朗签订30台内燃机车采购合同

12月8日，商品化新能源空轨列车竣工下线

证书

奖励类别：铁道科技奖
项目名称：SDA1型大功率交流传动内燃机车研制
获奖单位：中车资阳机车有限公司（第1完成单位）
奖励等级：一等
证书编号：2016040287-K1-016-D01

中国铁道学会
2016年12月

12月30日，公司研制的SDA1型大功率交流传动内燃机车荣获铁道学会2016年度科技类一等奖

3月22日，公司生产的“长安号”CKD9C型机车牵引国际班列载货返程

SDA1型大功率交流传动内燃机车运行在澳大利亚铁路干线上

GN70型罐车

驼背车

新型邮政车

阿根廷客人到公司考察

泰国客人到公司考察

11月1日，公司举办庆祝建企50周年文化活动

11月1日，中车株洲投资控股有限公司揭牌成立

9月26日，欧洲子公司揭牌仪式

8月1日，公司举行首列自主化全线无接触网超级电容现代有轨电车下线仪式

12月29日，大功率交流传动电力机车系统集成国家重点实验室暨第一次会议在公司召开

10月5日，非洲首条电气化铁路——亚吉铁路开通运营，公司研制的客运电力机车上线运行

公司与奥地利Tecsol公司联合研制的世界首台超级电容与蓄电池混合动力调车机车

武汉有轨电车

12月30日，中国中车新能源（超级电容）全球制造研发基地举行开工奠基仪式

1月18日，株洲电机工程研究中心举行奠基仪式

9月1日，“湖南省院士专家工作站”在公司举行授牌暨揭牌仪式

7月11日，斯柯达公司客人到公司访问

5月19日，德国客人到公司考察

公司体育代表队参加2016•中国中车员工运动会

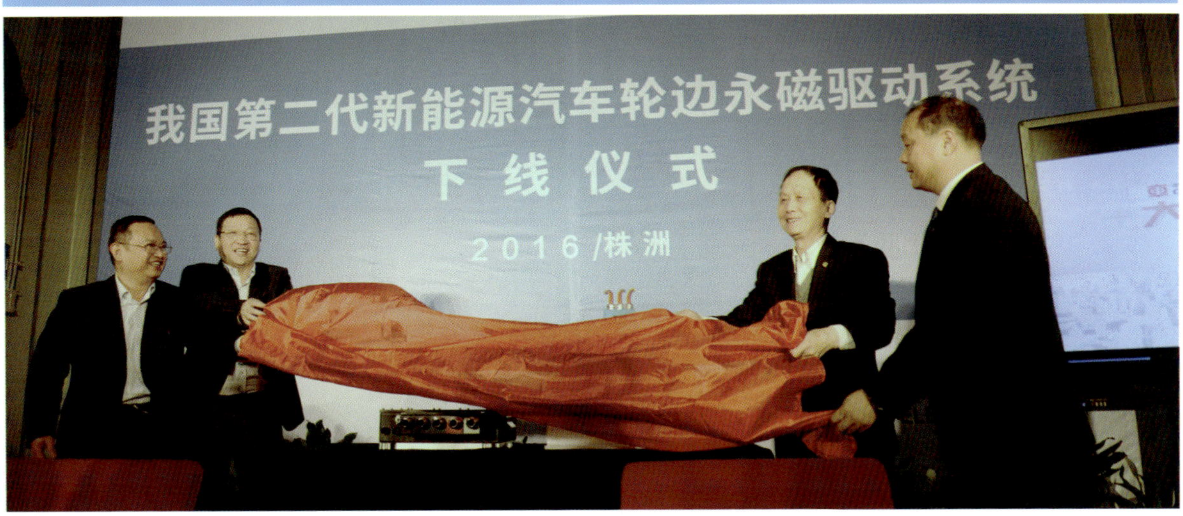

4月22日，第二代新能源汽车轮边永磁驱动系统下线

公司举办《大数据时代》培训班

公司举办首届员工技能大赛

纪念建厂五十周年系列文化体育活动

新建弹簧生产线

中车大连机车研究所有限公司
CRRC DALIAN INSTITUDE CO., LTD.

时速350公里中国标准动车组牵引变流器冷却单元

混合动力动车组用内燃动力包（JDBD330）

出口南非内燃机车励磁控制器

DHJW04型液力传动箱

时速350公里标准化动车组牵引电机冷却风机

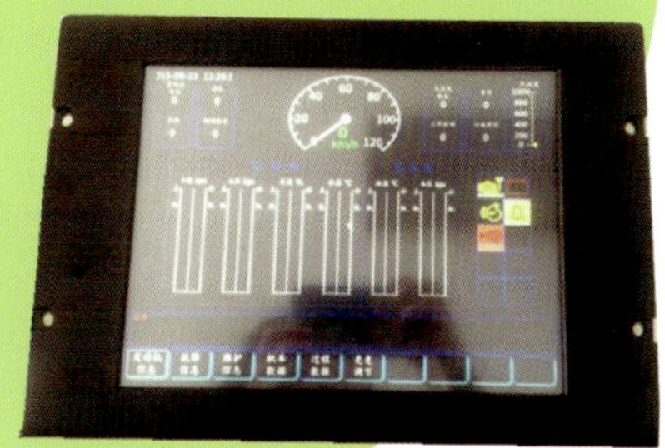

轨道车司机显示单元DDU

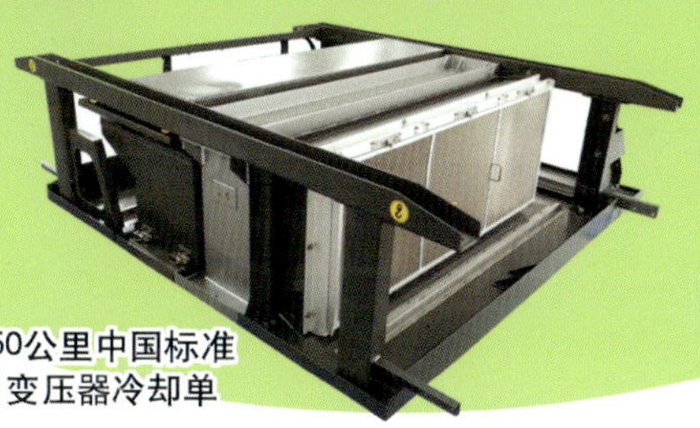

时速350公里中国标准动车组牵引变压器冷却单元

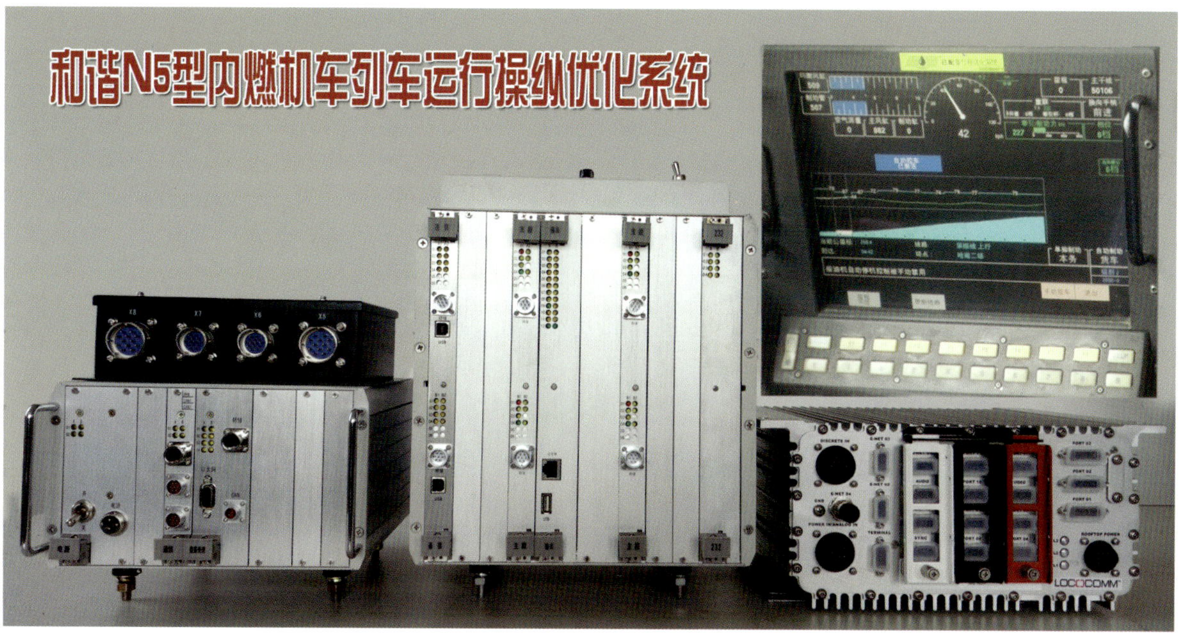

6月30日，武汉中车电牵公司竣工投产，首套”武汉造“地铁车辆牵引系统下线

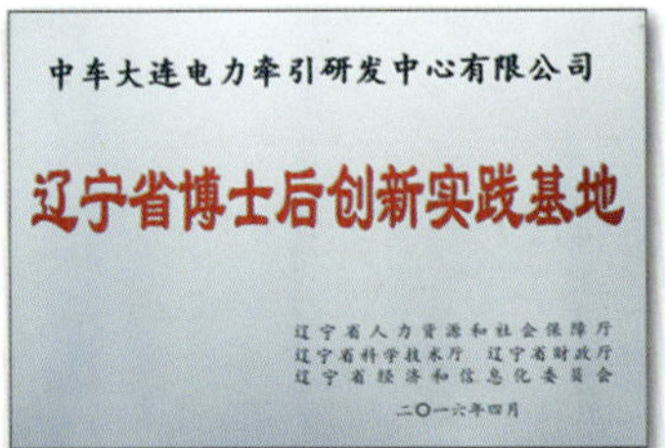
中车大连电力牵引研发中心有限公司

辽宁省博士后创新实践基地

辽宁省人力资源和社会保障厅
辽宁省科学技术厅 辽宁省财政厅
辽宁省经济和信息化委员会

二〇一六年四月

公司获批辽宁省“博士后创新实践基地”

9月20日，公司新产品亮相德国柏林轨道交通技术展览会

轮轨黏滑实验系统平台

20000kgf冲击振动试验平台

电传动系统仿真实验室

10m法半电波暗室

土耳其伊兹密尔铰接式现代有轨电车牵引及网络控制系统

公司提供的信号系统与全球范围内首次商业应用的Tramware地面供电轨供电技术对接，在珠海现代有轨电车1号线运用良好

6月1日，公司轨道交通装备成果——高速列车网络控制系统亮相国家“十二五”科技创新成就展

高效节能系统——1500V储能装置

高效节能系统——再生能量回馈装置

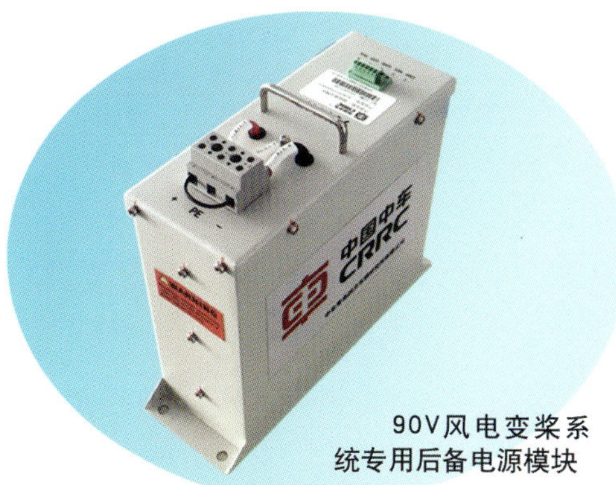

90V风电变桨系统专用后备电源模块

高效节能系统——750V储能装置

产业园一角

12月11日，公司荣获第四届中国工业大奖

12月27日，公司召开“设计工艺制造一体化项目启动会议”

苏州2号线地铁列车齿轮箱

12月8日，公司承担的中车精益研发教材开发课题成果通过评审

高铁齿轮箱驱动装置智能组装生产线

浮动闸片智能组装线

中车株洲电力机车研究所有限公司
CRRC ZHUZHOU INSTITUTE CO., LTD.

公司时代电气荣膺中国质量奖

特种电机中试基地投产

智能制造生产线正式投产

7月19日，湖南中车时代通信信号有限公司正式成立

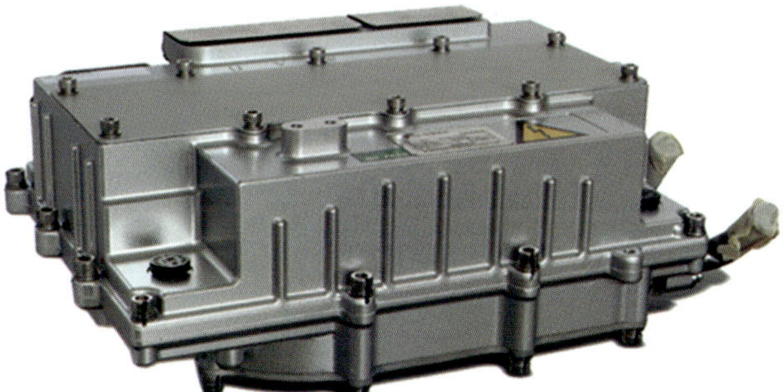

乘用车电驱动系统

深海机器人

新一代LKJ

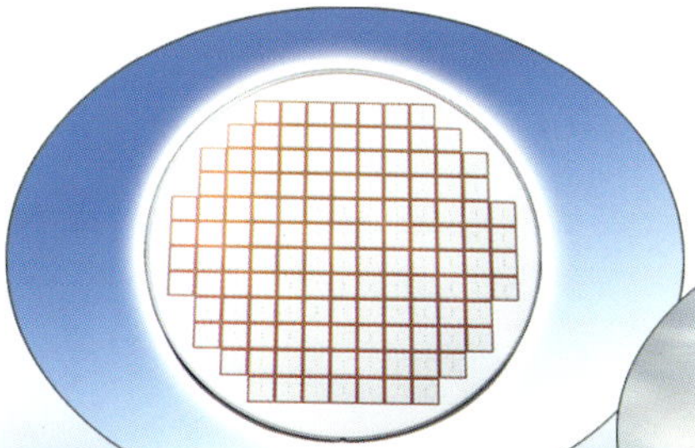

大功率半导体芯片

8米纯电动客车

广州电力机车有限公司
GUANGZHOU LOCOMOTIVE CO., LTD.

9月22日，首批和谐D1D型电力机车C4修竣工出厂

7月6日，SCT—A261型电传动铰接自卸车通过联合试用鉴定

12月10日，公司举办第二届职业技能竞赛

10月30日，首次采用自主编程整车控制器的16吨电动环卫车底盘完成组装调试，

8月26日，公司党委组织开展“两学一做”学习教育系列活动之党章党纪知识竞赛

公司组织系列文化体育活动庆祝建企五周年

1月22日，公司召开2016年工作会议

12月14日，德铁公司代表团到公司访问

5月19日，德国克诺铁路起重机公司总裁助理到公司考察

精益生产示范生产线

精益生产示范生产线

10月20日，学校承办铁路机务系统职业技能竞赛

9月25日，学校召开副职干部竞聘大会

3月18日，学校召开师德师风建设启动大会

12月27日，学校召开第三次党员大会

9月17日，学校举行2016级新生开学典礼

中车齐齐哈尔交通装备有限公司

（统一社会信用代码：91230200057435769W）

董事长、党委书记　谷春阳

总经理　张玉祥

【概况】 2016年末，齐齐哈尔公司拥有员工9483人，占地面积304.49万平方米，资产净值75.16亿元，固定资产原值46.66亿元，固定资产净值27.82亿元，拥有各类设备9691台（套）。设有中车齐齐哈尔车辆有限公司（简称齐车公司）、中车哈尔滨车辆有限公司（简称哈车公司）、牡丹江中车金缘铸业有限公司、大连中车大齐车辆有限公司（简称大齐公司）、大连中车集装箱有限公司共5家全资子公司。公司全年实现营业收入31.71亿元。

【规划发展】 编制完成《中车齐齐哈尔交通装备有限公司“十三五”发展规划》，确定“2020年前实现年营业收入120亿元、利润3.5亿元，建成以铁路货车业务为核心的世界一流企业，综合实力稳居世界铁路货车制造业前三强”的总体目标。

【改革改制】 公司以加强党的领导和各治理主体有机统一为核心，制定下发《“三重一大”集体决策制度实施细则》，进一步明确权责边界，健全完善公司治理体系。完善薪酬分配机制，制定下发《能力性薪酬建设及调整方案》和《长期外派国（境）外人员薪酬管理办法》。推进组织变革，年内，在南非设立约翰内斯堡办事处，与大连公司、太平洋动力（新西兰）有限公司共同出资在奥克兰设立新西兰中车机车车辆服务有限公司。成立集装箱公司（子公司）、沧州分公司、起重机分公司、人才开发中心，注销建筑设计咨询有限公司，整合货车分厂和二货车间，撤并起重机分厂和工模具车间，启动修车业务布局调整。

【企业管理】 加强流程再造，修订管理标准56项，对职责分工、业务流程和管理要求等方面进行完善优化。针对NX70A型共用平车、SQ6型运输汽车专用车生产实际，物料供应由“领料制”改为“配送制”；新建工具采购申请管理流程，纳入ERP系统实现信息化管理。全面实施精益管理，有序推进工位制节拍化生产方式建设，以NX70A型共用平车、SQ6型运输汽车专用车生产为载体，建立标准工位24个、精益生产示范线4条、精益车间3个；建立公司异常信息管理系统，接收并处理公司级异常37项，推送异常短信1000余条；制定创意改善提案活动实施办法，引导全体职工参与精益管理，共征集创意改善提案375项。公司以技术工艺降成本为切入点，实施成本改进，降低成本3372万元。争取优惠政策支持，收到出口退税款7400余万元。持续推进“两金压降”，年末占用余额31.45亿元，其中应收账款占用14.94亿元、存货占用16.51亿元。做好价格测算及管理，全力配合公司开拓市场。加强废旧物资销售管理，实施网上平台竞价销售。全年实现处理积压呆滞物资6678万元。累计降低采购成本2956万元，降采率为2.11%，存货周转率为4.69次。完善设备管理机制，制定《星级设备评比办法实施细则（试行）》。全面引入TPM管理理念和工具、方法，进一步优化设备管理流程，以重点设备、标准工位设备为重点实施TPM管理，提高设备综合效能。

【生产运营】 全年新造货车13个品种3867辆，其中齐车公司2676辆、大齐公司1027辆、哈车公司164辆；修理货车18231辆，其中齐车公司1758辆、哈车公司4317辆、沧州分公司12156辆；造修铁路起重机2台；新造集装箱6个品种2230只；完成供外配件262万余套件。

【科技创新】 完成铁路货车整机产品开发22项，铁路起重机产品开发4项，特箱产品开发11项，关键配件产品开发32项。ZK1-K型转向架AAR标准认证取得重大进展。持续推进重载货车研发及推广应用，C80E型敞车取得型号合格证和制造许可证，45吨轴重出口矿石车投入运用考验。加快快捷货车产品及关键配件研制，中车统型项目完成方案设计，自主研发项目完成转向架及13F型车钩试制。研究多式联运和互联互通技术，2种驮背运输车通过样车评审，E22A过轨转向架和变轨距轮对完成技术储备。快速响应海外客户个性化产品需求，新西兰集装箱平车、巴西粮食漏斗车等产品完成开发及试制试验。多元产品研发取得积极进展，系列大容积罐箱和多种专用集装箱完成优化、研制及试验，1700吨·米铁路起重机和高铁救援起重机基本具备销售条件。国家工程中心完成组建验收准备。博士后科研工作站全面启动运行管理。知识产权管理体系通过认证。全年申请专利148项，其中发明专利72项，国外专利18项。

【市场营销与国际贸易】 全年签订货车新造订单4950辆、货车修理订单6077辆，实现整机及配件市场签约额37.22亿元，其中NX70A型共用平车新造订单1300辆、SQ6型运输汽车专用车新造订单3550辆、GQ70型罐车新造订单100辆、企业自备车新造订单16辆。国际货车市场坚持大客户营销，延伸合作链条，全年签订整机出口订单919辆，实现整车签约额6989万美元，配件签约额940万美元；签订力拓矿石车517辆、新西兰KR公司集装箱平车150辆，首次与BMA公司签订46辆煤炭漏斗车合同。推动与国内铁路基建工程总承包企业合作项目落地，在肯尼亚蒙内铁路项目中，获得2种共210辆铁路货车订单。非货车业务市场特种集装箱业务签订2465只订单，签约额2.38亿元；神华货车检修业务实现收入0.45亿元；钢材物流业务实现签约额6000万元。

【人力资源管理】 编制完成公司“十三五”人才战略规划，修订《公司中层后备干部管理办法》《高技能人才管理办法》等十几个管理办法。在机电车间建立公司第五个“金蓝领”工作室，建设成立人才开发中心，搭建更加完善的人才培养软硬件平台。举办3期英语培训班培训75人次、1期俄语培训班培训22人次，选派40人次参加中车集团国际化人才初、中、高级培训项目（有5人通过国家雅思考试），组织高端技能人员专项培训班17个，开展设备维修队伍轮训初级钳工、电工项目培训班培训163人。优化调整一般技管岗位300余个，精简编制20余个。制订下发《生产操作人员技能管理工作方案》，设计10个层级，并以焊工为试点工种，组织开展技能层级考核、评聘工作，完成考核460人、考核技能30项。

【企业文化建设】 编制完成《公司“十三五”企业文化与品牌发展战略（草案）》，开展提质增效新闻宣传，稳步推进中车VI应用整改。下发指导意见，确定齐齐哈尔公司企业文化核心理念。通过对内对外媒体宣传传播品牌形象。参加第十届德国柏林国际轨道交通技术展览会，提升国际品牌形象。11月份的驮背运输车专项外宣吸引国内各大新闻媒体的关注，《科技日报》《人民铁道报》、人民铁道网等百余家新闻媒体对此进行了报道，中央人民广播电台在《新闻和报纸摘要》进行了播出。全年通过公司网站发送新闻71条，通过公司微信发布消息213次，推送稿件439条，微信公众号获黑龙江省工会新媒体十佳创意设计奖。

【售后服务】 修订《售后服务人员管理制度》等八项规章制度。完成46种5343件外部返厂长期积压故障配件的返废工作，盘活物资积压资金。开通铁路货车技术信息管理系统，及时收集全路产品故障信息；协调处理各类质量故障4389件，保证公司产品的使用性能；组织在湖东车辆段开展维保服务工作，施修故障产品3604件，外部质量问题得到及时处理、反馈。开展客户培训、技术交流活动，举办用户培训班15期，培训技术及操作人员1462人。注重大客户服务与管理，走访18个铁路局及38个车辆段的运用车间，掌控故障信息的同时提供全方位服务，收集客户的意见建议和评价信息，提升客户忠诚度和满意度，国内顾客满意度为91.76%。

【多元经营】 特种集装箱实现收入2.05亿元，比上年同期增长25%。铁路起重机实现收入556万元，比上年同期下降79%。非标及站场装备业务实现收入1909万元，比上年同期增长70.88%。“劳务+技术+管理”项目承包和增值服务模式逐渐成熟，神华货车检修业务实现较快增长，实现收入0.45亿元。挖掘区位和平台优势，钢材物流业务实现收入3322万元。粮食机械业务从无到有，实现签约额120万元。

【基建与技改】 结合生产经营实际和项目进展情况，优化调整项目实施和资金安排，全年完成固定资产投资1.5亿元。货车改造项目，完成中梁生产线、车体组装线、横梁线等设备安装调试；铸钢分厂改造项目完成摇枕侧架及车钩生产线合线生产安装调试。重载快捷铁路货车技术研发平台建设项目完成引进的热模拟试验机、高频疲劳试验机等设备安装调试；完成快速设计系统软件合同实施与应用。完成货车分厂西牵车台屋面抽柱工程、冲压露天库屋面改造、起重机数控等离子切割机电气系统改造、冲压车间两台折压机加装安全防护装置等改造项目。

【质量管理】 制定生产单位质量挂钩工资实施与考核办法，激励生产单位抓好全面质量管理。落实质量倒逼机制，各项质量指标均在计划之内。杜绝整机、配件批量返厂修和一般C类及以上责任事故。推进精益品质模块建设，实施质量损失管理。完成公司16个单元78种规格型号配件的2016年度CRCC（中铁检验认证中心）复评审查，完成RD2和RE2B型车轴连铸轴坯变更认证，完成集成制动装置BLB型制动梁、YST型闸调器、JBC型制动缸三种产品CRCC（中铁检验认证中心）认证。完成国际产品年度监督审核，为国际化布局提供资质保障。完成出口产品质量管控，国际顾客满意度为85.89%。

【安全环保】 深入贯彻落实新《安全生产法》，建立健全“党政同责、一岗双责、齐抓共管”的安全生产责任体系，针对供电系统、起重作业、有限空间作业、易燃易爆场所等进行多项安全检查。降低了COD、二氧化硫、氮氧化物、氨氮等污染物排放量；危废“减量化”工作卓有成效，新型环保绝热材料替代石棉板不仅提高了铸件产品质量，而且消除废石棉排放对环境的污染，降低对员工的危害。全年修订完成《安全生产责任制》《安全生产管理规定》等相关职业健康安全、环保管理制度22项；修订《安全生产事故综合应急预案》等8项应急预案；累计培训安技系统人员172学时，共10320人次，实现安全生产3100余天，安全环保指标均在控制范围之内。

【党群工作】 公司党委贯彻全国国有企业党的建设工作会议精神，有序推进党建要求进公司章程工作，落实党委书记、董事长一肩挑要求，规范党委会作为前置程序在企业重大问题决策中把关定向作用。深化“四好”班子创建活动。组织公司两级领导班子“三严三实”专题民主生活会，组织所属2个基层党委及48个直属基层党组织进行了按期换届选举工作，对13个基层党组织分别进行了名称变更、设置调整。严格落实“三会一课”党内组织生活制度。强化党费收缴管理和使用，对2008年4月以来公司党委党费收缴情况进行集中排查，补充完善党费收缴使用和管理的规定，对实行年薪制的党员存在的少交党费问题进行补缴。对511名困难党员进行帮扶。按要求发展新党员92名，预备党员转正90名。对3932名党员进行评议定格，认定不合格党员2名。深化立项攻关活动，确立“技术创新、降本增效、精益生产”等攻关立项350余项，确定16项党委重点跟踪项目，项目完成率达95%以上。开展“两学一做”学习教育工作，落实“七个一”标志动作。编发《学习简报》5期、召开3次会议传达贯彻。党委中心组集中学习7次，研讨3次，研讨成果223篇。各基层党组织开展学习1200余次，组织研讨400余次，组织全体党员参加龙江百万党员网上答题。对全公司学习教育情况进行3轮检查督导，专门召开讲评推进会。构建四道防线，推进保密工作。落实年度党风廉政建设工作任务，公司纪委组织领导干部填报了责任书。对党风廉政建设制度进行制度体系框架设计，修订《公司“三重一大”决策制度实施细则（试行）》《公司党委落实党风廉政建设责任制实施细则》等制度。组织开展规范物资采购、降低采购成本，两金压降，清理冗员，设备管理等效能监察。按照五类处置标准对年度25件信访举报问题进行规范处置，对30条信访举报问题线索进行调查处理，信访办结率达100%。全年对150名党员干部进行谈话提醒，对18名违规违纪党员给予严肃处理。

工会组织全体职工开展职工经济技术创新活动，共组织评审职工经济技术创新成果1068项、合理化建议353条，创造经济效益近1000万元。组织齐齐哈尔公司第一届职业技能大赛暨第一届青年职业技能大赛。组织开展民主评干、会员评家活动。举行2016年度捐助中心捐助活动，共收职工捐款22万元。全年为2168人次办理日常困难补助、互助补充保险、女性安康险等各种补助，共计金额114.2万元；开展“六送三关注”活动，多方筹措资金加大职工帮扶力度，累计投入341万元；开展“金秋助学”活动，对112名家庭困难职工的子女入学进行救助，共计发放助学款9.7万元。公司团委开展“弘扬五四精神，建功企业发展”“阅青春，悦人生”主题活动、首届“职工创意大赛”“齐车发展与青年使命”交流研讨会等活动。

【二级子公司】 中车齐齐哈尔车辆有限公司　拥有员工6489人，占地面积159万平方米，资产净值50.81亿元，固定资产原值27.93亿元、净值16.05亿元，拥有各类设备5802台（套）。全年新造货车2676辆，修理货车1758辆，造修铁路起重机2台，实现营业收入29.04亿元、净利润-2.27亿元。

中车哈尔滨车辆有限公司　在册人数为1796人，占地面积95.53万平方米，资产净值11.49亿元，固定资产原值7.3亿元、净值4.87亿元，拥有各类设备1548台（套）。全年实现营业收入4.02亿元，亏损1267万元，其中国铁检修车4150辆，实现收入2.3亿元；特种车167辆，实现收入0.15亿元；新造产品164辆，实现收入0.4亿元；电商物流及钢结构产品实现收入0.8亿元。检修车日产量稳定在22辆，新造NX70A型共用平车达到日产7辆。全年降低检修车成本415万元；节支增效1500万元。全年获取检修车订单4150辆，获得JSQ6型汽车运输专用车、D型车、DL1型大梁车等车型厂修、段修共167辆；完成发送NX70A型共用平车150辆、厂矿自备车14辆；完成中车集团第一台500吨智能化粮食烘干机的签单、生产安装调试及交付使用。完成DA26型制动系统改进及技术文件完善、160吨平车方案设计、D2、D2G型凹底平车改造方案设计以及DA21型凹底平车方案优化及评审。完成固定资产投资建设498万元。

牡丹江中车金缘铸业有限公司　拥有员工942人，占地面积40.4万平方米，建筑面积17.8万平方米，资产净值7.62亿元，固定资产原值6.97亿元、净值4.24亿元，拥有各类设备1526台（套）。设有财务部、生产部等15个部室，5个车间。全年完成供外配件3.8万套件，实现营业收入1.67亿元、净利润-8981万元。全年生产钢水16425吨，交出钢件13296吨。综合废品率：钩缓类为3.4%，枕架类为1.66%，中梁类为1.21%。全员劳动生产率为123200元/人。组织申请专利9项，其中发明专利3项、实用新型6项。

大连中车大齐车辆有限公司　拥有员工206人，占地面积9.56万平方米（含集装箱公司），资产净值4.61亿元，固定资产原值3.8亿元、净值2.16亿元，拥有各类设备815台（套）。全年营业收入3.72亿元，其中主营业务收入3.6亿元，实现净利润为137.62万元。全年实现新造铁路货车阿根廷粮食车、力拓车、GQ70型罐车、NX70A型共用平车4个品种1027辆。实现力拓40吨轴重矿石车综合成本降低率15%。全年提质增效节约达3085万元。投入安全改进项目资金110万元。先后完成天车防脱钩改造、喷漆室电控系统更新、整车翻转机改造等45项安全整改项目。

大连中车集装箱有限公司　拥有正式员工50人，厂房和集装箱存储区占地7.27万平方米，其中厂房建筑面积3.83 万平方米，资产净值1.16亿元，固定资产原值0.01亿元、净值0.01亿元。集装箱公司下设5个部室，17个班组。全年新造6个品种集装箱2230只，包括475只沥青箱，200只肯尼亚粮食箱，902只29.5立方米碳钢罐箱，400只29.5立方米不锈钢罐箱等；为大齐公司GQ70罐车、阿根廷粮食漏斗车、力拓矿石车、NX70新西兰平车等车型配套冲压件145种。实现营业收入2.33亿元，其中集装箱市场销售收入2.07亿元，净利润1500万元，全面完成公司绩效考评指标。技术创新项目获集团公司技术创新奖37项。

【重要纪事】 3月15日，齐齐哈尔公司设立约翰内斯堡办事处并在南非完成注册。3月31日，中车集团总经理刘化龙到公司调研。5月17日，齐车公司沧州渤海新区分公司完成工商注册登记，同时撤销黄骅港检修分厂。5月25日，中国中车董事长崔殿国到公司调研。5月26日，国家重载快捷铁路货车工程中心管理委员会暨工程技术委员会第二届学术年会在齐齐哈尔公司召开。7月8日，公司研制的32.5吨轴重ZK1-K型中交叉支撑转向架获得北美铁路协会设备工程委员会的有条件初步批准。8月19日，中国中车企业文化与品牌建设规划暨弘扬高铁工人精神研讨会在齐齐哈尔公司召开。8月29日，中车集团总经理刘化龙到公司调研。8月，齐齐哈尔公司取得27吨轴重C80E型通用敞车型号合格证。9月7～8日，中国共产党中车齐齐哈尔车辆有限公司第一次代表大会召开。9月20日，齐齐哈尔公司参加第十届德国柏林国际轨道交通技术展览会。9月28日，中车集团、中车股份党委书记郑昌泓到公司调研督导“两学一做”学习教育。10月11日，150辆新西兰集装箱平车合同签约仪式在齐齐哈尔公司举行。11月10～11日，齐齐哈尔公司研制的铁路驼背运输车通过中国铁路总公司的样车试用评审。12月8日，新西兰中车机车车辆服务有限公司成立庆典仪式在新西兰奥克兰举行。12月21日，公司下发《齐齐哈尔公司修车分公司货车修理业务并入哈车公司实施方案》的通知，正式启动齐齐哈尔公司与哈车公司的修车业务整合工作。

【公司党政工负责人名单】

董事长　谷春阳
副董事长　张玉祥（10月31日免）
总经理　谷春阳（10月31日免）
　张玉祥（10月31日任）
副总经理　祝　震　王子长
　王　华　马盈山
　闫玉贵　常文玉
　于　维　景　丹
　于跃斌　董绪章
　孟庆江（4月26日任）
总工程师　于跃斌（兼）
财务总监　董绪章（兼）

党委书记　张玉祥（10月31日免）
　谷春阳（10月31日任）
党委副书记　谷春阳（10月31日免）
　张玉祥（10月31日任）
　李宏阁
　孟庆江（4月26日免）
　张全勇
纪委书记　张全勇
工会主席　李宏阁

（齐齐哈尔公司　供稿）

地　址　黑龙江省齐齐哈尔市中华东路10号
邮　编　161002
电　话　0452-2938334
传　真　0452-2514464

中车长春轨道客车股份有限公司

（统一社会信用代码：9122000735902224D）

董事长　王　润

党委书记　陈孝敏

总经理　安忠义

【概况】　2016年末，长客股份公司员工总数18912人，其中具有高级专业技术职称831人、中级专业技术职称1234人；高级工人技师328人、技师945人；博士研究生学历36人、硕士研究生学历1007人；享受国务院政府特殊津贴的专家8人。公司设立一级机构35个，二级机构140个，子公司15个（包括全资、控股和参股公司）。厂区占地面积490万平方米，生产用地328.94万平方米；固定资产原值110.4亿元、净值71.06亿元。全年实现营业收入383.39亿元、归属母公司净利润33.09亿元。

【改革改制】　公司按照“十三五”发展战略规划，围绕“三步走”目标，明确运营管理是在集团化和全球化平台上运行。坚持以“市场为纲、效益为先”的经营理念，以市场为导向，立足轨道交通装备研发、造修、运维服务三大主营业务，按照公司“十六字发展路线”和“改革六步法”，完成规划、运营、业务、财务、审计法务、监察、检修、质量、物资、资产、生产及人力资源等14个系统的机构优化工作，构建项目管理的新模板，完成组织架构及系统管理的顶层设计，公司系统优化工作全面进入系统建设及运行阶段。积极推进成都、西安、上海等国内布点工作，同时完成澳大利亚、巴西、以色列等项目的审批、注资工作，国内外战略布局初步形成。完成上海轨发公司股权收购项目，以及高新电动汽车公司股权转让。

【经营管理】　不断夯实基础，提高管理水平和管理效率。编制《组织、系统、机构搭建工作准则》《流程制度管理规范》等体系文件，形成制度文件的总纲。重新设计完善经营绩效考核体系，提高管理执行力。编制完成项目管理工作新模板，理顺项目工作和平台工作之间的关系，更加明确项目管理功能定位、体系内容、标准要求。以重点建设“6条管理主线、6个管理平台、2条模拟线、1条生产线”的“6621运营管理平台”为依托，以城铁车全价值链精益改善项目为重点，有效促进精益理念与公司各项管理业务的深度融合。通过搭建设计质量管理体系，重点对研发成本进行监督控制，有效减少设计成本。通过开发质量损失管理平台，初步建立质量损失管理体系，质量损失控制初见成效。通过全面清理独家和代理采购、扩大招标范围、拓宽物资供货渠道、推广框架协议应用等多种措施，全年累计降采 3.14 亿元，实现减免进口关税 2600 万元。开展预算管控、提高资金使用效率、治理“两金”占用等工作，全年审减费用预算 12.69 亿元，节约财务费用 1.4 亿元，节约税金 4.44 亿元。积极推进三级委外招标，回收 84 道工序，节省大量费用支出。推进信息化建设，以 PDM（产品数据管理系统）、SAP（企业资源计划系统）以及 MES（敏捷制造执行系统）三大系统的重构、建设与完善工作为重心，融入信息系统集成及智能技术，数字化企业服务平台建设取得较大进展。加强审计及风险管理，开展质量损失、技术开发费用、子公司审计等专项审计，以及内部控制评价、风险防控等工作，有效堵塞公司管理漏洞。

【科技创新】 全面提升公司研发实力。在新产品研发上，开展时速 350 公里中国标准动车组、CRH3A 型动车组、CRH5E 卧铺动车组、波士顿地铁、武汉东湖有轨电车等 53 个项目的设计工作。在技术研究上，开展声学、振动疲劳、电磁兼容等基础研究，更高速动车组技术等 6 项前沿技术研究，以及车体、转向架等 7 个系统 30 余项核心技术的研究工作。在技术管理上，制定研发系统“白皮书”，统一管控模式、整合技术资源，搭建标准化的车体、转向架和网络平台，以及 10 个产品平台和 1603 个模块，进一步推进平台化、标准化、模块化建设。在研发布局和能力建设上，数据中心大楼及国家工程实验室扩建项目全面开工建设，上海、重庆研发分中心挂牌成立，北京、美国、欧洲、澳大利亚、俄罗斯分研发中心进入规划和筹建阶段，以长春总部为中心的国内外研发网络体系渐成雏形。在工艺技术研究上，不锈钢薄板激光焊工艺、热塑性成形工艺、水性涂料涂装工艺、搅拌摩擦焊技术、激光-电弧复合焊技术等工艺技术开发均取得突破性进展；完成“产品全寿命周期管理平台”以及“数字化长客”的规划工作。在科技管理上，全年共完成专利技术申报 122 项，取得 CRH3A、CRH380BJ-A、CRH5E 动车组 3 个产品型号合格证和制造许可证，完善三型车、五型车在新老厂区、长装场地以及异地的维修资质体系，欧盟互联互通技术法规（TSI）、俄罗斯海关联盟技术法规（CUTR）等资质认证工作取得突破性进展，进入实施阶段。获得国家科技进步奖特等奖、铁道学会科学技术进步奖及吉林省和中车科技进步奖等多项大奖。

【生产运营】 公司全年新造累计交付动车组和城铁客车 24 个项目共计 1621 辆车，动车组检修累计完成 1208 辆车，新造转向架交出 7325 个，圆满完成全年生产任务。面对全年高速车生产任务不饱和、城铁车产量居高、检修车回厂严重不均衡的复杂生产局面，按照“抓统筹、抓节拍、抓产前、抓配套”的生产理念，开创了生产管理的新局面。合理统筹生产资源，实施新老厂区工艺布局调整，高速中心实现高铁、城铁两条生产线并行生产。持续推进工位制节拍化生产线、模拟生产线、模拟配送线三条线建设，在提高生产现场管理水平、缩短新产品试制周期、提高试制项目物料配套水平等方面取得成效。搭建生产计划信息化共享运作、物料需求计划管理信息化、生产预警及异常反馈处理等三个平台，改善现场问题解决效率。以“厂内厂外”两条线作业理念为指导，积极采取物资配套平衡落实、采购供应风险识别、模拟配送线提前预警、供应商过程管理等措施，有效提高供应风险控制能力和物资供应保障能力。

【市场营销】 国内铁路客车市场，实现签约 106.2 亿元。特别是时速 160 公里混合动力动车组实现预销售，CRH3A 型车实现市场化销售，抢占了市场先机。国内城铁车市场，全年累计招标 39 个项目 4961 辆车，公司中标 14 个项目 1747 辆车，合同金额 111.48 亿元。海外市场，公司全年完成 22 个 A 类重点项目投议标工作，中标墨尔本、悉尼、波士顿、洛杉矶、曼谷、德黑兰等 6 个整车项目，合计金额 33 亿美元，创造了公司海外出口新的历史。全年，在三大市场上共获 443.7 亿元订单。

【人力资源管理】 公司以建立质量效益型人力资源管控模式为目标，以国际化人才引进培养为重点，不断提升人才支撑力。人力资源管理理念实现由人事管理向人力资本经营的转变，管理内容由重使用、轻培育向重视人力资本开发及增值转变，管理模式逐步系统化。构建“公司管总一系统管线一单位管面”的三位一体人才开发培养格局。不断加大人才引进力度，全年共接收本科及以上学历毕业生 215 名，其中博士 20 名，招聘外籍员工 25 名。深入推进国际化人才培育工作，开展海外人力资源管理实践培训以及英语、俄语等专业培训。输送 93 名国际化培养项目学员，人才国际化进程不断加快。获得中车“五星 HR”单位荣誉称号，罗昭强成为公司第三个荣获“中华技能大奖”的人才，常振臣被评为中车科学家，26 人获评中车首席技术专家或资深技术专家，公司高技能人才比例达 78.27%。

【质量管理】 健全质量体系建设，加大内外两条线管控力度，强化质量基础管理工作。积极调整质量工作定位，实现“四个转变”，即质量工作重心实现由重检验向重管理转变、由重结果向重过程转变、由重实物质量检验向前期质量策划转变、由重厂内向重厂外转变。将质量管理的重心前移，注重对项目的质量策划和质量执行进行管控，通过建立技术、采购、制造三个质量管理平台，实现产品质量全过程的管理，有效提升项目质量管理水平。实现质量管理体系与全面质量管理相结合、质量策划与“门碑点”控制相结合，将 541 道检验工序下移生产单位自主管理，强化质量检验与生产流程的契合度，初步实现了质量检验工序化。进一步固化质量管理模式，搭建质量工作信息化平台，逐步实现质量业务活动标准化、信息化。注重对质量管理经验的总结、积累和传承，将高铁系统的质量管控模式移植、推广到城铁车系统，城铁车质量管控水平和实物质量大幅提高。完善供应商质量管理办法、体系和模式，不断加强对供应商的质量管控力度，一次入厂合格率稳步提升。强化源头质量问题整治工作，通过数据测试、试验分析、专家挂牌攻关等有效办法，动车组百万公里故障率由 2015 年的 1.48 次降到 1.06 次，完成中国铁路总公司及中国中车下达的指标，用户满意度全面提升。

【企业文化建设】 明确长客使命、愿景、价值观和相应的专门文化理念，确保和中车文化保持一致，并符合企业自身发展需求。进一步推进中车新 VI 融合相关工作，对涉及中车 VI 手册的环境导视系统、服装系统、行政办公、多媒体办公、会务系统等共 186 项执行项点进行管理、督查布控。全年制作产品展示、仪式背板、专项宣传展板达 2100 多平方米。各类标牌、标识、标牌指示 24000 多块。完成公司新老厂区大门形象墙标识工程 9 处。在 BI 建设方面，升级《公司员工行为规范》，制定《售后服务人员行为规范》，并加强现场管理联合检查力度，确保各项要求落到实处；牵头推进党群部门的精益文化建设工作，每月召开“优秀精益自主改善优秀成果评选活动”，加强宣传力度，营造全员改善氛围。做好舆论热点把握，聚焦创新发展，提升长客品牌的国际形象，年内，在国家、省市和平面及网络媒体上发布新闻300余篇，发布自媒体信息230余条，接待摄制组、媒体采访40余次。中央级媒体对公司的报道约200篇，中央电视台各档栏目报道达20余次，微信点击率排名多次进入央企二级自媒体平台20强。对外宣传体现出高规格、高水准、高频次特点，做到全媒体覆盖。全年在内部媒体上共发布要闻332条（图片1500余张），电视新闻865条（专题片5部），报纸新闻877篇，广播新闻超1000条。完成《旗帜的力量》《“大国工匠”李万君》等专题片，完成2016年度新版公司宣传片（国内、国际、音乐三个版本）的制作。结合建党95周年和公司“创先争优”活动，《长客新闻》《长客股份报》同时开辟《为党旗增辉》栏目，报道播出公司各条战线上的优秀共产党员30人，一批新老典型先后亮相电视和报纸，成为广大员工学习的榜样。公司获中国企业文化研究会“互联网+时代”管理文化建设标杆企业及“十二五”全国企业文化传播全媒体建设30强单位等荣誉称号。

【党群工作】 公司党委围绕生产经营中心工作，持续推进领导干部队伍建设、党风廉政建设、企业文化建设和党组织自身建设。通过开展“两学一做”、“荣辱观”等学习教育活动，切实将“四讲四有”合格干部及党员标准在企业内落地生根。扎实推进可视化党建工作，深入开展“万万千”党建品牌活动，努力培育和弘扬“工匠精神”。不断强化组织建设，深入建设基层服务型党组织，推进党建工作规范化、标准化。积极推进新中车文化融合和长客特色文化建设，积极发挥企业文化的思想引领和导向作用。全面推进党风廉政建设，深化落实“两个责任”，通过明确党风廉政责任制38项考核指标，不断加强监督、执纪、问责力度，为企业营造风清气正的发展环境。充分发挥工团组织优势，紧密围绕服务企业发展大局，开展员工运动会、集体婚礼、第九届职工岗位技能竞赛、“长客大姐”爱心服务、青年志愿服务等系列活动，切实从职工需求出发，突出职工人文关怀，有效发挥工团组织联系职工、联系青年的桥梁纽带作用。

【时速350公里高寒检测车下线】 3月31日，国内首款适应高寒地区检测需求的“高铁医生”——时速350公里高寒综合检测列车在长客股份公司下线。该检测列车拥有轨道、接触网、通信、信号和车辆动态响应等多方面的综合检测能力，是对时速250公里以上的高速铁路进行实时综合检测的最新装备，也是高速铁路最具代表性的高新技术装备之一。

【央视庆祝“五一”特别节目在公司设分会场】 5月1日，中央电视台1套播出的《中国梦·劳动美》庆祝“五一”特别节目在长客股份公司高速动车组制造中心拉开分会场序幕，公司劳模代表李万君、谢元立、列车网络控制系统研发团队、高铁之声合唱团等近2000名员工参与节目演出，突出展示了高铁工人的良好形象和企业的创新发展实力。

【中国标准动车组会车试验】 7月15日，由长客股份公司自主研发的中国标准动车组在郑徐客运专线以时速420公里完成会车试验，刷新轨道列车高速会车试验记录，这也是世界上首次在实际运行轨道上进行的高速列车会车试验。在会车过程中，中国标准动车组行驶稳定，空气动力学、弓网受流性能等各项数据均符合标准，表现出优异的性能和可靠的质量。

【时速400公里跨国联运高速列车项目启

动】 10月21日，国家重点研发计划先进轨道交通重点专项首批三个项目在京举行启动会。这是中国首个由企业牵头组织实施的国家重点专项，标志着中国科技管理体制改革专项试点工作拉开序幕。长客股份公司负责时速400公里跨国联运高速列车项目的牵头组织工作，项目将研究“一带一路”沿线国家不同轨距、不同电压制式、不同环境温度等运用需求的新型高速列车。

【出口澳大利亚维州地铁合同签订】 11月26日，中车长客股份公司联合体与澳大利亚公共交通运输部签署澳大利亚维多利亚州政府高运量地铁车(HCMT)项目合同，合同总金额达20亿澳元(约合人民币101亿元)。这是澳大利亚维多利亚州历史上最大的一笔订单。在此项目中，长客股份公司将负责65列高运量地铁车辆的设计、制造、调试的全过程。

【重要纪事】 1月8日，公司参与建设的京沪高速铁路工程获得国家科技进步特等奖。1月27日，中车股份总裁奚国华到公司武汉生产基地调研。1月，公司获“中央企业党建思想政治工作研究先进集体”荣誉称号。3月8日，公司为伊朗马沙德研制的地铁2号线车辆在小站台下线。3月11日，公司时速350公里高寒综合检测列车设计方案通过评审。3月29日，公司获第二届“中国质量奖提名奖”。3月，公司分别中标成都3号线二、三期项目和上海轨道交通12号线增购项目。4月25日，公司CJ-1型城际动车组完成30万里运用考核。5月5日，新加坡滨海市区线最后一列车交接仪式在长客—庞巴迪公司厂房举行。5月23日，公司获得泰国曼谷BTS绿线延长线项目24列地铁车采购合同。5月31日，公司通过CMMI认证审核。6月3日，公司CJ-1型动车组通过技术评审。6月18日，李万君代表公司员工参加“大国工匠”论坛。6月30日，公司与北京纵横机电技术开发公司/铁科院机械所共同签署战略合作协议。6月，公司国家轨道客车工程研究中心重庆中心挂牌仪式在重庆中车长客轨道车辆公司举行。7月15日，公司自主研发的中国标准动车组CRH-0503，以每小时420公里的交会速度成功刷新列车高速试验记录。7月26日，中车集团总经理刘化龙到公司听取长客厂和长机厂“三供一业”移交工作情况汇报。7月29日，公司举行兰州轨道交通一号线项目首列电动客车下线试乘活动。7月30日，公司提供的巴西里约热内卢地铁4号线——“奥运地铁”通车仪式在巴哈区举行，巴西代总统特梅尔和国际奥委会主席巴赫为地铁揭幕。7月，公司中标28辆上海浦东机场捷运项目车辆。7月，公司获“十二五”全国企业文化传播全媒体建设30强单位称号，专题宣传片《说唱长客正能量》被评为“十二五”全国企业文化优秀传播作品二等奖。8月2日，长春地铁一号线首列车在公司小站台正式下线。8月8日，公司CRH3A型动车组优化设计方案通过铁路总公司评审。8月，公司牵头承担的“时速400公里及以上高速客运装备关键技术”项目正式列入2016年国家重点研发计划先进轨道交通重点专项计划。9月13日，中车股份党委书记郑昌泓到公司调研。9月，公司纽约资审项目车辆端部吸能模块测试在中南大学碰撞实验室完成，试验结果完全满足合同技术要求。10月20日，公司生产的吉隆坡机场线铰接动车组首列车在马来西亚ST车场车辆揭幕仪式上正式亮相。10月30日，中国工程院院长周济率国家工信部专家组一行30余人到公司考察。10月，公司CRH5G型动车组技术提升项目通过铁路总公司设计方案评审。10月，首列南昌地铁2号线车辆在江西中车长客轨道车辆有限公司正式下线。11月2日，公司与德国莱茵TüV

大中华区签署战略合作协议。11月15日，公司牵头的时速400公里及以上高速客运装备关键技术项目在北京正式启动。11月24日，公司与澳大利亚公共交通运输部签署澳大利亚维多利亚州政府高运量地铁车（HCMT）项目合同，项目总金额20亿澳元（约合101亿元人民币），其中公司约占合同总金额的45%。11月，由公司研制的时速250公里CRH5E长编卧铺动车组，获得国家铁路局颁发的型号合格证和制造许可证。12月8日，公司首席操作师罗昭强获“中华技能大奖”。12月16日，由公司研制的国内首列无网超能现代有轨电车在武汉中车长客基地正式下线。12月19日，“长客造”全自动无人驾驶地铁正式服务香港南港岛线。12月21日，公司取得检修动车组163列（折合标准组195列）订单，签约额约41亿元。12月，公司报送的“成就卓越品质 打造中国制造金名片”和“动车组售后平台建设与实施”分别获得第十五届全国交通企业管理现代化创新成果一等奖和三等奖。

【公司党政工负责人名单】

董 事 长　王　润
副董事长　陈孝敏
总 经 理　安忠义
副总经理　娄彦君　梁志超　邸晋英　韩凤武　周传河　李景义　马洪光　刘志泰　赵明花　于洪波　王献红　王　锋
总工程师　梁志超（兼）
财务总监　邸晋英（兼）

党委书记　陈孝敏
党委副书记　王　润（兼）　马洪光（兼）　牛得田
纪委书记　牛得田（兼）
工会主席　牛得田（兼）

（长客股份公司　供稿）

地　址　吉林省长春市绿园区长客路2001号
邮　编　130062
电　话　0431-87902301
传　真　0431-82938740

中车沈阳机车车辆有限公司

（统一社会信用代码：91210106117919299A）

董事长、党委书记　张海涛

总经理　张明东

【概况】　2016年末，沈阳公司员工总数4302人，其中具有高级职称的198人、中级职称378人，高级技师77人、技师106人。公司占地86万平方米，建筑面积29万平方米，资产总额29.88亿元，流动资产13.73亿元。设有23个职能部室、9个生产分厂、4个参股公司、2个全资子公司、3个分公司。全年实现营业收入21.45亿元。

【发展规划编制】　编制《中车沈阳公司“十三五”发展规划》，确立“创新驱动、结构调整、研发支持、多元经营”的发展理念，以提高发展质量和效益为中心，制定优化产品结构、提高研发能力、加大市场开拓、深化企业管理、加强风险管控和持续坚持党建六方面工作保障措施。编制《中车沈阳公司2017-2019年滚动发展规划》。

【改革改制】　启动实施厂办大集体改制工作，界定改制企业范围，认定改制人员范围、工龄、身份，进行内部审计及资产清查、改制风险评估和外部审计资产评估，制定改制实施方案及职工安置方案，上报中国中车集团公司审批。启动压缩管理层级、减少法人户数工作，按照“一企一策”原则，制定《沈阳公司“压减工作”实施方案》，确定对1家子公司、1家分公司、3家合营公司进行“压减”。启动处置“僵尸企业”和特困企业专项治理工作，针对纳入特困企业和“僵尸企业”范围的3家公司制定“处置治理工作”实施方案，报中国中车股份公司审核。

【经营管理】　开展提质增效工作，全面实施降本增效举措，消化减产减利因素。推进物资集中采购及网上采购，全年物资采购成本同比降低1066万元。开展“两金”压降工作，年末应收账款指标同比压降10.9%，存货指标同比压降7.5%。加强期间费用管控力度，对大额费用及非生产性费用重点控制，全年期间费用总额同比下降5.7%。开展以工位制节拍化为基础的精益生产工作，围绕提高质量、效益和效率三个方面，对工艺流程和作业标准进行优化，改善物流，改进产品质量。

【科技创新】　公司联合中铁联运物流股份

有限公司研发X5型多式联运专用车通过中国铁路总公司设计方案评审。北京地铁纵向换轨车正式投入使用。推进既有知识产权产品技术升级，完成长轨车一体化作业项目等5项技术升级。完成160公里/小时快运棚车车体及配套转向架、制动系统相关方案设计。完成地铁、轻轨用长钢轨换轨车组市场调研及方案完善。全年完成发明专利申报15项。

【生产运营】 全年完成新造货车1189辆，检修货车10058辆，其中国铁车10014辆、企业自备车44辆。下半年，棚车、罐车、水泥罐车进厂数量相对集中，公司加强生产组织，合理搭配车型，调整检修工位，提高日产能力。11月，公司获得900辆NX70A型平车订单。通过提前排产、穿插生产、带量转产、双线作业等方式，缩短生产、转产周期，日产能力从8辆提高到14辆。贯彻落实《安全生产法》，修订《安全生产责任制》63项。试行开展精益安全工位建设工作。重新辨识和评价重要危险源（不可接受风险）32项、中度危险源80项、一般危险源2270项，重新获取和识别职业健康安全法律法规计245项。开展安全专项整治工作9项，整改安全隐患63项。举办各种安全培训班6期，培训职工763人。

【市场营销】 国内市场方面，全年获得新造货车订单1559辆，检修货车订单10058辆，外销车轴订单8803根，外销交叉杆订单4048根。国际市场方面，开展对墨西哥、澳大利亚、菲律宾和越南的车辆采购信息跟踪、报价及方案设计工作，澳大利亚和菲律宾的集装箱平车项目获得中车股份公司项目授权，与澳大利亚塔斯马尼亚铁路公司签订5份配件销售合同。相关多元业务发展方面，物流公司加强风险控制，全年实现销售收入10.4亿元。设备分公司与神华铁路货车公司包头分公司签订设备维修保养项目，全年实现销售收入930万元；工程机械业务参与长轨车配件的升级研发、非标设备制造等项目，全年实现销售收入724万元。

【人力资源管理】 修订临时劳动定额80项，制定北京地铁锁定装置的劳动定额及厂修定额。完善投资公司工资管理办法，明确项目实施考核细则及挂提核算。上半年新造系统息工放假，公司通过清理劳务用工、内部灵活调剂方式，为富余人员提供岗位305个。落实年度培训计划，举办各类培训班105个，培训5194人次。开展职工技能竞赛、技师协会活动。开展中层领导干部及后备干部重点考核，考核40个基层单位163名中层领导干部、38名副科级助理。加强职业技能鉴定管理工作，评审高级技师7人、技师3人。开展职称评审工作，通过高级职称26人、中级职称45人。开展核心技能人才评选，共申报各类核心人才24人。

【质量管理】 党政工团联合开展以“直面问题、直击痛点、重塑质量新形象”为主题的大讨论、大反思、大整改系列活动，确定273条具体提升措施。组织2500名员工观摩厂内外典型故障案例质量展板，教育引导职工增强质量责任意识。开展“产品质量攻关立功竞赛”活动，确定60项质量攻关项目。开展整车检修质量对规对标检查、过程专项质量诊断、罐车检修对规检查和易脱落件专项整治、缓解阀拉杆吊座专项整治质量专项检查和“质量安全月”等提升产品质量活动。持续完善质量管理体系，通过国际铁路行业标准IRIS管理体系认证。加强供应商产品质量安全检查监督，全年共新增各类供应商91家，取消1家合格供方资质。

【企业文化建设】 深化“新中车、中车心”宣传教育活动，利用网站、《沈车新闻》报、《企业宣传册》等载体，对“同一个中车”

"中车之道""第一代高铁工人精神"进行解读，开展新入职大学生诵读"中车之道"等活动，提高员工对中国中车企业文化的认知度和认同感。推进行为文化建设，开展争做"沈阳公司安全第一人"主题系列安全活动。开展公司视觉识别（VI）系统整改工作，组建公司视觉识别（VI）专管员队伍，对涉及行政办公、多媒体办公、会务、广告宣传、环境导视、产品包装、服装、车体等9个系统、100余个整改项目分解落实，对公司办公楼顶标识等重点项点进行实地调研、二次设计、招标及施工，视觉识别（VI）系统整改工作取得阶段性成果。

【党群工作】 根据国务院国资委党委和中国中车党委有关要求，把党建工作总体要求纳入《公司章程》，明确党组织在公司法人治理结构中的法定地位。落实"四同步""四对接"要求，将党建工作纳入公司"十三五"发展规划。开展"两学一做"学习教育，组织党员重温入党誓词，利用微信平台开设"党员微课堂"，开展纪念建党95周年专题党课、"亮身份，做表率，叫响我是共产党员"主题活动。加强领导班子建设，配合中车集团公司完成公司领导班子任期综合考核评价与高层管理人员竞争上岗工作。强化"四好"班子创建活动，制定《公司"四好"领导班子考核评价实施细则》，对创建"四好"班子任务目标、考核评价内容与方法、考评程序、组织实施等进行细化和明确。开展支部达标升级检查考评工作，评选一级达标党支部15个、达标党支部33个。深化创先争优活动，开展"共产党员先锋工程"活动，确立攻关项目96项。开展党员组织关系集中排查工作，规范党员信息管理。开展党费自查和补缴工作，按照领导班子成员、中层领导干部和一般党员三个层次，分批次完成补缴。开展慰问困难党员工作，慰问党员289人。加强宣传思想工作，建立公司官方微信，策划发布北京地铁纵向换轨车组等专题报道，获得中国中车及轨道交通类行业等媒体关注。加强党风廉政建设，建立党风廉政建设主体责任、监督责任工作台账，公司党政主要领导与35个基层党组织签订《党风廉政建设责任书》。开展独家、代理采购清查工作，规范独家采购管理。加强廉政教育，1614名党员参加答题教育活动。开展"四风"问题整治情况"回头看"，持续深化作风建设。

公司工会召开第一次代表大会。开展"我为公司提质增效做贡献"专项立功竞赛、职工代表巡查活动。创建4个公司级劳模创新工作室。完善普惠服务帮扶体系，开展困难帮扶、走访慰问和金秋助学活动，为1100名困难职工发放送温暖慰问金215万元。公司团委开展"公司发展与青年使命""学雷锋月""争当青年质量代言人"和"迎五四"主题系列活动。

【X5型多式联运专用车研发】 年内，联合中铁联运物流股份有限公司设计开发X5型多式联运专用车。该车供在中国标准轨距铁路上使用，用于运输公路专用半挂车，并可运输2个20英尺、1个40英尺、1个45英尺国际标准集装箱，可实现甩挂运输，货物和列车不必相互等待。年内完成X5型多式联运专用车的方案设计、评审、工作图设计和样车试制。完成车体静强度及刚度试验、车辆线路动力学性能试验和车辆冲击试验，完成小曲线试验、车辆限界检验，具备小批量生产条件。

【沈阳中车物流发展有限公司】 为沈阳公司全资子公司，主要经营各种钢材、建材、金属制品的销售及仓储。在职员工7人。年内，公司实现销售收入10.4亿元，净利润349万元。

【中铁沈阳铁道装备有限公司】 为沈阳公司控股公司，注册资本5000万元，沈阳公司投资2000万元，占比40%。公司主要产品是高铁桥梁支座、弹性旁承体及铁路车辆配件等产品。截至2016年底，员工总数86人，其中在职签合同人员37人，临时聘用人员49人。实现销售收入6011万元，净利润154万元。

【沈阳中车西屋轨道制动技术有限公司】 为沈阳公司中外合资企业，注册资本1.38亿元，其中沈阳中车铁道制动机公司以现金和土地、厂房、设备出资，西屋中国铁道产品及服务控股有限公司现金出资，双方各占比50%。2016年中国中车成立后完成更名。沈阳中车西屋公司主要产品为国内铁路车辆各种制动配件等。截至2016年底，在册员工331人，其中在岗员工323人、待岗员工8人。全年主要产品销售46063件，国内主要产品销售34376件，出口产品销售11687件。完成5台车份马其顿单元制动器组装试验，完成沈阳地铁一号线一列车48套单元制动器检修工作，并装车运用考核。实现销售收入10781万元，净利润亏损296万元。

【重要纪事】 4月7日，加拿大马尼托巴省政府贸易部长到公司调研。6月15日，公司计量理化分公司通过国家实验室能力认可。8月2日，公司X5型多式联运专用车通过中国铁路总公司设计方案评审。8月10日，中国中车党委书记郑昌泓到公司调研。10月13日，召开中车沈阳机车车辆有限公司工会第一次代表大会。10月20日，公司研制的北京地铁纵向换轨车上线运行。

【公司党政工负责人名单】

董事长　房志坚（2月22日免）
　　孙英俊（2月22日任）
　　（11月25日免）
　　张海涛（11月25日任）
副董事长　孙英俊（2月22日免）
总经理　房志坚（2月22日免）
　　张海涛（3月24日任）
　　（11月25日免）
　　张明东（11月25日任）
副总经理　王剑秋
　　汪茂成（3月24日免）
　　张海涛（3月24日免）
　　张明东（11月25日免）
　　陈永明（3月24日免）
　　张　权　张　平
　　于　明
　　信恒文（3月24日任）
　　许英奎（3月24日任）
总工程师　陈永明（3月24日免）
　　于　明（3月24日任）
财务总监　张　平

党委书记　孙英俊（11月25日免）
　　张海涛（11月25日任）
党委副书记　房志坚（2月22日免）
　　张海涛（3月24日任）
　　（11月25日免）
　　张明东（11月25日任）
　　张　进
纪委书记　张　进
工会主席　张　进（3月31日免）
　　王　民（3月31日任）

（沈阳公司　供稿）

地　址　辽宁省沈阳经济技术开发区开发大路28号
邮　编　110142
电　话　024-62053875
传　真　024-62053228
网　址　http://www.sy.chinacnr.com

中车大连机车车辆有限公司

（统一社会信用代码：91210200241283929E）

董事长、总经理　闵　兴

党委书记　连家余

【概况】　2016年末，大连公司员工总数8731人，其中在岗员工8731人，具有高级技术职称353人、中级职称751人。固定资产原值35.94亿元，净值19.48亿元。设备总数4831台。占地面积114万平方米，其中厂区占地面积81万平方米，厂房建筑面积50.4万平方米（不含旅顺面积）。公司设24个行政管理机构、8个党群工作机构、9个分公司。全年完成营业收入88.38亿元，全员劳动生产率92.62万元/人·年，利税总额4.59亿元，利润总额2.09亿元，净资产收益率3.48%。

【改革改制】　公司围绕经营集团化战略目标，进一步加快体制机制建设。制定并实施集团管控模式方案，理顺集团管控层级关系和运营管理权责，配套试行商品化结算办法及对外承揽业务管理办法，为全面建立战略管控体制奠定基础。理顺和调整部分组织机构及职能，规范珠海公司组织机构设置，撤销进口设备维修服务部。推进区域资源及业务重组整合，制定大连轨道装备优势资源区域整合及与兰州公司重组整合方案。

【企业管理】　精益载体建设工作有效铺开，年内共切分工位219个，建设公司级精益示范线6条；精益工作机制逐渐完善，建立定期评价考核机制。进一步完善研发、采购、制造及售后质量管理体系，健全管理流程。顺利通过IRIS和CRCC外部审核；质量攻关改进计划完成率达83%；在中车考核周期内，机车产品D类机破事故同比下降26%。加强目标成本管理，加大对主产品的成本管控力度，22家成本控制责任单位全年降本增效19575万元；积极开展“两金”压降工作，加强资金回笼考核，对责任单位“两金”压降情况实施效能监察。按照集团化管控需要对SAP系统进行优化调整，促进ERP系统与未来集团管控模式和再造业务流程的对接；完成珠海SAP系统实施工作，并实现上线运行；以老厂区机电库和非金属库部分零部件为切入点，完成SAP仓库管理（WM）模块的建设。强化关键工艺研究应用，完成构架热时效工艺优化等项目32项；启动工艺设计和作业指导分级制定的工艺管理新模式，在时速160公里动力集中电动车组上全面实施；搭建工艺技术转让平台，完成南非项目工艺技术转让184项。针对巡视反馈意见，制定“三重一大”决策制度实施细则和监督管理规定，规范领导干部用权行为；完善相关规章制度23个。

【生产情况】 完成新造内燃机车66台，其中东风4B型1台，东风4D型5台，东风5B型3台，GKD1A型1台，CKD9D（南非、整车）型20台，SKD（南非、半散）型2台，CKD（南非、全散）型机车13台，CDN10（伊朗、ANC）型2台，CCD3B1（尼日利亚）型2台，CKD7B（缅甸）型5台，CKD0A（香港）型9台，CKD0B（越南）型3台。新造电力机车95台，其中和谐D3D型92台，CKE2（乌兹别克斯坦）型3台。城市快速轨道车辆300辆，包括出口菲律宾轻轨46辆。新造船用8240ZC型柴油机1台。修理机车19台，修理城轨车辆20辆。

【新产品开发】 公司不断完善技术体系，首个省级院士专家工作站实现授牌，省级工程技术研究中心通过验收正式挂牌。机车方面，时速200公里客运电力机车型式试验基本完成；时速160公里交流客运内燃机车完成低温试验；时速160公里动力集中电动车组按工序组织生产；3000马力节能环保型调车机车通过中国中车评审，确定总体技术方案；南非项目动力学实验在南非本地完成。城轨方面，100%低地板现代有轨电车自主化研发基本完成，完成时速160公里城际（市域）电动车组的样车生产；进一步加快时速250公里动力分散城际电动车组、无人驾驶技术、地面供电系统等前瞻性技术研究；逐步搭建中低速磁悬浮车辆、悬挂式单轨车辆及动力分散内燃动车组研制平台；搭建城轨车辆A型铝合金车辆技术平台。柴油机方面，12V240H柴油机完成全部性能试验和可靠性试验；20RK270柴油机完成全部CCS型式认可试验；16V240气体机完成样机组装；12V265A柴油机完成装车各项性能试验；D180柴油机正在进行样机性能试验和机械开发试验。核心技术和关键大部件方面，搭建了大功率内燃机车微机网络和牵引控制系统综合实验平台、城轨车辆列车网络控制平台；自主研制的南非机车微机网络控制系统成功装车运行。

【市场营销】 创新市场营销模式，加强行业区域协同，实现市场签约额100.3亿元。获得92台和谐D3D机车订单，占国铁机车招标总数的33.4%。签订5台自销机车合同。获得西安地铁一号线增购车辆29列174辆订单；沈阳地铁9号线30列180辆、10号线27列162辆，城轨车辆承揽额同比2015年提高31%。与南昌局、南宁局等多个路局开展合作修，实现年度签约额3.98亿元。签订3条沿海工程船动力装置合同共15台柴油机。获得伊朗、尼日利亚、缅甸8台机车订单；获得第四批15台新西兰机车订单；中标印度69辆那格浦尔地铁项目。成立新西兰合资公司，设立俄罗斯代表处。珠海总包工程累计实现营业收入11.62亿元，已进入移交验收阶段。完成环保制砖机项目和城轨检测车项目立项审批。全自动液压制砖机设备实现销售。

【售后服务】 公司累计新造出厂和谐型机车共计3533台，在整车质保期内为716台，出整车质保期为2817台。累计检修和谐型机车897台，在整车质保期内为17台，出整车质保期为880台；处理和谐型机车临修3961件，其中电力机车临修2345件，内燃机车临修1616件。全年累计收到用户意见反馈单425份，累计用户满意率为97.6%，与上年相比增加0.2%。为国内外3个客户1057人举办各类培训班24期。完成新造机车、大修机车、大修机车返厂修共计323台份机车进出厂的乘务员接待工作。

【多元经营】 至2016年末，公司所属集体企业有配件分厂、配件二分厂、配件四分厂、工贸公司、粉末冶金厂、中开机车液压附件厂、盛德机车配件综合制造厂。在册员工总数2382人，其中集体员工2249人，国有员工133人。年内，完成配件分厂与实业发展公司、配件四分厂与增压器分厂的行政重组整合。粉末冶金厂以产品构成调整为契机，适时调整生产组织构架形式，将原生产单位工段建制更改为车间建制；引入高端设备，先后投入400余万元，购置焊接机器人、精密板料矫平机和龙门五面加工中心等设备。配件分厂完成尼日利亚车消音器设计改进、试制、装车工作；完成160公里/小时客运电力机车、八轴交流传动快速客运电力机车构架强度试验工装的工艺分析及生产工艺服务。配件二分厂完成广州地铁十三号线接地电阻、制动模块、西安地铁3号线增购车模块、大连地铁3号线增购机车暖风机改造等城轨项目。配件四分厂在做好主型产品研发、生产任务中，积极拓展依靠液体相变实现热交换的电器热管散热器、不锈钢板式油冷却器等新类别项目。共计完成各形式散热器研发项目10余项，实现销售收入近1500万元。工贸公司研制Φ80直径内燃机用压力表、Φ75直径动高铁新型通用压力表、时速160公里动车组新型窄幅电压表、网压表等产品。集体企业全年实现销售收入12.9亿元。

【基建与技改】 公司老厂区维护和改造工作完成厂房建筑物维修项目82项，防雨维修项目23项，完成分公司自有资金维修项目共24项，完成职工代表提案项目的落实和实施共4项，完成年度大修计划项目共4项，完成公司下达的技术改造、工艺调整、新购设备配套项目等共41项。完成旅顺基地新开工项目的社会化招标、管理程序文件审批、工程合同签署、工程进度款签批等20余项。完成老厂区热源社会化供热改造项目、转向架构架工艺行程调整改造、城铁分公司总装厂房预留跨工艺布局调整改造、转向架分公司装配车间工艺调整改造、技术开发部办公室改造。3月17日，公司组织铁路系统有关专家在大连召开地铁回送车技术状态评审会，评审组一致认为4台回送车技术状态完好，符合自备铁路客车过轨运输技术检查管理要求。依据评审组意见，公司办理完成城铁回送车过轨手续。完成设备新增项目101项，合同金额5518.73万元；设备更新项目32项；旅顺建设设备采购项目11项，合同金额725.67万元；三涧堡大轴重建设设备采购项目10项，合同金额1668.45万元。

【旅顺基地项目建设】 旅顺基地一期建设项目主要进行竣工验收准备工作。旅顺基地二期建设项目主要实施厂区配套工程、柴油机试验配套工程、新购设备安装调试以及利旧设备搬迁准备。厂区绿化、燃气、道路等工程完工；围墙Ⅰ工程竣工验收。柴油机试验配套的废气处理烟囱完工，废气处理站及配套工程于10月开工，地面以下工程施工基本完成；水电阻地面工程完成验收。柴油机第一加工厂房、柴油机第二加工厂房（除凸轮轴工段需工艺调整外）新购设备的安装、调试工作基本完成，柴油机装配试验厂房新购设备、工装安装、调试工作基本完成。柴油机第一加工厂房、柴油机第二加工厂房44台搬迁设备准备就绪。年内，该项目下达执行计划18项，签订合同289项，合同金额4403.8万元。旅顺基地二期（机车部分）建设项目4月完成可研报告编制，6月向中国中车股份有限公司上报立项暨可研请示。11月15日，中车股份组织召开可研评审会，经质询讨论，原则通过项目可行性研究报告并提出修改意见，待补充老厂区搬迁协议后下达批复。

【珠海项目建设】 公司完成珠海有轨电车（进口总装）第7、8、9、10列总装生产工作，其中第7、8列已整备出车，第9、10列已完成95%的总装工作；完成2016年度车辆段维保、售后工作，完成全部车辆技术改造工作。完成珠海有轨电车（国产化）第11、12列车体钢结构组焊、涂装工作。北京西郊线项目累计完成8列车辆钢结构组焊、涂装工作。至年末，珠海现代有轨电车1号线首期工程完成全部工程施工内容，各系统已投入使用。有轨电车运营单位已入段办公并按照试运行的要求进行正常的行车调度指挥、车辆维修保养等工作。地面供电技术方面完成全线施工升级改造。整个工程进入移交阶段，各标段、各系统正在同接收单位核对竣工移交资料。公司实现营业收入2亿元，实现净利润100万元。公司以“为城市轨道交通提供系统解决方案”为发展宗旨，在完成珠海现代有轨电车1号线首期工程技术升级改造后，又为珠海现代有轨电车1号线首期工程运行车辆提供售后维保服务。开拓有轨电车工程市场，跟踪库尔勒有轨电车项目。搭建企业信息化管理系统—SAP系统，实现信息化管理工作和生产工作相结合。通过SAP系统控制，有效整合企业资源，及时反映“供产销”情况，控制物料采购、存放、生产领用过程，优化资源配置、提升物料管理效率，合理降低生产成本。全年实现应缴增值税留抵金额1684万元。通过国家高新企业资格认定，享受国家高新企业所得税优惠政策。11月10日，珠海现代有轨电车1号线首期工程进入到全线跑图阶段，标志着珠海有轨电车1号线首期工程进入最后的冲刺阶段。

【大轴重项目建设】 年内，开工的主要房建工程15项（总18项）主体基本全部完成。厂前区（行政办公楼、食堂、主大门及门卫、物流大门及门卫）工程于6月底完成土建、水暖施工。4月，铸造厂房、铸造辅助楼（共二层）、模型厂房、倒班宿舍（共四层）完成主体验收，厂房主体及围护结构于年底基本完成。5月，锻造厂房、特铸厂房、特铸辅助楼（共二层）完成主体验收，厂房主体及围护结构于年底基本完成；7月，油脂油化库、乙炔站完成主体验收，12月底屋面板安装完成。全年共完成工程投资20342万元。进行综合站房等招标共3项，金额1099万元。设备新购及旧设备搬迁招标采购共15项(共94台套)，金额2556万元。

【出口南非内燃机车下线】 3月15日，公司在旅顺新厂区隆重举行“出口南非内燃机车下线暨环行试验线开通仪式”。南非驻华大使姆西曼，南非国有运输集团董事会主席玛巴索、辽宁省副省长刘强、中国中车董事长崔殿国等领导出席仪式现场。出口南非内燃机车作为该试验线首款上线产品，可以有效验证首车质量和性能，为后续整车、散件生产及南非当地国产化提供有力保障。

【米轨机车第五次驶入“万塔之国”】 3月19日，仰光开往皋谬的客运列车由一台崭新的火车头牵引，缓缓离开仰光火车站。这是缅甸第五次迎来公司制造的内燃机车。当天，缅甸铁路举行隆重的剪彩仪式，缅甸铁道部部长HtunAung Thin、中国驻缅甸大使洪亮为机车剪彩。此次出口的缅甸机车最大运行时速为100公里，轨距为1000毫米。采用先进的微机控制系统，机车更智能、运行更安全。国内首创的3个可互换米轨2轴转向架设计，曲线通过能力强，适应缅甸铁路曲线小、坡道大的条件。同时对蓄电池箱、速度传感器等部件进行了多项适应性优化设计。首批6列机车车辆在缅甸完成空载、满载长距离运转，山上坡道各种试验后，正式上线运营，担当干线客货牵引任务。

【合资企业】 合资企业大连东芝机车电气设备有限公司主要生产铁路机车、城市轨道及地铁用辅助电源装置、牵引电机、TCMS机车控制系统等。2016年，合资公司分别在西安、广州、天津、唐山、武汉等地成立检修基地，积极推进C4、C5等检修业务，并为C6检承修做好技术、检测手段等准备工作。全年营业收入总额91769万元，其中内销占比93%（85228万元），出口占比7%。其中实现铁路机车配件收入60094万元，较上年同期减少52%。主要配件销售如下：主变流装置300台，内销牵引电机76台，内销TCMS控制系统151台。实现检修收入14103万元，是上年的5.8倍，检修收入比重大增。出口产品因海外机车配件订单数量减少，出口收入较上年同期减少29%。

【党群工作】 公司党的建设围绕创新驱动、提质增效、稳健成长三大经营发展主旋律，强化思想引领，推进文化建设，深化党建创新，打造特色品牌，为实现公司“五化”战略目标提供坚强保证。公司召开第一次党代会。以党委书记讲党课的形式开启“两学一做”学习教育活动，对学习教育工作进行部署安排，通过个人自学、集中学习、专题学习和微信学习等四种学习方式稳步推进“两学一做”学习教育。进一步强化两级领导班子民主生活会制度，规范民主生活会的组织工作和程序，加大以整风精神开展批评和自我批评力度，做好会前征求意见、对照检查和谈心交心工作。加强基层领导班子建设，深化个人有关事项报告工作，并对中层领导干部队伍进行人事调整。举办中层领导人员培训班、中青年干部培训班等，增加外出参观、座谈交流等教学方式，不断提升各级领导人员的综合素质。推进争创“共产党员标准化作业示范岗”活动走向系统化，围绕公司各项重点工作打造精品示范岗，有效推动示范岗活动的纵向深化。100余个基层党组织按照《党章》规定，进行三年任届期满改选工作。持续宣贯中车企业文化核心理念，不断增强对“同一个中车”的认同感。深入落实中车VI标准，完成广告宣传、办公事务、行政和多媒体等九大系统的整改工作。开展岗位作业标准“一口清”“做最美大连机车人”主题活动。推动出版发行《大机车》。在纪检监察工作中，组织317名领导干部和重要岗位人员签订廉洁承诺书，强化廉洁自律意识。组织基层单位和各级领导干部查找问题、述职述廉。按照初步核实、谈话函询等“五种方式”开展纪律审查，共处置完成信访件14件，涉及18个问题线索，对1起违纪问题进行立案审查，对1名违纪党员给予党内严重警告处分。开展“规范物资采购，降低采购成本”效能监察，以公司实施方案为框架，以招标管理、独家和代理采购清理两项内容为重点，组织相关部门对照检查、对标改进、逐项落实，相继开展“两金”压降效能监察、“亏损治理”专项监察、“层级压减”专项监察等工作。

公司工会紧紧抓住“一赛、两服务、三行动”工作主线，全年共提出合理化建议525个，立项攻关293项；全力打造“蒲公英”关爱职工工作品牌，全年共补助患病职工1702人, 补助金额总计145.14万元。公司团委全年共有19个单位35个工种开展岗位能手活动，青工参与人数达2235人；开展安全生产月活动，对5个优胜单位、14个“青年安全生产示范岗”进行联合表彰。实现青工“五小”成果938项。

【重要纪事】 2月1日，中国中车董事长崔殿国到公司全国劳动模范和重困职工家中走访慰问。2月25日，公司召开一届一次职工代表大会暨2015年度总结表彰大会。3月15日，公司在旅顺新厂区举行出口南非内燃机车下线暨环行试验线开通仪式。3月30日，公司与西南交通大学举行战略合作协议签约仪式。4月17日，由公司自主研发的首台时速200公里八轴客运电力机车下线，并抵达北京环行试验线，开始进行各项型式试验工作。4月30日，公司打造的“共产党员号”机车交付沈阳铁路局。5月1日，央视综合频道和新闻频道以“ 大国工匠，匠心传世”为题，播出公司高级铸造技师毛正石的事迹。5月27日，旅顺新厂区铁路专用线正式启用。7月21日，由公司制造的首批3 列伊斯法罕地铁1号线车辆，在大连湾码头装船启运。8月2日，中车出口新西兰内燃机车（第四批）签约暨中车新西兰公司成立仪式在大连举行。8月6日，《大机车》举行首发签售仪式。8月25日，公司召开中国共产党中车大连机车车辆有限公司第一次代表大会。9月26日，公司为西安制造的41 列“紫毛虫”列车全部交付。11月15日，3台CKD0B 型内燃机车在大连湾码头装船启运发往越南，标志着公司与台塑集团机车订单全部交付。

【公司党政工负责人名单】

董 事 长　闵　兴
副董事长　连家余
总 经 理　闵　兴
副总经理　梁圣童
　　　　　张志穹（11月9日免）
　　　　　马延臣　朱智勇
　　　　　程　强　王旭东
　　　　　林存增　曲天威
　　　　　高武清
　　　　　高中德（11月9日任）
　　　　　孙荣坤（11月9日任）
总工程师　曲天威
财务总监　高武清

党委书记　连家余
党委副书记　闵　兴　毕　毅
纪委书记　毕　毅
工会主席　许　滨

（大连公司　供稿）

地　址　辽宁省大连市沙河口区中长街51号
邮　编　116022
电　话　0411-84198254
传　真　0411-84654245
网　址　http://www.dloco.chinacnr.com

中车唐山机车车辆有限公司

（统一社会信用代码：911302216636887669）

董事长、党委书记　侯志刚

总经理　周军年

【概况】 2016年末，唐山公司员工总数10149人，其中高级专业技术职称458人，中级职称1090人。公司下设26个职能部室，9个生产单位，6个事业部（国铁事业部、城市基础设施事业部、海外事业部、服务事业部、客车检修事业部、动车检修事业部），10个子公司。公司资产总额239亿元，其中流动资产174亿元，固定资产净额49亿元。设备总台数7011台（套），进口设备939台（套）。全年实现销售收入146亿元，净利润14.5亿元。

【改革改制】 成立海外事业部、转向架技术中心。将转向架新厂更名为转向架厂，同时将转向架厂下设的二级处调整为二级科。撤销机电厂，成立动能厂；撤销铆焊厂，将客车检修事业部下设的空调车间调整为电器车间，并增设铆焊车间。在党委工作部设立扶贫办公室；撤销审计监察部，分别成立审计风险部和纪检监察部；在运维部下设服务产业处；将综合管理中心更名为企管信息部，将物流中心更名为物流管理部，将南厂管理中心更名为南厂管理部，将离退休管理中心更名为离退休管理部，将内饰件厂金属件单元、木制件单元分别更名为金属件车间和木制件车间，将天津公司、泉州公司下设的综管部、经营部、生产部、保障部分别更名为综管处、经营处、生产处、保障处。将产品技术研究中心更名为技术研究中心，撤销产业技术研究院，保留对外的河北省绿色智能交通产业技术研究院机构，与技术研究中心合署办公。成立城市基础设施事业部。

【研发制造平台建设】 完成仿真数据库开发、25型车车体参数化仿真系统开发和基于SIMPACK的动力学模型库开发。建立内燃动车组动力总成轴系扭振及隔振设计仿真平台、基于参数化建模及批量分析的动力学仿真平台、防火设计仿真平台、风沙雨雪下高速列车气动安全分析仿真平台、车辆气密设计及车内压力波评估软件平台等仿真分析平台。完成电气试验室、声学试验室、整车环境试验室、关键部件疲劳试验台的建设。针对公司生产的福州地铁，首次开展车辆的声学指标分配技术研究；针对公司研制的CJ3城际动车组，开展噪声指标分解、尼浆喷涂方案、车下设备减振器设计方案、整车降噪方案等研究；针对公司研制的350公里／小时卧铺动车组，开展多方案实验室对比验证，开展整车噪声方案计算和设计及主动降噪技术研究。开展高速列车的碰撞吸能技术研究，完成高速列车对碰撞的防撞击布局设计；完成高速列车吸能结构优化设计；吸能结构特殊用材的动态力学性能和制备工艺性研究；开展高速列车吸能结构制备技术研究；完成高速列车吸能结构的功能性验证试验。进行城轨车辆防撞击司机室骨架结构的研发，完成整个司机室结构的优化设计。完成2500千瓦牵引集成单元顶层分解、主电路设计；完成大功率动力包的初步设计，进行了项目的初期评审并通过验证。攻克高速列车低阻力、节能操控、轻量化等6项综合节能关键技术。申请专利12项、制定企业标准1项，开发软件3套，开发物理样件2项。整理和录入系统资源数据合计2365项，搭建完成标准工位资源库的模块化架构，对工位涉及的人员、物料、设备、工装、工具、工位环境及安全要求等进行规范，同时完成铝合金厂预制生产线C0901 预制下料工位和钢结构厂2工位的试点标准工位资源库的建设。完成标准作业指导书管理平台的搭建工作；完成参数化工艺文档设计体系的建立工作，实现工装技术条件的参数化设计。从工艺流程、工艺装备设计的标准化、柔性化、可视化入手，配合各条生产线完成工序分割和BOM拆分等工作。围绕《标准工位建设实施方案》，形成一套标准工位建设管理表单，一套公司主厂区制造资源配置图和工位对应表、一套标准工位建设评价标准和一套标准工位库管理工具。完成《不锈钢水箱酸洗钝化技术规范》等11项企业标准，申请科技立项40项，延续项目14项。开展激光三维激光扫描技术应用性研究，完成时速350公里中国标准动车组第二个司机室模型的三维点云数据逆向还原，形成可编辑的三维模型。

【新产品研发】 时速350公里中国标准动车组采用碰撞吸能和车载地震预警等技术，全面提升动车组主动和被动安全性。该产品为8辆编组，4动4拖，总定员577人，实现旅客界面、运用界面和维护界面的统型和集成制造能力的突破与创新，满足复杂多样、长距离、长时间、连续高速运行的运营需求。250公里/小时动力相对集中灵活编组动车组突破牵引动力集成化、网络控制、可变编组等关键技术，可调节动、拖车数量及车辆配置，可提供单、双层混合编组，实现2~16辆可变编组。新型高速卧铺动车组基于时速350公里中国标准动车组技术平台基础上创新研制的全列卧铺新型高速动车组。该动车组采用16辆编组，8动8拖，全长413.3米，最高运营速度350公里／时，全列定员880人。客室卧铺采用新型方式布置，每个铺席空间独立，功能设施齐全，具有良好的私密性。CJ-1城际动车组为8辆编组，4动4拖，持续运行速度250公里／时，已完成样车制造、整车型式试验、整车30万公里运用考核，并取得制造许可证。CJ-2城际动车组为8辆编组，4动4拖，持续运行速度250公里／时，定员622人，已完成相关型式试验，并通过铁路总公司阶段评审。时速350公里货运动车组已完成全部4个车型的三维及二维设计工作。土耳其伊兹密尔铰接式六轴轻轨车共19列190辆，采用5单元10编组型式，可灵活编组，具有轴重轻、运量大、曲线通过能力强等特点，9月9日首列车抵达伊兹密尔，开始进行载客运营。160公里／时动力集中动车组可实现与既有车辆的一体化检修、维护和管理，具有投资少见效快，综合经济性高的特点。天津地铁1号线东延项目地铁列车配车数为19列共114辆，采用4动2拖，6辆编组，B型地铁车辆，铝合金车体，最高运行速度 80 公里 / 时。天津地铁 1 号线车辆大修及改造项目共 25 列 150 辆，4 动 2 拖，6 辆编组，2016 年 11 月完成首批 3 列车辆交付用户，2016 年 12 月 28 日首批车辆上线正式运营。北京 S1 线中低速磁浮列车采用 6 辆编组，全动车，运行速度 80 公里 / 时，具有噪声低、振动小、无污染、线路适应性强、易于实施等一系列特点。时速 160 公里中低速磁浮车沿用现有低速磁浮列车的悬浮导向结构，采用电磁永磁混合悬浮技术及永磁同步牵引技术，将列车的悬浮能耗降低 60%。燃料电池/超级电容混合动力 100%低地板有轨电车研制项目在国内首次突破燃料电池/超级电容混合动力有轨电车牵引和控制等一系列关键技术，采用氢燃料电池/超级电容混合动力系统牵引驱动，完全取消受电弓，实现二氧化碳与污染物的“零排放”和全程无接触网运行。

【生产运营】 公司动车线首次实现 20 多个项目 70 多种车型多批量小品种混线生产，全年新造动车组 63 标准列，完成动车组检修 51 标准列。截至 2016 年末，公司累计生产交付高速动车组 431 标准列。公司碳钢线在节拍化的基础上实现 25G、25T 型车各个车型的节拍统一，并通过预投的方式扭转历年来构架生产量大、周期长的紧张局面。全年累计完成新造碳钢车 462 辆，累计完成检修客车 752 辆。

【产品销售】 全年签订 6 列 CRH380BL 动车组销售合同，签约额 22.32 亿元；签订 386 辆新造碳钢车销售合同，签约额 12.20 亿元；签订 81 标准列动车组高级修合同，签约额 20.06 亿元。签订 740 辆检修普通客车销售合同，签约额 8.53 亿元；签订动车组合作修、改造合同 1.38 亿元。签订天津地铁 1 号线车辆大修合同，签约额 2.78 亿元；签订天津地铁 1 号线车辆改造合同，签约额 0.44 亿元；签订天津地铁 1 号线车辆车载信号系统改造合同，签约额 1.43 亿元;签订福州市轨道交通 2 号线工程车辆采购项目合同，签约额 11.38 亿元。签订哈萨克斯坦 24 辆客车销售合同，签约额 1247.36 万美元。

【市场开拓】 公司国铁动车组、碳钢客车市场维持稳定。其中，CRH380B 动车组首次配属西安铁路局，时速 250 公里 CRH3A 动车组获得市场准入资格。全年参与成都、上海、武汉、沈阳等招投标项目 25 个，中标福州市轨道交通 2 号线工程车辆采购项目、天津地铁 1 号线大修等项目。积极开拓海外市场，先后参与美国波士顿、费城及加拿大蒙特利尔项目，与业主建立业务往来；积极开发符合丹麦市场需求的双层电动车组，为进入欧洲市场谋划布局。不断开发新产业链条，将业务向行业上下游拓展，涉足阿根廷维保服务销售业务。加强与客户沟通，推介公司产品，接待及走访海外客户约 732 人。创新营销模式，促使公司从单一产品销售向多元化经营转变。

【售后服务】 公司运维服务积极探索“运维+服务”向“运维+技术”和“技术+运营”模式转型发展。先后组织提炼“客户导向，正视问题，勇于担当，敢于亮剑”的运维服务精神；以标准化服务体系、运维服务产业化和运维技术研究为载体，加速产品全生命周期的管理。结合公司大技术体系建设要求，完成涵盖动车组、城轨地铁和碳钢产品技术体系建设标准；从标准化服务站建设的技术信息、制度流程等要素入手，提出标准化运维服务体系建设总体思路和顶层设计方案，整理编制《运维服务标准化管理手册》，规范运维服务各项标准化业务流程。抽调专业技术团队，为开通运营的福州地铁 1 号线、天津地铁 1 号线地铁列车提供运维服务，并以福州服务站为试点开展城轨地铁服务标准化管理，形成一套可复制的标准化管理体系并推广应用。2016 年高速动车组百万公里故障率降至 0.83 件，厂外源头质量整治率达 62.1%，新造碳钢车运营质量问题较上年下降 49.2%，检修碳钢车运营质量问题较上年下降 32.9%。

【基建和资本性项目】 截至 2016 年末，公司固定资产净值 49 亿元；拥有固定资产总数 22083 项。2016 年度新增固定资产 2275 项，价值 2.93 亿元；工装 2530 项，价值 1.39 亿元 。新增设备 2080 台(套)、房产 10315.8 平方米。

【质量管理】 开展“十三五”质量发展规划策划，确定发展目标和发展方向，建立大质量体系管理模型。以质量体系优化为主线，质量管理工作初步实现专业化、系统化和标准化，顺利通过 IRIS、ISO9001 质量体系监督审核。全面建立动车、城轨地铁和新造客车的标准化检验体系，保证同类产品质量标准的一致性，采购产品在不同阶段检验标准的一致性。全年制定四大类产品组装、调试检验作业指导书 745 份，实现过程检验的专业化、标准化。完善质量数据信息管理手段，实现 QM 模块与 MOM 平台质量信息融合，搭建供应商自准入、评价到退出全生命周期管控的供应商管理平台并上线运行。全面落实监造细则，建立标准化管理体系，实物质量较以往有所提升。成功组织质量月、质量案例巡展和质量攻关活动，取得良好效果。公司调试厂电气四班获得“全国质量信得过班组”称号，公司总装配一厂配管中心荣获河北省优秀“质量信得过班组”称号；“解决 CRH3 型动车组头灯罩板碎裂问题”等 5 项质量攻关获河北省优秀质量成果奖，公司再次被评为河北省质量管理小组活动优秀企业。

【企业管理】 优化经营管理体系，成立经营管理体系优化项目组，先后整合原有的质量、安全、能源等管理体系，并增加卓越绩效和两化融合管理体系相关要求，确定以 IRIS 体系为核心的一体化经营管理体系，实现经营管理体系优化统一。公司信息化围绕大技术体系、大质量体系建设，持续优化完善产品研发协同平台，继续深入扩展企业运营数据分析（BI）系统，实施文档加密保护系统。严格按照体系要求做好能源管理工作，顺利通过第三方体系监督审核。全年节约标煤 2437 吨，折合人民币 243.7 万元。推进管理创新工作，“提升研发设计标准化管控的精益研发体系建设”和“基于最小单元的成本管理体系构建与实施”获第二十三届全国铁道企业管理现代化创新成果二等奖。

【企业文化建设】 以“不忘初心”为主题，开展公司文化理念提炼活动。大力弘扬中国高铁工人精神，组织开展第四批优秀高铁工人命名活动。按照《中车 VI 手册》要求，编制下发公司多媒体办公系统 VI 标准，将中国中车视觉识别（VI）系统的基础部分和应用部分上传至公司内网，扎实推进公司厂区环境导视系统、车间导视系统、办公区导视系统建设。完成公司文化展示中心的施工，根据不同时期的企业发展情况，设置相对应的篇章区域结构造型及空间氛围，以独特的创意展示深厚公司的文化底蕴。在海西地区、环渤海地区、中原地区及欧洲、拉共体国家展开品牌推介活动，完成 2016 厦门国际投资贸易洽谈会、第 14 届海峡项目成果交易会等展会及在土耳其、柏林举行的国内外知名展会参展的组织工作。

【人才队伍建设】 全年引进技术、管理、操作类人员共计 202 人（含子公司），其中硕士 134 人。制定公司“十三五”人力资源战略发展规划，推进各类人才培养工程，拟定员工职业生涯规划，建立“四大系列，六个通道”职业生涯发展空间。截至2016年末，公司拥有中车核心技术、管理、技能人才197名，其中首席技术专家3名、资深技术专家6名、技术专家120名、管理专家12名、首席技能专家2人、资深技能专家13人、技能专家41人；拥有公司专家、拔尖人才队伍813人，年内培养技师100人，高级技师45人。公司加强国际化人才培养，累计选派102名员工参加中车“631工程”国际化人才培养项目，全部培训合格。

【党群工作】 公司党委深入贯彻党的十八大和十八届三中、四中、五中、六中全会及全国国有企业党建工作会议精神，召开公司党员代表大会，配齐配强两委班子成员。全面推进党建工作标准化建设，修订完善《党委会会议制度》《党委工作规定》等制度。深入开展“两学一做”学习教育，利用党委中心组学习，“三会一课”、民主生活会进行专题学习研讨，并在全体党员中开展“百题知识竞赛”、学习笔记评选等活动，组织广大党员立足岗位做贡献。以“四个一”为主题，持续开展创先争优活动，围绕质量、效益、精益、创新、管理工作，全年评选党员明星共270名，开展并评选党建特色活动84项。全年接收预备党员70名，按期转为正式党员86名。公司纪委按照“转职能、转方式、转作风”要求，强化监督执纪问责，开展“守纪律、讲规矩、明底线、知敬畏”党规党纪集中学习教育活动。组织公司中层及以上领导干部、专职项目经理、中层助理和全体党员以及重要岗位人员签订《廉洁承诺书》，强化廉洁自律意识。认真受理信访举报，严肃查处违纪案件。围绕生产经营管理，开展爱心基金会、重要岗位交流工作情况、亏损企业治理、工资支付等专项监察，规范物资采购管理、降低采购成本、应收账款和存货管理效能监察。同时，派驻纪检专员零距离监督执纪，起到良好的效果。公司工会全年征集职工代表提案建议180件。开展“英雄母亲走唐车”活动，编辑出版《唐车工会》画册，举办“工匠杯”职工技术运动会。先后开展“倡导工匠精神，打造唐车品质”“保增长、担指标、促发展”等竞赛活动，评选出“唐车工匠”15名。开办女职工瑜伽班，组织450名一线职工参加暑期疗养。共青团组织开展“先进思想引领、综合素质提升、优秀文化凝聚、基础工作支撑”四大行动，组织开展“学厂史，爱唐车，奉献青春，建功立业”青年员工声音模仿秀、“不忘初心 合力前行”青年风采大赛、“唐车青年创新季”“一团一品”等形式多样的活动。

【重要纪事】 1月7日，中国中车党委书记郑昌泓到公司走访慰问。1月8日，公司参与建设并提供主力车型CRH380BL高速动车组的京沪高铁获国家科技进步特等奖。2月4日，中国中车党委书记郑昌泓、中车集团总经理刘化龙等领导慰问京津售后服务站员工。3月，在河北省科技创新暨科技型中小企业推进大会上，公司高速综合检测列车动车组、窄轨小断面客车分别获得科技进步奖二、三等奖。4月7日，公司研制的首列石家庄1号线A型地铁列车正式交付用户。4月，公司在欧洲申请的专利“排障吸能装置及动车组头车”获得由欧洲专利局颁发的专利授权证书。4月21日，公司承接的首个地铁车辆检修项目正式启动。4月25日，国家“十二五”科技支撑计划重要成果，世界首列燃料电池/超级电容混合动力100%低地板实用型有轨电车在公司下线。5月18日，公司研制的福州地铁1号线列车开始试运营。5月24日，中车集团总经理刘化龙到公司调研。6月13日，国有重点大型企业监事会主席杨坚一行到公司调研指导工作。6月

16日，公司参展“中国—中东欧国家省州产业合作展”。6月18日，公司代表中国中车参展第十四届中国海峡项目成果交易会。7月，公司与大连交通大学签署战略合作协议。7月21日，公司首批3列出口土耳其铰接地铁车辆通过用户验收。8月1日，巴西联邦参议院副参议长乔治·维亚纳率领巴西参众两院议员20余人到公司参观考察。8月，公司涂装厂被中华全国铁路总工会授予火车头奖杯。8月29日，公司专利“排障吸能装置及动车组头车”获得土耳其专利局颁发的证书。9月21日，公司为加纳共和国制造的两列新型米轨内燃动车组在天津港装船启运。10月10日，公司为天津地铁5号线研制生产的首列B型不锈钢车体地铁客车交付天津地铁公司。10月10～12日，公司通过TUV南德认证公司审核组IRIS体系认证审核。10月14日，中共中央政治局委员、国家副主席李源潮到公司视察。11月3日，中国铁路总公司总经理陆东福陪同马来西亚总理纳吉布一行乘坐公司制造的CRH380B动车组考察京津城际铁路。同日，第一届中国中车青年风采大赛暨首届“中国中车十大杰出青年”颁奖仪式在公司举行。11月16日，公司为土耳其伊兹密尔制造的新型贯通式六轴铰接地铁车辆正式载客运营。11月25日，公司员工张雪松当选中国共产党河北省第九届委员会候补委员。12月，公司入选2016国家知识产权优势企业。12月15日公司首列北京S1线中低速磁浮列车正式启运出厂。12月26日，公司召开一届一次职工代表大会暨2017年工作会议。

【公司党政工负责人名单】

董事长　侯志刚
副董事长　郝树青（10月31日免）
总经理　周军年
副总经理　甄大伟（9月12日免）
　杨　光　尹叶红
　吴胜权　王文平
　叶　彬　李　娇
　郭良金
　孙帮成（9月12日免）
　陈　亮（9月12日任）
　黄烈威（9月12日任）
　周新远（11月25日任）
总工程师　孙帮成（9月12日免）
　陈　亮（9月12日任）
财务总监　郭良金

党委书记　郝树青（10月31日免）
　侯志刚（10月31日任）
党委副书记　侯志刚（10月31日免）
　周军年（10月31日任）
　陈　亮（9月12日免）
　王洪奇（9月12日任）
纪委书记　陈　亮（9月12日免）
　王洪奇（9月12日任）
工会主席　赵庆祥（3月29日任）

（唐山公司　供稿）

地　址　河北省唐山市丰润区厂前路3号
邮　编　064000
电　话　0315-3089023
传　真　0315-3089025
网　址　www.tangche.chinacnr.com

中车北京二七机车有限公司

（统一社会信用代码：911100006646390189）

董事长、党委书记　马建勋

【概况】　2016年末，二七机车公司从业人员2495人，其中硕士以上150人、本科735人。公司行政下设13个部室、6个中心、9个事业部、4个子公司。注册资本135000万元。公司拥有机械动力设备2019台（套），占地面积约44.3万平方米，厂房建筑面积约21万平方米。党群系统设有8个职能部室。公司产品出口20多个国家和地区，遍布全国18个路局、100多家路外工矿企业，矿山车辆正在形成从50吨到400吨的产品系列。年内，完成营业收入122059万元，净利润-29450万元，完成股份公司调整后的经营指标。

【改革改制】　根据国务院国资委和中车集团处置“僵尸企业”和特困企业专项治理工作的部署，公司作为集团公司24家特困企业之一，根据二七机车公司特困企业专项治理工作思路汇报会要求，在中车股份下发《窦店产业园项目的可行性研究报告》批复后，加快产业园新厂区建设。与中车置业成立联合工作组，进行现有厂区土地资产处置工作。完成下属子公司天津二七康库得曲轴有限公司的股权变更。通过协议解除劳动合同、内部退养两种途径进行部分富余人员的安置工作。

【生产运营】　全年新造内燃机车1台，修理内燃机车53台，BR711C型接触网检修作业车25台，边坡清筛机10列，GMC96B型钢轨打磨列车1列，GMC16A型钢轨打磨列车1列，检测车2台，接触网放线车3台，NT-3.0T型平板车12台，TCV-S型隧道清洗车2台，曲轴加工826根。

【经营管理】　下发《中车北京二七机车有限公司子公司管理制度（试行）》，制定子公司管控制度，分解落实到能源、人事、劳资、质量、运营、审计等各方面；优化绩效考核指标计分办法，加强绩效管理。除康库得公司外，其余3个子公司均实现盈利。完善相关采购制度，健全物资采购价格管理机制，清理独家采购和代理采购，开展“两金占用清理”专项活动，清理两年以上欠款5287万元。完成公司PLM系统升级，在PLM系统中搭建工艺管理平台；完成与PLM系统、MES系统集成的生产动态网络图计划执行反馈系统；完成中车人力资源HCM系统建设；完成中车主数据贯标数据管理平台建设。安全生产标准化通过国家安全生产监督管理总局评审，确定为冶金等工贸行业安全生产标准化一级企业。全年无死亡、无新增现岗职业病、无一类火灾爆炸事故或其他重大影响责任事故。发生轻伤事故1起，轻伤率为0.33‰。职业健康安全和环境管理体系顺利通过北京埃尔维质量认证中心外部审核。获国家安监总局安全生产标准化一级企业称号。对锅炉进行清洁能源改造，二氧化硫排放比上年同期减少6.212吨，减少99.8%；氮氧化物排放比上年同期减少14.592吨，减少49.67%；烟尘排放比上年同期减少5.8342吨，减少100%。未发生环境污染事故、重伤及重大火灾等事故。MES制造执行系统上线运行。降低采购成本，完善物资管理制度，择优比选。减免关税1200万元。

【人力资源管理】 下发《公司人力资源管理职位规范及日常管理办法（试行）》《2016年度员工培训计划》《关于开展公司HCM系统绩效管理模块基础应用操作培训的通知》等文件进一步加强人力资源管理。年内，中车HCM人力资源信息系统上线，人力资源所有模块业务全部上线运行。针对公司生产经营不同状态下出现的劳动力短缺问题，聘用劳务工191人，实习生118人。内部员工调配348人次。181人劳动合同到期续签合同。调出专业技术人员和管理人员共131人（其中清理不在岗70人），调出操作人员12人，旷工解除8人。通过协议解除劳动合同、内部退养两种途径分流安置员工747人。对109名中层领导干部进行培训。完成各类培训班473期8485人次。完成EN15085体系下各项焊接类产品的人员复证工作3批次复证108个。30名电焊工通过美国焊接标准考试。为GMC96钢轨打磨列车、边坡清筛机、BR711多功能作业车等公司主要产品的接收使用单位培训12期225人。完成中国铁路总公司BR711型接触网多功能检修作业车运用检修培训班120人。

【质量管理】 修订《外购物资质量损失索赔办法》《厂外运用故障闭环管理办法（试行）》《质量信息管理办法》《代理供应商管理制度》《质量分析会制度管理办法》《IRIS管理体系内审员管理办法》《质量安全风险管理制度实施办法》《重要标准件入厂检验办法》。对边坡清筛机、多功能综合作业车、GMC96B型钢轨打磨车和16A型钢轨打磨车等车型的最终版质量检查记录进行评审工作，开展外购件入厂检验工作和重要、安全关键件的复核工作。发布的接触网多功能作业车、边坡清筛机、GMC96B钢轨打磨车、和谐N3B型机车及车载电务设备等与公司相关的34个监造细则。线上线下联合操作，对供应商进行动态管理工作。GMC16A钢轨打磨车项目获首都职工自主创新成果认定一等奖。

【科技创新】 年内，完成与大连公司、戚墅堰公司、资阳公司联合研制3000马力节能环保调车机车的总体初设方案。首台高原型边坡清筛机平原区验收落成。完成高原型打磨列车总体方案说明及厂内设计评审，完善96头短编组钢轨打磨车设计方案并顺利完成技术方案评审工作。完成深圳地铁轨道检测车设计输出评审，静态、动态调试工作，完成昆明地铁轨道检测车。钢轨铣磨车样机试验获得国内行业专家认可项目结题。完成青岛机务段、长春地铁、贵阳地铁和合肥地铁不落轮镟床交付工作。100吨矿用自卸车订单车下线，并运抵矿区进行运用考核试验。与美国底特律重卡公司联合开发的240吨电动轮自卸车进入组装调试阶段。完成190吨电动轮样车运用考核试验和项目结题验收工作。LNG/柴油、甲醇/柴油双燃料矿用自卸车技术研制进展顺利，完成双燃料测试试验。

利用核心技术开发多种曲轴新产品，DK20、R6280型曲轴通过首件鉴定，8320型曲柄外形不加工全纤维锻钢曲轴得到用户认可，已获得批量订单。获北京市科学技术三等奖1项。GCY520型内燃机车、刚果（金）CKD8C1型内燃机车2个科研课题通过中车科技成果鉴定；联合清华大学天津高端装备研究院筹备成立轮轨关系与维护研究中心。

【市场营销】 年内，实现总营业收入122059万元，国铁市场营业收入83004万元，占68.01%。其中多功能作业车25台，边坡清筛机10台。路外市场营业收入36491万元，占29.89%。其中厂修内燃机车10台，新造内燃机车1台，GMC16A钢轨打磨车1列，GMC96B钢轨打磨车1列，平板车及隧道清洗车等共计19台。矿山工程总承包营业收入9536万元；曲轴727根，销售收入2830万元；50吨矿用自卸车10台，销售收入486万元；配件及其他业务收入8108万元。国际市场营业收入184万元。

【基建和技改】 年内，房山窦店轨道交通高端装备产业园项目完成总体工作计划的编制，对产业园可研报告进行优化调整，修订完善甲控材料管理办法。园区六座厂房已完成五座厂房的主体钢结构和部分屋面墙板工程，室外工程建设全面展开。投资97149.72万元，其中土建工程投资21531.53万元，土地使用权投资64323.81万元，其他项目投资11294.38万元。二七科技园项目完成《二七科技园概念性规划》方案，获得中关村丰台园发放的2015年度的政策兑现奖励236万元。丰台区政府提出“一街一厂”规划理念，即对长辛店老镇改造和二七科技园项目实施整体开发。完成科技园道路规划报告和交通评价报告正式成果，完成科技城优惠政策编制，建立多种园区开发、资产盘活模式，完善园区开发流程档案管理和土地房屋资产资料，开展市场调研，建立多方位推介渠道和客户回访机制，细化厂区地块资产评估工作，与多家国内大型房企接洽，共同研究园区开发模式。

【企业文化建设】 制作“三严三实”网页，报道“三严三实”专题教育动员大会精神；多处安装楼宇电视，播放先进人物的优秀事迹，加强党员干部的思想建设。开展“我们的价值观 京华英雄”主题宣讲比赛，“道德讲堂到一线”等活动，建立“两学一做”教育实践专题网站。推进“我的行为讲规范”活动，开展工艺安全“一口清”主题活动。制作511条广播和26期报纸，发布微信动态202篇，点击量超过15万次。开展劳动竞赛、检查考评“一口清”班前会落实情况和制作《黄马甲》微视频等。制作《安全家园》微平台栏目强化员工安全意识。拓宽新闻报道面《同桌的你》《大工匠》等一大批影视剧作到公司取景拍摄。参加录制中央电视台“五一”特别节目，开展企业文化开放日活动。

【党群工作】 年内，两级中心组学习“两学一做”专题教育、党风廉政建设有关条例规定、警示片以及国家经济形势分析讲座等26次。完成215名中层及以上管理人员的绩效考核评价结果通报。建立60余人的青年人才库，完成公司上年度223人的领导干部个人有关事项的集中报告、抽查工作。开展“双培双保”党建主题活动，培养党员29人，培养骨干168人，27个党支部完成220项立项，23个党支部申报49个优秀立项项目。组织887名党员干部和重要岗位人员参观“警示教育展览”，973名党员完成党规党纪知识答卷并签订《党员廉洁自律承诺书》，考评810人次中层领导干部执行党风廉政责任的情况，开展“规范物资采购管理、降低采购成本效能监察”，使公司实现降低采购成本2041.30万元，上线采购率达75.31%。通过实施“应收账款和存货管理效能监察”，使公司重点监督的10项应收账款实现回款817万元。举办“提质增效”劳动竞赛、“电工技能大赛”等活动。帮扶救助困难员工150人，“两节”期间走访慰问困难员工和坚守岗位一线员工337人，慰问驻段服务人员和出国服务人员家庭15户。有2607名员工参加长辛店街道“春风送暖”社会捐助活动。举办“好家规好家训”征集展示、“唱响二七 五月鲜花”合唱比赛、建党95周年纪念晚会、参观“中国工农红军长征胜利80周年展览”等活动，开展激励青年科技人员成长成才的“地铁钢轨铣磨车涂装设计大赛”和“五小”科技成果征集等活动，征集科技方案126份。

【重要纪事】 1月18日，华盛荣控股有限公司董事长刘雪生及北京盛荣华通交通设备有限公司总经理黄昆一行到公司参观考察。3月8日，公司与紫金矿业集团股份有限公司签订20台100吨矿车采购合同。3月28日，中车集团2016年第一批巡视组进驻北京二七机车公司并召开巡视工作动员会。4月18~22日，拉丁美洲Latam Equipment和美国DHTE公司客人一行到公司参观考察矿山车辆生产制造能力并正式签署战略合作框架协议。6月7日，公司与紫金矿业集团签署的20台100吨矿用自卸车订单首台车下线。7月19日，中央纪委驻国资委纪检组组长江金权到公司调研中国中车“两个责任”落实情况。8月18日，北京市科委钢轨铣磨车项目通过最终评审。9月8日，公司安全生产标准化通过国家安全生产监督管理总局评审，确定为冶金等工贸行业安全生产标准化一级企业。12月9日，铜陵有色金属集团控股有限公司董事长、党委书记杨军一行到公司调研。

【公司党政工负责人名单】

董事长　杨永林（7月免）
　　　　马建勋（7月任）
副董事长　马建勋（7月免）
总经理　杨永林（7月免）
副总经理　高维寅　荣海峰
　　　　张志宏　王洪义
　　　　乔红波　郭凤江
　　　　王玉民
总工程师　张志宏
财务总监　王玉民

党委书记　马建勋
党委副书记　曹宏晏
纪委书记　曹宏晏
工会主席　曹宏晏

（二七机车公司　供稿）

地　址　北京市丰台区长辛店杨公庄1号
邮　编　100072
电　话　010-83306001
传　真　010-83303736
网　址　http://www.27rail.com.cn

中车北京二七车辆有限公司

（企业工商登记号码：91110000663703559N）

董事长、党委书记　史硕致

总经理　兰　叶

【概况】 2016年末，二七车辆公司在册员工2386人，其中教授级高级工程师20人、高级专业技术职称121人、中级专业技术职称199人，具有高级技师99人、技师180人。本部（不含子公司）固定资产原值为57574万元，有各类机械动力设备3254台，其中生产设备1541台。公司设有行政部室20个、党群部门5个、生产车间4个、分公司1个、一级全资子公司1个、一级控股子公司2个、二级控股子公司1个。公司生产用地64万平方米，房屋建筑19.3万平方米。全年生产新造货车2067辆，检修货车2411辆，加装改造货车400辆，实现销售收入15.7亿元（其中配件销售收入982万元），归属母公司净利润比年初指标减亏2100万元，完成中车调整后的主要经营指标。

【改革改制】 完善公司治理工作，推进规范的董事会、监事会建设，成立董事会办公室和监事会办公室。修订《公司章程》，明确党在企业的法定地位。优化组织架构，财务部和运营管理部职责调整取得成效，财务部更专注于成本核算、资金管理、税务等工作，运营管理部加强价格、成本费用的总体管控。进一步规范能源/碳排放管理工作，设立公司能源管理办公室。根据经营管理需要，停止传感器相关业务，将项目部挂靠在规划发展部。落实深化改革指导意见，开展压缩管理层级减少法人户数工作，制定并上报公司和存续企业《压缩管理层级减少法人户数工作方案》。按照市场导向，对同质化竞争突出、产能过剩严重的业务进行处置。隆长泰公司由于经营困难，从存货、在产品、人员安置、债权债务等方面进行了处置。

【经营管理】 严控费用审批流程，对工艺装备、大修费用、资本性支出和研发费用4个专项引入预算后项目启动前再决策机制。健全应收账款催收清欠机制，对老账、呆账采取法律诉讼的方式进行清欠。监控库存及在产动态，加快低效无效资产清理处置。开展能源专项管控，分类别设置三级指标81项。顺利完成公司税务“营改增”过渡工作，重点对增值税进行纳税筹划。成本核算方式由分步改为平行，提升核算准确性、及时性和可追溯性。开展“勤俭节约我先行，节约降耗促转型”为主题的群众性节约活动。通过优化完善质量指标，细分产品质量控制点，设立产品停止见证点，开展焊缝标准图像化等一系列工作，确保公司产品质量的稳步提升。一次交验合格率为98.5%，比上年同期提高0.6个百分点。

【生产运营】 以精益管理为抓手，打造“一把手”精品工程，营造全员参与的良好氛围。深入推进工位制节拍化建设，深化模拟生产线与模拟配送线工具应用，提高国铁车、阿根廷车、泰铁车日产水平。特别是新造SQ6车，通过优化工艺流程，减少大量辅助作业时间，车辆转序距离减少2 公里以上，局部工序增设双班，实现全工序日产由6辆至12辆的能力提升。持续压缩用工总量，实行弹性用工，提升人力资源使用效率。根据生产形势的不同阶段，通过与四方股份公司北京动车技改基地、石家庄公司输出输入劳务的方式，积极开展员工余缺调剂工作。深入开展精益安全工位建设，实行领导干部安全包保，实现安全生产三零目标。

【科技创新】 新研发的HM-1G重载缓冲器2016年上半年为神华公司装车116套，运用考验半年未现任何异常。推进NA1运输卡车专用车样机试制，开展适应物联网的铁路货车“平车+”技术平台研究，进行具有低温补偿功能新型制动管系密封圈的研发试制和试验。获取C80E型敞车、C80EH型敞车制造许可证及T6FK维修许可证，累计拥有许可证书共计79项。全年申请PCT海外专利1项，发明专利17项。累计拥有有效专利525项，其中发明专利75项。

【市场营销】 年内，公司国内市场签订SQ6订单2650辆，NX70A订单300辆，接触网平车42辆。加装改造BX1K车400辆，实现货车电气化改装的批产。检修货车获国铁订单2200辆，JSQ系列、DL1、DNX17K等检修车362辆。积极参与国际市场，新签订肯尼亚闸瓦项目、泰国米轨转向架项目和泰国车钩委托加工项目。兑现230辆阿根廷平车、308辆泰铁车等国际订单，国际贸易全年实现收入近1.8亿元。长纤维项目部实现非关联收入2231万元。

【基建与技改】 积极推进“三供一业”社会化移交工作，供暖移交即将与丰台供暖所签订正式合同；供电移交已和丰台区供电局签订框架性协议；供水移交也同长辛店自来水厂达成共识。小区住宅建设一阶段工程全面开工建设，完成部分楼座的主体封顶工作。公司燃气锅炉正式投用，国铁新造、检修车全面推行水性漆喷涂，各项环保指标符合北京市政策要求。

【人力资源管理】 开展第一届中车后备人才的推荐及测评工作，选拔推荐9名中车第一届后备干部。组织中层及以上领导干部填报《领导干部个人有关事项报告表》，按照不低于10%的比例开展领导干部个人有关事项抽查核实。开展首届中车核心人才的选拔与推荐工作，被中车评为资深管理专家2人，管理专家6人；资深技术专家4人，技术专家14人；资深技能专家4人，技能专家19人。共完成27人专业技术职务的评审工作，评审工程师8人，助理工程师1人；推荐上报集团公司评委会评审18人，其中教授级高工3人、高级工程师14人、高级经济师1人。全年完成公司级培训37项48期，共培训1318人次，部门级培训91期，共培训2735人次。全年教育经费中60.21%用于技术工人培训。

【质量管理】 公司通过IRIS管理体系换证后的第二次监督审核。测量管理、EN15085焊接体系通过年度监督审核。公司申请的交叉杆组成、组合式制动梁、脱轨自动制动阀、

HM-1 型缓冲器弹性胶泥芯体、缓冲器、货车轮对等产品，通过中铁检验认证中心进行的监督审核。通过 CNAS-CL01(ISO17025)《检测和校准实验室能力认可准则》现场考评，完成第一次监督审核。全年质量损失发生 501.48 万元，质量损失率 0.318%，完成≤0.4%年度质量损失率指标。全年出厂货车未发生一般 D 类级以上事故。未出现因处理不当被顾客投诉情况。

【企业文化建设】 利用公司媒体宣传先进集体和人物事迹，以典型引领员工积极进取，努力向上。推出《打好生产攻坚战》系列报道，鼓干劲、激斗志。紧跟市场动态，推出专题片《公司携手中铁特货共赢市场发展》，与大客户形成良好互动。对全体中层干部进行中车 VI 培训，以勤俭为原则推进 VI 整改，切实发挥企业文化引导、凝聚、激励和规范作用。

【党群工作】 认真宣传全国国企党建工作会和中共十八届六中全会精神，加强公司两级领导班子理论学习，不断强化思想政治教育工作。深入开展“两学一做”学习教育。深化群团工作，开展“六送三关注”、“巾帼建功”等活动，公司工会获得北京市总工会 2015 年度“ 优秀工会工作标兵单位” 和 2016 年度“全国安康杯竞赛安全文化宣传工作先进单位”称号。召开共青团中车北京二七车辆有限公司第一次代表大会，“青听二七”团委微信公众平台上线运营。

【北京丰华实机械有限公司】 公司为中外合资企业，主要从事铁路车辆配件的生产和服务。具备年生产转 K2 型转向架交叉杆组成 6 万辆份、L-B 型组合式制动梁 3 万辆份、120 防护罩 2 万辆份的能力，2016 年有员工 106 人。公司通过质量管理体系认证，环境、职业健康/安全管理体系认证，北京市二级安全质量标准化复评。全年生产完成 SQ6 大、小侧墙组焊 1200 辆份，地板 1350 辆份，小侧墙板 944 辆份，SQ8 侧墙 1 组，K6 交叉杆 4000 辆份，L-B 制动梁 1000 辆份，阿根廷标轨制动梁 160 辆份，米轨制动梁 100 辆份，泰铁制动梁 I 型 30 辆份，泰铁 II 型制动梁 353 辆份，架桥机制动梁 16 件。年内完成销售收入 12614 万元，实现利润 203 万元。

【北京隆长泰工程机械有限公司】 为公司控股子公司，是中国铁路机车车辆配件、轴承辅件、金属冲压件等机电产品的制造基地之一，占地面积约 7000 平方米，房屋建筑面积约 8000 平方米，是国内生产铁路货车轴承辅件主要的生产厂家。2016 年受铁路货车市场整体低迷，货车配件价格不断降低等因素影响，销售收入降低。根据公司第 43 次董事会决议，年内停止了隆长泰公司机械加工业务，并将人员安置完毕。

【北京隆轩橡塑有限公司】 为公司间接控股子公司，主要生产铁路货车客车轴承用工程塑料（塑钢）保持架、塑钢隔圈、注塑工艺心盘磨耗盘和旁承磨耗板、铁路货车过球试验用球、轴承防护件及铁路货车制动配件防护件和风电轴承隔球器等。具有年生产保持架 400 万件、塑钢隔圈 100 万件、心盘磨耗盘和旁承磨耗板及防护产品 3 万辆份、隔球器 100 万件以上的生产能力，形成了高性能工程塑料产品的规模化生产模式。拥有 5000 多平方米现代化生产基地和 1600 平方米的总部基地办公楼，14 条采用国内外先进注塑设备，拥有国际领先水平的检测试验设备。2016 年，保持架产品通过国际铁路 IRIS 标准的认证。实现销售收入 20719 万元，利润 2043 万元。强化争市场抢订单，扩大客车保持架部分市场，完成大功率机车部分轴承保持架试制，250 公里高速动车组轴承保持架已进入产品试制阶段。获得实用新型专利

2 项，截至年末，公司共拥有专利 15 项。

【北京二七储运公司】 为公司全资子公司，以仓储、运输、配送、装卸、采购为主营业务，兼营其他商业储存、配送、运输业务。拥有仓库面积 34000 平方米，员工 120 人。年内完成非关联销售收入 8763 万元，实现利润 62 万元；完成物料配送任务 8.1 万趟次，物料收发作业频次 10.12 万次，出入库吞吐量 34.93 万吨。

【重要纪事】 1 月 12 日，公司中标神华货车公司新型长检修周期缓冲器应用研究项目。1 月 14 日，公司新研发的 BX1K 型冷藏集装箱列车试运行成功。1 月 25 日，中华全国铁路总工会副主席郭润英一行到公司慰问。1 月 27 日，中国铁路总公司科技管理部专家对公司 SQ8 型关节式双层运输汽车专用车设计方案进行评审。1 月 29 日，中车股份总裁奚国华走访慰问公司困难员工。2 月 25 日，中组部二局副巡视员谢玉峰等五人到二七车辆公司进行专题调研。3 月 21 日，泰国国家铁路局局长等一行 17 人到公司进行访问。4 月 13 日，中国中车党委书记郑昌泓到公司调研。7 月 17 日，公司出口泰国 308 辆米轨集装箱平车项目在天津港汇盛码头交车并装船发运。8 月 5 日，国家铁路产品质量监督检验中心组织专家对公司研制的 SQ7 型运输汽车－普货两用车研制项目为期一年的运用考核进行评审。8 月 8 日，中国中车党委书记郑昌泓一行四人到公司就“两学一做”学习教育开展情况进行专项督导。9 月 28 日，中车集团副总经理兼中国中车大学校长魏岩为中车大学北京校区揭牌。10 月 10 日至 11 月 30 日，公司出口阿根廷 300 辆宽轨通用平车分三批在天津港装船，于 12 月初以前全部抵达阿根廷布宜诺斯艾利斯港口。12 月 16 日，中国中车董事长、党委书记刘化龙到二七车辆公司检查指导工作。

【公司党政工负责人名单】

董事长　史硕致
总经理　兰　叶
副总经理　安　卫（3 月 21 日到广西柳州挂职）
　张志山　孙　斌
　戴志勇　王武建
　赵咏梅
总工程师　戴志勇
财务总监　赵咏梅

党委书记　史硕致
党委副书记　兰　叶　杜向东
纪委书记　杜向东
工会主席　杜向东

（二七车辆公司　供稿）

地　址　北京市丰台区张郭庄甲 1 号
电　话　010-83804071
传　真　010-83876184
邮　编　100072
网　址　http://www.crrcjc.cc
电子邮箱　cb@csreq.com.cn

中车北京南口机械有限公司

（工商登记营运执照编号：91110000664625580F）

董事长、总经理　孙　凯

党委书记　张秀臣

【概况】　2016年末，南口公司在岗员工总数1076人，其中硕士及以上学历26人，本科学历364人，专科学历209人，中专及以下学历477人。固定资产原值10.46亿元，净值6.85亿元。占地面积54万平方米。各类设备1222台（套），其中大型精密设备130台，进口设备83台。设行政部室15个、党群部门1个、事业部1个，主产品生产单位8个，合资公司2个。全年实现销售收入2.38亿元。

【改革改制】　年内，公司撤销铆焊厂，成立结构件事业部。重新划分纪检审计部、工会办公室、热处理厂机构设置。技术中心科技管理处升格为科技管理部，行政管理部更名为总经理办公室。对压缩机配件厂、机械加工厂、质量保证部、工艺技术研究所、风电传动研究所职能进行相应调整。

【经营管理】　公司按照“保收入、控费用、降成本”工作思路，落实提质增效目标。加强全面预算管理，按照零基预算原则，对发生的费用，一事一议，严格执行审批程序，同步实行滚动预算管理，按月监控，从严考核。开展提质增效专项工作，制定和实施系列具体措施。开展“两金压降”专项工作，公司领导班子成员及承担“两金压降”指标单位第一管理者，执行个人月度工资额度30%延期到年底统一支付，并与“两金压降”工作目标完成情况挂联考核，全年追缴应收账款2.88亿元。开展采购降成本、设计降成本、工艺降成本工作，降采率达到4.99%。编制“十三五”发展规划，强化战略引领。持续完善内控体系建设，提高信息化管理水平，充分利用ERP系统，加大各项管理工作考核公示力度。完成薪酬体系全面优化方案并投入试运行。开展精益生产和安全环保工作，以精益管理拉动基础管理提升，拉动订单兑现能力全面提升。安全生产管理保持平稳状态，铸造分厂发生一起灼伤事故，轻伤事故率控制在2.6‰指标以内。环境/职业健康安全管理体系通过再认证。110kV变电站主变压器通过临时减容申请，年节省基础电费200万元。实施光伏发电项目，经营和环保效益逐步显现。

【科技创新】 公司不断优化和提高产品设计验证能力，探索和吸收先进技术手段，加快高速动车齿轮箱、风电齿轮箱、工业齿轮箱、压缩机等系列产品研发。华创2兆瓦风电齿轮箱通过国内鉴衡认证。完成华创2兆瓦、海装2兆瓦风电齿轮箱样机挂机技术服务工作。济南2兆瓦、久和2.5兆瓦风电齿轮箱通过用户验收。城际动车齿轮箱经过58万公里运行考核，性能表现优异。自主改进设计福伊特动车齿轮箱，在多种改造方案中性能表现最佳，获得相关方一致好评。完成宝石2200马力泥浆泵减速齿轮箱开发设计，产品通过组装试验检测。压缩机系统高效节能产品开发不断取得进展，整机产品基本达到一级能效水平。公司申报发明专利11项。

【生产运营】 公司严格生产节点计划考核，提高生产组织管理水平。完成主要配件和集成产品25898件（套），其中完成和谐2型技术引进机车主动齿轮555个、从动齿轮486个、抱轴箱铸件69个、齿轮箱上下箱铸件179个；东风4型机车主动齿轮139个；各型喷油泵26套、各型喷油器832套，各型喷油器偶件2499副。完成各型风电齿轮箱116台、轨道齿轮箱22台、工业齿轮箱6台；完成不同规格螺杆空压机138台、各型系列转子产品2560对。

【市场营销】 公司采取多种营销措施保持既有市场份额，争取更多产品订单。华创2兆瓦风电齿轮箱在张北基地实现并网发电；久和2.1兆瓦风电齿轮箱批量风场订单交付客户；海装2兆瓦、济南2兆瓦、久和2.5兆瓦风电齿轮箱样机交付客户；拓展风电齿轮箱修理市场，完成苏斯兰和九方天和风电齿轮箱大修任务；时速350公里中国标准动车组齿轮箱通过技术评审；配套唐山可变编组3X动车组齿轮箱完成试制并交付客户；在深圳地铁市场实现齿轮箱首次批量装车；大连金普线地铁齿轮箱市场取得突破。压缩机整机产品市场全年销售收入同比增加73%，回款额度同比增加一倍以上，营销网络遍及13个省市30余家市级营销点，多元化销售渠道全面打开。

【基建与技改】 公司设备技改28项，合同金额452万元。完成建厂110周年东门广场改造项目，彰显“詹天佑”企业文化。完成铸造厂北跨、物资管理部天车滑线改造。安装危险化学品库和厂东门监控设备。完成厂西区热水站改造。完成厂区以及家属区屋面防水修缮。拆除压缩机配件厂北侧辅房。完成公司危险化学品罐区整体改造。与北京燃气公司所属能源公司签署《中车集团北京南口机车车辆机械厂锅炉房煤改气、供暖分离移交项目框架协议》。完成起重、调运安全作业专项整治。

【人力资源管理】 公司修订人力资源管理文件2份，新建文件3份，废止文件1份。完成51名高校毕业生招聘工作。对公司22个单位104名中层管理岗位人员进行考核，年内选拔、调整和岗位交流中层管理人员68人次，其中调整33人次，提拔10人次，退二线2人，降职、免职8人。组织完成118人个人事项报告，上报中车10人。上报中车1名资深技术专家、8名技术专家。完成15名专业技术职务及1名政工专业职务人员申报材料审核，上报中车5名高级以上职称人员材料。制定新产品零件工时定额600余件，调整产品750余件。完成中车劳动定额标准修订中磨齿主修与滚齿参修工作。完成培训85项，培训人员2321人次，培训课时351个学时，其中组织消防安全知识培训8次，应急预案演练6次。举办“天佑杯”职业技能大赛。

【质量管理】 公司完成中国中车6项质量

考核指标，未发生一般D类以上质量责任事故，外部产品质量监督抽查合格率100%。开展“质量年”活动，组织23次专项质量分析会。通过了ISO9001质量管理体系2015版认证，新增18个程序文件，修订19个程序文件，完善10个质量管理基础文件。NP6风电齿轮箱通过鉴衡产品认证，两种压缩机产品通过能效监督审核。完成87家供应商业绩评价，对7家供应商进行现场审核。完成12次首件检验、8次供方现场放行检验。新开辟5家供应商，并纳入公司“2016年合格供应商名单”。

【企业文化建设】 公司导入、内化中车文化，以企业发展指引为核心开展宣传工作。全年编发《南机报道》24期，中车报道采用稿件10篇，播出广播90余期。开辟专栏，专题报道“两学一做”“提质增效”“精益生产”“质量年”主题活动，以及青年集体婚礼、110周年厂庆系列活动。微信公众号发布信息127条，编发《形势任务教育提纲》4份。《传承“天佑”精神，塑造企业文化，凝聚企业力量》等4篇党建论文在省市级和中车刊物上发表。完成公司内外网换版及厂内主干道、厂外宣传栏更换维护。开展讲述“最美南机人”故事活动，收集材料32份。

【党群工作】 公司党委围绕生产经营中心，扎实推进各项党群工作。召开公司第一届党代会。制定深化2016年“保收入、控费用、降成本”主题攻坚活动方案；制定“两学一做”学习教育实施方案和推进计划，成立领导和督导小组，召开基层督导检查交流会12次，组织开展“两学一做”学习教育笔记展和知识竞赛活动。组织开展“生产现场整顿月”活动，进行现场检查16次，发布现场整改通报13次，累计通报问题266项次。全年发展党员26名，43名入党积极分子参加培训并顺利结业。组织中心组学习18次，集中学习8次。核查97名中层及以上领导、352名在职普通党员交纳党费情况，共补缴党费270364.5元。与在职党员干部477人签订“承诺书”，与各基层单位党政领导签署 “责任书”，参与率100%。公司党政领导约谈基层单位党政负责人26人次；公司纪委书记约谈基层单位党政负责人35人次，对10名新任中层管理人员进行廉洁谈话教育。针对中车巡视组反馈意见，整理反馈问题32大项、研究制定整改措施150条。开展效能监察，立项3项，进行10余次检查。

工会组织开展技术创新立项36个，实现经济效益381.7万元，节约各类资金493万元；收集质量安全信息58条；组织劳动竞赛4次、参加职工159人；对1010人次员工开展两节送温暖、困难帮扶、金秋助学活动，发放救助金62.27万元；组织1567名员工健康体检；全年接待信访事件26件。公司团组织持续深化团员青年思想教育，增强服务意识，组织18名优秀青年代表参加北京市国有企业二级单位团干部轮训班。

【合资合作企业】 北京南口斯凯孚铁路轴承有限公司2016年末拥有员工470人。全年实现销售收入3.3亿元，较上年增长16.7%，实现盈利目标。新造轴承18万套（其中AAR和地铁轴承5.95万套），大修8万套，检修2.3万套。开发地铁轴承2项、机车用AAR G轴轴承1项。全面推行SKF生产管理系统，公司安全、质量、效率、成本持续改善。年内，在中国铁路总公司货车轴承运用热轴故障率排名最优。

克诺尔南口供风设备（北京）有限公司2016年末拥有员工122人。全年实现销售收入1.76亿元。生产销售各类铁路车辆及城市轨道系统用空压机1077台、干燥器1984台、风源系统112台，检修空压机1290台、干燥器353台。完成地铁南宁2号线、成都7号和10号线以及武汉2号、7号、8号线项目空压机与干燥器生产，交付戚墅堰公司160公里内燃机车空压机产品，四方股份公司标准动车组新产品及SL16型带空运装置新型空压机组通过客户首检并交付，出口阿根廷机车空压机交付客户。完成350公里标准动车组额定排量1300 l/min螺杆主机开发，CRH6F型城际车空压机及干燥器产品设计，混合动力城际车、200公里标准城际车空压机设计。与大连、资阳、戚墅堰公司联合开发3000马力新型内燃机车用空压机产品设计。完成大同公司27吨轴重机车空压机改进设计，出口伊朗地铁风源装置换装方案设计。完成3条空压机与干燥器新造与修理生产线、转子大修生产线CAA辅助装配系统搭建，搭建和升级新型立体仓库，新建阿特拉斯热回收系统、小型污水处理站。通过了CRCC年度换证审核、IRIS年度质量管理监督审核、国家质检总局进口机电产品维修审核和HSE年度审核，通过俄罗斯铁路产品安全认证。2016年12月22日获得高新技术企业证书。完善评估系统，建立培训机构资料库。

【重要纪事】 1月，中国中车党委书记郑昌泓到公司慰问全国劳模和困难员工。4月，公司通过时速350公里中国标准动车组齿轮箱技术方案及装车试用评审。4月，公司开展建厂110周年“中车心，天佑情”主题系列纪念活动。6月，中车集团总经理刘化龙一行到公司调研考察。8月，公司CJ—1型城际动车组用齿轮箱通过30万公里运用考核。12月20日，公司召开第一届党代会。

【公司党政工负责人名单】

董事长　孙　凯
副董事长　张秀臣
总经理　孙　凯
副总经理　耿　刚　樊学军
　武德全　王　珩
　王文颖　魏亦南
　穆乃利
总工程师　魏亦南（兼）
财务总监　穆乃利（兼）

党委书记　张秀臣
党委副书记　孙　凯　宋焕其
纪委书记　宋焕其
工会主席　宋焕其

（南口公司　供稿）

地　址　北京市昌平区南口镇道北
邮　编　102202
电　话　010-51013561
传　真　010-51013956
网　址　www.crrcnk.cc

中车石家庄车辆有限公司

（统一社会信用代码：91130100663692052X）

董事长、党委书记　赵维宗

总经理　王合法

【概况】　2016年末，石家庄公司在岗员工总数3981人，其中硕士及以上学历107人、本科学历736人、专科学历640人、中专及以下学历 2498人。公司占地面积56万平方米，建筑面积18.3万平方米。公司作为国家级高新技术企业，具备敞车、平车、棚车、罐车等4大类主型通用货车修造资质，以及TN53、TD11，铁路架桥（铺轨）机组车辆等铁路特种车辆修造资质。全年公司实现营业收入253269万元，实现归属母公司净利润2505万元，年末资产总额361867万元，负债总额238228万元，资产负债率为65.83%，资产运营质量良好。

【经营管理】　编制公司“十三五”发展规划，并组织制定各职能规划和业务规划。制定公司“2017—2019年三年滚动发展规划”，将三年滚动目标分解到年度经营指标并下发实施。深化精益管理和信息化建设工作，推进“互联网+”生产模式创新，公司“基于互联网的精益生产模式创新应用”通过2016年河北省“互联网+”制造业试点项目终验。以生产指挥中心、手机APP集成运用为载体，逐步推进货车检修全流程周期目视化管理，推进车流、物流、信息流协同统一。加速实施货车检修工位制节拍化生产执行系统（MES）建设，打造货修企业MES建设样板。大力推进精益载体创建和精益改善项目落地，以提案改善为抓手，营造全员参与浓厚氛围，开展工位化管理运行评价，不断夯实精益管理基础，公司获评中国中车精益生产一级企业。加强战略与创新管理，深入总结搬迁经验，《百年国企以转型升级为目标的战略调整》获评国家第二十三届企业管理现代化创新成果二等奖，并与《铁路装备制造业智能化能源管理系统的构建与实施》共同获得河北省企业管理现代化创新成果一等奖。

【生产运营】　全年获得国铁货车厂修订单9200辆，获得特种运输车、罐车等自备车检修订单161辆，完成货车检修交付9361辆，实现搬迁后检修规模的恢复性提升。

【科技创新】　开拓技术新领域，完成马来西亚、新加坡等海外市场产品及地铁轨道施工车辆研发。密切跟踪 TA1 型凹底平车运用情况，完成 7 次线路运用考验，有效验证产品先进性和可靠性。开展既有车型修造资质恢复，新取得 SQ6、DL1、P65 等车型厂修资质和 NX70A 新造资质，完成新厂区 TJ165 架桥机车辆厂、段修认证，C80E 及 DZ1 型转向架通过主导厂技术评价。持续开展技术储备，已掌握国际通用四大制动标准。大力开展工艺改进，实施水性漆替代油性漆、制动滑阀全数机械研磨等重点工艺改进，开展钢结构一次性切割到位工艺研究。围绕铁路货运新需求，完成快运魔方样机研制，推进上线试运营，项目成功入选河北省开发区“3•20”人才支持项目。自主研发动车空调机组变频系统，实现批量装车运用。搭建标准动车组空调系统仿真模型，有效促进产品适配性能稳定提升。联合四方股份公司、英国伯明翰大学开展蓄能空调及低温热泵空调研制。

【市场营销】 努力拓展自备和海外市场，新签新加坡石砟漏斗车、马来西亚地铁紧急救援车等订单，再次实现整车出口。全年共签订货车新造订单 271 辆，其中国铁新造订单两批 250 辆。充分利用修造资源，完成 TJ165 架桥机组车辆段修 4 组、厂修 2 组。大力拓展市场配件业务，制动梁新制、闸调器检修、轴承一般修等业务逐步形成规模，配件业务实现销售收入 6895 万元。与国内、外大型工程公司合作，采用产品定制化模式进军施工运用工程车辆市场，与中铁上海工程局签订地铁轨道平车采购框架协议，进一步开拓工程车辆市场，销售地铁轨道平车 18 辆。

【新产业发展】 完成石家庄地铁 3 号线首批 8 列车生产交付，实现销售收入 2.4 亿元。推动中车新能源汽车业务布局华北，助推中国中车与石家庄市政府签署《中车石家庄新能源汽车产业基地项目合作协议》，完成三方合资合作协议签订。推进中车粮机产业发展，加快产品研发及工艺优化，完成产品定型鉴定及推广鉴定。开展凿岩台车、强夯机等核心产品升级改造，大力拓展市场、消化库存，实现 7 台整机产品销售。

【人力资源管理】 优化全员绩效管理，改进薪酬与绩效联动机制，深入推进计件工资，各生产车间直接生产班组实现计件分配全覆盖。优化人力资源配置，开展岗位定员与劳动定额修订，合理筹划各业务板块人员配备，余缺调剂 400 余人次。加强核心人才队伍建设，建立中高层后备人才梯队，9 人列入中国中车第一届高层副职后备干部，选拔产生 38 名中层后备人才，举办经营管理人才能力提升培训班。严控员工总量，年内公司减少用工 193 人。

【质量安全管理】 全面完成作业指导书编制，开展工艺文件视频化工作，进一步提升作业标准化水平。大力弘扬质量诚信文化，深化质量安全风险管理，强化过程管控和质量攻关，通过开展质检队伍标准化建设、“质量自控优秀工位”评选等特色活动，以及整列试风等工艺质量措施，有效提升产品质量水平，在 2016 年招标中公司质量评价得分排名靠前，全年未发生一般 D 类以上质量事故。提升计量理化检验能力，获得国家实验室认可证书。深化精益安全工位建设，强化全员安全责任意识，开展隐患排查整治，有效提升现场安全管理水平，连续实现“三零”目标。

【企业文化建设】 公司党委年初发布《石车文明公约》，启动“践行文明公约、争当文明员工”活动，通过“积极号召、分工督导、制度管理”三步走的方式，逐步引导全体员工提升文明素养，共同树立良好企业形象。

全年活动成效显著，员工排队行走、礼让就餐洗浴、规范着装、文明办公、文明乘车已蔚然成风。

【党群工作】 公司党委扎实开展“两学一做”学习教育，向全体党员发放相关学习资料，为开展学习教育创造条件。建立《石车党员》微信平台，定期发布时效性较强的党建知识和政策解读。组织公司领导为所在党支部讲党课以及各党支部上一堂专题党课活动。开展党员理想信念教育活动和心得体会作品征集和评比工作。扎实开展民主评议党员工作，经评议全部合格。创新践行精益党建，组织开展优秀精益党课评比、“党员四保证”活动、“一支部、一特色、一品牌”工作评选交流活动和党员提案改善竞赛。全年，公司全体党员完成提案改善件数占公司总件数的56.9%，其中优秀提案件数占公司优秀提案总数的77.8%，再创历史新高。按照上级党组织要求，重新规范和明确党费收缴标准及要求，核查近8年全体党员的党费缴纳情况。逐一排查党员组织关系，确保组织关系接转及时，管理规范。

公司工会对《2016年工资集体协议》和《薪酬绩效联动方案》等涉及员工权益的工作进行民主决策，不断完善厂务公开运行机制和工作制度，增强工作透明度，落实员工知情权、参与权和监督权。劳模创新和劳动竞赛工作彰显成效，邢忠东创新工作室受到全国总工会主席李建国的充分肯定。深化全员岗位练兵和技术比武，努力打造“四比一创新”劳动竞赛精品工程。结合日常安全检查、职工代表巡查等发现的问题献言献策，促进安全生产工作顺利开展。举办“奔跑吧新中车”新年跑行活动、员工登山节、建厂111周年健身活动月等多项文体活动。大力实施帮扶救助送温暖，帮助员工解决实际困难。组织开展普通员工、先进骨干、劳动模范三个不同类型的学习休养活动。

公司团委启动“改革创新，青年先行”主题系列活动、青年“三创讲坛”暨“技情飞Young”青年科技管理论文征集评比大赛等，充分激发青年创新活力。开展无偿献血、服务新入职大学生、慰问高铁售后服务人员等多项志愿服务工作。

【邢台中车环保科技有限公司】 公司注册资本1500万元，其中石家庄公司持股35%，环保公司持有路友公司51%的股权。主要经营金属—高分子复合件环保循环利用、装备制造、金属橡胶复合件钢件检修环保循环利用。2016年，公司橡胶件检修销售8093吨，收入4570万元；新品钢件和风电产品实现收入252万元；新增弹性旁承检修收入407万元。实现营业收入5329万元，首次突破5000万元。实现利润总额1691万元，净利润1438万元。年内，公司大力推进新材料研发成果的转化。铁路平车地板、罐车垫木研发成果已见成效，均已通过中国铁路总公司的技术评审。

【石家庄新源废旧金属经销有限公司】 为公司全资子公司，注册资本33.66万元。主营业务为生产性废旧金属回收、销售。2016年，实现销售收入1490万元，实现净利润17万元。截至年末，公司总资产135万元、负债85万元，所有者权益50万元。

【石家庄中车轨道交通装备有限公司】 公司注册资本17400万元，石家庄公司持股51%，四方股份公司持股49%。主要经营地铁车辆、低地板有轨电车、城际列车等城轨车辆的研发、新造、销售业务。2016年，公司实现销售收入24070万元，实现净利润63万元。截至年末，公司总资产24723万元、负债7260万元，所有者权益17463万元。

【石家庄东方车辆配件销售有限公司】 公

司注册资本100万元，其中石家庄公司出资51万元，持股比例为51%。主要经营车辆配件、工程机械配件的销售、仓储及技术咨询。2016年，公司实现销售收入3780万元，实现净利润3万元。截至年末，公司总资产1522万元、负债1397万元，所有者权益125万元。

【河北路友铁路机车车辆配件有限公司】 主要经营铁路锻造配件、汽车和工程机械锻造配件的研发、生产和销售，机械加工。公司注册资本1000万元，其中环保公司出资510万元，持股51%。

【石家庄国祥运输设备有限公司】 由石家庄公司和台湾国祥股份有限公司共同出资，于2003年7月设立的合资企业，注册资金4552.6316万美元。截至2016年末，公司总资产186508万元、负债76254万元、所有者权益110254万元。全年，公司销售及大修空调机组共计18446台，实现营业收入150002万元，净利润29020万元。市级科研项目《时速350公里新型动车组的开发与研制》，通过石家庄市科学技术和知识产权局专家组现场验收；CRH380D动车组项目顺利通过中国铁路总公司专家评审。公司新开发项目共计47个，其中国内新开发项目40个，国外项目7个；标准动车组、CRH380D动车组客室空调、GUADL地铁3号线客室空调、上海一号线增购等项目被列为公司重点项目。

【重要纪事】 1月6日，中国中车董事长崔殿国到公司调研。1月29日，公司召开第一届一次职工代表大会。3月8日，中国中车集团公司总经理刘化龙到公司调研。3月31日，石家庄地铁3号线首列车辆在公司成功下线。5月10日，中国中车与石家庄市政府、栾城区政府签署《中车石家庄新能源汽车产业基地项目合作协议》，标志着中车石家庄新能源汽车项目正式启动，进入实质操作阶段。8月9日，公司召开2016年经营工作会议。9月21日，中共中央政治局委员、全国人大常委会副委员长、中华全国总工会主席李建国到公司视察。11月24日，中国中车党委书记郑昌泓到公司调研督导“两学一做”学习教育情况。

【公司党政工负责人名单】

董事长	赵维宗
副董事长	王合法
总经理	赵维宗（12月免）
	王合法（12月任）
副总经理	耿祥建　张建武
	孙瑞林　陈伟京
	王宏斌　唐绍明
总工程师	陈伟京
财务总监	唐绍明
党委书记	王合法（12月免）
	赵维宗（12月任）
党委副书记	赵维宗（12月免）
	王合法（12月任）
	贾海林
纪委书记	贾海林
工会主席	贾海林

（石家庄公司　供稿）

地　址　河北省石家庄市栾城区石家庄装备产业园区裕翔大街168号
邮　编　051430
电　话　0311-87637642
传　真　0311-87637168
电子信箱　szgs@sjzclc.com

中车大同电力机车有限公司

（统一社会信用代码：91140200602161186E）

董事长、总经理　郭胜清

党委书记　邹　涛

【概况】 2016年末，大同公司在岗员工5587人，其中具有硕士及以上学历134人，本科学历1261人。占地面积233.75万平方米，注册资本65600万元。公司设20个行政部室（中心），6个党群部门，12个生产车间（分厂），7个控股（包括合资控股）企业。全年实现销售收入30.08亿元。年内，公司被评为山西省功勋企业。

【规划发展】 公司深层融入中国中车“跨国经营、全球领先”总体战略构想，抢挖战略机遇，对标最优企业，实现“破一冲二”经营目标，即到“十三五”末营业收入达到110亿元，站稳百亿规模，归属母公司净利润达到4亿元；到2025年向二百亿规模冲击，归属母公司净利润超过8亿元；把大同公司打造成为具有较强国际竞争力的装备制造与服务企业。

【改革改制】 按照集团公司有关移交“三供一业”要求，公司年内制订工作方案，成立领导组和“三供一业”分离移交工作组、厂办大集体改革工作组、剥离公共服务机构和退休人员社会化管理工作组、棚户区改造工作组四个专项工作组，加快推进生活区供水移交和供暖移交遗留工作。向市政府申请实施中央企业棚户区改造工作。截至年末，生活区供暖改造移交工作涉及总户数9701户，已累计完成分户改造7978户。

【经营管理】 公司强化全面预算管控，按照“支出匹配收入”经营原则，实时调整预算执行计划指标，各项费用得到有效压降，特别是三项期间费用可控部分下降14174万元，较上年压降近19%。开展“两金”压降专项工作，成立领导组和工作组，召开专题会部署工作，实施周例会督办推进及月度总结考核制度。年内，公司已收回一年期以上欠款16.29亿元。降低采购成本，实现降采2%目标，加大中车内部配套采购力度，重要部件采购内部配套率达到90%以上。严格按照工效挂钩和“两低于”原则，加强工资总额管控，合理进行人力资源配置，减少劳务派遣用工量，有效降低人工成本费用。进一步规范采购管理和“两金”压降专项效能监察，重点推进独家采购、代理采购清理整改，监察应收账款、存货清理和中车内部配套落实情况，有效推动各项工作落实。能源管理体系在年底通过注册认证。

【科技创新】 公司与株机公司合作，快速消化吸收160公里/时动力车技术设计并投入试制。完成蓄电池电力工程牵引车样车试制。开展17吨轴重动力集中动力车设计研发工作。全部完成200公里/时八轴客运机车轮轴驱动系统型式试验及地面联调、转向架动力学试验。2台和谐D2F型机车运行考核里程过半，各项技术性能优异。和谐D2D型机车型式试验完成主辅电路保护试验等97项静态试验，完成牵引特性、制动运行等17项动态试验项目。中白2型机车完成5000公里综合运行考核，并持续开展整车及部件认证试验。取得160公里/时客运机车生产资质。由公司牵头、子公司赛德公司承建的中国中车网侧高压电器技术研发中心通过评审验收，正式挂牌运营。在公司内启动建设微机网络控制系统逻辑功能测试台，初步搭建起网络构架和硬件平台。全年，公司累计申报专利60项。“出口白俄罗斯宽轨耐寒交流传动电力机车”项目列为国家火炬计划产业示范项目；“深度国产化八轴交流传动电力机车研制”“基于fip网络的HXD2系列机车网络及牵引系统”分别获得山西省科学进步二等奖和三等奖。积极申报省市年度重点研发计划项目，全年共获得340万经费支持。

【生产运营】 全年，公司组织投料新八轴机车41台，生产完成21台；投料和谐D3D型机车40台，生产完成28台；投料中白2型机车10台，生产完成2台；投料生产和谐D2C型机车25台。全年完成87台和谐D2B型机车C4整车检修工作，完成3台韶山7E型机车和5台韶山4G型机车检修生产。厂外属地化检修工作同步开展，全年完成28台和谐D2型机车6A加改任务、60台和谐D2C型机车C4合作检修、50台和谐D2B型机车C4部件检修工作。

出台《精益管理实施办法》，开展“现场5S管理提升”活动，启动异常响应系统信息化建设，实施机车司机室操作台示范线建设，打造精益车间。在和谐D2B型机车C4检修服务和和谐D2C型机车新造较短的生产周期内，引入工位制节拍化流水线生产模式，有效加快各工序生产节奏。先后组织开展安全生产专项整治、安全生产大检查、“反三违”、“安全生产月”等活动。针对性启动开展遏制重特大事故及起重、调车作业安全生产专项整治活动，保证新造生产间歇期安全生产良好形势。年内，公司再次获得山西省安全生产先进单位荣誉称号；在中国中车机车板块安全生产检查中排名第二；获评国家级安全生产文化示范企业和安全生产标准化一级企业。

【市场营销】 年内，在国铁市场两次电力机车招标中，公司先后中标25台六轴160公里/时客运电力机车和25台六轴7200千瓦货运电力机车订单。交流机车检修业务上，保持和谐D2C型机车C4属地化合作修，承揽到唐山段87台和谐D2B型机车检修业务。持续保有和谐D2系列机车轮对检修业务，开发丰台段和谐D2B型机车C4部件检修业务，签订50台份订单。直流机车检修业务上，年内签订3台路内韶山7系列机车检修合同，获得地方铁路5台韶山4G型电力机车大修订单。公司随中国中车参加柏林轨道交通展，以中白2型机车为代表向全世界展示公司大功率交流传动电力机车研制能力。加强与中电公司合作，加快推进在白俄合资企业组建进程，完成境外工商注册登记，12月9日，在白俄罗斯首都明斯克举行中车中电轨道装备有限公司成立揭牌仪式。多经业务方面。公司在长江三角洲地区建立活性炭仓储基地，强化活性炭营销力度。与国外活性炭直接采购商建立合作，完成首批订单销售。大力拓展农村污水处理市场，先后与湖北省麻城、张家口蔚县及大同市政府签订共同治理水务环境战略合作协议。12 月 27 日，由公司牵头组成联合体，中标广东省惠州市惠城区 PPP 模式整区推进农村生活污水处理设施建设项目，项目投资总额 4.54 亿元。

【基建与技改】 新建完成 14 层（地下两层，地上十二层）研发试验中心楼，建筑面积 20858.7 平方米。在大同市经济技术开发区医药二园区新购建设用地 21.67 万平方米，用于活性炭升级技术改造项目（“双十”建设项目一期）。新建备煤车间、捏合成型车间、炭化车间、活化车间、包装车间等生产厂房，以及综合办公楼、化验实验楼、倒班宿舍、机修车间和变电所、软水站、换热站等附属设施，项目一期新建建筑面积 23404 平方米；新增外热式回转炭化炉成套设备、斯列普活化炉成套设备等工艺设备共计 86 台（套）；新增带式输送机、螺杆式空气压缩机、变压器等公用设备共计 329 台（套）。截至年末，两台活化炉已投入正常生产。整体信息化工程建设项目大同公司信息化子项目完成 37 台（套、项）设备或软件的采购工作，并陆续投入使用。

【人力资源管理】 在技术中心内部组建成立研究院，在研究院试点实施员工职业生涯发展通道。推进 HCM（人才资本管理信息）系统建设，在人事、薪酬、职位等模块稳步上线运行基础上，初步构建起促进职工“能力+业绩”双效提升的绩效考核管理体系。推行内训师培训制度，筹建数控加工和机车钳工“金蓝领”工作室。年内，共招聘高校毕业生 67 名，其中硕士研究生 27 名，占比超过 40%。

【质量管理】 试点实施“HXD2 机车合作修质量控制模式研究”等四个中车质量预防改进项目，深入推广“预防为主”的质量管控理念。坚持召开监造联席会和两级质量分析会，不断查找问题、提升质量管控效果。制定《质量损失管理办法》，规范质量损失管理；实施《预生产机车质量管控方案》，强化制造过程质量监控；严格执行质量整改逐项销号检车制度，加强机车零公里整备质量管控。先后组织开展“质量安全月”和“质量月”活动，“质量第一”理念得到强化贯彻。对质量管理体系质量手册/程序文件进行全面换版修订，提升 IRIS 质量管理体系运行效力，在保持认证注册基础上，实现年度监督审核提分目标。公司国家“3A”级测量体系和试验中心、计量中心均通过年度审核评审。公司新组建成立技术服务处，加强厂段信息互通传递，加大技术支持服务力度；深化实施驻段服务责任包保制度，提升对机车运用故障发生的预判及解决能力，有效降低机车运用途中的故障率。针对机车产品首次配属运用于沈阳机务段所暴露的质量技术问题，组织力量开展技术质量攻关，有效避免质量问题影响的扩大。同步吸取经验教训，落实改进厂内新造质量管理，杜绝类似质量问题的再次发生。年内，公司先后收到丰台机务段、迎水桥机务段等局段客户送来的锦旗，和谐 D2 系列机车在段运用技术质量及服务再次得到客户认可。

【企业文化建设】 深入推进“新中车、中车心”主题宣传教育活动，通过开展系列专题宣讲、建设浮雕文化墙、建成前进文化广场、设立职工健身场所、完善企业文化阵地建设等工作，加强员工对中国中车企业文化核心理念的理解，使中车使命、愿景、核心价值观等理念得到深入宣贯。弘扬中国高铁工人精神，引导员工争做中国高铁工人精神的代言人。全面落实中国中车 VI（视觉识别系统）整改工作，完整呈现简洁统一的目视效果和行业形象。更新观念，积极策划组织开展品牌建设和公关活动，有效实现公司品牌价值的提升和品牌形象的推广。

【党群工作】 公司党委全面贯彻党中央全面从严治党部署要求，不断强化党的思想建设、组织建设、作风建设、反腐倡廉建设和制度建设，为公司各项生产经营工作的顺利实施提供可靠的政治组织保证。扎实推进“两学一做”学习教育，成立学习教育协调领导小组及督导组，定期对公司37个单位学习教育进行督促指导。落实两级中心组学习制度，公司党委中心组开展12次集中学习，6次学习研讨，通过带头讲党课、专题学习研讨等方式，形成上率下行良好局面。开展“党旗下的责任”、争创“四强四优”及创先争优等党内多项活动，全年开展党支部特色活动58项，建立实施党支部先锋工程124项、党员先锋工程524项，不断增强广大党员责任意识。加强领导干部和人才队伍建设。完善领导干部管理制度，深化领导干部绩效管理，严格执行领导干部个人有关事项的报告制度。采用新的标准和流程加强后备人才选拔、推荐、监督考核。创新人才引进渠道、锻炼模式、选用机制、培养模式和考评模式，进一步优化和完善公司人才队伍管理机制。制定下发《党支部工作细则（暂行）》《民主生活会细则》《民主评议党员工作细则》等工作制度，进一步规范基层党组织工作。加强对入党积极分子的培养、教育和考察，全年发展党员30名。开展党员组织关系集中排查、党代会代表和党员违纪违法排查、党费收缴工作专项检查以及基层党组织按期换届情况专项检查工作等“四查”工作，确保基层党组织健全有力。落实管党治党责任。在全体党员中开展“守纪律、讲规矩、明底线、知敬畏”主题教育活动。聘请专家、教授为公司中层以上党员干部进行党规党纪专题教育辅导。组织2200多名党员、领导干部通过集中学习、参加统一答题、签订廉洁承诺等形式，学习纪律规定，增强遵纪守法意识。与47个基层单位党政领导签订《党风廉政建设责任书》。对各部门党风廉政建设责任人进行集体廉政谈话，对17名新任职中层干部进行任职廉政教育谈话。对基层单位落实党风廉政建设主体责任、贯彻中央八项规定精神、执行“三重一大”制度等情况进行3次集中和专项检查并积极督导整改。借助“书记主任讲形势”“季度形势任务教育宣讲提纲”等平台和手段，开展形势任务教育工作，保持员工队伍积极向上的精神状态。政研会组织将工作重心放在党建和企业管理中存在的不足和薄弱环节，有针对性地进行调查研究，并力促成果的转化，年内在山西省政研会优秀成果评审中推荐的12篇研究成果全部获奖。加强精神文明创建活动。注重于从平凡岗位上的普通员工中，从日常生活里的善行义举中，发现、挖掘劳动模范、先进集体和“最美同车人”“精神文明之星”等系列先进典型，发挥先进典型的现实感召力。年内，公司由山西省文明单位晋升为山西省文明单位标兵。

工会积极发挥桥梁纽带作用，加强民主管理和厂务公开工作，召开公司工会第二次代表大会，深入开展经济技术创新工程，继续实施“送温暖工程”，全年共为公司1000多名困难职工发放慰问金和困难补助100余万元，为123名患大病职工发放互助保障金44.62万元。团委通过争创“青年文明号”“青年安全生产示范岗”“青年质量示范岗”等活动，促进青年班组岗位文明、技能、效益提高，有效发挥青年集体在公司中心工作中的作用。通过“同车青年微视界”微信公众平台、《同车青年工作通讯》等媒介加强青年员工相互交流，促进青年员工参与企业发展。

团委获山西省“五四红旗团委”荣誉称号。

【下属子公司】 大同中车爱碧玺铸造有限公司是大同公司与美国ABC铁路产品中国投资公司共同投资组建的中外合资企业。公司现有各类设备1500余台（套），年生产28万片铸钢车轮。年内，公司新产品开发项目有巴基斯坦PAK950车轮、C级钢HEZD轮替代B级钢项目、压力浇注工艺项目等。全年公司实现销售车轮205970片，营业收入44384万元，净利润1189万元。

大同中车益达铸造有限公司是大同公司控股子公司。现有正式员工188名，劳务派遣工127名。建筑面积26792平方米，生产面积20592平方米，年铸件生产能力4500吨。公司主要生产各型机车、货车的配件，如空心轴套、抱轴承箱、轴箱体、电机壳、机车轮心、各种型号车钩、转8型侧架、各种型号钩尾框和牵引座等。年内，试制开发和谐D3C电力机车铸件，完成首件产品检验；与西安环太公司合作，开发RT-1650和RT-1634电机壳出口产品；完成神华煤矿煤机产品刮板、压板、蓄电池牵引动力机车轴箱体、前盖、太钢铸模的工艺设计和试生产工作；承揽大同同比机械制造有限公司煤机产品铸件任务。全年公司完成浇铸量897.14吨，完成入库量1027.52吨，实现销售收入2647万元。

大同中车煤化有限公司注册资本2770万元，主要从事活性炭生产、销售，机车相关产品，环保设备等业务，是集科研、生产、商贸于一体的综合企业。共有活性炭、工业气体、喷涂抛丸、煤炭经销、铆焊加工等5大业务板块。全年公司销售活性炭12985吨，出口活性炭2969吨。全年完成销售收入2.33亿元。

北京中车赛德铁道电气科技有限公司注册资本7116万元人民币，是由大同公司投资组建的国家级高新技术企业。拥有北京、大同两个生产基地，占地面积20000平方米，员工260人。公司现有各类设备125台/套。公司拥有授权专利90余项，发明专利16项。年内，组建成立中国中车网侧高压电器技术研发中心。全年实现销售收入3.6亿元。

大同中车斯麦肯轨道运输设备有限公司是中外合资企业，投资总额3000万元，注册资本1700万元。公司占地93853平方米，拥有制造装备390余台。具有年产3万对货车轮对，锻造、精密加工3万根车轴的能力。公司及关联单位共有员工1000余人。主营各种机车、货车、客车轮对，非标准轮对及其他铁路轨道运输设备配件的制造，代理机车车辆轮对及其他铁路轨道运输设备配件的进出口贸易，技术咨询及进出口贸易服务。

大同中车重工有限公司为大同公司的全资子公司，主要从事农牧机械、煤矿机械、冶金机械、起重机械及大型钢构、轨道配件等产品的制造和修理业务。公司注册资金1亿元，厂房面积3万多平方米。拥有各式桥式天车23台，各类生产设备210多台，其中数控及高精尖设备30多台。全年实现销售收入3306万元。

中车中电轨道装备有限公司是大同公司在境外成立的首家合资控股子公司，注册资金100万美元，公司出资50万美元。该公司涵盖轨道交通产品维修、保养、销售、技术咨询等多个项目。

【央视报道公司中白机车】 12月26日、27日，中央电视台国际频道连续报道公司中白机车项目，全景聚焦海外“中国制造”的品牌之路，充分展示公司出口产品的可靠性能和优质服务。央视国际频道知名栏目《华人世界》记者远赴白俄罗斯巴拉诺维奇机务段，通过实地采访，以“筑梦一带一路”为题，讲述公司驻外员工在维护中白系列机车可靠运营、为客户提供优质服务过程中的事迹，展现公司开拓白俄罗斯市场获得客户认可和赞许的过程，进而诠释“中国制造”品牌形象在海外的筑梦之路。年内，包括中央电视台、中央人民广播电台、新华社、中新社等中央媒体多次报道公司中白机车项目。

【重要纪事】 1月7日，公司自主研制的首批两台中白2型机车启程发运。1月19日，公司摘取中国中车2015年度突出贡献奖，并获评中国中车首次年度绩效考核A级企业。2月，公司生产的和谐D3D型机车完成低温型式试验，创造国内电力机车整车低温试验最低温度。2月29日，公司召开2016年工作会议暨一届一次职工代表大会。3月，公司党委启动开展“守纪律、讲规矩、明底线、知敬畏”党规党纪集中学习教育活动。3月30日，ABB集团高层拜访中国中车，与公司合作共谋大同ABB公司发展新策。4月，公司新八轴机车首次交付沈阳铁路局运用。4月21日，公司测量管理体系通过监督审核。4月29日，公司召开“两学一做”学习教育动员部署会。5月，公司再获“山西省安全生产先进单位”称号。5月，公司“出口白俄罗斯宽轨耐寒交流传动电力机车”项目获国家火炬计划产业示范项目。5月20日，公司活性炭“双十”项目建筑工程质量通过竣工验收。5月24日，公司EN15085焊接体系通过换证审核。6月1日，公司能源管理体系开始试运行。7月24日，公司国家级试验中心通过CNAS监督审核。8月3日，公司承建的中国中车网侧高压电器技术研发中心通过评审验收。8月，公司被评为山西省功勋企业。9月6日，中国中车2016年调研课题座谈会在公司召开。9月21日，公司随中国中车参加柏林国际轨道交通技术展览会。12月30日，公司研制的首台电力蓄电池工程车落车。

【公司党政工负责人名单】

董 事 长　郭胜清
副董事长　邹　涛
总 经 理　郭胜清
副总经理　李贤有　付拥军
　　　　　张运伟（9月4日去世）
　　　　　陶　逯　王冬梅
　　　　　赵明元　郭同生
总工程师　赵明元
财务总监　王冬梅

党委书记　邹　涛
党委副书记　郭胜清　沈立德
纪委书记　边东宏
工会主席　沈立德

（大同公司　供稿）

地　址　山西省大同市城区前进街1号
邮　编　037038
电　话　0352-7162133
传　真　0352-7162022
网　址　www.crrcgc.cc/dt

中车太原机车车辆有限公司

（统一社会信用代码：911401006644610372）

董事长、党委书记　赵　勇

总经理　秦忠义

【概况】　2016年末，太原公司员工人数3625人，其中在岗员工3569人。专业技术人员1034人，其中具有高级技术职称者194人、中级职称426人。设有行政职能部门28个、分厂3个、公司4个。公司固定资产原值167015万元，净值141051万元。机械动力设备2227台。全年实现工业总产值119775万元，合并报表完成收入17.73亿元。

【规划编制】　编制公司“十二五”总结、“十三五”发展战略和规划。制定未来五年公司将依托机车、车辆、工程车三大主业，大力发展城轨、物流、电动汽车等现代多元产业，以“一个核心（产品研发）、两个支持（人才与客户需求）、四个转型（由传统制造业向制造业+服务业转型、由传统铁路市场向铁路市场+路外市场转型、由传统国内市场向国内市场+国际市场转变、由独自奋战向合作共赢转型）”为主要措施的“十三五”发展战略和指导方针。确定“2020年，将公司建设成电力机车检修行业龙头、漏斗车主导厂、工程作业车骨干等三大核心业务板块齐头并进，快速发展的企业”的“十三五”发展目标。

【改革改制】　对15家改制单位和3家集经单位进行摸底调研，撰写调研报告，上报厂办大集体改革工作方案和推进计划表。有序推进“三供（供水、供电、供暖）一业（物业）”，启动宿舍区供水系统庭院管网改造工程，投资进行入户改造。完成住房改商业、商业网点水电暖管理等方面的摸底排查和建档，为物业移交作前期准备。与市区医院协商整体移交方案，草拟《太原机车医院整体移交协议》。2013年挂牌转让对外投资股权的5个项目中，除2014年太原博利机车绝缘材料有限公司和太原机车新雅装潢有限公司完成股权清退外，太原佳话信息技术有限公司和太原盛豪建筑安装工程有限公司因未征得意向受让方而终止交易。太原市杏花岭区金童幼儿园股权转让项目被搁置。

【经营管理】　通过多种金融手段筹措资金保证生产经营，降低公司贷款余额。进一步修订完善量含工资，激励分厂采取新的措施，降低物耗成本。完善效益工资分配管理办法，将各分厂全年工资总额与外用工工资总额预算合并进行使用考核，由分厂根据实际工作量在预算范围内合理安排用工及工资发放，保证工资分配的激励作用。结合应收账款，逐月下达清欠指标，积极参与存货超储积压分析，督促配合对无生产使用价值物资处置，盘活存量。协调物资部和三个分厂，对积压物资上报明细清单制定清理计划，盘活公司资产，减少资金沉淀。在研究政策、做好筹划基础上，办理旧厂区土地处置相关减免税手续，协调缴纳新厂区房土税，有效降低公司税负。开展经济责任审计及管理审计，保护企业财产安全。通过内控体系建设和风险管理工作，提升公司管理水平。开展以补齐一个短板、做出一个亮点为目的的“两个一”活动，提升对标标准，提高制造水平。围绕生产经营、提质增效，开展丰富多样的系列主题活动，涌现出总组装车间司机室革新工序提升油漆外观、钢二车间工时改革保证焊接质量、台车车间侧架利旧降低成本50余万元等亮点。依据2016年集团公司级设计评审计划，组织完成“KS70型熟料漏斗车”等3个项目的中车级方案评审与技术设计评审工作。根据IRIS的要求，组织三大分厂及其所属车间进行生产能力分析，找出制约生产的瓶颈工序，为合理安排生产计划、组织协调提供依据。全面梳理公司制度体系，补齐制度缺位，重新修订191项管理文件，规范管理流程。侧重过程控制、强化供应商源头管理。严格质量考核办法，持续改进质量管理体系。完成新厂区建设的环境评价验收，建立按工序识别危险有害因素的管理体系和突发环境事件应急预案。对原招标管理办法进行修订，制定出新的采购组织工作管理办法，重点规范采购流程，取消收取的中标附加费等项目，加大招标工作透明度，对招标管理上的空白及时研究，补缺堵漏，使招标工作更加依法合规。

【科技创新】 持续推进国内大轴重铁路货车研发工作，完成27吨轴重煤炭、石砟漏斗车运用考核方案和30吨轴重石砟、煤炭漏斗车方案设计。完成20英尺35吨敞顶集装箱样箱的试制型式试验并取得证书。完成有盖漏斗车技术研究和方案设计，通过铁路总公司重点课题结题验收。完成出口阿根廷22吨轴重米轨石砟漏斗车和通用敞车、80英尺集装箱平车设计。完成JC-1型多功能地铁限界检测车、JC-2型轨道检测车的研制。与西南交大合作，为北京地铁研制出国内首台带动力的CXD-1型全断面隧道水冲洗车。为台湾研制新型TYJX01型接触网作业车、为埃塞俄比亚研制重型轨道车和轨道检测车，并都交付使用。与大连公司合作，就联合开拓太原、山西城轨车辆制造与维保市场进行合作，共同制定实施工作计划。申报“2016年山西省技术创新百项重点项目”5项，其中“HXD3型电力机车C6修检修技术研究”成功立项，“有盖漏斗车技术研究”成功申报为中国铁路总公司科技项目，并获得50万元研发补助。

【生产运营】 围绕生产、设备、质量、班组管理、内部物流等各个环节，在管理中努力做到“简洁、合理、规范、高效”，加强操作性、实用性和严谨性，提升职工精益理念。大力开展以工位制节拍化为特征的精益制造模式，规范过程管理。建成两个精益车间以及3条精益示范生产线。全年电力机车检修113台，完成年度计划的113%；货车新造758辆，完成年度计划的75.8%；货车检修3093辆，完成年度计划的103.1%；工程车完成137台（辆），完成年度计划的54.8%。

【市场营销】 公司在各铁路局两次大修机车招标工作中，获得71台机车检修订单，合同金额20607万元。中标太原铁路局单独招标的20台SS4型大修机车。年内，在维护既有地方铁路市场用户的同时，努力在地方铁路方面加大营销力度。通过深入走访，在包神铁路集团公司赢得订单。建立与孝柳铁路新用户的合作关系，以地方铁路市场填补国铁市场，以中修车产品完成指标数量，弥补了企业经营空缺。全年，签订国铁项目92台（含试修韶山7E型电力机车1台），合同金额29770万元。签订地方铁路项目15台，合同金额3475万元。签订机车配件合同1670万元。货车新造仅获得阿根廷300辆米轨货车（敞车100辆、石砟车200辆）的生产订单。检修业务全年中标厂修国铁货车2900辆，其中通用货车2600辆、矿石车300辆，签订企业自备车KM70型煤炭漏斗车厂修合同213辆、G11SK型罐车70辆、GHA70A型罐车52辆。另外还签订100辆KM70型煤炭漏斗车分组卸车系统改造的合同，开创公司成批量在外地检修改造铁路货车的先例。工程作业车产品首次进入武汉铁路局、哈尔滨铁路局，至此，公司工程机械产品实现对中国铁路总公司旗下18个铁路局市场的全覆盖。年内，公司平车、放线车销售量出现下滑。工程车销售：JW-4G型作业车6台、TY5型作业车18台、N30/NX70型平车59台、TY04型接触网放线车4台、水冲洗车组10台、JZW-4型高空作业车7台。销售合同完成42995.16万元。

【基建与技改】 继续完成对新厂区房屋建筑物、构筑物及基础设施等的实体移交验收，并于4月底实施完成。对旧厂区划定拆除区域内房屋建筑物、构筑物全部实施拆除并组织现场验收。把部分旧厂区剩余地块交付中车置业并办理移交手续。开展设备厂内大量调转工作，对报废设备进行报废下账。终止亮箭公司原租赁合同，将亮箭公司租赁公司的146台固定资产设备转入工程机械分厂。年内，车辆分厂钢二车间试制改进阿根廷米轨车底架组装胎、漏斗组装及翻转胎，满足阿根廷出口车批量生产需求。此外，适应出口车生产需要，改造侧墙生产线、端墙生产线、敞车和漏斗车上部生产线，满足各车型（包括阿根廷出口窄轨车）试制和生产。对新造转向架组装线改造方案进行调整、测算，完成具体方案的实施，提高承载鞍组装及转向架落成效率，提高产品质量。

【人力资源管理】 制定下发公司《中层管理人员选拔任用管理暂行规定》《后备干部选拔培养管理暂行规定》，规定公司中层管理人员（后备干部）任职资格和任期、选拔任用程序、管理监督、退出机制和纪律要求。制定下发《中车太原机车车辆有限公司两级领导班子沟通交流制度》。创新考评机制，对103名中层正职进行综合考评，对排名在前的17名干部给予奖励，对排序在后3名干部给予调整降职处理。组织开展科技部驻外后备人才选拔、政府特殊津贴人才、詹天佑奖科学技术奖、中车核心技术人才、中车核心管理人才和中车核心技能人才的选拔评聘工作。先后举办精益生产、EN15085焊接认证知识、HCM系统应用知识等技管人员培训班。举办工位制节拍化、P64K、P70型棚车检修工艺、VSM精益生产等技术工人培训班。组织岗位资格证到期的特殊工作人员进行岗位资格复审，复审合格1118人，一次合格率占比99%。完善技能人才队伍培养体系建设，加强高技能、多技能领军人才的培训工作。建立适应市场模式的分配方法，继续推进各岗位工资与市场劳动力价位接轨，调整和理顺各类人员的工资关系，规范基层单位二次分配办法，加大清岗力度，重新定岗、定编、定员。大力压缩管理服务人员，不断优化劳动用工，开展员工余缺调剂工作，盘活公司整体劳动力资源效能。

【质量管理】 全面梳理公司制度体系，补齐制度缺位，重新修订191项管理文件，规范管理流程；组织开展质量改进，解决惯性质量问题。落实“零故障检验”，强化产品质量监控。开展产品质量首件鉴定工作，主要完成TY5型接触网检修作业车、韶山4G型机车转向架总成中修部件等47种、韶山4B型机车产品中修部件牵引电机等及7种产品首件检验；完成工程作业GCTY-300重型轨道车及JC-1、JC-2轨道检测车首台鉴定；完成TYJX01作业车车体钢结构、构架、转向架组成及JZW-4高空车底架等共5项产品和30吨轨道平车、C70E型敞车(无侧开门)、KM70型煤炭漏斗车（独立风控管路）、KF60AK型自翻车、N76型轨道平车、NX70A型共用车、N30型轨道平车、阿根廷米轨敞车、阿根廷米轨石砟车等49项产品大部件与整车鉴定工作，确保产品所应用的技术文件、工艺方法、检验手段等能够满足产品的技术要求，达到稳定的质量水平和预期的质量目标。

【企业文化建设】 修改完善《企业文化建设“十三五”规划》，制订《公司企业文化建设实施方案》，构建公司企业文化体系。结合新厂实际，统筹谋划、科学实施推进中车企业文化建设落地。完成户外LOGO的勘察、招标、制作、安装任务。制作完成办公楼、三大分厂的宣传栏、公司参展产品宣传画册和产品单页等。完成公司展厅的文字方案及设计招标工作。将“中车企业文化建设核心理念、中车品牌建设核心内容、中国高铁工人精神”等内容列入两级中心组理论学习范畴。开展“讲述最美太车人”故事活动，利用微信、报纸等媒体进行大力宣传，讲述好故事，凝聚正能量。开展“中车之歌”征集活动，以“正道中车”为主题，对新入职大学生进行培训，凝聚“同一个中车”意识。组织“新厂区、新形象、新作为、新发展”主题摄影展，精选80幅摄影作品制成展板。利用国内外轨道交通展会平台，展示公司良好形象。参加在北京举办的“第十三届中国国际现代化铁路技术装备展”和“铁路电气化装备展”及在新疆举办的“国际工程机械、建筑机械及运输车辆博览会”和在迪拜举办的第十届中东国际铁路会展。

【党群工作】 把开展“两学一做”学习教育作为加强公司党的思想政治建设、强化党内政治生活的一项重大部署来抓，边学边改，扎实有序推进。不断加强干部制度建设，努力完善干部管理的机制，有效促进干部素质的提升。积极推进战略人才管理体系项目、战略人才项目、人力资源信息化建设项目“三大”人才工程。以全新的集中考评模式，组织公司副总师级和中层正职领导共计103人，逐一采用PPT的方式进行近三年来的工作情况述职，并从德、能、勤、绩、廉5个方面进行考评。组织开展中车核心人才的选拔评聘工作，全年共计选拔培养中车资深技术专家5人、中车技术专家19人、中车管理专家4人、中车技能专家1人。全面落实巡视整改，不断夯实党建基础管理，以创新党建、融入中心为目标，深入开展创建品牌党支部活动。提高发展党员质量，全年共发展24名各类骨干入党。以“一支部一品牌一特色”为目标，开展创建品牌党支部活动，使党建工作的方式方法更加科学、更加具有针对性。深入开展“突出服务保障职责，大力推进提质增效”主题活动，充分发挥党组织的政治核心和战斗堡垒作用。结合评先树优等活动，大力宣传表彰自觉实践公司文化理念的先进人物和事迹。以狠抓落实“两个责任”为主线，深入推进党风廉政责任制落实，扎实有效开展作风建设，强化监督检查与效能监察，为巩固和深化公司风清气正的发展局面提供纪律保障。

公司工会以职工经济技术创新服务生产经营，开展贯穿全年的“提质增效，精益先行”劳动竞赛，为公司提质增效进行蓄势储能。落实中车工会“六送三关注”工作要求，将符合条件的61名特重困职工纳入市总帮扶救助网。为380户一般困难职工发放救济金60万元，为80名重困职工每户给予1000~3000元救助，为2户重困职工、28户一般困难职工子女发放7.4万元助学金。公司团委开展“中车发展与青年使命”、“学团史，知团情，跟党走”系列主题活动。组织学习中国高铁工人的“五种精神”和集团公司第一届十大杰出青年的先进事迹，激发团员青年立足本职、爱岗敬业工作热情。坚持启动开展基层团组织片区工作、导师带徒、“青字号”品牌、青年志愿者等系列活动。

【重要纪事】 1月，公司研制的60英尺集装箱平车、出口莫桑比克窄轨漏斗车、GCY450B重型轨道车、TY2TL型米轨接触网作业车、TY5YD型地铁接触网作业车、25吨轴重转向架等六项新产品通过中国中车级科技成果鉴定。3月8~9日，公司参加在阿联酋迪拜举办的第十届中东国际铁路会展。4月16日，公司新厂区办公大楼揭牌正式启用。7月18日，由教育部设立，中车太原公司、兰州交通大学共建的“国家级工程实践教育中心”在公司正式揭牌。9月8日，山西省委常委、太原市委书记吴政隆到公司考察。10月13日，铁科院专家组对公司进行韶山7E型电力机车轻大修静态评估。9月至10月，公司分批次对中层管理人员进行一次全覆盖的脱产培训。10月，公司成功研制出首台CXD-1型带动力地铁隧道冲洗车。

【公司党政工负责人名单】

董　事　长　赵　勇
副董事长　秦忠义（10月31日免）
总　经　理　赵　勇（10月31日免）
　　　　　　秦忠义（10月31日任）
副总经理　赵向东（3月23日免）
　　　　　　梁建平　段云龙
　　　　　　杨景林　李兴钊
　　　　　　张海玲
总工程师　李兴钊
财务总监　张海玲

党委书记　秦忠义（10月31日免）
　　　　　　赵　勇（10月31日任）
党委副书记　赵　勇（10月31日免）
　　　　　　赵向东（3月24日任）
　　　　　　秦忠义（10月31日任）
纪委书记　秦忠义（3月24日免）
　　　　　　赵向东（3月24日任）
工会主席　秦忠义（6月6日免）
　　　　　　赵向东（6月6日任）

（太原公司　供稿）

地　址　山西省太原市万柏林区兴华西街129号
邮　编　030027
电　话　0351-2649450
传　真　0351-3049563
网　址　www.tyloro.com

中车永济电机有限公司

（工商登记营业执照注册号：91140881664458751J）

董事长、党委书记　南秦龙

总经理　宁文泽

【概况】　2016年末，永济电机公司在岗员工5419人，工程技术人员1277人，大学本科及以上学历1860人（硕士312人、博士及博士后7人）。占地面积117.6万平方米，拥有各种机械动力设备4274台（套），固定资产原值20.37亿元。设有17个职能部室，9个技术、产品开发部门，7个市场业务部门，13个生产车间，2个专业分厂等共计70个基层单位，含中外合资公司2个（西安中车永电捷通电气有限公司、西安阿尔斯通永济电气设备有限公司），海外子公司2个（印度中车先锋电气有限公司、南非中车永济电机有限公司）。全年实现主营业务销售收入80亿元，实现净利润5亿元。

【企业管理】　公司加快由“营销业务”向“经营业务”转变，在挖掘潜在客户、及时快速响应和紧跟客户项目等方面，产品经理发挥作用效果显著，促成49份合同签订，合同金额2亿元。采取轻资产运营方式，投资设立了托克逊、贵阳公司，当年建成投产并实现规模销售。轨道车生产采用分项控制，整车制造外包，缩短生产周期，降低制造成本。创新物流模式，实施第三方仓储和供应商直送。采取资本合作模式，与地方政府和第三方联合实施智慧能源城市建设战略合作。采用产业合作模式，与整车制造商启动新能源汽车战略合作。试点内部经营模式改革，扩大铆焊车间自主经营权，对外承揽加工业务。对工模具分厂内部模拟市场核算，实施自主经营。调整设备修理机制，引入第三方维修。

【生产运营】　围绕“质量、成本、交期”三个核心要素，以生产过程精益化为目标，加快实施两化深度融合。重新组合和优化制造资源，进一步提升制造平台的产业化能力。全年完成各类电机及变流装置6462台（套）。生产组织全面实施拉动式生产管理，开展订单项目制管理，实现从单纯的产品制造过程管控到产品交付全过程项目管理模式的转变，有效提高生产效率和正点率，营销合同正点兑现率为97.97%，同比提升0.22个百分点。充分利用运营分析结果，结合对标数据，查找问题和差距，制定切实有效措施，对重大问题即时开展专项分析，对资金占用大、影响流转效率以及常年无动态的生产库存，提出降低资金占用指标及改进落实计划，有力促进了运营效率提升。2016 年公司在制品周转率同比提高 5.36 天，盘活在产资金 1320 万元，在产资金与期初相比降低 18.29%。深入推进工位制节拍化生产，以标准工位、精益生产线、精益车间建设为载体，构建面向工位的“三位一体”协同管理模式。完成精益车间建设 3 个、精益示范线 4 条、精益改善项目 2 个。尝试开展物流模拟配送线建设，建立物料分拣到配送实现全过程扫码，并在动车、机车总装生产线实现推广应用，将物料配送的准确率和及时率提高到 100%。从源头质量控制、IRIS 模式项目管理、过程控制、体系建设、产品认证、质量队伍建设、异地质量管控等七方面提升质量工作。2016 年质量损失率为 0.68%，同比下降 76%。组织 IRIS 管理体系和焊接质量体系监督审核工作。通过审核、专项检查 28 次，完成 17 项产品认证。对供应商供货业绩进行多方位评价，采取预警管控、帮扶培育、高管约谈等不同措施加强供应商管控，确保源头配件质量。

【新产品新技术开发】 完成以时速 350 公里中国标准动车组牵引、辅助变流器、动力集中型动车组牵引电传动系统、低风速兆瓦级风力发电机、南非内燃机车交流电气传动及其网络控制系统为代表的新产品研制及新技术应用项目 84 项。“HXN3B 型 4400 马力交流传动调车内燃机车”等 4 个项目分获铁道科技特等奖和二、三等奖。全年申请专利 98 项，新获授权专利 52 项，其中发明专利 37 项。参与上级标准制（修）订 12 项，其中主持起草国家标准 2 项、铁道行业标准 1 项，参加起草国家标准 5 项、行业标准 4 项。与三所重点高校、两个优秀企业建立战略合作关系和自主创新模式，签订技术合同 47 项，加快科研项目实现产业化。

【市场营销】 风力发电市场占有率持续提升，客户覆盖面不断加大，后服务市场业务同比增长 134%。国铁业务实现覆盖集团内部所有主机厂，为后续发展奠定坚实的基础。城轨业务同比增长 54%，中标西安地铁 4 号线，上海地铁 6、8 号线加车项目，海外业务同比增长 148%，印度工厂投产、南非公司本地业务逐步开展，与俄罗斯客户实施战略合作成效显著，直驱永磁风力发电机首次出口澳大利亚。服务业务同比增长 29%，应对检修市场变化抢点占位，优化检修网络布局，完成 4 个动车、5 个机车和 1 个变流器检修基地的布局。新产业业务同比增长 19% ，盾构机领域各类电机实现全覆盖，盾构机、煤机、电动轮及自卸车市场首次实现电机、变频器成套供货。轨道车取得双证许可，全年完成 9 台轨道车生产并实现销售。

【管理创新】 规划面向公司所有业务及市场的职责明确、流程清晰、管理规范、运行有效、整体联动的一体化管理。深化三维应用，建立支持三维应用的体系和标准化构架，提升设计质量、设计效率和制造水平。建设运行数据分析平台，聚焦 21 个核心 KPI 和 60 个主题分析报表，通过主题分析及报表展现，对经营数据进行深度挖掘和分析，实时反映企业运营状况。按照技术、营销、管理、生产四个系统，分步分块组织实施，逐步理顺和完善薪酬分配体系，构建与企业绩效和竞争力相适应、与员工发展相匹配的薪酬制度，实现薪酬结构从生产取向型向经营导向型、从岗位责任型向能力效益型转变。从定薪模式、考核模式的转变来促进分配模式的改革，构建“多能多得、多劳多得、多效多得”的薪酬分配制度，使员工收入分配更加公平公正，更趋合理。完善绩效管理体系，针对公司 61 个单位设置下达共计 254 项专业效绩指标，涉及内部运营、资产周转、精益管理、信息化管控、市场营销、生产、质量安全等方面，实现精细化管理。持续提升绩效管理，组织公司16家职能部室参加，并特聘咨询公司针对IRIS过程KPI条款进行业务咨询剖析讲解，指导公司建立相关强制性过程KPI绩效指标。

【人力资源管理】 全年招聘本科及以上学历人员84人，其中博士研究生4人。先后开展中车国际化人才初级、中级、高级项目培训学习，培养初中高级国际化人才46人。推选5人参加中车国际化项目管理、核心技术人才及核心管理人才培训工作。1人获国家茅以升铁道工程师奖，151人分别具备教授级高级工程师、教授级高级经济师等相应技术职务任职资格，82人分别取得中车核心技术人才、中车核心管理人才资质。启用人事事件、绩效管理、薪酬管理、培训管理、社保管理等22个模块112个功能点，明确责、权、利及工作边界，强化项目组对各单位用户业务指导与支持，提升业务用户横向学习沟通的效率。通过开展“团队建设与核心领导力”“绩效专员业务”培训等多种途径，提高基层单位业务用户操作水平，完善HCM信息化建设，初步搭建基于信息化管控的全公司一体化管理平台，并持续提升系统运行质量。全年完成培训89项18671余人次，其中中层管理人员8期、技术人员11期、管理与系统性培训27期、国际化人才培养8期，完成公司年度培训计划的100%。完善培训师资、培训教材及培训基地建设，成立内训师团队，组建3个培训基地，入库57门课程。创新教学思路，采取模块化、小班制教学，互动式、体验式教学及微课教学等，进一步提高学员领悟及接受能力。

【企业文化建设】 坚持用“三新”文化纲领和 “创新、成长、质量、协同、国际化”五大理念构筑员工的精神信仰和价值追求，提升员工的职业素养和综合素质。以“让世界了解永济，让永济走向世界”为主题开展深化特色化企业文化建设。坚持多种形式宣贯中车核心理念和公司企业文化行动纲领，引导员工牢固树立“我是中车人”的大局意识。制定公司企业文化建设“十三五”规划，为实现公司“十三五”战略发展目标提供文化支撑。全面开展全员企业文化理念“一口清”活动。开展全员性的企业文化、文明礼仪培训16场1100余人。组织公司第十届职业技能大赛，1072人参加了17个技术比武项目。

【党群工作】 开展中车党委巡视整改工作。公司党委对巡视组指出的问题诚恳接受、坚决整改，按照“往前赶、往实做”的思路，制定5个整改目标、12个整改专题、212条整改措施，明确“四个层级责任体系”扎实推进整改。截至2016年底，共完成192项，其他正在按计划稳步推进。中车党委巡视三组移交的12件问题线索和信访件，均建立工作台账，实施销号管理，并已全部办结。深入开展“两学一做”学习教育。公司党委召开“两学一做”学习教育动员部署会，制定“学习教育实施方案”和学习教育推进计划，明确15项任务30项具体措施。截至12月底，已完成“两学一做”学习教育民主生活会、民主评议党员工作。建立公司可视化党建工作体系，制订《公司党建工作可视化实施方案》及5类15项措施。加强两级中心组学习，全年组织集中学习15次，自学34次。加强基层党组织和党员队伍建设，完成40个党（总）支部的换届选举工作，发展新党员45名，预备党员转正49名。深入开展“创先争优”活动，各单位申报“双培”选题立项237项，参与党员675人。共有203名党员获得“免检免验岗”称号，占全体操作岗党员总数的83.2%。制定《公司中层管理人员及重要岗位人员轮岗交流实施办法》等制度。修订《公司后备人才选拔培养和管理办法》，开展2016年度后备人才选拔推荐工作，为企业发展提供充足的人才保证。强化“两个责任”落实，深化反腐倡廉教育，规范廉洁风险防控，持续加强党风廉政建设工作。贯彻落实中国中车2016年党风廉政建设和反腐败工作会议精神，制定《公司党风廉政建设责任制实施办法》。强化廉洁风险防控，将60项廉洁风险点分解到责任人。编印并组织学习《公司党员纪律手册》（100条纪律），组织公司新聘7名中层管理人员进行任前廉政谈话，不断增强党员干部的廉洁意识和防腐拒变能力。开展“规范物资采购管理、降低采购成本”等效能监察，发现问题4项，现已完成整改。制定《公司“三重一大”决策制度实施办法》《公司资产损失责任追究暂行规定》等制度，进一步健全公司纪检监察制度体系。督查总经理办公会、行政工作要点等400余项，按期完成率95.5%。对重大项目招（投）标监督16次，发现6项不规范问题，现已全部完成整改。

工会开展“四比一创新”提质增效劳动竞赛、员工创新活动，完成创新成果53项。开展工会保质量保安全“三项”机制活动，修订完善《公司厂务公开工作管理办法》。公司“峰杰、金良全国劳模创新工作室”全年申报发明专利5项，创造价值400余万元。充实完善全面服务保障体系，建立一站式保障服务体系。维护员工合法权益，员工法律援助维权服务工作站正式挂牌运行，处理员工诉求8起。积极开展“六送三关注”、“两节”送温暖活动，筹资93.58万元，慰问困难员工及保春运、售后服务、检修等员工3675人。组织开展职工健康疗养15批750余人，为2831名35岁以下员工进行健康体检，为3059名女员工办理特病保险业务。金秋助学活动发放助学款4.9万元，资助困难员工子女19人。建立“永电情”员工互助会电子档案，会员达6230人，缴纳互助费31.15万元。共青团开展“学习雷锋”、纪念建团94周年表彰大会等活动，引导广大青年坚定理想信念，推动企业创新变革转型发展。持续开展青年创新创效活动，“五小”活动年度立项270项，申报230项。征集青年科技论文69份，举办10期英语“活动角”，开展“服务居民 奉献社区”、“七一党团员”志愿服务等活动，举办文体活动等20余项。

【合资公司】 西安中车永电捷通电气有限公司是由永济电机公司、株式会社日立制作所及日立（中国）有限公司三方共同出资设立的中外合资企业。公司拥有员工585人，其中研发技术人员100人（教授级高级工程师、高级工程师、博士13人，研究生学历73人）。2016年完成长客股份KDZ15项目，四方股份E27、E28、E35型动车项目，西安地铁1、2号线增购车项目及北京地铁13号线大修项目的电气牵引产品制造，以及英国ASR项目的空调产品制造，实现销售收入8.83亿元。

西安阿尔斯通永济电气设备有限公司经营范围为制造、组装、测试、销售牵引电机、辅助电机、变压器电泵及其配套产品，并提供相关配套服务及各类电机和电泵的技术及维修服务。年末在册员工106人。全年实现销售收入16612万元。

【海外子公司】 印度中车先锋电气有限公司是永济电机公司与印度先锋贸易公司共同投资组建，其中中方持股51%，印度先锋贸易公司持股49%。2016年，合资公司完成第一阶段建设任务和第二阶段的部分建设任务，通过印度铁道部RDSO的生产资质认证并于8月20日正式投产。完成25台YJ157A、2台YJ237A电机的总装、试验、收尾交验工作。参加印度铁道部内燃机车用YJ157A牵引电机招标，获得341台的订单。参加印度铁道部内燃机车用YJ237A主发电机招标，获得42台的订单。

南非中车永济电机有限公司自主建立项目实施主计划IMP框架，通过对德班等4个城市等20余处厂房实地考察调研，优化形成厂址选择方案，组织编报固定资产投资项目立项申请报告并通过技术评审。项目本地化实施已初具雏形。

【重要纪事】 1月14日，公司获中华全国总工会颁发的“全国模范职工之家”称号。4月18～19日，国有重点大型企业监事会主席杨坚到公司调研。4月25日，公司党委召开“两学一做”学习教育动员部署会。5月18日托克逊中车永电能源装备有限公司完成注册。6月15日，托克逊中车永电能源装备有限公司举行成立暨首批机组下线仪式。6月23日，公司600V/30A塑封式智能功率模块（IPM）通过西安市科学技术局科技成果鉴定。8月4日，公司获中国机械工业安全卫生协会“安全生产先进单位”称号。8月19日，原铁道部部长、中国工程院院士傅志寰到公司西安基地检查指导工作。8月20日，印度中车先锋电气有限公司正式投产。8月22日，中车股份总裁奚国华到公司西安基地调研。12月14日，西安电机分公司绝缘包扎班组、机加事业部第一机械车间技术组获“全国质量信得过班组”称号。

【公司党政工负责人名单】

董 事 长　南秦龙
总 经 理　南秦龙（10月免）
　　　　　宁文泽（10月任）
副总经理　宁文泽（2015年12月免）
　　　　　姬惠刚　史治国
　　　　　孙永奎　张红卫
　　　　　李咏梅　郭永安
　　　　　王　彬
　　　　　董春梅（10月免）
　　　　　王巧林（2月任）
总工程师　姬惠刚（7月免）
　　　　　王　彬（10月任）
财务总监　董春梅（2月免）
　　　　　王巧林（2月任）

党委书记　宁文泽（10月免）
　　　　　南秦龙（10月任）
党委副书记　南秦龙（10月免）
　　　　　宁文泽（10月任，兼）
　　　　　王义平
纪委书记　王义平（兼）
工会主席　王义平（兼）

（永济电机公司　供稿）

地　址　山西省永济市电机大街18号
邮　编　044502
电　话　0359-8075162
传　真　0359-8075290
网　址　www.yonge.com.cn

中车山东机车车辆有限公司

（统一社会信用代码：91370100664851254J）

董事长、总经理　刘　溥

党委书记　初　军

【概况】 原为济南轨道交通装备有限公司，2016 年 5 月 30 日，中国中车股份有限公司批复同意变更为中车山东机车车辆有限公司（简称山东公司）。至年末，山东公司员工总数 3075 人，其中教授级高级专业技术职称 14 人、高级职称 151 人、中级职称 346 人；被聘为中国中车资深专家 7 人、专家 29 人；高级技师 41 人、技师 141 人。设置 19 个行政管理部室、4 个货车生产车间(分厂)、2 个辅助车间、7 个子公司和 1 个研究院。占地面积 204.2 万平方米，拥有各类设备 2900 余台（套），其中大型、精密设备 170 余台（套），现有资产总额 61.8 亿元。全年实现营业收入 37.91 亿元。

【改革改制】 公司以“改革、创新、提质、增效”为主线，建立有效机制，优化资源配置。铁路货车产业抓住时机延伸货车产业链，形成研发与营销的联动机制，由传统的销售产品机制转变为向客户提供全过程的增值服务机制。钢构板块先后完成湖南、云南、贵州、内蒙古塔筒生产租赁经营。环保工程产业成立水务事业部、净化槽项目部，积极推进村镇污水处理项目，初步实现市场规模化扩张。成立常熟中车水务有限公司，完成常熟一期项目 12000 户设备安装。完成与久保田第二阶段技术引进合同签订，净化槽实现国内批量组装生产。积极开拓农村水处理市场，对住建部确定的 100 个试点县进行调研，已开工 26 个试点项目。加强资本运作和国际化经营，集中力量重点开拓欧盟、北美、非洲市场。在亚洲、非洲设立 2 家组装维保基地。成立生产管理部和安技环保部。制定并上报《中车山东公司关于压缩管理层级减少法人户数工作方案》，对公司管理层级和现状进行梳理，制定工作目标和实施措施。

【企业管理】 组织开展管理创新、创效活动，推进六大专项工作的实施。制定“十三五”发展规划。先后组织各产业板块和职能部门分别召开战略研讨会，形成《山东公司“十三五”总体战略规划》、五大业务板块、专项业务职能、科技开发、国际化经营战略等“十三五”战略规划。狠抓应收款项管理，强化购销合同财务评价，积极处置盘活积压存货，严格控制应收账款和存货占用的资金规模。开展降低采购成本专项活动，自行采购降采金额4382万元。落实中国中车关于加大内部配套力度的要求，内部配套额度同比增长7912万元。开展减亏控亏专项活动，2016年亏损企业户数同比减少3户，公司实现扭亏增盈1亿元。全年创新项目65项、创效项目19项，实现创效金额4906万元。推行质量信息管理系统，推进检查作业标准化、加强质量考核。加强预算管理，执行资金集中管理，有效控制资金风险，期间费用开支可控部分同比压减6.1%。加强资金精益化管理，利用国家支持“走出去”战略优惠政策，争取到低息贷款1.85亿元。强化督查督办，完善重大专项、重点工作督办机制。完善法律风险防范体系建设，建立子公司全面法律管控制度，避免经济损失上千万元。强化安全管理，落实安全生产责任制，积极开展“班前站队安全喊话”活动，全年未发生重大事故。通过淘汰燃煤锅炉，每年可消减二氧化硫排放10.7吨、消减氮氧化物排放24.4吨。加强信息化管理，进一步完善PLM、SAP等系统，完成HCM分布式数据中心和中车大学分布式服务器的搭建、测试。实施设备精益管理，提高设备利用率，全年共调剂处置闲置报废设备211台（套），收回资金123.1万元。能源消耗总量同比下降12%。

【生产运营】 2016年货车实现连续均衡生产，减少各种车型交叉作业时间，提高生产效率，降低能源消耗，节约制造成本。公司全年出厂货车及大部件25种，包含NX70型平车、JSQ6型双层运输汽车、KM70型煤炭漏斗车等国内货车，阿根廷、津巴布韦、巴基斯坦、缅甸、埃及等国家的出口货车，以及地铁工程车、城轨构架和大部件等产品。提高JSQ6型双层运输汽车产能，从单班日产4辆提高至日产9辆，创造了单班日产新记录，10月底完成350辆生产任务；11～12月份JSQ6型汽车实现双班生产，产量达到日产14辆，12月底出厂464辆。针对巴基斯坦煤炭漏斗车项目集整车及CKD设计、试制、生产、运输和指导异国组装为一体的特点，统一组织、协调，试制的样车比计划提前5天完成。实行领料制和配送制相结合的管理模式，使生产迅速达到日产6辆。800辆巴基斯坦铁路货车分5批发运出厂，产品全部按期交付。

【科技创新】 完成“巴基斯坦货车项目”中的煤炭漏斗车、守车的设计。“1，4丁二醇罐车研制”项目通过试用评审。公司作为第二成员单位，对“160公里/时快捷货车研究”项目的车体开展联合设计，完成与统型车体相匹配的新型160公里/时快捷货车转向架设计。“3.0兆瓦中速永磁风力发电机组”项目通过中车方案设计评审，完成机组设计。开发了CWT2000-D122型风力发电机组。开展6.0兆瓦大功率海上风力发电机组研制，完成整机方案设计、大部件结构设计和选型等设计。完成中车重大专项“村镇分散污水治理用系列净化槽关键技术研究和示范应用”项目小型净化槽的设计、水质分析实验室和远程监控与管理平台方案的设计。完成“隧道清洗车技术平台研究及研制”项目的三种车型的方案设计，并通过中车技术评审。完成智能化巷道堆垛立体车库系统研发、基于互联网的仓储式智能车库系统研发，获得PXD型六层及以下巷道堆垛类机械式停车设备、PCSL型25层及以下垂直升降类机械式停车设备的制造资质，完成公司第一代120公里/小时集装箱—驮背运输专用车设计及样机试制。完成出口巴基斯坦、阿根廷等国家货车的设计。完成智慧风电场监控平台的系统整体设计和各部分设计。完成CRH380B给水卫生系统关键部件自主化、标准动车组给水卫生系统、CRH2型动车组给水卫生系统等项目的设计。完成低温环保型清洗车、吹吸式吸尘车、高空轨道作业车的研发。开发接触网综合作业车、接触网放线车、平板吊车、TSV—01 型隧道清洗车等产品，其中接触网综合作业车已具备多种作业功能具备完全自主知识产权。成功申报中国中车污水处理及真空排水技术中心。通过国家级企业技术中心复评。全年共申请 60 项专利，其中国外专利 1 项，发明专利 26 项，实用新型专利 33 项。完成 2 项国家标准制定。

【市场营销】 全年中标 2615 辆铁路货车，其中单次中标 SQ6 型凹底双层运输汽车专用货车 1950 辆，中标 NX70 型共用平车 300 辆；销售 15 辆 KM70 型煤炭漏斗车。加强工程领域铁路货车及特种车的营销力度，全年签订公路、铁路各型模板合同金额近 1200 万元。加大回款工作的力度，多经及企业自备（自用）车回款金额为 4000 多万元（不含中国铁路总公司及中铁特货有限责任公司）。采取抹账、易货等多种形式降低账款清欠压力，给公司经营发展提供更好的现金流。

【国际业务】 出口签约额 7695 万美元。实现出口销售收入约 34300 万元人民币。印度轮对、巴基斯坦货车、德国平车底架、津巴布韦敞车、阿根廷敞车等项目完成生产并顺利交付。对德国、英国、葡萄牙、巴基斯坦、莫桑比克、刚果、尼日利亚、埃及、印度、越南、摩洛哥等市场项目进行跟踪、报价和推介。加强欧洲办事处和莫桑比克办事处的营销工作力度。协同风电公司，重点对埃塞俄比亚和阿根廷风电项目进行跟踪，参与埃塞俄比亚风电项目投标。

【售后服务】 全年有效处置制动抱闸、管系漏泄、轴承甩油、集成制动故障、C80 型车上旁承位置偏移、JSQ6 型车端门故障等故障 50 余起，采取有效措施，控制新造货车典型故障。全年对 18 个铁路局、40 个车辆段及重点自备车用户进行 3 个轮次的走访。对重点铁路局、车辆段及自备车企业进行 1~2 次走访。全年共接待用户回访 300 余人次。全年共发放顾客满意度调查表 60 分，回收 56 分，回收率 93.3%，涉及 18 个铁路局（集团公司）的 40 个车辆段及重点运用车间，统计测算顾客满意度 CSD 数值为 98.335。

【基建与技改】 公司共有设备 3480 台，其中高精尖设备 42 台。主要生产设备完好率 98.74 %；故障停机率 0.07%；重大设备事故为 0。完成设备采购 30 项，总金额 318 万元。公司设备修理费用计划 600 万元，实际发生 494.88 万元。完成机械电气设备大修改造项目 14 项，完成动力设备大修 6 项。淘汰 4 台 20 吨燃煤锅炉，新上 2 台 10 千伏高压电极热水锅炉，利用夜间低电价时段蓄热，解决公司内部生产办公场所采暖问题。完成职工宿舍区供暖一期工程，供暖热源移交给济南市热电公司，解决了宿舍区采暖问题。全年签订基建合同 89 项 1245 万元，大维修项目 39 项，更新改造项目 45 项，工装项目 2 项，其他 3 项。实施重点基本建设项目有：AOT 项目基建部分 15 项、P70 型通用棚车项目试制及批量生产项基建部分 14 项。基建方面固定资产修理费计划 140 万元，完成 126.65 万元。在基建造价控制方面，完成审核 67 项，结算总值 458.41 万元，审减 58.7 万元。完成西客站片区公司液化气站土地出让工作，收到补偿款 737.04 万元。对货车生产工艺系统进行优化改进，优化原车体一车间车体生产线，进行柔性化改造；调整货车小件铆焊、车体枕横梁及磷化、构架抛丸及烘干喷漆等生产工序的分工；优化鱼腹梁生产线、风缸生产线，并将腾空场地设置为工装模具库。工装首次实现自主设计、制作、外销一体化的运营模式。完成巴基斯坦新建漏斗车车体生产线及巴方既有两条线生产线改造，完成工装设计、制作、包装及预安装工作，工装首次实现商品化对外销售。全年完成20种车型、8种转向架、3种轮对配件试制或批量生产的工艺技术工作（其中试制或首次批量生产有17种、出口车型12种），巴基斯坦项目首次实现CKD运营模式，工艺设计分析策划零部件分解程度与装备配置平衡点，实现该项目利润最大化。

【能源管理】 公司万元产值综合能耗计划≤0.033吨标煤，实际完成为0.021吨标煤；万元增加值综合能耗计划≤0.22吨标准煤/万元，实际为0.12吨标准煤/万元。重新修订《2016年动能费考核指标及能源消耗定额》，督促供用能单位合理排产、合理用能，有效降低公司产品动能成本。投入20万元完成对公司年久失修、易发生泄漏的部分地下自来水管网进行更新改造，减少水资源流失。公司顺利通过能源管理体系审核验收。

【人力资源管理】 开展干部管理标准化、科学化、市场化、一体化、日常化“五化”建设。公司先后组织高管和纳入中车后备人才管理的中干15人参加中车举办的卓越领导力等培训。全年干部交流88人次。在技术、管理、技能三大序列中共选拔6名资深技术专家、27名技术专家、1名管理专家、1名资深技能专家、1名技能专家。通过招聘途径引入外语和国际贸易人才，在内部选拔管理和技术人员6人参加中车举办的初级、中级国际化人才专项培训，培养60余名优秀员工进驻巴基斯坦、莫桑比克、塞拉利昂等境外工程项目，承担重要国际业务工作。完善人事、薪酬管理体系，制定《富余人员调剂中心职责及管理办法》，成立富余人员调剂中心，安排长期不在岗人员参加培训、重新上岗。分阶段、分层次与中车全员绩效管理体系对接，完成全员绩效考核在MCM系统的上线运行。完善工资分配模式，修订完善《工资与效益挂钩分配办法》，完善试制车型工资预算制度、多元产品工时工资分配方案。完善工资激励制度，修订《子公司经营管理者年薪制办法》和《销售人员考核办法》，对子公司主要经营管理者实行年薪制，同时完善销售人员薪酬与销售收入挂钩办法。组织完成公司机构搭建和人员信息录入工作。完成人力资源核心模块设置、审批流程、权限分配，实现业务全面上线。

【企业文化建设】 强化“同一个中车”意识，以中车形象文化更新为重点，全面规范企业文化建设，建立健全公司新企业文化系统，推进中车思想、文化、行动融合。围绕公司中心工作，创建新媒体，开通公司官方微信，大力宣传公司改革发展、党的建设等方面突出成绩，实现宣传教育全覆盖。“山东省爱国主义教育基地”“山东省党史教育基地”正式揭牌。加强公司形象宣传，组织策划参加国内外5个展会，公司在国家级媒体刊发5条新闻，中央电视台2次对巴基斯坦项目进行专题报道。

【党群工作】 制定和实施方案推进计划，成立领导小组，对“两学一做”学习教育进行部署安排，明确总体要求、学习内容、方法措施，明确时间节点、督导责任分工。制定《创建“四好”领导班子实施办法》，深入开展“四好”班子创建活动。加强公司领导班子后备干部队伍建设，有10名中干被选为中车第一批后备干部。加强中干人员调配和岗位交流，优化领导班子结构，全年调整中层管理人员88人次，选拔干部6人。加强党建基础管理工作，完善支部工作考核评价体系。开展党员组织关系集中排查工作。组织填写党员基本信息采集表，完善党员名册等基础资料。积极稳妥推进党费收缴专项检查工作。组织开展“立项攻关当先锋，攻坚年里做表率”“红色传承”座谈会等一系列党建主题活动。以VI（形象文化）更新为重点，建立健全公司新企业文化系统。持续完善厂史馆建设，公司厂史馆被授予“山东省爱国主义教育基地”和“山东省党史研究基地”称号。制定下发《中车山东公司对巡视反馈主要问题的整改方案》，立行立改长期坚持。修订《党风廉政建设责任制实施细则（试行）》，将党风廉政建设责任制落实情况列为年度支部工作检查考核的重要内容评价考核。落实中央八项规定精神，制定《关于开展“四风”问题整治情况“回头看”实施方案》，严防“四风”反弹回潮。开展中层及以上领导干部履职待遇、业务支出专项检查，警示党员干部严格遵守公司有关规定，严格执行公司《中层及以上领导人员办理婚丧喜庆事宜暂行规定》和申报制度，对1名违反规定的中层管理人员给予党内通报批评处理。工会全年完成经济技术创新成果266 项。持续开展“六送三关注”活动。成功举办公司第二十三届职工体育运动会。团委通过开展“创建青年文明号”“争当青年岗位能手”“青年六小科技攻关”等活动，凝聚青年力量、激发青年活力。深入开展“讲理想、比贡献”活动，发挥科协在推动企业技术创新中的作用。

【山东中车风电有限公司】 全年实现营业收入7.13亿元，实现利润1212万元。完成69台风电机组的生产，发货88台，既有9个项目共151台风机并网发电。累计获取有效风资源60万千瓦。建立55个国家的风电市场信息库。与老挝、埃塞俄比亚项目相关方签订4项合作协议。制修订的2项国家标准——《风力发电机组装配和安装规范》及《风力发电机组主轴》，已经通过全国风力机械标准化委员会审核。2016年，公司新建项目2个，在运行项目7个，新增的郭城、头道、小纪镇3个项目通过500/250小时试运行预验收。全年对9个风场进行了安全巡查，对检查发现的安全隐患及时整改到位。全年管理创新16项，管理创效6项，其中创效类项目创造经济效益715万元。

【山东中车华腾环保科技有限公司】 全年实现营业收入65046万元，实现利润总额11017万元。完成长客股份公司标准化动车组及CRH 380B动车集便系统的首列样机生产工作，完成标准化动车组样车集便器的安装，CRH380B高铁卫生系统的小批量安装运行。完成“远望7号”真空卫生系统的装船投用，新签“东方红3号”科考船、黄海九江海巡船等订单。水务市场方面，完成国家住建部推荐的百县对接工作。全年共申报专利13项，其中发明专利8项；获得专利授权16项目，其中发明专利7项；获得中国中车科技成果奖2项。

【山东中车同力达智能机械有限公司】 进军应用型和高端智能立体车库市场，成功打造中国西部最大智能立体车库。加快智能装配控制系统产品技术创新，实现设计模块化、系列化发展，拓宽应用领域，提升智能化水平。拥有专利共39项，其中发明专利9项，起草发布《液压脉冲定扭矩扳手》行业标准1项。与陕西省实业发展集团签署战略合作协议，与陕西省政府形成战略配套合作，稳定立体车库销售额；与菏泽市美地置业达成战略合作意向，共同推进以商养停模式以及停车配套产业。成立24小时售后服务组，给客户及时、高效、快捷的专业售后服务。

【山东中车同力钢构有限公司】 全年实现销售收入7.7亿元，利润778万元（已扣除承担的1302万元积压物资处置损失费用），回款7亿元。全年新签合同订单 8亿元。完成湖南、云南、贵州、内蒙古塔筒生产基地的设立和布局。公司风光互补产品实现首批

7台的销售。LNG30立方米储罐顺利完成生产试制销售工作，取得质监局出具的合格证书。完成三体系、建筑业钢结构工程专业承包贰级、ISO3834-2体系复评换证，完成歌美飒产品生产许可、EN1090欧盟钢结构制作资质认证。

【重要纪事】 1月26日，公司党委召开领导班子“三严三实”专题民主生活会。2月2日，召开公司第二届二次职工代表大会。2月，成立同力钢构昆明分公司。4月27日，中国中车总裁奚国华到公司调研。5月20日，莫桑比克总统菲利佩·雅辛托·纽西到公司访问。6月14日，公司自主研制的GH70C型1,4-丁二醇罐车通过中国铁路总公司试用评审。6月30日，公司举行山东省“爱国主义教育基地”“党史教育基地”揭牌仪式。7月，公司《传统铁路货车企业转型发展实践》获中国中车第一届企业管理创新成果一等奖。8月26日，中国中车智能装配控制系统技术交流会在公司召开。9月24日，公司召开第二十三届职工体育运动会。11月4日，公司自主设计制造的津巴布韦敞车交车仪式在津巴布韦布拉瓦约举行。11月26~27日，公司通过国家实验室认可监督复评审。12月7~9日，央视“中国财经报道”栏目组到江苏省常熟市宝岩村，专题拍摄公司污水真空收集项目。

【公司党政工负责人名单】

董 事 长 刘 溥
副董事长 初 军
总 经 理 刘 溥
副总经理 于帮会
范永强（12月16日免）
刘少印 郑旺春
李广伟 杨知猛
陈国栋
崔 巍（2月18日去世）
代西恩（11月14日任）
耿家声（12月16日任）
总工程师 杨知猛
财务总监 刘少印

党委书记 初 军
党委副书记 刘 溥
耿家声（11月25日免）
范永强（11月25日任）
纪委书记 耿家声（11月25日免）
范永强（11月25日任）
工会主席 耿家声（12月16日免）
范永强（12月16日任）

（山东公司 供稿）

地 址 山东省济南市槐荫区槐村街73号
邮 编 250022
电 话 0531-88305114
（15069153507）
传 真 0531-88305138
网 址 bsxw.crrcgc.cc/sd

中车青岛四方机车车辆股份有限公司

（统一社会信用代码：91370200740365750X）

董事长、党委书记　张在中

总经理　马云双

【概况】　2016年末，四方股份公司在册总人数11391人，其中，高级技术职称727人，中级技术职称1201人；高级技师192人，技师743人；博士研究生学历47人，硕士研究生学历949人，本科学历3157人，大专学历3114人，中专技校学历3392人，高中及以下732人。全年，公司实现销售收入425亿元，净利润35.5亿元。公司固定资产总原值64.93亿元，总净值38.79亿元；占地面积1.34平方千米；建筑面积88.55万平方米。公司分总部、事业部、技术本部及制造本部4大系统，下设36单位，其中总部15个单位、事业部5个单位、制造本部10个单位、技术本部6个单位。子公司板块共设立5个全资子公司（天津公司、美国公司、武汉维保中心、销售服务有限公司、香港公司）、8个控股子公司（成南轨公司、南非公司、巴西公司、佛山基地公司、温州公司、郑州公司、阿根廷公司、重庆公司）和13个参股公司。

【规划发展】　公司完善规划管理体系，编制“十三五”发展规划，确定“成为以轨道交通客运装备为核心的卓越企业”的发展愿景，明确4大业务发展规划、产品创新规划及相应措施，为2016年及今后的发展指明方向和路径。调整和完善经营计划及组织绩效指标体系，增加对标指标、重点监控事项，实现规划与运营的有效衔接。在产量需求增加、项目数量和新产品研发项目众多、制造资源紧张的形势下，公司优化资源配置、创新组织模式，完成高速动车组次轮五级检修建设（一期）等三大重点项目建设，突破公司检修和试验验证能力瓶颈。郑州子公司、石家庄子公司、托管的中车成都公司地铁产品实现投产，实现母子公司资源统筹、协同发展。

【经营管理】　成立供应商管理部，实现需求、招标、采购及供应商准入的分离。优化招标流程，广泛应用采购电子商务平台，全面实现产品招标电子化。推进供应商拓展，减少独家、代理采购，提升项目招标比率。年内产品采购成本降低2%，非产品类物资节约2亿余元，实现内部配套率与集采率双达标。强化供应商管控，对重要二级供应商进行专项审核，强化技术变更管理，推行供应商厂内技术加改和委外检修施工的资质认定工作；修订《采购基本合同》，明确违反铁总“六条红线”行为的质量索赔标准。建立精益财务管理体系，通过提高资金集中度、外币兑换筹划等措施，提升资金调控水平。健全多维度、多层次、常态化的财务分析机制，为决策提供财务数据支撑。建立海外子公司投融资架构和财税管控体系，以股权投资方式完成首个境外建厂项目大额外汇支付。通过提升招标采购比例、提高内部配套率、加强成本对标、严控库存总量和应收账款证券化等措施，以及开展中车成都公司特困企业治理、子公司治亏和“三供一业”治理，全面完成中车提质增效“1+9”指标。建立统筹管理、隶属管理和归口管理相统一的子公司业务系统管理模式，分类建立国内子公司基本管理标准体系和母子公司技术管理平移模式，推动子公司“市场桥头堡”作用发挥和产能形成。完善审计和风险管理体系，强化项目风险专项管控；监督落实“营改增”政策，节约投资成本。推行基于全流程的合同审计，开展合同规范管理检查，防控合同风险。开展物流、仓储和“两金”压降等专项监督监察。实现母子公司风险管控一体化，建立子公司风险管理体系和内部控制体系，试点实施子公司巡查工作，提升子公司风险管控水平。构建涵盖策划层、管控层和实施层的分层项目管理体系，完善项目分类管理机制，并在项目管理标准化、项目过程管控、多项目并行管理、多现场项目管理和海外项目管理等方面进行探索实践。试点开展项目集管理和项目绩效评价，为全面实施奠定基础。优化项目运行动态报告模板，综合反映项目运行总体情况；总结项目管理经验，建立适应国铁、城轨、海外等不同特点的项目文件模板库，为项目执行提供支撑。

【科技创新】 逐步完善公司科技创新平台，明确以流程显性化、优化、固化为主线，依托数据驱动带动技术一体化建设的思路，完成研发、设计、工艺、质量等主流程的显性化梳理。成功申报高速磁浮列车项目、“先进轨道交通”重点项目等国家级、铁路总公司级和中车集团级科研课题 23 项；引入国内外院士 4 名，推动院士专家工作站建设；全年专利申请 542 项（其中发明专利占比 47%），其中海外专利申请 49 项。进一步拓展仿真与试验验证平台，系统规划学科架构，陆续建成振动噪声等 9 大优势学科，新增复合材料、碰撞等仿真能力，积极推进车辆撞击、环境风洞等试验台建设，通过 DIN6701 粘接技术体系认证和中国合格评定国家认可委员会（CNAS）认可复评。获批参与国家高速列车技术创新中心建设；获批城市轨道交通国家工程实验室建设；深入推进中泰、中德、中英轨道交通技术联合研发中心建设，并取得阶段性成果。全面提升工艺创新平台建设水平，完成数字化制造总体规划方案，按区域分专业确立数字化工厂模式，夯实产品制造平台基础。

全面落实“十三五”发展规划中的“四个一工程”，持续打造公司信息化竞争优势，年度累计开展 30 余个信息化项目，5 大核心系统全面上线运行，对公司主要业务形成全面有效支撑。完成公司数字化工厂的顶层设计，编制公司“十三五”信息化规划和数字化工厂规划。制造执行系统（MES）在转向架分厂上线运行，产品维护维修管理系统（MRO）、质量管理系统（QMS）在统型动车组上应用。深化产品数据管理系统（PDM）平台应用，实现技术中心工步设计和技术工程部工艺项目管理。持续推广企业资源管理系统（ERP）应用范围，完成中车成都公司、佛山和郑州子公司的 ERP 系统建设。开展管理流程目视化和业务流程信息化（BPM）系统完善工作，年度上线40余支流程。开展大数据技术研究和动车组健康监测技术应用，并取得初步成效。年内，获国家“智能制造试点示范单位”和中国中车“2016年度两化融合创新实践奖”。

【生产运营】 2016年，公司新造动车组1632辆，检修动车组3808辆，新造地铁车辆549辆，新造客车42辆，检修公务车33辆，全年累计生产各类产品5800余辆，同比增长15%。工位制节拍拉动式生产组织模式发挥实效，生产组织效率大幅提升，为公司全面完成前端业务市场订单提供了强力支撑。职业健康安全与环境管理体系运行有效，实现高产能下的安全生产。建立多维度安全管理模型，安全管理模式进一步流程化、模型化、标准化。完善中车成都公司和子公司集团化安全管控，推进售后服务站安全管理标准化建设。实施污水处理第三方运营服务，降低运行成本和环境风险；落实环保国控企业要求，提升环保基础管理，实现污染物达标排放和总量控制要求。年内，公司无重伤及以上生产安全事故发生，无新增现岗职业病，无一类及以上火灾事故发生，无道路交通责任事故发生。公司未出现环境违法现象和环境污染事故，固体废物全部依法处置，污染物实现达标排放。

【市场营销】 国铁业务，公司年内新造高速动车组1632辆、检修3808辆。时速160公里CRH6F型城际动车组获得型号合格证和生产许可证，并实现首单交付运营。持续完善营销网络建设，紧盯大客户开展定点营销，获得7组CRH6F型城际动车组、4组广珠CRH6A型城际动车组、5组大秦公司CRH380A型动车组项目订单，以及579组动车组高级修合同。深入推进动车组厂内安全加改和源头质量整治工作，已完成542组，其中64组动车组在北京基地完成。首列时速350公里中国标准动车组运用考核进展顺利，各项指标表现优异，第二列车已完成研制并交付出厂。围绕动车组产品质量保证，全面实施项目质量把控，动车组百万公里故障率0.4，同比下降20%，持续保持国内最低。

城轨业务，全年交付各类城轨地铁车辆549辆，同比增长3.58%。获得成都地铁1号线三期、北京地铁8号线四期及昌平增购等项目；中标济南R1线地铁项目；中标首个公司主导的PPP项目—韩城悬挂式单轨项目；获得城阳有轨电车检修维保、天津3号线车辆架修、成都1号线车辆架修等检修业务。全年中标地铁车辆396辆，签单市场占有率达8.72%。完成跨座式单轨、无人驾驶车辆的研制。

海外业务，已完成27列新加坡地铁车辆和首列广深港动车组交付。依托国家“高铁外交”“一带一路”战略，积极开拓巴西、印尼、英国、新西兰等目标市场，投资印尼雅万高铁项目，增资美国子公司，注册新加坡子公司。巩固美国、阿根廷、新加坡等既有市场，年内中标846辆美国芝加哥地铁订单，签单收入13.09亿美元，并已完成厂地购买、大系统部件合同签订等工作。稳步推进海外售后服务和技术支持工作，完成155列（752辆）车的售后维保，完成阿根廷技术支持服务项目。

新产业业务，统筹谋划公司新产业“十三五”规划，确立智能制造、绿色环保、新材料及新一代信息技术四大产业方向及发展目标和发展思路。以规划目标为引领，重点推进产业细分领域深度研究，形成一系列产业研究报告及产业发展建议报告。在重点产业领域，初步确定多家优选标的企业。积极构建支撑产业发展的内外部资源库，结合高速列车国家技术创新中心的筹建，构建科技成果产业化机制，初步建立新产业发展管理体系。

【基建与技改】 东厂区高速动车组次轮五级检修基地、铁路试验线、厂外存车线等3大建设项目实现当年投资、当年投用。高速动车组次轮五级检修基地新建试验物流联合厂房、解编静调联合厂房、表面处理厂房、清灰脱漆联合厂房、解体清洗检查及物流联合厂房、总装车体联合厂房、转向架厂房等7个单体厂房，建筑面积共计21.5万平方米。其中解编静调联合厂房布置7股调试线，可同时满足7列长编动车组或14列短编动车组的调试试验。铁路试验线总长7226米，设计速度160公里/时，可满足不同供电制式、供电方式的城轨车辆、动车组试验。厂外存车线占地面积为10.78万平方米，铁路线路总长度为14.14公里。

【人力资源管理】 建立人才荣誉体系，构建多元激励机制。借力中车共享平台，统筹使用母子公司人力资源，缓解公司技能员工阶段性短缺，实现人力资本效益最大化。探索海外用工机制建设，保障芝加哥等海外项目顺利实施。完善中层继任计划，优化领导干部梯次队伍，加强后备人才队伍建设。拓宽员工职业发展通道，构建“招聘网站+专业猎头+招聘RPO+员工内推”多渠道成熟人才引进模式，搭建起覆盖经营管理、专业管理、市场营销、工程技术、技能操作5支人才队伍的全面职业发展平台，健全人才外引内生机制，激发员工干事创业热情。编制能力地图和学习地图，推进培训体系建设，打造四方特色的精益育人平台。

【质量管理】 完善质量管理体系，坚持质量优先，贯彻“预防为主”和“双归零”理念，不断提高质量管理体系的符合性、有效性和成熟度。持续开展涵盖子公司的质量体系内审，保持ISO9001质量管理体系及IRIS国际铁路工业标准认证证书。推动产品质量安全特性分级管理，细化产品质量管控颗粒度，项目源头质量风险卡控作用初步显现。建立健全子公司质量管理体系，探索提升子公司质量管控能力途径。着手建设内部独立安全评估机制。开展自动化、在线化检测及计量检测技术研究和应用，现场产品质量分析能力和实物计量、检测能力得到提升。

【企业文化】 完善企业文化与品牌建设体系，凝聚发展正能量。围绕“以奋斗者为本”“中国高铁工人精神”“工匠精神”和“向华为学习”等开展全员教育实践活动，注重总体策划和过程推进，有效发挥凝聚人心、统一思想的作用。深化典型选树工程，推出张合礼、李文龙等一批工匠典范以及挖掘宣传60多个员工故事、近百个团队故事。提炼培育公司“务实创新走向卓越”的企业文化体系，形成涵盖理念、落地及考评的新企业文化体系，推进BI、VI建设和现场文化目视化工作；加强展会策划与管理，整合多种传播渠道，不断增强品牌国际知名度。策划组织企业形象展示、重要产品和重点事项宣传活动，创新融合媒体传播路径，策划编撰出版公司高端宣传册《四方之道》、中国首部英文高铁著作《中国高铁故事》等宣传册与图书。创新办报刊，内部刊物《火车头报》《四方通讯》《年鉴》等坚持“内容深一度、范围广一度”，持续扩大版面，开设全新专题、创新报道形式、挖掘深度报道，其中《火车头》报深度报道20余篇，发稿量超2000篇。

【党群工作】 公司党委研究制定《公司“十三五”党建工作规划发展纲要》，将党建工作要求写入公司章程，明确完善党委工作机构，修订完善公司“三重一大”决策实施制度和监督管理制度，形成“制度、流程、监督”三位一体的决策实施和监督管理机制。修订党群工作制度，将“两学一做”学习教育作为全年首要政治任务，全面加强党员干部队伍思想政治建设和作风建设。坚持抓基层、打基础，提升党建工作科学化、规范化、标准化水平。年内新成立党总支 2 个、党支部 10 个，撤销党支部 2 个。优化党员结构，全年发展党员 43 名。深化学习型、服务型、创新型基层党组织建设，加强“四强四好”基层党组织和“四优四带头”党员达标创建工作。积极推进公司高管、中层领导干部、助理、后备人才能力素质培养，年内累计培训 530 人次。完善公司核心人才管理制度，共举荐核心技术人才 376 人、核心管理人才 171 人、核心技能人才 287 人。建立涵盖中层领导干部、技术人员、管理人员、技能人员和国际化人员等五类人才标准化培养模式，年内专项培训项目共计 80 个，培训 3651 人次；选派 123 人参加国际化人才培训。

坚持党建促工建、带团建，加强对群团工作的领导和支持，落实厂务公开民主管理制度，召开公司年度职代会和公司工会第一次代表大会。结合提质增效、生产攻坚、技术创新、扩能建设等公司重点工作，通过开展系列劳动竞赛活动，为公司全面完成年度经营任务提供强力支撑。持续深化扶危济困、“金秋助学”“六送、三关注”等帮扶救助工作，各项支出总计 620 万元。年内新增市级劳模创新工作室 2 个。广泛开展群众文体活动，参加活动的员工达 2 万人次。团委结合生产经营实际和青年员工需求，广泛开展“传承五四精神，绽放奋斗青春”“争当青年先锋，助力提质增效”、青年英语风采大赛、“飞鹰训练营”青年国际化人才孵化项目等系列活动，助力青年人成长、成才。

【国家科技进步特等奖】 1 月 8 日，在北京举行的国家科学技术奖励大会上，公司参与建设的京沪高速铁路工程获得国家科技进步特等奖。公司为京沪高铁提供核心装备——CRH380A 高速动车组 2010 年问世，被誉为中国高端装备制造业自主创新的典范。该动车组针对京沪高铁长距离、大运量、持续高速运行的需求，遵循科学的研发流程，实现动车组系统集成、头型、高速转向架、车体、减振降噪等 9 大关键技术的创新突破。

【美国芝加哥地铁项目中标】 美国芝加哥当地时间 3 月 9 日，芝加哥交通管理局（CTA）发布公告，公司中标芝加哥 846 辆地铁车辆项目。这是迄今为止中国轨道交通装备企业向发达国家出口的最大地铁车辆项目。项目启动后，公司将在芝加哥当地建厂，负责车辆的总组装。车辆为不锈钢车体，采用 2 辆编组，可重联运营，最高速度 112 公里/时。车辆将按照美国标准进行设计，并适应芝加哥地铁小曲线、高架及严寒等特殊的运营环境。

【中国标准动车组两车成功交会】 7 月 15 日上午 11 点 20 分，由公司和长客股份公司研制的中国标准动车组在郑徐线上成功进行时速 420 公里的两车交会，标志着中国标准动车组综合试验取得成功，这也是世界拟运营高铁动车组首次实现时速 420 公里交会。此次试验进一步验证了中国标准动车组整体技术性能，特别是首次实现动车组牵引、制动、网络控制系统的全面自主化，表明中国具备设计制造满足世界各国不同需求动车组的能力。

【三大重点建设项目竣工投用】 “十三五”期间，公司产量需求大幅增加，项目数量和新产品研发项目众多，制造资源严重欠缺。为满足公司在检修和试验验证能力的需求，公司强化资源配置，创新组织模式，以既定的建设目标为中心，攻坚克难、精心组织，确保基建、设备、工装各节点的有效落地。东厂区高速动车组次轮五级检修基地、铁路试验线、厂外存车线等三大建设项目实现当年投资、当年投用。

【第一届轨道交通结构健康监测国际研讨会】 10月12～14日在青岛举行，会议由公司与中车工业研究院、美国斯坦福大学联合主办，吸引来自中国、美国、德国、英国、法国、日本、韩国、西班牙、澳大利亚、香港等13个国家地区的200余名专家、学者参会，共同探讨结构健康监测技术在轨道交通领域的应用。共举行主旨报告13场；收集100余篇论文，其中6篇论文获得首届研讨会优秀论文奖。结构健康监测作为一门新兴技术，可为结构健康的智能化管理提供有效手段，对保障全寿命周期结构安全及提升结构的运用维护效率有重要作用。

【时速600公里高速磁浮列车研制启动】 10月21日，国家重点研发计划先进轨道交通重点专项首批3个项目在北京举行启动会。公司牵头“磁浮交通系统关键技术”项目，并参与“时速400公里及以上高速客运装备关键技术”项目、“轨道交通系统安全保障技术”项目。“磁浮交通系统关键技术”项目中，公司承担时速600公里的高速磁浮项目，构建具有全球影响力的高速磁浮运输系统协同创新与集成化试验平台，研制新型永磁电磁混合悬浮系统。“时速400公里及以上高速客运装备关键技术”项目中，公司将研制一列动车组；“轨道交通系统安全保障技术”项目中，公司研制防积雪结冰转向架。

【中车四方-帝国理工轨道交通制造技术联合研究中心揭牌成立】 11月3日，“中英轨道交通技术联合研发中心——中车四方-帝国理工轨道交通制造技术联合研究中心”在公司揭牌成立。该研究中心由公司和英国帝国理工学院合作共建。在揭牌仪式上，英国帝国理工学院材料力学系主任、皇家工程院院士林建国，铁路工程教授、皇家工程院院士罗德里克·史密斯，被受聘为公司“院士专家工作站”专家。研究中心成立后，将重点围绕高速列车、城轨地铁等轨道交通车辆动力学、结构强度、节能减排、材料加工、无损检测等关键领域，开展国际研发合作，并重点培养国际化工程人才。双方已经围绕“动车组复杂结构铝合金部件热冲压成形技术研究”“动车组头型蠕变时效成形技术研究”等科研项目开展合作。

【下属公司】 青岛南车四方销售服务有限公司　实现营业收入11.3亿元、净利润1.2亿元。

南车（天津）地铁车辆有限公司　全年完成交付新造和定修车辆各21列，独立运作1.5亿元架修订单。实现营业收入5.13亿元、净利润92.81万元。

武汉南车四方维保中心有限公司　实现营业收入4.54亿元，较上年提高53.38%。交付动车组高级修159组，其中三级修138组、四级修20组、五级修1组。

香港中车四方有限公司　实现销售收入约22531万元，其中阿根廷SM线配件销售收入约22505万元；广深港项目服务签单收入约350万元。

【重要纪事】 2月17日，公司与韩城市政府举行《轨道交通项目合作框架协议》签约仪式。2月22日，公司召开2016年工作会议暨党风建设和反腐败工作会议。3月2日，公司召开第一届职工代表大会第一次会议。3月9日，公司中标芝加哥846辆地铁车辆项目。3月29日，公司钳工高级技师宁允展获第二届中国质量奖提名奖。3月29日，国资委监事会主席杨坚一行5人到公司调研。3月30日，公司生产的3列CRH6A型城际动车组首次正式载客运营。4月3日，磁飞机技术公司总裁、美国工程院杰出院士、麻省理工大学教授Bruce Montgomery到公司访问并进行磁浮技术交流。4月6日，新加坡陆路交通管理局铁路署高级总署长沈伟明一行 8 人到公司参观访问。4 月 13 日，公司与韩城市人民政府就韩城市空轨 PPP 项目举行《合作框架协议》签约仪式。4 月 15 日，中国中车与 CTA 举行会谈，公司总经理马云双与 CTA 总裁多尔瓦·卡特就 CTA7000 系地铁项目签署文件。4 月 18 日，跨座式单轨车辆在调试直线段单轨上编组完成。4 月 25 日，公司召开“两学一做”学习教育动员部署会。5 月，李文龙获“全国五一劳动奖章”，宁允展被评为“全国最美职工”。5 月，CRH2A 统型动车组齿轮箱分解检修组装维修资质通过审查。6 月 2 日，中国国防科技工业企业管理协会会长张嘉浩一行 2 人到公司参观交流。6 月 3 日，公司召开工会第一次会员代表大会。6 月 4 日，“轨道交通系统安全保障技术”“时速 400 公里及以上高速客运装备关键技术”“磁浮交通系统关键技术”三个 2016 年度国家重点研发项目通过科技部专家组项目论证。6 月 6 日，全国人大常委会副委员长、民盟中央主席张宝文到公司考察。6 月 22 日，公司转向架分厂牟世超获 2016（第四届）北京“嘉克杯”国际焊接技能大赛熔化及气体保护焊接项目第一名。7 月 3 日，北京交通大学党委书记曹国永到公司参观交流。7 月 15 日，中国标准动车组在郑徐线上成功进行时速 420 公里的两车交会。7 月，公司技术中心获中华全国铁路总工会颁发的“火车头奖杯”。7 月，公司作为牵头单位申报的《高速动车组关键零部件智能制造新模式应用》和《高速动车组转向架智能制造试点示范》两项目分别获得工信部的批复立项。7 月，香港地铁试验车项目 SFM47TC1(S)通过公司级鉴定并交出。8 月 15 日，中国标准动车组首次载客运行。8 月 19 日，西南交通大学钱清泉院士团队和翟婉明院士团队一行 10 人到公司交流并进行院士工作站的签约受聘。8 月 26 日，公司与北京市地铁运营有限公司、同济大学、长客股份公司等近 30 家单位联合发起成立的“城市轨道交通产业技术创新战略联盟”在长春举行成立大会，公司被推荐为联盟副理事长单位。8 月，科技部高技术中心在青岛组织专家对“863”计划主题项目课题“高速列车谱系化模块构建与集成设计关键技术”进行现场验收。专家组一致同意该课题通过技术验收。8 月，公司获“全国职工教育职业培训先进集体”称号。9 月 12 日，马来西亚陆路公共交通委员会主席丹斯里赛哈密到公司考察调研。9 月 27 日，阿根廷交通部部长迪特里希一行到公司参观考察。9 月 28 日，全国人大常委会原副委员长、中国科学院原院长路甬祥到公司视察。9 月 29 日，广深港动车组 8 辆编组首列车抵达香港。10 月 27 日，公司与中国航空技术国际控股有限公司签署战略合作框架协议。31 日，青海省委书记王国生、省长郝鹏在山东省委副书记、省长郭树清等领导的陪同下到公司考察。10 月，公司的洲际高速列车摘得山东省首届“省长杯”工业设计大赛金奖。11 月 8 日，公司主导执行的韩城市悬挂式单轨交通机场至古城段一期 PPP 项目成功落地。11 月 20 日，公司、中车成都公司与泸州市人民政府在泸州市签订“泸州市轨道交通项目合作框架协议”和“泸州城市轨道交通示范线及空港产业园轨道交通配套设施 PPP 项目合作框架协议”。11 月 28 日，中国社会科学院院长王伟光一行 38 人到公司参观交流。11 月，公司构架柔性焊接生产线项目已全面启动实施。11 月，公司车体分厂电焊工张合礼、总装分厂钳工李文龙被山东省人民政府评选为 2016 年度齐鲁首席技师。12 月 2 日，中国工程院院长周济率“中国制造 2025”城市试点示范专家评审组到公司调研。12 月 7 日，公司出口新加坡 C151B 项目 210 辆车完成在国内的集港、装船、发运工作。12 月 8 日，公司与中交佛山投资发展有限公司完成佛山市城市轨道交通二号线一期工程总包项目合同签署。12月22日，科技部现代交通技术领域办公室在北京召开“十二五”国家863计划“高速列车谱系化技术平台及系列车型研制”和“高速铁路重大关键技术及装备研制”项目验收会，两个项目正式通过验收。12月26日，公司研制的时速160公里CRH6F型城际动车组上线运营。

【公司党政工负责人名单】

董 事 长　张在中
总 经 理　马云双
副总经理　张　敏　赵家舵
　　　　　田学华　王成龙
　　　　　倪胜义　罗　斌
　　　　　梁建英　吕任远
　　　　　张忠敏（12月2日免）
　　　　　马利军
　　　　　李永乐（5月30日任）
　　　　　邓小军（12月2日任）
总工程师　梁建英（兼）
财务总监　张　敏（兼）

党委书记　张在中
党委副书记　马云双（兼）
　　　　　管玉山
　　　　　张忠敏（11月25日任）
纪委书记　管玉山（兼，11月25日免）
　　　　　张忠敏（11月25日任）
工会主席　王成龙（兼，3月7日免）
　　　　　林　豹（3月7日任）

（四方股份公司　供稿）

地　址　山东省青岛市城阳区锦宏东路88号
邮　编　266111
电　话　0532-87801188
传　真　0532-87801688
网　址　http//www.crrcgc.cc/sfgf

中车成都机车车辆有限公司

（工商登记营业执照编号：91510100663026922P）

董事长　马云双

党委书记　姚卫东

总经理　兰玉贞

【概况】　2016年末，成都公司员工总数2239人，其中管理人员304人、工程技术人员329人（正高级职称5人）、技能人员1606人。固定资产原值60924.45万元，主要生产设备992台，公司占地面积713596.57平方米，建筑面积227318平方米。全年完成机车修理131台，完成客车修理861辆，成都地铁7号线车辆制造13列、地铁车辆轮对架修19列、参与动车组三级修28组。实现营业收入15.87亿元，较上年增长26%；净利润5090万元。

【运营管理】　修订217个管理标准、35个临时性管理制度。存货周转进一步加快，存货结构得到优化，一年及以上存货全部消除；应收账款同比降低，一年及以上应收账款较期初降低55%。大幅压缩费用开支，招待费同比下降13%，会议费同比下降41%。开展独家采购、代理采购清理，全年上网招标率达83.61%，采购成本降低2.01%。积极研究和争取政策支持，成功获得四川省战略性新兴产业及高端成长型产业专项补助资金1000万元；获得成都市固定资产投资补助457.03万元；获得国家开发银行2.523亿元长期低息政策性贷款资金支持，为支撑生产经营和产业园项目建设提供资金保障。确保三项审核全面达标。全年经济合同、管理制度和重要项目的法律审核率全面实现100%。全年共审查各类合同、协议总计3200余份，审核管理制度230余项，参与重大经济合同、重大投资项目和重要资产处置等会议共计40余次，保证公司重大事项的决策依法合规。通过借鉴四方股份售后服务标准流程，初步搭建涵盖“一个平台、两条主线、三个标准、四个流程”的标准化售后服务体系；按期完成1338辆客车电气配线隐患排查的整治工作，及时消除客车电气配线存在的隐患。狠抓安全监督检查和现场隐患整治，强化产业园安全管理和“三同时”把关，全年无轻伤及以上事故发生，全面实现安全“三零”目标。

【科技创新】　全方位对接四方股份公司，加快平移创新研发平台、工艺技术平台和制造管理平台建设；完成29种客车产品资质延期及全部机客车产品资质更名。重点围绕成都地铁7号线铝合金A型地铁车辆车体静强度及其他试验、机车车辆通信线路模块化无线自动测试技术等 10 项科技项目开展课题研究，并取得阶段性成果。全年技术投入比率达到 1.2%，年度专利申请达 15 项。

【市场营销】 全年机车业务新签订单 3.46 亿元，其中国铁机车 117 台，市场占有率 15.7%，电力机车占比首次超过内燃机车，实现收入 2.98 亿元，约占营业收入的 19%；客车业务新签订单 8.91 亿元，其中国铁客车 783 辆，市场占有率 14.6%，实现收入 7.91 亿元，约占营业收入的 50%；动车组检修业务新签订单 2843 万元，实现业务收入 2430 万元；地铁业务新签订单 13.08 亿元，实现业务收入 4.34 亿元，占营业收入的 27%。

【基建与技改】 实现产业园建设项目签约一年内开工建设，项目开工一年内正式投产的目标，确保了 2016 年 11 月 30 日成华厂区启动搬迁等计划如期实施。完成工装设备招标 3800 余台套，建筑工程招标 11 项，服务类项目招标 6 项。完成城轨业务、客车业务设备工装和各项公共配套设施的安装调试，为城轨业务按期达成投产、客车业务按期启动搬迁创造条件。整体搬迁工作有序、高效、安全、如期完成，实现搬迁和当期生产的紧密结合，公司实现退城入园。

【人力资源管理】 严格按照“严控总量、优化结构、提高效率、提升能力”的原则，抓实《人力资源规划（2015-2018）》各项措施落地。全方位开展新增业务、项目管理、核心人才、技能转岗、班组长等项目培训，开展内部培训项目达 400 余项，培训 13500 余人次，为转型发展提供有力支撑和保障。坚持人才强企战略，加速人才梯队建设，选拔 76 人进入高层级发展通道，选拔 22 名优秀的年轻员工进入中层后备队伍，选派 3 名中层领导到基层挂职锻炼，完成 9 名中国中车副职后备干部初步人选推荐，选拔公司级核心人才 16 人、中国中车级核心人才 10 人。比上年相比，公司工程技术人员占比提高 2.6%，技能人员占比提高 0.9%，管理人员占比减少 0.5%，辅助人员占比减少 2.3%。

【质量管理】 全方位深化“质量优先”的经营理念，实施 IRIS 体系、ISO9000 体系和管理标准体系整合，构建统一的质量管理标准体系；推广“记名造、记名修、记名检”，实行质量要素参与分配制度，充分发挥经济杠杆作用，传递质量压力；试点推行质量特性分级管理，初步形成特性级别和管控标准；强化供应商质量管理，完善供应链体系建设，加强合格供应商业绩评价，结合产品质量特性分级，进一步强化供应商质量监督审核。

【企业文化建设】 围绕中国中车共同的发展愿景，结合公司转型升级工作，以深化 BI 行为规范建设为抓手，将品牌建设作为公司软实力打造的重要内容，系统建设中车行为文化；持续加强文化和品牌理念的内部传播，自上而下推进全员层面的知行合一，提升中车品牌内在素质。通过展示公司近几年发生的重大产品质量事故及有代表性的典型质量问题，引导员工深刻汲取事故教训。深化 VI 形象体系建设，完成新都厂区城轨业务现场目视化建设。结合产业园战略定位、产业优势、建设规模和发展规划，通过策划开展投产仪式、下线仪式等活动，加大对外产品营销推广力度。

【党群工作】 公司党委按照“坚持一个原则、抓住两个关键、巩固三个成果、实现四个创新、推进五项建设”的总体思路，科学规划党建“十三五”工作，扎实推进“两学一做”学习教育活动。建立健全党群组织机构，明晰部门职能职责；同步配备党务工作人员，保证党建工作力量；调整党群人员职薪档级，保证党群人员薪酬待遇与同一层级经营管理人员相同。将党建工作总体要求纳入《公司章程》作为基本原则，使党组织成为公司法人治理结构的有机组成部分，促进党组织发挥作用组织化、制度化、具体化。加强惩防体系建设，狠抓廉政教育与监督执纪，落实巡视反馈问题整改，围绕中心开展效能监察，进一步增强拒腐防变意识和能力，确保公司风清气正、运营合规。修订完善员工慰问管理办法，开展员工生日慰问398人、住院慰问83人次；发放“六送三关注”资金68.69万元，积极推行职工医疗互助保障计划，按规定帮助253名员工报销因病住院费用20.17万元；组织员工体检1687人次、短期疗养328名；筹集“两节”慰问金78.5万元，走访慰问困难员工102户。工会组织围绕中心开展主题劳动竞赛、“新中车、新贡献”员工文化体育系列活动、摄影书画活动。共青团组织开展分层分类的“青”字号品牌系列活动，举办五四表彰、“爱在中车”集体婚礼、爱国主义专题教育、母亲节献礼、慰问高铁售后服务青年等活动。

【企业转型升级】 年内，在四方股份公司的托管带动下，公司按照“先僵化、再固化、后优化”的思路，完成城轨地铁车辆制造图纸转化和技术平移，建立EN15085焊接质量管理体系，系统构建城轨地铁业务的技术工艺和装备支撑体系、质量保证和过程控制体系、人力资源配置和产品制造管理体系、成本费用归集和核算体系。7月1日，如期实现城轨业务正式投产；9月22日，公司首列A型铝合金地铁列车下线，并被评为四川省2016年十大经济影响力事件之一。与四方股份公司签订《动车组检修合作协议》，协同四方股份公司开展成都动车段动车组三级修及相关零部件专业化检修等工作，已基本担当项目管理和技能操作主力。继上年后再次主动承揽成都地铁1、2号线轮对架修项目，地铁大部件检修能力进一步提升。与四方股份公司一起签订泸州市轨道交通项目合作框架协议、示范线及相关配套设施PPP项目合作框架协议。初步实现由传统机客车修理向高端的动车组检修、地铁制造、地铁大部件检修的转变，实现由单一修理业务向造修一体化、产品全寿命周期服务的转变。

【特困企业治理】 公司立足全局、勇于担当、明确目标、深入挖潜，提前一年完成特困企业治理。争取股东增资2.523亿元，资产负债率降低至60.16%，减轻了公司的财务成本，提升了企业发展后劲和经营活力。利用资阳公司既有资源实现机车异地检修，进而实现机车业务造修一体化及中车区域资源的充分盘活和最大化利用。制定下发《公司人员分流安置方案》，全年共计完成739人分流安置。

【重要纪事】 5月31日，公司获得四川省专项资金补助1000万元。5月27日，公司与成都市新都区签订《新都区现代有轨电车展示线项目合作协议》。6月，公司获得266辆铁路厂修客车订单。7月1日，城轨业务正式投产。7月26日，公司获得46台大修机车合同。9月2日，公司EN15085焊接质量管理体系通过TUV认证公司认证审核。9月22日，公司首列铝合金A型地铁车辆正式下线。11月9日，公司通过方圆标志认证集团有限公司四川分公司审核组对公司开展“环境和职业健康安全管理体系监督/扩项二阶段审核”，并取得OHSMS\EMS认证证书（含扩项）。11月20日，公司、四方股份公司与泸州市人民政府共同签署“泸州市轨道交通项目合作框架协议”和“泸州城市轨道交通示范线及空港产业园轨道交通配套设施PPP项目合作框架协议”。12月20日，中车成都地区机车检修业务重组整合工作启动会在公司召开。12月23日，公司转型升级项目获得国开发展基金股东借款支持 25230 万元转为对公司增资。12 月 28 日，公司完成注册资本增资后营业执照的变更登记工作。12 月，公司荣获四川省百强企业称号。

【公司党政工负责人名单】

董 事 长 马云双
总 经 理 兰玉贞
副总经理 杨 明 曾得江
吴岱滨 杨 松
周建乐 高 恒
危 勇（9 月任）
总工程师 周建乐
财务总监 吴岱滨
党委书记 曾继宗（9 月免）
姚卫东（9 月任）
党委副书记 兰玉贞 胡 彬
纪委书记 胡 彬（兼）
工会主席 胡 彬（兼）

（成都公司 供稿）

地 址 成都市新都区石板滩镇石木路 527 号
邮 编 610511
电 话 028－86333133
传 真 028－86333133
网 址 www.crrcgc.cc

中车四方车辆有限公司

（统一社会信用代码：913702001635762 4X1）

董事长、总经理　夏春生

党委书记　刘　杰

【概况】　2016年末，四方车辆公司在册员工共3197人，其中高级技术职称88人、中级技术职称316人。公司固定资产98812万元。占地面积89.9万平方米，建筑面积44.1万平方米。公司行政组织架构由公司总部、事业部、制造本部、技术中心四大系统组成。其中总部设9个单位，事业部设5个单位，制造本部设13个单位，技术中心设4个单位，参控股公司共2个（物流公司、BST公司）。全年，公司实现销售收入145亿元，在中车股份2016年效绩评价中获评A级，并荣获“突出贡献奖”。

【企业管理】　持续深化“两精管理”，推进制度完善，完成制度修订319个、新增33个。完成部门（分厂）标准化手册编制29册。完成创新课题28项。深化PDM系统应用，推广产品三维设计；不断完善管理运营信息化平台，开展主数据贯标，建立客车检修影像采集系统和客车检修KMIS轮轴系统。继续加强质量体系建设，通过IRIS体系复审，阀值同比提升1.51分。开展各类审计项目23项。不断拓展监察领域，完成各类重点监察12项、各类日常监督监察1300余次。强化设备现场管理，实现“3S”管理（即整理、整顿、清扫），设备可控达到100%；通过直购电试点企业建设、竞争机制建设，节约电费、燃气费200余万元。

【生产管理】　全年，完成动车组新造62列、检修78列，客车检修780辆，客车检修完成加装改造330辆，新造出口机车1台、客车24辆。城市轨道交通装备制造实现零的突破，导轨电车样车顺利下线；物流产业化程度全面提升，经营规模持续增长。公司优化厂区划分与产业布局，推进工艺平台、制造平台及试验平台建设，深化制造系统工艺提升。推进转向架业务工艺提升，包括轮轴、构架及转向架总组装板块，逐步实现相同相近业务板块集中化作业、新造轮轴业务自动化生产，转向架组装业务达到同行业前沿水平。推进客车检修能力提升，改进重要配件安装工艺，做好试验台建设，优化钢结构打平工艺，实现电气检修预布线流水化作业，有效解决油漆腻子抛丸等瓶颈工序。完成导轨电车试验线建设，打造公司首条厂内试验线；推进导轨电车试验验证平台建设，产品性能改善及产品可靠性验证得到有效保障。通过开展产品试验线、控制系统等配套项目，公司具备为用户提供交钥匙工程的系统能力。实施高速动车组转向架结构件、公铁车项目及地铁轮对区域协同配套项目，持续扩大生产面积，优化生产布局，全面提升生产能力。

【提质增效】 完善费用预算调控机制，管理费用较年初预算减少2200余万元；销售费用按照签单与货款回笼双挂钩，较年初预算减少500余万元。推进“两金”（即应收账款、存货）压降工作，做到及早预警、重点督促，多方式、多途径清收货款，实现年初减值损失控制目标。推进采购降本计划，年度降本总额达到2500余万元，原材料库存额较上年同期降低37%。推进管理层级压缩及法人户数减少工作，组织完成僵尸企业和困难企业清查及压减企业层级清查。

【市场开拓】 新签订单81亿元，年末在手订单69亿元。动车组新造获得订单4列、检修获得订单54列；获得孟加拉铁路工厂现代化改造项目；获得香港地铁公司的公铁车订单。完成地铁轮对、锯切下料和1250吨压力机等涵盖专业部件、工序加工3个项目的平移，持续扩大动车组检修配套市场。专用车市场全年签单额首次突破1亿元。导轨电车与多个目标市场签订合作协议，为业务再提升、市场再拓展奠定良好的基础。

【科技创新】 完成哈萨克斯坦电动车组总体设计；具有自主知识产权的新制式导轨电车成功试制下线；完成广铁集团、乌鲁木齐铁路局25B改25G改造车、济南铁路局硬座车改造；专用车型谱化、系列化不断深化；成功研制冷滑试验车、接触网放线车。整车系统基础技术创新实现多维度突破，在网络控制、走行部、电气等核心部件创新方面取得质的飞越。科技项目立项138个，年内完成申请受理专利34项，其中国内发明专利申请27项；PCT（专利合作条约）申请2项，国外专利申请实现零的突破。公司首次参与国家重点研发计划“绿色水性工业涂料与涂装技术研究及产业化”项目；公司“山东省工业设计中心”获得批复，并获山东省首届智能制造创新创业大赛三等奖、山东省工业设计大赛铜奖等荣誉。

【人力资源管理】 全面实施优员增效，建立人力资源共享机制，盘活人力资源存量，满足用工需求。打造核心人才队伍，核心技术专家、管理专家、技能专家队伍持续壮大，2016年公司拥有各类核心人才82人。继续推进员工职业生涯发展通道建设，完成技术、管理系统的通道对接工作。挖掘人力资源潜力，规范劳动能力平衡。

【党群工作】 公司党委创新党建载体，开展“两学一做”学习教育，开展系列化学习与专题活动。坚持内外传播与服务中心相结合，实现全媒体宣传、多平台打造，打造高水平微信公众平台，通过营销宣传、特色活动、文化故事、主题教育等多种形式，持续以文化价值促进市场价值、品牌价值的提升。年内组织基层党组织签订《党风廉政建设责任书》172份，组织党员签订《廉洁自律承诺书》745份。完成工会换届选举工作，开展“四比”劳动竞赛；深入开展“三线”建设和“六送三关注”活动，推进员工帮扶救助工作；开展“中车发展与青年使命”等主题活动，积极发挥群团组织作用。

【导轨电车下线】 7月21日，公司自主设计、研发、制造的首列导轨电车举行新品发布暨学术交流。此次发布的导轨电车产品是中国首列自主研发的新型制式轨道交通产品，导轨电车具有13%坡度的爬坡能力，成功填补了国内的空白。

【青岛四方庞巴迪铁路运输设备有限公司】公司员工总数3755人，其中管理人员348人、专业技术人员889人、直接生产人员2138人、生产辅助人员380人。公司设人力资源和行政部、财务和信息技术部、市场/检修和客户服务部、项目管理部、采购部、工程部、生产部、技术服务部、质量保证和试验部。公司分为南、北两个厂区，共计73万平方米，其中南厂区占地面积为15.1万平方米，北厂区占地面积为57.9万平方米。总建筑面积为17.5万平方米。2016年销售收入96.83亿元，净利润11.03亿元，总产值74.93亿元。年末固定资产原值13.35亿元，净值7.44亿元。年内，交付CRH380D型动车组25列、CRH1E型长编卧铺动车组3列。首列时速250公里CRH1A铝合金动车组完成30万公里载客运用考核试验并通过国家铁路产品质量监督检验中心运用考核鉴定。公司通过高新技术企业的重新认定。截至年底，完成并交付EMU动车组285列（折合330个标准列），累计行程达5.29亿公里。CRH380D型动车组已经全部交付；CRH1A-A型动车组获得国家铁路局颁发的“型号合格证”和“制造许可证”，共交付27列；C30项目交付斯德哥尔摩地铁13辆车体；完成60列CRH380D型动车组/EMU动车组的高级修任务。进行《时速350公里双层电动车组的研发》等科技创新项目15个，申请24项专利，其中7项实用新型专利已通过国家专利局审批。参与编制与评审的油漆标准共有6项。组织管理和技术培训项目46项，培训2146人次，46956小时；电焊工培训2239人次，24780小时。

【青岛中车四方车辆物流有限公司】 公司控股子公司，注册资本6000万元。是集仓储配送、长短途汽车运输、大型机械设备起重吊拉、包装发运、成品及燃料油销售、进口卡纸代理及国产纸代理、钢材矿粉及国际货运代理业务、再生资源回收等业务为一体的综合性现代化物流企业。占地面积2.8万平方米，大型综合室内仓储面积近5万平方米，专业化的化工库和露天货场1万平方米。自有70吨级起重及大型拖车等运输设备200多部。2016年末，公司有从业人员837人，32个（部门）班组分布在青岛市内外的7个经营区域。全年实现销售收入30亿元，实现利润4000万元。公司连续五年获“山东省物流与采购行业综合实力五十强企业”称号。

【重要纪事】 1月12日，公司就导轨电车所用钢轨事宜协同重庆二院与武钢研究院签署技术合作协议。1月15日，公司与哈萨克斯坦AUTO LINORISS公司正式签署电动车组项目合同。1月18日，公司研制的缅甸100公里/小时米轨内燃机车在缅甸正式载客运营。2月，公司公铁车和SDB-160型转向架被评为山东名牌产品。3月31日，物流公司被授予5A级物流企业。3月，“时速160km出口伊拉克内燃动车组”项目获2015年度中国铁道学会科学技术奖二等奖。4月8日，公司与山东对外经济技术合作公司签订战略合作协议。5月9日，公铁两用救援清扫车连挂负载的相关试验完成。5月，公司员工张高飞被山东省总工会授予“富民兴鲁”劳动奖章。6月8日，公司与中铁一院签署《合作框架协议》。6月16日。中国中车总裁奚国华到公司调研。6月22日，由公司自主研发设计的跨界产品公路铁路两用车ICON-10亮相英国2016 RAIL LIVE展会。7月21日，公司自主设计、研发、制造的首列导轨电车举行了新产品发布暨学术交流。8月2日，公司获得64辆导轨电车订单。9月，公司申报的“伊拉克动车外观工业设计”项目获得山东省首届“省长杯”工业设计大赛铜奖。

10月19日，公司承担的“青藏发电车A4级检修工艺研究”“时速160km液力传动轨道车用SYD-160A型转向架研制”“HG785D低碳调质钢工艺性研究”三个项目通过中车科技成果鉴定。11月3日，刚果（金）客车项目首批SCTP公司10辆客车及相关配件完成现场交付验收。11月15日，刚果（金）总统卡比拉为四方SCTP客车剪彩，对车辆质量予以高度评价。11月30日，孟加拉国吉大港帕哈特利工厂改造项目签约仪式在首都达卡举行。12月18日，“中车小镇”项目一期揭幕大会在棘洪滩街道办事处市民议事厅举行，所推出5#楼共180户房源全部售罄。12月，公司“中国中车牌转向架构架”获评青岛名牌产品。

【公司党政工负责人名单】

董　事　长　夏春生
副董事长　刘　杰
总　经　理　夏春生
副总经理　张　军　颜　强
　　　　　高玉功　尹建忠
　　　　　陈剑鹏　李效伟
总工程师　高玉功（兼）
财务总监　颜　强（兼）

党委书记　刘　杰
党委副书记　夏春生（兼）　盛同浩
纪委书记　盛同浩（兼）
工会主席　盛同浩（兼）

（四方有限公司　供稿）

地　址　山东省青岛市城阳区宏平路9号
邮　编　266111
电　话　0532-68017018
传　真　0532-68017212
网　址　//www.csrsf.com.cn

中车洛阳机车有限公司

（统一社会信用代码：91410300664668740Y）

董事长、党委书记　高　亢

总经理　肖高华

【概况】　2016年末，洛阳公司在岗员工3930人，其中技术与管理人员1044人，技能员工2886人，高技能人才占比达77%。公司占地面积102.8万平方米，建筑面积26.7万平方米，拥有各类机械设备3250余台（套），固定资产净值3.69亿元。按照总、分模式的运营架构，公司建立了适应企业实际和发展需要的运营管控体系，总部设置16个行政职能部门、2个事业部，下辖洛阳分部、襄阳分公司和1个全资子公司（河洛星公司）、1个参股子公司（洛阳中车城轨公司）。公司全年完成机车检修461台，实现营业收入19.05亿元，全面完成中国中车下达的各项经营目标。

【发展规划编制】　全面总结公司“十二五”以来发展成果，着眼未来，编制上报公司“十三五”发展规划。“十三五”期间，公司将按照“聚焦主营业务、统筹四大板块、紧盯两个市场、抓好两个升级、挖掘资源内涵、洛襄协同发展”的总体思路，系统推进“3211工程”，不断加强企业盈利能力、资源和资产运营效率、持续发展能力、抗风险能力等四类发展能力建设，加快推进智能制造、智能检修、智能物流、智能服务的实施，逐步打造成为中国中车从国内走向国外的世界一流轨道交通装备服务型企业。

【市场营销】　在既有机车方面，努力提升机车检修质量，强化营销区域负责制，开展差异化、个性化服务，进一步提升客户满意度。在中国铁路总公司2016年两次机车大修质量综合评价中分别名列第一名和第二名。公司全年共承揽国铁机车199台，市场占有率26.58%；承揽市场机车109台，市场占有率达到56%。积极推动中车中原维保平台建设，完成郑州铁路局31台中修车项目。在和谐机车方面，完成和谐机车整车合作修153台，营业收入同比增长86.4%。在新产业方面，积极开展南京地铁钢轨探伤车、广州平板车等订单项目研制，开展RTI港铁超声波检测车研制，成为国内搭载多平台探伤系统的设备供应商；与洛阳拓博尔公司签署战略协议，联合开展首台（套）双动力轨道铣磨车研制，进一步拓宽高端轨道工程装备制造及配套业务市场；实施北京、上海、广州等一线城市地铁工程车维保项目，工程车维保服务业务取得新突破。深化与金鹰公司的合作，推进新产业项目开发，与金鹰配套的集装箱项目取得阶段性进展，年生产能力达到2万箱以上。

【经营管理】 按照上级要求，成立董事会、监事会和经理层，进一步健全完善企业法人治理结构，规范企业管理。深化以“6621运营管理平台”为核心的精益体系建设，不断推进企业运营管理优化变革。聘请咨询机构对公司组织机构进行优化设计，强化公司在新产业拓展、技术研发、信息化和成本管控等方面的能力。完成IRIS体系的再认证。积极推动整章建制工作，对照新中车各项规章制度，结合公司实际，修订完善各项规章制度，确保公司运营平稳。探索异地维保项目管理模式，适应公司业务变化。探索实施team团队作业模式，大幅提升作业效率。优化绩效考核，不断完善企业绩效考评体系，进一步强化ESC目标的过程控制，确保各项经营目标的落地。推动实施智能物流项目，深化EAS系统、PLM系统、分解确检信息化系统等运用，不断提升公司信息化水平。存续企业管理中，推进大集体改制、“三供一业”分离移交工作。

【科技创新】 持续开展技术体系和技术资源的优化整合，加快提升核心技术能力。开展和谐D1型机车C6修技术准备工作，推进和谐型电力机车关键部件检修技术能力提升。不断提高既有机车检修技术水平，拓宽机车检修谱系，襄阳分公司成功获取东风7G机车大修资质，开展了东风7B机车大修技术筹备；开展技术攻关和机车适应性改造，完成东风4DK机车不锈钢空气管路改造等多项方案设计，并通过装车验证；完成深圳、南京地铁探伤车、RTI港铁超声波检测车的研制；完成北京、上海、广州等地铁用户各类地铁工程车辆维保服务项目的技术研究；深化与金鹰公司的合作，推进分公司新产业开发，完成集装箱板配套能力育成，形成了集装箱板批量生产能力。年内，公司“货运重载铁路综合检测车车辆研制”“万吨列车中部重联机车渡板变形技术研究”“基于有限工艺单元的工艺设计方法”“和谐型机车轮对偏磨技术研究”等4个项目通过了中车级成果鉴定，其中“货运重载铁路综合检测车车辆研制项目”被鉴定为国际先进水平。完成专利申报72项，获发明专利授权10项，年度专利申请总量、申请发明专利占比、年度发明专利授权量均创历史新高。

【生产运营】 全年共检修机车461台，其中国铁既有机车199台、市场机车109台、和谐机车C4/C5合作修153台。公司以落实安全生产主体责任为核心，进一步强化安全生产红线意识，推进精益安全工位建设，完善了安全生产技术平台、管理平台、考核平台，年内未发生重大安全、消防和环境污染事故。

【基建与技改】 制定下发《投资计划管理细则（试行）》和《公司专用工艺装备配置计划管理办法》，对投资计划管理流程和工装管理流程进行修订与完善。全年完成固定资产投资4168万元。重点做好和谐型电力机车检修基地建设项目和污水站改造项目，其中和谐型电力机车检修基地建设项目完成了电力联合厂房南二跨搬迁及工艺布局调整、电力联合厂房靓化工程、热处理西厂房改造、平安路西段改造、前进路改造、电力机车组装生产线、智能物流、构架数字化扭矩系统等工作。更新改造项目投资完成1423万元，主要用于生产现场工艺装备提升。

【人力资源管理】 年内，面对产品结构转型、产业布局调整的新形势，公司全力做好人力资源管理工作。多渠道、多方式推进员工余缺调剂和外派工作，累计调剂员工770余人次，有效确保了和谐机车合作修项目、金鹰集装箱项目、北京工程车辆大修项目、青岛、株洲劳务外派等项目的顺利实施。实施青年骨干人才能力提升工程，与区域高等院校合作，从专业理论、项目实践、思维视角等方面对青年骨干人才进行培训；开展“工艺一口清”考试等活动，激发员工主动学习的积极性。主动适应市场及产品变化，设计多元化薪酬激励方案，制定《营销人员业绩提成办法》《劳务外派、项目外派员工月度工资核算与支付实施细则》。进一步加强员工职业生涯发展通道管理，将技术、管理人员纳入L1至L10职业发展通道；开展公司第二届核心人才任期考评和第三届核心人才选拔工作，共选拔306名核心技术和管理人才。按照中国中车人力资源信息化系统建设要求，持续推动HCM项目建设，提升了公司人力资源工作效能。

【质量管理】 牢固树立“质量第一”的意识，严格落实质量方针，进一步明确企业质量主体责任，建立公司质量红线机制，完善质量考核办法。通过了IRIS体系、EN15085体系监督审核，保持公司质量管理体系的适宜性和有效性。开展“质量月”等活动，强化“三零”管理、看板管理和标识管理。研究开发质量运维系统及试用，加强对质量数据的管控力度，提升公司质量故障的信息化管理水平。针对公司产品结构调整及异地项目增多的实际情况，制定管理办法，加强异地项目质量管控。以典型质量问题为抓手，开展专项调查、通报与考核，进一步强化全员质量意识。组织开展专项质量攻关，对近两年发生的厂内外质量问题进行梳理和研究，减少了惯性质量问题。

【企业文化建设】 全面开展“新中车•中车心”主题宣传教育活动，引导员工树立“同一个中车”意识。深入推进BI建设，重点抓好公司外派人员行为管理，编写《洛阳公司外派人员行为规范》。重新设计与编印《公司形象宣传画册》，完成VI标识整改、宣传栏改造和现场文化墙装饰，提升公司品牌形象，得到中国中车的肯定和推介。举办仪式活动，积极宣传正能量，为公司发展营造良好的文化氛围，提升了“洛阳维保”品牌形象。

【党群工作】 公司党委深入贯彻落实党中央的方针政策和习近平总书记系列讲话精神，紧紧围绕企业转型升级，坚持党要管党、从严治党，持续开展“创新突破年”主题年活动，推进“品牌支部”创建和“标准化党支部”建设，着力把党建工作成效转化为企业发展优势。坚持中心组学习机制，加强政治理论学习，进一步巩固“两学一做”学习教育成果，强化思想政治引领，统筹谋划党的建设和企业改革发展。进一步优化完善“精益党建”体系，夯实党建工作基础，加强党务干部培训培养，全面落实从严治党要求。健全完善体制机制，把党建工作要求写入公司章程，完善“双向进入、交叉任职”“一岗双责”领导体制，健全党组织议事决策机制，把加强党的建设与完善公司治理统一起来。坚持党管干部和党管人才原则，完善人才培养机制和通道，建立健全考核激励机制和容错机制，强化后备干部和三类核心人才管理，建设高素质的领导干部和人才队伍。严肃党内政治生活，加强基层党组织和党员队伍建设，增强党建工作活力，着力发挥战斗堡垒和先锋模范作用。认真落实“两个责任”，强化纪律建设和监督检查，大力加强党风廉洁建设。加强思想政治、宣传引导工作，营造良好的舆论环境。坚持党建带群建，做好工会、共青团工作，加强民主管理，充分发挥群众工作优势。

【重要纪事】 1月12~13日，中国中车董事长崔殿国到公司调研。1月21日，公司召开2015年度“三严三实”专题民主生活会。1月23日，公司召开一届一次职工代表大会暨2016年度工作会议。4月6日，公司成功入围中国机电产品再制造试点单位。4月26日，公司召开“两学一做”暨提质增效工作动员会。6月7日，公司成功中标港铁K1802超声波探伤车车体制造项目。7月13日，公司召开一届二次职工代表大会暨2016年上半年经营活动分析会。8月8日，公司顺利通过环境/职业健康安全管理体系监督审核。8月23日，河南省副省长、洛阳市委书记李亚一行到公司调研。11月10日，中国中车股份公司总裁奚国华到公司调研。11月14日，第一届中国中车企协年会暨杂志笔会在洛阳召开。11月16日，河南省委常委、常务副省长翁杰明与河南省委常委、副省长、洛阳市委书记李亚一同到公司调研。11月18日，中国中车2016年和谐机车协同化合作修研讨会在洛阳召开。11月25日，公司科技项目成果鉴定会在洛阳召开，公司4项科技成果通过鉴定。

【公司党政工负责人名单】

董事长　高　亢
总经理　肖高华
副总经理　王　淼　李　涛　杜志品　陈东平　谢永才　秦　远　滕南春　叶以兵
财务总监　滕南春（兼）
总工程师　谢永才（兼）

党委书记　高　亢
党委副书记　肖高华（兼）　王永和
纪委书记　王永和（兼）
工会主席　王永和（兼）

（洛阳公司　供稿）

地　址　河南省洛阳市瀍河区启明东路2号
邮　编　471002
电　话　0379-62635310
传　真　0379-63570296
网　址　www.crrcgc.cc/g1352.aspx

中 车 西 安 车 辆 有 限 公 司

（统一社会信用代码：916101006631640309）

董事长、党委书记　张向东

总经理　韩志坚

【概况】　2016年末，西安公司员工总数4164人，其中在岗员工3528人，高级技术职称108人、中级职称325人。设有18个行政职能部室、5个党群部室、2个事业部、1个产品制造部、6个分公司、1个子公司、1个测罐站。公司占地面积66.47万平方米，生产房屋建筑面积27.76万平方米，经管铁路24.33公里，固定资产原值10.92亿元、净值4.93亿元，拥有机械动力设备3115台。全年未发生工伤死亡、重伤事故和火灾等重大责任事故。实现营业收入15.03亿元，净利润592万元。

【改革改制】　成立全面深化改革领导小组，负责公司改革的总体设计、统筹协调、整体推进和督促落实。先后制定《“三供一业”分离移交工作方案》《厂办大集体工作方案》《压缩管理层级、减少法人户数工作方案》和《处置特困企业专项治理工作方案》4个专项工作方案。修订《党委会会议制度》《“三重一大”决策制度实施细则》，“三重一大”事项改为党委会通过后董事会决策、经理层执行。完成公司副董事长和多名董事的调整，修订公司《董事会议事规则》，规范和细化了董事会议事内容、程序。建立以目标任务为导向的绩效考核机制和激励约束机制。在小批量生产中探索项目制。着眼提高工作效率、理顺管理流程，有序实施了组织机构调整、管理模式重构、业务重新规划、基础管理制度全面修订等改革举措。优化市场营销职能，建立高效生产单元，将原货车车间、冲压车间、储运装备车间合并成立产品制造部；撤销二机械分公司，将其业务分解到机械分公司和制锻件分公司；将市场部售后服务处人员及相关职能划归质量部管理；修订、下发《中层助理及中层领导人员选拔任用实施细则》。

【经营管理】　将公司规划设定的目标分解到年度工作中，以方针目标管理模式按项目化、指标化进行管理，确保战略规划扎实落实与执行。在“做好增量、盘活存量、主动减量”活动中，以提质增效为经营管理工作的核心与重点，实现全年效益扭亏为盈。不断深化精益管理，夯实基础，制定公司“十三五”发展规划；通过开展全方位改善、实施精益生产达标等措施，全面促进成本、质量、现场安全等基础管理的提升。

【科技创新】 与国家铁路产品质量监督检验中心共同组织GQ80型罐车运用考验；完成煤制油铁路罐车方案及施工图样设计，并于9月通过中国中车组织的方案设计、技术设计评审；完成公铁联运货车关键结构技术研究及技术方案；完成新型沥青罐车、新型浓硫酸罐车和大容积化工品罐车方案设计；取得C80E型敞车和NX70型共用平车生产许可证。完成J19（1C）型黄磷罐式集装箱设计更新、实现批量生产；推进JY43（1AA）型罐式集装箱通过公司评审，取得铁路运输可行性安全评估；完成LNG气罐产品与LNG铁路罐车产品试制及相关试验；完成LNG半挂车、JY20型液氯罐式集装箱、丙烷单体车等方案及施工图样设计、试制；积极推进铜金矿集装箱、浓硫酸罐式集装箱等在研产品研发进程。

【生产运营】 年内，公司完成新造货车1270辆、修理货车4429理辆、修理客车446辆。其中，新造货车完成GQ70A苯罐车400辆、GQ70罐车400辆、GS70罐车20辆、NX70A公用平车450辆等4个品种，另有黄磷集装箱170个、JJC（铁路接触网检修车）40辆，新造货车与上年相比增加532辆，是上年的170.09%；修理货车完成轻油轴承罐车1260辆、粘油轴承896辆、G11型罐车166辆、敞车1108辆、平车567辆、棚车414辆、箱车18辆，修理货车与上年相比减少499辆。修理客车完成YZ25G车158辆、YW25G车179辆、YW25B车3辆、RW25G车10辆、RW25B车2辆、YZ25K车5辆、YW25K车8辆、XL25G车7辆、UZ25G车3辆、UZ25K车5辆、XL25K车5辆、YZ22车2辆、XL22车4辆，XL25B车7辆、YZ25B车41辆、YW25B车3辆、CA25G车2辆、RZ25B车4辆等18个品种，客车修理与上年相比增加28辆。

【市场营销】 全年国铁订货NX70A型平车750辆、GQ70型罐车400辆；努力挖掘自备车市场潜力，参加中石油西南化工600辆GQ70A的投标并中标；积极介入铁路集装箱领域，与成都盛蓉化工有限公司签订黄磷罐式集装箱开发技术协议和1500个罐箱销售合同。全力开拓LNG领域市场。促进LNG罐箱在呼和浩特铁路局的试验运行；与河南博鑫能源、江苏润寰有限公司签订战略合作协议；LNG气罐产品实现突破，与江苏弗莱因及美国底特律重卡在重型矿用车领域展开合作，签订4个LNG气罐销售合同，并签署了共同开发美国市场的协议。与陕西东立投资有限公司签订旅居车、多式联运和公铁通市场业务合作框架协议；中标西安标准热处理公司搬迁工程热处理水、油槽制作项目；与张掖市七彩丹霞、洽川县仙女湖、关山牧场等景区联合开发市场化旅游观光小火车项目，并以公司为主导编制了旅游观光小火车的设计制造标准。

【售后服务】 公司售后服务在做好首次运用现场服务、确认和办理配件索赔业务、参加事故分析处理等工作的同时，重点做好铁路货车外部质量信息的收集、整理、传递和处理，确保公司产品运行状态良好。全年共收集、处理铁路货车外部质量信息1006件，其中典型故障914件、非典型故障87件、配件质量故障5件。安排现场服务人员巡回走访全国18个铁路局（铁路公司）及其下属车辆段和路外用户，共发放、收回《顾客满意度调查表》41份，顾客满意度均达到100%。

【基建与技改】 公司全年完成投资4269万元。“70吨级新型罐车制造工艺水平重大投资项目”已完工；“LNG储运装备制造基地建设项目（一期）”已累计投入 7460 万元，LNG 主体厂房、配套污水处理站、空压站建设（一期）已建成，主要生产设备（初期）、整体打砂油漆生产线已陆续安装到位；“北车整体信息化建设工程项目-西安公司子项目”已完成，累计投入 600 万元。围绕 J19 集装箱和 JJC（铁路接触网检修车）批量生产加大技改投入，计划更新改造新开工项目 30 项，实际投入 1190 万元，分别完成更改项目 10 项，投入 422 万元，其余 20 项在建。

【人力资源管理】 以打造“专业化、规范化、信息化”的战略人才开发为目标，深化人事制度改革，强化干部队伍建设，积极推进跨系统、跨工种调配劳动力的用工模式，不断提高人力资源管理效能。坚持在科研人员中实行岗位业绩工资制和竞争上岗制度；建立和完善人才信息库，组织完成 2 名资深技术专家和 27 名技术专家的选拔推荐工作及各类专业职称评审、高技能人才评聘（推荐）等工作；在市场营销、工程技术、专业管理等职类中，统筹布局国际化人才培养项目，全年共培养国际化中级人才 2 名、国际化初级人才 4 名；完成研究生 6 名、本科生 27 名高校毕业生校招工作。全面落实全员绩效考核管理机制，完成公司 3793 名员工 2015 年度绩效考评，评选出优秀员工 714 人，对考核结果在前 30%的员工给予每人每月 100 元的绩效奖励，对于考核结果为基本合格的人员进行诫勉谈话与针对性培训。根据月度生产任务完成情况，认真核算各基层单位工资总额，在充分考虑各生产单位劳动付出的基础上，兼顾效益与公平，做到工资支出总体平衡。全年共举办公司一级培训 30 余期，培训 1600 余人次；二级培训、技术比武 180 余期，培训 3400 余人次。完成中车技师、高级技师理论及实作鉴定 23 人，初、中、高级工鉴定 125 人；完成 20 余个工种的实作命题工作与车辆钳工公司级职业技能大赛。

【党群工作】 认真抓好“两学一做”学习教育，公司党委中心组先后进行 5 次集体学习，班子成员结合工作实际进行专题研讨、讲党课，同时参加和指导基层党组织召开的学习教育专题会。切实抓好中车巡视组反馈意见的整改工作，成立以党委书记、总经理为组长的整改工作领导小组，围绕巡视组提出的问题和整改意见，全面剖析，对照职责抓整改，狠抓督促落实。持续推进领导班子和人才队伍建设，按照“能者上、平者让、庸者下”的原则，修订完成《中层领导人员及中层助理选拔任用实施细则》；完成公司 54 个领导班子和 138 名中层领导人员业绩考评，对于考核结果为优秀的 15 名优秀个人给予一次性奖励，对于考核结果为基本称职的 5 人进行了诫勉谈话。进一步加强党组织和党员队伍建设，完成 41 个基层党组织绩效考核和 6 个改制企业党组织调研考查，评出优秀党组织 6 个；培训入党积极分子 24 名，发展预备党员 19 名，预备转正 14 名。完成公司视频会议形象墙、挂牌、宣传栏、公告栏、先行报、内外网站等 7 大类整改项 66 项 VI 系统整改工作。抓好党风建设和反腐倡廉建设。实施党风廉政建设工作汇报制，强化“两个责任”；落实党风廉政建设责任制，公司所属 44 个党政领导班子负责人、6 个改制单位的领导班子分别与党委书记签订了《党风廉政建设责任书》；对公司重点廉洁风险点进行排查，共签订 434 份重点岗位《廉洁从业承诺书》；开展“守纪律、讲规矩、明底线、知敬畏”主题教育活动，在职党员签订了《党员廉洁自律承诺书》；加强监督，执纪问责，对党员领导干部党纪处分 3 人、政纪处分 1 人，公司党委书记、纪委书记完成提醒谈话 15 人、通报批评 2 人、诫免谈话 5 人。

坚持职代会制度，严格执行厂务公开制

度，落实职工的知情权。把职工经济技术创新和劳动竞赛活动与“全方位改善”、精益管理、“提质增效”活动相结合，全面融入中心工作；开展“安康杯”竞赛，促进生产安全。全年救济困难职工185人，救济金额13.52万元。开展第二届青年设计创意竞赛，成立项目组33个，征集设计创意方案33个，共108名青年参加；培育团员青年敬业、爱岗、奉献精神，全年评选出青年文明岗11个，青年岗位能手26人。

【重要纪事】 1月，公司起草编制的《铁路罐车用下卸阀》企业标准通过中国铁路总公司审查；公司与江苏弗莱茵工程技术有限公司签订LNG气罐委托开发协议。2月28日，公司NX70型公用车样车通过中国中车技术评价。3月，公司试修的TG38、TG64A、GHA70A三种罐车通过CRCC（中铁检验认证中心）认证；公司完成特种设备设计制造许可证更名工作。4月20日，国有重点大型企业监事会主席杨坚到公司调研考察。4月21日，公司召开一届一次职工代表大会。4月28日，公司召开“两学一做”学习教育动员大会。6月7日，公司首辆JJC（铁路接触网检修车）钢结构试制通过鉴定。6月17日，公司25G型餐车试修通过中国中车技术评价。6月20日，公司通过IRIS管理体系换证审核。8月22日，中国中车党委书记郑昌泓到公司调研“两学一做”专题教育开展情况。10月10日，公司25B型软座车试修样车通过中国中车鉴定。10月13日，公司李永军技能大师工作室荣获陕西省示范性创新工作室。10月31日，中国中车对公司主要领导职务进行调整，张向东任公司党委书记、董事长，韩志坚任公司总经理、党委副书记。11月10日，公司通过测量管理体系审核。12月，公司LNG铁路罐车研究课题顺利通过中国铁路总公司验收。

【公司党政工负责人名单】

董事长	张向东
总经理	张向东（10月31日免）
	韩志坚（10月31日任）
副总经理	郑国忠（3月23日任）
	武　强（3月23日任）
	李胜林（3月23日任）
	苏宇东（3月23日任）
	郭小锋（3月23日任）
	郭志挺（3月23日任）
总工程师	郭小峰（3月23日任）
财务总监	郭志挺（3月23日任）
党委书记	南选义（10月31日免）
	张向东（10月31日任）
党委副书记	韩志坚（10月31日任）
	吴青林（3月23日任）
纪委书记	吴青林（3月23日任）
工会主席	张革斌（5月12日任）

（西安公司　供稿）

地　址　陕西省西安市三桥建章路
邮　编　710086
电　话　029-82369253、82369225
传　真　029-82367111
网　址　www.crrcgc.cc/xa

中车兰州机车有限公司

（统一社会信用代码：9162010366004384X5）

董事长　闵　兴

党委书记　高永君

总经理　周颜忠

【概况】　2016年末，兰州公司拥有全资子公司3家、分公司4家，在册员工2000余人，其中高、中级技术人员及高级技工700余人；资产总额近36亿元，厂房面积16万平方米；拥有各类设备2330台（套）。年内，公司开始实施整体搬迁。公司通过了ISO9001质量管理体系、ISO14001环境管理体系、OHSMS18001职业健康安全管理体系、ISO10012测量管理体系认证、IRIS认证，是国家安全质量标准化一级企业、国家高新技术企业、甘肃省认定的“企业技术中心”。公司累计有发明专利9项，实用性授权专利38件。2016年公司实现销售收入8.04亿元，亏损8650万元；总产值劳动生产率为41.79万元/人·年；在岗员工收入4.78万元/人·年。

【发展规划编制】　年内，公司制定了“十三五”发展战略规划。“十三五”期间，公司将以整体搬迁为契机，以打造西北高端轨道交通装备造修基地为目标，大力拓展多元产业，积极构建“产品”+“服务”的发展模式，加快推动企业转型升级，全面推进第三次创业。公司“十三五”业务定位是：中国中车西北高端轨道交通装备造修基地，中国中车西北轨道交通装备售后服务中心，中国中车新产业在西北的辐射区。到2020年，公司销售收入达到23亿元，净利润0.85亿元。

【改革改制】　9月18日，中国中车下发《关于印发中车兰州公司业务重组转型升级总体方案的指导意见》。按照《指导意见》，由大连公司整合重组兰州公司，吸收兰州公司既有的直流机车检修、风电装备制造、工程机械造修等业务，并在兰州公司沙井驿新厂区布局和谐机车检修及部件检修、城市地面轨道交通业务；同时引入长客股份公司和株洲所时代电气公司，在公司沙井驿新厂区布局城轨车辆造修、动车组高级修（预留）、轨道交通核心系统及部件检修等业务。年内，已完成业务重组前的资产清查等相关工作。至12月31日，公司已有545名员工申请内部退养，28名职工申请解除劳动合同。实施人员分流安置后，公司在岗职工1300余人。

【经营管理】　年内，公司全面推进职能部室系统化管理，特别是强化对各分子公司（含存续企业）的监管，实现了管理体系、管理制度和管理考核的全覆盖。按照中国中车要求，重新编制修订公司各项管理制度和流程，建立健全公司管理体系和管理制度。加强运营、资金清欠、提质增效、精益管理工作月度分析和通报，及时制定措施，强化责任落实，确保各项工作有部署、有落实、有成效。强力推行精益管理，邀请爱波瑞公司对公司精益管理进行指导，电器车间屏柜组装精益生产示范线建设、柴油机总装生产区建设项目初见成效，屏柜总组装周期压缩约 20%，内部物流距离缩短近 45%。持续开展机车产品质量综合整治，强化合格供应商动态管理，对 22 家供应商进行现场审核，取消 6 家供应商合作资质，实现供应商索赔 40.1 万元。优化市场资源配置，整合机车板块市场营销、售后服务等资源，将全国划分为五大片区，全面实施国铁、地铁机车、大部件的网格化营销管理。落实安全生产和环保责任制，强化危险源分级管控，加强日常检查和考核，实现了第 12 个安全年。机车系统各单位强化生产组织，保质保量完成机车生产任务，全年检修韶山 3B、韶山 4 等重联机车达 14 台，尤其是 12 月份完成兰州局 8 台韶山 7E 机车检修任务，创产能新高。

制定《特困企业专项治理方案》和《压缩管理层级减少法人户数的实施方案》，全力推进特困企业专项治理和法人户数压减。按照特困企业专项治理方案，公司加快实施减亏治亏的各项措施，深化提质增效与两金压降，加强市场开拓，盘活闲置资产等，多措并举扭转企业经营亏损局面。压减法人户数，注销云南中车新能源装备公司、新疆中车运输物流有限公司、五家渠中车新能源装备有限公司等3家法人实体。

【科技创新】 年内，公司健全完善新产业发展机制和激励政策，设立新产业发展基金，加快新产品、新技术开发。成功试修 2 台韶山 7C 型电力机车，取得轻大修行政许可证书；完成首台东风 4DD 型内燃机车大修。全年开展工艺轮检 1339 项，完成工艺攻关 35 项。自主研制的 CDB55-9/552 型超级电容机车荣获甘肃省第二届“创新杯”工业设计大赛铜奖；研制的机车质量网络管理系统荣获国家版权局计算机软件著作权登记证书。全年向国家知识产权局新申报专利 18 件，其中发明专利 9 件，实用新型专利 9 件。成功取得国家质检总局颁发的《广播通讯铁塔及桅杆产品生产许可证》；取得住房和城乡建设部颁发的《钢结构工程专业承包三级资质证书》和《安全生产许可证》。与株洲所深度合作，20 名员工经培训熟练掌握了风电维保专业技术，并以劳务输出方式成功进入风电维保领域。大件运输业务融合“互联网+”，主动创新商业模式，链接社会优质资源，强化中车内部配套，成功承揽株洲所风机、叶片等运输业务。整合工程机械板块生产、销售、研发等各类资源，成立工程机械分公司，理顺内部经营管理机制，推进降本增效各项措施，进一步激发出经营活力。全年新签订合同 1.7 亿元，同比增长 5.5%。

【生产运营】 年内，公司检修机车数量持续大幅减少；公司风电业务的主战场——三北地区弃风限电严重，公司风电订单呈现断崖式下降，单位产品利润率大幅下降。根据国资委《关于做好 2016 年中央企业提质增效工作的通知》和中车集团《关于全面开展以“加大降本增效力度，超额完成经营目标”为重点的提质增效工作的通知》精神，围绕落实“创新、协调、绿色、开放、共享”五大发展理念和“去产能、去库存、去杠杆、降成本、补短板”五大任务，公司制定了以降低物资采购金额、减少委外修成本、两金压降及期间费用控制、减少存货积压、合理筹划用工、节能减排、检修攻关、质量提升等重点工作的提质增效活动方案，各项活动取得了良好成效。全年降采638.46万元；降低委外修成本491.2万元；全年累计回款122802万元，应收账款余额由上年末的136570万元下降至105207万元，下降22.96%；降低库存金额722万元；降低能源消耗322.7万元；机车检修原材料、配件成本费用全年累计节约1067万元。公司全年完成机车大中修149台（其中国铁机车106台，地方铁路机车43台），NJ2机车转向架11台。

【市场营销】 年内，机车检修产量大幅下降，整体市场规模越来越小。工程机械产品方面，包括工矿机车制造业务和内燃轨道起重机修造业务；风电板块全年签订塔筒订单数量689套，持有订单合同总额63406万元，新签合同金额同比下降39%。公司主动加强与省市政府部门沟通协调，积极争取政府财政支持，争取到兰州市节能减排奖励资金2000万元、甘肃省工业和信息化专项资金600万元。公司整体搬迁项目列入甘肃省2017年度重大项目，新址土地税费减免及政府其他扶持政策逐步落地。

【质量管理】 公司全年一般C类及以上质量责任事故为0，D类质量责任事故6件，机破38件，临修18件。完成ISO9001质量管理体系认证证书、CRCC中铁检验中心产品认证证书、压力容器制造许可证书等换证审核工作。编制完成质量管理工作制度17个。根据机车厂内外质量反馈和段方的要求，针对机车检修外购件造成的质量问题，公司在统计、汇总、分析的基础上，对供应商业绩进行评价并实施动态管理。4月12～14日，公司对质量管理体系、IRIS管理体系、CRCC产品认证规则所覆盖的25个单位进行了现场审核，共开具不符合项报告11项（均为一般不符合项），提出需要改善的问题118项。组织开展“质量月”活动及以“打造质量精品，塑造质量形象，确保运输安全”为主题的“质量精品车”检修活动，落实质量整改，提升质量管理水平。

【企业文化建设】 年内，公司持续开展“新中车、中车心”主题宣传教育活动，弘扬中国高铁工人精神。围绕公司业务重组、提质增效等工作，编制宣传提纲，积极宣传规划愿景，促使广大员工认清形势、增强信心、凝聚力量。加强重大经营活动报道及新闻策划；“聚焦现场”栏目组深入现场，采访一线员工，撰写长篇通讯，反映员工敬业爱岗的精神面貌。拓展新闻宣传新途径，开通公司微信公众平台，积极传播、推广公司和中车品牌，加大对外宣传报道力度，及时向省市媒体投稿，30余篇反映公司发展和党建工作新成就的报道在中车微信、央广网、人民铁道网和《甘肃工人报》等媒体发表，提升了公司的知名度。认真开展中车企业文化VI整改；加强形象文化建设，完成企业新版广告册设计制作；举办首届“绿色低碳健康行，出彩中车兰州人”健身徒步走活动，宣传中车品牌文化，展示公司企业形象，培育员工乐观向上的精神；深化中车品牌理念宣贯，征集中车之歌，制作图片展板，促进品牌理念深入人心。

【党群工作】 年内，公司党委着力加强党组织基础建设，深化创先争优活动，不断增强党组织凝聚力、战斗力。围绕业务重组、提质增效、人员安置分流等重大问题，发扬民主，集思广益，充分研究论证，积极参与重大问题决策，保证决策的正确方向。加强异地公司党组织建设，对7个基层党支部进行换届选举，举办党支部书记和支部委员培训班。深化“共产党员示范岗”创建活动，引导党员围绕生产急难任务、提升产品质量、降低物耗成本等，践诺争优，破解难题，完成立项攻关76项、降本增效58项、质量提升21项，使争创活动更加贴近生产经营，用实际行动争做合格党员。各级党组织聚焦党员实现“四个进一步”，高质量开展“两学一做”学习教育，注重加强组织领导，关键环节有序推进，学做结合取得了实效。

工会深入开展“两提高、两降低、两优化”合理化建议和“我为公司提质增效做贡献”劳动竞赛活动；深入开展“两节”送温暖、大病互助工程、关爱女职工等活动，走访慰问职工300余户。积极参加中车第一届运动会；举办第四届健排舞比赛和书香铁路女职工读书等系列活动。

【重要纪事】 4月23日，公司举行首台韶山7C型电力机车轻大修竣工剪彩仪式。4月25日，中车股份公司专题会议确定兰州公司整体搬迁转型升级发展定位。9月，中车股份公司出台兰州公司业务重组转型升级总体方案指导意见。11月10日，公司召开干部大会，宣布对公司主要领导职务调整的决定：闵兴任公司董事长；高永君任公司党委书记、副董事长，免去其董事长职务；提名周颜忠为公司总经理（法定代表人）人选。11月29日，公司与中车置业有限公司签订《共同开发中车兰州公司老厂区土地合作协议》。12月19日，公司召开一届五次职代会代表组长联席会议，审议通过《中车兰州机车有限公司特困企业专项治理员工分流安置方案》。

【公司党政工负责人名单】

董事长　高永君（11月10日免）
　　　　闵　兴（11月10日任）
副董事长　高永君（11月10日任）
总经理　周颜忠
副总经理　王常智　李培优
　　　　张　军
　　　　郭志挺（6月29日免）
　　　　袁立新　刘志祺
　　　　李长江（6月29日任）
总工程师　王常智（11月11日免）
　　　　张　军（11月11日任）
财务总监　郭志挺（6月29日免）
　　　　李长江（6月29日任）

党委书记　高永君
党委副书记　周颜忠（兼）
　　　　范俊生（6月29日免）
纪委书记　范俊生（6月29日免）
　　　　王　波（6月29日任）
工会主席　范俊生（6月29日免）
　　　　王　波（6月29日任）

（兰州公司　供稿）

地　址　甘肃省兰州市七里河区武威路63号
邮　编　730050
电　话　0931-2946321
传　真　0931-2867279
网　址　www. Lzoco.chinacnr.com

中车南京浦镇车辆有限公司

（统一社会信用代码：91320191663764650N）

董事长　党委书记　赵大斌

总经理　李定南

【概况】 2016年末，浦镇公司在岗员工7152人，其中女员工582人，高级职称185人、中级职称745人，高级技师100人、技师335人。组织架构由管理本部、技术中心、营销中心、制造中心及控参股公司五大系统组成。公司固定资产原值226687万元，固定资产净值156530万元；占地面积106.88万平方米，建筑面积31.11万平方米；拥有各类机械动力设备2783台，全年设备完好率98%；动能万元产值耗能源0.026标吨煤。全年完成新造客车542辆，其中海外客车32辆；修理客车638辆；完成城轨车辆生产212列1118辆，其中国内城轨（含低地板）车辆整车102列560辆，配套子公司车体、转向架75列406辆，CRH6型城际动车组和CRH2G型高速动车组各1列共16辆，马来西亚、伊朗项目33列136辆。全年实现销售收入85亿元，归属母公司净利润1亿元。

【企业管理】 整合设计、工艺和质量部门，优化调整客修事业部组织机构，撤销解修车间。根据中国中车建立董事会的相关要求，对公司章程及相关部门职能进行调整。完成公司《“十三五”发展规划》及《2017～2019年三年滚动发展规划》编制。江门、杭州、合肥、苏州等基地陆续建成投产。完成产品功能结构树 PLM 平台规划和建设，构建以产品工序包为最小单元的项目数据管理系统框架。组织开展精益车间、精益示范线建设工作，实施工具定置管理及手机集中存放管理；持续开展改善提案活动，全年共收到改善提案 2084 件，改善提案率为 84.75%。公司《轨道装备制造企业基于精益制造的智能化物流管理》荣获第二十三届国家级企业管理现代化创新成果一等奖。坚持以全面预算为纲，以提质增效为抓手，大力压缩各项费用，共压减管理费用 4118 万元。以两金压降为重点，强化债权债务管理，制订应收账款管理工作方案，加快应收账款回笼；强化现金流管理，降低财务费用 1817 万元。以成本管理为核心，以月度成本管理点评为载体，强化全员降本增效意识，细化完善成本核算流程，不断提高成本管理水平。合理进行财税筹划，通过研发费用税收优惠政策，减免企业所得税1530万元；通过出口项目“免抵退税”政策，实现增值税退税5329万元。坚持安委会季度会议制度，对安全重点工作有布置、有落实、有检查，开展“春季安全大检查”“安全月综合性安全检查”等活动，及时消除隐患，预防事故发生。落实相关方安全生产责任制，建立形成相关方常态化的安全监管机制。

【改革改制】 完成厂办大集体工业公司改制后的清算、关闭、注销工作，南京浦镇车辆厂工业公司于11月份正式注销关闭。“三供一业”移交工作顺利进展，工厂与浦口区政府达成物业管理移交意向，双方履行审批程序，适时安排协议签订及办理正式移交手续。

【科技创新】 获得时速160公里CRH6F型（国产牵引）城际动车组制造许可，完成时速160公里CRH6F型（进口牵引）城际动车组样车试制。完成采用新能源的空轨列车研制，荣获首届江苏省工业设计大赛金奖。以上海10号线增购项目为平台，加快打造公司自主设计的无人驾驶产品，完成方案设计。完成二等座车施工设计，完成永磁直驱转向架地面各项试验验证；完全自主的低地板独立轮对转向架成功运用。合肥2号线、滇南5模块、3模块有轨电车等5个项目自主研发列车控制系统交付使用，在宁和城际项目上实现了自主集成的车地无线数据传输系统的应用。完成时速350公里标准动车组制动系统的型式试验；HP2008型地铁制动系统顺利通过中国城市轨道交通协会运营考核评审，获得资质认定。完成系统集成平台搭建，完成2项国家标准、7项行业标准、3项铁路总公司标准编制工作。全年申请专利142件，并获得公司首个国际专利授权。公司有效专利累计784件，其中发明专利194件。

【市场营销】 国内项目共获1407辆订单，累计金额101.84亿元；国外项目共获177辆订单，订单金额约16.69亿元。中标铁路总公司新造客车378辆，市场份额占比58.51%，中标铁路总公司修理客车534辆，市场份额占比超过10%；招揽地方铁路新造客车132辆。代表中国中车以联合体的形式中标芜湖市轨道交通1号线、2号线一期PPP模式项目。河西有轨电车项目处于政府回购阶段，按照合同分7次回购，年内已完成第5次回购，回购金额超过3/4。海泰公司制动系统在地铁市场取得突破，获得常州地铁1号线、南京地铁1号线等地铁制动系统订单。

【人力资源管理】 年内，公司建立技管类标准职位库，形成规范统一的职位说明书；启动两级职位评价，搭建员工职业生涯发展通道；细化人才评价标准，系统构筑“职位+能力”的复合型人才管理平台。构建并实施年度人力资源评价，以HCM评价系统协同推进人力资源管理。建立生产用工余缺调剂机制，启动定员优化工作。加强用工管理，建立员工医疗期管理机制，强化长效管理。修订公司干部选拔任用管理办法，建立健全中层干部责任追究制度。

【质量管理】 以质量点评会为载体，定期通报内外部质量情况，分析整改典型案例11起。开展新版体系标准宣贯，确保公司质量体系的运行有效，与南京监造项目部建立定期“对规对标”常态化检查机制，深入推进质量专项整治活动。针对近年发生的事故、典型和惯性问题，开展专项整治，提升产品实物质量。加强供应商管理，修订完善《供应商考核管理办法》，对质量问题划分考核层级，提出黄牌警告1次，责任交班7次，经济考核142万余元。

【企业文化】 公司坚持用文化引导战略，

加强行为文化建设，制作员工文明行为专题动画片，征集公司五大文化60个故事，与《凤凰江苏》《新华日报》《新华网》等媒体合作，开展《大国工匠 行智有道》专题宣传。修订完善浦镇公司管理办法及相关流程。加强品牌建设，将文化品牌建设纳入党建“六项工程”，并进行了检查和考评。根据中车公司统一要求，组织实施VI整改工作。先后代表中车组织了伊朗展和北京展，5次参加海内外展览展会。加强售后服务站建设，打造了宁天城际标准化售后服务站。加强文化成果宣传，全年编辑出版《“两学一做”学习体会汇编》成果集、《企业管理研究》杂志6期，出版了2016年年鉴。加强对外宣传，开通“中车浦镇”微信公众号，全年在中央及省市各级媒体刊载新闻82条，组织接待了近百次公关活动。

【党群工作】 公司党委以“两学一做”学习教育为主线，全面加强党建和精神文明建设。组织赴井冈山进行“两学一做”培训，开展“两学一做”党纪党规知识竞赛，举办学习党章专题讲座等教育活动。修订完善两级中心组学习制度，邀请省市党校的专家学者等开展形势分析报告会、“微言堂”进企业行等活动。开展“学精神，讲责任，树新风”主题教育活动、“两学一做”学习征文、党规党纪知识竞赛、读书沙龙活动，开展优秀共产党员征文、摄影书画作品征集，拍摄并展播优秀共产党员微电影等。深化“六项工程”，增强党员领导干部和广大员工的凝聚力、战斗力。通过党员组织关系排查、党费收缴专项检查、党代表和党员违纪违法排查、党组织换届选举排查，加强党建工作。全年共帮扶困难员工2650人次，救助金额达254.27万元。组织完成2641名员工集体疗休养，规范组织劳模、先进员工疗休养，发放全员节日大礼包以及电影票和员工生日蛋糕福利券。组织召开公司第一次团代会并选举产生新一届团委会。

【新能源空铁试验线投入运行】 11月21日，“世界首条新能源空铁试验线投入运行启动仪式”在四川成都双流区举行。“世界首条新能源空铁”是由中车浦镇与西南交大等单位合作，将高铁城际和中国城市地铁成熟技术迅速转化打造而成的国际领先、国内首创的新能源空轨车辆，其“近地半空”运行方式，对今后城市轨道交通发展和制造业的转型升级、新能源技术的推广与应用将形成一种全新的生产力。从接受研发项目到新能源首列空铁在公司研制成功并顺利下线，公司仅仅用了4个月零10天的时间。新能源空轨列车在世界首条新能源空轨试验线上经过一个多月的上线试运行，各项技术指标完全符合设计要求，新华社、中央电视台一套、四套（走遍中国）、凤凰卫视及四川省市媒体、新华网、新浪网、腾讯网等媒体记者进行了现场报道。

【CRH6F型城际动车组获国家制造许可】 11月17日，公司正式获得国家铁路局颁发的时速160公里CRH6F型城际动车组制造许可证。这是继2015年8月25日获得时速200公里CRH6A型城际动车组制造许可证后，公司获得的第二张动车组制造国家许可证，标志着公司动车组产品设计制造平台得到了国家许可。

【首辆空铁列车铝合金车体试制完成】 8月15日，公司首辆空铁列车铝合金车体完成首件鉴定并顺利下线，标志着公司“悬挂式空铁列车研制项目”取得阶段性重大突破，为首列车下线奠定了基础。该项目从策划到车体的试制成功，仅用了55天，创造了新产品研发记录。

【CRH2G动车组构架试制成功】 6月18日，公司CRH2G动车组首个动、拖构架历时 6 个月成功完成试制，标志着公司 CRH2G 动车组构架制造平台已建成，为公司迈入时速 250 公里动车组平台奠定坚实基础。

【南京中车浦镇城轨车辆有限责任公司】 2016 年末，公司在册员工 1239 人。年内，完成国内外各类车辆 212 列/1118 辆，其中国内城轨（含低地板）车辆整车 102 列/560 辆，车体配套 75 列/406 辆，海外项目 33 列/136 辆，CRH2G 型高速动车组 2 列/16 辆。全年实现销售收入 37.49 亿元（含内部关联交易），净利润 7699 万元，同比增长分别为 2.8%和 4.34%。

全年，成功中标苏州高新区有轨电车 1 号延伸线、杭州 2 号线二期、苏州 3 号线、上海 10 号线增购、南京 2 号线增购、南京宁高城际、南京宁溧城际、常州 1 号线、徐州 1 号线、上海 2 号线扩编、芜湖 1、2 号线一期项目共计 11 个项目 1407 辆车市场订单，累计签约金额达 101.84 亿元。全力打造车辆维保体系平台，努力开拓车辆维保市场，挖掘车辆维保服务，成为市场新增长点。强化售后服务工作，先后完成 5 个售后服务站点标准化建设和 13 个服务站点中车标识的升级改造，全力打造优质服务团队。

【南京中车浦镇海泰制动设备有限公司】 2016 年，实现销售收入 15.6 亿元、净利润 34914 万元。获得四方股份全部 CRH2 型动车组制动系统订单，包括 250 公里定型车 2015 年二标、350 公里定型车（大秦铁路）、350 公里长编动车组、250 公里新型非高寒长编卧动车组等项目。城际动车领域，获得长株潭城际动车项目 5 列车订单。地铁领域，EPCD 车控制动系统已通过中交协组织的装车前评审；HP2008 车控制动系统通过中交协组织的运营考核评审，获得车控城轨制动系统的供货资质。

【杭州中车车辆有限公司】 2016 年，实现销售收入 4.57 亿元、净利润 493 万元。确定公司产业发展定位和三大业务板块，实现基础设施业务板块的防洪工程取得突破，并根据业务成熟情况，实现了各产业板块独立核算。进一步提升核心竞争力，实现了 pfaff 架车机国产化落地并已获得订单，试验台已具备交付条件。完成地铁 1 号线一期、2 号线一期和二期、4 号线一期的车辆招标，其中包括杭州地铁一期建设的全部车辆和二期建设的部分车辆。

【合肥中车轨道交通有限公司】 2016 年，实现销售收入 3.57 亿元、净利润 698 万元。完成合肥 1 号线项目 19 列车和合肥 2 号线 2 列车的生产交付目标。成功中标青岛 11 号线/贵阳 1 号线/合肥 2 号线车辆空气净化器、铁路配件、瑶海区塘桥河黑臭水整治工程项目、中国电子彩虹集团光伏等项目。完成精益物流 MES 管理系统建设和精益示范线建设对标工作。完成合肥 2 号线模拟生产线建设。完成空气净化器 1 项发明专利及 1 项实用新型专利申报。

【苏州中车轨道交通车辆有限公司】 2016 年，实现销售收入 1.47 亿元、净利润 58 万元。完成苏州高新区有轨电车 2 号线 14 辆，预计实现销售收入 2.19 亿元，净利润 50 万元。协助浦镇公司获得苏州高新区有轨电车 1 号线延伸线项目订单，合同金额 1.46 亿元；签订延伸产业服务合同 12 份。加快推进苏州中车基地建设及技术平移工作，一期工程基本完成并全面投产。成立公司安委会，搭建安全管理网络，确保安全职责横向到底、纵向到边，安全管理全覆盖。

【常州中车轨道交通车辆有限公司】 根据浦镇公司要求，未新开工基建项目；根据常州市场情况和建设实际需要对已开工的室外工程、迁车台和铁路线、厂房土建总包工程项目进行续建扫尾工作。7 月 8 日完成常州地铁 1 号线车辆年招标，初期配属车辆 36 列（216 辆），首列车需在 2018 年 1 月完成交付；常州地铁 2 号线将在 10 月开工建设，初期配属车辆 19 列（114 辆），计划 2017 年车辆招标。不断完善技术管理工作，做好科技项目的跟进工作，申报 2016 年常州市科技项目立项。由于基地暂未建成，2014 年省科技立项项目未能按原计划实施推进。

【南京中车浦镇工业物流公司】 2016 年，公司实现销售收入 8017 万元、净利润 1693 万元。外部市场已签单 33 份，合同总价约 4441 万元。在对浦镇和城轨公司的物流配合服务方面，保证了新老区各生产项目的顺利进行。生产物料配送及时率达到 99.1%；新区项目来料配套率已达 99.7%%；清理两年以上物资 511 万元；新区城轨公司库存资金控制在 1.81 亿元，浦镇公司库存资金控制在 1.04 亿，均控制在指标范围内。公司申报的《大型轨道车辆主机厂智能化精益物流管理平台的构建》获得江苏省第二十二届企业管理现代化创新成果二等奖;《轨道装备制造企业基于精益制造的智能化物流管理》荣获中国企业联合会第二十三届企业管理创新成果一等奖。全年获得 6 项国家计算机著作权登记证书、6 项发明专利证书，并建立了智能物流平台（简称 SLP），在新区成功上线。此平台于 2016 年 12 月在南京新国际博览中心举行的“世界智能制造大会”上进行了成果展示，成为业主和客户光顾率最高的企业之一。

【中车浦镇庞巴迪运输系统有限公司】 2016 年，公司处于建设期。在原有庞巴迪及中车浦镇两家母公司的基础上，结合项目实际，建立系统集成（含信号系统）、需求管理、配置管理、车辆系统、轨旁供电、道岔、综合监控、通讯、土建、RAMS 及系统试验等工程团队，针对不同的专业、同的接口进行分工合作，初步搭建了可以承揽核心机电总承包项目的设计平台。

全年成功上线 IFS 系统，打通财务、采购、物流成本控制链条，采购模块、物流模块以及总账管理功能的使用，为有效推进 APM 项目的生产奠定了基础。推进 PLM 功能的逐步实施，实现 PLM 的工程，有效的集成 CATIA 和 PLM 系统，完成 PLM 和 ERP 平台的初步集成。5 月 18 日，芜湖维保组装基地建设项目可行性研究报告获得中车集团的批复。6 月 20 日，基地建设内容中的 APM 试验线及牵引变电所建设工程获得中车集团提前启动建设批复。7 月 1 日 APM 试验线及牵引变电所工程开工， 11 月底竣工。年内，完成项目初步设计文件编制，通过中车集团专家评审，有序推进上海 8 号线 APM 轨旁及子系统施工建设。

【重要纪事】 1 月 24 日，“港澳台媒体看江苏”采访团到公司访问。1 月 30 日，公司召开第一届一次职工代表大会。2 月 18 日，江苏省委常委、南京市委书记黄莉新一行到浦镇海泰公司指导工作。3 月 30 日，公司作为牵头方的珠三角城际动车组项目首批 8 列时速 200 公里 CRH6A 型城际动车组在珠三角正式运营。4 月 8 日，中国中车首次组织工作座谈会在公司召开。4 月 12 日，中国中车 2016 年物资供应链管理工作会议在宁召开。4 月 25 日，海泰公司自主研制开发的中国标准动车组制动系统通过铁路总公司组织的专家评审。4 月 28 日，中国中车集团公司总经理刘化龙到公司调研“两金”治理专项工作。6 月，公司 ISO17025 实验室管理体系和电磁兼容（EMC）检测通过国家认可。7 月 4 日，公司中标上海市轨道交通 10 号线一期增购车辆和二期工程车辆采购项目，包含

26列6节编组156辆地铁A型车。7月，公司通过EN15085及ISO3834焊接质量体系认证。8月19日，中国中车股份公司总裁奚国华到公司检查指导工作。9月2日，工业物流公司获得中航工业西安飞机工业（集团）有限责任公司628#总装脉动生产线物料管理系统订单。9月12日，公司与港铁公司再签40辆轻轨列车订单。9月，公司首个海外国产化项目在伊朗签署分包合同。10月9日，中国残联副主席吕世明到公司考察调研。10月18日，江苏省委副书记、南京市委书记吴政隆到公司调研。11月17～18日，第二届中国中车智能制造创新发展论坛在公司召开。11月，公司顺利通过IRIS质量管理体系监督审核。12月12～16日，国资委监事会领导到公司检查指导工作。12月，公司空轨列车荣获首届江苏省工业设计大赛金奖。

【公司党政工负责人名单】

董事长　赵大斌（12月任）
　　　　李定南（12月免）
总经理　李定南
副总经理　王晓阳　施青松
　　　　陶兆山　郭　新
　　　　李　立　杨　威
　　　　唐永明　杨　奇
财务总监　杨　威（兼）
总工程师　施青松（兼）

党委书记　赵大斌
党委副书记　李定南（兼）　忻　群
纪委书记　忻　群（兼）
工会主席　忻　群（兼）

（浦镇公司　供稿）

地　址　江苏省南京市高新开发区泰山园区浦珠北路68号
邮　编　210031
电　话　025-85847402、85847433
传　真　025-58604655
网　址　www.csrpz.com
电子邮箱　csrpz@csrpz.com.cn

中车戚墅堰机车有限公司

（统一社会信用代码：913204006638182170）

董事长、党委书记　姚国胜

总经理　邹哲贤

【概况】　2016年末，戚墅堰公司在册员工4746人，其中技能人员3255人（高级技师117人、技师327人）。公司占地面积97.72万平方米，房屋建筑面积34.38万平方米；拥有各类设备3631台。全年累计新造机车销售51台（其中出口23台），各型大修机车销售175台、中修27台、C5合作修20台；新产业方面，完成钢轨探伤车1台；另外，完成2台时速160公里HXN5K交流传动客运内燃机车试制；全年合格钢完成4370吨。实现营业收入17.02亿元。

【经营管理】　对公司组织结构和部门职责先后进行了两次调整和优化：撤销机车一公司、机车二公司、转向架公司、电机电器公司、钢结构公司、轮对公司，分别设立机车制造公司和机车检修公司；撤销配件一公司、配件二公司、配件三公司和热处理公司，设立配件公司；撤销动力公司、物流公司，设立生产保障公司；撤销设备公司、配件四公司，设立机电装备事业部；撤销总管理部，职能划归运营管理部，运营管理部价格管理职能划归财务部；撤销规划发展部、新产业发展部，设立产业发展部；基建设备部能源管理职能划归安技环保部（武装保卫部）；撤销武装保卫部，设立安技环保部（武装保卫部）；撤销营销部、客户服务部，设立国内贸易中心；撤销国际贸易中心下设的业务一部、业务二部、海外服务部，设立国际市场一部、国际市场二部和国际客户服务部；撤销试验验证中心，设立产品设计部（试验验证中心）；设立党委办公室（董事会办公室）；撤销工会权益保障部，设立工会办公室（工会权益保障部）；撤销铸钢公司。公司共有下属公司9个，职能部门23个（含党群）。

扎实开展“两金”压降。加大应收款回收力度，控制经营性现金流出；针对长账龄存货，通过下达存货指标，加强责任单位管控意识，推动公司提质增效工作有效落实。加强专项治理工作，成立领导小组和工作小组，制定《特困企业专项治理工作实施方案》《压缩管理层级减少法人户数工作报告》，并上报中国中车。加强工艺管理，强化对关键工序和特殊过程的管理，进一步拓展高附加值产品的修复项目。持续推进精益管理。以建立“6621运营管理平台”为目标，以“形成机制、巩固效果、夯实基础、提升水平”为重点，持续强化标准工位、精益示范线、精益车间、人才育成、精益文化建设，协同推进精益工作在管理环节和生产现场的一体化应用；优化模拟线运行模板并成功向阿根廷机车等新造车型进行复制、平移；实施指令性精益改善项目13项、指导性34项。强化安全生产和劳动保护，公司持续保持“新三零”安全目标，节能减排指标全面完成。

【市场营销】 年内重点进行大秦铁路公司和谐N5B机车新造订单、路局客户合作检修、和谐D1C机车新造、铁路总公司机车大修订单等国铁市场、路局市场及路外市场的开拓工作，全年落实订单95897万元，实现销售88526万元。在铁路总公司7200千瓦交流传动电力机车招标中，公司中标10台和谐D1C型新造机车。中标大秦铁路公司7台和谐N5B机车新造项目。铁路大修机车中标总数120台内燃机车。开启和路局机务段合作检修新模式， 全年落实路局市场订单总额19255万元。路外市场全年共开发2家新用户，共计落实订单总额24784万元。

国际市场签约总计1.05亿美元，全年实现销售收入2.9亿元人民币。整车项目实现销售金额总计8638万美元，其中出口阿根廷机车22台、出口肯尼亚机车1台。配件项目实现签约金额总计907万美元，全年实现配件销售收入10131万元人民币。出口摩洛哥客车40辆，实现销售6495万元。

【科技创新】 年内，公司提报的国际标准《柴油机认证试验方法》被列入中国提案。抓好知识产权贯标，公司顺利通过中知（北京）认证有限公司的年度监督审核。完成和谐N5K型交流传动客运内燃机车全部厂内试验项点，已开始型式试验；3000马力节能环保型调车机车完成中车公司方案设计评审；出口阿根廷宽轨内燃机车通过中车公司组织的样车评审，并实现用户厂内验收和交付；出口肯尼亚三种机车完成首批机车厂内交付；研制的纯电动公铁两用牵引车具有模块化组件、智能操控、节能环保和安全灵活等特性，已发往南宁机务段试用；6缸船用柴油机零部件通过了法国船级社工厂认证及基本型式认可认证。完成科技成果鉴定14项，荣获中国铁道学会科技奖2项，申报知识工程项目42项。公司参与制定的IEC 62845：2015《轨道交通 货运牵引车辆无线重联系统》获得IEC批准、颁布。主持编制了《中国中车技术标准化工作评价细则》。公司“轨道交通用内燃机车战略性新兴产业标准化试点”项目通过江苏省质量技术监督局的验收，验收等级优秀。

【基建与技改】 完成机械动力设备及工装采购323项3101台（件），购置总金额达2116.36万元，其中已投用277台套。所有采购项目中应招标（含询比价招标）项目为202项，全部组织了招标，招标项目采购总金额为1746.03万元。完成基建更新改造项目45项，总投资约1909万元，其中年度重点项目机车电器建设项目完成投资1204万元。柴油机综合性能试验台位建设，项目计划投资2500万元，设备安装工作已全部完成。

【人力资源管理】 控制用工总量，停止校园招聘；持续规范各类用工管理，依法解除劳动合同190人；实施原铸钢公司人员分流安置，内部分流227人。优化人力资源配置，提升人力资源效能，公司用工总量比年度计划减少176人。运用HCM项目成果，创新线上报名，聘任高级专业技术职务34人。按照第一届中国中车核心人才选拔评审要求，聘任2016年度中车级核心技术管理人才49人，聘任中车级核心技能人才51人。畅通职业生涯发展通道，年内聘任L1-L7等级共246

人，编制《公司“十三五”人才规划》《公司2017-2019年三年滚动发展规划》，制定和实施公司国际化人才专项规划。深化干部人事制度改革。从10月份起，结合组织机构改革，公司分两个阶段开展全体中层领导干部竞争上岗，干部人数由151人压缩到136人。由中层正职改任中层副职13人，另有5人直接退出中干序列。组织优秀选手参加第三届“江苏技能状元”大赛，公司3名工程技术人员分获数控机床装调与维修（双人）职工组二等奖和三等奖，公司被江苏省授予“高技能人才摇篮奖”。参加2016（第四届）北京“嘉克杯”国际焊接技能大赛，4人分获氧-乙炔气焊青年组第一名、钨极氩弧焊接第二名、成品件焊接第五名、钨极氩弧焊接第十一名。2名技能操作员工被授予“江苏省企业首席技师”。成功承办中国铁路总公司2016年机务系统职业技能大赛，获“竞赛优秀组织奖”。

【质量管理】 加强质量体系建设。修订EN15085焊接质量管理手册，公布了《焊接质量管理手册》（G版）；修订完善质量体系手册，公布了G版IRIS管理体系质量手册及程序文件；CRCC（中铁检验认证中心）审查组对公司质量保证能力进行了复评审查，31种规格的产品实物检验结果合格。配合CCS中国船级社完成铸铁件产品的现场审核，并通过认证认可。5月组织开展公司“质量安全生产月”活动；9月7日至10月10日，在全公司范围内开展以“提升产品质量，建设质量强企”为主题的质量月活动。公司机车大修零公里单项排名由上次的第九名上升到第五名。开展质量专项降损工作，制定12个降损项目，全年质量损失1196万元，同比下降了339万元。配件三公司精密螺栓班QC小组成果“提高主轴承螺栓精车加工合格率”被中国中车推荐参加“全国铁道行业质量管理小组活动成果发布邀请赛”。

【企业文化建设】 开展员工故事征集和故事会、主题书画摄影展等系列活动，持续深化“新中车、中车心”主题活动，其中长期开展的员工故事征集案例入选国务院国资委宣传工作局《思想政治工作萌萌哒》；弘扬“高铁工人精神”，传承戚墅堰“280精神”；大力实施开展新媒体信息化移动端平台建设，官方微信公众号《中车戚墅堰公司》正式运行，公司微信群“党建知音”等信息化平台提供全方位信息沟通和多渠道学习交流。

分步实施VI应用整改项目，共完成中国中车视觉识别系统项目的整改65项；推进中国中车BI建设，抓好重点人群、关键岗位员工行为规范；制订公布《舆情工作管理实施细则》《展览展会管理实施细则》，修订《对外新闻发布管理办法》等相关基本制度，完善品牌管理机构和工作机制。建设肯尼亚、阿根廷等一批海外标准化售后服务站。积极参加中东铁路展、伊朗国际铁路轨道交通展、南非铁路展览会、俄罗斯叶卡捷琳堡工业展览会等国际高端展会和中国国际现代化铁路技术装备展、上海国际先进轨道交通技术展等国内高端展会。

【党群工作】 公司党委以走出困境、提质增效、保持稳定为目标，围绕“订单、管理、效益”三大主题，落实党建工作责任。按照“四同步、四对接”“双向进入、交叉任职”要求，配备13名基层党组织专职书记，增设5名基层党群专员；实施党政干部同职同酬；严格按照不少于员工工资总额的0.4%落实党组织工作经费。在公司章程中增加党建条款，将党委会决策前置，进一步规范党委会、董事会和经营层的日常运作；组织修订完善《基层党组织工作管理办法》等19项规章制度，明晰党建工作责任。组织学习十八大和历次全会精神、全国国有企业党建工作会议精神、中车党建工作会议精神。重点建立党建责任制度，逐级明确责任分工，建立“党委目标管理、支部目标管理、党员目标管理”三级党建目标管理体系，突出党建责任量化考核与责任追究；继续实施党代会年会制度，开展党代表提案工作，发扬党内民主。系统推进“两学一做”学习教育，利用公司“先锋动力源”党员教育培训示范基地，有效搭建模块化学习载体，构建“学思苑”“大讲堂”和“至善行”三大板块，组织全部党支部开展专题党课轮训；组织各党支部聚焦生产经营重点工作，开展党员项目攻关和“两学一做勇担当、同心协力保目标”攻坚竞赛。严格执行“三会一课”、民主生活会等制度；继续推行领导干部“五个一”工作法，进一步打造服务型党组织。深化“党建-精益-文化”复合型管理模式，编制《工位作业行为规范》，形成技术、管理和文化三大要素在工位层面的统一，通过“一口清”建设和党建精益“创岗建区”，推进行为规范工位落地。加强党风廉政建设，制定公司落实党风廉政建设“两个责任”重点工作责任分解和纪检监察重点工作责任清单，持续推进落实党风廉政建设党委主体责任和纪委监督责任。开展“四风”问题整治情况“回头看”工作；开设《廉政之窗》专栏，开通“清廉戚机”微信群；修订党风廉政建设责任书，实现基层党政领导签订党风廉政建设责任书全覆盖；抓好巡视问题整改，积极配合开展巡视回访。落实效能监察责任，开展独家采购和代理采购清查整改工作；开展亏损治理工作、增收节支、降本增效等专项监察。

深化劳模、核心人才创新工作室建设，举办“车城竞技场 邀你来挑战”劳模、核心人才绝技绝活系列展示活动6场，3个劳模工作室受常州市表彰并授牌。全年共开展劳动竞赛51项，助力生产攻坚。落实“六送三关注”举措，确定重点送温暖对象533户，发放慰问金94.88万元。坚持推进“三线”建设，为昆明、柳州、乌鲁木齐、阿根廷、肯尼亚等新建售后服务站点及时配置标准购置物品。加强群众体育工作，公司被作为江苏省基本公共体育服务体系示范区建设成果之一，接受了100余名来自全国各省市代表的现场观摩指导。深化开展“培育好家风——女职工在行动”活动，组织广大女员工积极参加上级工会举办的各类活动，并取得优秀成绩。公司连续13年保持全国“安康杯”竞赛优胜集体、全国铁路体育先进单位、江苏省书香企业建设示范点等多项荣誉。公司团委组织青年立足本职创新创效、岗位建功，举办最强“青”大脑精益知识竞赛、十大“我们身边的好青年”评选等系列活动；开展“两学一做”学习教育知识竞赛和“我为安全生产代言”微信接力活动；围绕降本增效开展“金点子”大赛，集聚青年智慧、凝聚青年力量。

【常州中车通用电气柴油机有限公司】 2016年底，公司资产总额达17720万元。全年完成4台青藏线柴油机大修、115个增压器修理及23个动力组修理；销售27个新造增压器和69个新造动力组。与GE哈萨克斯坦合作，完成首批主副连杆。销售收入11182万元。

【常州中车戚机配件销售服务有限公司】 公司在做好机车配件销售既有业务的同时，开拓机车配件前延后伸业务，开拓了韶山4电力机车、东风4系列机车轮对大修业务，并在成都局、昆明取得了突破。全年公司共落实合同订单31989.61万元（不含税），实现销售收入30678.08万元（不含税），利润总额715.51万元。

【和谐N5K型交流传动客运内燃机车研制】 和谐N5K型交流传动客运内燃机车（时速160公里）项目2012年申请立项调研、2014

年5月正式启动，历时4年。机车采用全新的主辅一体交流传动系统，系统复杂、调试难度大，2016年完成首组机车的全部厂内试验，并于11月初完成厂线线路运行试验后发往铁科院继续整车型式试验，12月开展低温性能试验。

【出口阿根廷机车研制】 2016年1月，正式开始零部件试制及采购工作，3月份开始机车的总组装。由于该项目的特殊性，经过多次沟通后，双方就部分设计项点与阿方业主达成一致，主要包括：计算报告的更改及简统、试验大纲的更改及简统、部分部件的简统方案、原SDD7机车问题的答复在现机车上的改进项点以及通讯设备安装、车上西班牙语标识、视野方案的确认等。7～8月完成对样车的试验。截至12月底，已完成11台阿根廷机车的生产验收工作，其中2台在阿根廷交付。

【R6280系列船用柴油机开发】 为拓宽R型280柴油机的用途，根据公司计划，开展R6280ZC船用柴油机的开发工作。通过认真研读分析BV（法国船级社）、ABS（美国船级社）、CCS（中国船级社）规范，以及与船舶设计院、潜在用户沟通，编制完成船用柴油机总体技术规范。基于R6280ZJ型机车用柴油机，按照船机要求进行再设计工作，柴油机关键零部件如曲轴、机体、活塞、连杆、气缸套等按照BV（法国船级社）、CCS（中国船级社）图纸审核要求进行整改。柴油机整机设计增加柴油机冷却水系统、滑油滤清冷却系统，机旁控制系统、防爆阀安全保护系统，累计完成新出图纸226张，编制及翻译送审图纸、计算报告、设计文件51份。11月，R6280ZC船机图纸资料通过BV（法国船级社）认证，CCS（中国船级社）认证资料已提交；柴油机样机制造组装已完成、正在进行BV（法国船级社）、CCS（中国船级社）试验认证前的调整试验工作。

【纯电动公铁两用牵引车研制】 公司3月启动纯电动公铁两用牵引车研制项目，9月首台车研制成功，同时取得西南交大第三方型式试验认证，并发往南宁机务段试用，得到用户的认可。11月该牵引车相继参加了巴西轨道交通展和上海轨道交通展。该款纯电动公铁两用牵引车较目前国内市场上同类产品在结构性能方面有明显优势。模块化设计，组装、维护方便；蓄电池动力节能环保；四驱结构，动力强劲，牵引吨位达350吨（可同时牵引两台内燃机车或三台电力机车），能实现直线、横向、360度运动，能实现狭小空间作业及隧道内作业；智能控制系统，能够精确制动、精确定位、无线遥控，作业灵活可控；触摸屏显示器，可对该公铁两用牵引车进行实时监控；安全可靠，急停、过载、自锁、电磁制动器、防抱死系统、车轮防滑装置、液压系统报警装置等确保使用安全，使用及维护成本较低。

【重要纪事】 3月，公司成功中标广州地铁新线建设4台网轨检测车。4月29日，中车股份总裁奚国华到公司调研。4月，在第三届“江苏技能状元”大赛中，公司陈亮亮、谢鹏、余超等3名工程技术人员和技能操作人员张民栋分别获得数控机床装调与维修（双人）职工组二等奖和三等奖，4人被省总工会、省人力资源社会保障厅授予“江苏省五一劳动奖章”“江苏省技术能手”和“江苏省五一创新能手”等称号，公司获“高技能人才摇篮奖”。5月20日，公司职业健康安全/环境管理体系通过2016年年度监督审核。5月30日，公司与中交股份中国路桥工程有限责任公司在北京签订56台肯尼亚蒙内标准轨铁路内燃机车采购合约。6月1日，公司与新加坡通用海业集团（TYMGroup）举行57米多功能支持船（AHTU）主发电机组签约仪式。6月30日，中国科学院院士、原全国人大常委会副委员长路甬祥到公司参观考察。7月6日，公司首台时速160公里HXN5C交流传动客运内燃机车落车。7月，在2016年全国铁道行业质量管理小组成果发布邀请赛上，公司获优胜奖奖杯。7月8日，公司与波兰运输企业卡佩尔公司签订9台老旧型内燃机车电气系统翻新改造合同。7月，在2016年江苏省质量管理小组成果交流会上，公司配件三公司精密螺栓班QC小组成果“提高主轴承螺栓精车加工合格率”被推荐为全国优秀QC小组。10月11日，江苏省委常委、宣传部部长王燕文到公司考察精神文明建设和“道德讲堂”活动开展情况。10月18～21日，公司在中国铁路总公司2016年机务系统职业技能大赛（检修类）中获竞赛优秀组织奖。11月2日～4日，公司顺利通过IRIS体系年度监督审核。11月11日，公司收到法国BV船级社（中国）有限公司颁发的R6280ZC型船用柴油机及零部件工厂认证和基本型式认可认证证书，公司新研发的船用柴油机零部件具备了法国船级社准入资质。12月16日，公司举行出口肯尼亚机车交付剪彩仪式。12月20日，公司举行纪念280柴油机研发40周年座谈会。

【公司党政工负责人名单】

董　事　长　姚国胜
副 董 事 长　邹哲贤（9月免）
总　经　理　姚国胜（9月免）
　　　　　　邹哲贤（9月任）
副 总 经 理　徐　俊（9月免）
　　　　　　秦　辉（9月免）
　　　　　　罗玉红（9月免）
　　　　　　王卫平（9月免）
　　　　　　许人华　徐世保
　　　　　　沈永平
　　　　　　李　扬（2月免）
　　　　　　刘建华（9月任）
　　　　　　陈永平（9月任）
　　　　　　钟　平（9月任）
　　　　　　仲怀清（9月任）
总 工 程 师　李　扬（2月免）
　　　　　　秦　辉（2～9月任）
　　　　　　仲怀清（9月任）
财 务 总 监　罗玉红（9月免）
　　　　　　刘建华（9月任）

党 委 书 记　邹哲贤（9月免）
　　　　　　姚国胜（9月任）
党委副书记　姚国胜（9月免）
　　　　　　邹哲贤（9月任）
　　　　　　刘春阳（9月免）
　　　　　　史小余（9月免）
　　　　　　秦　辉（9月任）
纪 委 书 记　刘春阳（9月免）
　　　　　　秦　辉（9月任）
工 会 主 席　刘春阳（9月免）
　　　　　　葛　骏（10月任）

（戚墅堰公司　供稿）

地　　址　江苏省常州市戚墅堰延陵东路358号
邮　　编　213011
电　　话　0519-85053800
传　　真　0519-85053600
电子信箱　qishuyangsb@crrcgc.cc

中车长江车辆有限公司

（统一社会信用代码：91420115792416628C）

董事长　胡海平

党委书记　何朝阳

总经理　张　磊

【概况】　2016年末，长江公司员工总数10260人，其中股份在册员工9800人、存续企业268人，另有其他从业人员192人；具有高级专业技术职称297人、中级职称696人，高级技师275人、技师616人。公司总占地面积215.03万平方米，总建筑面积74.89万平方米，拥有各类设备14931台（套），固定资产原值363519万元（合并）、净值217845万元（合并）。公司运营架构为总、分模式，总部设置20个职能部门，下辖1个子公司、4个分公司（分部），另有1个中外合资合作企业（株洲斯威公司）、3个海外公司（澳洲公司、阿布扎比分公司、塞拉利昂公司）、3个参股公司（美国鼎点铁路车辆有限公司、株洲中车物流公司、武汉中车轨道装备公司）。全年销售新造货车4866辆，修理货车8959辆；实现营业收入34.36亿元，其中主营业务收入331444万元、其他业务收入12165万元；合并主营业务收入中本部收入292890万元，铜陵公司并表主营收入30570万元，斯威公司并表主营收入6864万元，澳洲公司主营收入1120万元。

【发展规划编制】　组织编制“十三五”发展规划，确定“以提高发展质量和效益为中心，汇聚创新、变革、融合三大动力，发展铁路货车、新产业、服务业三个板块，推动产业、技术、管理三项升级，不断提升国际化经营能力，实现更高质量、更有效率和更可持续发展，为成为全球一流的铁路物流装备供应商奠定坚实基础”的发展思路。编制完成公司2017~2019年三年滚动发展规划，组织开展“十三五”所属公司业务发展规划、总部部门职能规划和投资规划、三年滚动计划的编制工作。成立“创新机制 优化管理”领导和工作小组，按照“对接中车、效率优先、激活潜能、持续发展”原则，对公司管控模式、总部组织机构、总分两级职能定位、基于“目标利润”管理的预算管理\财务管理\薪酬分配\绩效考核\信息监控、业务流程等进行系统梳理，形成涵盖管控体系、组织机构、职能定位、管理流程等四大板块优化方案，并制定财务管理、薪酬分配、绩效考核等具体实施方案。

【经营管理】　开展提质增效工作，与预算管理相结合，建立提质增效暨经营活动分析与监控机制，确保年度预算主要目标实现。调整管控方式，坚持预算目标引领，通过“压缩基本薪酬，增加激励薪酬”，发挥薪酬的杠杆作用，鼓励所属公司增加自揽业务，调增销售目标2个亿以上。实施“两金”专项治理，盘活存量资产。加强成本费用的过程管控，将年度产品目标成本指标设置为T1（基本指标）、T2（奋斗指标）两个值，新造整车产品基本完成预算目标；开展修理货车委外检修成本对标与自检成本测算，制定优化措施降低采购成本。精益费用管控，可控费用预算在上年基础上压缩9.14%，并根据年中营业收入预算及时调整，相应缩减各项指标，本部费用预算较年初预算减少3134万元。组织修订绩效指标将培训率、精益安全工位达标率和合格率、职业危害因素合格率、“三同时”执行率等纳入综合评价指标，每季度输出评价考核结果。

【科技创新】 年内，实施科研项目113项，研发新产品33项，完成产品技术研究项目6项、重点工艺创新6项。通过科技成果鉴定5项。参与制定国家标准2项，行业标准2项，铁总标准2项。专利申请127件，其中发明专利申请56件，PCT申请7件，“铁道货车脱轨自动制动装置”获湖北省发明专利金奖。

开展重载铁路货车技术研究，出口专用货车完成45吨轴重重载铁路货车技术研究，国内大轴重铁路货车技术完成C80EH型通用敞车试用考验并通过铁路总公司技术评审，快装快卸式粮食漏斗车完成技术研究。持续优化160公里/时～200公里/时快捷铁路货车设计，完成P160D型快捷棚车及转向架车样机铁科院环形线动力学性能试验、200公里/时快运货车转向架关键技术研究。完成LNG铁路运输车组及关键技术研究以及C1、C3、D类压力容器样机试制和制造取证、ASME体系取证、罐箱船级社认证，具备设计制造移动式压力容器类产品的资质和能力，其中气化撬、储罐实现市场销售。冷藏运输装备产品完成公铁水联运冷藏集装箱样机研制；完成货车远程监控技术研究，并在B10机冷车改造、公铁水联运冷藏集装箱上实施应用。出口产品研发完成出口澳大利亚Roy Hill 侧翻车和平砟车、智利砂石/水泥熟料漏斗车、纳米比亚硫酸罐车、越南转向架等5种产品的研制、生产和交验，完成北美5种漏斗车、3种罐车的设计并有3种漏斗车、2种罐车通过AAR认证。

【市场营销】 全年，国内主营业务销售合同总额（不含税）18.86亿元，其中货车新造14.06亿元、货车修理4.75亿元，国内本部配件0.054亿元；实现销售收入16.57亿元，其中货车新造11.36亿元、货车修理5.17亿元、国内本部配件0.039亿元。

【国际贸易】 广泛收集海外市场需求信息，组织参加5次展会，其中4次海外参展（中东铁路展、南非国际铁路展、柏林铁路展、澳大利亚铁路展）、1次国内参展（中国国际机电产品博览会）。积极维护客户关系，全年组织20余批次10余家客户出国走访，包括ROY HILL 公司、PN 公司、FMG 公司、Aurizon 公司、阿联酋ER 公司、纳铁、波兰华星公司、智利Transap 公司等；邀请接待10多个国家40多批次200余人次的客户来访。推进国际市场拓展，新开发印尼市场，与印尼客户签约销售85根机车车轴；巩固和加强与老客户的业务合作，与越南河口三元公司续签540套转向架新订单。年内正式商务立项的海外投标和报价项目40余次，新签订单折合人民币1.58亿元。全年产品出口收入8.73亿元，其中整车出口1462辆，产品出口到阿根廷、澳大利亚、香港、纳米比亚、阿联酋、美国、秘鲁、智利、越南等国家和地区。

【人力资源管理】 加强领导干部队伍建设，制定实施《长江公司中高层管理人员交流工作管理暂行办法》《长江公司领导干部竞争上岗暂行办法》。组织中国中车首届核心人才选拔推荐工作，共选拔推荐184名，其中技术序列各层级核心人才74名、管理序列各层级核心人才31名、技能序列各层级核心人才79名。创造条件推举高端人才，完成各类荣誉申报9人，其中享受国务院津贴人选2人，湖北省津贴专家人选1人、詹天佑奖人选1人、茅以升奖人选1人。加强人才引进与国际化人才培养，为新产业业务发展引进成熟人才6人，校园招聘储备技术人才38人，选拔183人组成国际化后备人才库并制定培训、培养方案，同时选送40人参加中国中车国际化高、中、初级人才培训。结合人才发展战略需要及生产经营需求，统筹开展各级培训项目，完成31名所属公司高层副职和152名中层后备人才系统培训、国际商务谈判与营销和国际化人才各级项目培训；压力容器设计审批员和分析员资质培训全年完成254个培训项目16662人次的培训。完善劳动用工管理，合理配置与调遣劳动力。优化工资总额分配改革方案，全年工资总额比上年减少0.82%，员工人均工资水平增长5.74%。

【质量管理】 强化质量体系运行控制，通过EN15085质量管理体系外部年度监督审核，完善压力容器制造质量保证手册、程序文件及记录表单，完成压力容器制造资质取证。加强质量信息系统管理，将外部故障处置、评审、损失核算、索赔流程全过程纳入到BPM流程管理，并建立统一的外部故障信息数据库，实现BPM业务流程管理平台等系统与QMS（质量管理信息系统）对接和信息资源共享。加强质量损失管理，持续开展“质量降损”整治，完善质量损失管理和质量索赔管理流程，强化质量损失率指标和质量降损措施落实情况的监控，完成0.5%年度质量损失率指标，出口产品质量损失占总质量损失比例由上年62%下降到37%，受理顾客投诉起数下降42%。深入开展质量专项整治，将制动管系漏泄、制动阀检修不良、配件错漏装、漏焊等质量问题列入年度质量专项整治计划，组织质量攻关，不断优化设计、工艺，强化质量控制，年内公司出厂车在外部运用过程中未发生配件错漏装、漏焊质量问题。全年公司实现无一般C类及以上行车责任事故、无批量返厂修质量和批量质量事故、无顾客重大质量投诉、无因产品质量问题导致被上级部门责令停产整顿的质量目标，产品质量监督抽查合格率100%。

【党群工作】 组织开展“两学一做”学习教育活动，两级领导班子成员分别到所在支部和联系点单位上党课工作，党委中心组先后安排相关16次自学、5次集中学习，开展了四个专题的学习研讨；围绕公司提质增效开展承诺活动，共承诺项目104项，并开展“创业转型进行时，献礼公司党代会”主题实践活动，组织党支部和党员制定实施献礼项目，所属公司（分部）共上报公司级献礼项目24个。强化形势任务教育，围绕“二次创业 转型发展”战略举措，以“四种精神”“四种意识”“三种理念”统一员工思想，凝聚力量、增强动力、激发活力。强化党风廉政建设和反腐败工作，落实党风廉政建设责任制和惩防体系建设，践行监督执纪“四种形态”，加强作风建设，完善监督管控，为全年经营目标的实现提供纪律保障；组织开展规范物资采购、降低采购成本效能监察，应收账款及存货管理专项效能监察，亏损企业治理工作专项监察，压缩管理层级、减少法人户数工作等4项效能监察，提出监察建议53条。

工会围绕二次创业、转型升级、提质增效等主题，开展各级劳动竞赛活动，全年共开展劳动竞赛124项。打造劳模创新工作室平台，坚持“有劳模大师、有保障措施、有项目支撑、有传承弘扬、有总结评价”的“五有”标准，年内新增4个劳模创新工作室；并在所属单位全面推行劳模考核评价制度，开展“星级劳模”创建活动，突出“老劳模新贡献”。组织征集精益生产改善提案，全年征集各类提案6100件，实施5631件，实施率为92.3%。全面落实“六送三关注”工作，全年“两节”送温暖支出446.31万元，覆盖4517名困难员工，同比支出增幅提升39%。

团委按照“凝聚青年、服务大局、当好桥梁、团要管团”的工作格局，以加强理想信念教育、深化形势任务教育、促进创新创业创优、抓好团建工作为重点，凝聚青年、服务青年、激励青年、稳定青年，团结带领广大团员青年在公司转型发展中勇于担当、开拓创新、扎实工作。

【株洲分公司】 年末，公司在册员工2400人，其他从业人员354人。占地面积60万平方米，固定资产原值6.32亿元、净值2.65亿元。全年新造货车完成2951辆，实现主营业务收入14.34亿元。运用精益管理理念，推进管理提升、转型升级，全年目标成本和可控 费用共节约1112万元。规范新产业核心业务工作流程，形成短、中、长期相结合的项目构推进新产业各板块业务，全年新产业薪酬贡献达到1927万元。优化人员结构，强化用工管理，挖掘内部潜能，全年完成净减员122人。试行小批量生产承包制，制订以产品的基准工时为基础，综合考虑批量大小、制造难度、生产期等因素，设定相应权重系数的管理办法，先算账后干活，实现精益用工。试点搭建班组（工位）信息化管理平台并与OA、ERP等系统对接，实现安全日历、工位安全点检、质量六要素点检等19项内容的信息化管理。全年未发生批量返厂修和一般D类及以上责任事故；新造车整车一次交验拒收率累计为0.35%；出口车监造检验一次通过率为96.14%；质量损失率为0.0253%。

【常州分公司】 年末，有员工983人，占地面积19.9万平方米，固定资产原值31075万元、净值20003万元。全年修理货车4500辆、新造货车400辆，实现销售收入6.47亿元。强化提质增效工作，落实各项压降措施，降低资金占用，年末“两金”余额7848万元，较年初压降1405万元，降幅17.90%；积极开拓市场，发展新产业，全年新产业实现销售2.49亿元。推进精益管理建设，全年建设标准工位73个，覆盖率达100%，开展精益成本改善活动，全年累计节约成本800余万元。完成车钩拆解、棚车调修等瓶颈工序工艺装备及工艺流程改进，确保日产26辆生产能力；完成新造车底架组装胎、侧墙组装胎等工装的柔性化方案设计和技术改造，实现既有新造车型底架组装胎的通用功能。落实安全质量风险管理要求，重新识别控制95个岗位的货修工序安全质量风险；开展风制动系统、车轴质量损失、车门折页和折页座裂纹等专项质量攻关，促进产品质量提升，全年未发生D类以上行车事故，无批量返厂修，无顾客重大质量投诉，铁路总公司运用货车典型故障反馈率前三季度排名为第2、5、2名，上、下半年铁路货车网络质量抽查均为第1名。

【铜陵公司】 年末，在册员工1476人。占地面积34.8万平方米，生产厂房建筑面积12.44平方米，固定资产原值7.85亿元，净值5.03亿元。全年实现营业收入4.94亿元，同比增长 12.27%。加强成本管控，优化加拿大、巴基斯坦等车轴包装方案，实现包装成本降低 50%以上；采取适时订货、引进新供应商、扩大招标范围等措施，清理独家采购 5 家、代理采购 7 家，有效降低物料采购成本。拓展国内市场，全年新签合同 156 份、金额 3.98 亿元。加快国际经营步伐，产品出口加拿大、韩国、阿根廷、巴基斯坦、印度、越南等国家，全年到手国际订单 4610 万元。积极推进科技创新，不断丰富产品类型，产品从货车配件向客车城轨地铁配件延伸，全年开发客、货车新产品二十多种。强化质量体系工作检查，着力推进节拍化和“三检制”落实，实现产品质量从源头到过程的严格管控，全年无一般 D 类及以上行车责任事故，无批量返厂修质量故障，无顾客重大质量投诉。

【武汉分部】 年末，在册员工总数 3817 人，占地面积 99.86 万平方米，建筑物面积 30.79 万平方米，拥有各类设备 4948 台(套)，固定资产原值 156677 万元，净值 106160 万元。全年新造货车 940 辆、检修货车 4459 辆，出口美国 GDS 各类配件 876 组份。以提质增效为主线，强化预算管理，加强委外控制，建立提质增效月度例会制度，定期分析研究成本费用执行情况，对标中车货修成本，强化项目成本管理制度落实，修理产品 60 吨和 70 吨级车边际贡献率分别达到 45.34% 和 50.36%，以效能监察、风险审计、质量降损为抓手，加强费用管控制，设备维修费、工具费、生产场地调整费、转运费也明显降低，GQ70 型罐车制造质量损失同比相比下降 189.52 元/辆，全年目标成本指标节约 1200 多万元。试点运行安全、设备“三级”精益管理体系，实现班组（工位）的安全可控，设备状态稳定可靠；推进标准班组（工位）建设，整合班组（工位）管理职能，全年标准化班组（工位）创建完成率 97%，精益安全工位评价达标 81 个。加强检修车源组织，采取“集中干、集中休”的方式，日产由 20 辆提升到 24 辆，检修能力提升 20%。明确自揽业务七个方向，积极开拓市场，全年自揽业务累计签订 47 项，涉及特种车、企业自备车、城市钢构配套、铁路配件加工、劳务输出等五大类，实现销售收入 5781 万元。

【重要纪事】 1 月 6 日，公司自主研发的时速 160 公里快装快卸式快运棚车在株洲分公司完成试制。1 月 11 日，成立南非项目工作组。1 月 27 日，中车股份总裁奚国华到公司调研并慰问武汉分部困难员工。2 月，“出口澳大利亚窄轨煤炭漏斗铁路货车”获国家重点新产品证书。3 月 17~18 日，公司代表中国中车参加 2016 中国国际 LNG 峰会暨展览会。3 月 19~20 日，公司试验研究中心通过中国合格评定国家认可委员会（CNAS）现场评审。4 月 19~22 日，公司与美国 ER 公司就集装箱智能物流项目签订《合作框架协议》。5 月 5 日，公司与越南河内铁路公司签订 500 套转向架采购合同。5 月 25 日，公司领导班子调整，胡海平任董事长、张磊任总经理、何朝阳任党委书记。5 月，公司与湖南中车时代电动汽车股份有限公司签署战略合作备忘录，将在武汉市开展新能源汽车销售业务并逐步辐射到湖北省其它地区。6 月 13 日，公司获中国船级社可移动罐柜认可证书。8 月 17 日，公司与中铁建城建集团有限公司在长沙签署战略合作协议。9 月，公司冷智装备分公司先后与安徽中治能源公司、山东某煤改气单位签订 60m³ LNG 立式储罐买卖合同和 5 年小型一体化气化撬租赁合同，LNG 运输、储藏装备正式投放市场。11 月 6 日，公司获国家质检总局 C1 级铁路罐车（含低温绝热罐体）、C3 级罐式集装箱（含低温绝热罐体）制造许可证书。12 月 2

日，公司与印尼最大的铁路制造商INKA公司签订机车车轴合同并成功列入到客户供应商名录，正式进入印尼市场。12月16日，中共中车长江车辆有限公司第一次代表大会召开。

【公司党政工负责人名单】

董 事 长 桂祖康（5月免）
胡海平（5月任）
副董事长 胡海平（5月免）
何朝阳（5月任）
总 经 理 胡海平（5月免）
张 磊（5月任）
副总经理 刘建华（9月免）
何朝阳（5月免）
吴晓东（5月免）
刘 涛 王红卫
郭 杰（5月免）
姜强俊（5月免）
胡海滨（5月任）
蒋庆平（9月任）

总工程师 姜强俊（兼，5月免）
胡海滨（兼，5月任）
财务总监 刘建华（兼，9月免）
蒋庆平（兼，9月任）

党委书记 桂祖康（5月免）
何朝阳（5月任）
党委副书记 胡海平（兼）
蔡德权（5月免）
张 磊（兼，5月任）
吴晓东（5月任）
纪委书记 蔡德权（兼，5月免）
吴晓东（兼，5月任）
工会主席 蔡德权（兼，5月免）
姚正凡（11月任）

（长江公司 供稿）

地 址 湖北省武汉市江夏经济开发区大桥新区
邮 编 430212
电 话 027-51170122
传 真 027-81942011
网 址 http：//www.crrcgc.cc/cj
电子邮箱 marketing@crrcy.cc（营销）
office@crrcy.cc（办公）

中车资阳机车有限公司

（统一社会信用代码：91512200078669305 5N）

董事长、党委书记　向　军

总经理　任利军

【概况】　2016年末，贵阳公司在岗员工4014人，其他从业人员92人，非在岗员工585人。公司占地约172万平方米，资产总额45.16亿元，拥有各类设备和检测仪器2000余台套。公司共设置18个职能部门，下辖5个事业部、1个分公司、2个全资子公司、2个控股子公司、5个参股子公司以及4个改制企业。全年，公司生产各型机车52台/52节，其中电力机车20台/20节，内燃机车32台/32节；中速发动机43台、高速发动机21377台、各型曲轴1300支。实现营业收入20亿元。

【规划发展】　完成公司“十三五”发展规划、公司滚动发展规划（2017~2019）的编制，明确了公司“十三五”发展思路：依托“一体两翼”，打造“新型引擎”，加快转型升级，实现企业复兴，其中“一体”指轨交装备业务造修一体化，“两翼”指动力装备业务和能源环保业务，“新型引擎”指以电连接器投资业务为代表的资本运营业务，努力形成“制造+服务”“传统业务+新兴业务”“资产经营+资本运营”的“三足鼎立”良性互动发展格局。

年内，大力发展电连接器产业，电连接器营业收入、利润与上年同期相比翻一番。加快转型升级步伐，中国中车在确保成都公司检修业务正常运转的同时，充分发挥资阳公司闲置生产能力，实施成都公司异地检修由资阳公司承担机车检修业务。严抓投资计划落实，强化投资过程管控，将投资预算纳入公司全面预算管理，实现月度滚动预算管理。

【改革改制】　压缩管理层级，实施扁平化管理，取消车间层级，年末，公司管理层级为总部机关、事业部、班组三级。减少法人户数，完成北京南车玉柴机电设备有限公司（四川中车玉柴全资子公司）注销工作。实施资阳中车电气科技有限公司股份制改造，全面推进现代企业制度建设，奠定了电连接器业务快速发展体制机制基础。按照国家深化国资国企改革的精神，立足企业减负，完成成都中车隧道装备有限公司清产核资和债转股；组建“三供一业”工作机构，制订移交方案，开展政策对接、资产核查和技术论证等工作，与地方政府达成分离移交意向协议。

【经营管理】 公司深化绩效管理，构建全员绩效管理体系，实施月度、年度绩效考核，严格落实工效挂钩。全面开展执规检查，对出现工作失误的干部、员工均进行严格考核。制定运营管理基本原则，完善投资管理制度体系，实现月度滚动预算管理。加强财务管控，制定应收账款、存货、财务费用等提质增效指标，并层层分解落实到各部门、各单位，按月跟踪落实情况。加强“两金”管理，将“两金”压降指标逐月分解，按月考核。围绕“法治央企”建设目标，深入融合内部审计、内部控制、风险管理和法律工作，搭建主动防控型的风险管理机制。全年开展审计、风险、内控项目18个，完成专项调查报告14个，提出管理建议450余条，清收老难款项2000余万元。全面落实“2+2”专项效能监察，以扭亏脱困为切入点，充分发挥效能监察在降本增效、提升管理、提高效益、源头整治等方面的作用。

【科技创新】 完成首列空铁列车研制。自主开发客车车辆，出口苏丹动力集中式内燃动车组研制进入样车试制阶段。首次开展综合检测车研制，完成青岛地铁JC0A型检测车设计，进一步延伸公司轨道产品开发领域。完成新6240柴油机研制，混合动力机车基本完成型式试验。参与3000马力新型大功率调车机车研发。完成出口阿根廷CDD6A1型机车研制，通过了用户监造和中车评审。完成南京地铁2台调车研制和样车试制，2台机车已交付用户。开展青岛地铁调车机车研制，进入工程图设计阶段。完成千项电连接器开发，线束产品开发实现突破；270柴油机曲轴研制进入半精加工工序；铸改锻开发成功，挤入高铁路桥精密锻件市场。焊接工艺装备及架台车通用化、曲轴调质工艺设计方法优化，工艺开发成果开始显现。SDA1型机车获得中国铁道科技协会科技成果一等奖，3个项目通过四川省科技厅验收，2个项目通过四川省科技成果鉴定。全年授权专利97件，其中发明专利21件。

【市场营销】 国铁市场成功中标20台和谐D1C型电力机车。城轨市场取得突破，首次获得地铁轨道工程车总包项目。海外市场获得了阿根廷、泰国等机车订单。新产业市场首次签订生活垃圾处理PPP项目合同，孟加拉8座变电站项目开始施工，孟加拉K/S厂安全运维1483天。配件市场出口配件合同创新高，新签订单金额约1.9亿元。

【基建与技改】 基建投资签订合同14项；房屋建筑物固定资产维修签订合同60项。完成提升电控内燃机关键零部件冷加工质量工艺及能力技术改造、提升电控内燃机关键零部件热加工质量工艺及能力技术改造、大型发动机曲轴生产基地等3个募投项目及锻造搬迁改造项目档案验收，完成项目竣工报告并提报中国中车。

【人力资源管理】 修订完善公司“十三五”人才战略规划。加强核心人才管理，35人被评为中车级核心人才。优化技术人员分层级评价体系，实施主管及以上层级人员任期量化评价试点工作。严控用工总量，开展人力资源调剂工作，内外部人员调剂共300余人次。规范劳动用工管理，妥善分流富余人员，共办理内部退养人员421人，终止劳动合同7人，特殊工种退休37人，比上年减少189人。多种措施并举，打造金蓝领工匠队伍。公司192名员工报考34个职业（工种）74个等级的职业技能鉴定实作考试，合格率82.5%。推进职业资格准入制，实施技能操作类员工上岗资格认证管理，完成68个职种1919名技能操作类员工现有岗位技能的评价确认工作，并颁发新版《上岗合格证》。强化高技能人才队伍建设，组织在线和封闭式脱产外语培训，派遣技能专家赴德赴日培训，选送36名高技能人才参加中车培训平台24个技能项目培训。

【质量管理】 编制“十三五”质量规划，分解年度质量工作计划和质量方针、目标、指标。修订IATF（汽车行业质量管理体系标准）质量管理体系的质量手册、程序文件、过程方法、第三层次文件；修订API（美国石油协会石油产品认证）质量体系文件；修订IRIS（国际铁路行业标准）体系文件，完成《质量手册》换版，新增管理规章3个，修订程序文件28个、管理规章52个。督促完成2016年管理评审提出的7项改进和5项决议。开展车轮、曲轴、机车产品、模锻件不合格品控制流程专项审核。开展电气公司设计过程、供应商管理专项审核。开展公司质量损失、外购件供应商管理专项审核。公司通过EN15085（轨道应用-轨道车辆和车辆部件的焊接认证体系）换证外审、IRIS体系监督外审、IATF监督审核、车轴和单元制动器CRCC（中铁检验认证中心）换证审核、电气连接起集中采购资质评审。

【精益生产】 全面推进“6621”运营管理平台建设，开展基于ERP系统流程，按台车、分工位（工序）的物料准时化配送工作。开展工位精益基础建设、精益载体建设、精益改善项目等工作，对精益基础建设、精益载体建设、精益改善项目等模块逐项评价打分，完成公司精益管理体系建设工作评价，稳步提升精益管理水平。安全生产稳定有序，完成中车安全指标。实现“零死亡、零新增现岗位职业病、零一类火灾或其他重大事故”的中国中车“三零”目标。

【企业文化建设】 以一线员工为主体，以“匠心筑梦，学习弘扬中国高铁工人精神”为主题，开展道德讲堂活动。制定“中国高铁工人精神”学习实践活动计划，落实25个实践项目，从中挖掘典型案例和优秀员工。围绕中车企业文化理念，设计宣传画面，在重点广告部位展示，同时通过报纸、班前讲话等载体宣传文化理念。利用新媒体，多渠道多方位开展建厂50周年系列庆祝活动。全面开展中车VI应用整改。组织开展海外员工家属迎春联谊会、中车品牌口号征集与投票、“一线故事”征集、新能源空铁征名活动等系列品牌活动，持续提升企业品牌形象。参加国内外展览，扩大企业影响力。以微信为平台，通过H5等新媒体传播形式，策划新年、混合动力机车、电连接器、五一、五四、“车城爱心日” 等专题系列微信，开展品牌营销。

【党群工作】 扎实开展“两学一做”学习教育活动，有效提升干部思想境界。深入推进党风廉政责任制建设，完善惩治和预防腐败体系。开展“比质量、比安全、比效益、比效率，实行全员创新”主题劳动竞赛。深化“安康杯”竞赛活动。开展“共谋转型、献礼厂庆”专项劳动竞赛，为公司转型升级出谋划策，收到员工提案666项。完善劳模工作室建设，大力弘扬劳模精神。依法开展“双维护”工作，拓宽帮扶渠道。发挥青年团员力量，管好青年安全监督岗队伍，服务生产经营。积极开展“六送三关注”活动，助学助医助困3400人次，金额95万元；“两节”送温暖1133人次，金额39.5万元。坚持12年开展“5·20”爱心日捐款活动，2911名员工共捐款金额82995.4元，6名患癌职工受益。

【资阳中车电力机车有限公司】 公司占地面积5.3万平方米，配置工艺装备1000余套，员工 200 余人。已通过 IRIS（国际铁路行业标准）认证与质量/环境/职业健康安全管理三体系认证，获得了国家铁路局颁发的主力机型生产许可证，是西南地区唯一的铁路货运电力机车制造基地。

2016 年，公司调整生产组织模式，从市场开拓、降本增效、科技创新、精益管理等方面开展提质增效工作，期间三项费用可控部分同比下降 20%；年末存货比年初计划降低 67.90%。积极争取政府扶持企业发展政策，获得“机车制造信息化管理平台建设”及“HXD1 型机车首台套保险补贴”等政府奖励资金 412.58 万元。通过工艺分析与现场调研，编制预投 20 台和谐 D1C 型机车检修方案，确保预投机车达到新造质量标准。专利申报实现零突破，完成 4 项专利申报，其中 2 项已取得授权。以 CAA（计算机辅助装配系统）顶盖设备车下组装为试点工序，实现了顶盖设备利用 CAA 进行辅助装配，达到 CAA 对工序螺栓拧紧力矩及角度的实时传输、控制、记录、报警等功能。全年生产、销售和谐 D1 型机车 20 台，实现销售收入 3.28 亿元，净利润 166 万元。

【四川中车玉柴发动机股份有限公司】 2016 年，公司有员工 1001 名，资产总额为 7.02 亿元。公司实施组织机构改革，机构压缩幅度达到 52.6%，中高层领导干部职数减少 30%。开展降本增效工作，产品裸机物耗率下降 12%；先后两次压降各项费用指标，使可控费率同比降低 52.04%。开展内部资源整合，启动公司闲置的高速机第二条生产线 6540 万元设备租赁工作，与广西玉柴机器股份有限公司正式签订租赁协议。编制中速发动机资源整合方案。全年实施固定资产投资 10 项，投入资金 73.98 万元。与中车相关企业签订 3000 马力调车机车联合设计协议，共同开发国铁调机市场；最新研制的新 6240 柴油机装用到油电混合动力机车，完成铁科院环形线以及高温、高原、极寒等线路试验。开展 12V280C-A 船用柴油机方案设计及样机验证；完成 280 重油船用柴油机、6240 船用双燃料发动机试制工作，并通过中国船级社船检认证；210、320 系列柴油机产品通过了中国船级社船检认证及渔检认证。申报专利新增 43 项，新获得专利 27 项，累计取得专利证书 140 项。创建了四川省资阳市首家院士（专家）工作站。进一步加强战略合作，先后与葛洲坝、四川能投、远大集团等大企业集团建立战略合作关系，形成产业联盟。推行销售项目管理模式，成立了 11 个销售项目组，市场项目涉及机车、船电等大功率发动机及机组 70 余台。新签并实施了马尔代夫项目二期柴油发电机组合同；210、320 等高端发动机实现了市场投放，成功进入海洋船舶主推领域，首台 9320 柴油机已交付并装船，9210 柴油机装用到 6300 吨深仓船并完成海试，实现小批量订单。全年产销各类汽车高速发动机 21377 台，销量同比增加 7571 台；产销各类中速发动机 43 台，同比增加 11 台。累计实现销售收入 7 亿元，较上年增加 1.34 亿元。

【重要纪事】 3 月 19 日，公司承建的孟加拉国首都达卡供电公司 8 个 33/11KV 变电站在项目所在地之一的纳拉扬刚杰地区举行奠基仪式。3 月 22 日，公司出口土库曼斯坦 CKD9C 型机车照片及专文在《人民日报》第三版刊发。4 月 3 日，装载 4 台资阳机车的远洋货轮抵达加蓬共和国利伯维尔港，整备完成后将投入该国的锰矿运输。4 月 28 日，泰国 TPI 公司与公司签订 4 台窄轨交流传动内燃机车采购合同。5 月 9 日，公司正式签订“青龙满族自治县生活垃圾无害化处理特许经营项目”框架协议。5 月 12 日，公司研制的世界最大功率 2200 千瓦混合动力机车发往铁科院，进行型式试验。6月17日，公司中标湘电莱特电器有限公司10000套70千瓦电机高压电连接器及线束集成订单，进入新能源电动汽车领域。6月29日，公司签订青岛地铁工程车辆集成总包项目，在城轨工程车辆集成领域首次取得突破。7月15日，公司根据中国中车职业技能操作指导中心统一要求，首次实施职业技能操作考核，完成了加工中心操作调整工、电工等六个职业（工种）技师、高级技师技能操作考核。8月9日，公司与伊朗签订30台内燃机车合同，这是自2015年国际社会对伊朗解禁后，中国中车与该国签订的第一个订单。8月26日、9月5日、9月7日，中央电视台国际频道《华人世界》栏目三次专题报道公司员工服务巴基斯坦，为国家筑梦一带一路做出努力的故事。8月31日，中国首台出口阿根廷米轨内燃机车在公司下线。9月5日，公司电连接器技术研发中心成为中国中车首批获准可正式挂牌的技术研发中心。10月20日，公司召开建厂50周年庆祝会，表彰“感动车城十大人物”。12月8日，公司参与研制的中国首列商品化新能源空铁竣工下线，新华社等各大媒体相继报道宣传。

【公司党政工负责人名单】

董 事 长　向　军
总 经 理　陈又专（2月免）
　　　　　任利军（2月任）
副总经理　温晓听　熊建平
　　　　　许德祥　李　权
　　　　　杨文胜　胡宪昌
总工程师　许德祥（兼）
财务总监　胡宪昌（兼）

党委书记　向　军
党委副书记　陈又专（兼，2月免）
　　　　　任利军（兼，2月任）
　　　　　马　旭
纪委书记　马　旭（兼）
工会主席　马　旭（兼）

（资阳公司　供稿）

地　　址　四川省资阳市晨风路6号
邮　　编　641301
传　　真　028-26653416
网　　址　http：//www. crrcgc.cc/zy
联系电话　028-26282115

中车眉山车辆有限公司

（统一社会信用代码：91511400662787535Q）

董事长、党委书记　郑　平

总经理　潘树平

【概况】　2016年，眉山公司下设3个子公司、2个分公司、5个车间及26个部室，固定资产原值10.6亿元（净值4.58亿元），占地面积79.12万平方米，建筑总面积31.28万平方米。年末在册员工3216人，其中经营管理126人、工程技术313人、市场营销70人、专业管理363、技能操作人员2344人。全年实现营业收入17.56亿元。

【规划发展】　完成公司“十三五”规划的编制，组织分/子公司及业务部室完成子规划、三年滚动计划编制，做好规划分解。开展资源整合研究，形成《货车业务、制动业务重组方案》《眉山公司与二七厂研发资源重组方案》《眉山公司与西安公司铸造业务重组方案》，并上报中国中车。研究地方相关政策，加强与地方政府部门沟通，找准项目申报切入点，全年争取政府支持资金共206万元。根据中国中车注资和公司年度资金情况，统筹安排年度资金，突出投资重点，全年安排资金8390万元，其中优先重点安排紧固件技改项目6569万元。

【改革改制】　2月，公司印发《董事会议事规则》《总经理工作细则》《总经理会议制度》，进一步完善企业法人治理结构。4月，完成制动科技公司铸造车间业务重组和人员安置工作，在公司内部转岗安排共计46人。有序推进“三供一业”移交， 6月完成消防队资产、职能移交，8月完成生活区天然气资产移交，12月签订电视网络移交协议。

【经营管理】　公司全年新签订单28.8亿元，其中国内整车市场新签2950辆，国际市场新签整车562辆，新产业市场新签订单3.7亿元。做好主产品产量的统筹安排，规范公司订单管理，提升各项目计划的针对性、可行性和配套性，充分利用各类资源，合理安排交货期，并做到在确保各订单按时兑现的同时降低制造成本，圆满完成全年的订单任务。

【科技创新】　公司积极融入中国中车技术资源整合，相继成立四川省紧固件工程中心和中车紧固件研发中心。全年完成新产品试制16项，新产品贡献率达24%，涵盖国内外铁路货车、紧固连接系统、制动系统、公铁联运及民用产品。持续加快重点产品研发，其中160公里/时快捷货车项目稳步推进，27

吨轴重和30吨轴重重载货车项目成果初显，专用货车技术取得新突破。加快生产制造平台转型，致力打造柔性化生产体系，共线生产能力得到提升，SQ6形成单班7台产能。成功通过知识产权管理体系认证，全年取得国内专利权101项，其中发明专利35项，海外专利3项。

【市场营销】 公司铁路货车业务稳步提升，新签订单15.5亿元，市场占有率达到11.36%，超额完成预定目标。货车产品成功突破台湾市场，新产业全年新签订单3.7亿元，其中紧固件成功进入城轨市场，制动系统在客车领域取得成效，物流装备积极向公铁联运装备发展，动车座椅、模块化建筑等新项目持续推进，SF双层储油罐成功推向路外市场。积极融入中车国际化布局，获得中车支持海外项目9项，新签国际订单3.34亿元，同比增长684%，创历史新高。其中，紧固件连续获得美国太阳能订单，制动系统进入埃塞俄比亚、越南市场，加拿大合资合作项目向纵深推进，南部非洲地区及泰国等租赁项目在新的商业模式上顺利推进。

【人力资源管理】 深入推进领导干部交流选拔，全年交流调整领导干部18人次，公开选拔8名优秀年轻人才充实到领导干部队伍。强化领导干部监督和考评管理，组织111名中层领导干部完成2015年度个人有关事项报告填报工作，抽查核实领导干部个人有关事项39人次。规范职位体系管理，完善员工职业发展通道，试点实施海外市场营销岗位薪酬制度。加大核心人才培育力度，组织开展国际化和新产业人才培训800多人次，选派核心人才、优秀班组长赴国外、境外培训。

从严控制用工，强化内部资源的综合调剂，共调剂600多人次支持一线生产。减少临时用工使用，月均临时性用工较上年减少58人。转岗安置20名消防人员到生产一线，清退外聘保安21人、长期脱岗人员11人。引进员工17名，其中硕士研究生3人、本科生12人、中专及以下2人。新晋专业技术资格人员39人。新签订劳动合同17人；组织全员重新签订劳动合同3094人。重新制定《公司外事管理工作实施细则》。

【质量管理】 积极推动AAR M-1003标准、集装箱船级社等国际质量认证标准的导入，努力建设具有公司特色又符合发展需要的质量管理体系。密切关注新版IRIS标准的发布与进度，同时根据公司组织机构调整，适时调整质量体系架构，及时完成体系文件从“E”向“F”转版。4月19～22日，组织公司质量体系内部审核组对体系运行情况进行内部审核，共发现不符合项200余项。对发现的不符合项，全都组织进行了整改、验证。5月11～13日，法国贝尔国际验证机构审核组对公司IRIS质量体系进行复评审核，公司得分65分（百分数），顺利通过复评审核，6月获得了IRIS质量体系证书。9月，按照中铁检验认证中心下发的监督审核计划，公司生产的转K6型摇枕、侧架等13种所有已获证的产品接受了复评审核，公司所有已获证产品于12月顺利通过了CRCC年度监督审核。

【庆祝企业创建50周年活动】 策划制定“辉煌五十载，共圆发展梦”系列纪念活动方案，共组织安排五大类、35项活动项目，庆祝企业创建50周年。其中主要有：编辑、印制《跨越世纪的记忆》一书；举行“辉煌五十载 共圆发展梦”主题活动启动仪式及开展“凝心聚力促发展，献礼建企五十年”主题实践活动；举办“奋进之路”五十年历史图片展；开展“眉车符号”评选活动；在公司35个单位拍摄员工祝福视频；开展建企五十周年征文活动；制作“画说眉车”沙画视频，以历史与现实相结合的方式展现公司五十年来的发展历程；组织“新媒体见证新眉车”参观活动，邀请《四川日报》《眉山日报》等多家自媒体到公司进行采访，撰写、刊登围绕公司建企五十周年的报道近20篇。通过这些活动，系统展示企业50年来的发展历史与成就，有效宣传和传承企业文化。

【党群工作】 公司党委深入学习党的十八大及五中、六中全会和习近平总书记系列重要讲话精神，围绕公司“一体两翼，转型升级”发展战略，以党建“精益双目标”为抓手，深化创先争优，扎实开展“两学一做”学习教育，不断提高党建工作制度化、规范化、科学化水平。坚持和完善双向进入、交叉任职的领导体制，9名党委委员通过法定程序进入董事会、监事会、经理层，确保企业正确的发展方向。召开党委会17次，集体讨论重要议题53项。持续深化“四好”领导班子创建活动，做好领导班子选配、后备人才选拔培养，开展2名高管、8名中层领导公开竞选工作，推荐选拔9名高管后备人才，选派10人参加领导力培训。加大经营管理岗位与党建工作岗位干部交流使用力度，交流调整中层领导10人次。加强领导干部监督管理，严格落实《中层领导干部监督管理办法》，完成111名中层领导干部个人有关事项报告，组织重点抽查核实7批次28人次。扎实开展“两学一做”学习教育，召开“两学一做”学习教育启动大会；搭建“指尖上的教育”微平台，开展专题党课、知识竞赛、党课课件评选活动；在全体党员中开展“戴党徽、作承诺、当先锋”主题活动、“做合格党员”承诺践诺评诺、“党员先锋行动”竞赛、“两学一做”先锋颂等活动。探索实施基层党组织书记抓党建述职评议，为基层党建工作增添新活力。实施党代表提案制及常任制，提出5大类32件提案。开展党建创新实践活动，共实现成果37项。年内发展新党员31名。细化分解党风廉政建设重点工作，与34个基层单位签订《党风廉政建设责任书》。组织全体领导干部进行廉政谈话，对12名领导干部和党员进行诫勉谈话、警示提醒谈话、组织约谈。开展廉洁文化宣传教育月活动，组织40名中层领导和关键岗位人员到廉政警示教育基地接受警示教育。开展专项监督和效能监察工作，对“工效挂钩执行情况”“2016年度亏损企业治理工作”等7项工作进行效能监察。

公司工会完成提质增效劳动竞赛攻关项目14项，开展“凝心聚力促发展，献礼建企五十年”主题实践活动，完成竞赛项目5项。深化“六送三关注”活动，救助大病员工32人，补助各类困难员工222人，日常走访慰问住院员工、家庭困难员工161人，重阳节慰问80岁以上离退休老人227人，为“职工互助补充保险基金会”会员办理死亡补偿、退休补偿、大病等补偿共计314人。继续开展金秋帮困助学活动，为64名困难员工子女发放了助学金。

【知识产权体系建设】 年内，公司依据《企业知识产权管理规范》，开展公司知识产权管理体系建设。召开公司知识产权管理体系首次管理评审会议。6月15日，正式发布实施眉山公司C版知识产权管理体系文件。开展公司知识产权管理体系集中式内部审核。9月21日、10月21日，公司先后通过初次认证第一阶段文件审核、第二阶段现场审核。12月，公司收到中规（北京）有限公司颁发的知识产权管理体系认证证书，成功通过《企业知识产权管理规范》贯标认证。

【国际化经营】 公司全年海外出口新签订单约33381万元人民币，当期实现销售收入12333万元。完成澳大利亚空重车传感阀、延时阀，毛里塔尼亚呼吸式安全阀等配件销售合同6项。销售澳大利亚大体积棚车40辆、5关节平车13组、29辆多功能棚车；销售阿根廷平车200辆、漏斗车320辆。按合同要求，全部收回到期应收账款共计12333万元人民币，回款率达100%。

【眉山中车制动科技股份有限公司】 2016年末在册员工529名，其中技管人员127人、生产工人402人，中、高级工程技术人员95人，工人技师83人。公司占地面积80000平方米，拥有各类设备885台，资产总额15800万元。年内，公司加快产品升级步伐，由制造低端配件产品向高端产品转变，并将重心放在推动研发成果转化与应用上。抓住104E、脱轨阀改造和LBC-1型主动润滑式密封制动缸推广应用的契机，努力扩大检修市场份额，重点研发了地铁制动系统、160公里/时及以上快捷货车制动系统技术研究、无线ECP电空制动技术可靠性研究、空气制动智能监测系统研究等项目，取得可喜成绩，先后完成"中国第十八届中国专利奖""四川省专利奖"等14项国家和省市级科技项目的申报工作，共获得各项资金支持145万元。全年，实现销售收入1.83亿元、净利润13万元，实现转亏为盈，其中新产品实现销售收入2500多万元。

【眉山中车紧固件科技有限公司】 2016年末，员工总数137人。全年实现销售收入3.27亿元，净利润2026万元。加强以降成本为中心的内部管理，完成投资1175万元。及时调整营销策略，加大对国铁车招标信息的跟踪，取得较好成效。其中，中车集团内部拉铆销市场占有率达80%、拉铆钉市场占有率超过60%，集团外部紧固件市场占有率也逐步提升，同时持续开发以城轨市场为重点的新市场，完成全部城轨动车主机厂的合格供方评定工作及浦镇、唐山、株机的产品试装工作，并取得株机、四方等配套公司小批量订单；太阳能产品实现大批量出口，并在国内相关企业进行产品试装，获签了第二批合同；积极开发汽车市场，完成8家汽车企业批量装车或试装，并获得了其中部分企业订单。积极推进高速动车组用紧固连接系统国产化项目，已完成50多种铆螺母的设计、试制和试验工作；开展CNAS资质认证相关工作，完成紧固件实验室CNAS体系文件编制，并开始试运行CNAS体系。10月，公司技术中心获得"四川省企业技术中心"授牌。完成四川省工业发展资金的申报工作，获得专项资金107万；申请3件发明专利和3件实用新型专利。

【眉山中车物流装备有限公司】 2016年末公司有正式员工86人，人事代理人员20人。全年完成销售收入14546万元、表列利润-166万元。实施公铁驮背运输专用半挂车、集装托盘化运输的配套专用车及装备、城市物流类运输专用车辆、LFT材料应用及铁路货车配件等相关项目，针对性地开拓了邮政车市场，实现销售19台。与北京驮丰高新科技股份有限公司、中车齐齐哈尔公司配合，研发成功公路与铁路驮背运输箱式半挂车。为顺丰快递总公司量身打造了专用于特快专列专用装备运输的集装单元化快运笼。全年共完成各类半挂车57台、吊篮500个、邮政车19台、挡泥板5400件；完成40台澳棚车P71A侧墙组成、钢结构及包装件，10台缅甸车P32端墙，301台NX70单中边梁，70台K75端墙，1115台份SQ6上层底架、上层渡板、横梁滚圆及侧柱等铁路配件的生产，及各类车型的包装件384套。还试制完成驮背运输车2台、翼展式运输车2台。

【重要纪事】 1月11日，公司研制的大轴重径向转向架在美国普韦布洛TTCI铁路运输技术中心配装美国试验货车，并进行了六种工况线路的动力学试验。1月25日，公司

120 阀夹布膜板和滑阀副主动润滑技术通过中国铁路总公司运输局车辆部评审。1 月 29 日，公司召开一届一次职代会暨 2016 年工作会。2 月 3 日，公司印发《董事会议事规则》《总经理工作细则》《总经理会议制度》，进一步完善了企业法人治理结构。2 月 25 日，公司出口泰国 120 辆 N62-THA 型集装箱平车在泰国 HIN LAP 车站顺利交车。3 月 3 日，中国神华集团货车公司总经理康凤伟到公司考察。4 月 20 日，公司党委召开“两学一做”学习教育动员部署会。4 月 22 日，公司与澳大利亚 SCT 公司签订 29 辆 P72-AUS 型多用途棚车销售合同。5 月 12 日，中国中车紧固件现场会在公司召开。6 月 1 日，公司储存用钢罐体通过四川省质量技术核查。6 月 2 日，公司《铸造生产控制智能信息化示范》《制动科技设备新建和仓储、配送一体化管理的集成化应用》两项目获中国制造 2025 四川行动与创新驱动专项资金支持。6 月 22 日，公司与加拿大合资项目获得中车立项批复同意。7 月 6 日，中国中车企业优化员工结构研讨会在公司召开。8 月 2 日，美国 TTCI（北美铁路运输技术中心）总裁丽莎・斯特布雷、副总裁福尔多斯·艾瑞尼一行 3 人到公司开展技术交流。8 月 26 日，在 2016 年中国两化融合大会上，公司荣获全国 “2016 年度两化融合突出贡献单位”称号。8 月 26 日，公司顺利通过中国中车紧固件技术研发中心建设评审验收。9 月 2 日，美国思创通有限公司中国区总经理张明到公司开展技术交流。10 月 18 日，中国中车党委书记郑昌泓到公司调研。10 月 26 日，神华铁路货车运输公司党委书记王喆到公司考察。11 月 1 日，公司召开建企五十周年纪念大会。12 月 29 日，公司获评“2016 年度国家知识产权示范企业”。12 月 7 日，公司出口澳大利亚 P72-AUS 型多用途棚车在眉山同升物流装备公司顺利下线。

【公司党政工负责人名单】

董　事　长　郑　平
总　经　理　潘树平
副 总 经 理　雷自原　肖　颖
　　危　勇（9 月免）
　　王云东（9 月免）
　　黄核仁　杨　鸣
　　王洽军（9 月任）
　　曹　平（9 月任）
总 工 程 师　杨　鸣（兼）
财 务 总 监　危　勇（9 月免）
　　王洽军（9 月任）

党 委 书 记　郑　平
党委副书记　潘树平
　　王志强（9 月免）
　　王云东（9 月任）
纪 委 书 记　王志强（9 月免）
　　王云东（9 月任）
工 会 主 席　王志强（9 月免）
　　王云东（9 月任）

（眉山公司　供稿）

地　　址　四川省眉山市东坡区崇仁镇
邮　　编　620032
电　　话　028-38502013
传　　真　028-38502046

中车株洲电力机车有限公司

（统一社会信用代码：914302007790310965）

董事长、党委书记　周清和

总经理　傅成骏

【概况】 2016年末，株机公司设有3个分公司、5个生产事业部、2个研究所、10个（营销、研发、运营）中心及20个职能管理部门；全资、合资控股子公司共24家，参股企业有9家。在册员工9909人（含各子公司员工），其中株洲本部员工7996人。各类专业技术人员共3248人，其中工程技术人员2615人；高级技术职称人员有397人，其中教授级高工67人（含工程院院士1人）。高级技师人员141人。株洲本部占地面积（含生活区）119.38万平方米，建筑物面积共46.75万平方米，资产总额为246.5亿元；固定资产原值为49.86亿元，净值为32.67亿元。主营业务有电力机车、城轨车辆、城际动车组及磁浮车、双源制机车、轨道工程车、有（无）轨电车等产业。全年实现销售收入170.25亿元、净利润10亿元，获全国先进基层党组织、中国管理模式杰出奖等荣誉。

【规划发展】 完成公司“十三五”规划的编制与上报，完成《超级电容发展规划》《制动产业发展规划》《机车产业“十三五”发展规划》等3个专项发展规划。根据中车公司要求及公司项目并购需要，完成《燃料电池五年专项发展规划》和《石油钻井液五年专项发展规划》。完成“制造强国”“工业强基”战略研究轨道交通领域专项研究结题；完成湖南省轨道交通创新中心产业联盟组建及湖南省智能制造聚居区发展研究、株洲市动力谷建设方案等专项课题；申报科技部重点专项“磁浮交通关键技术”。完成工信部“智能制造”“工业强基”、国家发改委“专项建设基金”“制造业核心领域关键技术产业化”“产业振兴和技术改造”及湖南省新型工业化与战略性新兴产业专项、国资委2017年国有资本经营预算、湖南省预算内“双创”建设等十多个政府专项资金项目申报，累计到账金额约1.5亿元。与南宁市政府、昆明市政府、洛阳市政府、盐城市政府、中铁十六局、中铁三局、恒飞电缆等市政府及单位签订战略合作协议。

与南非Transnet集团合资注册成立中车-Transnet轨道交通有限公司与南非中车株洲联合有限公司。推进并完成马来西亚东盟制造中心架修功能建设，使其同时具备了维保、新造及维修的全业务能力。先后与捷克DAKO制动公司、奥地利铁路公司签署战略合作协议，并开展技术合作。与奥地利铁路集团Tecsol合作完成1063调车机改造，并参加柏林展；与丹麦燃料电池公司Serenergy签署合作备忘录，共同研制出燃料电池大巴样车。

调整制造场地，优化产业布局、工艺流程和路线；实施转向架数字化制造项目，使“绿色智造”再迈进一步；以4K Powerwall研发验证平台、CAVE沉浸式体验平台、3D技术工业设计平台组成的虚拟仿真系统建设项目成功立项。利用技改资源，提升昆明城轨基地、武汉城轨基地的架大修能力。在国家级、省级创新平台建设方面，大功率交流传动电力机车系统集成国家重点实验室建设与运行实施方案已提交国家科技部，并完成了实验室组织架构搭建、运行管理机制编制等工作；轨道交通车辆系统集成国家工程实验室获得国家发改委批复，项目建设已全面启动；轨道交通系统集成和关键技术研发产业基地顺利通过了国家科技部组织的年度评估；轨道车辆制动技术湖南省工程实验室成功获得湖南省发改委批复。

【经营管理】 合理编制、下达公司2016年度经营计划，统筹安排20多亿元的费用资金及40多项部门专业计划。全面开展以“加大降本增效力度，超额完成经营目标”为重点的提质增效工作，组织技术、采购、制造等单位实施一系列措施，提升管理效能；对非标部件、消耗性材料、变更物料、工装工具、段改试验、差旅、劳保等费用进行精细化管理；持续推进项目成本优化工作，完善项目成本优化奖励机制和管理流程，全年降成本约2.6亿元；处置积压物资金额1763.72万元。进一步强化费用资源的科学化、规范化管理，构建各类费用T值的测算模型及激励考评方式，激励相关单位节约费用、控制成本、提高资金使用效益。资本运营方面，开展西安西沃客车并购项目、神州惠普IPO投资、鸿鹄收购项目、ROSE项目等并购项目。协助中车产投公司注册成立中车株洲投资控股有限公司，并完成宁波新能源、特装科技、天力锻业三家公司的股权划转工作。

设立株机研究院（虚拟机构），下设六个一级机构，形成“两中心两部两所”的设计研发体系结构；设立新产业发展中心、海外本地化办公室、战略客户合作中心等机构。设立董事会、监事会，同时将原公司（党委）办公室改组为董事会办公室、党委办公室和总经理办公室，并实行合署办公。完成《组织手册》（第六版）的发布，进一步厘清各单位的职能职责。以6621运营平台建设为抓手，以制造系统改善100项目为载体，推动设计、工艺、物流、项目管理等职能管理向工位聚焦，实现工位制节拍化生产方式，缩短生产周期，提升产能。修订《控股企业管理办法》，进一步明确管理职责。组织各亏损子公司制定并实施“一企一策”亏损治理专项方案，亏损子公司由年初的9家控制至3家以内。

财务工作积极开展理财活动，取得资金管理收益1.7亿元，全年财务费用约－1.5亿元，实现连续七年财务费用保持负数。争取财政补助资金3440万元，税务筹划实现节税1.68亿元，合理运用外汇衍生金融工具获得收益3610万元等，同时推进财务共享服务平台建设，确保公司顺利实现年度经营目标和“两金”压降指标在上年末基础上整体压降5%的目标。

加强审计与风险管理，重新界定重大项目标准、风险评估结果审核要求等内容，使重大项目风险管理工作落到实处。全年完成审计与风险项目35项，审计工程合同、结算1334项，审计工程预决算金额56308.96万元，直接核减工程支出349.74万元；审计各类经济合同2187份，累计金额93698万元，审减合同金额451万元。审核招议标金额50417万元，共计降低招议标金额3298万元。

【生产运营】 全年累计执行项目86个，同比增加11个，其中国际项目16个、国内城轨项目43个、国内机车项目3个、工程车项目24个，涉及异地分包项目17个。完成机车落车228节，交付176节；城轨车辆落车1288辆，交付1571辆；转向架新造2514架、两年检658台。未发生重伤及以上事故，无重大火灾事故、无新增职业病，工伤事故死亡率和千人重伤率均为0。截止12月31日，已实现连续安全生产6023天，连续安全生产达16年。

【新产品研发】 机车、动车组动力车研发，完成时速160公里动力集中型动车组动力车、塞尔维亚电力机车、“储能增程”多流制电力机车等项目的设计与研制。城轨项目研发，完成城市轨道交通专用轨回流技术与城市轨道交通无人驾驶关键技术的研发及储能式超长无轨电车、五模块储能式现代有轨电车、巴基斯坦拉合尔橙线地铁车辆、深圳龙华新区现代有轨电车、长沙和武汉等19个地铁轨道交通项目、印度新孟买1号线地铁车辆、悬挂式单轨车、跨座式单轨车等项目的设计开发。动车组研发，完成长株潭时速160公里城际动车组、马其顿EMU/DMU动车组、时速200公里动力分散型双层动车组项目、Ⅱ型与Ⅲ型快速动力集中动车组、马来西亚混合动力动车组（HMU）（为世界首创超级电容与内燃动力包组合供电米轨动车组）等项目的设计与研制。蓄电池电力工程车研发，完成澳大利亚电力蓄电池工程车、C1677新加坡（TSL线）蓄电池电力工程车、广州新线AB蓄电池电力工程车、广州新线L型蓄电池电力工程车、青岛M2、R3线蓄电池电力工程车等项目的设计与研制。同时，完成机车、城轨车辆新产品转向架、机电、制动、网络等重要部件的优化设计，其中轻轨车辆及其铰接式转向架获第十八届中国专利金奖。煤机产品研发，引进、吸收国外先进智能掘进机技术，完成T1.14掘进机工程硬岩隧道300米掘进；完成国内首创的EBZ200变频变速截割掘进机试制及其煤矿井下300米工业性试验。

【科技创新】 全年实施科研项目393项，安排费用计划3.2亿元，完成结题验收79项。牵头国家科技重点项目中速磁浮课题，构建了200公里/时中速磁浮车平台。成功获得国家重点研发计划——先进轨道交通装备专项3个项目（课题）批复及中国铁路总公司（以下简称“铁总”）重大科研项目1项、重点科研项目16项。承担的国家863计划、“十二五”国家科技支撑计划、国家创新方法工作专项及铁总四项课题全部一次性通过验收。完成科技成果鉴定项目11个，其中160公里/时速度等级米轨动车组、南非1065毫米轨距双流制26吨轴重电力机车、广州市轨道交通三号线增购车辆研制等9个项目被被鉴定为国际领先水平，城市轨道交通蓄电池电力工程车14吨轴重两轴转向架被鉴定为国际先进水平，80公里/时速度等级A型地铁齿轮驱动系统自主化的研究被鉴定为国内领先水平。获得国家工信部首台（套）重大技术装备保费补贴资金2312万元、湖南省首台套奖励认定资金100万元、中国铁道学会铁道科技奖一等奖1项、湖南省科学技术进步二等奖1项等奖励。完成专利申请304项，其中发明专利申请190项。取得授权专利194件，其中发明专利109件，发明专利授权量同比增长73%。

【市场营销】 全年机车实现销售收入31.1亿元；累计新签订单103台，市场占有率

40%，继续保持国铁市场的龙头地位；配件及二年检新签 15.12 亿元，实现销售收入 12.83 亿元。回收货款 38.5 亿元，其中非整车市场 13.4 亿元。动车组市场，公司长株潭城际动车项目最终在铁总立项，并取得暂定型号 CJ6。城轨市场，全年参加项目投标 20 多个，获得了深圳龙华有轨电车、武汉地铁 21 号线车辆、宁波地铁 3 号线车辆、郑州地铁 5 号线车辆、上海地铁 2 号线增购车辆、长沙地铁 4 号线车辆等项目订单，共计 1062 辆。蓄电池电力工程车获得 8 台车订单。配件销售方面，在原有配件销售的基础上，开拓架大修业务，并积极探索机电设备总包业务，全年共获签 2.02 亿元配件合同，较上年增幅超过 5 倍。全年回收货款约 50 亿元。海外市场，全年共组织海外项目投标 40 个，其中中标并签约项目 10 个，合计金额 25.2 亿美元。在马来西亚，取得 HMU 混合动力动车组和 ETS 增购项目车辆授标函；获签安邦轻轨车辆维保项目合同。在南非市场，获得价值 20.5 亿美元电力机车中长期维保服务合同授标函；成功通过南非豪登机场快线 Gautrain 增购车辆项目资格预审；推动中车株洲联合体与 Transet 的合资合作，已完成合资协议与公司章程等签认。在欧洲市场，3 月签约塞尔维亚电力机车项目，9 月同捷克运营商 LEOS EXPRESS 签订电动车组的框架供货协议，11 月份中标马其顿电力机车项目；获得德铁 Q1 供应商资质，成为德铁优选供应商。在澳洲市场，顺利获签悉尼西北线蓄电池工程车项目。在亚洲市场，完成巴基斯坦拉合尔橙线轨道交通项目签约。全年组织或参与海外展览峰会 8 个。

【基建与技改】 年内，完成试验厂房、实验室大楼、工业工程研究与测试实验中心、科技文化展示中心等多栋建筑主体工程建设；转向架数字化制造项目采取整线总包模式，已完成 4 栋厂房主体建设，其中车轮智能化等 6 条生产线启动制造；完成城轨静调空调系统安装、机加厂房和西门涂装厂房单车棚建设；完成园区雨、污、废三网分离建设，提高了公司废水日处理能力。全年固定资产投资 8.04 亿元、股权投资 2 亿元。完成二幼儿园改扩建项目及多个停车场建设。全面推进公司水电移交进程，完成所有集中小区与主干道给水管网敷设及 10000 户用水移交、60 台变压器安装和 6000 余米高压电缆敷设。签订设备采购合同 240 个，其中公司本部新购置设备 1000 多台套，总金额 4.08 亿元。受托完成东盟架修基地、南非本地化项目和宁波无轨电车项目等 54 台套设备采购。截至年末，公司本部共有各类设备 17227 台，其中主要生产设备 1754 台、大型精密数控设备 126 台，设备资产达 15.12 亿元。

【人力资源管理】 公司实施以能力为基础的人力资源管理体系框架建设，启动并完成专业管理职类 9 个职群 47 个职种 100 余个专业方向及技能操作职类 9 个类别 16 个工种的任职资格标准开发工作。同时，修订工程技术和市场营销 49 个职种的任职资格标准；启动工程技术、市场营销和专业管理 3 个职类约 2580 人的任职能力认证工作。动态调整公司本部各单位、子公司的生产人员数量，全方位盘活公司既有人力资源存量。推动高端人才招聘工作从国内走向国外，共招聘海外留学生 8 名，其中 3 名博士、5 名研究生，外籍高端人才 1 名；国内校园招聘完成 7 条线路共 46 所院校的招聘工作，共招聘 78 人，其中硕士 48 人、本科 30 人；经公司专家委员会审核，录用博士 5 名。完成公司级培训项目 100 余项，指导二级单位开展各类培训班 3000 多个。组织完成 21 个工种 5 个不同级别共 434 名员工职业技能鉴定及本年度覆盖全员所有通道的职业发展等级申报与评聘工作。组织开展首届中国中车核心人才选拔评审工作，申报核心人才176人，其中科学家5人、首席技术专家6人、资深技术专家41人、技术专家86人，首席管理专家2人、资深管理专家20人、管理专家16人。构建“兼职项目经理”与“兼职项目专业经理”人才资源库体系，建立健全兼职项目团队成员业绩评价机制，提高公司项目管理和水平。加强继任队伍建设，将“四历一品”（经历、资历、阅历、能力和品德）的干部选拔条件有效融入人才培养的全过程，逐步构建以“积分制”（Integral System）为基础，“青年新秀、青年骨干、青年英才”递进式三位一体的“后备人才选拔培养管理体系”，加快后备人才成长速度。加大国际化人才培养力度，组织77人进行国际化课程学习。

按照“效益导向、绩效导向、价值导向、业务导向”原则，制定2016年绩效工资整体分配方案；做好核心人才队伍的薪酬激励，激发研发人员科技创新的积极性；按照《销售提成奖励管理办法》兑现销售提成，确保营销人员收入与公司销售业绩和市场开拓紧密挂钩；制定事业部总经理奖励基金方案及城轨项目制造突出贡献奖，并兑现相关奖励。

【质量管理】 年内，强化绩效考核体系和两级质量管理职责，不断提升质量体系运行绩效。深化工艺标准化作业，提升工艺执行力度。改变供应商控制机制，逐步提升供应商管控能力。加强全过程的质量问题分析和专项整治，提升质量问题的系统预防、解决能力。制定153条主要保证措施、25项公司年度质量目标和35项关键绩效指标。编制《重大惯性质量问题攻关管理办法》与《重大惯性问题攻关项目计划（涵盖29项质量问题）》，全面推进各项质量攻关，形成质量攻关的长效机制。围绕“质量降成本”课题，制定《2016年“提质增效”项目之质量降成本专项工作计划》，促成全年质量损失费用同比下降10%。持续构建质量信息系统，策划基于产品追溯的生产现场质量数据采集信息系统，建设整车和关键部件电子履历信息系统，建立8D闭环管理信息系统。开展德国铁路（DB）供应商审核相关工作，成为德国铁路公司（DB）Q1级别供应商，是中国中车首家具有不受限制参与德国铁路公司（DB）所有产品投标资质的企业。完成湖南省省长质量奖申报工作，获得湖南省第五届省长质量奖。顺利通过电力机车、地铁车辆车体、转向架、电气产品焊接质量体系EN15085认证审核及国际铁路行业标准（IRIS）质量管理体系年度监督审核。机车受电弓、真空主断路器、司机控制器、机车控制电源柜、动车组受电弓、真空主断路器和高压隔离开关等产品顺利通过CRCC年度监督审核。12月，顺利通过ISO10012：2003测量管理体系认证年度监督审核。

【企业文化建设】 构建以“质量文化”“大安全文化”“感恩文化”为标杆的“三位一体”文化塑造模式，不断完善企业文化体系，高效推动企业理念识别系统（MI）建设，引导员工树立正确的价值观。利用户外显示屏、大型户外广告牌、宣传栏、公司内外网、新媒体等媒介，以及新产品下线、重要商务活动等重大事件，传播社会主义核心价值观和公司“责任·领跑”文化及中车品牌，树立公司形象。深化推进识别系统（BI）建设与全员推广，全面开展员工普通话推广专项工作，塑造职业化的员工团队。持续推进标准化班前会工作的实施落地，并将此工作向子公司延伸。全面推进中车视觉识别系统（VI）落地。策划并组织实施中车2016员工运动会文化宣传、品牌塑造、新闻传播工作，传播企业创建80周年主题文化和中国高铁工人精神，展现“和谐中车，为中国梦提速”体育文化主题。公司连续 4 年获评“湖南省十大企业文化示范基地”，并连续两年获评“中国企业文化建设典范企业”。

【党群工作】 发布《公司党委理论学习制度》，进一步完善以“党委中心组（扩大）集中学习、高中层管理者在线学习及测试、时事与政治（‘两学一做’）”三大理论学习平台，全方位提升党员干部的政治素养和理论水平。加强党的报告员报告与全媒体宣传的有机结合，组织所有高层管理者深入基层单位解读宣贯重要会议精神。组织、指导各基层党组织以政工课题认领的方式开展思想政治工作研究，共完成课题研究 43 项。扎实推进文明建设工作，成功通过全国文明单位复审。大力宣传、推广公司选树培养党员先进典型，“选树先进典型”经验材料被国资委党委、央企全面推广。集合新华社、中央电视台、中新社、中央人民广播电台、光明日报、科技日报等权威资源，先后成功策划实施中宣部/工信部率中央媒体团、“一带一路”国家媒体团、台湾广西云南媒体团到访等活动。全年传播标题新闻 710 条、内文新闻 608 条，合计转载 5378 次；论坛 167 条，微信 523 条。其中，在中央电视台原发稿件 10 条、新华社原发稿件 11 篇。认真开展“两学一做”学习教育工作，将“两学一做”落实到党性教育提升中，先后举办 3 期高中层管理者党性修养专题培训班；成立“两学一做”督导组，对 40 个基层党组织开展学习教育情况加强督导和推进，使党员学习的覆盖率和参与率达 100%。从严从实抓好“三严三实”专题教育后续工作，组织班子成员开展交心谈心活动，召开领导班子专题民主生活会。指导并鼓励基层党组织开展“一组织一特色”的党建品牌活动，成功打造了 9 个党建特色品牌。进一步推进三项重点党建活动，推选或补选出 2016 年先进典型 359 名。深入推进党代会常任制，组织党代表积极参与各项党建工作，发挥党代表作用。制定“十三五”廉政建设规划及责任分解，组织各基层单位党政正职签订《党风廉政建设责任状》53 份；制定《派驻纪检监察干部到关键业务部门的试行方案》，督促相关单位领导班子成员落实“两个责任”和“一岗双责”等工作。开展惩防体系项目认领活动，推动党风廉政和惩防体系建设。深入开展“四风”问题整治情况“回头看”工作，对照 14 项具体内容进行系统全面清理；组织开展“三项费用”和公务用车检查，对 7 个单位 24 人进行了问责追责。开展“守纪律、讲规矩、明底线、知敬畏”专题教育活动；组织在职党员签订廉洁自律承诺书和党纪党规知识考试，并举办“学党章党规、学系列讲话、做合格党员”主题知识竞赛。全年受理各类信访举报 17 件，线索办结率为 100%。开展规范物资采购管理、降低采购成本，两金压降，亏损企业治理、压减等 4 个专项效能监察，实现降成本 1.55 亿元；开展绩效工资管理、油漆输送系统等 8 项专项监察和专项调查，追究责任 58 人，诫勉谈话 7 人，经济考核 15.58 万元。

公司工会深化覆盖全员的“双创”劳动竞赛和以群众性管理技术创新活动为重点的“建功杯”“安康杯”“芙蓉杯”等竞赛活动，组织开展各类主题专项劳动竞赛 76 项，公司再次荣获全国“安康杯”竞赛优胜单位。开展各类技术攻关，共申报攻关项目 219 项，完成重点技术攻关项目 56 项。对 310 人次特困、重困员工进行重点帮扶，共发放补助款 60 万余元。元旦、春节期间开展“两节”慰问关怀，共发放慰问金 84.69 万元。高温期间，联合株洲市总工会多次组织开展“夏送清凉”活动，累计投入资金近 20 万元。积极实施“三线”建设，为各售后服务点配送物资近 30 余万元。组织员工开展丰富多彩、健康有益的文化、体育活动，并成功承办株洲市足球甲级联赛（获冠军）、中车员工运动会（获团体总分第一名）。公司团委策划以“强团建，聚青年，促改革，立新功”为主题的共青团系列活动，服务企业改革发展，服务青年成长成才，荣获湖南省青年志愿服务项目大赛银奖。

【张高丽到公司视察】 3月31日下午，中共中央政治局常委、国务院副总理张高丽在湖南省委书记徐守盛、省长杜家毫等陪同下，到公司视察、调研。在全面询问和了解公司研发、技术、产品、产能、生产经营等情况后，张高丽勉励公司“走出去、走进去”，加强国际合作，释放产能，推动国家“一带一路”政策在世界各地生根发芽。

【欧洲市场开拓】 公司出口马其顿动车组图片被设计成马其顿国家邮票，成为马其顿“国家名片”。9月，在2016年柏林国际轨道交通技术展览会上，公司联合奥地利Tecsol公司将奥地利联邦铁路1063型电力调车机车改造而成的世界首台超级电容+蓄电池混合动力调车机车在展会上全球发布，受到国际客户广泛关注；旗下子公司浙江中车电车有限公司研制的新一代超级电容储能式现代电车成为第66届德国汉诺威商用车展的焦点，随后该电车在奥地利格拉兹市34E路示范运营，这是中国首次向欧洲出口超级电容储能式现代电车。9月26日，公司在欧洲设立的首家全资子公司中车株机（欧洲）公司在奥地利维也纳揭牌成立，同时公司与格拉兹工业大学、波鸿大学分别签署合作框架协议，与捷克里奥快铁公司（LEO Express）签署全新动车组采购框架合作协议。12月19日，公司获签捷克私营铁路运营商里奥快铁公司3列动车组及其相关备品备件订单，中国动车组首次进入欧盟市场。

【首列储能式100%低地板有轨电车落成】 8月1日，中国首列具有完全自主知识产权的储能式100%低地板现代有轨电车在公司竣工下线。该电车是全线无接触网超级电容现代有轨电车，其动力源自9500法拉超级电容储能供电，能在站台区30秒内完成快速充电，充电一次可运行3～5公里。同时，能将85%以上的制动能量回收至超级电容形成电能储存，实现能量的循环利用。它的诞生，填补了国内同类产品的空白，已被列为湖南省科技重大专项。

【纪念企业创建80周年】 为纪念和庆祝企业创建80周年，7月31日至8月1日，公司组织企业历任领导参观田心社区建设成果、园区制造现场、企业老照片展及80周年纪念画册《见证》，举办升国旗、孝刚文体中心和幼儿园揭牌仪式及员工书画、摄影、巧手作品展等18项系列庆祝、纪念活动。8月1日晚，公司在大广场隆重举行企业创建80周年纪念大会和精彩的文艺表演，中国中车、株洲市及公司国内外客户领导、企业老领导、周边企事业单位负责人、员工及家属等，总计近5000人与会。

【下属子公司】 截至2016年末，公司在国内外建有24家全资、合资控股一级子公司，其中全资子公司9家、合资控股子公司15家。原来由公司代管的3家株机厂控股企业（宁波中车新能源科技有限公司、株洲中车特种装备科技有限公司、株洲天立锻业有限公司）于12月全部划归中车株洲投资控股有限公司管理。年内，公司优化子公司管控模式，同时全面推进子公司亏损治理工作，亏损企业数量由年初的9家逐步控制在3家以内。

昆明中车城轨公司公司　以市场营销和产业发展为重心，实现营业收入50805万元，营业外收入101万元，较年初预算实现减亏802.62万元，减亏率达80.51%。

浙江中车电车有限公司　“中车电车新能源客车柔性制造智慧工厂项目”成功入选国家工信部智能制造专项项目，获得财政补贴2700万元。全年销售车辆208台，实现销售收入46405.8万元（较上年翻番），实现净利润603.8万元（同比增长近300%）。

南宁中车轨道交通装备有限公司　完成主营业务收入3亿元，实现净利润102万元，获得创新创业人才项目奖励500万元、国家专项建设基金1980万元。

株机MNG轨道交通系统车辆工业与贸易有限公司　完成5列车的生产制造收尾工作和6列车的OCI、PAC验收工作。年末资产总计30636.82万元，负债合计25891.76万元，所有者权益4745.06万元。

广州中车轨道交通装备有限公司　完成广佛架修项目交付7列、广州地铁7号线交付10列、广州地铁9号线交付9列、广州地铁21号线交付1列、广州地铁新线工程车4台等生产任务，实现营业收入7.43亿元，净利润72.57万元。

武汉中车株机轨道交通装备有限公司　以武汉地铁6号线和大汉阳低地板有轨电车项目生产为中心，正式开始试生产，同时协助总公司获得武汉地铁21号线项目25列（4编组）A型车辆订单。年内通过定期存款、通知存款增加利息收入200万元。

南宁中车铝材精密加工有限公司　获得新能源电池壳体制作订单10000台、新能源货车车厢订单300台、人行天桥项目订单7座，实现外部市场销售2659万元。全年实现销售收入9075万元，净利润103万元。

洛阳中车轨道交通装备有限公司　实现地铁车辆销售42辆，实现主营业务收入17443.34万元，净利润59.17万元。协助母公司成功中标郑州地铁5号线项目。

吉隆坡中车维保有限公司　获得马来西亚“安邦线”五年维保合同中标函，标志着中国高端轨道交通装备制造业“走出去”的模式由单一的输出产品向“制造+服务+技术”的转型升级。

沧州中车株机轨道装备服务有限公司　实现主营业务收入5629万元，净利润51万元。

北京北九方科贸有限公司　实现销售收入8647万元，净利润462万元。收回货款11057万元，应收账款从上年末的1521万元降至580万元。

宁波市江北九方和荣电气有限公司　产能有大幅提升，由以前唯一的金膜产线扩展到全膜产线、干式产线，市场也由此前的机车市场扩展到动车、风电、电热等市场。完成销售收入2.01亿元，实现利润1302万元，均超额完成年度指标。

宁波中车轨道交通装备有限公司　完成无轨电车配套高压盘的制造及交付，实现销售收入4.2亿元、利润总额2万元。成功中标宁波轨道交通3号线车辆段机电设备集成采购项目（4096万元）；配合母公司成功中标宁波地铁3号线一期及奉化线车辆采购项目，共计38列车14.03亿元。

【重要纪事】　1月7日，工业和信息化部正式批准公司组建中国首个轨道交通装备国家级工业设计中心，这是公司获批组建的第三个国家级科技创新平台。1月8日，中国中车集团公司总经理刘化龙到公司考察。1月20日，公司与福州市政府签署《新能源汽车制造及产业发展合作框架协议》。1月21日，公司研发的国内第一台石油钻井机超级电容储能系统在中原油田投入应用。2月3日，中国中车总裁奚国华一行到公司考察、调研。2月29日，公司与北京城建设计发展集团签署《战略合作框架协议》。3月9日，中国船舶工业集团总经理吴强率队到公司参观考察。3月16日，奥地利联邦铁路公司总裁 Christian Kern 一行到公司考察、洽谈，并签署合作意向书。3 月 24 日，中国中车董事长崔殿国到公司考察。3 月 26 日，公司召开第一届一次职工代表大会。3 月 30～31 日，中国中车 2016 年共青团工作会议在公司召开。3 月 31 日，中共中央政治局常委、国务院副总理张高丽到公司视察。4 月 12 日，公司与中铁第四勘察设计院集团公司在武汉签署合作框架协议。4 月 28 日，吉隆坡中车维保有限公司中标马来西亚“安邦线”50 列车 5 年维保合同。5 月 6 日，公司研制生产的中低速磁浮列车在长沙磁浮专线载客试运营。5 月 10 日，中国中车党委书记郑昌泓、金融专业人士朱云来等 7 人到公司考察。5 月 15 日，湖南中车株机公益基金会正式成立。5 月 24 日，公司研制的中国首款出口欧洲动车组图片被设计成马其顿国家邮票。5 月 31 日，公司获得巴基斯坦拉合尔轨道交通橙线项目全部城轨车辆订单。6 月 3 日，公司中标澳大利亚悉尼地铁西北线蓄电池工程车项目。6 月 15 日，株洲遭遇暴雨天气，公司多条生产线遭遇洪水冲淹。6 月 16 日，原铁道部部长傅志寰赴长沙乘坐公司中低速磁浮列车，并到公司考察调研。6 月 24 日，泰州市政代表团到公司考察，并与公司签署战略合作框架协议。7 月 1 日，公司党委荣获“全国先进基层党组织”称号。8 月 1 日，公司生产的中国首列自主化全线无接触网超级电容现代有轨电车竣工下线。8 月 4 日，首届中国地铁文化节在公司开幕。8 月 10 日，公司武汉基地研制的首列大载客量 A 型地铁列车成功下线。8 月 15 日，公司与中国铁路物资（香港）公司在香港签署澳大利亚悉尼地铁西北线蓄电池电力机车项目合同，公司产品首次进入澳大利亚市场。8 月 17 日，中国科协党组书记、常务副主席尚勇到公司考察。8 月 28 日，公司再次荣获中国企业文化建设典范企业。9 月 2 日，公司举办员工大众体育比赛。9 月 7 日，新任湖南省代省长许达哲一行到公司考察、调研。9 月 11 日，公司与桂林市政府在南宁签署战略框架合作协议。9 月 12 日，乌鲁木齐中车产业园揭牌暨首期项目奠基仪式在乌鲁木齐市经济开发区举行。9 月 20 日，公司联合奥地利 Tecsol 公司研制的世界首台超级电容与蓄电池混合动力调车机车在柏林国际轨道交通技术博览会上受到广泛关注。9 月 26 日，中车株机（欧洲）有限责任公司在奥地利维也纳揭牌成立。10 月 4 日，公司与格鲁吉亚铁路股份公司在第比利斯签署电力机车更新项目采购框架协议。10 月 5 日，公司研制的客运电力机车在埃塞俄比亚投入运营。10 月 17 日，国务院派驻中国中车监事会主席潘良到公司调研、考察。10 月 18 日，中国中车参股 PPP 项目研讨会在公司召开。10 月 26 日，公司荣获中国管理模式杰出奖。10 月 28 日，公司与华东交通大学在南昌签订战略合作协议。11 月 1 日，中车株洲投资控股有限公司在株洲田心揭牌成立。11 月 2 日，中国中车视频会议宣布：周清和任公司党委书记、董事长，傅成骏任公司党委副书记，提名为公司总经理人选。11 月 9 日，新华社、《人民日报》、中央电视台等中央媒体采访团 60 余人，到公司进行“中国制造 2025”专题调研采访。11 月 10 日，全国人大常委会原副委员长路甬祥到公司调研考察；德国铁路公司（DB）审核专家审核通过并推荐公司作为德国铁路公司（DB）Q1 级别供应商。11 月 14 日，公司与中国铁建高新装备股份有限公司在昆明签订企业战略合作协议。11 月 18 日，全国人大常委会副委员长、民革中央主席万鄂湘到公司考察。12 月 7 日，公司 “轻轨车辆及其铰接式转向架”获中国专利金奖。12 月 8 日，公司获签目前全球轨道交通装备最大维保项目即南非机车维保项目订单。12 月 19 日，公司在布拉格获签捷克私营铁路公司里奥快铁（LEO EXPRESS）3 列动车组及及其相关备品备件订单，中国动车组首次进入欧盟市场。12 月 22 日，国务院副总理马凯一行到长沙磁浮快线调研，并添乘公司研制的磁浮列车。12 月 26 日，中国中车 2016 年度科技创新工作座谈会在公司召开。12 月 27 日，公司能源体系管理体系通过国家认证认可监督管理委员会注册，获得能源管理体系认证证书。12 月 29 日，大功率交流传动电力机车系统集成国家重点实验室最高学术指导机构——国家重点实验室学术委员会在公司成立。

【公司党政工负责人名单】

董 事 长　周清和
总 经 理　周清和（10 月 31 日免）
　　　　　傅成骏（10 月 31 日任）
副总经理　马克湘（9 月 12 日免）
　　　　　罗崇甫　索建国
　　　　　何恩广　廖洪涛
　　　　　张力强　张旻宇
　　　　　单　勇　陈　成
　　　　　陈志新（10 月 31 日任）
总工程师　索建国（兼）
财务总监　张力强（兼）

党委书记　傅成骏（10 月 31 日免）
　　　　　周清和（10 月 31 日任）
党委副书记　周清和（10 月 31 日免）
　　　　　傅成骏（10 月 31 日任）
　　　　　刘志平
纪委书记　刘志平（兼）
工会主席　刘志平（兼）

（株机公司　供稿）

地　址　湖南省株洲市田心
邮　编　412001
电　话　0731-28441266
传　真　0731-28432399
网　址　www.csrzelc.com/

中车株洲电机有限公司

（统一社会信用代码：9143020076071871X7）

董事长　周军军

党委书记　李　瑾

总经理　肖安华

【概况】 2016年末，株洲电机公司在册员工3927人（含各子公司员工），其中本部员工2537人。各类专业技术人员共1405人，其中工程技术人员689人。高级技术职称人员123人，其中教授级高工26人。公司组织架构由职能平台、业务平台、技术平台、物流平台、轨道平台、新产业平台和子公司构成。株洲本部占地面积25.36万平米，建筑面积约14万平米。主营业务有牵引电机、牵引变压器、风力发电电机、高效电机和特种变压器等产业。公司注册资本10.43亿元，净资产19.4亿元，总资产近63亿元。全年销售收入70.28亿元，利润4.48亿元（归属母公司净利润）。

【规划发展】 按照中车战略规划的框架要求开展“十三五”战略编制。组织开展三年滚动规划编制工作，完成公司2017～2019年滚动规划上报工作。坚持战略引领原则，重点围绕优化产业结构、增强核心竞争力、提升投资管控水平等方面展开，通过强化战略导向、健全投资管控体系、创新投资模式，在做优做精轨道交通和风力发电等传统优势产业的基础上，积极布局新产业，加大新能源汽车电机、特种变压器等新兴产业的投入力度。全年完成投资7327.67万元，固定资产周转率达到8.06次，同比提高0.83次，有效提高了公司资产使用效率和投资收益，实现了效率和效益的双轮驱动。

【经营管理】 重点调整了营销、技术、供应商、项目管理等方面的机构及其职能、职责，调整幅度达到40%。以“依法合规、合理授权、适度管控”为原则，优化公司法人治理结构，修订并发布《公司主要业务授权手册》。改版子公司资产经营责任制考核办法。从发展愿景、公司使命及核心价值观引出战略支撑、经营结果、过程管控三个指标构建维度，建立用于对公司整体业绩综合评估的公司级指标库。制定并分解公司年度经营目标。对公司既有流程制度进行全面修订和优化，流程制度修订工作总体上与公司质量体系文件修订工作同时开展，确保流程体系和公司体系性文件相融合，保证组织结构优化后各项工作顺利开展。《轨道交通装备企业提升核心竞争力的管理创新》《基于价值链分析的战略成本管理体系构建》分获湖南省企业管理创新一、二等奖。

【科技创新】 年内，公司科研项目共立项277项，其中2016年新立项193项、结转74项，国家级项目3项、中车重点项目39项。持续完善科研项目管理机制，利用《信息周报》、科研项目管理系统、项目工资等多种方式，加强项目进程的全过程管控，确保公司重大科研项目的计划完成率100%。成功将“中高速磁浮交通系统关键技术研究”“时速400公里高速动车组牵引电机与牵引变压器研制”“国家质量基础的共性技术研究与应用”等多个项目申报为国家重点研发计划，同时成功申报湖南省2016年度重点科研项目计划2项、湖南省地方科技创新项目示范1项、株洲市重点研发计划1项，获得国家财政资金合同金额约1100万元。全年共4个项目进行了中车科技成果鉴定。全年获湖南省科技进步三等奖1项、铁道学会科技进步一等奖1项。公司拥有国家级平台4个、省级科技平台6个。全年完成专利申请170件，其中发明专利71件，PCT（国际专利）申请4件。专利“一种电机端盖和一种电机”斩获中国专利金奖。轨道交通领域，完成时速350公里中国标准动车组（唐山）、时速160公里动力集中型动车组、滇南有轨电车、宁波纵向耦合100%低地板车、多种规格城轨地铁、时速200公里动力集中型动车组、出口巴基斯坦拉合尔线、4400HP交流内燃客运机车等20余种配套牵引电机和牵引变压器的研制工作。风电领域，重点开展了明阳6兆瓦半直驱永磁风力发电机、6兆瓦直驱永磁风力发电机、株洲所风电2.5兆瓦双馈风力发电机、2兆瓦双馈系列风力发电机等20余项订单产品研制工作。高效节能领域，完成商用空调压缩机用非晶永磁同步电动机、船舶电力推进系统825千瓦主推进电机、90吨绞卡（高原型）用无刷励磁同步电机等10余项驱动电机电机研制工作。开展电机焊接自动配送生产线（AGV）、动车牵引电机定子嵌线自动生产线（AGV）、电机定转子自动合装装备、六关节机器人机座槽口精整自动线以及新能源汽车电机生产线等8项数字化智能化项目的研究，成功实施了变压器导线自动化去漆装置和电机定转子自动合装装置建设。

【生产运营】 以市场为导向，以客户满意度为评价指标，着力提升项目管理水平，搭建并深入实践“全要素、全周期项目管理”发展模式，开展全方位资源配置，助推项目周期持续缩短。对比上年度，机车项目平均总周期由152天缩短至112天，动车类项目平均周期由117天缩短至108天，城轨类项目平均周期由112天缩短至91天，项目平均偏差由20天缩短至5.5天。完成了160公里动力集中型标准动车组、塞尔维亚机车、长客标准动车组、唐车公司CRH380B型动车组等重大项目。全年完机车类、动车类、城轨类、风电类、等制造项目41个，新项目数量持续增长增幅为36.7%，共生产牵引电机9005台，其中机车电机948台，动车电机4167台，城轨电机3890台；生产牵引变压器607台，其中机车变压器168台，动车变压器439台。据实健全装备管理体系、完善装备管理机制、建设装备重点工程、提高装备能力。全年主要生产设备完好率为99.95%（指标≥96%）；关键设备综合故障率为0.63%（指标≤1%）；在2016年中国设备管理大会暨第十四届全国TnPM大会上，公司斩获2016年“中字头”TnPM最高集体奖项——“中国TnPM设备管理优秀企业奖”，还荣获了“中国设备管理现场六源治理三等奖”“中国设备管理优秀论文奖”“中国设备管理优秀金点子奖”“中国设备管理六项改善案例二等奖”和“中国设备管理六项改善案例优秀奖”等奖项。

【市场营销】 轨道交通市场，推进以“大客户为主，辐射周边区域”的营销模式和客服服务工作一体化开展，获得160公里客运机车、肯尼亚内燃机车、350公里标准动车组、大连金普线等项目订单。风电市场，加快新市场开拓，获评质量信用5A级供应商，双馈及半直驱风电新增多家批量客户；探索产业链延伸，获批哈密十三间房5万千瓦风场项目。高效电机市场，在船舶、盾构机、新能源汽车等高端市场获得小批量订单。特种变压器市场，长沙磁悬浮地面供电变压器运行良好；以工程承包方式拓展风电、光伏等新能源市场，获得哈密景峡风电场、金风智慧能效和胶州光伏发电等项目。海外市场，自主出口与配套出口结合，中标菲律宾和加尔各答地铁项目。客户服务方面，全年客户投诉0起，机车机破率为0.006件/十万公里，机车临修率为0.035件/十万公里，铁路交通C类以上故障0起，动车组百万公里故障率为0.22件/百万公里，城轨车辆清客、救援事故0起。

【人力资源管理】 编制《“十三五”人力资源子战略规划》《公司人力资源三年滚动规划》，分解战略目标，引导各项业务开展。制定《公司2016年人员供需分析预测报告》，分解各类人力资源绩效指标至各子公司、事业部。系统梳理流程制度框架，优化人力资源管理制度流程，新增14条、修订4条、废止9条。积极承担中国中车战略人才管理体系“三大项目”，作为牵头单位组织“人才评价中心”项目建设。采用“线下”“线上”并行的实施思路，搭建完成人才评价中心信息化平台，组织中车多家子公司完成试运行工作。全年成功申报中车核心技术、管理、技能人才88人。截至2016年底，公司人才中获茅以升铁道工程师奖5人、政府特殊津贴3人、湖南省“百人计划”1人。

【质量管理】 年内，公司深化产品质量安全风险管理，全面实现公司下达的质量目标和各项工作任务。其中，动车组产品百万公里故障率0.22件/百万公里，同比下降29%；机车产品责任机破率0.00725件/10万公里，同比下降10.25%；内部质量损失同比下降64.74%；未发一般C类及以上质量责任事故，未发生重大、批量质量责任事故和用户重大质量投。继续保持IRIS国际铁路行业标准、EN15085焊接体系标准、CRCC铁路产品认证、ISO9001质量管理体系标准、维修资质等质量体系认证资质，同时导入TS16949汽车行业技术规范并通过第三方认证审核，青岛、武汉、上海及株洲本部检修基地维修资质全面覆盖。

【企业文化建设】 指导基层单位及子公司正确运用中国中车新VI体系。参加中部制造博览会、APEC中小企业技术展、上海轨道交通展、北京国际风能大会、轨道交通产业国际峰会、长沙轨道交通展等10余次展会，推介公司品牌，充分展示公司技术能力与产品研发实力。策划并完成了电机工程研究中心奠基仪式、院士工作站授牌揭牌仪式、亲子活动开放日、CIS形象识别系统发布会等活动。开展寻找“最美高铁工人”活动，以“初选推荐+微信投票+评审团投票”相结合的方式，让员工选出自己心目中的“标杆”和“先进”。组织和策划公司员工盛金龙参加天津卫视录制“五一”特别节目、中央电视台“挑战不可能”节目；开展以“高铁工人精神”为主题的道德讲堂活动，树立“工匠精神”与“绅士风度”的榜样。8月27日，在全国企业文化建设峰会上，公司获评“2016年度全国企业文化建设典范企业”。

【党群工作】 年内公司党委制订并落实《公司党委中心组学习制度》和《公司党委中心组学习计划》，实施“两学一做”学习教育活动。积极落实“12345”的总体工作思路，围绕公司发展中心任务，加强各级党组织的自身建设。成功召开公司第一次党代会，完成“两委”换届选举，明确公司未来五年党建的目标和指导思想。按照党建和经营工作同步谋划的要求，将党建目标和内容写入公司“十三五”发展规划。制定了《公司党建工作责任制暨“一岗双责”工作指引》和《公司基层党组织设置及主要职责规定》，落实两级党组织的党建和党风廉政建设责任。开展《在全面从严治党的新形势下落实党建工作责任制的实践与思考》课题调研工作，通过推进党建工作管理提升，系统搭建包含综合工作、组织工作、宣传工作等八大工作内容的党建工作制度体系。公司纪委持续聚焦主业主责，强化监督执纪问责，着力围绕体制机制建设、党规党纪教育、作风建设、纪律审查以及专项监督监察等重点，认真开展工作，推动党风廉政建设和纪检监察工作取得新进展、新成效。

公司工会以服务公司发展和维护员工权益为宗旨，优化目标管理体系，推进民主管理进程，丰富员工业余文化生活，深化“五型职工之家”建设，进一步提升工会工作水平。公司团委从服务企业发展大局、服务青年成长成才、强化团建基础工作三个方面着手，积极推进一系列青年活动，激发广大团员青年参与企业变革发展、贡献青春力量的积极性。

【下属企业】 公司子公司包括全资子公司江苏中车电机有限公司、成都中车电机有限公司、控股子公司内蒙古中车电机有限公司和广州中车骏发电气有限公司。

江苏中车电机有限公司　拥有湖南株洲、江苏盐城、内蒙古包头、新疆哈密四大风力发电机生产基地，具备年产各类型直驱永磁风力发电机3000台、双馈及其它机型风力发电机600台的能力，是国内风电行业涵盖技术路线最齐全的企业之一。公司在岗员工366人。

成都中车电机有限公司　注册资本1亿元，占地面积6.37万平方米，年末在册员工600人。公司具备国内各类内燃机车配套电机和和谐D1系列机车配套电机以及石油钻井电机等产品研发制造能力。

内蒙古中车电机有限公司　是株洲电机公司（占80%股权）与新疆金风科技（占20%股权）的合资股份制企业，主要从事风力发电机的新造和维修，专注于直驱永磁风力发电机（以下简称“发电机”）的研发、制造及维修，主打产品为1.5兆瓦、2.0兆瓦发电机，同时具备生产2.5兆瓦、3.0兆瓦发电机的能力，最大年产能约1200台。年末在册员工39人。

广州中车骏发电气有限公司　年末在册员工198人，主营业务包括变压器、互感器、电抗器等输变电产品及其材料、配电产品、成套设备、电气自动化及系统集成产品的研发、制造、销售、安装、进出口贸易和服务。公司全年生产并发出产品1498台，总容量149.9万千伏安，是上年同期的109.7%。

【重要纪事】 1月19日，公司发布的《永磁高铁牵引系统通过首轮线路试验考核》被评选为“2015年度中国十大科技进展新闻”。4月22日，公司研制的中国第二代新能源汽车轮边永磁驱动系统顺利下线，5月6日，中国首条最长的中低速磁浮商业交通项目正式载客试运营。6月14日，中共中车株洲电机有限公司第一次党员代表大会召开。8月，全球首套盾构机永磁同步电机研制成功，并顺利交付客户，实现装载试运行。8月27日，公司获“2016 年度全国企业文化建设典范企业”称号。11 月 20 日，在央视一套《挑战不可能》节目中，公司维修钳工盛金龙以“蒙眼挫钥匙”绝技成功挑战“不可能”，获得了评委及现场观众一致点赞。12 月 27 日，公司申报的专利《一种电机端盖和一种电机》获第十八届中国专利奖金奖。

【公司党政工负责人名单】

董　事　长　周军军
副董事长　李　瑾
总　经　理　肖安华
副总经理　江有名　王小方
　　　　　李敏良　胡雄辉
　　　　　聂自强　余　乐
　　　　　晋　军
总工程师　江有名（兼）
财务总监　李敏良（兼）

党委书记　李　瑾
党委副书记　周军军（兼）
　　　　　肖安华（兼）
　　　　　余　斌
纪委书记　余　斌（兼）
工会主席　余　斌（兼）

（株洲电机公司　供稿）

地　　址　湖南省株洲市石峰区田心高科园
邮　　编　412001
电　　话　0731-22593111
传　　真　0731-22593105
网　　址　http：//www.crrcgc.cc
电子邮箱　zzdjgs@csrelectric.com

中车贵阳车辆有限公司

（统一社会信用代码：915200003142129700）

董事长、党委书记　黄纪湘

总经理　严世栋

【概况】　2016年末，贵阳公司总占地面积107万平方米，总建筑面积61万平方米，拥有各类设备2271台（套），资产总额18.13亿元，固定资产原值9.47亿元、净值4.35亿元。员工总数2622人，其中在册员工1752人、劳务人员870人，具有高级专业技术职称54人、中级职称105人，高级技师45人、技师84人。公司运营架构分3级设置共22个职能部门，下辖3个分公司。公司主要从事铁路货车及其配件修理、制造及钢结构等产品生产等业务。全年完成货车检修8809辆，同比增加178辆；货车新造100辆；配件产品，铸造业务营业收入4760万元，弹簧业务营业收入4595万元。公司全年营业收入8.439亿元、利润-3850万元。

【主营业务】　年内，除弹簧业务外，公司其余业务停止下滑势头，实现了稳中趋好、稳中有升。全年完成检修车 8809 辆；获得新造车订单 100 辆，同比增加 88 辆。积极拓展外委配件检修市场，全年承接一般修轴承 34000 余套、轮对压装 3300 余条，实现营业收入 1900 余万元。铸造事业部出口 GE 公司的电机壳产品，全年完成营业收入 4760 余万元；钢结构公司优质订单较上年也有所上升，全年实现营业收入 1.85 亿元；物流公司全年完成营业收入 542 万元，同比增长 8.3%。

【控本增效】　公司苦练内功，修车成本继续保持在同行业领先水平。加强与铁路总公司及有关路局、站段的沟通联系，使 70 吨级入厂车比例由 36%提高到 55%，较上年增加 1556 辆。实施“处室只出不进、车间只减不增”的用工控制措施，全年减少用工总量 273 人。强化配件管理，降低重大配件报废率和更换率，同时加强集中采购和询价比价力度，使采购成本较上年降低 3.27%，单车物料成本较上年降低 2630 元。实施错峰用电，报停一台主变压器，实施天然气替代液化气改造，加强用能检查考核，全年降低能源费用 1160 万元。另外，通过采取控制设备和房屋维修费、减少库存资金占用等措施，有效降低管理费用和库存资金。

【技术开发】　新产品开发方面，完成 GQ70、G17DK、G60K 型等 3 种罐车的段修试修和 KM70 型煤炭漏斗车、NX70 和 NX70A 型共用平车等3种新造车型的开发工作，为2016年下半年和2017年新造车投标工作提供了保障。积极开发配件新产品，弹簧共完成29个项目50个规格的新产品开发，并在进入动车、高铁等高端市场方面取得重大进展；完成120主阀体气爆清洗机的升级改造和优化设计，制定主阀体组成洁净度检测标准，通过了中国中车科技成果鉴定。资格认证和资质转让方面，完成高新技术企业的认定工作；完成公司更名后整车、配件生产许可的资质更名或转让工作。工艺改造与调整方面，完成轴承一次清洗线技术改造，为轴承检修提供了可靠的产能和质量保证；完成120阀外壁、120阀滑阀内壁清洗除锈技术的改造工作；优化平车木装生产流程，提高了组装效率和质量；组织实施了新弹簧生产流水线项目的建设。全年申报合理化建议1085项，奖励1061项；全年获得授权专利19项，其中发明专利7项。

【质量安全】 年内，公司坚持"质量第一、安全第一"的质量工作方针，以IRIS管理体系和ISO9001质量体系为基础，积极组织制动组装质量攻关，严格执行质量安全风险源和风险点检查制度，使公司产品质量得到进一步提升，全年未发生D类及以上质量事故，在全年铁路总公司检修车招标质量总分排名中名列第二。以精益安全工位管理为核心，广泛开展安全知识宣传教育，强化专项安全检查和隐患整改，全年杜绝了重伤及以上安全事故，工伤频率为2‰，实现了"三零"目标和连续第17个安全生产年。

【人力资源管理】 根据现有业务及未来发展规模，公司优化职位体系，重新编制各单位定员数量，并通过政策激励、加快分流、清理不在岗冗员和压缩劳务用工规模等措施，全年减少用工270余人。科学搭配入厂检修车品种，灵活组织生产，克服都拉营车站改造对生产组织带来的不利影响，高效完成生产任务。公司生产效率进一步提高，全年平均日产量45.31辆，较上年提高10.4%；货车在修平均周期7天，较上年减少0.4天，劳动效率处于同行业领先水平。

【"处治压减"工作】 根据中国中车集团公司《处置"僵尸企业"和特困企业专项治理工作实施方案》和《压缩管理层级减少法人户数工作方案》，公司设立专门组织机构，在统筹规划、反复调研的基础上，分别制定了相应的方案和措施。公司特困企业治理工作已取得初步成效，压减法人户数工作也在积极推进中，公司各业务板块出血点已经得到基本控制，经营逐步向好，为公司完成减亏任务打下了基础。

【管理提升】 深化工位制节拍化生产，深入推进精益管理工作，打造高效作业单元，组织开展"三个建设"（精益车间建设、精益示范区（线）建设、标准工位建设）和"三个改善"（系统改善、专业改善、全员改善）活动，提升公司管理效率和效益。不断创新生产组织方式，实现生产组织的节拍化、准时化和均衡化。针对中车公司巡视组反馈的制度管理方面问题和意见，公司对管理制度进行了修订完善，新制定19项、修订47项制度，确保各项工作有章可依。加强资金的动态管理、强化存货清理和应收清收、合理配置支付结构，有效控制财务成本。完善售后服务工作制度，定期走访、加强沟通，及时处理质量问题外反馈，提高了用户满意度和公司质量形象。加强设备日常点检、保养和状态维修，改进设备维修模式，不仅大幅节约了设备维修费用，而且提升设备运用状态，MTBF和MTTR指标持续改善。加强内部控制和问题整改，风险管理工作防控并举，促进风险管理工作不断完善。加强重大决策法务参与和各种合同的审核把关，维护了公司合法权益。开发实施公司生产管理决策分析系统，实现生产作业智能化统计、生产过程实时监控、车体台位占用及时更新，使生产管理更高效。新建含油废水处理设施，完成型砂、落砂、抛丸除尘器布袋更换，同时加强环保设施运行的日常监督考核，无环境污染事故发生，主要污染物排放总量控制在中国中车和地方政府规定的指标之内。

【外联工作】 年内，加强与中国中车和铁路总公司的沟通联系，实事求是地反映公司的困难，获得中车集团和铁路总公司的理解与支持，促成中国中车向公司增加注册资本金4.8亿元，大大减轻了公司的财务费用负担，为公司未来发展提供了资金保障。中国中车弹簧业务研讨会在公司召开，为提高公司弹簧在中国中车的内部配套率铺平了道路，也加快了公司弹簧业务向高端领域转型升级进程。铁路总公司协调解决了公司GQ70延期交付结算等问题，特别是消除了都拉营车站站改对公司生产的影响。同时，公司进一步密切与地方各级部门的沟通，并取得实效。加强与贵州省及贵阳市各有关部门的沟通，获得政府部门在政策和资金等方面的扶持，其中各项资金补贴739万元；与综合保税区紧密联系，推动物流公司寻求业务拓展和项目合作等工作；建立沟通协调机制，推进“三供一业”移交，加快了公司剥离社会职能、解决历史遗留问题和实现瘦身减负的步伐；加强与社区的协调，完成汇通大道的修复工作，方便了员工出行。

【民生工作】 年内，公司始终心系员工，一心一意为员工办好事、办实事。千方百计增加员工收入，并改善员工生活环境。公司通过提高效率，确保在岗员工收入的增长；新建停车场并投入使用，解决了员工停车难问题；改造水上公园，进一步改善员工休闲环境；积极协调社区，对生活区进行美化改造，改善了员工居住条件。充分发挥“四大基金”和送温暖活动的帮扶救助作用，为困难员工排忧解难，全年共走访慰问近7000人次，发放慰问金189万余元；为员工发放大米、食用油和水果等，使广大员工切身感受到公司大家庭的温暖。

【企业文化】 有序推进中车VI整改工作，先后完成公司大门、二门标识及新天工业园区部分形象改造；完成贵阳公司形象宣传册的设计制作；完成沙文工业园区的中车标识牌制作安装并逐步开展车间级别的VI整改。承办中车企业文化与品牌建设规划暨弘扬高铁工人精神研讨会，增强了广大员工对“同一中车”文化理念的认同。在强化企业文化理念宣贯的同时，积极开展特色文化活动，除坚持举办元宵晚会、读书答题、体育比赛及演讲征文等传统活动外，专门以建厂50周年为契机，举办了“中车心·都拉情”纪念建厂50周年系列活动，包括“风雨兼程 一路同行”大型员工文艺晚会、大型“员工趣味运动会”及员工摄影展、50年征文、厂史知识竞赛等，充分展示了企业文化魅力。搭建公司微信平台，以图文并茂的方式及时推送公司各项活动与信息，得到员工群众的普遍欢迎。

【重要纪事】 1月13日，“代顺生四星级劳模创新工作室”授牌仪式在公司工会二楼会议室举行。1月21日，公司召开领导班子民主生活会。1月，动力车间刘福军被授予“贵州省技术能手”称号，并获得技师资格。2月22日，“中车心·都拉情”纪念建厂50周年系列活动开幕式暨公司一年一度的元宵文艺晚会在汇通体育馆举行。3月28日，中车产投2016年度经理人峰会在贵阳花溪召开。5月11日，中车股份总裁奚国华到公司和南方汇通调研，对公司取得的发展成果给予了肯定。8月10日，公司首个“劳模创新工作室”揭牌仪式在转向架车间举行。9月24日至10月20日，公司举行首届职业技能大赛，共有9个车间、事业部及子公司的240人参赛。9月26日，公司举行以“中车心·都拉情”纪念建厂50周年为主题的“风雨兼程·一路同行”员工文艺晚会。10月21日，在“砥砺传承·匠心筑梦”庆祝红军长征胜利80周年暨省直属企业工会系统第六届职工职业技能大赛颁奖晚会上，公司总装车间代顺生荣获“企业工匠”称号，转向架车间段红霞荣获“金牌工人”称号。11月8日，中国中车弹簧业务研讨会在贵阳公司召开。11月22日，贵州省总工会副主席杨杰到公司，将全国总工会颁发的“全国职工教育培训示范点”牌匾授予公司。11月，公司荣获全省“安康杯”竞赛优秀组织单位称号，公司转向架车间分解班荣获全国“安康杯”竞赛优胜班组称号。

【公司党政工负责人名单】

董 事 长　黄纪湘
总 经 理　严世栋
副总经理　许国樑（9月12日免）
　　　　　刘火长　胡鹏飞
　　　　　张万军（9月12日免）
　　　　　高　健
　　　　　董合军（9月12日任）
总工程师　张万军（9月12日免）
财务总监　刘火长

党委书记　黄纪湘
党委副书记　严世栋
　　　　　崔景泉（9月12日免）
　　　　　张万军（9月12日任）
纪委书记　崔景泉（9月12日免）
　　　　　张万军（9月12日任）
工会主席　崔景泉（9月12日免）
　　　　　张万军（10月8日任）

（贵阳公司　供稿）

地　址　贵阳市高新技术产业开发区沙文园区大自然科技园内
邮　编　550016
电　话　0851-4470382
传　真　0851-4470141
网　址　www.southhuiton.com

中车大连机车研究所有限公司

（统一社会信用代码：91210200243024402A）

董事长、党委书记　姜　冬

总经理　刘会岩

【概况】　2016年末，大连所员工总数637名。其中，本科及以上学历432名，硕士及以上学历136名；高级工程师73名，高级会计师4名，教授级高级工程师26名；各序列、各层次集团专家及以上核心人才共计31人。公司占地面积4.81万平方米，其中本部占地面积2.33万平方米，分部占地面积1.15万平方米，棠梨工业园区租用场地1.33万平方米。固定资产原值2.85亿元，净值1.23亿元。组织结构采用事业部制，设有7个事业部、1个旅顺基地建设专项办公室、11个行政职能管理部门和5个党群管理部门。全年实现营业收入7.76亿元，实现归属母公司净利润198万元，完成市场签约额8.7亿元，实现出口签约额531万美元。

【规划发展】　年内完成“十三五”发展规划的编制与上报，已开始实施。为切实发挥战略引领作用，每季度对各事业部战略分解情况、战略举措、资源配置情况、存在问题及可能引起战略变化的重要内外部环境开展一次战略巡审，并针对巡审中发现的问题进行深化研究分析，探讨解决问题的方法，确保事业部发展不偏离战略。

【机构改革】　将市场部（不含国际业务处）和运营管理部合并为市场及运营管理部，提高事业部管控模式下的运营效率，促进公司内部管理活动与市场需求相匹配，内部管理效率与外部市场竞争相匹配。充分利用外部资源，依托公司核心能力，通过收购兼并、资产重组等资本运作方式实现公司快速扩张、价值增值、效益增长，组建产业投资事业部，强化资本运作能力。以原有的市场部国际业务处为基础，组建国际业务事业部，贯彻实施中车“跨国经营、全球领先”战略，加快“走出去”步伐，实现国际市场的突破。

【科技创新】　公司全年科研项目总计81项，其中结转54项、新立27项，重点项目达成率89.7%，技术投入比率6.62%。公司“大功率交流传动电力机车冷却系统”项目获中国铁道学会科学技术奖二等奖，“机车智能微机显示单元”项目获中国智能交通协会科学技术奖三等奖，“大功率机车关键技术深化研究—增压器技术深化研究”通过铁路总公司科技成果技术评审。新一代径流增压器实现在船用柴油机的配机。“HXD2 和 HXD2B 型机车远程监测与诊断系统”和“重载机车节能减排平稳运行操纵控制关键技术研究”通过中国中车科技成果鉴定。“交流传动电力机车用模块化冷却装置”和“具有低温预加热功能的机车司机显示单元”分获 2016 年度大连市专利奖一、二等奖。组建中国中车换热技术研发中心，辽宁省大连机车研究所工程技术研究中心开始建设，国家级企业技术中心获得大连市 200 万元资金支持。全年共申报专利 39 项，其中发明专利 22 项，PCT 国际专利申请 2 项。

【运营管理】 全年完成增压器新造 1240 台、活塞新造 3600 套、液力传动箱 60 台、换热系统 790 套、水冷基板 2200 块、电力电子系统 720 套。年末存货总额 1.5 亿元，周转天数 90 天。采购降采额 1434 万元，降采率 2.13%，分别完成中车股份 1400 万元、2% 的指标。按照中国中车建设精益现场、实施精益管理、打造精益企业“三步走”的实施策略，逐步构建“6621”精益管理体系框架，建成电力电子波峰焊和换热动车组冷却系统两条中车二星级精益示范线，通过了中车精益生产三级单位评价。节能减排方面，工业总产值综合能耗、增加值综合能耗、工业总产值取水量三项监控指标均达标。

【市场营销】 全年实现销售收入 7.76 亿元。其中，电力电子产品形成销售收入 4.73 亿元，占主营业务收入 61%；增压活塞等产品形成销售收入 1.75 亿元，占主营业务收入 23%；换热系统产品形成销售收入 0.54 亿元，占主营业务收入 7%；试验检测及装备形成销售收入 0.37 亿元，占主营业务收入 5%；传动产品形成销售收入 0.34 亿元，占主营业务收入 4%。全年共签订 72 台六轴 7200 千瓦客运电力机车（和谐 D3D）辅助滤波柜、电源变换装置及 TCMS 微机柜电力电子产品；签订 56 台 CRH1 型电力动车组牵引变压器冷却装置；签订 133 台和谐 N3 增压器故障修；签订 19 台液力传动箱产品；签订 1 套机车滚动试验台；出口机车配套产品完成市场签约额 0.35 亿元。公司加大检修市场及路局大部件市场的开拓，相继与沈阳局、北京局、西安局、呼和浩特局、上海局等用户实现合作，签订网络控制系统产品合同合计约 1.3 亿元。

【人力资源管理】 借助中车 HCM 系统平台，优化绩效管理模式，将绩效计划制定纳入绩效管理，并实现了绩效管理的信息化。薪酬优化方案以充分发挥人才作用、提升人才竞争力为出发点和落脚点，强化岗位价值、绩效、能力的导向作用，以员工对企业贡献为依据，不断提高员工绩效、能力与薪酬的匹配度，形成凝聚核心、稳定骨干、激励全体的激励机制，薪酬体系优化取得阶段性进展。建立中国中车新标准下的职位体系，梳理形成六大职类 22 个职群 90 个职种近 170 个职位的新标准。按照中国中车要求，组织制定新版职位说明书，覆盖公司 100%的岗位。金蓝领工作室基础管理工作和基础建设工作得到继续强化，被认定为大连市技能大师工作室，获得市专项建设资金一次性补助 10 万元。

【质量管理】 以“设备保工艺、工艺保质量”为主线，对产品实物与生产过程进行检查确认，保证最终产品质量，全年没有发生重大及批量质量问题。与工会联合组织开展质量文化建设工作，着力在体系流程建设、管理要求落实、体系运行有效方面开展工作；IRIS 体系外审最终得分 68%，自 2014 年起，连续 3 年每年提升 1%。

【旅顺产业基地项目建设】 公司在旅顺经济开发区投资建设的旅顺产业基地项目分为 A、B 两个地块，总占地面积 189603.41 平方米，项目总投资为93100万元（含1116.96万美元），全部为固定资产投资。年内，基地的14个单体建筑及室外工程全部竣工，公用设备全部安装完成，已具备搬迁条件。

【党群工作】 年内，公司党委以“两学一做”学习教育为重点，以“创先争优”“党员承诺”为抓手，围绕“拓市场、强创新、转方式、促发展”主旋律，教育引导全体党员不断增强“四个意识”，争做“四讲四有”合格党员，彰显作为。扎实开展“两学一做”学习教育，先后购置学习材料1190册，印发“两学一做”学习笔记本280本；积极配合中车公司党委巡视一组开展巡视工作，立行立改，认真落实巡视整改方案；抓干部，重业绩，始终坚持德才兼备、以德为先的原则，坚持以竞争上岗为主的选拔机制，先后开展2次（4个）中层副职岗位竞聘上岗，不断提升干部队伍的综合素质；组织策划“党员立项承诺”“创先争优”“两亮一比”“永远跟党走”“年度精典故事评选”等主题活动，提振士气，助推发展。严格管党治党，通过集体廉政谈话、廉洁提醒谈话、警示谈话和全员签订《廉洁承诺书》等方式，持之以恒加强作风建设，全年开展各类谈话118人次，增强领导干部廉洁从业意识。

工会以创新、变革、融合为主线，服务大局和职工，助推公司完成科研、经营、生产任务。全年征集各类改善项目31项，联合各部门开展11项劳动竞赛，组织22项技能比武，策划12项文体活动，建成了“五有”工会模式。多渠道解难题，维护公司和职工权益，为符合条件的560名职工办理加入大连市职工医疗互助活动；为82人次进行医疗互助服务，互助资金合计17.85万元。扎实开展“六送三关注”活动：全年走访慰问各类职工82人，发放慰问金12万元；慰问伤病住院职工26人次，支出慰问费0.6万元；开展“金秋助学”活动，发放助学金1.5万元。

团委以服务企业改革发展、服务青年成长成才为主旨，抓住五四、建团重大纪念日，组织开展“为五四青年节献礼、向母亲节致敬”员工亲子照拍摄活动，激发员工爱公司、爱岗位热情。以“奉献、友爱、互助、进步”为宗旨，强化对公司郭明义爱心团队的管理。通过“导师带徒”与“五小”作品征集等活动，激发青年科技工作者创新热情。开展“提质增效 青年担当”主题活动，通过走出去交流学习、精益知识竞赛等方式，推进青年创新创效工程扎实开展。

【下属子公司】 大连中车泽通机械有限公司　是大连所全资子公司。2016年实现营业收入2823.9万元，归属母公司所有者的净利润16.5万元。

大连中车换热系统有限公司　是大连所全资子公司。2016年实现营业收入734万元，归属母公司所有者的净利润15.1万元。

大连中车电气科技有限公司　是大连所全资子公司。2016年实现营业收入1018.7万元，归属母公司所有者的净利润20.4万元。

大连中车液力机械有限公司　是大连所全资子公司。2016年营业收入1263.9万元，归属母公司所有者的净利润7.1万元。

大连中车泽隆机械有限公司　是大连所控股子公司。2016年营业收入6634.5万元，归属母公司所有者的利润375.6万元。

兰州中车泽隆机械有限公司　由大连所与兰州公司、大连天地机械设备公司共同出资组建的合资公司。2016年完成营业收入2140.7万元，归属母公司所有者的净利润112.3万元。

洛阳中车泽隆机械有限公司　是大连所控股公司，大连所占股51%。2016年营业收入2827.9万元，归属母公司所有者的利润

122.6 万元。

大连中车睿通科技开发有限公司　是大连所全资子公司。2016 年营业收入 178.8 万元，归属母公司所有者的净利润 21.7 万元。

中铁检验认证（大连）机车检验站有限公司　由大连所和中铁检验认证中心共同出资于 2015 年 4 月成立。其中，大连所出资 275 万元，占比 55%；中铁检验认证中心出资 225 万元，占比 45%。主要经营轨道交通领域整车及零部件的试验、检验；技术咨询、技术服务，主要承担内燃机车、机车用柴油机、增压器、散热器、中冷器、热交换器、冷却风扇、空气压缩机、滚动轴承、喷油泵、喷油器、铁道机车车辆电子装置等产品的检测。2016 年营业收入 864 万元，归属母公司所有者的净利润 36.8 万元。

【重要纪事】　1 月 21 日，公司通过北京铁路局科技委员会组织的“HXD2B、HXD2 型机车车载数据远程监测及专家诊断系统”课题验收并装车运用。1 月 27 日，公司技术中心被认定为国家级企业技术中心。2 月 1 日，中车股份董事长崔殿国到公司走访慰问老科技工作者、老党员。2 月 15 日，和谐 N3 型机车列车智能操纵优化控制系统在沈阳铁路局苏家屯机务段开始运用考核。3 月 3～5 日，公司产品亮相土耳其伊斯坦布尔“2016 欧亚铁路展览会”。3 月 15 日，首批 45D 型南非机车在大连下线，标志着公司研制的励磁控制器、显示屏、充电机、电制控制器、车号记录仪取得圆满成功。3 月 19 日，田长安荣获 2015 年度茅以升铁道工程师称号，是公司首位获得此项殊荣的技术工程师。3 月 25 日，公司完成旅顺分公司注册。4 月 6 日，韩国 DAEKYONG 公司到公司参观访问。4 月 7 日，ZN375-LSA 增压器通过中国铁路总公司科技成果技术评审。4 月 20 日，德国 JENOPTIK 公司代表一行 3 人到公司进行商务洽谈。5 月 5 日，公司召开干部大会，领导班子副职竞争上岗。5 月 9 日，公司举行 2016 年精益示范线建设启动会。6 月 21 日，公司“HXD2B 型机车加装 CMD 系统”技术方案通过了大同公司组织的评审及样机鉴定。6 月 28～29 日，公司参加 2016 年第 19 届非洲国际铁路及轨道交通展览会。7 月 12 日，公司申报的“新型高效微循环换热系统关键技术研究及应用”重大专项通过中国中车科技管理部组织的立项评审，正式立项。7 月 19 日，中国中车科技管理部在大连组织召开中国中车换热技术研发中心建设评审验收会，与会专家一致同意通过评审验收。8 月 16 日，和谐 D3B 型机车列车智能操纵优化控制系统在沈阳铁路局苏家屯机务段开始运用考核。9 月 14 日，公司“大连快轨 3 号线旅客信息系统”通过大连地铁运营公司组织的技术设计评审，装车运用。10 月 13 日，公司新一代径流 DTR21 增压器实现与天然气发动机配机。10 月 18 日， ZN280-LS 增压器装用首批新造 HXN3B 机车的 ZN280-LS 增压器通过了路局为期 1 年的装车运用考核。10 月 20 日，时速 120km/h 混合动力动车组内燃动力包完成地面联调试验和主机厂首件检验。10 月 27 日，“重载机车节能减排平稳运行操纵控制关键技术研究项目”和“HXD2 和 HXD2B 型机车远程监测与诊断系统项目”通过中车公司科技成果鉴定。11 月 17 日，公司和谐型机车智能操纵系统在沈阳铁路局通过节能指标评审。12 月 7 日，公司利用自主化研制的中央控制单元（CPM）和牵引控制单元（MPU），实现 HXN3 机车柴油机启停调速、机车加载、牵引动车的预定目标。12 月 10 日，公司配 270 柴油机的 DTA11 增压器试制成功。12 月 15 日，公司 ZN270BG 增压器实现和谐 N6 机车首台配套，并通过了环线试验、高温高寒试验、加速试验和高海拔试验。12 月 20 日，和谐 N3B

内燃机车FIRE显示屏完成运用考核，通过大连公司组织的首件检验，获得批量供货资质。12月23日，新一代径流DTR21增压器通过在淄博柴油机公司的船用柴油机的配机试验。

【公司党政工负责人名单】

董 事 长　姜　冬
总 经 理　姜　冬（5月30日免）
　　　　　刘会岩（5月30日任）
副总经理　迟兴国　王忠勋
　　　　　于长波　安帮贤
　　　　　于明东　辛文涛
财务总监　于长波
党委书记　刘会岩（5月17日免）
　　　　　姜　冬（5月17日任）
党委副书记　姜　冬（5月17日免）
　　　　　刘会岩（5月17日任）
　　　　　李宏峰
纪委书记　李宏峰（兼）
工会主席　李宏峰（兼）

（大连所　供稿）

地　址　辽宁省大连市沙河口区中长街49号
邮　编　116021
电　话　0411-85873804
传　真　0411-84601617
网　址　www.dlri.chinacnr.com

中车大连电力牵引研发中心有限公司

（统一社会信用代码：91210212079459729R）

董事长、党委书记　唐献康

总经理　郭建斌

【概况】 2016年末，大连电牵公司员工总数392人。其中，本科及以上学历332人；核心技术研发人员占总人数70%（博士、硕士以上学历占65%）；中车股份级首席专家、资深专家、专家56人。公司设有22个职能部门和1个技术中心、1个制造中心、1个实验中心、1个营销中心及1个子公司。公司研发办公及生产经营配套呈“两地化”布局：旅顺工作区为公司本部，用于公司综合办公管理、关键核心技术研究、主营业务产品开发制造试验及国家重点实验室业务开展等；大连市沙河口工作区作为辅助工作区和对外合作交流窗口开展相关工作。年末，公司固定资产原值3.79亿元，净值3.1亿元；总资产9.1亿元。全年实现销售收入7.02亿元、净利润4061万元，超额完成年度经营指标，保持了中国中车效绩考评A级优秀企业业绩，荣获中国中车2016年度“突出进步奖”。

【发展规划编制】 通过领导访谈、集中研讨、外部咨询、讨论编制、组织宣贯等多种形式，完成公司《“十三五”发展规划》编制，为公司产业发展指方向、定方针、明思路。公司《“十三五”发展规划》秉承“技术引领、品质经营、特色发展、做优做精”发展思路，围绕新造、检修维保、实验检测、新产业拓展、国际业务等五大业务发展需求，组织核心技术研究、关键产品开发、市场推广应用。公司以“十三五”发展规划为统领，组织战略和规划分解，将年度计划与五年规划、三年滚动规划紧密衔接，持续完善运营管控体系，保障公司平稳运营。

【改革改制】 优化和调整公司组织架构；成立营销中心，加快市场开拓步伐；撤销原企业管理部，增设规划运营部、运行保障部；紧跟中国中车业务发展重点，整合原多元化业务部门，成立新产业业务部。按照新的组织架构，明确各部门职责。

【经营管理】 积极开展“提质增效”专项工作，制定提质增效工作实施方案，层层分解落实“提质增效”各项任务。响应中车内涵式发展和配套产业链建设要求，支持中车内部配套率提升。加强整章建制，不断夯实基础管理，组织修订与评审各部门职责，梳理公司各项规章制度360项，修订升级并发布制度333项。强化资金管控，严细资金管理，狠抓成本管控，财务管理架构日趋健全，全面预算体系实现良性运转。博士后创新实践基地正式获批，积极响应中国中车战略人才三大项目建设工作，完成职位体系的梳理和职位说明书的编制工作，HCM（人才资本管理信息系统）系统高效运行。积极推进精益管理，标准工位、节拍化示范线和精益车间建设初见成效，精益管理制度、机制建设基本到位。稳步推进质量与安全管理，通过质量“大改进、大提升”专项活动，形成质量问题快速整改、闭环管理的良好氛围；安全生产形势总体平稳，顺利通过了IRIS（国际铁路行业标准）管理体系监督审核和环境与职业健康安全管理体系年度审核。

【科技创新】 全年共开展科研课题59项，累计投入科技费用6000多万元。潜心研究电力牵引与控制前沿核心技术，创新开发系列核心技术产品，自主牵引与控制产品已广泛应用于铁路机车、动车组、城市轨道车辆及相关多元领域。完成出口南非内燃机车牵引与控制系统、出口土耳其伊兹密尔地铁车辆牵引与控制系统、武汉地铁六号线A型车牵引与控制系统、珠海现代有轨电车牵引与控制系统等项目产品的研制开发和批量交付与服务。完成兰新线既有动车组功率提升、中国标准化动车组牵引控制软件研制开发、动力集中动车组牵引与控制系统研制开发与交付应用。在加快推进大功率电传动拖拉机试运行的同时，快速开展电阻业务，并完成新型PIS系统开发、智能照明系统研制开发；组织地面能吸装置挂网试验，积极跟踪中高速磁悬浮、空轨等项目，并进行相应基础技术研究储备，推进车地数据业务开发。同时，开展包括多制式牵引电传动系统、混合动力电传动系统、永磁直驱电传动系统、宽禁带半导体器件在轨道交通车辆变流器中的应用研究等先进前瞻性技术的集成和吸收，保持产品技术的先进性和创新性。

动车组和机车牵引与控制国家重点实验室顺利通过国家科技部验收，辽宁省博士后科研创新基地挂牌运行，大连市轨道交通装备电传动及控制工程实验室完成筹建和申报工作。中国中车-捷克技术大学联合研发中心运行顺畅，合作开展的科研课题进展顺利，其中异步电机参数辨识、新型粘滑控制技术等合作成果通过鉴定并投入工程化应用。公司依托“系统级、部件级及核心底层级”三级产品技术平台，不断培育创新活力，提升对市场新技术、新产品需求的快速响应能力。年内，参与6项国家标准起草，完成落实6项企业标准。公司科技成果有2项获中国铁道学会科技奖励，5项获中车公司奖励，3个项目通过中国中车科技成果鉴定。全年累计完成专利申请65件（其中发明专利35件，PCT申请5件），登记软件著作权6件。

【生产运营】 借助精益生产推进，优化产品生产工艺布局，加强现场的5S管理。按照图纸及工艺文件要求，严格控制批量定型产品的生产过程。建立科学合理的生产计划体系，不断完善以工段负责制的生产组织执行体系，持续强化以调度负责制的协调检查体系，逐步健全生产现场异常响应机制及监督、考核机制，并借助信息化管理手段，不断提升生产组织与管理能力，满足客户对产品交付进度和质量的要求。公司全年累计生产电路板32414块、网络系统465列、各类电气柜231列台。定型产品平均一次交检合格率＞97%，平均生产计划兑现率＞95%，年末存货总额1.22亿元，周转天数5.33天，圆满完成下达的各项指标。组织完成5次通用物资招标采购，累计降低采购成本1148万元，均优于年初预定目标。安全管理方面，对外出作业员工安全培训累计100余人次，外来作业人员安全培训累计 200 余人次，组织现场安全隐患排查整改 2 起。

【市场营销】 新造业务方面，完成出口南非内燃机车牵引与控制系统、出口土耳其伊兹密尔地铁车辆牵引与控制系统、武汉地铁六号线 A 型车牵引与控制系统、大连金普线牵引及控制系统、长春北湖线轻轨牵引及控制系统、成都 IT 大道有轨电车储能及控制系统、珠海现代有轨电车牵引与控制系统等项目产品的批量交付与服务及兰新线既有动车组功率提升、中国标准化动车组牵引控制软件研制开发、动力集中动车组牵引与控制系统的交付应用。检修维保业务方面，积极实施北京地铁 15 号线、上海申通地铁 2 号线地铁车辆牵引与控制系统等检修业务，在组织自身产品全寿命周期服务的同时，开始承接进口产品的检修服务，实现自主产品和进口产品检修业务的同步开展。新业务、新产业方面，在加快推进大功率电传动拖拉机试运行的同时，快速开展接地电阻业务，推进 PIS 系统集成开发、智能照明系统研制开发、地面能吸装置的挂网试验工作，积极跟踪中高速磁悬浮、空轨等项目并进行相应基础技术研究储备，推进车地数据业务开发。国际业务方面，积极推动公司产品和服务“走出去”，海外配套项目累计实现销售收入 1.95 亿元，实现历史性突破，其中依托加尔各答网络系统及网关模块两个项目，实现公司贸易出口零的突破，开拓了公司直接出口的业务新模式。

【基建与技改】 全面完成公司重大投资项目“动车组和机车牵引与控制国家重点实验室”建设内容，并陆续完成环境、安全、职业卫生、财务审计、工程竣工验收等专项验收工作及整体竣工验收的筹备。年内投入 1638 万元用于提升公司技术研发、产品开发和实验研究能力，搭建保密系统，维护股份公司广域网专线，提高办公信息化水平，使公司整体运营能力与技术研发水平再上新台阶。

【人力资源管理】 对人员进行全方位评价，制定科学的人员配置方案，并利用招聘网站、微信平台、校企合作等方式开展人员招聘工作，共补充各类人员 72 名（其中市场化招聘 12 名）。策划实施科学的培训方案，强化培训考试和效果分析环节，推行外出培训后的内部再培训，实现培训的全过程闭环式管理，全年组织开展各类培训 69 项，大幅提升人员素质和能力。按照团队作战、分兵突击的方式制定战略人才三大项目实施方案，分阶段分项目开展各模块的落地实施工作，进一步激发人力资源管理活力。加强人才推荐工作：其中 1 人获批国务院特殊津贴、1 人加入辽宁省千人计划、1 人加入辽宁省万人计划；2 人获评中国中车首席技术专家、54 人获评中国中车资深技术专家和技术专家；新增 2 名教授级高级工程师、5 名高级工程师、37 名工程师。积极探索人才培养模式，搭建人才创新平台，获批辽宁省博士后科研创新基地并开始运行，与北京交大、西南交大、大连理工等高校建立人才合作交流机制，加强人才引进和培养，不断优化人才队伍。

【质量管理】 通过强化过程质量控制、质量损失管理、供应商产品质量和质量专项攻关等主要措施，确保质量管理体系和产品质量水平的持续提升。按照 IRIS（国际铁路行业标准）体系持续改进要求组织审核与评审，顺利通过 IRIS（国际铁路行业标准）监督审核；机车网络控制系统通过安全完整性等级（SIL-2 级）认证。按照中车质量损失管理办法，结合公司“提质增效”专项活动的要求，细化质量损失统计，实现原零散统计到用友系统自动归集核算的重大转变，有效避免了漏报、错报的问题，使质量损失管理工作实现可量化评价。完善供应商质量管理制度体系，规范供应商名录管理、业绩评价与考核、问题反馈等工作，共梳理供应商资质资料148家，组织供应商产品首检35次，现场评定19次，现场监造1次，反馈供应商质量问题并跟踪整改32次，供应商索赔15次。开展质量攻关活动，全面增强员工的质量意识，实现质量管理从管“身”到管“心”的转变。全年共开展质量攻关小组课题24项，其中1项获行业级奖励，2项获中车公司级奖励。组织开展质量“大改进、大提升”专项活动，各部门累计完成整改133项，提升了产品稳定性，赢得客户好评。

【企业文化建设】 从围绕学习和弘扬中国高铁工人精神这一主题的开展，到快速推进企业文化VI系统建设整改，公司企业文化建设层层推进。加强员工的行为规范意识，以电子屏幕、内部报纸为宣传载体，开展企业文化理念、职工行为规范的宣贯，促进良好职业习惯的养成和固化；拓宽宣传渠道，创新传播内容，建立“电牵之道”微信公众平台，设立“集中学习”“活力工会”“两学一做”“提质增效”等专题模块，坚持每日推送公司新闻、先进事迹及中央精神等内容。发布《大连电牵公司视觉识别（VI）系统整改方案》，将目标任务和完成时间要求分解到公司各部门，并在全年完成公司会务系统、广告宣传、环境导示、附属品、多媒体办公系统、OA办公系统的企业文化VI整改工作。

【党群工作】 年内，依据中车集团党委“两学一做”学习活动要求，组织党委中心组集体学习10次，面向全体党员组织27次视频学习，9～12月份接受了中车集团党委巡视一组的专项巡视，组织了巡视整改；年底组织召开基层领导班子民主生活会，查找班子和个人在思想、工作、作风方面存在的突出问题，并深刻分析原因，开展批评与自我批评。公司党委强化党风廉政教育，发布《党风廉政建设教育专栏》12期，深刻剖析反腐倡廉工作中的新闻热点事件，将党风廉政教育落到实处；重申“九个严禁”，杜绝节日腐败，在公司上下形成廉政勤政的正气。组织中层以上领导干部参观大连市反腐倡廉警示教育基地，并通过提交参观体会，着力抓后续教育。坚持一岗双责，重点将加强教育引导、强化党内监督、持之以恒纠“四风”作为全年工作重点。组织各级领导干部签订党风廉政责任书，面向全体党员签订廉洁承诺书，并首次将党风廉政建设纳入到年度绩效考核中。开展“四风”问题回头看工作，对“四风”问题规章制度的建立和执行情况、整治违规公款吃喝情况以及公司整治“四风”问题长效机制建立情况进行全面排查梳理。制定效能监察工作推进计划，明确各项任务的责任部门及时间节点，共下发效能监察建议书6份，提出监察建议10条，收到整改结果10条，使招标工作明显规范、清欠工作高效开展，同时对2013年后科研课题进展情况进行效能监察，梳理在科研项目管理中的漏洞，查摆共性问题。公司工会积极组织和推动公司“提质增效”及“全力冲刺、奋战60天、保圆满收官”等两大主题活动，取得良好成效。通过宣传先进人物和事迹，形成“比、学、赶、帮、超”的良好氛围。继续办好《电牵公司报道》，全年共发布18期，公司门户网站更新新闻49条；加强与地方媒体联系，年内在国内各市级以上主流新闻媒体及各大网站共刊发或转发公司新闻9条。新春两节期间，各级工会组织筹集送温暖资金17.78万元，为122名困难职工送去温暖，并由公司领导带队走访了国内7个地区17个售后服务站点的售后服务和技术保障人员。全年组织完成基层团支部的换届改选工作，为公司团组织注入了新鲜血液；组织开展青年典范的选树和“一先两优”评比活动，在公司广大团员青年中树起一股创先争优、争当典范的正风正气。

【武汉中车电牵科技有限公司】 是大连电牵公司的控股公司。公司主要从事电力牵引与传动控制领域技术研究及产品开发、制造、销售、应用服务；对外技术咨询与转让；国内一般贸易和货物、技术进出口。公司一期占地面积3000余平方米。2016年，公司依托大连电牵公司产品本地化生产实现销售收入1.15亿元、净利润32万元，被纳入国家规模以上企业。

【重要纪事】 1月，公司动车组和机车牵引与控制国家重点实验室通过CNAS认证。1月，公司顺利通过高新技术企业认定。2月19日，公司与中国卫星旗下的大连航天北斗科技公司签订战略合作框架协议，双方将围绕北斗卫星系统在轨道交通装备及其相关产业领域的应用进行合作。3月15日，中国中车董事长崔殿国到公司考察调研。4月6日，瑞士PROSE公司代表团一行4人到公司交流访问。4月，服务兰新线CRH5G型动车组牵引功率提升，顺利完成线路运行测试，实现设定的功率提升目标。5月24日，英国纽卡斯尔大学电力电子工程学院Volker Pickert教授、大连理工大学宋学官教授及纽卡斯尔大学陈博士应邀到公司进行技术交流。6月30日，武汉中车电牵科技有限公司竣工投产暨首套“武汉造”地铁车辆牵引系统下线活动在武汉市黄陂区临空经济开发区举行。8月16日，辽宁省委常委、大连市委书记唐军，市长肖盛峰等一行60余人到公司调研。12月2日，中国科技部副部长阴和俊一行在访问捷克共和国期间，到捷克技术大学及中国中车-捷克技术大学联合研发中心参观访问。

【公司党政工负责人名单】

董　事　长　唐献康
总　经　理　唐献康（10月免）
　　　　　　郭建斌（10月任）
副总经理　蔡景荣　姜悦礼
　　　　　　张永军　樊金成
总工程师　姜悦礼（兼）
财务总监　樊金成（兼）

党委书记　郭建斌（10月免）
　　　　　　唐献康（10月任）
党委副书记　唐献康（兼，10月免）
　　　　　　郭建斌（兼，10月任）
　　　　　　董宇飞
纪委书记　董宇飞（兼）
工会主席　董宇飞（兼）

（大连电牵公司　供稿）

地　　址　大连市旅顺经济开发区浩洋北街1号
邮　　编　116052
电　　话　0411-62685211
传　　真　0411-62685733
网　　址　www.crrcgc.cc/dldg

中车青岛四方车辆研究所有限公司

（统一社会信用代码：91370200264582788W）

董事长、党委书记　刘保明

总经理　孔　军

【概况】　2016年，四方所设有基础技术研究与行业技术支持、电气、减振、钩缓、制动、工程装备及高效节能业务板块，设置职能部门14个、事业（本）部6个、全资子公司2家、控股子公司4家、参股子公司2家。在职员工有2028人，其中技术人员占50%以上，大学本科以上学历人员1210人。资产总额66.6亿元，归属母公司所有者权益28.29亿元。占地面积18.07万平方米，拥有研发、生产、办公设备5614台（套）。

年内，公司围绕"提质、创新、增效"三项工作主题，实现经营收入45.2亿元，获得中国中车股份有限公司2016年度"突出贡献奖"和"特别突出进步奖"。连续入选"青岛百强企业名录"，位列"2016青岛企业100强"第51位、"青岛制造业企业50强"第22位，首次入围"2016年度青岛市地方纳税50强"榜单。

【规划发展】　完成"十三五"战略编制工作，通过高层战略研讨、战略访谈、产业调研、业务分析，明确了公司发展方向和业务定位，确立了"立足轨道交通核心系统装备，成为创新驱动、资本协同、业务多元、全球经营的科技企业集团"的战略目标。在产业建设方面，进一步推动绿色节能系统的产业化建设，具备制动能量回馈系统、风电变桨等绿色节能系统产业化能力。

【经营管理】　年内，公司认真贯彻落实国资委稳增长和中国中车工作会议精神，成立提质增效工作领导小组和工作组，制定提质增效工作方案。完成营业收入和归属母公司净利润2项提质增效主要指标，采购成本较年初预算降低了2%以上，内部配套采购额较上年增加了800万元，亏损企业户数控制在2户以内，至年底亏损一家企业。

推动精益生产建设。建设城轨钩缓装置组装生产示范线，启动减振橡胶件硫化和钣金数控精益安全工位建设，开展基于工位制节拍化的生产物流MES管理体系工作。启用生产异常管理系统，推进生产异常优化工作。制定、下发《标准工位建设工作方案和工作计划》《标准工位建设实施指南》《目视化管理标准》。加强区域布局。在青岛，成为国家高速列车技术创新中心成员，实现了核心系统与青岛地铁的对接；在山东，依托中国中车内涵式发展，加强区域协同，实现核心系统在山东城轨领域的市场拓展，获得济南首条地铁牵引传动系统订单。加强与主机厂和业主的战略合作，以北京、西安、重庆、武汉、大连等城市为重点，全面拓宽城轨核心系统的市场运用。全年公司环境与职业健康安全管理体系运行正常，未发生轻伤及以上事故，也未发生职业病，安全生产情况保持稳定。

【科技创新】 持续完善技术研究、产品开发、试验验证三位一体的技术创新体系。完善试验验证平台，进一步提升分布式控制制动系统、基于以太网的网络控制系统和永磁直驱系统的综合实验验证与研发能力，构建基于大数据服务平台的数据中心。开展车辆纵向动力学仿真研究，为关键系统研发及故障模拟提供核心技术支持。参与UIC等国际标准的制修订工作。

加快时速250公里中国标准动车组核心系统研制，实现永磁牵引和以太网网络的产品应用能力，结合下一代地铁和新型单轨项目推进牵引变流新技术的研发，完成城际动车组牵引系统技术研发。推进液压制动系统的谱系化研究，完成下一代城轨列车以太网网络控制系统的研制，开展基于车载无线系统的面向车辆运用和检修维护的列车大数据服务研究。完成电池电容混合阵列牵引系统的样机试制、试验台建设并开展相关试验测试。持续优化辅助变流、安全监控、旅客信息等电气技术研发平台建设。推进时速160公里动力集中动车组供电、空调控制等电气系统完善工作，进一步做好新产品技术优化。依托中国标准动车组旅客信息系统，推进卫星通信和新一代旅客信息系统集成能力和下一代地铁旅客信息系统的研发工作。深化技术研究和产品开发，推进动车组钩缓装置特殊环境和工况的适应性研究。完成有轨电车电驱动全自动钩缓装置、多信号大带宽非接触车钩连接器的应用研究等项目的研发。完成青岛、大连等城市城轨制动系统的研制，加快城轨制动系统的产业化转化。实现新一代机车制动系统等重点项目的装车应用，完成城际动车组产品运用考核。

提升试验和仿真分析能力。加快动车组空气弹簧的谱系化研制，实现与更多车型对接。加快橡胶件和风挡的研制，完成A、B型城轨列车一系弹簧橡胶件的设计开发，完成时速350公里中国标准动车组风挡的研制。深化悬挂空轨轮胎走行系统和轨道减振等产品的研发，具备供货条件。开展转向架智能清洁设备和光伏清洁运营维护设备的研发。依托既有技术优势不断深化试验检测平台研制，开展六自由度试验平台的研制。提高地铁再生制动能量吸收利用装置技术应用成熟度，深化风电系统关键产品的开发，开展系列化港口节能产品研制。

【生产运营】 电气业务，继续深入打造城轨地铁屏柜、牵引、电子等产品生产、测试平台，完成生产、测试平台面向未来发展的产能调整提升工作。通过项目信息、生产计划管理系统（BQ）建设，形成相对完善的项目管理、计划排产、物料需求体系。

根据市场需求变化，及时调整生产车间，提高产能。电气产品具备动车组电气控制柜、司机台、充电机、列车网络、牵引辅助控制系统、旅客信息系统、烟火检测系统等产品200列份产能，城轨地铁列车网络、牵引系统、电气控制柜等产品150列份产能，大铁路25型车电气控制柜、车下电源等产品600套产能；减振产品具备轨道车辆用空气弹簧6万套、汽车空气弹簧40万套、橡胶减振件58万件产能；钩缓产品具备动车组钩缓产品200列份、密接式25T车钩600套、城轨钩缓产品

420列份产能。

【市场营销】 年内，公司市场营销主要围绕国铁、城铁、海外及相关多元化板块展开。电气屏柜、旅客信息、无线上网、烟火报警、钩缓系统、制动撒砂等系统在四方股份公司第二列中国标准动车组实现装车，列车网络、无线上网、乘客信息显示等系统在长客股份公司第二列中国标准动车组实现装车。制动撒砂装置获得CRH1、CRH2型列车批量订单。城轨市场收入同比翻一番，核心装备的应用领域不断扩大，牵引、网络、制动等核心系统在山东、深圳、北京等国内多个城市再获应用，电气、钩缓、减振产品保持城轨领域市场地位，制动业务获得批量订单。依托中国中车海外营销体系，积极跟进海外项目，进一步开拓了土耳其、美国等地市场；与庞巴迪、阿尔斯通等国外整机制造企业进一步深化战略合作，加快直接出口步伐。多元市场方面，加快市场的转型升级，重点培育节能与工程装备产业。节能系统以城轨交通制动能量回馈系统作为市场突破口，逐步进入风电、港口机械等市场领域。工程装备维护市场，在各动车段及开通城轨交通的城市进一步推进架车机集成包市场推广，深入开拓试验检测设备市场。

【基建与技改】 组织编报公司投资预算，中国中车批准公司固定资产投资预算3.03亿元，全年完成合同签订2.7亿元，预算执行比例为84%。重点投资项目共7项，包括制动系统研发及产业化技术改造项目、天津产业基地建设项目、重庆新材料公司固定资产投资、轨道车辆转向架构架强度试验台、列车控制与信息服务网络（TCSN）关键技术及系统研制、提升研发和试验检测能力建设及环湾大厦项目。

【人力资源管理】 优化“互联网+校园招聘平台”的招聘方式，综合运用微电影、H5等宣传媒介开展招聘工作及“点亮青春梦想，助力中国速度”2017校园招聘。实施中层管理人员、国际化人才、核心技术人才和技能人才四项人才培训计划。采用“在线测评、线上学习、线下辅导”的AEC培训模式，实施“卓越管理”培训，并引入中欧商学院“mini-MBA”课程。完善人力资源规章制度，制定与修订《重要岗位人员轮岗暂行办法》《外事管理实施细则》《考勤和休假管理办法》《领导班子成员履职待遇、业务支出管理办法》等制度。开展HCM系统建设，实现人事令、招聘、培训、薪酬和绩效等在系统中的应用。

【质量管理】 通过了IRIS国际铁路行业标准复评及ISO9001质量管理体系、EN15085焊接认证体系、TS16949质量管理体系认证。开展质量安全专项整治工作，梳理惯性质量问题19项，完成高速动车组VEU接线盒整治工作。修订完善《质量损失管理办法》并组织实施。开展全年质量损失数据的统计、分析，配合中车完成质量损失专项审计，并完成了不符合项整改。制定《认证产品管理办法》，完善了产品认证流程。组织完成47类共320个型号产品的CRCC监督审核工作以及12类共24个型号产品的扩项认证工作。制订《监造产品管理办法》和《监造产品故障信息沟通管理规定》，全年完成监造产品68889套，同比增加88%；监造2146批次，同比增加16%。组织实施新产品工艺及重大工艺评审30次，完成了87项改进建议的整改。

【企业文化建设】 拓宽微信新媒体新闻发布形式和内容，打造“情怀四方所”的新媒体宣传。开展中车“新中车、中车心”宣传教育活动，宣贯共同价值观，引导广大员工强化“同一个中车”发展理念和中车人意识。

做好“安全月”“质量月”及质量专项整治工作的宣贯。结合公司“责任、诚信、合作、沟通”的行动理念，挖掘树立公司“中国高铁工人精神”。结合“中车之道”，进一步加强企业文化建设，进一步推进责任文化、精益文化等文化建设工作。严格按照中国中车品牌要求，开展品牌建设工作，优化品牌管理，对宣传片、宣传册、宣传物料、网站、多媒体等品牌形象载体进行整体包装，凸显品牌文化内涵，梳理了与企业形象相关的行为规范，制定并印发新版《企业文化手册》。参加德国柏林轨道交通展，下一代旅客信息系统成为媒体焦点；在国家“十二五”科技创新展上代表中车科技前沿，展示了轨道交通核心系统。

【党群工作】 公司党委持续深入学习贯彻党的十八大、十八届历次全会精神，认真贯彻落实习近平总书记在国有企业党的建设工作会议上的重要讲话精神，系统谋划、推进“十三五”党建工作规划。深入开展“两学一做”学习教育，研究制定实施方案和推进计划，积极进行动员部署，编制、发放学习手册和党员手册。组织专题中心组扩大学习，党委书记带头讲专题党课；领导班子成员、支部书记落实领导干部讲党课。经中车集团党委批准，公司于8月召开第一次党代会，选举产生了新一届两委班子。首次召开年度党建工作会。组织开展“两学一做”专项培训班，分三期在井冈山革命圣地举办“两学一做强作风 提质增效促发展”专项培训。制定《党支部工作细则》，进一步细化基层党组织管理要求，着重完善“三会一课”、“四好”领导班子建设和督促检查等基础性工作。建立两级党组织书记讲党课制度，制定《党员教育培训计划方案》，在全体党员中开展党性培训教育。修订《党费收缴、使用和管理规定》，进一步完善党费管理工作。选拔5名公司级副职后备干部，完成领导班子任期综合考核和领导班子副职竞争上岗工作。制定、修订《后备干部管理办法（暂行）》《中层管理人员竞争上岗工作实施细则》《领导干部任前公示制度实施办法》等干部管理制度，加强干部人事管理工作。制定《党风廉政建设责任制实施办法》。通过补充配备监察、审计工作人员，进行组织机构调整，分设纪检监察部和审计风险部，加强纪检监察工作力量。组织开展年度领导干部集体廉政谈话，并在业务、采购、试验等要害部门进行廉政谈话。开展重要风险源的集中重新识别。建立《重要岗位人员轮岗制度》，从制度上进一步规范了重要岗位的管理，防范用人风险。推进党建工作目视化，全体党员在胸前佩戴党员徽章，“亮出身份”，试点建立党群工作组，并试点推行了支部工作可视化。

【下属子公司】 全资子公司有天津中车机辆装备有限公司（简称“天津装备公司”）。年内，天津装备公司实现主营业务收入2.5亿元，同比增加72%，归属母公司净利润为-0.55亿元。全年新产品计划共20项，完成6项，14项进行中。配合做好四方所项目转移工作；提高跨接电缆项目产能；生产出一整列地铁电气柜样机；完成机加工件样件试制。项目管理流程模板得到全面的验证；开展新产品首检和项目审核；通过IRIS国际铁路行业标准审核和不符合项整改。完成《天津装备公司管理制度汇编（2016版）》编制；发布F8客车分配阀模拟节拍化生产方案；加强月度动态监控和分析。

控股子公司有青岛卡玛克斯缓冲装备有限公司、中铁检验认证（青岛）车辆检验站有限公司、重庆中车四方所科技有限公司、重庆中车四方所新材料有限公司。年内，青岛卡玛克斯缓冲装备有限公司实现销售收入1.17亿元、净利润1210万元，和外方母公司合作完成多项地铁及城轨车用防爬器的研制和生产，销售KX100弹性胶泥缓冲器23009件、KC15缓冲器1042件、城轨缓冲器1608件、25T客车缓冲系统1132件，开发多种规格地铁及城轨车用弹性胶泥缓冲器，批量装用在四方所地铁、城轨车车钩上。中铁检验认证（青岛）车辆检验站有限公司全年实现收入5591万元；签订各类检验项目共计1554项，其中中铁检验认证中心产品质量认证检验188项、货车配件审查检验2项；通过了CMA检验检测机构资质认定、CNAS中国合格评定国家认可委员会认证的现场审核，冲击试验线获得加拿大TC认证、法国BV船级社认证；新建机车空调试验台，于10月投入使用；新建轨道车辆转向架构架强度试验台和实物轮轴疲劳试验台，增置了用于烟毒性检测的高温氧指数仪、傅里叶烟毒性分析系统等。重庆中车四方所科技有限公司全年实现销售收入1.2亿元，同比增加39%。城轨核心业务在西南地区市场份额不断增长，实现业务区域由重庆、成都两地拓展至兰州、贵阳和武汉地区。年内订单准时交付率达100%，完成重庆3号线北延线、成都4号线二期项目等项目的交付。完成重庆2号线增购线、兰州1号线、重庆5号线、重庆环线和重庆新型单轨等项目电气屏柜产品的开发，配合四方所完成重庆10号线和重庆新型单轨项目牵引传统产品的开发。重庆中车四方所新材料有限公司全年实现504套SYS450D型空气弹簧的生产供货，开展了重庆长客小单轨用空气弹簧、橡胶件和轮胎内支撑的设计及样机试制，聚氨酯灌浆材料在沈阳有轨电车进行运用考察。通过了ISO9001：2015质量管理体系认证并取得认证证书；通过了ISO9001/TS16949:2009质量管理体系认证一阶段审核。

参股子公司有青岛阿尔斯通铁路设备有限公司、青岛四方法维莱轨道制动有限公司。年内，青岛阿尔斯通铁路设备有限公司实现销售收入1.02亿元。其中，CRH3型动车组用油压减振器实现批量供货，CRH3A型动车组用油压减振器完成运用考核。产品覆盖动车组、客车、机车及城轨车辆领域，同时出口装用于法国国铁、巴黎地铁等铁路及城轨车辆。通过了IRIS质量管理体系复审，铁路客车油压减振器和动车组用油压减振器通过了中铁检验认证中心复评，持续开展了EHS（环境、职业健康和安全管理体系）工作。青岛四方法维莱轨道制动有限公司实现销售收入3.6亿元，销售机车制动系统90套、高速动车受流装置331架。检修机车制动系统356套，检修高速动车受流装置218架。持续开展法维莱集团全球卓越项目FWE&FMS活动，强化项目管控，改善产品质量，优化客户服务，提高生产效率，企业效益稳步提升。

【天津装备公司处置】 根据中车集团《关于印发中国中车集团公司处置“僵尸企业”和特困企业专项治理工作实施方案的通知》的部署，制定处置天津中车机辆装备有限公司专项工作方案，并在中国中车第24次总裁办公会上通过。按照中车股份《关于实施处置天津装备公司专项工作总体方案的指导意见》，通过业务转移、盘活资产、提升既有业务、注入资本金等系列举措，公司完成国务院国资委处置天津中车机辆装备有限公司三项工作目标：通过对天津装备公司既有业务进行梳理和切分，并借助四方所技术和市场优势，提升抽油机和制动产品的技术和产业水平，优化缓冲器产品结构，弹簧、增压器业务，实现业务组织模式和流程升级，注入高效节能和地面供电等转型升级新业务及电气、钩缓、工程装备等存在产能缺口的业务，实现同比上年减亏50%的目标；在中国中车支持下，四方所和中车租赁公司将天津装备公司设备类固定资产进行三方融资租赁，在采取提升既有业务、注入新业务、资产租赁、偿还债务、注入资本金等多项措施后，资产负债率已降到68.8%，实现资产负债率降到70%的目标；截至12月底，天津装备公司在四方所转岗工作65人、自然减员82人、达成内退189人、协商达成解除劳动合同意愿386人，共分流安置722人，分流安置率为54%，实现了富余人员的分流安置。

【重要纪事】 1月4～8日，公司通过IRIS及ISO9001质量管理体系监督审核。1月14日，公司“中国中车牌城轨车辆牵引传动系统”荣获青岛名牌称号。1月18日，公司跨座式单轨车受流装置、制动控制装置通过载客运营考核。1月25日，公司党委围绕践行“三严三实”主题，组织召开领导班子专题民主生活会。2月1日，公司召开第一届职工代表大会第一次会议暨2015年度表彰大会。2月19日，公司通过国际CMMI3级认证。2月25日，公司中标北京地铁再生制动电能存储装置订单。3月28日，公司申报的高速动车组用伸缩式钩缓装置伸缩机构获得日本发明专利授权。4月28日，公司研制的电源模块进入国家智能电网领域，装用于天津智能电网配件终端，为智能电网的远程控制提供“后备电源”。5月6日，公司研制的B型地铁列车钩缓装置首次运用于长沙地铁公司。5月9～12日，公司与中国中车四家子企业参加2016年第十九届渝洽会。6月1～4日，公司作为中国中车核心轨道系统代表企业参加“十二五”科技创新成就展。6月17日，中国中车总裁奚国华到公司视察。7月6日，公司液压制动系统在国内有轨电车液压制动市场获得的首个批量订单。8月15日，公司申报的“带过载保护的前安装吊挂系统”获得日本专利授权。9月20～23日，公司参加柏林国际轨道交通技术展。9月30日，公司研制的城轨制动系统在西安地铁2号线正式空载运行，是公司全套城轨制动系统在国内首次批量装车运用。10月25日，公司通过SIL2（安全完整性等级2级）认证并取得认证证书。12月8日，公司中标济南轨道交通装备R1线项目牵引系统订单。12月14日，公司申报的“中国中车牌车钩缓冲系统”被青岛市政府认定为“青岛名牌”。12月30日，公司中标以色列特拉维夫红线项目牵引辅助系统和网络监控系统订单，是公司牵引辅助系统及网络监控系统产品首次进入以色列有轨电车市场。

【公司党政工负责人名单】

董事长	刘保明
总经理	刘保明（7月免）
	孔　军（7月任）
副总经理	王　云　陈　凯
	邢晓东　殷红姝
	姚小强　崔凤钊
	李照平　聂　翔
财务总监	殷红姝
党委书记	孔　军（6月免）
	刘保明（6月任）
党委副书记	刘保明（6月免）
	孔　军（6月任）
	赵云生
纪委书记	赵云生
工会主席	赵云生

（四方所　供稿）

地　址　山东省青岛市四方区瑞昌路231号
邮　编　266031
电　话　0532-86083101
传　真　0532-84992961
网　址　http：//www.srsri.com/

中车戚墅堰机车车辆工艺研究所有限公司

（统一社会信用代码：91320400137168058A）

董事长　王洪年

党委书记　孙周明

总经理　王文虎

【概况】　2016年底，戚墅堰所在岗总人数3464人，其中女员工806人；高级技术职称236人、中级技术职称497人；高级技师91人、技师234人；博士研究生学历11人、本科学历997人、大专学历883人、中专技校学历394人、高中及以下731人。公司固定资产原值32.3亿元，净值20.6亿元；土地面积80万平方米，占地面积46.7万平方米。公司分总部、专项中心2个（焊接和无损检测培训中心、铁路工业节能监测中心）、事业部2个（齿轮传动事业部和锻压事业部）、分公司1个（试验检测分公司）、下属子公司12个（包括全资、控股和参股公司）、上级挂靠单位3个（中国中车焊接和无损检测培训中心、中国中车机械传动系统技术研发中心、中国铁路总公司铁路工业节能监测中心）。公司全年实现销售收入53.04亿元，全面完成中国中车下达的主要经营计划指标。

【市场拓展】　着眼“十三五”发展要求，加强战略引导下的市场拓展，在战略市场与战略客户拓展上取得多点突破，全年新签订单27.3亿元。其中，动车齿轮箱产品获得标准动车组批量订单，CRH380B齿轮箱实现批量销售；浮动式闸片首次进入市场获得铁路总公司招标最大份额，分别与郑州、西安铁路局签订检修合作协议。地铁踏面制动单元、车钩缓冲装置首次获得批量订单；踏面清扫器、锻造轴桥实现批量订单突破；弹性车轮销售收入快速增长并按国际标准出口到发达国家；风缸模块销售快速增长；齿轮箱检修与上海地铁的合作进一步深化，继续保持检修优势地位。汽车零部件产业高端转型再获突破，乘用车涡轮壳实现海外销售。焊轨机首次获得襄樊主机厂全部份额。矿山机械产品布局海外矿车主要聚集地，取得海外业绩突破。柴油机零部件军品市场销售收入逆势增长。EMD动力包总成实现出口突破。试验检测和培训服务业务范围持续扩大。

【技术创新】　年内，公司首获中国工业大奖。标准动车组齿轮箱、中间车钩完成60万公里运营考核，助力中国标准动车组刷新世界最高交会速度。加快基础制动装置、车钩缓冲装置系列化开发，促成标准动车组基础制动装置通过装车评审、前端车钩缓冲装置实现装车，统型动车组制动盘与车钩缓冲装置实现装车，踏面清扫器实现动车组全覆盖，机车制动盘、闸片完成30万公里运营考核。开展动车组用联轴节国产化研制，动车组用齿形联轴节通过铁路总公司技术评审。CRH3型动车组原型齿轮箱检修替代技术研究完成试验验证。高速动车组前端开闭机构、100%低地板有轨电车独立轮对、机器人用高精度RV减速器、110吨级以上轮边驱动及制动集成系统、公铁两用牵引车、潜艇动力活塞组件等新产品完成研制。金属型低压铸造工艺、双频感应淬火工艺、汽车零部件无模快速制造工艺、第二代蠕铁制动盘材料工艺、省力成型模锻新工艺等关键技术研究取得突破。持续开展创新平台建设，成立电气技术研发室，获批成立中国中车机械传动专项技术研发中心。推进精益研发，初步完成城轨、风电齿轮箱模块化搭建。全年获科技成果认定15项，其中省部级以上6项；获专利授权167项，其中发明专利授权74项；制定标准71项。

【经营管理】 组织实施“1+9”提质增效专项工作，轨道交通关键零部件市场开发、汽车零部件业务结构优化、培训服务业务发展等方面取得明显进展；采购与外协降本、质量损失压降和财务费用、管理与销售费用控制等方面取得明显成效。全年实现营业收入全面完成公司“十三五”总体规划与产业、科技、生产运营、人才等14项专项规划的编制。系统梳理流程制度，整合优化规章制度与管理体系，基本完成管理标准体系建设。开展公司两化融合管理体系贯标，制定贯标实施方案，开展ERP等核心信息系统调研选型，完成系统建设实施方案。搭建员工创新创业发展平台，成立公司首个单元式创业组织并试点运作。构建资本运营管理制度，建立资本运营目标信息库。推进订单项目管理试点，初步构建管理体系。完善法人治理结构，启动开展压缩管理层级、减少法人户数工作，同时推进特困企业治理、僵尸企业处置。引入考核指标三级目标管理机制，建立以复合效益增长率为核心的工效挂钩模式。规范工艺管理与生产异常处置，推进生产技术准备覆盖主要生产单位。深入开展模拟两线建设，精益示范区（线）、精益车间覆盖率稳步提升，获评中车精益生产一级企业。强化供应商过程管控，加大供应商开发培育力度，开展独家采购与代理采购专项治理。推进标准成本体系建设，基本建立产品标准成本基础数据库。深入推进质量风险管理，完善质量损失管理机制。强化主动服务，全年无客户二次投诉。完成动车组齿轮箱、浮动闸片智能制造生产线建设，试验检测信息管理平台、客户服务管理系统、移动办公平台等上线运行。加快推进铸钢线扩能改造、轨道交通关键零部件工程技术研发中心建设。开展风险防范与监督工作，开展质量损失、科研经费等专项审计与提质增效、采购管理等效能监察。开展公司特色安全文化建设，提升全员安全生产意识，顺利实现“新三零”目标。

【人力资源管理】 全力实施“1333”人力资源攻坚计划，在经理人队伍、核心人才队伍、高技能人才队伍等三支人才队伍建设，招聘配置体系、培训开发体系、薪酬绩效体系等三大体系建设，人工成本管控平台、人力资源信息化平台以及人力资源发展规划和重点项目管理平台等三大平台建设等方面取得突破，获评中国中车2016年度“五星HR”单位。开展中车公司第一届核心人才评审推荐工作，共推荐核心人才118人，其中科学家1人、首席技术专家2人、首席技能专家3人；1人获评国务院政府特殊津贴，4人获江苏省“333 高层次人才工程”第五期第三层次培养资格，推荐詹天佑铁道科学技术奖 2 人、茅以升铁道工程师奖 2 人、江苏省突出贡献中青年专家 1 人。

【企业文化】 深入开展“新中车、中车心”宣传教育活动，全面导入中国中车新版 VI 体系，拍摄“中车之道”短片，引导广大员工牢固树立“同一个中车”的文化理念。利用道德讲堂和媒体访谈等形式，大力弘扬中国高铁工人精神、劳模精神、工匠精神、奉献精神，企业发展正能量进一步积聚，员工凝聚力进一步增强。深化官方微信等媒体平台建设，强化与主流媒体的合作交流，公司形象首次在央视《新闻联播》中得到展示。组织参加国际、国内各类展览展会，进一步展示公司自主创新和高端自信的企业形象。积极履行社会责任，做好精神文明创建和志愿服务，继续保持“江苏省文明单位”称号。

【党群工作】 深入学习宣传贯彻中共十八届六中全会、习近平总书记系列讲话精神和全国国有企业党建工作会议精神；召开中车戚墅堰所公司第一次党代会和第二次职代会；开展“两学一做”学习教育；认真做好巡视意见整改；严格落实全面从严治党主体责任和监督责任。深化民主管理，持续做好“六送三关注”工作，继续组织员工疗养、员工健康体检和一日团队活动，首次举办“家年华”活动。积极参加中车公司员工运动会，获得气排球冠军。

【全资子公司】 年内，公司全资子公司有常州市瑞泰工程机械有限公司、常州中车铁马科技实业有限公司、常州中车汽车零部件有限公司、常州中车柴油机零部件有限公司、常州朗锐铸造有限公司、常州乐泰贸易有限公司 6 家。

常州市瑞泰工程机械有限公司　全年完成销售收入4.45亿元。齿轮箱新造中标率100%，工作装置新造中标率94.1%，大修中标率72.95%。新产品市场开拓实现广州局合金捣镐配件中标近200万、铣刨齿成功出口伊朗市场。与国内外企业、高校开展项目交流、寻求合作，累计完成新品开发17种，新装备、设备3种，申请发明专利15件，发表论文9篇，制定、修订标准24项，1项成果通过中车集团科技成果鉴定。完成深圳地铁钢轨探伤车样机配套的车轴齿轮箱、分动箱技术设计和产品试制、交付与装车；完成MM-1000K和MM-1000B地铁铣轨车两台车配套的车轴齿轮箱轮对（两种规格）的技术设计和产品试制、交付主机厂；完成双动力48磨头钢轨打磨车动力轮对样机试制、交付和协助装车；完成JDZ-160接触网多功能综合作业车轴齿轮箱轮对和制动盘技术设计等。完成首台P95大修列车龙门架齿轮箱组装及试验，性能良好；完成P95大修列车铲枕机构对中装置、走行装置研制；完成QS1200全断面道砟清筛机挖掘链整链研制。完成蓄电池公铁两用牵引车挂钩机构与车辆牵引试验及样机定型，实现产品下线；完成自行式钢轨探伤车产品性能测试及定型样机。大力建设电气技术研发室，承接公司探伤车、牵引车等集成装备的电控系统开发；掌握钢轨闪光焊机关键技术及工艺，完成2台份钢轨闪光焊机的交付装车，并经铁路产品质量监督检验中心检测，满足TB/T1632的要求。完成轮对轴箱轴承压装机研制并投入生产应用，提升压装质量和效率，稳定装置试验台台架完成研制。顺利通过安全生产标准化二级企业复评，通过中质协质量保证中心开展的“第二次监督审核”。

常州中车铁马科技实业有限公司　年内完成入库产值6.004亿元。其中，制动盘累计入库48352只；夹钳四级修、五级修共计84列；踏面清扫器新造225.6组，修理118.3组；

动车组用钩缓装置全年四级修、五级修共计361列；地铁车钩修理26列；弹性轮年内实现新造127列，闸片全年累计入库13869片。在完成批量订单及时交付的同时，统筹协调内外部资源，全年累计科研投入超5800万元，配合所技术研发中心完成64项科研项目试制。其中，基础制动方面，380A制动盘、高寒防风沙闸片实现装车考核， 机车盘、机车闸片完成30万公里装车考核并通过CRCC现场审核；完成统型车夹钳部分试制，标动基础制动装置实现装车样品交付；钩缓装置方面，先后完成统型车动车组、CRH380B半永久钩缓、CRH380D钩缓装置试制，完成标动钩缓装置装车样品交付；减振降噪方面，轴桥通过FAI审核，实现订单“零”突破。通过IRIS体系外审与OHSAS18001换证审核，通过2型车制动夹钳、闸片的CRCC监督审核。

常州中车汽车零部件有限公司　全年完成销售收入9.03亿元，首次实现扭亏为盈。其中，乘用车产品销售突破3.6亿元，高镍、不锈钢产品销售完成53.85万件，出口业务完成1.239亿元。签订16个1000万元项目，其中XCE16双流道不锈钢涡轮壳项目，成功打开了博格华纳不锈钢涡轮壳市场；通用3.0项目首次进入海外乘用车涡轮壳业务；福特Panther项目中高端乘用车涡轮壳首次进入欧洲市场；众泰1.5排气歧管项目进入了不锈钢排气歧管领域；HEMA项目填充KW线过剩产能，为扩大出口份额提供了保障。突破3D打印技术瓶颈，将泥芯3D打印和砂型数控雕刻相结合的无模铸型快速制造工艺成功应用于高镍涡壳样件生产，成为国内第二家具备汽车零部件产品RP（快速成型样件）生产能力的企业。大众1.8T中间体项目实施“机器换人”并量产。客户端质量PPM较上年下降32.1%。顺利通过安全生产标准化二级达标企业复评，轻伤事故率为0。获得“2016年江苏省管理创新优秀企业”称号。

常州中车柴油机零部件公司　全年完成销售收入9678万。实现国铁销售同比增长5%，船用销售同比增加75%，经营持续盈利。通过联盟，实现了路局活塞提价15%，和谐N5机车C5修市场占比70%；船用主机市场获得重大突破，沪东重机销售超过1000万（同比提升30%），重庆潍柴实现自主供货，进入山东潍柴供应商体系。在土耳其、印度、北美、巴基斯坦等海外市场都有良好的表现。全年累计完成26项新品开发，承接船用低速机创新工程活塞环研制、3038活塞组件研制、801活塞环工艺改进、高强化活塞环设计及制造技术研究、大缸径气缸套修复预研究等6个科研项目。围绕提质增效，稳步开展生产管理、质量减损、成本压降、效率提升等工作，全年节约委外成本65万、人工成本18万，检测成本同比下降18%，物流成本同比下降7%，期末存货同比下降5%，质量损失率同比下降12%，10余个瓶颈工序效率8%～30%不等的提升。顺利通过安标二级企业复评以及三体系与BV工厂审核的再次认证。

【控股子公司】　年内，公司控股子公司有资阳中车传动有限公司、江苏朗锐茂达铸造有限公司、中铁检验认证（常州）机车车辆配件检验站有限公司3家。

资阳中车传动有限公司　完成时代宝工3种传动轴顺利交付及装车考核，和谐D1机车齿轮传动装置通过株机公司首件评审，并实现装车考核；完成重庆轨道交通集团14列单轨车修理工作；完成红河州低地板车、苏州2号线等螺旋主从动齿轮的交付及贵阳地铁主动齿轮首件评审。开拓建材减速机等延伸产业。全年完成自主开发项目8项，科技成果转化收入1000万元。完成阿根廷万向轴、时代宝工万向轴的设计开发及装车考核；完成鼓形齿联轴器的设计开发与成品交出及蜗牛车轴齿轮箱、天津地铁工程车齿轮箱、武汉晨风310车轴齿轮箱、矿用带式输送机减速器等产品的设计开发。全年申请发明专利 4 件，实用新型专利 1 件，获取政府资金支持 55 万元。

江苏朗锐茂达铸造有限公司　开发常州大千机械、戚机配件等新客户，完成 630/632 端盖、转动铰座、固定铰座、新筑轴箱体等新产品的量产供货。海外业务完成阿尔斯通印度工厂、法国电机工厂以及美国业务的拓展，所供产品涵盖阿尔斯通机车、高铁、地铁、低地板车等多种车型，并先后通过阿尔斯通三年周期的供应商工序审核以及巴黎大众运输公司 T2 供应商的审核。重点产品先后完成 240T、110T、290T 和 220T 四种轮边减速器产品的开发，并顺利完成 CG-10 钩体及安装座等标动产品钩缓装置的开发及装车工作。公司技术中心先后获评“无锡市轨道交通铸钢件工程技术研究中心”以及“江苏省轨道交通铸钢件工程技术研究中心”，并于 8 月正式取得铸造行业准入资格证书。

中铁检验认证（常州）机车车辆配件检验站有限公司　全年完成铁路总公司铁道机车牵引电动机用抱轴瓦、铁路货车钩舌、动车组粉末冶金闸片等三种产品的质量抽查检验及中铁检验认证中心下达的铁路机车车辆零部件 CRCC 认证检验、图谱备案检验、货车配件审查检验与各类委托检验等，检验检测业务实现产值约 1100 余万元。通过了国家认监委铁道评审组的现场扩项评审及国家认监委的监督及变更评审。累计参与 CRCC 现场审核几十个常项，涉及产品包括机车、货车、客车以及动车等相关零部件；主持或参与 CRCC 认证规则编制与修订工作。

【合资公司】　年内，公司中外合资公司有常州朗锐凯迩必减振技术有限公司、常州朗锐东洋传动技术有限公司 2 家。

常州朗锐凯迩必减振技术有限公司　全年共计实现销售总额 2.1 亿元。完成动车减振器新造销售 74 列，半主动控制装置 31 列，实现销售收入约 11663 万元，动车油压减振器修理业务实现了从主机厂向动车检修基地的延伸。动车及客车减振器修理方面，全年累计修理各车型各修程减振器 43424 个，其中三级修 16690 个，四级修 14274 个，五级修 13072 个，实现销售收入约 8000 万元。高度阀、差压阀销售 3504 个，实现销售收入 1037 万元。导入 IRIS 体系，并顺利通过了取证审核。

常州朗锐东洋传动技术有限公司　年内获得成都 7 号线 704 套、青岛蓝色硅谷线 480 套、青岛 2 号线 400 套、重庆 5 号线 740 套、北京 8 号线三期 792 套、成都 4 号线二期 416 套、昆明 3 号线 384 套、石家庄 3 号线 320 套、天津 1 号线东延线 228 套等齿轮箱订单。承接朗锐东洋首个大修业务—大连 3 号线齿轮箱厂修业务；完成大连时速 160 公里地铁齿轮箱交付。年内完成首个 A 型车齿轮箱石家庄 3 号线的交付。由此，产品已包含时速 80～160 公里，A 型车和 B 型车齐全。

【重要纪事】　1 月 14 日，公司试制成功阿根廷机车从动齿轮锻件。1 月下旬，公司自主开发的时速 350 公里动车组粉末冶金闸片获得 CRCC 产品认证证书。1 月，公司在“国家认定企业技术中心”评价中获优秀。1 月，公司机车车辆配件检验站通过 2015 年 CNAS 能力验证。4 月 1～2 日，汽车零部件公司通过 CRCC 现场监督审核。4 月 5 日，“高铁列车用高可靠齿轮传动系统”通过中国机械工业联合会科技成果鉴定。4 月 7 日，新能源商用车电驱动桥主传动系统成功下线。4 月，公司研发的石油高精钻具-可变径稳定器井下试验成功。4 月 21 日，公司研发的双动力 48 磨头钢轨打磨车动力轮对组成通过由宝鸡监造项目部和株洲所组织的首件鉴定。4

月23～24日，公司多通道疲劳试验台通过CMA资质认定。4月29日，中国中车总裁奚国华到公司检查指导工作。4月29日，中国中车智能制造工作研讨会在公司召开。5月上旬，CRH380A智能生产线测试完毕上线运行。5月13日，公司正式获得美国石油协会（API）颁发的API Spec 20C（石油天然气工业用闭模锻件）会标认证证书，成为全球第12家通过该项认证的企业。5月中旬，公司通过韩国现代ROTEM齿轮箱供应商资质审核。5月18～20日，公司通过CRCC产品认证第3次监督现场审查。6月3日，汽车零部件公司获“2015年江苏省管理创新优秀企业”称号。6月7日，公司CRH380A浮动式闸片获铁总集采首批批量订单。6月8～10日，汽车零部件公司通过TS16949和ISO9001体系审核。6月中旬，柴油机零部件公司首批24套EMD645动力组发往美国。6月21日，G615-A风电齿轮箱通过中国船级社产品认证。6月23日，公司首台液力自动变速器（AT）顺利完成了换挡动作试验。6月27日，公司取得统型动车组用前端车钩缓冲装置CRCC试用证书。6月22日，公司参加“嘉克杯”国际焊接技能大赛并获佳绩。6月下旬，瑞泰公司轮对轴箱轴承压装机通过验收并投入使用。6月29日，公司刘云清劳模工作室获评“江苏省示范性劳模工作室”。7月11～13日，朗锐东洋公司顺利通过IRIS体系审核。7月中旬，公司研发的动车组齿轮箱成功冲击线路最高速度420公里/时。7月12～13日，标准动车组齿轮箱和钩缓装置通过CRCC现场审查。7月中旬，公司获评国家级“守合同重信用”企业。8月2日，公司召开“两化融合管理体系贯标启动会议”。8月，公司获江苏省、常州市专项资金998万。8月8～10日，客运机车粉末冶金闸片及铸钢制动盘通过CRCC现场审查。8月19日，瑞泰公司成功进入深圳地铁养护市场。8月22～24日，公司IRIS管理体系通过2016年度监督审核。8月底，270柴油机活塞环通过首件鉴定。8月30日，汽车零部件公司首条中间体工业机器人生产线建成。9月6日，蓄电池公铁两用牵引车完成样机试制及线路牵引试验考核。9月，公司为国内首列空铁列车提供密接式钩缓装置。9月13日，机车铸钢制动盘和粉末冶金闸片通过铁路总公司技术评审。9月14日，公司与台海集团有限公司签署战略合作框架协议。9月，公司高速动车组联轴节研制成功。9月中旬，MM-1000K昆明地铁铣轨车车轴齿轮箱研制成功。9月22日，CRH380B前端开闭机构完成型式试验。9月23日，汽车零部件公司通过航天三菱1.5T涡轮壳现场审核。9月26日，公司地铁钩缓系统首次获得批量订单。9月，朗锐茂达公司取得铸造行业准入资格证书。9月27日，公司召开中共中车戚墅堰所第一次代表大会。9月28日，公司新能源汽车驱动系统业务单元式创业组织成立。9月29日，公司召开工会第二次代表大会。10月11日，公司标动半永久车钩及缓冲装置取得CRCC试用证书。10月13日，试验检测中心完成申通地铁公司超声检测样轴验收工作。10月，公司成功开发标准动车组制动控制箱体项目。10月18～19日，公司主办中国铁道学会绿色铸造和铸造新技术研讨会。10月21日，公司承办的全国铁路机务系统（检修工种）职业技能竞赛顺利落幕。11月3日，四方所与公司签订战略合作协议。11月6～13日，公司承办中国中车理化人员技术考核和资格鉴定培训。11月7日，公司自主研发联轴节产品通过铁路总公司评审。11月7～9日，公司“高铁列车用高可靠齿轮传动系统”项目获得中国机械工业科学技术奖一等奖。11月10日，“寻访中国智造领跑者——从江苏出发”采访团到访公司；公司完成机器人用高精度RV减速机首批样机研制。11 月 17 日，公司产品——中国标准动车组两种规格型号的齿轮箱取得 CRCC 试用证书。11 月 25 日，中车热处理、涂装、粘接技术专家组工作会议在公司召开。12 月 1 日，朗锐茂达公司通过巴黎大众运输公司 T2 供应商审核。12 月 1 日，汽车零部件公司技术中心通过江苏省企业技术中心认定。12 月 3～4 日，公司机车车辆配件检验站通过国家实验室认可监督+变更评审。12 月 6 日，公司通过江苏省知识产权战略推进计划重点项目验收；汽车零部件公司荣获博格华纳 2016 年度“最佳交付奖”。12 月 7～8 日，公司高铁齿轮传动系统先后在 CCTV 1、CCTV 13 和 CCTV4 等央视亮相并被点赞；公司铸造技术工程部铝合金齿轮箱生产班组被授予全国质量信得过班组称号。12 月 11 日，公司承担的“高铁列车高可靠性齿轮传动系统研发及产业化”项目获中国工业大奖。12 月 13 日，瑞泰公司 26 种总成产品通过首件鉴定。12 月 17 日，公司统型动车组用前端车钩缓冲装置实现装车考核。12 月底，公司被评为“江苏省百强创新型企业”，名列第 10 位。

【公司党政工负责人名单】

董 事 长　王洪年
总 经 理　王文虎
副总经理　陈 笃　陈 伟
　　　　　李培顺　金国宝
　　　　　郑剑云　施建锋
总工程师　陈 笃（兼）
财务总监　施建锋（兼）

党委书记　孙周明
党委副书记　王洪年（兼）
　　　　　王文虎（兼）
　　　　　陈智芳
纪委书记　陈智芳（兼）
工会主席　陈智芳（兼）

（戚墅堰所　供稿）

地　址　江苏省常州市戚墅堰区五一路 258 号
邮　编　213011
电　话　0519-89808888
传　真　0519-89808889
网　址　www.csrqsyri.com.cn

中车株洲电力机车研究所有限公司

（统一社会信用代码：9143020044517525X1）

董事长、党委书记　丁荣军

总经理　李东林

【概况】　2016年，株洲所拥有“电气传动与自动化、高分子复合材料应用、新能源装备、电力电子（基础）器件”四大产业板块、十大业务主体、三家上市公司、九个国家级科技创新平台、两个企业博士后科研工作站，并在美国、英国、澳大利亚、德国等地设有五个海外技术研发中心。共有员工18000人，其中境外员工4500名。员工中40%以上是技术人员，其中博士160人，硕士1900人，整体人力资源结构呈现高学历和年轻化特点。年内，公司认真贯彻中车要求，紧扣“双创、双效”发展主题，全年实现销售收入318亿元，净利润稳步增长。

【科技创新】　公司前沿科技项目成果丰硕。ART样车成功下线，无轨导向控制技术获得实践应用；永磁地铁实现载客运营，综合节能率达到30%，空轨、低地板和电力机车永磁系统填补国内空白；新一代传动和网络控制平台基本定型，高压电力电子变压器、智能集成功率组件、微秒级实时以太网和IGBT寿命预测等前沿技术均实现重大突破。产品应用创新，中国标准动车组、动力集中动车组、双动力打磨车等项目顺利推进，长沙中低速磁浮线和长株潭城际正式运营，自主城轨信号系统完成线路测试并获得CBTC SIL4级安全认证，多款新型IGBT通过应用考核。聚酰亚胺和芳纶项目快速推进，电动汽车整车与系统平台持续升级，叶片智能打磨机器人现场运用。适应竞争要求，开展设计源头降本提质工作：光伏米柜、低成本风机成功开发，船舶海工产品形成谱系化平台，电机工艺技术能力持续提升。开展协同研发，以ART、双层动车组、船舶、汽车电驱动项目为载体，开展跨主体联合技术攻关，智能化、轻量化、节能化技术交叉融合，仿真、软件测试、电磁兼容、三维设计等共性技术快速升级，跨学科系统解决方案能力显著提升。加快全球研发布局，联合英国诺丁汉大学、德国机器人中心、同济大学等知名科研院所开展协同创新，实现对全球高端科技资源整合利用。争取中车资源支持，时代电动与上海汉格增资获得批复，中车智能传感技术中心成功授牌。申报外部资金项目，获得科研项目资金1.7亿元、产业化项目资金1.5亿元。强化资质平台建设，国家企业技术中心等3个国家级资质平台落户公司，4个省部级创新平台获准建设，电动汽车整车资质成功升级。

【市场开拓】 公司国铁市场获得201台机车、203列动车组订单，检修服务市场大幅增长；地铁市场再创新高，收获17个项目33亿元牵引系统订单，新线中标率70%；轨道工程机械市场放量突破，销售规模达到18亿元；空簧、扣件、扭杆、橡胶件等铁路高分子产品业绩稳定。海外市场获得洛杉矶地铁、墨尔本地铁、拉合尔地铁、肯尼亚机车等项目订单，代尔克公司规模利润持续高速增长。路外市场电动汽车产销整车4200台，外销电驱动系统近8000套，销售规模突破38亿元，乘用车电驱动系统获得4.9万台批量订单；汽车橡塑产业完成销售收入57亿元。风电市场获得风资源200万千瓦，中标青海都兰、华电诸葛等整机订单，叶片销售规模达到27亿元。船舶海工产业，远洋渔船、海工船和特种平台船领域SMD获得两个国内订单。开展商业模式创新，中标城轨和环保市场PPP项目；开拓工程机械设备租赁、再制造业务，推进双创基地项目，提升资产变现能力，获得稳定现金流。

【管理提升】 公司强化战略牵引，开展战略询审，促进落地执行。十三五规划完成宣贯；投资管理能力获中车认可。探索差异化管理，研究出台“一企一策”考核方案，持续加强对路外产业单元运营管控力度。精益产品线建设，电动汽车实现日产33台整车精益目标。强化质量整改与管理提升，年度质量损失率控制在0.54%。强化供应链协同，加大关键系统和部件内部配套力度，内部配套率较上年提升10%；常态化开展资本运作，组建成立无锡智能装备和兰州局合资公司，立项推进玫瑰、沅江、华建、P、S等多个海内外并购项目，时代投资新基金募集外部资金超过3亿元。突出岗位价值，优化薪酬体系，深入推进人才梯队建设；财务预决算管理规范精细，资金集中、低成本融资、财税筹划创造良好收益。强化审计监督和风险防控，内控管理保障株所双效提升。深入探索IT国际化和数据治理，提高管理效率。加强安全生产和综治管理，实现年度“三零”、“四无”目标。加大法律纠纷处置力度，依法维护企业合法权益。加强督查督办，重要工作部署执行反馈实现信息化闭环。

【党群工作】 夯实党建基础，完成党组织换届选举工作，党费核查收缴工作更加规范，党员学习和干部教育持续加强，从严治党要求得到贯彻落实。落实两责，严肃执纪，纪检监察筑牢反腐长堤。配合中车党委巡视，把脉企业经营，问题整改助推企业管理提升。深入开展“两学一做”活动，品牌传播效果突出，传统媒体和新兴媒体助推企业影响力不断扩大。群团文体活动丰富多彩，营造和谐发展氛围。实施民生工程，持续推进“三线建设”，“六送三关注”活动深入开展，民生支出大幅增长。关注员工身心健康，加大售后员工体检频次，修订企业年金和补充医疗制度，为员工健康医疗提供有力保障。投资改善社区文娱活动条件，株洲市首批职工之家示范基地成功授牌，“彩虹球场”竣工投用。

【中车株洲所电气技术与材料工程研究院】 2016年，研究院前沿核心技术取得重大突破，世界首列智能轨道快运系统（ART）32米工程样车完成下线试验，成功打造国内首个微秒级、多网融合实时以太网控制系统，智能化列车信息与能源管理系统（TIEMS）、智能化集成功率模块（PCU）原型完成研制，视频编、解码技术首次应用，首台套25千伏轨道牵引电力电子变压器功能样机成功研制，国内领先IGBT寿命预测平台V1.0版完成研究搭建。产品平台支撑多领域应用，工业变流高性能控制平台完成考核及定型，轨道交通高性能传动控制平台、通用智能化信息与控制平台(DTECS-G)性能国际领先，tNetrol-DA300显示器平台水平国际先进，控制电源插件功率密度提升82%，路-网-车一体化多系统协同仿真设计支撑平台成功搭建。成熟定型技术巩固行业市场地位，和谐D1D客运机车控制系统、CRH2系列动车组网络控制系统实现自主优化，4400马力客运内燃机车电传动系统、温州S1线城际动车组电气系统完成相关试验，新一代地铁牵引系统平台、首个低地板牵引系统、阿根廷内燃机车交直电传动系统、基于自主化平台的长株潭城际动车组实现批量交付，客车电气控制领域实现微机信息化技术应用，车载系统与地面大数据中心一体化完整解决方案成功构建。

战略新兴产业实现突破，“米柜”光伏平台通过金太阳、TUV、零电压穿越等系列认证，简统化、低成本2兆瓦风冷双馈变流器平台研制完成，离心机变频器和矿卡电驱系统全系列完成开发，降本SVG、高压变频规划、能馈高压变频完成研发并逐渐拓展至高端应用领域，自主远洋渔船电驱核心产品首次批量交付，25款电机产品完成研制，低地板车和电动汽车永磁电机完成型谱设计。

【株洲中车时代电气股份有限公司】 2016年，公司实现营业收入148亿元，完成年度经营指标。跨产业协同效应逐步显现，城轨板块同比增长近40%，轨道工程机械营业收入和利润创历史新高，自主8英寸芯片线IGBT模块首次走出国门，批量出口印度，海工装备、乘用车等新产业取得实质进展，宁波五乡镇水处理、昆明地铁9号线机电总包项目开辟新的商业模式。技术创新方面，获批国家企业技术中心、中车智能传感测量技术中心，完成多种型号动力集中动车组、中国标准动车组研发和试验，中低速磁悬浮核心系统正式投入长沙运营，国内首列永磁地铁综合节能高达30%，新一代LKJ完成测试，自主CBTC系统通过SIL4级安全认证。管理提升成效显著，公司荣获第二届中国质量奖。成立财务中心，财务共享顺利实施，降本增效专项累计节约成本超1亿元。

【株洲时代新材料科技股份有限公司】 2016年，公司完成销售收入116亿元，同比增长7.2%，净利润同比大幅增长。在最新发布全球非轮胎橡胶制品企业50强榜单上居中国第一、全球排名第16位。

PI膜项目即将进入量产；芳纶项目、高流动性尼龙6相关投资以及市场推广工作进展顺利；BOGE与研究院联合开发的主动控制器项目稳步推进；为长客、四方股份原创开发的标准动车组空气弹簧、抗侧滚扭杆、橡胶件产品通过60万公里运行考核，CRH5型高寒动车组空气弹簧实现国产化替代；成功开发3.0MW-61.54m等四款新型叶片。

BOGE塑料踏板箱在中国新取得大众MQB平台订单总金额超20亿元，在德国获得大众追加订单超过1.1亿欧元，继续领跑全球轻量化踏板箱市场；获得戴姆勒平台项目6.5亿欧元订单；与铁科院、铁建重工组成联合体，在全球推广弹条扣件系统总成自主品牌“富适扣”，中标悉尼西北线项目过千万美元订单；与BT正式签署全球战略合作伙伴协议（GPA）；与远景能源推进战略合作伙伴关系，签订2017年1000套销售订单。

“Global ERP”项目进入落地阶段；跨境资金池建设实现多币种、跨国家资金自动归集，双向流通和自由划转；搭建库存管理信息化系统应用于“两金”管控，实现可视化、精准化库存管控和溯源追责；推进优员增效和层级压减工作，全年减少自主聘用人员166人，劳务派遣95人，岗位外包用工760人；BOGE开始与当地工会正式谈判，做好在波恩工厂率先启动高成本地区产能转移和优员工作各项准备。

【湖南中车时代电动汽车股份有限公司】 2016年，公司实现销售收入38亿元，超额完成年度经营目标。全年实现新能源客车整车销售4273辆，同比增长35%，其中纯电动客车2913辆，插电式客车1360辆；商用车系统产品内部配套4000台（套）、外销数量近8000台（套），全国市场占有率居行业前列。完成多款纯电动公交客车、首款纯电动物流车和第五代纯电驱动系统开发；电控系统降本提质成效显著，实现降本15%以上；AMT驱动系统试制成功并小批量装车；行星齿轮驱动系统产品定型，实现降本20%、降重30%；国内首创水冷电池PACK批量稳定运行；云智通平台不断优化，为客户增值服务搭建良好平台。燃料电池动力系统完成方案设计；联合研究院开发轮边电机完成样机研制；智能驾驶完成样车改造；第二列ART工程化样车成功下线。通过科学调整产线、最低限度补充投资、科学配置人力资源，整车产能由原来18台/天提升并稳定至30台/天，年底达到最高33台/天，生产周期同比缩短2天。

【中车株洲电力机车研究所有限公司风电事业部】 2016年，事业部调整战略思路，着力打造“一体两翼”经营体系，全年实现销售收入13.09亿元。风电事业部与中广核、国华、五凌电力、中电建等优质客户建立良好合作关系，签订战略合作协议8份；通过合作，促进株洲所风电与行业的深度融合，全年签订风资源开发协议196万千瓦。围绕市场需求，完成平台性系列化产品开发。2MW/D116、2MW/D121、2.5MW/D121、2.5MW/D126、1.5MW/D93等机型全年共获设计认证、型式认证、低穿认证等10余份；完成全功率试验台、半实物仿真测试台、变桨试验台、载荷测试系统等急缺资源建设。成功申报“风力发电智能控制技术”湖南省工程研究中心。年内，所有质保期到期风机累计退出质保台数584台，处于行业领先水平。

【襄阳中车电机技术有限公司】 2016年，公司攻坚克难，实现营业收入7.67亿元，较上年增长16%。全年完成13款轨道交通电机开发，其中地铁永磁电机、低地板永磁电机、跨轨永磁电机以及空轨车均为国内首款；完成17款新能源汽车电机开发，成功试制14款，其中3项技术获得突破，旋转电机防水专项技术达到国内先进水平，商用车永磁直驱电机实现轻量化、电机与行星减速箱实现集成技术一体化；城轨异步电机开发成功，产品参数满足业主要求。成功获批湖北省特种电机及电控装备工程技术研究中心，通过2016年度湖北省高新技术企业复评，完成6件实用新型专利获得授权；机电公司荣获湖南省战略新型产业企业、株洲市企业技术创新中心称号，完成西门子、ABB公司技术授权及3C认证工作。全面导入项目管理理念，提升内部协同作战意识与能力。KDS合作项目完成14类通用、专用工艺质量文件的接收、转化及消化培训，初步实现转移KDS电机批量生产能力。初步搭建生产全过程计划管理体系，理顺生产计划管理机制；促进新能源电机能力建设大幅提升，转移主型产品试制周期由45天缩短至24天；年内最高月产能达992台，较上年提升3.3倍；批量产品物料采购周期平均缩短15%。推动内部配套与外部市场开拓，新能源汽车电机配套比例80%，电抗器、变压器配套比例70%，产业支撑效应凸显；新能源汽车电机与云康动力、荷兰 e-Tracion 建立商务联系，永济城轨项目完成定子、机座制造、FA1 现场审核并签订合同 762 万元，低压开关柜及配电箱全面进入城轨市场，工业自动化产品成功跨入空调、工程机械装备领域。

【北京中车重工机械有限公司】 2016 年，公司实现营业收入 5.97 亿元、回款 8.85 亿元。完成旋挖钻机入岩潜孔锤研制，TR280G 自制底盘研制；轨道工程机械完成司控台、制动系统集成首件鉴定，并装车试运行，完成“JJC 型接触网检修作业车贯通平台研制项目”技术开发；智能制造产业联合华中科技大学成功研发风电叶片多机器人协同打磨产品。桩工机械新机销售稳中有升，实现营业收入 2.27 亿元，回款 4.75 亿元，其中大客户、海外业务实现销售收入 1 亿元；租赁业务盘活设备资产 142 台，贡献现金流 7286 万元。轨道制动业务实现销售收入 6775 万元, 回款 7718 万元。产品结构得到优化和充实，注册成立无锡智能制造合资公司，完成首单交付；轨道工程机械产业司机控制系统 GCY300II、JW4G 成功装车试验并实现销售。

【上海中车汉格船舶与海洋工程有限公司】 2016 年，公司实现营业收入 2.94 亿元，人均年产值 525 万元。年内，成为农业部“深蓝渔业科技创新联盟”主要成员单位。签订“57 米 AHTU 海工船”和“NG1800-Xliftboat”项目，该类产品实现进口品牌替代；签订 5 条 49.98 米拖网渔船电力推进系统订单，在远洋渔船领域取得零的突破。完成“船舶电力推进标准化模块化研究”项目模块化设计、样机制造和控制系统测试，通过中国船级社（CCS）型式认证。公司受让北车海工股权及整合取得进展，在整合期间对北车海工进行委托管理。

【株洲中车时代高新投资有限公司】 2016 年，公司资产管理规模超过 15 亿元，投资项目 60 个，投资成果遍布全国各地、投资领域覆盖高端装备、新材料、现代服务业等多个领域。完成股权投资项目 12 个，项目数量和投资金额均创历史新高。和能时代、金立永磁 2 家被投企业在新三板挂牌，利德测控和深圳浩能通过并购实现退出；公司投资多家企业已经申报上市材料。公司筹备专注于高端装备制造领域的中车时代基金和时代母基金，出资 8000 万元参股设立时代金桥融资租赁公司，已完成工商注册，各项业务有序推进。

【海外企业】 时代艾森迪智能装备有限公司（简称 SMD 或艾森迪） 全年完成营业收入 2300 万英镑。完成 SMD 中国公司选址筹建，落户上海临港。重点投入开发 ROV2.0、陆地观测机器人 Sensabot 以及 ROV 仿真模拟操作器 Sentio 产品。获得上海救捞局 6000 米工作级 ROV、中海油重型挖沟犁和中英海缆挖沟犁订单各 1 台。年内，SMD 完成全球首套商业深海采矿机研制和出厂试验，交付鹦鹉螺矿业公司。基于深海采矿领域卓越贡献和深海机器人领域综合实力，SMD 被美国《机器人商业评论》评为世界 TOP50 机器人企业第 40 名。

丹尼克斯半导体有限公司位于英国林肯市，是加拿大上市公司丹尼克斯电力电子股份有限公司唯一运营实体，主要产品包括大功率 IGBT 芯片及其模块、双极器件、功率组件等，产品广泛应用于轨道交通、电力传输、航空航天、船舶驱动和新能源领域。年内，丹尼克斯实现营业收入 2272 万英镑。

代尔克铁路有限公司（简称代尔克）在悉尼注册，以设计、销售轨道线路产品作为关键业务。年内，实现营业收入 1.5 亿元人民币，同比增长 95%，净利润同比增长 237%。

2011 年，时代新材公司收购其 100%股权，并购以来，销售收入年平均复合增长率 22%，净利润年平均复合增长率 31%。

博戈公司主营株洲所旗下时代新材 2013 年并购的德国 ZF 集团所属橡胶与塑料业务。2016 年实现销售收入 57.89 亿元，完成年度指标 102%；除去并购 PPA 影响，息税前利润同比增长 14.9%，较 2013 年并购前增长 358.6%。

【重要纪事】 3 月 29 日，时代电气获得第二届中国质量奖。3 月 31 日，中央政治局常委、国务院副总理张高丽视察公司。4 月 28 日，中国工程院、中国中车联合主办“智能传感技术在轨道交通中的应用工程前沿技术论坛”在公司召开。5 月 6 日，公司提供核心系统产品的中低速磁悬浮商业运营示范线—长沙磁浮快线开通运营。7 月，公司旗下 SMD 公司中标上海救捞局 6000 米 ROV 项目。10 月 14 日，公司荣获 2016 年中国标准创新贡献奖组织奖。7 月 16 日，公司助力中国高铁实现 840km/h 世界最高相对时速会车。7 月 19 日，中车时代通号正式运营暨轨道交通信号系统湖南省工程研究中心揭牌仪式在长沙举行。8 月 11 日，公司参与研发中国首列“永磁地铁”在长沙地铁 1 号线正式投入载客运营。8 月，公司中标国内主流车企新能源汽车电机控制器订单，实现乘用车电驱动系统市场首单突破。10 月，中国首条按照“工业 4.0”标准建设的轨道交通生产线在公司投入试生产。11 月，公司自主研发 8 英寸 IGBT 产品中标印度机车配套订单，实现中国 IGBT 产品首次出口。11 月 17 日，大型风电叶片机器人磨抛系统新产品（样机）鉴定会在公司举行。

【公司党政工负责人名单】

董 事 长　丁荣军
总 经 理　李东林
副总经理　刘连根　冯江华
　　　　　曾鸿平　范宝林
　　　　　江　奕　熊锐华
总工程师　冯江华（兼）
财务总监　熊锐华（兼）

党委书记　邓恢金（10 月免）
　　　　　丁荣军（10 月任）
党委副书记　丁荣军（10 月免）
　　　　　杨首一　李东林（兼）
纪委书记　杨首一（兼）
工会主席　杨首一（兼）

（株洲所　供稿）

地　　址　湖南省株洲市石峰区 169 号
邮　　编　412001
电　　话　0733-8498304
传　　真　0733-8432946
网　　址　www.crrcgc.cc

中车国际有限公司

（统一社会信用代码：911101067109217367）

董事长　沈家骏

党委书记　武　岩

总经理　陈大勇

【概况】　2016年，国际公司在岗员工55人，全部具有大专以上学历，其中硕士学历占34.5%。公司注册资本10000万元；资产总额114027万元，负债总额36671万元，所有者权益77356万元，资产负债率32.16%。全年实现营业收入21084万元，利润总额-1562万元，归属母公司净利润-1479万元。由于年内国际公司吸收合并南车国际装备工程有限公司，导致财务数据同比变动较大。

【经营管理与市场拓展】　公司建立“三图”“三明细”“三动态”三三制国际业务管理基础架构，其中“三图”包括市场区域图、海外基地与驻外机构图、战略要地与重点项目图；“三明细”包括产品及制造企业明细、超值服务体系明细、市场区域分析明细；“三动态”包括已定厂项目动态、已签约及在执行项目动态、海外经营总体情况动态；三三制奠定中车重点市场拓展良好管理基础。年内，以国际公司名义出口签约项目有：摩洛哥52辆平车、埃及212辆不锈钢车体、新西兰15台内燃机车和150辆集装箱平车、泰国60套米轨转向架、韩国1辆凹底车和3个特种集装箱。以中车股份公司名义出口签约项目有：几内亚378辆货车、马其顿2列EMU及4列DMU动车组、土耳其伊兹密尔19列95辆轻轨车、印度诺伊达76辆地铁车。

【境外企业】　澳大利亚公司：全年实现营业收入290万元，净利润58万元。马来西亚公司：全年实现营业收入220万元，净利润64万元；马来西亚公司：正在准备注销，业务停止。巴西公司：全年实现营业收入333万元，净利润12万元。南非公司：全年实现营业收入245万元，净利润136万元。

【公司党政负责人名单】

董　事　长　沈家骏
总　经　理　陈大勇
党委书记　武　岩

（国际公司　供稿）

地　　址　北京市丰台区芳城园一区15号
邮　　编　100078
电　　话　010-51897297
传　　真　010-52608280

中车物流有限公司

（统一社会信用代码：91110108737682982M）

董事长　杜鹏远

党委书记　谭晓峰

总经理　张俊清

【概况】　2016年末，物流公司员工总数50人。其中管理人员24人，业务人员26 人。95%具有本科学历，其中硕士以上9人，高级职称人员12人。公司设有4个职能管理部门，6个业务部门，1个子公司。全年实现销售收入187.2亿，同比增加54.6亿元，增长41.2%，实现净利润658万元。

【规划发展】　公司深入落实“十三五”发展规划，坚持“服务集团、面向市场、开拓经营、注重效益”原则，提高核心竞争能力。市场业务稳中求进，供应链业务市场客户逐步增加；集中采购物资品种增加，批量优势得到更好发挥；新业务拓展取得突破，与浦镇公司合资开展循环取料业务获得中车股份公司批复。

【集中采购】　公司全年完成集中采购33亿元，组织招标75次，招标金额23亿元。落实中车股份公司年度集中采购降低成本2%目标，完成降采金额9136万元左右，降采率2.98%。按照中车股份公司关键零部件、重要零部件、一般零部件三个内部配套比例要求，签订内部配套采购合同11.58亿元，内部配套采购金额完成收入9.031亿元。

【市场业务】　公司开拓市场业务，完成销售收入154亿元，同比增加47亿元，增长43.9%。开发金川公司、迅邦公司等新客户，保持市场贸易稳定增长。拓展供应链上游业务，同太钢、麦达斯、忠旺、宝钢等公司合作取得进展。太钢市场业务稳步推进，宝钢业务合作规模由小到大，签订忠旺、麦达斯等公司年度购销协议。部分中小供应商业务合作有序开展。10月17日，公司与浦镇公司合资成立南京中车物流服务有限公司，开展循环取料业务项目。

【风险管理】　公司修订完善相关制度，做好客户评价和分级分类工作。加强客户考察，提高考察频次，密切关注客户经营情况。加强业务评审，严格新业务开发，重点做好供应链业务之外新业务考察评审。新业务开发坚持业务主导、风控评价、集体决策程序。发挥公司法律顾问作用，对相关协议、担保文本进行严格审核，对综合风险及时听取律师意见。根据公司管理和风险控制需要，实施 ERP 项目，并正式上线使用。高度重视清理欠款工作，每月召开清欠例会，落实清欠措施，研究处理清欠过程中存在问题。

【基础管理】 公司针对业务整合、规模扩大、人员增多、客户增加新形势，进一步建章立制，提升管理水平。对集中采购、市场业务开发等部分制度进行修订，对合同管理、付款等流程进行优化。完善公司绩效考核办法，将销售收入、利润、内部配套、集中采购供应链市场业务、集中采购目录统一进度、应收账款逾期回收率等指标纳入绩效考核范围，与部门及员工收入挂钩考核。加强预算约束刚性管理，将公司重要经营指标和费用指标纳入预算管理。加强经营指标动态监控，及时做好预算调整，确保指标进度。对公司差旅费、业务招待费、领导班子成员履职待遇等进行重点监控，确保合理使用。制订公司提质增效工作方案。加强资金管理，提高资金效率，降低资金成本。严肃资金计划，控制资金余量，对资金收支科学预测，减少资金占用增加利润，实现利润最大化。

【人力资源管理】 公司强化员工培训，提高员工素质。完成中车第一届后备干部推荐选拔工作。向中车推荐 3 名后备干部并完成相应个人事项核查工作。经中车审核同意，公开招聘 4 名财务人员，解决财务人员紧缺问题。修订完善公司员工管理办法，对员工休假、合同、待遇等进行规范。邀请银行专家培训期货标准仓单等金融知识，提升员工业务水平。

【党群工作】 5 月 18 日，召开公司第一次党员代表大会。年内，公司党委开展“两学一做”专题教育，抓好党员学习。强化支部班子建设，配齐配强支部委员。重新修订《中车物流有限党支部工作细则（暂行）》《中车物流有限公司“三重一大”决策制度实施办法》等相关制度。凝聚党员干部合力，开展岗位建功活动。开展“奋战下半年、全力保指标”“我为回款献一策”等活动。加强反腐倡廉教育，增强拒腐防变能力。开展革命传统教育和形式多样文化活动，营造良好企业文化氛围。加强群团工作，组建公司业余文体活动兴趣小组，开展“每月一本书，每天一万步”活动，丰富职工文化体育生活。组织员工素质拓展、健步走等活动，举办羽毛球、乒乓球、篮球比赛，活跃员工文化生活。开展青年文明创建，参加第一届“中国中车十大杰出青年”推荐工作。

【公司党政负责人名单】

董 事 长 杜鹏远
副董事长 谭晓峰
总 经 理 张俊清
副总经理 张艳霞（11 月退休）
　　　　 郭永强
　　　　 赵世军
财务总监 赵世军

党委书记 谭晓峰

（物流公司 供稿）

地　址 北京市丰台区芳城园一区中车大厦
邮　编 100078
电　话 010-51897337
传　真 010-52608291
电子邮箱 zhaoxingfu@crrcgc.cc

中车资本管理有限公司

（统一社会信用代码：91110108MA00314Q4L）

董事长、总经理　陆建洲

【概况】　2016年，中车资本管理有限公司（简称资本公司）组建成立。公司主要业务包括投资平台搭建和投资项目储备；推进PPP投资项目和PE投资项目，为公司长远发展提供平台基础和体系保障。全年完成成本费用总额840万元，实现归属母公司净利润20万元，完成主要效绩指标。

【投资平台搭建】　全面做好公司筹建和投资平台搭建，筹建组与各类机构进行沟通，调研多家央企同类资本公司，完成设立方案审定和报批工作。启动PPP及PE基金运作平台搭建，通过引进具有战略意义投资方共同出资设立PPP及PE基金管理有限公司，实现与外部社会资本及资源优势互补、资源共享，优化投融资结构设计安排与资金管理，共同推动产业与资本并行发展。做好PPP项目，公司与招银国际资本管理（深圳）有限公司（简称招银国际）共同出资设立中车招银（天津）股权投资基金管理有限公司（PPP基金管理公司），注册资本5000万元，中国中车出资51%，招银国际出资49%，已取得营业执照。做好股权投资工作，公司引入同方金融控股有限公司、建信（北京）投资基金管理有限责任公司以及三峡资本控股有限责任公司等意向合作单位，设立以公司为核心的中车资本（天津）基金管理有限公司，注册资金5000万元，其中公司出资2450万元，占股49%；其他投资方合计出资2550万元，占股51%；主要从事股权投资基金和并购基金等发起及管理。

【投资项目推进】　推进PPP投资项目，提高公司可持续发展能力。进入投标阶段项目：芜湖轨道交通PPP项目采用跨座式单轨制式，估算总投资146.33亿元，资本金比例30%；完成项目资格预审，政府招标文件发布，中标候选人已公示，中车股份联合体为第一中标候选人。昆明市轨道交通9号线PPP项目，估算总投资224亿元，项目资本金比例40%；项目采用资格后审方式，政府招标公告发布，资本公司完成融资方案提报工作。武夷新区旅游观光轨道交通PPP项目，概算总额27.58亿元，项目资本金比例30%；完成项目资格预审，政府招标公告发布，预计中车招银基金向项目公司出资占比67%。资格预审阶段项目：成都市 IT 大道有轨电车 PPP 项目，总投资额 20 亿元，项目资本金比例 50%；完成项目资格预审。泉州现代有轨电车 PPP 项目，总投资 90 亿元，项目资本金 20 亿元；项目第一轮资格预审启动。其它跟踪项目：参与乌鲁木齐地铁 4 号线 PPP 项目投标，未中标；持续跟踪长白山、安阳、唐山等 PPP 项目。

【投资项目储备】 储备优质 PE 投资项目，提高盈利能力。沈阳 PE 项目，完成法律、财务尽职调查，聘请材料和工艺专家完成技术评估报告，制定项目实施计划及初步交易架构，通过中车股份公司评审，进入审批流程。山东 PE 项目，开展尽职调查，初步判断企业存在投资价值；浙江经投、北京信中利、同创伟业等投资机构开始进入，预计取得较好收益，计划以老股转让+增资扩股方式投资。欧洲某公司并购项目，完成保密协议签署，通过初步访谈和报价资料分析，开始与该公司进行非约束性报价谈判。海外私有化项目，完成目标公司初步调研、论证，组织第三方对目标公司进行财务、法律尽职调查。主要储备 PE 项目：江西某轨道检测项目；北京某地铁 AFC 系统项目；昆山某涂料公司水性漆、涂料项目；某机械设备汽轮机叶片项目；上海某氢能源公司氢燃料电池项目；浙江某科技公司高铁接触网项目；深圳某科技公司高铁灯制造项目；某地铁屏蔽门制造项目；哈工大机器人项目；某科技公司光储存项目；某科技公司大数据项目；青岛某环保项目；加拿大氢能源项目；中车环境环保等储备投资项目。主要储备定增类项目：红相电力公司智能电表、电气仪表项目；恒康医疗、北方国际、ST 金瑞、凯发电气、富临精工、申万宏源、永贵电器、新筑股份、ST 济柴、博深工具等定增类项目。

【党建工作】 建立党组织，公司凝聚力和战斗力得到提升。经请示中车股份公司党委，成立资本公司党支部，挂靠物流公司党委。强化支部班子建设，明确支委分工，充分发挥基层党支部战斗堡垒作用和党员先锋模范作用。按照物流公司党委安排，认真开展“两学一做”专题教育，领导干部带头学习，率先垂范，采取自学和集中学习方式，系统学习《党章》和《习近平总书记系列重要讲话读本》，进一步提高党员思想政治素质。

【公司负责人名单】

董 事 长 陆建洲
总 经 理 陆建洲
副总经理 贾春亮
财务总监 贾春亮

（资本公司 供稿）

地　址 北京市丰台区芳城园一区15 号楼中车大厦 8 楼
邮　编 100075
电　话 010-51897170
传　真 010-52608000
网　址 www.crrcgc.cc

中车投资租赁有限公司

（工商登记营业执照号：911100007109247853）

董事长　王石山

党委书记　王日钢

总经理　董伦云

【概况】　2016年末，租赁公司员工总数70人，其中本部员工50人。其中具有教授级高级职称人数1人、高级职称人数15人、中级职称人数22人，具有大学本科及以上学历人数60人，40岁以下人数36人，员工队伍呈现年轻化、高学历特点。公司下辖天津南车投资租赁有限公司、天津南车融资租赁有限公司、上海中车融资租赁有限公司和株洲中车物流有限公司等4家子公司。全年实现营业收入79.6亿元，净利润1.42亿元，全面完成中车集团公司下达的调整经营目标和必保目标。

【融资租赁】　促进租赁业务精准定位，对200个项目进行筛选，初选租赁项目60个，对28个租赁项目进行立项审批，涉及融资总额59亿元。全年新签租赁合同19个，新增租赁资产6亿元，实现租赁收入4.63 亿元。研究制定新的《租赁业务管理办法》《租赁项目评审管理办法》《租赁项目尽职调查实施细则》等文件，控制项目风险。对各个业务流程进行系统整合，推进租赁业务管理信息系统建设，降低项目风险。同时，创新融资渠道，降低融资成本，与5家外资银行和多家内资银行进行多次磋商，取得4家内资银行给予无担保授信30亿元，外资法兴银行3000万美元外债提款额度，资金成本下浮幅度达5%~20%。

【社会市场贸易】　依托中车资金优势，通过与大型央企、地方国企、上市公司寻求合作，开发上下游客户资源。探索开展集团外部优质客户生产用材料的代采购业务、代销业务、分销业务模式，以市场风险控制为重点，做好贸易项目增值服务。年内，在武钢、太钢、昆钢、鄂钢以及太重贸易、中铁物资、云南能投、天津冶金集团等上下游客户中，成功开发多个社会贸易项目，优化贸易结构。市场贸易实现收入70亿元，毛利1.15亿元。

【风险控制】　成立逾期项目处置领导小组和工作小组，结合逾期承租人生产经营情况及还款意愿、企业信用等因素，对39家承租人及担保人采取法律措施。对逾期承租人、担保人调查、分析、评估，对个别项目采取以诉促谈方式实现债权转让，降低资产价值贬损风险，加快资金回收。通过委托律师事务所开展非诉清收工作，回收鄂尔多斯大兴热电项目全部本金；通过与鄂尔多斯市政府多次洽谈，提前结束融资租赁合同。2016年回收资金10亿余元。

【管理提升】 全面梳理管理制度，制订和下发业务管理、基础管理、财务管理、人力资源管理等制度40项，对租赁业务、贸易业务流程进行优化，夯实管理基础。开展“两金”清理降低“两金”占用工作，分析应收账款和库存实际情况，制定“两金”清理方案；针对存在问题进行专项督查，市场贸易业务应收账款基本控制在业务合同要求期限以内。制定压缩法人层级减少法人户数工作方案，出具法律意见书，保证公司租赁资产权属得到确认、公司收益不受损害，成熟一家压减一家，推动压减工作提速。

【党群工作】 公司党委贯彻落实“两学一做”学习教育工作计划，广大党员政治理论水平和政治思想素质显著提高。公司召开第一次党员大会，选举产生第一届党委会和纪委会。完成机关党支部和株洲物流党支部换届改选工作。公司党委充分利用各种会议、内部媒体等多种方式，宣传公司发展规划和“同一个中车”理念，统一员工思想和认识。组织开展“迎新春”、纪念红军长征80周年等系列活动，丰富员工文化生活，增强员工队伍团队精神和凝聚力。

【株洲物流基地建设】 成立项目工作组，集中优势资源，推动项目建设。完成“三通一平”和配套设施建设项目447亩用地土石方平整总量90%，基本满足项目施工用地要求；项目现场高压杆线迁移至京广线附近；基地周边道路时代大道南北辅道建成通车，北环大道延伸段达到车辆通行要求；项目用水管道完成施工，用电管网进入招标阶段。办理项目建设用地规划许可证，取得447亩土地使用权证。铁路专用线工作项目，完成项目招标代理公司和地质勘察公开招标工作；完成项目方案设计和初步设计并通过公司评审。

【重要纪事】 1月4日，中国中车党委书记郑昌泓到公司检查指导工作。1月18日，中车投资租赁有限公司揭牌。1月21日，公司第三次蝉联北京市“融资租赁十强企业”称号。5月13日，公司与中信金融租赁有限公司签订战略合作协议。7月12日，公司与工银金融租赁有限公司签署租赁业务全面合作协议。10月22日，中车股份公司总裁奚国华到公司检查指导工作。12月7日，公司与四方所在北京举行资产经营性租赁项目签约仪式。12月26日，中国铁路工会中车投资租赁有限公司委员会正式成立。

【公司党政工负责人名单】

董 事 长　王石山
副 董 事 长　王日钢（兼）
总 经 理　董伦云
副 总 经 理　杨瑞欣　杨　理
财 务 总 监　杨瑞欣（兼）

党 委 书 记　王日钢
党 委 副 书 记　王石山（兼）
　　　　　　董伦云（兼）
纪 委 书 记　王日钢（兼）
工 会 主 席　王日钢（兼）

（租赁公司　供稿）

地　址　北京市丰台区汽车博物馆东路1号院诺德中心二期5号楼7层
邮　编　100160
电　话　010-51362011
传　真　010-51362001

中车财务有限公司

（统一社会信用代码：91110000573064301）

董事长　时景丽

党委书记　徐伟锋

总经理　黄建东

【概况】　2016年末，财务公司在岗员工57人，拥有本科及以上学历员工100%，其中硕士研究生24人，占比42%。公司开展金融服务创新，持续优化资产结构，全年实现营业收入82577万元，净利润39020万元，超额完成中车集团公司下达必保指标。公司资产总额3858747万元，同比增加27.92%。年内，在222家财务公司参加行业评级中，被评为68家最高等级“A”级财务公司之一，进入“创新型财务公司”行列。

【资金集中管理】　公司发挥金融牌照优势，提高流动性资金配置效益。实现子企业全面开户，新增子企业开户32家，增长率41%。资金平台覆盖成员单位301家。全年日均存款191亿元，年末存款余额352亿元，全口径资金归集度64%，达到历史最高水平，平均资金归集度45%，较上年同期增加4个百分点。公司与人民银行等监管部门保持畅通交流渠道，取得监管部门信贷政策大力支持。全年争取新增信贷投放额度47亿元，新增信贷投放45亿元，增幅42.9%，年末公司自营贷款余额150亿元。累计办理票据28亿元，同比增加7.4亿元，增幅35.9%。实现自营贷款利息收入和中间业务收入合计5.86亿元，同比增加6200万元，增幅11.8%。开展存放同业业务，提升存量资金收益，发挥规模议价优势；通过资金调配实现资金期限结构充分利用。开展同业拆借业务，拓展融资渠道，补充资金头寸需求。

【金融服务】　公司坚持中车利益最大化原则，办理银行融资888亿元，超短融发行150亿元，公司债发行20亿元；累计代理完成总部二次归集813亿元，发放内部调剂贷款495亿元，办理受托保函业务541笔、21.9亿元，办理受托票据承兑业务399笔、99.5亿元。全年办理承兑纸票电票合计25亿元，其中电子银票23亿元。株机公司、浦镇公司、戚墅堰所、沈阳公司、石家庄公司等成员单位首次办理电子银票，四方股份公司、唐山公司、戚墅堰公司等13家企业首次办理共计8.5亿元电子商票，票据业务拓展到28家成员单位。承兑票据逐渐成为集团内部及成员单位与供应商之间主要结算工具之一，有效降低成员单位资金占用和融资成本。外汇业务取得突破，办理结售汇业务 1 亿美元，为成员企业节省汇兑成本 35 万元。

【中间业务拓展】 公司拓展供应链金融业务，打通承兑票据全国供应商保贴渠道，全年累计为供应商提供低成本融资 7 亿元。创新开展应收账款保理业务，通过无追索权保理业务解决成员单位应收账款积压问题，满足优化财务结构及资金融通需求。票据池业务取得初步进展，与招行北京分行签订《票据池合作协议》，为后续建立统一票据池奠定基础。全面推动外汇业务发展，获得跨国公司外汇资金集中运营管理和跨境人民币双向资金池两项业务资质，并实现公司代理收付汇和轧差结算。

【管理提升】 公司根据业务需要，对职能部门设置进行调整，从 14 个职能部门调整为 11 个；完成公司新址搬迁工作；取得南车财务公司注销证明。做好风险监测、监控，对流动性比率、资本充足率等关键监管指标进行持续跟踪，建立预警机制，不良资产余额和不良资产比例继续实现“双零”目标。开展年度内部控制自我评价，提高基础管理水平。执行月度行政例会制度，以全面预算管理为核心，建立目标管理体系。推动办公自动化，制定信息化长、中、短期建设目标，完善核心业务系统建设，推进业务整合；构建高性能、高并发、高可靠平台，应对互联网金融发展，确保业务运行稳定性、连续性、安全性。整合优化规章制度，实施总部年薪制高层管理人员薪酬与企业经营业绩、个人绩效挂钩差异化分配办法，完善高层管理人员履职待遇、业务支出管理办法以及普通员工岗位绩效工资制实施办法。

【党群工作】 公司党委全面贯彻落实党的十八届六中全会和全国国有企业党的建设工作会议精神，深入开展“两学一做”学习教育；按照“守纪律 讲规矩 明底线 知敬畏”标准要求，对标党员标准查找差距，提升党员综合素养。严格要求、严格管理领导干部，提高工作执行力。公司现有党员 33 名，11 月 29 日召开公司第一次党员大会，选举产生新一届党委会和纪委会。

【公司党政负责人名单】

董 事 长　时景丽
副董事长　徐伟锋
总 经 理　黄建东
副总经理　廖新义　刘学文
　　　　　张世东

党委书记　徐伟锋
党委副书记　时景丽（兼）
　　　　　黄建东（兼）
纪委书记　徐伟锋（兼）

（财务公司　供稿）

地　址　北京市海淀区西四环中路16号院5号楼 五层
邮　编　100036
电　话　010-51872507
传　真　010-51872504

中车建设工程有限公司

（统一社会信用代码：91110106590663663T）

董事长、党委书记　杨少波

总经理　王宏伟

【概况】　2016年末，工程公司在岗员工总数433人，其中具有博士学历7人，硕士学历142人，本科学历220人，其他学历64人；高级职称56人，中级职称145人，初级职称150人。公司设有13个行政职能部门，6个党群部门、3个全资子公司。全年实现销售收入20.09亿元，净利润1.08亿元，全面完成中国中车下达的年度考核经营绩效指标。

【经营管理】　公司注重提高核心竞争力，多途径、多手段并举，稳步提升工程总承包、城轨运营、机电集成等业务能力。年内，完成中新市政公司收购，获取市政公用工程施工承包一级资质；公司已经具备房屋建筑工程三级、机电工程三级、水利水电三级等施工总承包资质，为中车竞争优质项目和PPP项目资本及硬性条件奠定良好基础。公司成立城轨运营业务筹备组，研究城轨运营业务核心内容、实施思路、效益模式、风险清单，形成一套《中车拓展城市轨道交通运营业务可行性研究报告》；参与呼和浩特、昆明、芜湖、台州、韩城等项目城轨运营方案编写，具备一定理论基础；与广州地铁培训学院和深圳地铁培训中心开展学习交流活动，在沈阳浑南现代有轨电车运营公司进行为期2个月跟岗锻炼，积累实战经验。立足重庆项目，探索站场设备自主集成和通信视频监控系统自主集成等两项机电集成业务，为实现公司机电集成业务零的突破创造条件。

【项目管控】　加强项目管控，推进在建项目。公司重庆地铁4号线、沈阳二期6号线、沈阳南站支线在建项目，在进度、成本、质量、安全等方面做到全面可控。重庆项目前期征迁导改工作完成99%；土建工程部分完成75%以上，其中暗挖隧道、高架区间部分完工比例90%以上；机电装修一到四标、供电标、通信标、消防标完成招标工作，保税港站、太平冲站、黑石子站等车站开始转序移交，站后专业陆续进场施工；初步设计概算上报发改委，轨道公司完成2014年10月至2016年5月共计20期验工计价批复；配合重庆市审计局完成重庆项目过程审计，审计报告已经出具。沈阳南站支线工程完成土建、机电工程全部建设，完成联调联试，基本具备移交条件。沈阳二期6号线工程收尾，完成工程费及其他费用结算工作。

【市场开拓】 跟进昆明、台州、韩城、乌鲁木齐、芜湖、成都、吉林等城轨项目，转变经营模式，统筹各方资源。公司与四方厂、唐山公司、浦镇公司等主机厂开展区域合作；调动中铁工、中铁建、大型设计院等优质资源，成立项目联合体共同进行项目投标。创新采用“市场营销+前期组”工作模式，成立多个项目前期工作组，市场开拓成效明显。韩城悬挂式单轨项目中车集团联合体顺利中标；昆明地铁9号线项目、芜湖有轨电车项目进入社会投资人投标阶段；公司作为先开段项目管理单位，提前参与台州市域铁路项目，S1线进入投标模式；成都项目、泉州项目、武夷山项目通过社会投资人资格预审；安阳、吉林、洛阳、南昌、鹰潭等轨道交通等项目有序推进。

【技术创新】 加强科研管理工作，成立技术研发部，稳步提升技术创新能力。年内完成10项发明、12项实用新型、1项海外专利申请。按照科委最新发布《2016年高新技术企业认定管理办法》，完成高新技术企业资质复审资料准备及上报。公司《BIM技术在重庆地铁四号黑石子车站的应用》课题列为中车重点课题，进入结题验收阶段；BIM技术在重庆项目进行试点应用，有效指导生产准备。公司参加2016年“创新杯”BIM设计大赛，获得城市轨道交通类第二名。公司作为主编单位之一，完成《现代有轨电车交通工程技术标准》编制。《工程公司工程技术与管理》季刊定期刊发，累计收录论文百余篇。

【管理提升】 强化内部管理，建立管理体系。编制完成公司“十三五”战略发展规划、三年滚动发展规划、16项职能和业务专项发展规划，实施战略管控，提升战略实施引领协同能力。成立法律事务部和技术研发部，不断优化公司管控模式及组织架构。建立全面风险管理体系和评价体系框架，开展工程审计、管理审计、费用审计等专项审计，公司风险管控及内部监督得到加强。完善薪酬福利体系，实行全员定岗定级，建立全员绩效考核和后备人才选拔机制；以项目为依托，通过师带徒、老带新、内培外训等多种方式，加强人才培养，不断提升人才素质。通过了住建部质量安全监督检查和“四标三体系”监督审核，开工项目质量合格率100%；年内未发生死亡、重伤、火灾和环保等责任事故。

【企业文化建设】 强化“同一个中车”发展理念，根据中国中车VI总体要求，在北京、沈阳、重庆三地和重庆四号线各标段落实VI整改方案；开展苏州公司办公楼及园区VI整改工作。公司参加第十九届“渝洽会”，展示重庆轨道交通四号线一期工程成果；参加2016中国（上海）国际轨道交通展览会。开展“与您相约、走进地铁”市民开放日主题活动。年内编辑出版《中车建工报》20期、特刊2期，发表稿件共计249篇。

【党群工作】 公司党组织更名为中共中车建设工程有限公司委员会；完善《党委会议事规则》。召开公司第一次党员代表大会，选举产生公司第一届委员会和纪律检查委员会。制定“两学一做”学习教育实施方案和推进计划，开展“学党章党规、学系列讲话，做合格党员”学习教育。制定《干部选拔任用工作全程写实表》，明确竞争上岗、组织选拔、公开招聘工作流程。落实领导干部个人事项报告制度；坚持开展中层及以上人员年度绩效考核工作。下发《党支部工作手册》《党支部考核及管理办法》《“三会一课”制度》《支部书记例会制度》等制度文件，加强基层党支部建设。32名入党积极分子参加党课培训并通过结业考试，发展8名青年业务骨干加入党组织；完成11个党支部165名党员党费核查补缴工作。开展创先争优活动，1个先进基层党组织、1名优秀党务工作者、1名优秀党员获得中车集团颁发荣誉称号。开展"双培双保立项攻关活动"，确定18个课题立项。严格落实《廉政谈话办法实施细则》，进行任前廉洁谈话31人次，集体谈话787人次。开展规范物资采购管理、降低采购成本、应收账款和存货管理效能监察。工会开展年度先进集体与先进工作者评选工作，组织16名员工参加中车运动会，坚持"六送三关注"工作。团委组织开展纪念"五四运动"、重庆成都马拉松比赛、"欢迎你新伙伴"、中车青年风采大赛等系列活动；做好青年才干推优入党工作。

【重要纪事】 6月29日，重庆轨道交通四号线一期工程保寸区间双线隧道贯通。8月18日，成功收购中新苏州工业园区市政公用工程建设有限公司100%股权。11月23日，韩城市悬挂式单轨司马迁至古城段项目举行开工仪式。12月24日，芜湖市轨道交通1号线、2号线项目举行开工仪式。12月29日，昆明市轨道交通9号线PPP项目举行开工仪式。

【公司党政工负责人名单】

董 事 长　王宏伟（12月免）
　　　　　杨少波（12月任）
总 经 理　王宏伟
副总经理　张民才　殷立达
　　　　　朱文杰　葛泉胜
总工程师　殷立达（兼）
财务总监　葛泉胜（兼）

党委书记　杨少波
党委副书记　王宏伟
纪委书记　杨少波（兼）
工会主席　方明亮

（工程公司　供稿）

地　址　北京市丰台区芳城园一区15号楼501、503
邮　编　100078
电　话　15802370581

中车深圳资本管理有限公司

（统一社会信用代码：914403000801330641）

董事长、总经理　梁　弢

【概况】　2016年，深圳资本公司围绕中国中车“成为以轨道交通装备为核心，全球领先、跨国经营一流企业集团”战略愿景，依托中国中车在高端装备制造业领域产业优势和深圳金融创新、先行先试、地处改革发展前沿独特条件，以支撑中国中车产业发展壮大为目标，全面开展全产业链投融资、投资管理和资本运作工作。公司作为中国中车对外投融资平台之一，聚焦高端装备制造、智能制造、新材料、节能环保以及其它国家鼓励发展的战略新兴产业，逐步形成以城市区域母基金、产业投资基金、定向增发基金和跨境并购基金等业务为主的四大业务发展板块，不断打造自身核心竞争优势，力求成为一流创新发展、协同发展、共享发展的股权投资企业。

【管理提升】　公司进行机构调整，建立规章制度，推动管理提升，持续健康发展。初步搭建投资市场部、风控法律部、综合部和财务部组织架构，启动相关人员招聘工作。编制《产业基金投资管理办法》《产业基金投资指引》《产业基金投资评估操作指引》《产业基金投资项目尽职调查操作指引》《产业基金投资决策委员会议事规则》《产业基金上市项目股份减持管理办法》和《产业基金未上市项目处置管理办法》等七项符合公司业务特点的管理制度和工作流程。制订公司“十三五”发展战略。

【经营管理】　公司根据股权投资工作特点，开展项目调研储备。考察广东、上海、江苏、山东、辽宁和安徽等省市企业，对潜质好、拟在新三板或已在新三板挂牌企业进行重点跟踪和关注，为下一步全面开展股权投资工作打下良好基础。公司寻求与国内大型金融机构在股权投资领域合作，与平安证券、交银国信、交银国际和华融证券等十家金融类企业进行多轮广泛、深入交流，并与睿德信、前海海润等基金管理公司建立日常工作联系机制；与平安证券三大投资平台之一的平安证券全资子公司平安财智共同完成合作框架协议。

【重要纪事】 1月11日至12日，中车股份公司副总裁楼齐良到公司指导股权投资工作，实地考察三家深圳科技型企业。1月27日至28日，中车集团公司副总经理贾世瑞到公司调研考察。2月5日，公司正式更名为中车深圳资本管理有限公司。3月10日至11日，中车集团公司副总经理贾世瑞再次到公司调研考察。4月14日至15日，中车股份公司副总裁赵光兴到公司调研考察。6月3日，中车股份公司副总裁余卫平到公司调研考察。7月，公司召开第一次董事会，专题研讨公司发展方向、发展路径、面临困难与挑战，统一发展思路。

【公司负责人名单】

董 事 长 梁 弢

总 经 理 梁 弢

副总经理 张景伟 陆 浔

（深圳资本公司 供稿）

地 址 深圳市南山区塘朗地铁车辆段综合楼7层

邮 编 518000

电 话 0755-86727459

传 真 0755-86571326

中国中车香港资本管理有限公司

（商业登记证号码（香港）：52844787-000-08-15-1）

董事长、党工委书记　郭炳强

总经理　郝志军

【概况】　2016年，香港资本公司拥有职工13人，其中捷克公司2人。公司根据中国中车战略定位，在三大平台建设、债券投资、融资租赁等方面取得较好成绩，合并营业收入完成20352万元，净利润完成11894万元，超额完成中车股份公司下达营业收入、净利润考核指标。

【经营管理与改革发展】　公司根据新机构、新业务、新人员特点，科学规划、合理统筹、充分挖潜，克服资源配置不适应业务增长和市场变化等困难，完成定规划、立制度、建队伍、启动业务四项重点工作目标。启动境外资金集中管理平台、财务共享平台、产业投资与资产管理平台建设。境外资金集中管理平台：设计和实施境外资金集中管理平台、闲置资金保值增值、税费风险管理等业务板块。利用境外主流大型银行成熟资金池架构实现境外资金管理平台各项功能，完成对总部境外债券募集资金5.958亿美元、四方芝加哥公司1.2亿美元部分注资资金归集；利用固定收益产品投资、内部借贷等方式，对归集资金实现优化调配。通过BMG银行资金池独特架构，发挥境外资金池优势，保证中国中车利益最大化。协助中国中车财务部编制完成《中国中车境外资金集中管理办法》，制定内部管理制度，为推进中国中车境外财资中心建设工作打下良好基础。财务共享平台：以信息化为依托，为中国中车境外机构提供财务会计信息共享服务。经过调研，确定会计科目设计、会计准则转换、管理规则、业务流程、共享中心人员岗位职务流程、财务管理制度三符合、税务架构、费用支出管理等共享平台建设关键点。按照先规划后实施、先试点后推广、合理参照成果借鉴原则，逐项解决关键问题，推进共享平台建设。产业投资与资产管理平台：立足推动中国高端装备制造“走出去”，提高中国中车旗下企业及其产品国际市场份额及国际化指数，审慎选择、参与中国中车统一部署产业投资项目；研究北美、拉美区域公司和眉山加拿大合资公司、株洲电机海外并购项目投资方案，以及香港公司增资方案、海外融资租赁市场开发策略。制订投资管理相关制度，并从岗位设置、人才培养入手，担当海外投资与资产管理重任，为实现中国中车从出口型向跨国型发展目标奠定坚实基础。针对产业投资、融资租赁、金融服务等新业务，公司与奥瑞律师事务所及李伟斌律师事务所法律顾问建立战略合作关系，对境内外法律事务及时进行咨询。

【公司治理与制度建设】 根据中车股份公司要求，完成境外投资备案表更新。年内，完成公司股东变更和公司章程修订；按照公司治理、运营管理、投资、资金集中管理、金融租赁、财务会计、风险控制分类，梳理制度 50 个，完成 40 项制度编制，保证公司运转及各项业务有章可循，初步建立管理、决策、监督机制科学化、民主化和制度化体系。11 月 22 日，公司获得香港特别行政区政府颁发放债人牌照，标志公司境外资金管理业务得到外界认可。

【下属公司】 捷克中车科技开发有限公司（简称捷克中车公司），净资产 426 万元。公司日常管理与运营由中车大连电力牵引研发中心有限公司负责。捷克中车公司主要负责捷克布拉格工大牵引与控制技术联合研发中心筹建、运行和管理，并代表中国中车对相关投资形成的固定资产和无形资产进行管理和控制。年内，公司实现净利润 4 万元，净资产收益率 0.94%。

【党群工作】 成立中共中车香港公司党工委，董事长郭炳强任党工委书记。完成党员组织关系调转、委员职责分工以及党工委办公室及两个公司党支部组建工作，为开展党建工作奠定基础。公司党工委结合香港特色开展境外党建工作，紧密联系实际，注重学习效果。组织学习中共十八届六中全会精神及《关于新形势下党内的若干准则》《中国共产党党内监督条例》，深刻领悟政治意识、大局意识、核心意识和看齐意识核心内涵。在认真执行中国中车党委工作部署同时，主动与驻港中联办相关部门联系，征求指导意见。

【公司党政负责人名单】

董　事　长　郭炳强
总　经　理　郝志军
党工委书记　郭炳强

（香港资本公司　供稿）

地　　址　香港金钟道 88 号太古广场二期 1108 室
办公电话　（+852）2445 8885
传　　真　（+852）2849 7775
邮　　箱　dengyiran@crrcgc.cc

中国中车（香港）有限公司

（CI：1224232）

董事长、党工委书记　郭炳强

总经理　马　展

【概况】　2016年，香港公司现有员工16人，其中香港籍员工8人，中车系统内部调派8人。公司下设综合管理部、财务部、投资管理部和市场部。公司克服中车所属子公司出口订单实际交付后延以及息差缩小、国际贸易业务盈利空间下降、财务投资业务会计政策重大调整等不利因素影响，加大营销力度，落实管理责任；全年实现销售收入45亿元，完成中车下达T2指标；实现扣非前净利润2.29亿元，完成年度预算104%。

【经营管理】　公司以效益效率为核心强化内部管理，每月召开市场营销专题会议，提出改进措施和具体工作要求；每月召开总经理办公会议，肯定成绩、落实责任，有效推动各项工作有序开展。以风险为导向加强内控制度建设，健全制度体系、防范经营风险，进一步加强审计风险管理工作；组织年度风险评估，相关部门根据风险事项性质，健全管理制度；完善“部门职责”“授权委托管理办法”“汇率风险管理办法”等18项核心制度流程，涵盖公司重要业务和高风险领域，初步形成有效内部控制体系。

【业务拓展】　中车内部国际贸易业务：全年新增客户5家，与中车内部四方有限公司、四方股份公司、株机公司、资阳公司、物流公司等16家单位合作，完成进口采购额24.91亿元，同比增长14.8%；对比各子公司自行采购，节约融资成本0.7亿元；完成中车外部进口贸易额14.05亿元；与中车内部子公司新签尚未执行进口采购合同5.4亿元，累计上年签约尚未执行合同共计8.61亿元，履约完成后可节约融资成本0.24亿元。中车外部国际贸易业务：与中车外部资信较好、业务规模较大客户进行合作，拓展贸易收入，实现贸易额15.65亿元；在汽车平行进口、电动汽车等行业寻求合作机会，为扩大业务空间积累经验。配合中车子公司出口合同开展境外资金运作业务，运用香港自由贸易区融资便利、成本与各类税率较低综合优势，配合株机公司完成南非市场495台电力机车出口合同及相关代理协议，其中15台整车、35台散件运至南非，实现销售收入6亿元；配合国际公司及大连公司签订15台出口新西兰内燃机车合同，合同总额2.87亿元；配合国际公司及齐齐哈尔公司签订 150 台出口新西兰货车合同，合同总额 0.98 亿元；以上项目节约代理费税额共计 530 万元。配合南非电力机车维保项目，开展在毛里求斯设立香港子公司前期调研准备工作。与香港多家银行进行商谈，制定大连公司和齐齐哈尔公司出口项目备货融资方案，为两家公司节省融资成本。

【财务投资业务】 公司参与国内优秀企业在港 IPO 和国际配售。以基石投资、锚定投资等方式投资上市公司股票，以期通过资本纽带，与相关企业建立良好合作关系，拓展公司人脉和资源，促进未来业务发展。公司根据整体宏观经济趋势以及香港资本市场情绪变化，判断、调整投资行业方向，加大对教育、医疗等抗周期行业项目配置，所投项目趋势向好；累计实施财务投资项目 12 个，其中港股投资项目 3 个，PE 投资项目 1 个，债券投资 6 个，合作股权投资 2 个。公司借助中国光大控股成熟投资平台，沟通合作模式，争取海外财务投资收益，拓宽项目来源，培养投资团队。公司针对财务投资业务报表下半年亏损情况，兑现持仓股票浮盈，把握香港资本市场结构性机会，降低政策变更带来的负面影响，年末扭转报表亏损局面，实现报表利润 100 万元。

【党建工作】 公司党工委根据中车股份党委《关于成立中共中车南美、北美、香港公司工作委员会的通知》《关于郭炳强同志任职的通知》《关于马展、郝志军同志任职的通知》，完成全体党员员工组织关系调转工作，明确党工委书记、党委委员职责，设立党工委办公室，成立香港有限公司和香港资本公司两个党支部。年内，召开香港公司党工委第一次会议，通过组织程序选举产生香港公司党支部委员、支部书记，完成党工委基层组织建设，为开展组织工作奠定基础。

【公司党政负责人名单】

董 事 长 郭炳强
总 经 理 马 展
副 总 经 理 王佳欣
财 务 总 监 王佳欣（兼）
党工委书记 郭炳强

（香港公司 供稿）

地　　址 香港港湾道 1 号会展广场办公大楼 41 楼 12 室
办公电话 （香港）+852 25885915
移动电话 （香港）+852 52911516
（中国）+86 18640918681
传　　真 010-51872504
传　　真 （香港）+852 28779375
邮 件 1 cailiang@crrcgc.cc
邮 件 2 crrc_cailiang@hotmail.com

北京北车中铁轨道交通装备有限公司

（统一社会信用代码：91110106684367734P）

董事长、党委书记　张　岩

总经理　高军武

【概况】 2016年末，中铁装备公司员工总数30人，其中具有高级专业技术职称人员11人，具有本科及以上学历人员24人。公司设置5个管理部室，下设本溪、尚义、锡林浩特、风陵渡4个分公司。

【经营管理】 公司开展中级以上管理人员述职评价和部门员工业绩评定，依据《员工年度绩效考核管理办法》确定员工绩效工资。推进内控体系有效运行，内控体系评价范围涵盖公司战略运营、预算、人力资源、财务管理、业务管理和行政管理等主要业务和事项，评价范围占公司合并资产79.8%。健全安全生产管理体系，开展各类安全教育培训，加强安全管理人员队伍建设，提高员工安全生产业务素质。

【市场营销】 公司完善和深化业务建设，清理原材料贸易业务预付账款，推进节能环保项目建设和运营管理工作。节能环保项目包括四个集中供热项目和一个绿色照明项目，四个集中供热项目实现营业收入6094万元。

【党群工作】 成立中铁装备公司党委和纪委。开展"两学一做"学习教育，发挥党组织政治核心作用，加强公司党建和思想政治工作；按照党费收缴有关规定，开展专项检查，全部按时按基数进行缴纳。

【公司党政负责人名单】

董　事　长　张　岩
总　经　理　高军武
副 总 经 理　王东红（常务）
　　　　　　王越一　高崇生
财 务 总 监　高崇生（兼）

党 委 书 记　张　岩
纪 委 书 记　张　岩

（中铁装备公司　供稿）

地　址　北京市丰台区芳城园1区15号楼中车大厦14楼
邮　编　100078
电　话　010-52696822
传　真　010-52696225
网　址　http://www.cnrcr.chinacnr.com/

中车信息技术有限公司

（统一社会信用代码：91110108700035941C）

董事长、党委书记　黄启超

总经理　顾　明

【概况】 2016年末，信息公司员工总数254人，84%以上具有本科学历，其中硕士及以上人员52人、高级职称人员31人，平均年龄33岁。全年实现销售收入10030万元，实现净利润1002万元。

【经营管理】 公司围绕中国中车“十三五”发展战略开展重点工作，利用核心技术和产品，协助中国中车建设、经营电商平台，促进客流、物流、信息流和资金流利用和产业发展，形成中车互联网+产业生态链，推进智慧轨道交通发展模式。由于市场变化和业务整体推进进度影响，企业信息化业务板块收入完成率66%，BIM业务板块收入完成率42%，污水监测业务板块收入完成率53%，全年销售收入目标完成率66.87%，未完成规划目标。全年净利润实现规划目标。

【市场开发与品牌建设】 面向国内装备制造行业，船舶行业基于智能感知设备效能监控、主机厂列车全寿命周期服务平台系统开发与应用、基于车辆网络控制MVB卡及车载实时以太网研究与应用等方面取得市场拓展成效。与广船国际有限公司签订《基于智能感知的设备效能监控系统技术服务合同》，对46个工位、506台设备布置828个监控点，实现重点焊接设备数据采集、实时存储和数据分析；与唐山公司签订《地铁车辆数据信息管理系统》研发合同，建立地铁车辆运行状态监测系统；与四方所签订车载以太网交换机研究及原型系统研发合同，完成二层交换机上车验证相关工作和三层交换机原型研发工作。面向建筑施工行业，在基于业主BIM实践与应用方面拓宽市场。中标深圳市建筑工务署署级BIM协同平台建设项目；联想集团总部基地BIM服务项目得到客户及相关方广泛认可；中标东莞记忆存储科技有限公司共3期BIM项目，在管控施工进度、提高施工质量、控制施工成本等方面起到很好作用。面向地铁、有轨等基于PIS新业务形态市场推广，中标沈阳浑南项目，初步与无锡地铁公司达成合资合作意向，通过与常州、苏州、河北等地铁公司沟通达成部分项目合作意向，为八维通做好前期业务储备工作。

【科技创新】 开展4项重大课题研究工作。

工信部电子发展基金项目《工业网络控制系统在轨道交通行业的应用示范—TCN 关键技术的研究与应用示范》，完成 MVB 核心控制模块研发，实现多种接口网卡产品化工作；初步完成 MVB 自动灌装设备、MVB 数据记录仪研发。国家科技支撑计划项目《货运机车运行节能优化控制系统研制与应用示范》，完成研发工作，产品样机通过路局动态测试与运行考核，超过预计节能指标，进入验收准备阶段。核高基重大专项《轨道交通装备基础软件和保障工具研发》持续推进，完成 UIC 协议栈、RTP 协议栈与 MVB 网卡和 WTB 网卡集成以及列车实时以太网交换芯片方案设计、列车通信网络业务需求调研和网络传输特性分类研究、列车通信网络架构设计和标准体系研究、轨道交通装备嵌入式系统总体设计方案。承担中国中车 PHM 项目研发工作，调研分析国内外 PHM 研究成果，结合国内轨道交通装备行业现状，初步形成面向中国中车 PHM 系统建设思路；完成中车轨道交通装备故障预测与健康管理关键技术研究及应用重大专项立项工作，针对轴承、发动机等部件故障预测算法研究取得初步成果，为后续工作开展奠定基础。

【人力资源管理】 确定控制人员增长、提高人均利润水平、薪酬激励等人力资源管理目标。公司职位体系划分为经营管理、专业管理、产品管理、质量管理、技术研发、实施交付、电商运营、市场营销、运维服务等 9 类职能；按职位体系与部门管理结合方式，识别关键岗位，针对个性化职能分类执行薪酬管理与激励政策，加强业绩指标体系建设和激励体系建设，重构销售人员薪酬总体打包管理模式，完善实施交付人员变动薪酬与项目经理负责制挂钩激励体系，探索产品经营与核心骨干人员长效激励机制。强化业绩与用工数量关联管理，依据业绩指标确定各部门编制，并与业绩完成情况同比例进行控制，淘汰业绩不良人员。

【法律事务管理】 加强法律事务管理，与北京市天元律师事务所签订常年法律顾问合同，聘请专业律师提供各项日常法律事务服务，包括提供日常经营管理实务法律意见、解答法律咨询；根据需要出具法律意见书、建议书或风险提示函，协助草拟、制订、审查、修改合同、章程等法律文书；处理诉讼案件；确保公司运营正常，防止出现法律风险。

【党建工作】 根据中车集团公司党委《关于调整中国中车非制造业企业党组织设置的通知》要求，召开中国共产党中车信息技术有限公司第一次党员大会，认真总结、回顾公司改革发展经验和党委、纪委工作，提出今后一个时期公司发展目标和党建工作任务，选举产生新一届党委会和纪委会。严格贯彻民主集中制，根据公司党委会决议，并报请中车集团公司党委同意，成立 3 个基层党支部；各党支部按照公司党委要求，分别组织选举产生党支部委员，设置相应组织机构，落实党建工作和全面从严治党主体责任；进一步明确党组织职责、党委会议事制度等职能、职责和管理制度。按照国有企业党建设工作会议要求，配备专职政工干部，从组织、人员上保证党建工作正常开展。

【重要纪事】 1 月 5 日，成立公司党委、纪委。1 月 8 日，完成公司名称变更，正式更名为中车信息技术有限公司。1 月 12 日，公司与深圳市建筑工务署签订《深圳市建筑工务署前海工程信息化咨询服务和数据标准集成系统》合同。3 月 9 日，公司与清华大学软件学院签署为期五年战略合作协议。5 月 18 日，公司与唐山公司签订《能源管理系统建设项目（二期）集成总承包合同》，合同金额2177.7万元。6月，公司协助召开中国中车主数据标准贯标工作培训会议。9月13日，公司召开第一次党员大会。10月13日，公司中标沈阳浑南现代有轨电车互联网系统10年建设及资源经营权项目。10月19日，公司依据中车集团党委文件要求完成章程修订工作。11月5日，公司策划并组织参加在联想总部园区召开“互联网+、BIM技术应用现场观摩”展会。11月8日，公司与四方所签订《三层实时以太网交换机研究及原型系统开发技术（委托）合同》《车载二层实时以太网交换机系统开发技术（委托）合同》。12月1日，公司再次取得《高新技术企业证书》。12月20日，公司与中车大连电牵中心签订MVB板卡《产品购销合同》。

【公司党政负责人名单】

董 事 长　黄启超
总 经 理　顾　明
副总经理　赵曦滨　赵清宁　宋玉彬　张学梅
财务总监　张学梅（兼）

党委书记　黄启超
纪委书记　黄启超（兼）

（信息公司　供稿）

地　　址　北京市海淀区清华大学华业大厦三区四层
邮　　编　100084
电　　话　010-62782208
传　　真　010-62782208-232
网　　址　www.crrcgc.cc/xx
电子邮箱　webmaster@thit.com.cn

上海轨道交通设备发展有限公司

（统一社会信用代码：91310106747285024G）

董事长　王雁平

党委书记　施　斌

【概况】 2016年末，上海公司员工总数533人，其中高级专业技术职称人员24人、中级职称人员54人；公司设有职能部门8个、控股子公司2个、参股公司2个。公司固定资产原值3.62亿元，净值2.24亿元。全年实现营业收入9.54亿元，同比增加230万元，完成年度考核指标100.5%；实现归属母公司净利润2100万元。

【经营管理】 公司认真分析项目预算及费用预算，对各项可控费用严格把关，毛利与年初相比增加800万元，管理费用及销售费用在年初预算基础上压缩800万元，完成中车下达指标。通过与业主沟通，增加上海地铁3/4号线项目车辆交付数量，提高销售收入及边际利润。根据上海电气整体上市需要，完成审计、评估、章程修订、工商变更等工作，上海电气集团与上海电气股份所持上海轨发股份合股；根据中车股份、上海电气与长客股份签订《关于调整上海轨道交通设备发展有限公司股权结构的合作方案》约定，配合双方股东完成中车持股转股长客工作，完成工商变更。加强“两金占用”管理，严控项目成本，确保运营质量，完成中车下达指标。加快应收账款回收，工程项目应收款降低25%，其中一年期应收账款回收7115万元，三年期长期应收账款回收3164万元，应收账款可控。加强存货管理，中标工程项目陆续启动，存货占用有所上升，总体符合企业正常生产营运走势。强化降本意识，项目成本得到控制。车辆业务中，上海3、4号线增购项目标准工时降低5%；提高物料使用效率，有效降低阿根廷二期项目和上海3、4号线增购项目采购成本；有轨电车项目实施比价采购降低成本，项目毛利较预算提高1%；工程业务中，加大比价采购力度，项目累计降采190万元，其中上海地铁8号线2期安全门改造项目降本166万元，上海、成都、常州机电项目降本20万元。

【生产运营与技术改造】 高质高效完成在手订单，推动三基地建设示范效应。松江有轨电车示范线车辆参展上海国轨交展，公司所属车辆合资企业SATCO在引进、消化、吸收阿尔斯通有轨电车技术基础上，实现设计自主化、制造本土化，为继续独立获取订单创造条件；SATCO 按计划生产完成 13 列有轨电车；示范线项目首列车交付并上线调试，调试运行良好。地铁车辆完成阿根廷项目 50 辆，上海地铁 3、4 号线车辆 48 辆，新加坡地铁项目 42 辆。车辆维修承接上海地铁 5 号线 15 年修项目和上海地铁 6/8 号线 10 年修项目，通过加强采购成本和工时控制，项目毛利分别提升 1.77%和 8.18%。车辆合资企业 SATCO 董事会同意投入 4000 万元建设有轨电车试验车间，竣工并投入使用，交车量可提高到 6 列/月；SATCO 董事会同意投入 1200 万元对原三期车间进行标准化改造，新建 3 条 7 胎位标准化生产流水线，固定工艺路线、胎位布置及胎位人员配置，统一车辆制造流程，可降低各环节管理成本、提高生产效率；SATCO 根据国家降低 VOC 排放量要求，投入 800 万元对原油性漆涂装车间进行水性漆改造，可降低 VOC 年排放量三分之二，改善职业环境。

【市场营销】 全年新接订单 24.56 亿元，同比增长 108%，在手订单创历史新高。新车市场，配合、支持长客股份公司获取上海新车项目订单，包括中标上海地铁 12 号线 90 辆车辆增购项目（分包长客庞巴迪）；中标上海浦东国际机场捷运线 28 辆车辆项目合同 2.4 亿元，其中精品小批量车辆项目分包公司所属车辆合资企业 SATCO 生产制造，开始合同洽谈；与长客股份公司洽谈上年中标上海地铁 5 号线 33 列 198 辆车辆增购 7.4 亿元项目制造、调试分包合同，与浦镇公司洽谈中标上海地铁 10 号线 26 列 156 辆车辆增购 4.9 亿元项目分包合同。年内新车业务订单主要源于阿根廷项目和上海地铁 3、4 号线项目备品备件，合计 9300 万元；新加坡车辆项目补差 3200 万元。车辆维修，完成上海地铁 5 号线车辆第二次架修（15 年修）项目 7077 万元、上海地铁 6 号线车辆第一次大修（10 年修）项目 2.04 亿元、上海地铁 8 号线车辆第一次大修（10 年修）项目 4.08 亿元合同签订。工程市场，全年投标 38 个项目，中标 12 个，中标率历史最高;中标金额 4.24 亿元，其中完成 2.79 亿元合同签订，待签合同 1.25 亿元；主要包括常州轨道交通 1 号线一期车辆段项目 9772 万元、西安地铁 4 号线站台门项目 7920 万元、上海松江有轨电车示范线车辆段项目 2332 万元、上海地铁 5 号线延伸车辆段项目 3838 万元以及上海地铁 4 号线、13 号线、2 号线屏蔽门维保 332 万元和上海地铁 9 号线九亭车辆段转向架检修车间改造项目 319 万元；其中上海松江有轨电车示范线车辆段项目、西安地铁站台门项目，为公司获取上海市场有轨电车总包项目、打开屏蔽门工程业务外地市场奠定良好基础和取得实质性进展。

所属合资牵引企业 SATEE 承接国内外项目 10.48 亿元，同比增加 87%。其中上海地铁 6/8 号线 49 辆车年修项目牵引系统维修部分、上海地铁 5 号线 17 列 68 辆车辆改造项目车辆部分分包上海公司所属车辆合资企业 SATCO，共同完善上海轨道交通装备平台核心能力。

【管理提升】 工程公司推行市场营销激励制度，调动和激发市场人员工作积极性；强化工程项目投标管理，理清市场部项目投标与各部门之间工作分工、业务流程和接口，提高工作效率；建立市场月度计划和市场项目跟踪情况月度分析制度，对各地市场和项目进行动态分析、跟踪，提高投标中标率；注重市场培育，与各个城市地铁用户及战略供应商建立和维护良好合作关系；全年中标金额 4.24 亿元，实现毛利 2200 万元，初步扭转市场竞争被动局面。强化项目管理和内部管理，规范各项管理制度与流程。全面分析补短板，加强管理规范化；试行项目经理负责制，实现项目经理全权负责项目 CQD；实行项目绩效管理，有效降低项目成本，提高项目效益；下放项目管理权限，实现项目管理与业主无缝对接。试行《员工岗位职责管理办法》《员工月度计划管理办法》《员工量化考核管理办法》《工程公司业务招待费预算管理办法》《工程公司车辆管理工作流程》等管理制度，实现管理细化与考核量化，提升工程公司整体管理水平，促进运营质量有效提高。

【公司党政负责人名单】

董　事　长　王雁平
副 董 事 长　吕亚臣　王　润
副 总 经 理　施　斌（兼，主持工作）
常务副总经理　陈仁瑞
总 工 程 师　杨利军
财 务 总 监　刘树刚

党 委 书 记　施　斌

（上海公司　供稿）

地　　址　上海市闵行区东川路3988号
邮　　编　200245
电　　话　021-67287750
传　　真　021-67287750

中车工业研究院有限公司

（工商登记营业执照编号：110106017799287）

院　长　龚　明

党委书记　孙学军

【概况】 2016年，中车研究院调整组织架构，成立财务部，形成综合管理部、财务部2个职能部门和经济研究部、技术研究部2个业务部门。新聘员工13人，现有员工47人，其中博士16人，硕士30人，研发队伍进一步壮大。全年实现营业收入5121万元，归属母公司净利润84万元，技术投入比率94%。

【经营与项目管理】 按照法人治理、行政管理、业务管理、党群管理等4个板块制定规章制度，发布14项。利用中国中车内外部智力资源，组建咨询专家组、总体专家组、财务专家组。建设研究院官方网站、HCM人力资源管理系统、OA办公自动化系统、金蝶财务报销系统、视频会议系统；专项管理信息系统上线测试，增加国家重点专项管理信息模块，实现项目全过程信息化管控及中车科技信息统一管理。通过《中车智能制造顶层架构及云创平台研究》《基于机器学习的小型无线传感技术研究》两个项目，开展项目制探索试点工作，理顺科研项目管理关系，提高项目组织和执行效率；梳理管理流程及管理方法，搭建项目管理平台，为科研项目管理及实施奠定基础。

【经济研究】 完成《国际先进企业资源整合模式研究》《现代制造服务业发展模式研究》《中车国际化发展相关专题研究》《中车科技创新体系建设和科技资源整合研究》《中国铁路改革与发展趋势》《"一带一路"专题研究》《宏观形势及政策法规专题研究》《产业发展专题研究》《区域经济专题研究》《企业管理理论与方法研究》《关于"小米现象"的启示》《GE并购哲学》《汤森路透公司研究报告》《西门子质量管理案例研究》等研究报告。开展智库建设，成为中央企业智库联盟理事单位，并向智库专刊供稿。完成工程院《先进轨道交通装备产业发展路线图》《中国铁路"走出去"战略研究》等课题相关研究任务。配合中车职能部门完成《中车集团"十三五"战略规划》《中车股份"十三五"战略规划》《中车"十三五"科技发展规划》《中车"十三五"质量规划》《中车全面深化改革指导意见》《中车科技体制改革工作方案》《以管理创新助推中车发展》《中国高铁装备的创新发展》《中国铁路装备制造业国际化发展的思考》《英国市场研究》《波罗的海国家市场研究》《精益质量文化的培育》《精益与实践（暂定）》等相关内容研究和编写工作。签订对外服务技术项目 4 项。

【技术研究】 承担科研项目 48 项，上年延续项目 11 项，新增项目 37 项，其中国家级科研项目 10 项、中车科技重点项目 27 项、对外服务项目 5 项，累计科技投入 4800 万元。发表论文 10 篇，申请专利 2 项，完成软件系统 5 套、样机样件 3 套、研究报告 20 份。组织实施“十三五”国家重点研发计划“先进轨道交通”重点专项 7 项任务；启动《轨道交通系统安全保障技术》《时速 400 公里及以上高速客运装备关键技术》《磁浮交通系统关键技术》3 个项目研究。

【情报研究】 完成信息情报平台框架建设，满足内网各级用户快速高效获取信息资源需要，具备信息发布、情报服务、决策咨询等功能，进入平台试运行阶段。制定《中车研究院信息情报工作管理办法》，规范信息报送制度，对信息简报进行统一归档。开展情报资源采购工作；完成中国知网、万方数据、Wiley、艾斯维尔、ASME、IEEE 等国内外文献资源库配置，拓宽信息来源渠道。配置 Trados 翻译软件，更准确获取国外相关信息，提高工作效率。确定传神翻译公司提供翻译服务，解决专业性较强外文资料翻译。提供定题情报服务，与中车海外事业部进行业务对接，针对海外事业部定题服务定期编制《国际化发展研究信息简报》。

【产学研合作】 开展内外部资源整合和协同创新，实现协同设计、资源共享、知识共享、成果共享，提高中车研发效率、效益、质量。与信息化部合作举办第二届中车智能制造业务创新发展论坛，促进中车智能制造有序发展；推动设立中车研究院绿色动力系统北京交大研究分院、同济中车创新研究中心、轨道交通智能制造装备联合研发中心等科研合作机构。

【海外研发中心】 建设海外联合研发中心，持续推进中泰轨道交通联合研发中心建设、铁路运营组织与控制教学平台建设、振动试验台调试与应用；组织车辆动力学试验台咨询及人员培训。继续开展中德轨道交通技术联合研发中心在碳纤维车体、碳纤维转向架、碳纤维轮对等方面合作。研究院代表中车与英国帝国理工大学、伯明翰大学、南安普顿大学共同设立“中英联合铁路研发中心”，扩大和加深中英两国在轨道交通装备技术和运维管理方面合作。研究院与保加利亚 Milara 国际公司签署“共建智能检测系统装备研发中心”合作协议，通过双方研发与合作，促进智能检测系统装备在轨道交通产业及相关延伸领域应用。

【研究院党政负责人名单】

院　　长　龚　明
副 院 长　孙学军　杨修伟
财务总监　刘　彩

党委书记　孙学军
党委副书记　龚　明（兼）

（中车研究院　供稿）

地　址 北京市丰台区南四环西路 188 号总部基地十一区 6 号楼
邮　编 100070
电　话 010-51362216
传　真 010-51362210

广州电力机车有限公司

（工商注册号：440101000148794）

董事长、总经理　朱龙驹

党委书记　皮国萍

【概况】 2016年，广州公司从业人员532人，其中正式员工449人，高级职称人员20人，中级职称人员20人。全年实现营业收入12.62亿元，首次突破10亿元，同比增幅55%；实现归属母公司净利润1576万元，同比增幅152%；超额完成中国中车下达年度T2经营目标，实现T3奋斗目标，荣获中国中车2016年度“突出进步奖”。

【规划发展】 公司开展机车修理业务同时，利用强大研发能力及制造资源，逐步开展机车关键零部件属地修。新产业聚焦轨道牵引、工程机械、模块房屋三大平台，向节能、智能、环保、安全、提效等五个方向拓展和延伸，形成合理产业构成。公司以电动轮自卸车产业为突破口，推动拥有自主核心产权产品产业化生产，以期成为电传动自卸车全面解决方案供应商和拥有核心竞争力、细分市场的行业领先者，并在模块化房屋、新能源汽车等方面取得突破。

【科技创新】 自主研发的16吨电动环卫车底盘完成组装调试，首次采用自主编程整车控制器，续航能力达到140公里；SCT-261型60吨铰接式电传动自卸车通过联合试用鉴定，提升产品市场竞争力；SCT-311型90吨电传动自卸车通过试验验证；完成新能源电传动自卸车电容充放电等项目试验，储能模块和整车初步设计方案通过评审；完成70%低地板有轨电车整车组装；完成模块式员工公寓房屋工作图设计，8个模块样机投入试制；完成八轴交流传动机车转向架构架焊接和车轴、车轮加工工艺；完成和谐D1D型机车C4修工艺技术准备和工艺文件设计。全年投入研发费4900万元，占营业收入3.9%。申请专利49项，其中发明专利27项；新增获得专利授权81项，其中发明专利20项；发明专利累计获得授权26项。获得中国钢结构制造三级企业资质证书；成为广州市第五批博士后创新实践基地。

【生产运营】 完成机车检修376台，其中C5修355台，同比增长26.3%；C4修21台，同比增长7.1%。C5修机车转向架自主修353台，同比增长59%，检修量创历史新高。5月开始，生产组织可控性得到加强，检修计划有效性、协调均衡性同比得到大幅提升；台车平均检修周期 25.65 天，同比缩短 1 天。首批 2 台和谐 D1D 型机车 C4 修修竣出厂，为拓宽公司机车检修业务发展空间奠定基础。

【市场营销】 公司加大市场营销力度，开拓轨道牵引、工程机械和模块化房屋板块业务市场。轨道牵引板块市场，通过和谐 D1B、和谐 D1C、和谐 D3C 型机车 C5 修现场评价，三种车型均获得 C5 修检修资质；配合用户做好价格写实工作，完成和谐 D1C、和谐 D3C 型机车价格谈判与确认；开拓青藏铁路公司和谐 D1D 型机车 C4 修和昆明铁路局和谐 D3C 型机车 C5 修市场，机车检修客户达到 10 个铁路局、19 个机务段，车型及修程覆盖和谐 D1B、和谐 D1C、和谐 D1D、和谐 D3C 四种车型 C4、C5 修，机车检修市场占有率 30.8%，继续领跑全路检修基地。分析广东省内城轨市场，走访潜在用户，建立沟通渠道；中标广铁集团和南宁铁路局和谐 D1C 型机车 C4 修大部件委外修项目，开启机车整车检修以外零部件打包承修业务。工程机械板块市场，组织参加德国慕尼黑和上海宝马国际工程机械展，显现品牌宣传效应；与华能伊敏煤电开展新能源电传动自卸车技术改造可行性研究和探讨，争取整车技术改造市场；与江铜城门山铜矿开展合作，完成 SCT-A261 型电传动自卸车联合试用鉴定；持续跟踪澳洲 MRL 公司 20 台电传动自卸车项目，提交技术方案与报价。模块化房屋板块市场，与江西花溪涧生态农业发展有限公司、澳能能源控股有限公司以及会所与民宅等潜在客户进行接洽，寻找商机和市场突破口。

【人力资源管理】 修订完善所有部门职责，形成《部门职位优化设置方案》《典型职位设置清单》和 183 个职位《职位说明书》，制定《职位管理办法》。通过个人申报、资质审查、笔试、实作考试、答辩等评定环节，完成工艺技术人员职业生涯发展通道等级评定工作。开展第二届职业技能竞赛，对成绩优异选手给予重奖。组织中层管理职位竞聘，12 名新任中层管理岗位人员平均年龄不足 28 岁。发布并实施《HCM 系统月度组织绩效、中干个人绩效考核深化运用实施方案》，实现组织绩效与中干绩效紧密挂钩。策划西南交通大学、华南理工大学等 4 场专场招聘会；与专业招聘机构合作，开展广东工业大学线上网络招聘及校园专场招聘工作，甄选优秀、适宜人才加入公司员工队伍。

【管理提升】 引入组织绩效管理模式，按月召开绩效发布会，发布绩效偏差警报，督促制定和实施纠正措施，建立体系完善、指标合理、考核简便、激励公平的组织绩效管理体系。利用外部优质资源，组织内部财务审计，防范经营风险。下半年开始，每月召开存货资产发布会，库存资产得到有效管理；严格按照流程办理超预算及预算外事项，按月开展预算滚动分析，强化预算过程控制。完成《质量绩效考评管理办法》《工序质量管控制度》等文件编制和修订，完成“三检”项点梳理和机车检修终端检验表增补，规范质量故障处理流程。健全设备管理制度，落实维修岗位责任制，全年设备故障停机率同比大幅降低，设备完好率 99.1%，高出目标值 3 个百分点。推进信息化体系建设，绿色微模块机房项目在中国中车内部首次采用；完成国内制造业首创整体网络优化设计采用企业无源光网、光纤到桌面方式桌面虚拟化测试；持续完善 IT 信息化，为公司发展智能云网、深化两化融合奠定坚实基础。

【企业文化建设】 建立健全员工学习机制，利用微信群、钉钉网、腾讯通、OA 网等网络平台以及宣传栏、简报、厂报等宣传媒介，调动员工工作积极性，引导员工关心公司发展。注重员工物质生活改善，启用洁净宽敞、环境舒适新食堂。组织开展迎新春、闹元宵、庆中秋手工作品比赛以及“三八”妇女节户外踏青、公司五周年运动会等丰富多彩文体活动，增强员工自豪感和荣誉感。

【党群工作】 公司党委深入推进“两学一做”学习教育，开展党章党规党纪知识竞赛，组织“弘扬井冈山精神”培训班，坚定党员理想信念。完成基层党支部改选，健全党建工作机构，编制印发多项规章制度，保障党建工作开展。召开公司一届一次职工代表大会，加强民主政治建设；开展员工疗休养、身心健康知识普及、员工健康体检、摄影比赛、帮困救助、“冬送温暖，夏送清凉”等活动。组织创建青年文明号、青年安全生产示范岗，组织单身青年员工联谊会、新员工迎新晚会以及篮球、足球比赛，调动广大团员青年工作积极性。

【重要纪事】 1月27~28日，公司承办中国中车2016年度干部人事工作会议在广州花都召开。2月1日，中国中车党委书记郑昌泓一行到公司调研考察。2月26日，国有重点大型企业监事会主席杨坚一行到公司调研考察。3月4日，公司通过中国钢结构制造三级企业资质现场评审。7月6日，公司SCT-A261型电传动铰接自卸车通过联合试用鉴定。8月12日，公司“降低立体仓库进出卡箱故障率质量攻关”“板键开关电气性能测试质量攻关”QC小组获得中车优秀质量管理小组称号。9月22日，公司首批和谐D1D型电力机车C4修竣工出厂。11月3日，中车股份总裁奚国华到公司检查调研。11月22日至25日，公司SCT-121型电传动自卸车、SCT-A261型电传动铰接自卸车和SCT-311型电传动自卸车展品参展上海宝马展。

【公司党政工负责人名单】

董 事 长　朱龙驹
副董事长　徐结红
总 经 理　朱龙驹
副总经理　李悠盛　李　略
　　　　　刘桂军　刘曙蓉
　　　　　林良荣　高春宏
总工程师　高春宏（兼）
财务总监　李　略（兼）

党委书记　皮国萍
党委副书记　朱龙驹　金　彪
纪委书记　金　彪（兼）
工会主席　金　彪（兼）

（广州公司　供稿）

地　　址　广州市花都区山前旅游大道西18号
邮　　编　510850
传　　真　020-37728888
网　　址　www.csrgz.com.cn
电子邮箱　gzloco@gzloco.com

天津电力机车有限公司

（统一社会信用代码：911201165661130397）

董事长、党委书记　张小军

总经理　问增杰

【概况】 2016 年末，天津公司在册员工 712 人，其中高级专业技术职称人员 23 人，中级职称人员 32 人，中车技术专家 3 人。公司注册资金 9.6 亿元，占地面积 69.5 万平方米，建筑面积 24 万平方米，拥有设备 3053 台套。设置 14 个行政管理部门。主营业务为和谐型电力机车 C5 级检修。全年实现营业收入 10.4 亿元，归属母公司净利润 1503 万元。营业收入完成中车下达 T2 指标 130%，归属母公司净利润完成中车下达 T2 指标 188%，荣获中国中车 2016 年度“突出进步奖”。

【规划发展】 编制公司《“十三五”发展规划》和《2017—2019 年三年滚动发展规划》，落实年度指标和任务。拓展和谐型电力机车检修业务，巩固经营基础。依托“京津冀一体化”国家战略，加快相关多元产业规模化发展，与十余家国内外知名企业广泛开展合作和洽谈，相关业务涉及风电、机械设备加工、轨道工程、地铁城轨、新能源等多个领域。

【经营管理】 启动内控、内审、风险管理体系建设，取得初步成效。制定《全面预算管理办法》《招标管理办法》等企业管理规则制度 39 项，编制《内部审计工作规定（试行）》《经济责任内部审计办法（试行）》等规章制度 5 项，公司制度建设逐步完善。开展提质增效工作，完成降本增效项目 19 项。通过与外协方开展价格谈判，压缩部分机车部件委外修价格，降低机车检修成本；通过邀请相关铁路局共同推进和谐 D3 型机车 C5 级修成本价格核准谈判，签订正式价格合同。加强信息化建设，推进公司与中国中车 MDM 平台、EC 平台对接工作。

【科技创新】 年内设立技术创新项目 21 项，完成各项目结题、转接等工作。通过“借梯登高”方式，推进技术创新，重点完成主变压器、折角塞门、紧急制动阀、复合冷却器自主修，进一步提升和谐型电力机车自主检修能力。完成首台东风 8B 型内燃机车车轮加工试制和整体式轮对试修。完成 TJY-470A 型内燃液力传动调车机车设计。探索新能源产品领域，自主研制完成 3 种型号新能源汽车。启动城轨检修总装调试线建设，为承揽城轨地铁检修业务做好准备。

【生产管理】 完成和谐D3、和谐D3C型电力机车检修302台。建立快速适应生产形势变化的柔性化生产组织模式，强化生产容变和应变能力。优化生产调度人员配备和生产调度管理组织，建立常规机车检修生产作业计划，规范使用机车大部件等互换备件管理模式，将和谐型电力机车C5级检修生产组织纳入主要产品生产管控统筹范围，构建机车检修生产共享资源新格局。公司综合能耗完成6359.72吨标煤，在工业总产值同比增加36.4%情况下，综合能耗同比仅增加9.52%；万元产值综合能耗完成0.06吨标煤/万元；工业增加值14729万元，万元增加值综合能耗完成0.43吨标煤/万元。

【市场营销】 全年检修北京、济南、郑州、成都、昆明铁路局和谐D3系列C5修机车302台，实现销售收入10.4亿元。销售6A辅料141台份，完成机车6A加装115台份，实现销售收入650万元。完成过滤器箱体加工、钢制预埋件加工、百超折弯机、激光切割机产品、百超激光床身框架、切割桥焊接等项目制造；与西门子、采埃孚、百超等11家企业签订合作合同13份，完成多元项目签约额403.7万元，实现回款460万元。

【基建与技改】 完成公司筹备建设阶段最后工程公寓综合楼验收和接收。基建管理重心由筹备期建设收尾管理逐步向完善厂区设施配套使用功能及已投入使用建筑物管理转移。完成公寓综合楼培训中心过道门厅43.52平方米建设、新建钢结构料棚480平方米、喷漆库洗车污废水处理回用设施水池1座等4项工程建设。维护牵引变电所、换热站、厂房大门等厂区基建设施及相关水、暖、电、气、风配套设施27项，完成220千伏变电所电力变压器维修及保养、10千伏变电所维护保养及干式变压器降压工作，牵引变电所累计正常运行1766天。公司荣获天津市设备管理优秀单位。

【人力资源管理】 公司新增员工35人，续签劳动合同163人，终止、解除劳动合同41人。分批选派中高层管理人员参加中国中车领导力培训班；聘请专业培训机构管理专家、西南交通大学教授开展高级管理培训和机车专业知识培训讲座，取得良好成效。启用HCM人力资源信息管理系统，提升人力资源管理信息化水平。生产单位实行工时绩效考核分配制度，完善薪酬分配体系，劳动生产率稳步增长，增加值劳动生产率19.7元/人，同比增长37.8%。开展定岗定编，编制完成200份岗位职位说明书。

【质量管理】 公司新版《质量手册》通过华夏认证中心质量体系再认证审核。和谐D3、和谐D3C型电力机车C5级维修资质通过中国铁道科学研究院专家组现场审查。开展“强化质量安全理念，提升质量安全素质”等主题特色质量活动7次。“QC小组”活动立项17项，完成其中9项评审工作。建立质量例会制度，组织例会31次，解决相关质量问题152项，机车一次交验合格率100%。年内，对和谐D3、和谐D3C型电力机车12种4224个部件入厂检验和213种198万个部件进行入库检验，发现需要整改问题31项。完成和谐D3、和谐D3C型电力机车油压减振器等7种部件13种型号C5级修首件检验。对新合作6家供应商进行资质评价，对28家采购件供应商、14家委外件供应商进行业绩评价。对30台机车进行出厂前零公里检查，发现问题98项，对252个工序/工步进行质量督查，发现问题13项；通过统计、分析与集中整改，质量问题发生率明显降低。

【精益管理】 制定公司精益管理五年实施规划，建立领导、管理、实施三级精益管理工作组织。制定《精益生产评价管理办法》

《5S工作管理办法》等8项企标和管理办法。利用看板、电子屏、精益知识宣传手册及微信平台宣贯精益理念。打造机车总车区、转向架检修区作为精益现场示范区，导入5S、TPM、目视化及班组建设等基础精益工具；示范区改善效果明显，5S物品“三定率”提升到75%，目视化覆盖率75%，班组表单达成率80%，生产现场管理水平得到有效提升。

【党群工作】 公司党委组织中心组集中学习16次，其中扩大学习5次。印发党建制度文件29个，制作印发党建工作应知应会《党群知识手册》。召开公司第一次党员大会，选举产生新一届党委会和纪委会。开展“守纪律、讲规矩、明底线、知敬畏”党规党纪集中学习教育，建立“一岗双责”工作制度。开展党员组织关系排查和党费核查。全年发展党员5名。坚持党管干部、党管人才原则，持续推进“三个百人”人才团队建设。公司工会组织第二届职业技能演武大赛、“提质增效”、“六个一”主题劳动竞赛；开展“冬送温暖，夏送清凉”等职工慰问活动。加强“职工之家”建设，丰富职工业余文化生活。共青团组织编制印发《青年岗位能手管理办法》等制度4项，提高基层团组织建设科学化水平。开展“中车发展和青年使命”等主题征文等活动8项，强化理想信念教育。组织“青春轨迹，团聚引航”服务新入职员工系列活动和天津文化中心参观活动，增强新入职员工凝聚力和归属感。

【重要纪事】 1月26日，中车集团总经理刘化龙参加公司领导班子民主生活会。3月8日，北京铁路局局长刘振芳到公司调研指导工作。6月21日，公司通过天津市高新技术企业认定。8月8日，中车股份总裁奚国华到公司调研考察。8月18日，首台东风8B内燃机车修竣出厂。10月14日，中欧区域经济合作欧盟考察团到公司参观调研。11月8日，西班牙IMF公司创始人伊班涅斯·拉托雷到公司访问洽谈。11月25日，公司通过国家级高新技术企业认定。12月12日，公司取得和谐D3及和谐D3C型机车检修资质。12月14日，德铁公司代表团到公司访问交流。

【公司党政工负责人名单】

董 事 长　张小军
总 经 理　张小军（12月免）
　　　　　问增杰（12月任）
副总经理　王金平
　　　　　高凤岐（8月免）
　　　　　王　平　慕　楠
　　　　　马玉平
总工程师　王　平（兼）
财务总监　慕　楠（兼）

党委书记　问增杰（12月免）
　　　　　张小军（12月任）
党委副书记　张小军（12月免）
　　　　　问增杰（12月任）
　　　　　杨永孝
纪委书记　杨永孝（兼）
工会主席　高凤岐（8月免）

（天津公司　供稿）

地　址　天津滨海新区临港经济区渤海二十六路2778号
邮　编　300452
电　话　022-25619700
传　真　022-25619899
网　址　www.tjloco.cn

中车产业投资有限公司

责任编辑　田传运

产投公司基本情况

南方汇通股份有限公司

成都中车隧道装备有限公司

中车株洲投资控股有限公司

青岛中车轻材料有限公司

资阳中车电气科技有限公司

产 投 公 司 基 本 情 况

【概述】 2016年末，产投公司员工总数1948人，资产总额44.69亿元，所有者权益总额29.14亿元，归属母公司所有者权益21.95亿元。全年实现营业收入24.28亿元，利润总额2.22亿元。年内完善公司治理架构，形成公司本级投资平台、3个次级投资平台、9个战略业务单元的双形态管控机构，经营机制和管控体系不断优化。

【投资平台建设】 公司架构分为三级：公司本级投资平台、次级投资平台和战略业务单元。中车集团是公司本级投资平台初期的唯一股东，公司设有4名董事组成的董事会和3名监事组成的监事会，实行董事会领导下的总经理负责制。3个次级投资平台分别是深交所上市公司（南方汇通）、中车集团内所属企业之间合资的股权多元化公司（株洲控股）、混合所有制的股权多元化公司（中车交通）。9个战略业务单元中，1个是其所属投资平台全资持有（时代沃顿），其它是股权多元化企业，公司直接或者通过所属投资平台绝对控股的6个（大自然科技、成都隧道、资阳电气、宁波新能源、株洲特装科技、株洲天力锻业）、相对控股的2个（汇通净水、青岛轻材料）。各级投资平台按要求建立了“三会一层”。

【经营与管理】 建立现代企业制度，转变监管方式，股东监管从“管企业”为主向“管资本”为主转变；完成所属投资平台和业务单元董事会的建立工作；确立投资平台和业务单元董事会作为所在企业的决策中心。拓展董事来源、强化派出董事管理、提升董事履职能力，推动董事会有效规范运作，形成有效制衡的公司法人治理结构和市场化经营机制。构建以商业计划为核心的管理体系，重点推进以投资体系建设为目标的长江项目和以管理体系建设为目标的泰山项目。其中长江项目包括产业研究所建设、次级投资平台战略研究等7个项目；泰山项目包括总部组织机构优化、管理信息化建设等10个项目。完善人事、分配制度，在粮机业务上尝试市场化选聘经理人；投资平台和业务单元董事会聘任高管团队，实行任期制；1个业务单元员工持股、4个业务单元实施管理团队及核心骨干股权激励，混合所有制的投资平台实施管理团队股权激励；建立了兼职产业顾问等特殊人才协议薪酬制度。

优化管控体系，推动公司从“产业经营”向“资本投资经营”转变、从“本土企业”向“全球企业”转变、从“先进轨道交通装备”向“多元化装备”转变。在全球范围开展网式猎寻、链式并购，通过初选会的项目中，近60%为海外项目；聚焦高端装备，重点围绕环保和水务、新能源、新材料、高端农机装备、机器人等开展并购投资。年内，公司初步完成自身作为资产整合平台的搭建工作；按照“平台+装备”的基本思路，公司的投资平台功能在带动中车股份新能源客车市场推广上开始发挥作用；引入外部第三方审计监督，强化对所投资企业和资本安全的监管。全年开展并购项目37项，完成5项，执行中11项，待处理13项，关闭8项。

【重要纪事】 1月4日，公司启动运营。3月26日，第一个参股的次级投资平台中车城市交通有限公司挂牌运营。7月26日，首个规范董事会建设项目在中车轻材料启动。10月13日，启航项目获南方汇通股东会批准，成为首个完成交割的投资并购项目。11月1日，首个中车集团授权董事会行使六项职权的次级投资平台—中车株洲投资控股有限公司揭牌。12 月 25 日，首个公司与中车股份产业协同项目（资阳中车电气股权协议转让）完成签约。

【公司党政负责人名单】

董　事　长　王宫成
副 董 事 长　黄纪湘
总　经　理　胡　洋
副 总 经 理　杨志华

党 委 书 记　王宫成
党委副书记　胡　洋
纪 委 书 记　王宫成（兼）

（产投公司　供稿）

南方汇通股份有限公司

【概况】　2016 年，公司有 3 个主要控股子公司：贵阳时代沃顿科技有限公司、贵州大自然科技股份有限公司、贵州中车汇通净水科技有限公司。主要从事复合反渗透膜、纳滤膜及其他膜分离材料产品的研制、生产、销售；各类家具、床上用品、家居用品，工业用民用植物纤维材料的研制、生产及销售服务；净水设备及污水处理设备的生产、设计、销售及服务。公司全年实现营业收入 10.09 亿元，净利润 9865.72 万元，分别比上年增长 11.58%、17.30%。

【法人治理】　年内，公司完成《公司章程》修订、业务流程梳理，健全制度 20 余项。全年召开董事会会议 7 次，监事会会议 7 次，股东大会 3 次，完成董事会、监事会换届选举工作。依法合规进行信息披露，年内披露定期报告 4 份、临时报告 75 份、其他文件 66 份。对环保、节能、新材料等行业 80 个项目进行重点调研。

【资本运营】　年内，完成对贵州某工程公司并购，公司业务向环保工程总承包及投资运营方向拓展；实施并购珠海某设备公司项目，签署股权投资备忘录和框架协议；完成对经营团队持有的 20.39%时代沃顿股份收购；公司获得中国证监会关于向合格投资者公开发行公司债券的核准批复，取得 3.9 亿元债券发行权。全年投资收益 2676 万元。时代沃顿公司开发定型卷式超滤膜产品；完成工业化和家用自动叠膜机等多种专用设备的设计制作;完成沙文园区 7 号和 8 号线调试和试运行。大自然公司完成“净界”系列产品开发上市和基于互联网与传感技术的“Smartoo”智能床垫及“强护脊+”产品开发。完成棕丝工业化加工流水线装备开发，效率提高 20 倍以上。

【公司党政负责人名单】

董　事　长　黄纪湘
董　　　事　蔡志奇　张万军
总　经　理　蔡志奇
副 总 经 理　张晓南　许国樑
　　　　　　朱洪晖
财 务 总 监　朱洪晖（兼）
董事会秘书　简　勇

党 委 书 记　黄纪湘
党委副书记　张万军

（南方汇通公司　供稿）

成都中车隧道装备有限公司

2016年末，公司实现营业收入4510万元，利润总额33万元，完成年度经营目标。根据中车集团《关于对成都隧道装备有限公司实施债转股和以实收资本弥补经营亏损并将集团公司持有其全部股份无偿划转至中车集团产业投资有限公司的批复》，成都隧道公司进行股权划转及工商登记变更等相关工作。9月9日，中车集团与中车集团产业投资有限公司签订关于成隧公司87.79%股权无偿划转协议。公司召开首届股东会、董事会、监事会，股东会通过公司章程；选举刘盛、王永志、甘文为公司第一届董事会董事；选举罗中洋、聂晓东、吴思为公司第一届监事会监事。董事会选举刘盛为公司董事长并聘任为总经理。按照产投公司党委要求，公司进行了党支部改选。

中车株洲投资控股有限公司

【概况】 根据中车集团《关于设立中车株洲投资控股有限公司的批复》，由产投公司与株机厂合资设立中车株洲投资控股有限公司（简称株洲控股），作为发展新产业的并购、投资、孵化平台。10月19日注册成立，注册资金3亿元。12月，产投公司、株机厂将持有的天力锻业公司、株洲特装公司、宁波新能源公司股权划转至株洲控股，株洲控股成为上述3个公司的控股母公司；产投公司对株洲控股增资至3亿元，并完成工商登记变更。至年末，株洲控股在册员工3人；实现营业收入4.48亿元，利润总额1592万元，净利润1594万元。

【宁波中车新能源科技有限公司】 简称宁波新能源，注册资本1.86亿元，隶属株洲控股公司，是国家级高新技术企业。年末，有在册员工201人，其中正式员工166人。全年完成收入13021万元，其中营业收入12550万元。年内，新研制的3V/12000F、3.6V/60000F、2.85V/2650F超级电容器实现产业化生产；开发了电池电容、锂离子电容器、混合型电容器等多种新型超级电容器。成功开发出1500V地铁线路储能装置、特种高功率电源、电车用储能PACK系统、自卸车储能系统、有轨电车用储能系统等新型储能系统。全年申请专利35项（其中发明专利31项），获得授权26项（其中发明专利24项）。开发了矿山车辆等新兴储能市场。获批工信部“工业强基工程”专项资金3985万元；“纯电动公共交通车辆高安全性牵引储能动力电源的研究”获中国产学研合作创新成果一等奖；“超级电容器的制造方法”获浙江省专利金奖。公司全年承担各级科研项目12项，其中“高比能、低成本的新型超级电容器关键技术研究”（国家863项目）完成终验收，“石墨烯基纳米混合型超级电容器研制”获株洲市重大科技专项支持。

【株洲中车天力锻业有限公司】 简称天力锻业公司，以高端轨道交通装备车轴、电机转轴为核心产品，以其它锻件产品为辅，在轨道交通装备轴类产品从“材料、成形、热处理”一体化的研究方面保持独特优势。年末在册员工248人，完成产量9千吨，实现营业收入1.72亿元，净利润1024万元，完成经营指标。7月，公司一次性通过直流机车合金钢车轴CRCC认证，是全国首家将全系机车车轴按最新标准通过CRCC认证的企业。主动拓展市场业务，年内市场产品实现销售614万元，比上年增长81.21%。

【株洲中车特种装备科技有限公司】 简称株洲特装公司，是湖南省高新技术企业，主营业务包括游乐装备及系统解决方案、工艺装备（自动化）成套系统，具备游乐设备设计制造A级资质。产投公司占股权45%，株机厂占股权35.81%。年末在册员工251人，其中高级工程师职称5人。实现销售收入1.5亿元、净利润550万元。年内，游乐产业新签市场订单5个，游乐市场业务扩展到国内17个地区。完成磁悬浮轨道检测小车等立项项目的产品研发。全年申报专利16个，其中发明专利2个，实用新型专利14个。获取专利14个，其中实用新型专利10个，外观专利4个。

青岛中车轻材料有限公司

2016年末,公司员工人数50人，其中技术营销人员19人，管理人员8人。下设6个部门。全年实现销售收入3272万元，完成经营目标。根据中车集团《关于中车集团（青岛）四方车辆资产管理有限公司所持青岛南车四方轻材料有限公司国有股权无偿划转的批复》，中车集团（青岛）四方车辆资产管理有限公司所持公司25%股权划转到中车产业投资有限公司。8月完成工商变更登记，公司更名为青岛中车轻材料有限公司。年内召开第一届股东会、董事会、监事会。完善精益管理体系建设，精益生产和精益管理水平持续提升。钎焊铝蜂窝板合格率由40%左右提高到90%以上。常州生产基地钎焊流水线正式生产；四方厂区第二条钎焊炉生产线设备安装到位。公司保持轨道车辆零部件焊接体系CL1级资质。

资阳中车电气科技有限公司

2016年末，公司员工333人，其中，工程技术人员100余人。实现销售收入4.08亿元，净利润4112万元，净资产收益率46.63%。年内，公司召开第一届股东会、董事会、监事会及规范董事会建设启动会。完成新能源汽车高压线束集成产品、直流交流充电枪、充电桩等产品研制；开展千项通用电连接器研制。全年申报专利9项，其中申报发明专利5项，受理5项，申报实用新型专利4项，授权4项。年内完善技术基础标准126项，设计标准体系267项，产品标准24项，工艺、工装技术标准157项，检验、验收和试验方法技术标准25项，测量、检验和试验设备标准4项，信息技术标准48项。高低压连接器及线束集成在广州地铁13号线首次实现整车装用。获得66列重庆环线电连接器订单。中标湘电莱特公司电机高压连接器及线束集成订单，公司成功进入新能源汽车领域。

中车资本控股有限公司

责任编辑　田传运

金控公司基本情况

中车轨道交通投资有限公司

中车金证投资有限公司

中车股权投资有限公司

中企云链(北京)金融信息服务股份公司

中车汇融保险经纪公司

金 控 公 司 基 本 情 况

【概述】 2016年末，中车资本控股有限公司（简称金控公司）注册资本4亿元，在岗员工54人。金控公司总部由综合管理部、业务发展部、财务部、风险管理部和共享服务中心组成；公司实行“5+X”业务架构，“5”就是中车轨道交通投资公司、中车金证投资有限公司、中车股权投资有限公司、中车科技投资公司、中企云链公司，“X”是指未来发展的业务单元。公司主要业务投向轨道交通装备等高端装备制造业产业链上下游产业，符合国家产业发展方向、发展潜力大的战略新兴产业、朝阳产业，城市基础设施建设及符合国家“一带一路”战略的基础设施建设项目、政府主推的 PPP 项目。

【规划发展】 按照“坚定一个中心、紧扣两大要素、做强三大业务、发挥三大推动力、实现一个总目标”的“12331”的发展方向，发挥产融结合效应，做优做强做大各个业务板块，承担起中车集团打造国有资本投资公司的核心功能。

【年度经营计划与实施】 编制年度经营计划，确定公司经营方针目标，分解下达主要经营指标，制定实施专业计划等措施，全面完成公司年度经营目标。在《关于集团公司一级子公司2016年度效绩评价考核结果的通报》中，金控公司成绩优异。

【经营管理】 制定《中车资本控股有限公司效绩管理办法》，与3个子公司签署《企业效绩考核目标责任书》。实施《中车资本控股有限公司员工绩效考核管理办法（暂行）》，建立全员绩效考核机制，考核结果与当月绩效工资挂钩。加强制度体系建设，建立健全规章制度140余个，使各项工作业务有章可循、有据可查、有规可依。

【项目开发与投资】 年内，中标佛山地铁3号线特许经营项目、韩城市悬挂式单轨PPP项目；牵头实施的台州市域轨道交通S1线项目进入资格预审阶段；参与呼和浩特市地铁一、二号线PPP项目、晋中-太原城际项目投标；跟踪昆明、太原、南宁、杭州、安顺等地项目，跟踪项目投资额过千亿元。

【证券投资】 选择行业向上、业绩扎实、估值合理、具有想象空间的项目做为投资标的。布局证券、金融信托、军工航天、新能源、超导电子元器件等国家大力扶持鼓励类行业，参与定向增发投资。截至年末，该项业务总投资16亿元。

【股权投资】 参股央企基金，投资株洲时代母基金项目。投资设立宁波中车股权投资基金管理有限公司，发起设立宁波中车华誉股权投资基金管理中心，并中标宁波鄞州区宝幢公路项目。与无锡市滨湖区政府、株洲市国投集团签署合资成立区域投资管理公司合作协议。建立符合票易贷等业务要求的合规性平台，在天津成立中车天津商业保理公司，开展云信直投业务、商业金融类业务。年内商业金融类项目立项12项。

【金融服务】 截至12月，完成确权融资、云信融资、固资采购融资、资产证券化共计62亿元，商业金融板块总资产规模达到8.56亿元。公司参股的中企云链（北京）金融信息服务股份有限公司，整合大企业资源、金融资源、供应商资源，构建免费的产业互联网金融创新平台，提供零成本平台服务。截至年末，云链金融平台注册企业用户4100家（中小企业占80%以上），实现大企业“云信”支付72亿元，流转交易累计150亿元，为中小企业办理线上应收账款融资21亿元。办理融资业务3300余笔，其中单笔100万以下的占85%。为大企业减少财务费用5000万元，中小企业降低融资成本8000余万元。

【保险经纪】 8月8日，公司控股子公司中车汇融保险经纪有限公司成立。年内完成原有企业财产保险业务的接转续保工作，开展多家企业的理赔咨询服务，跟进首台（套）重大技术装备综合保险业务和公司PPP项目相关的工程险业务。

【孵化投资】 公司筹划与中车研究院共同成立“中车科技投资公司”，拓展产业上下游的技术创新增值空间，以“技术孵化+股权投资”的模式加快实现高科技成果产业化。

【党群工作】 扎实开展“两学一做”学习教育，召开动员会。党委书记以《学习党章、贯彻党章、践行党章》为题给全体党员讲党课。9月28日公司召开第一次党员大会，选举产生公司党的委员会和纪律检查委员会。严格开展党费核查工作。加强党群制度体系建设，制定党群工作制度23项。加强两级领导班子建设和学习型组织建设，全年组织中心组学习12次。强化思想政治工作和企业文化建设，发布简报8期；完成公司及子公司墙体宣传画和相关标牌的更换工作。坚持党管干部、党管人才原则，积极参与公司机构设置和人才队伍建设工作，审议各部门人员构成。制定公司廉政风险防控体系实施办法，落实党风廉政建设责任制和“一岗双责”；开展示范教育、警示教育和岗位廉政教育；强化效能监察。加强保密工作制度建设。筹备组建工会组织，完成会员发展工作。全年慰问困难员工3次。

【重要纪事】 1月25日，北京懋峘轨道交通产业投资管理合伙企业(有限合伙)成立。2月18日，北京荣懋轨道交通产业投资管理合伙企业(有限合伙)成立。4月22日，中车城市发展（天津）股权投资基金管理有限公司正式成立。5月30日，中车（天津）商业保理有限公司正式成立。6月30日，公司召开“两学一做”学习教育党课暨纪念建党95周年表彰大会。7月26日，公司与交通银行股份有限公司签署合作备忘录。8月8日，中车汇融保险经纪有限公司正式成立。8月30日，北京中车世纪股权投资基金（有限合伙）正式成立。9月28日,公司召开第一次党员大会。11月8日，中标佛山市城市轨道交通3号线项目。12月2日，中标韩城市悬挂式单轨项目。12月19日，中车城市发展（天津）股权投资基金管理有限公司获得基金管理人登记许可，具备发行基金产品资格。12月23～24日，公司召开2017年工作研讨会。

【公司党政负责人名单】

董 事 长	邵仁强
总 经 理	邵仁强（12月免）
	生春林（12月任）
副总经理	张洪权
党委书记	生春林（12月免）
	邵仁强（12月任）
党委副书记	邵仁强（12月免）
	生春林（12月任）
纪委书记	生春林（12月免）
	邵仁强（12月任）

（金控公司　供稿）

中车轨道交通投资有限公司

2016年4月，初步搭建由投资部、市场部和综合管理部组成的公司管理体系。年内参与呼和浩特市轨道交通2号线一期工程，晋太市域铁路一期工程，韩城市悬挂式单轨、佛山地铁3号线等项目投标。其中，中标韩城市悬挂式单轨PPP项目、佛山地铁3号线特许经营项目。与珠海和君同兴城市发展股权投资基金管理合伙企业共同组建的“中车城市发展（天津）股权投资基金管理有限公司”在天津经济开发区成立。年末，中车城投基金管理公司完成“北京中车世纪股权投资基金（有限合伙）”工商注册，获得中国证券投资基金业协会的管理人登记许可，具备发行基金产品募集资金的资格。

中车金证投资有限公司

按照中车集团和金控公司对中车金证投资公司作为资本运作平台开展金融证券投资的战略定位，主动与资本市场接轨。学习其它央企投资经验，加强与券商及投资机构深度合作，规范完善内控基础管理、投资业务流程和风险控制体系。2016年，完成总投资额19.4亿元，实现利润7244万元。完成定增等权益类投资项目累计投资19亿元，浮盈7.28亿元，投资收益率38.35%。完成类固收产品投资2000万元，年化收益率4.5%。获得网下新股申购的机构投资者资质，中签新股平均收益率为308%。年末，投资金额5000万元的证券市场主动投资（市值管理）方案获批。

中车股权投资有限公司

中车股权投资有限公司业务主要包括股权投资业务、商业金融业务。全年实现营业收入2253万元，其中主营业务收入2026万元，投资收益1429万元，实现净利润1339万元，其中归属母公司净利润1327万元。股权投资业务完成项目调研立项23项，完成投资7项，投资完成额5.205亿元，实现投资现金收益1474万元。商业金融板块完成确权融资、云信融资、固资采购融资、资产证券化共计62.4亿元，实现财务收益3352万元；投资的总资产规模8.56亿元。在股权投资板块方面，设立了南车投资基金管理（北京）有限公司及宁波中车股权投资基金管理有限公司。与西南证券签署战略合作协议。在商业金融板块方面，策划设计票易贷2.0业务、云信直投业务、固采融资业务、确权保理融资业务、ABS应收账款出表业务等。其中票易贷1.0纸票投资3469万元；云信保荐总额25亿元，保荐利得500多万元；云信直投金额8.42亿元，云信直投贴现利息累计1174万元；确权融资金额3609万元。重点对ABS应收账款出表、锡盟风电、路局应收账款催收等项目开展深入研究，制定项目方案。完成中车（天津）商业保理有限公司设立。制定《保理业务管理办法》《保理业务风控制度》。

中企云链（北京）金融信息服务股份公司

2016年，云链平台注册用户5000家，开立云信5400笔，开立金额90亿元；全年共完成保理业务4500笔，金额30亿元。云信已在中国中车、中国铁建全面推广；中国中铁、国机集团、中交建、北京华联、上海城建完成试点进入推广期；与航天科技、招商局、中国建筑、中节能、中船重工等大型集团达成合作意向。云链金融作为商业模式创新典型被国资委列为央企双创平台。启动公司增资扩股工作，开展云链金融增资路演，11月10日在北京产权交易所正式挂牌，并征集16家大型企业和机构入围。

中车汇融保险经纪公司

2016年8月8日，中车汇融保险经纪有限公司成立。公司以中车集团公司内部保险市场为基础，建设成为中车集团保险业务集中管理平台和风险管理辅助平台。业务涉及企业财产保险、首台（套）重大技术装备综合保险、工程险、理赔咨询服务等。年内完成原有企业财产保险业务的接转续保工作；组织开展多家企业的理赔咨询服务；跟进首台（套）重大技术装备综合保险业务、公司PPP项目相关工程险业务。

中车置业有限公司

责任编辑　田传运

置业公司基本情况

置业公司基本情况

【概述】 2016年末，置业公司在岗员工总数259人，其中总部67人，子公司192人；注册资本23.5亿元。拥有7家子公司，分别为齐齐哈尔东湖房地产开发有限公司、黑龙江悦湖房地产开发有限公司、大连大力置业有限公司、大连车城房屋开发有限责任公司、天津乐湖房地产开发有限公司、荣成翠湖房地产开发有限公司、中车置业（太原）有限公司。年内开工面积21.5万平方米，完成销售额29.9亿元，实现营业收入14.2亿元，净利润1.5亿元。获集团公司“2016年突出贡献奖”。

【规划发展】 充分论证政策环境、行业发展、中车及自身资源优势，确立发展战略方向：依托中车强大的品牌信用和自有土地等优势资源，聚焦城市更新领域，通过对土地的整体规划和创新开发，提升区域价值，提高各方收益，确保集团整体利益最大化，逐步构建具有中车特色的城市综合开发业务体系。在既有项目上，以“刹车、止血、去库存”为主基调，规划到“十三五”末，实现年营业收入100亿元，利润10亿元的总体目标。

【年度经营计划与实施】 根据中车集团公司下达的《效绩目标责任书》，2016年置业公司归属母公司净利润计划指标1000万元，营业收入计划指标109850万元，战略达成率为80%。具体实施措施是转变观念，建立公开透明的评价机制；推进管理体系、人才队伍、风险管控等方面改革创新；实施战略引领土地拓展，开展成都、兰州、天津项目土地拓展前期工作，并对大连、四方、北京二七厂等项目进行初步调研。立足退城入园土地开发，推进各个城市区域的规划设计和产业导入策划工作。

【项目开发】 在存续项目方面，围绕“刹车、止血、去库存”总体思路，制定制度、流程和相关管理办法，建立实施激励机制等措施，公司费效比由2015年的11.9%降至2016年的1.8%。年内，天津项目以合理化的价格策略和推售节奏，不断突破销售目标，领跑存续项目；哈尔滨项目1月份完成土地摘牌，10月27日获取预售许可证并正式开盘销售；齐齐哈尔项目利用10月末商业开盘造势，实现快速去化，销售套数在齐齐哈尔市排名前三；荣成项目、大连云锦台、花溪镇、圆梦园项目以去化为核心，稳步推进销售去化。太原项目开盘当日认筹千套，并超额完成全年销售任务，成为退城入园项目开发管控标杆。开展对兰州、成都、天津等项目前期土地拓展和城市规划研究。中车对自有土地改造开发方案获成都市政府同意，促成成华区对厂区不规则土地的收储，成都项目作为城市功能更新标杆初见成效。

【经营管理】 年内，完成压减企业法人单位3户；亏损企业由2015年9户减少至3户。中车集团对公司清产核资和“债转股”增资，公司自身通过经营盈余、快速去化库存归还借款等措施，资产负债结构不断优化。年末公司资产总额85.6亿元，负债总额80.3亿元，资产负债率93.84%。制定实施《中车置业有限公司财务预算管理办法》，财务预算管控体系初步建立；完善会计核算体系，完成财务系统网络化建设，初步实现财务系统资源共享；搭建了公司资金收付、资金调剂、资金划转的统一平台。开展“云信”票据支付业务，对外开具云信6000余万元，降低财务费用130万元。确定“可研成本、控制成本、责任成本和实际成本”四阶段成本管控理念；建立招标、成本控制制度体系；开展成本管理各项制度执行情况检查。公司财务费用、销售费用、管理费用三项费用比率下降到6.5%。太原项目和哈尔滨项目二期工程的建安费用比2015年以前分别降低426元/平方米、340元/平方米。优化人力资源体系，调整岗位等级设计，实施人岗适配调整；启动个人绩效考核机制和薪酬激励机制。建立健全风险管理、内部审计和法律事务管理规章制度，开展风险评估，推进全面风险管理体系和内部控制体系建设；开展合同审核、诉讼纠纷处理等，降低法律风险。工程管理根据“体系再造、质量提升、保证交付”的工作主线，采取多种手段提升工程质量。完善安全管理架构，建立预防、预警机制，组织安全培训活动。

【党群工作】 1月5日，经中车集团党委常委会研究决定，撤销原北车地产有限公司党工委，成立中车置业党委。6月27～28日，公司召开第一次党员大会，选举产生置业公司第一届党的委员会和纪律检查委员会，提出五年内成为中车集团新业务重要增长极和实现员工收入倍增两大战略目标。12月成立党群工作部，配备专职党群工作人员。公司党委深入学习贯彻党的十八大和十八届历次全会精神、习近平总书记系列重要讲话精神，创建学习型党组织，扎实开展党的思想政治建设、组织建设、制度建设、作风建设和反腐倡廉建设，全面落实“两个责任”，坚持从严治党，发挥“把方向、管大局、保落实”作用。公司工会发挥桥梁纽带作用，开展“六送三关注”、提质增效劳动竞赛和合理化建议活动等，促进公司经营工作的开展。公司党委及时了解青年职工的思想动态，通过各种渠道和载体为青年职工成长创造条件。

【重要纪事】 1月29日,召开公司成立大会、公司2016年行政和党建工作会议暨工会一届一次职工（会员）代表大会。3月25日，黑龙江悦湖房地产开发有限公司土地摘牌。4月12日，《中车置业有限公司“三重一大”决策制度实施细则（试行）》下发执行。4月13日，《中车置业有限公司组织体系改革方案》下发执行；4月28日公司召开“两学一做”学习教育和提质增效工作动员部署会议。6月27～28日，公司第一次党员大会召开。9月24日，中车置业（太原）有限公司项目一期开盘，当天认筹1000套。9月，天津乐湖房地产开发有限公司当月认购275套，面积26633.49平方米，签约360套，面积3486.99平方米。12月，经中车集团研究决定，宫良国任公司董事长、党委书记、纪委书记，谢传军任公司总经理、党委副书记。12月，设立中车置业（台州）有限公司并获得台州项目土地。

【公司党政工负责人名单】

董 事 长	贾世瑞（兼，12月免）
	宫良国（12月任）
总 经 理	宫良国（12月免）
	谢传军（12月任）
副总经理	殷维河
	谢传军（12月免）
	路孝杰
党委书记	谢传军（12月免）
	宫良国（12月任）
党委副书记	宫良国（12月免）
	谢传军（12月任）
纪委书记	谢传军（12月免）
	宫良国（12月任）
工会主席	殷维河

（置业公司　供稿）

中国中车大学（中车职教集团）

责任编辑　　田传运

中国中车大学（中车职教集团）

常州铁道高等职业教育学校

大连机车技师学院

青岛四方机车车辆技师学院

中国中车大学（中车职教集团）

【概况】 2016年1月18日，中国中车大学举行揭牌仪式。5月27日，中国中车集团公司印发《中国中车大学章程》。《章程》确定：中国中车大学是中国中车的企业大学，是集团公司的直属机构，中文简称为“中车大学”，英文缩写为“CRRCU”，总部设在北京。中车大学的愿景是：“成就中车人梦想，成为世界行业一流企业大学”。中车大学的校训是：勤思敏学、精业笃行。中车大学作为集团公司学习发展体系的核心载体，以“专业化、职业化、同心化”为建设总纲，努力建设职能业务平台、专业实施平台、人才开发平台、人才赋能平台、学习共享平台和价值创造平台等六大人才高地支撑平台，全面凸显人才育成，知识管理、组织变革、文化传承等四项功能。中车大学职能机构设置规划发展部、学习研究部、项目管理部和综合管理部。中车大学设置领导力和管理学院、工程技术学院、营销与供应链学院、职业技术学院和网络学院等五个学院，依据资源优势和实际需求，分别承担相应工作项目任务。年内，中车大学推进运营管理体系建设、人才开发能力提升和重点开发项目突破等重点工作，落实《中车大学建设方案》，有效发挥人才赋能平台作用。跟踪集团化办学、校企合作等职业教育改革政策，深化职业院校运营发展调研，积极推进学校创新发展。

【规划编制】 根据中国中车“十三五”发展战略，系统谋划中车集团教育培训板块发展规划。从教育培训业务发展思路、业务布局、发展步骤等方面，开展教育培训业务“十三五”规划的研究与编制工作。

【基础管理】 实行校长办公会和月度例会工作制度。建立健全基础管理制度，优化完善工作流程。发布实施《中车大学章程》《中车大学证书管理办法》《培训项目费用预算暂行办法》等制度办法，编制完成《培训项目实施工作流程》《培训项目费用预算管理工作流程》《培训师聘用管理工作流程》。

【项目管理】 开展培训项目开发与实施。北京、常州、大连校区及大连技校、四方技校两个教学点，共组织管理、技术、技能培训项目62个，培训员工3800余名。完成中车大学生入职培训课程开发和内部培训师“完美授课”培训项目。运用敏捷课程开发技术，采取工作坊的方式，开发《正道中车—走进中车，融入中车》《臻于至境 名片中车》《精于业 益其中》《品质中车 责任你我》《绿色中车 安全领跑》《走出去 走进去 走上去——中国中车国际化之路》《效益从哪里来》和《中车驰骋 人才牵引——成就优秀中车接班人》八门大学生入职培训课程，培养内部培训师近百名。

【校区建设】 年内，组织《中车大学与集团公司所属企业共建教学点协议书》签订工作，促进三个校区的全面运作。组织北京校区、大连校区揭牌仪式，从环境建设、文化体现、理念跟进等方面，严格按照中车VI标准规范校区建设。围绕培训教学实施能力提升，指导北京、大连校区建设分期推进计划，优化提升培训学习设施与环境，助推中车大学实质性发展。中车大学被国家人社部批准成为第六批“国家级专业技术人员继续教育基地”，获300万元专项财政资金支持。在20家获批单位中，是唯一一家企业基地。

（中车大学　供稿）

常州铁道高等职业教育学校

【概况】 2016年末，学校全日制在校生3000余人，教职工172人,其中教师139人。专业教师中具有高级以上职业资格证书的“双师型”教师占75%以上。学校设机电工程系、轨道交通系和成教部，开设城市轨道交通运营管理、城市轨道交通车辆、城市轨道交通机电技术、机电一体化技术、机械制造与自动化、数控设备应用与维护、焊接技术及自动化、电子商务等10多个高、中职专业。其中，城市轨道交通车辆应用与检修、焊接技术及自动化专业是江苏省五年制高职特色专业，数控设备应用与维护专业是江苏省五年制高职品牌专业。年内，学校被江苏省教育厅认定为江苏省高水平现代化职业学校；“城市轨道交通、焊接”2个实训基地被认定为江苏省高水平示范性实训基地。年内，学校录取新生867人，毕业生数579人，一次性毕业率达到98%以上。全年承办中车培训班28个，计50721人•天。面向行业企业和社会开展培训77期，培训人数4182余人。全年实现培训收入934万元。做好教师职称的评审工作，年内有3人通过省教育厅副教授职称评审，2人通过联合学院高校讲师评审。

【基础设施建设】 完成静逸居（4）培训宿舍的改造装修。抓好9号宿舍楼拆除重建工程，完成1万多平米宿舍楼建设；拆除重建工程被评为常州市优质文明工程。组织开发铁道通信信号新专业，并报省教育厅审批。建成以统一身份认证平台、数据中心、统一信息门户为核心的三大基础平台；新建业务管理系统及网络学习平台、资源库平台、虚拟现实三维互动教学平台等教学应用系统。新建数字图书馆，拥有电子图书12万册。购置电子图书阅览机5台。新建北京中庆全自动录播系统。

【技能竞赛】 组织学生参加江苏省焊接大赛获得金牌；在江苏省状元杯比赛中获得三等奖和“高技能人才摇篮奖”；获全国交通运输行业“轨道列车司机”职业技能比赛华东区第一名，全国比赛第八名；在江苏省船舶行业比赛中获得“技能大赛技能人才培养先进院校奖”，在常州市状元杯比赛中获得一、二、三等奖；获江苏省技能竞赛“城市轨道交通车辆应用与维修”团体项目二等奖和三等奖各一项。

【重要纪事】 1月18日，中车大学校长魏岩到上海学习调研。3月7日，学校召开党风建设和反腐败工作会议。4月27日，召开“两学一做”学习教育动员部署大会。5月3日，学校获江苏省高技能人才摇篮奖。6月30日，学校召开纪念建党95周年暨“一先两优”表彰大会。9月30日，学校召开中车党委巡视工作动员会。

【学校党政工负责人名单】

党委书记	刘春阳
党委副书记	朱月红
纪委书记	朱月红（兼）
工会主席	罗玉红（兼）
校长	曾金传
副校长	苗苗　罗玉红　赵太平　俞永清

（常铁校　供稿）

大 连 机 车 技 师 学 院

【概况】 大连技师学院设有16个专业，中级工学制初中3年，高中2年；高级工学制初中4年，高中3年；预备技师学制初中6年，高中4年。2016年末，学校教职员工154人，在校生2541人。本年招生547人。全年实现经营收入4331万元，利润为30万元。其中，学历教育收入1746万元，实习工厂销售收入2364万元，培训收入221万元。本年，学院被中国职业教育和职业培训协会评为全国职工教育职业培训先进集体，荣获2015~2016年度大连市技工教育先进技工学校称号。

【教育教学】 年内，理论教学完成115个班级的教育教学任务，总学时29160学时。其中有18个班级全部完成在学院的理论教学课程和实习教学课程，班级学生进入顶岗实习阶段。学院组织了41个班级，10个工种，预备技师、高级工、中级工三个等级1403人次的技能鉴定理论考试，及格率76.46%；7月，组织新生和将顶岗实习学生1429人，参加大连市劳动局组织的教学质量抽测考试；组织教师参加辽宁省说课比赛。全年实习教学完成116个班次4670人的教学任务，考试优秀率11.1%，及格率91.1%。组织实作鉴定1151人，及格率84.8%。

【技能培训】 年内，继续抓好技能人才职业技能培训，强化培训管理，推进制度建设，积极开展各类培训。全年举办各级各类培训班20个，培训学员974人次。协助公司人力资源部组织的职业技能鉴定2个批次，共计420人。承办大连市第十届职业技能大赛机修钳工（复赛）及赛前培训工作。组织学生参加各级各类竞赛，学院学生在第44届世界技能大赛辽宁选拔赛数控加工决赛上，在数控铣工赛项中获一等奖第一名，在数控车工赛项中获三等奖第一名。“大连市职工技能培训实训基地”揭牌仪式在学院举行。

【教育结构调整】 年内，学院围绕智能制造发展趋势和新兴产业变革，对现有专业进行结构调整。以国家重点支持建设专业“数控机床”“机械装配”“焊接加工”“电气自动化设备安装与维修”4个骨干专业为核心，保持办学规模，深化内涵建设，创新发展方式，并以此带动其它专业群建设。适应智能制造发展趋势，依托大连公司技术优势和资源优势，首次开设“工业机器人应用与维护”专业，成为大连市第一所开设此专业的中职院校。

（大连技师学院 供稿）

青 岛 四 方 机 车 车 辆 技 师 学 院

【概况】 青岛四方机车车辆技师学院是全国职工教育培训示范点，山东省首批高技能人才培训基地，国际焊工（ISO9606）和欧标（EN287）培训基地，山东省“金蓝领”培训基地，山东省特种作业人员、特种设备培训单位，中车职工职业技能考核站，第44届世界技能大赛山东省选拔赛焊接项目集训基地。学院设有焊接加工、轨道交通车辆、数控加工、机械设备装配、电气自动化五大专业群。2016年末，学院在册正式教职工112人；有135个全日制技工教育班，在校生6594人。设焊接加工（国际焊接）、机械设备装配与自动控制、电气化设备安装与维修、轨道交通焊接技术等12个专业，首次设工业机器人应用与维护专业。全年实现营业收入3272万元，净利润240万元。年内，培养“双师型”教师，派24名专业教师到企业实践锻炼，派34名专业教师、班主任及近三年新入职教师参加青岛市职研室组织的培训班。成功申报国家发改委产教融合项目，并进入发改委“十三五”建设项目库。学院被山东省技能人才开发协会评为“全省职工教育职业培训先进集体”。

【职业教育培训】 年内，学院承办第44届世界技能大赛山东省选拔赛组织工作，本院3名参赛选手分别获得第三、第八和第九名。首次承办中车大学四方培训基地高级焊工研修班、高级铆工研修班等5个培训班，培训中国中车高技能人员118人。完成集团公司驻青岛企业24个工种、1153名员工技能操作鉴定。承接了四方股份公司、成都公司、郑州明泰公司、佛山公司的国际焊接培训工作。

【招生改革】 学院2016年计划招生1600人，报名人数达2000余人。学院改变了技工院校只要报考即可入学的办法，除高中生和中考达标的考生外，其余学生于4月和7月分两批进行入学考试。这一考试选拔录取的办法，提高了生源的质量，在青岛市和山东省技工院校尚属首家。

（四方技师学院　供稿）

中车资产管理中心

责任编辑　田传运

资产管理中心基本情况
中国南车集团投资管理公司
中车集团齐齐哈尔铁路车辆（集团）有限公司
中车集团哈尔滨车辆有限公司
中车集团沈阳机车车辆工贸总公司
中车集团大连大力轨道交通装备有限公司
中国北车集团北京二七机车厂有限责任公司
中车集团北京南口机车车辆机械厂
中车集团天津机车车辆机械厂
中车集团太原机车车辆厂
中车集团长春客车厂
中车集团唐山机车车辆厂
中车集团永济电机厂
中车集团兰州机车厂
中车集团大同社区管理中心
中车集团西安车辆厂
中车集团济南机车车辆厂
中车集团株洲电力机车厂
中车集团戚墅堰机车车辆厂
中车集团武汉江岸车辆厂
中车集团株洲车辆厂
中车集团铜陵车辆厂
中车集团武汉武昌车辆厂
中车集团成都机车车辆厂
中车集团南京浦镇车辆厂
中车集团洛阳机车厂
中车集团襄阳机车厂
中车集团资阳机车厂
中车集团眉山车辆厂
中车集团石家庄车辆厂
中车集团（青岛）四方车辆资产管理有限公司
中国南车集团北京二七车辆厂
中车集团贵阳车辆厂

资产管理中心基本情况

【概况】 2016年末，资产管理中心资产总额101.62亿元，净资产61.43亿元。下属企业包括中国南车集团投资管理公司、中车集团齐齐哈尔铁路车辆（集团）有限公司等33个企业。

【战略与规划】 编制印发《中国中车集团公司资产管理业务“十三五”发展规划》。编制《中国中车集团公司资产管理业务2017-2019年滚动规划》，细化发展指标、资源支撑计划等内容，确保“十三五”规划与年度计划有效衔接，推动战略落实。

【剥离企业办社会职能】 制定印发《中国中车集团公司“三供一业”分离移交工作总体方案》，明确集团公司2016~2018年“三供一业”分离移交工作和厂办大集体改革工作的工作原则、目标任务、进度安排和工作要求。制定印发《中国中车集团公司“三供一业”分离移交工作指引》，统一集团公司“三供一业”分离移交工作的工作程序、工作流程和管理要求，指导和规范各企业“三供一业”分离移交工作的开展。全年完成12项“三供一业”分离移交工作，完成15项分离移交项目设计方案、改造费用估算、分离移交协议等评审；获得国有资本经营预算补助资金3.13亿元。

【解决历史遗留问题】 制定印发《中国中车集团公司进一步推进厂办大集体改革工作总体方案》，明确集团公司2016~2018年厂办大集体改革的工作原则、目标任务、进度安排和工作要求。制定印发《中国中车集团公司厂办大集体改革工作指引》《关于印发中国中车集团公司厂办大集体改革工作程序及计划任务分解表的通知》，有效指导和规范各企业厂办大集体改革工作的开展，完成哈尔滨厂、长客厂、永济电机厂3家企业8户厂办大集体企业的改革工作。戚墅堰机车车辆厂工业公司等13户完成厂办大集体改革的企业获得中央财政专项补助资金5577万元。稳步推进棚户区改造，5个棚户区改造项目获得国有资本经营预算补助资金4702万元。

【经营与管理】 制定印发《中车集团公司存续资产租赁管理办法》，强化存续企业和托管企业的管理责任。2016年，下属企业实现营业收入7.31亿元，利润总额3.36亿元。

（资产管理中心　供稿）

中国南车集团投资管理公司

2016年末，公司资产总额24亿元。注册资本66395万元。在册员工人数10人，其中女员工4人。实现收入6199万元，净利润1982万元。年内，根据中车集团《关于印发中国中车集团公司股权调整总体方案的通知》《关于对中国南车集团投资管理公司实施分立的决定》以及《关于中国南车集团公司所持部分股权及资产无偿划转至中车股权投资有限公司的批复》要求，对投资公司以无偿划转方式实施分立，分立基准日为2015年12月31日。6月，投资公司注册资本变更为66395万元。全年，时代新材及中车股票收益共计1805万元。拓展物业业务范围，全年新增物业项目3个，增加营业收入150

万元。完成公司固定资产台账清点核实。完成公司资产监督管理办法、中车大厦檐瓦防护工程项目议标工作；对所辖楼宇实行月度定期安全巡视检查，排查各类危险源。严格履行合同，完善资产监管体系，保证资产经营管理业务有序进行；完成方庄园区围墙加固、厨房燃气报警探头更换等施工工程11项。开展消防、停电、防盗等应急演练，提升安全意识和处理突发事件反应速度；加强五棵松办公区人员管控，严格按规定设置开门权限和使用时限；设置督导组进行质检督查，做到质检工作全方位、无遗漏。实施项目经理制，培养锻炼物业管理队伍；调研方庄办公区整体情况，制定《方庄办公区经营管理方案》。配合中车集团完成公司分立股权划转、产权和资产变更、营业执照变更等工作；完成投资公司分立协议、职工代表大会决议。加强薪酬预算管理，合理控制各项费用；完善公司管理制度，制定和修订企业负责人、员工履职待遇支出、公务用车、总部员工差旅费、岗位绩效工资管理等管理办法。6月，取消投资公司党委，组织关系转入机关党委管理，成立投资公司党小组。下属公司海南鑫源置业发展有限公司全年实现营业收入2903.98万元，利润62.57万元，扭转酒店长期亏损的局面；被授予“中国十佳温泉服务酒店”、“全国绿色饭店示范企业”、“海南酒店行业知名老字号企业”称号；通过国家四星级酒店复核，海口市“旅游标准化示范单位”年度复核。被中国饭店协会评选为“中国饭店协会常务理事单位”，是海南酒店行业唯一入选企业。下属公司泰安傲徕峰山庄有限公司，积极做好员工的分离安置工作，取得上级公司、济南厂及职工均满意效果。完成职工宿舍区“三供”移交，物业管理移交处于推进中。协助公司律师做好与前承租户间的诉讼案件工作，提供充分证据资料，最大限度地维护公司权益。

（投资公司　供稿）

中车集团齐齐哈尔铁路车辆（集团）有限公司

2016年，齐车厂推进厂办大集体改革后续工作,完成改制后新公司工商登记注册、改制职工劳动关系处理、社保关系接续、改制预留费用筹集工作；组织办理主办企业补入资产过户手续。5月13日，齐车厂下发《齐车公司职工家属区物业管理职能改造移交工作方案》，成立联合工作组，搜集、整理职工家属区各类设施、资产、状态等信息，推进物业管理职能移交。根据中国中车集团公司《关于开展历史遗留问题排查工作的通知》要求，彻底排查存续企业历史遗留问题，形成《关于齐车公司历史遗留问题排查情况的报告》，对企业实施主辅分离、社会职能移交、厂办大集体改革等工作过程中遗留的问题及企业历史积淀形成的问题进行了归类、分析和研判。调研农场及外部市场情况，形成《关于公司农场后续经营方式建议的报告》，经齐车厂审议通过，确定在2017-2019年过渡期间，采取承包经营的方式实施管理，并通过对外招标选定了承包方。把握齐齐哈尔市政府对曙光南大街东侧实施棚户区改造动迁的契机，对齐车厂现有53户平房住户及其历史沿革进行调查，重点对纳入本次棚改范围的扩建路23户住宅居住人、利益关系人进行“两查一公示”，并制定动迁实施方案，经齐车厂审议通过后实施。

中车集团哈尔滨车辆有限公司

2016年末，注册资本5733.6万元；有员工1人，改制退休员工1449人；资产总额4706万元，负债总额137万元，净资产4569万元，所有者权益4569万元。全年实现经营收入70万元，净利润33万元，完成集团公司要求不亏损的目标。公司无实体业务，收入主要是经营存续资产所获得收益。年内，完成厂办大集体改革方案（含人员安置方案）及资产处置方案制定，并获得集团公司批复。截至年末，人员安置、新公司成立、改制企业变更等厂办大集体改革工作全部完成。

中车集团沈阳机车车辆工贸总公司

2016年末，沈阳工贸公司在册员工3人，其中男员工1人，女员工2人。下设工贸综合管理部，负责公司日常管理工作；公司所属唯一基层单位是沈阳沈机房地产有限公司，并代管沈阳机车车辆劳动服务公司（大集体）。年内，继续执行沈阳市皇姑区人民政府与沈阳工贸公司签订的《房产移交协议》，完成老单身宿舍（102宿舍）住宿人员搬离和房屋拆迁；维修基金专有账户资金898万元移交给沈阳市皇姑区房产局。根据沈阳市国资委的相关文件，整理原制动机公有住房的房屋明细资料，并就原制动机公有住房移交事项与沈阳市国资委指定的担保公司达成移交意向。落实国资委及集团公司处理“僵尸企业”及“压减工作”要求，沈阳工贸公司全面启动沈阳沈机房地产有限公司注销废业工作，12月完成国、地税注销废业工作。

中车集团大连大力轨道交通装备有限公司

2016年末，大连大力公司员工总数561人，全年实现营业收入9293.98万元。下设大连机车天源实业公司、物业管理中心、大连机车技师学院、大连机车医院和机车商厦。天源实业公司强化内部管理，调整兼并经营实体，全年完成销售收入1325万元，利润59万元。物业中心全年签订合同32份，其中签订维修费合同23份，合同金额103万元；签订管理费合同9份，合同金额163万元。完成机车商厦改造项目招标、竣工验收。技师学院设有16个专业，首次开设“工业机器人应用与维护”专业；全年招生547人；举办培训班20个，培训学员974人次。机车医院全年接收门诊、急诊患者63161人次，接收住院患者7420人次；完成经营收入6451.34万元；未发生医疗事故和严重差错，实现“365天安全行医”质量目标；自筹资金50万元，购置骨密度仪、呼吸机、动脉硬化检测装置、动态血压监测仪、生物显微镜等设备。机车商厦提升经营层次和整体形象，实现营业收入1491.6万元，利润727.1万元。

中国北车集团北京二七机车厂有限责任公司

由大连大力公司托管。2016年末，二七机车厂资产总额13405万元，负债总额4974万元，所有者权益8431万元。实现营业收入840万元，净利润17万元。下设综合管理部。年内，组织开展资产清查，确保存续资产保值增值。完成陈庄大街5号院大产权证资料的上报审核工作、崔村一里危旧房改造室外道路设施施工建设及135户住户选房工作。配合大华会计师事务所，完成二七机车厂年度决算审计。成立“三供一业”领导小组，制定移交方案。移交涉及占地面积332104.19平方米、5317户。年内，供水移交进展缓慢，供电、供热移交与供电及北京热力集团进行联系，未签订分离移交协议及移交方案。与街道办事处联合整治了二七厂路沿线社区环境秩序。

中车集团北京南口机车车辆机械厂

2016年末，南口厂注册资本19351.81万元，固定资产原值1.857亿元，净值1.476亿元。实现营业收入8226万元，比上年增加1792万元，实现归属于母公司所有者净利润551万元。年内，实现已购公有住房变更商品房及上市出售规范化管理，收入241万元。北京市政府批准南口厂棚户区改造项目列入北京市2015年、2016年棚户区改造计划。推进天然气入户改造工程相关工作。与中体奥元物业管理有限公司、北京北控物业有限责任公司洽谈物业移交事项。

合资合作企业情况：年末，北车（北京）轨道装备有限公司拥有员工262人。实现销售收入2.47亿元,实现盈利目标。完成适用于27吨轴重及以下75千克/米钢轨12号单开道岔、27吨轴重及以下60千克/米钢轨12号固定型辙叉单开道岔、SC325道岔可动心轨辙叉改固定型辙叉、60千克/米钢轨12号固定立交式合金钢组合辙叉系列产品试制试铺工作。中标重庆地铁环二线、乌鲁木齐地铁、石家庄地铁、苏州有轨电车、成都有轨电车项目，中标埃塞俄比亚、巴基斯坦轨道工程项目，打开海外市场。建立时速200公里以上道岔驻厂监造制度，完成交分道岔和组合道岔CRCC扩项和城轨道岔CRCC认证工作。

中车集团天津机车车辆机械厂

2016年末，天津厂固定资产原值154.70万元，净值75.42万元。员工总数18人。下设存续、房改2个办公室。全年无对外投资。年内，清理存续企业实物资产、往来账项，开展审计评估工作，重点清理和注销存续主体长投单位。清理评估固定资产和存货实物，按照处置方案完成对实物的处置。完成应收款项清理、询证和核对等工作，对财务坏账和资产损失作出评估。完成不能出售住房向天津市河北区房管局的移交。做好存续企业员工安置，通过内部退养、解除劳动合同以及劳务派遣等方式安置存续员工。

中车集团太原机车车辆厂

2016年末，太原厂注册资本23054万元，实收资本24983万元。合并资产总额67953万元，负债总额61393万元，所有者权益6560万元，合并收入13446万元，净利润4562万元。太原厂单户资产总额14803万元，负债总额1761万元，所有者权益13042万元。股权投资20家，投资额7567万元，占比51.12%，股权投资集中在四家全资子公司，共5673万元（长客厂4839万元、唐山厂510万元、兰州厂321万元、大同社区3万元），剩余1894万元主要是对13家改制企业及2家权益性参股企业的投资；固定资产824万元。全年无主要经营业务。营业外收入5411万元，主要是太原厂2016年收到土地补偿款5109万元的收入。“三供一业”分离移交和厂办大集体改革全面启动。

中车集团长春客车厂

由太原厂托管。2016年末，长客厂资产总额9184万元，负债总额4268万元，净资产4916万元，资产负债率46.47%。实现营业收入259万元，净利润19万元。年内，长客厂以资产租赁为主要经营业务。推进“三供一业”分离移交，供暖移交改造全面完成；供电移交与接收单位签订了框架协议，取得国家财政资金补助。按照国家和集团公司关于解决历史遗留问题有关精神，开展厂办大集体改革，校办服装厂改革方案提交职工大会讨论通过。根据集团公司《关于太原厂协议转让所持永济厂100%股权至长客厂项目立项的批复》，完成对永济厂的并购。

中车集团唐山机车车辆厂

由太原厂托管。2016年末，唐山厂员工总数172人，其中在岗员工156人。资产总额9714万元，负债总额11491万元。实现营业收入814万元，利润386万元。年内，按照《国务院办公厅转发国务院国资委、财政部关于国有企业职工家属区“三供一业”分离移交工作的指导意见的通知》《中国中车集团公司推进“三供一业”分离移交工作指引（试行）》要求，完成燃气户移交100%；供热户移交99.4%；供电户移交94.3%；供水户移交84.8%。

中车集团永济电机厂

由太原厂托管。2016年末，永济厂实现收入1223.6万元，净利润4.9万元。年末资产总额7698.9万元，其中固定资产115项，原值10938.5万元，净值3548.3万元，包括房产类资产59项，设备类资产55项，土地1宗，另有8宗划拨用地，总面积48.94万平方米。负债总额8210.6万元，所有者权益总额-511.7万元。对外长期股权投资10户企业，原始投资2078万元。其中国有参股企业8户;2户为外埠企业。隶属管理厂属单位3个，在册厂派员工392人；监管859改制企业11户，其中：国有参股7户，不参股4户。

年内，完成64项国有资产清查并上报；对因历史原因造成的无权证或权证与实物不符的16项资产，按山西省《关于加快解决国有土地上房屋权属登记遗留问题的意见》逐项解决。核查资产租赁情况，重新核算租金底价，资产租赁收入比上年增加119万元。成立机加车间并完成与厂办大集体资产和人员的分离。发布《厂办大集体改革工作方案》，成立4个项目组。完成改制企业性质界定、员工身份认定及公示、资产清查等工作。工业公司职工代表大会审议通过《永济电机厂工业公司改制实施方案(含职工安置方案和资产处置方案)》《职工安置员工去向选择议案》。排查梳理永济厂六个方面的历史遗留问题上报集团公司。完成“三供一业”分离移交及历史遗留问题汇总上报，并解决三项历史遗留问题。完成“三供一业”资产清查、分离移交费用测算。与永济市政府签订《“三供一业”分离移交框架协议》。下发《三供一业分离移交工作方案》《关于成立供电分离移交工作组通知》，启动供电分离移交工作，完成改造初步方案待评审。

中车集团兰州机车厂

由太原厂托管。2016年末，兰州厂无主营业务收入。主要承担职工住房建设、住宅区管理、“三供一业”移交和大集体改革工作。年内，完成《中央企业职工家属区“三供一业”分离移交项目情况表》《关于申请2016年中车集团兰州机车厂职工家属区供热系统改造项目资本预算资金的请示》《兰州厂职工住宅区“三供一业”移交改造资金需求报告》《中车集团兰州机车厂职工家属区供热系统移交情况说明》编制上报；通过集团公司和国资委关于补助资金的审核，取得补助资金424万元。完成《兰州机车厂劳动服务公司人员安置方案》。排查历史遗留问题，编制上报《兰州机车厂剥离社会职能和解决历史遗留问题工作方案》《兰州机车厂关于排查历史遗留问题的汇报》《企业基本情况表》等资料。完成中庆房地产公司无偿划转所需资料，同中车置业签署《划转协议》。规范南山绿化用地产权关系，编制《关于办理中车兰州机车有限公司（原兰州机车厂）任家庄绿化用地林权证的申请报告》，与两山指挥部签订《兰州市南北两山绿化承包合同》，编写《关于兰州机车厂林场绿化情况的说明》，尚待林业局组织林场的勘测。

中车集团大同社区管理中心

由太原厂托管。2016年末，大同管理中心资产总额20977.96万元，负债总额21228.86万元，所有者权益-250.90万元。出资人为中车集团太原机车车辆厂，注册资本为4927.4万元。年内，开展生活区供电改造分离移交工作，涉及住户12306户，与大同市供电公司签订了资产移交意向书。年末完成电源间隔工程、电源电缆工程、10千伏开关站工程、高分箱箱变基础制作工程。生活区供暖改造移交涉及户数9701户，建筑面积63万平方米。完成分户改造7978户，54.3万平方米，占总户数的82%。未改造区域采用“先移交，后改造”的方式分离移交。供水改造分离移交涉及户数12306户，已启动供水系统摸底和改造方案设计等前期工作。物业分离移交工作涉及8879户，建筑面积54万平方米，移交事项等待大同市政府协调确定接收部门和单位。按照集团公司资产清查的相关要求，组织资产管理人员、财务人员和使用单位资产管理员对各单位使用大同管理中心资产情况进行全面清查，并针对存在的问题制定了相应的措施。

中车集团西安车辆厂

2016年末，西安厂资产总额9346万元，非流动资产3131万元；负债总额1216万元，所有者权益总额8130万元。全年实现营业收入82万元(均为资产出租收入)，归属母公司净利润21万元。年内，启动供暖、供电、供水分离移交工作，与西安沣东阳光热力有限公司签订供热移交框架协议，完成供暖改造方案，工程改造初步预算近8000万元；完成供电移交框架协议签订；与西安市自来水公司初步签订供水移交框架协议。组织对历史遗漏问题全面排查，排查出3类10个问题，并提出解决措施与建议；启动六家改制单位的股权退出工作，制定完成六家股权退出工作方案。清查存续企业资产，完善存续资产管理台账和基础数据，做到账物相符，特别是对土地、房建等资产全面清查，逐一核对实物资产权属证件，明晰产权关系，为存续资产管理、处置等提供依据。召开厂办大集体改革专项启动会，完成厂办大集体改革方案制定。

中车集团济南机车车辆厂

2016年末，济南厂实现销售收入148万元，净利润633万元，超额完成中车集团公司下达的年度收入、利润指标。年内，制订济南厂年度存续企业重点工作计划和实施方案。开展存续企业资产清查，形成《2016年度济南厂资产清查报告》。落实国资委和中车集团公司关于落实加快剥离国有企业办社会职能和解决历史遗留问题专项改革工作要求，成立工作领导小组和日常工作机构，摸清家底，理清问题，完成《济南厂关于剥离企业办社会职能和解决历史遗留问题的报告》。开展棚户区改造工作调查，形成《济南厂棚户区调查报告》，申报年度棚户区改造项目资本金预算。加快推进“三供一业”移交工作，编制《济南厂“三供一业”移交工作方案》，全力推进供暖移交工作，与济南市签订2844户、涉及21万平方米供暖移交协议，年末完成1834户供暖改造并按时供热。积极申请供电、供暖移交资金补助，获得中车资金补助2112万元，资本金注入3519万元，提供免息借款3241万元。

中车集团株洲电力机车厂

2016年末，株机厂实现销售收入16908万元，全面完成经营指标。单户口径实现营业收入2719万元，比年度预算增加323万元，实现归属母公司净利润865万元，比年度预算增加839万元。年内，根据集团股权调整相关文件精神及工作安排，完成下属三家子公司国有股权的无偿划转。成立后该企业注册资本3个亿，工厂将占有40%的股权。“三供一业”获国资委和集团公司下拨补贴费用7134万元，其中供水分离移交8000户，发生移交费用3664万元，供电分离移交6000户，发生移交费用8772万元。棚户区改造获国资委和集团公司下拨补贴费用1234.33万元，田心山庄总投资约28100万元，新建改造户数460户，拆迁户数418户，均为实物安置。投资285.9万元，对田心社区公共设施、二幼儿园挡土墙、工厂建筑消防设施进行维保；投资153万元，用于中车第一次员工运动会赛场赛事；筹集周边企业投资312万元，增设立体停车库；投资53.5万元，对九方公寓食堂、洗衣收发点、九方大酒店停车场进行大修或改造；二幼儿园改造项目验收合格。

中车集团戚墅堰机车车辆厂

2016年末，戚机厂资产总额39740万元，负债总额8408万元，所有者权益31333万元，实现营业收入356万元，净利润238.36万元。完成中车集团公司下达的预算指标。年内，在履行完相关决策程序后，经国务院国资委《关于株洲中车时代电气股份有限公司国有股东协议转让所持股份有关问题的批复》，戚机厂将所持938万股3.027亿元时代电气股份协议转让给国机资本控股有限公司，完成价款支付及登记过户手续，实现净收益2.2亿元。针对体育场整修项目，申请获得武进区政府主管部门引导资金补助20万元。完成研所生活区物业分离移交改造方案设计、施工设计、预算造价编制及《驻区中央企业“三供一业”物业分离移交协议书》签订工作，完成分离移交方案评审。配合政府部门完成戚墅堰街道老小区提升工程项目，对4、5号地块内的景观、市政、交通、外墙、楼道等进行整治，项目概算费用约1000万元。

中车集团武汉江岸车辆厂

2016年末，江岸厂收回应收账款188万元，其他应收款129万元，坏账核销应收款项8万元，超额完成集团下达的年降10%的目标。年内，按照国办发[2015]18号文件要求，经集团公司批准备案采取关闭清算使厂办大集体与主办国有企业彻底分离，固定资产及存货全部处置完毕，税务工商注销工作在进行中，其中三家分公司的国税已注销；收到财政厅补贴937万元。“三供一业”移交方面，供电已移交。物业管理移交已与武汉市国资委取得联系，待移交。为群一村集资改造房办理房产办证处于收尾阶段。继续推进搬迁涉及六宗土地的手续办理工作，至年末，原工厂老招待所土地未移交武汉市整理储备中心。年内收到政府拆迁补偿416万元。按照《中国中车集团公司存续企业资产出租管理办法（试行）的通知》，与相关改制企业签订房屋租赁合同，按时回收租金。

中车集团株洲车辆厂

2016年末，株辆厂资产总额32573万元，负债总额12128万元。归属母公司所有者权益20445万元。年内，强化存续资产管理与经营，对低效无效资产及“两金”占用进行清理和处置。全年签订租赁合同23份，租赁收入396万元, 实现净利润3万元。推进“三供一业”分离移交工作，电改工作小组按照“分批次、有秩序、保质量”的总体原则，协调国网公司、用电户之间关系，完成生活区集中用户新老供电系统割接6253户；完成2台专用变压器（中学、小学）新老供电系统割接，生活区范围内8台专用变压器处于施工中。推进物业分离移交。成立项目小组对8个生活小区占地面积、建筑面积、住房性质等摸底调查。聘请专业机构，制定430生活区提质改造方案，完成施工设计，与荷塘区政府签订了维修改造正式框架协议。开展老旧住宅改造项目建设申报工作，通过与市、区相关部门协调沟通，株洲市政府共投资857万元对生活区中基础设施落后的月桂小区实施改造。

中车集团铜陵车辆厂

2016年末，铜陵厂资产总额3410万元，其中：流动资产2342万元，长期股权投资15万元，固定资产净额897万元，在建工程156万元。资产总额比年初减少2619万元。全年营业收入200万元，利润总额1万元，全部是出租固定资产租金收入。年内，开展资产全面清查，所有资产均账实相符并形成资产清查报告；做好资产出租合同签订、租金收取工作。完成上海办事处装修工程，全年签订大修合同5项，合同预算金额129万。因改制时未予预留计划生育一次性奖励，根据计划生育相关政策，并请示集团公司同意，按照北京中喜会计师事务所审计计划生育一次性奖励预留事项专项报告，铜陵厂核减实收资本59.3万元，其中计划生育一次性奖励58万元，审计费1.3万元。年末取得厂办大集体改制中央财政补助284万元。推进“三供一业”移交工作，与铜陵供电公司签订供电资产移交协议书，移交资产1402万元；与铜陵港华燃气有限公司签订供气资产移交协议书，移交资产853万元。取得供电改造分离移交中央财政补助634万元。物业管理分离移交按照集团公司要求逐步推进。年内完成由中国南车集团铜陵车辆厂更名为中车集团铜陵车辆厂涉及的后续工作。

中车集团武汉武昌车辆厂

2016年末，武昌厂资产总额33265万元，其中：流动资产31192万元，非流动资产2073万元。负债31779万元，净资产1487万元。实现经营收入247万元，净利润62万元。下设综合管理处和社会事务处，有员工45人。年内，武昌厂主要经营收入来源房屋门面租赁。全年签订经营租赁合同16份，收入247万元，完成集团公司下达的经营指标。完成厂办大集体企业改革改制工作；完善财务管理和资产管理等规章制度；对10项不良资产通过清理、鉴定、审核、报批等进行处置，保证国有资产的保值。“三供一业”移交方面，制定了物业管理初步移交计划。

中车集团成都机车车辆厂

2016年末，成都厂资产总额5630万元，比上年降低164万元，负债总额1089万元，全部为流动负债,比上年降低172万元，国有资本及权益4541万元。实现营业收入268万元，净利润8万元。年内，提高租赁资产的价格，收取成都公司房屋租赁费154万元，比上年增加21万元；开展降本增效活动，加大力度控制可控费用，完成集团下达的资产责任制指标。根据中车集团《关于开展历史遗留问题排查工作的通知》要求，全面排查和梳理历史遗留问题，列入企业历史遗留问题3项。制定《公司“三供一业”分离移交工作方案》和“三供一业”分离移交总体工作计划，成立专业工作小组，召开分离移交启动大会；向成都市国资委提交《中车集团成都机车车辆厂“三供一业”分离移交申请》，并与成华区政府、成都市自来水公司、成都市城市燃气公司、成都供电公司分别就物业、供水、供电、供气资产分离移交工作进行协商，起草了分离移交框架协议。依据成都市政府《研究中车成都机车车辆有限公司成华厂区及周边改造有关工作的会议纪要》精神，推进家属区更新改造工作。

中车集团南京浦镇车辆厂

2016年末，浦镇厂资产总额21643万元，负债总额3545万元，所有者权益总额18098万元。实现营业收入692万元，净利润3531万元（含水改移交及大集体改制中央财政补助3523万元）。年内，完成存续企业历史遗留问题排查，制订解决方案，明确并落实工作目标、保证措施和工作要求。完成存续资产清查，账面存续资产210项，其中房屋193项，构筑物3项，小型设备9项，车辆5项；账销案存资产35项；账外资产71项。整改资产标识牌号与账面编号不一致、标识牌残缺遗漏等问题，均按账面编号重新制作并安装。同地方政府成立了浦镇厂物业管理移交工作组；完成物业管理移交方案、协议的修改完善。完成厂办大集体改制。家属区供水移交获得财政补贴资金1705万元，大集体改制获得财政补贴资金 1818 万元。继续配合政府部门做好棚户区等区域征迁安置工作，截至年末，安置浦西、厂西棚户区自管公房住户 781 户、房改房住户 422 户。

中车集团洛阳机车厂

2016 年末，洛阳厂资产总额 29422 万元，其中流动资产 19844 万元。实现营业收入 96 万元，净利润 5 万元，完成预算目标。年内，强化预算管理，按预算控制费用。以项目制形式推进“三供一业”分离移交工作，完成供电改造移交居民用户 5406 户和厂外公共用户 15 户；完成东区供暖改造移交（一期）居民用户 3817 户和厂外非居民用户 47 户；开展了物业管理移交改造项目的业务洽谈、协议评审、规划编制等前期准备工作。完成大集体经济改制，解决改制人员安置，完成社保关系转移、职工新公司入股、补偿金支付、工伤补助支付等事项和实物资产处置。完成西住宅区一期二批饮食城项目 3 栋 114 户住宅的建设和交付。截至年末，共完成 11 栋 557 户棚户区改造住宅建设和交付。全面开展存续企业资产清查，规范资产出租行为，处置低效无效资产。调研 5 家参股改制公司经营情况，提出经营改善建议。开展剥离企业办社会职能和解决历史遗留问题专项工作，梳理相关问题 7 大类 19 个问题，制定解决问题方案。开展退休人员社会化移交前期准备工作。东市场惠民广场改造主体工程完工，完成招商工作。完成体育场恢复改造和绿化工作。

中车集团襄阳机车厂

2016 年末，襄阳厂资产总额为 7676 万元，负债总额 5266 万元，所有者权益 2410 万元，资产负债率 69%。实现业务收入 442 万元，净利润 10 万元。年内，持续推进襄阳厂生活区三区的棚户区改造二期工程，完成 3 栋 18 层计 384 套住宅建设、分配工作。配合地方政府在襄阳厂生活区规划修建北纬零路工程，完成 4 栋房屋的拆迁。推进“三供一业”分离移交工作，完成供电与供水分离移交，物业分离移交尚未进行。制订《洛阳厂和襄阳厂剥离国有企业办社会职能及解决历史遗留问题工作方案》，成立专业工作小组，建立部门之间的沟通协调机制和协调督导检查机制，解决工作中出现的问题，确保政策落实到位。

中车集团资阳机车厂

2016 年末，资阳厂资产总额 40197 万元，流动资产总额 34192 万元，负债总额 31045 万元，所有者权益总额 9152 万元。实现营业收入 557 万元，比上年增加 169 万元;净利润 6 万元，比上年增加 3 万元。年内，成立资阳厂综合管理部，履行存续企业综合管理职能。清理存续企业出租资产，对闲置资产通过招租方式对外租赁，全年签订租赁合同14项。与地方政府签订协议，由政府出资改造周祠坝职工住宅区农贸市场，实现资产保值增值。全面梳理存续企业资产，建立完善资产台账，补充建筑面积、结构形式、产权证号等有关数据，有效反映出资产状态。与原改制企业晨风天勤公司签订《资产看管协议》，明确资产管理责任。加大存续资产处置工作力度，基本理清成都火车北站原工厂第三招待所资产状况。推进“三供一业”分离移交，成立领导小组，制定三年完成分离移交工作计划。与资阳市国资委签订《中车集团资阳机车厂“三供一业”分离移交框架协议》；组织编制《资阳机车厂物业管理分离移交工作方案》《资阳机车厂民用三供系统移交属地管理可行性分析报告》。按照集团公司要求，编制棚改项目推荐材料，向置业公司介绍棚改项目情况，双方初步达成组建项目公司，共同组织实施资阳厂棚改项目的合作意向。协调置业公司与政府主管部门进行2次对接，取得政府部门支持。按照《关于对成都隧道装备有限公司实施债转股和以实收资本弥补经营亏损并将集团公司持有其全部股权无偿划转至中车集团产业投资有限公司的批复》，中车集团将持有的成隧公司87.79%的权益资本全部无偿划转至产投公司，资阳厂持股12.21%。

中车集团眉山车辆厂

2016年末，眉山厂实现利润1万元。年内，加强存续资产的日常管理工作，做好存续资产的增收节支，完成财务指标。与地方政府签署《中车眉山车辆厂“三供一业”分离移交改造的总体工作方案》。完成消防队项目正式移交；生活区供天然气项目本着“先移交后改造”的原则，完成正式移交。年末电视网络项目完成移交协议签署。完成生活区“房改房”土地证发放工作。

中车集团石家庄车辆厂

2016年末，石家庄厂资产总额18909万元，负债总额10050万元，所有者权益8859万元。实现营业收入1329万元，净利润1万元。员工人数51人，其中在岗员工44人。设置综合管理部，与托管公司石家庄公司综合管理部合署办公；下设职工医院。年内，开展资产联合清查，盘活闲置资产，处置低效无效资产23项。核查存续房屋土地等资产出租业务，梳理规范租赁合同，做到“应租尽租、应收尽收”，全年房屋资产租赁收入1015万元。严格成本费用管控，建立滚动预算管理机制，完成集团下达的年度预算目标。制定剥离企业办社会职能和解决历史遗留问题工作方案，成立退休人员社会化管理、“三供一业”分离移交和医疗机构改革3个专业工作小组。与供热公司签订备忘录，完成七个生活区供暖移交。员工生活区供电、供水实现“一户一表”。完成工厂前生活福利区供电改造工作。利用政府优惠政策和资金支持，开展社区环境综合治理，重点规范车辆管理和私搭乱建，为物业分离移交创造条件。协调主体企业与改制企业配件供应、产品维修、物业服务等相关业务，保持改制企业稳定经营。协助完成铁科公司、欧瑞特公司、铁龙公司等改制企业环境评价工作。

中车集团（青岛）四方车辆资产管理有限公司

2016年末，四方资产管理公司实现营业收入293万元，净利润11万元。在册人数139人，其中总部11人，技师学院112人，托幼中心16人。下设办公室、资产管理室、老干部服务中心；2个直属单位（青岛四方机车车辆技师学院、四机托幼中心）、1个全资子公司（南车四方（青岛）置业有限公司），5个参股公司。置业公司注册资本2000万元，业务为房地产开发、物业管理。年内，按照《关于印发中国中车集团公司股权调整整体方案的通知》，四方资产管理公司将原所持有的青岛南车四方轻材料有限公司股权无偿划转至中车产投公司，持股比例由50%降至25%，并完成产权登记变更。集团公司批准向四方资产管理公司注资2亿元，专项用于中车小镇4栋单身公寓的建设和装修，年末集团拨付的6000万元全部投入工程建设。完成转化房产电子档案5818卷（户）；受理房产信息查询79户。加强非经营性资产的租赁管理，收回租金288万元。投入约50万元，完成5147平方米自管房屋大修。技师学院全年实现营业收入3272万元，净利润240万元；在校生6600余名。承办中车大学四方培训基地培训班5个，培训高技能人员118人。完成集团公司驻青岛企业24个工种、1153名员工技能操作鉴定。托幼中心实现年营业收入270万元，净利润2万元，在中心幼儿330余名。职工医院房地权属变更获青岛市国土资源和房屋管理局批准。

中国南车集团北京二七车辆厂

2016年末，二七车辆厂资产总额21375万元，负债13841万元，所有者权益7534万元，流动资产17413万元，长期股权投资2480万元。固定资产净值738万元，主要由土地、房屋建筑物、住宅区公共设施设备组成。实现营业收入213万元，归属母公司净利润9万元。年内，编制月度预算，加强预算管理，严格财务监督及日常管理，确保实际发生控制在预算范围内。按照集团公司规范存续企业出租资产管理的要求进行资产出租，加强对出租资产的核查，结合实际情况签订合同，按时收取租金，及时清理到期租赁合同。全面启动职工家属区“三供一业”分离移交工作，完成张郭庄家属区供热分离移交协议的签订。完成南住宅区的崔村一里旧房改造回迁住户的分房选房工作；北区职工住宅项目（一期）进入全面开工建设阶段。

中车集团贵阳车辆厂

2016年末，贵阳厂在册员工84人，主要是资产管理及社会事务，由贵阳公司代为管理。参股宇宙钢丝绳有限公司和贵州现代幼教集团。年内，通过专题会议、日常检查、建立基础监管制度等方式对存续企业进行管理和监督。确定主辅分离改制分流后续工作目标;建立沟通机制，保证工厂房屋土地资产合理使用。取消对改制企业资金补贴，转变为改制企业为工厂服务，工厂支付服务费模式。完成六家改制企业党组织关系移交，其中移交社区党委90人，移交高新区党委20人。启动老旧生活区多个改造项目；新建职工停车场，增加450个停车位；建设休闲运动公园，改造和维护水上公园和青年山公园；协助社区中心完成汇通大道等道路及社区供水主管道改造等改造项目。推进“三供一业”移交工作，完成供电和供水移交，其他移交工作在推进中。

（资产管理中心　供稿）

人物与荣誉

责任编辑　邹　青　程伯瑶

中国中车新任领导

新闻人物

领军人物

先进人物

集体荣誉

中国中车新任领导

刘化龙，男，汉族，1962年出生，黑龙江明水人。大学学历，工商管理硕士学位，教授级高级工程师。1983年8月参加工作，1991年10月加入中国共产党。历任齐齐哈尔车辆厂工程师、车间副主任、副总工程师。1998年5月至2001年5月，任齐齐哈尔车辆厂（后更名为齐齐哈尔铁路车辆（集团）有限责任公司）副厂长、副总经理。2001年5月至2003年5月，任中国北车集团齐车公司副董事长、总经理兼党委副书记。2003年5月至2004年5月，任中国北车集团齐车公司董事长、总经理兼党委副书记。2004年5月至2007年12月，任中国南车集团公司副总经理、党委常委（2004年11月任）。2007年12月至2012年10月，任中国南车集团公司党委副书记、纪委书记、工会主席（至2011年8月），中国南车股份有限公司董事、党委副书记、纪委书记。2012年10月起，任中国南车集团公司党委书记，中国南车股份有限公司执行董事、总裁、党委副书记。2015年6月，任中国中车股份有限公司副董事长、党委副书记。同年9月起，任中国中车集团公司董事、总经理、党委副书记。2016年11月，任中国中车集团公司董事长、党委书记。同年12月起，任中国中车股份有限公司董事长、执行董事、党委书记。

奚国华，男，汉族，1963年出生，浙江东阳人。博士研究生学历，教授级高级工程师。1985年7月参加工作，1985年6月加入中国共产党。历任株洲电力机车研究所助理工程师、工程师、副主任、主任、科研管理处处长。1997年12月至2000年9月，任株洲电力机车研究所副所长兼总工程师。2000年9月至2004年5月，任株洲电力机车研究所所长、党委副书记。2004年5月至12月，任中国北车集团公司副总经理。2004年12月至2006年2月，任中国北车集团公司党委常委、副总经理。2006年2月至2008年6月，任中国北车集团公司党委常委、副总经理、总工程师。2008年6月至2010年11月，任中国北车集团公司党委常委，中国北车股份公司党委常委、执行董事、总裁。2010年11月起，任中国北车集团公司党委书记，中国北车股份公司执行董事、总裁、党委副书记。2015年6月，任中国中车股份有限公司执行董事、总裁、党委常委。同年9月起，任中国中车集团公司董事、党委常委。2016年11月，任中国中车集团公司副董事长、总经理、党委副书记。同年12月起，任中国中车股份有限公司副董事长、执行董事、总裁、党委副书记。

新 闻 人 物

全国十大最美职工

宁允展，男，45 岁，中共党员，毕业于南京铁路技校，现为四方股份公司车辆钳工，高级技师，中国中车资深技能专家。主要从事零部件的钳工作业，他自学了焊工、电工，是生产厂房里的“多面手”。他发明绝活“风动砂轮纯手工研磨操作法”，提高研磨效率 1 倍多，并将研磨技术和焊接手法结合，发明“精加工表面缺陷焊修方法”，修复精度最高可达到 0.01 毫米。他承接的大量生产制造攻关课题项目，如动车组排风消音器、动车踏面清扫器座螺纹引头工装、动车定位臂螺纹引头定位工装、动车空簧孔防护、阿根廷地铁车差压阀组焊工装、公务车检修构架衬套退卸力检测装置等，获公司优秀攻关课题和技术革新课题奖项并被广泛推广应用，研发的多种工装每年可节约创效近 300 万元。申报 5 项国家技术专利（其中 4 项发明专利），其中“轨道车辆构架空簧孔的加工防护装置”“开口销开劈工具” 等 2 项获得国家发明专利。其手中研磨的转向架装上了 900 多列高速动车组，奔驰 10 亿多公里，相当于绕地球 2 万多圈，创造 10 年无次品的纪录。2016 年获中国质量奖提名奖，被评为全国十大最美职工之一。

全国优秀共产党员

李万君　男，中共党员，长客股份公司焊接工，高级工人技师。他凭借精湛的技术，参与填补国内空白的几十种高速车、铁路客车、城铁车以及出口澳大利亚、新西兰等国家和地区的列车转向架项目，总结并制定了 20 多种转向架焊接规范及操作方法，技术攻关 100 多项，其中 21 项获得国家专利。他摸索出的“环口焊接七步操作法”，成型好，质量高，成功突破批量生产的难题；总结出的氩弧自动焊焊接方法和一整套焊接操作步骤，填补中国氩弧焊自动焊接铁路客车转向架环口的空白。他同时拥有碳钢、不锈钢焊接等 6 项国际焊工（技师）资格证书。他发明的“新型焊钳”获得国家专利并被推广使用。他主管的焊工首席操作师工作室被国家人力资源和社会保障部授予“李万君大师工作室”，并被聘为“长春市高技能人才传承师”。先后获“长春市特等劳模”“吉林省特等劳模”“吉林省高级专家”“国务院政府津贴”“中华技能大奖”“全国五一劳动奖章”等荣誉，2012 年当选中共十八大代表，2015 年被评为全国劳动模范，2016 年被评为全国优秀共产党员。

第十三届中华技能大奖获得者

罗昭强，男，44 岁，中共党员，现为长客股份公司修理工。他凭着刻苦钻研和高超技艺，成长为高铁装备制造领域的技能大师。他主持开发的《CRH3 型动车组调试操作技能实训装置》获中国北车“科技成果三等奖”和中国机械工业“科学技术奖三等奖”，由普通工人成长为“高铁工人博士”。由他研制的“城市轨道客车智能模拟调试装置”成为国内仿真程度最高的城铁车模拟调试装置；研制的《CRH5 型车中间车模拟器、头车模拟器》等装置，打破外国公司垄断，节约经费 100 余万元。多年来，他完成 4 项发明专利，7 项实用新型专利，200 余项五小成果和立项攻关，仅五小成果、立项攻关，累计为企业节约费用 800 余万元。他发明的“罗昭强可编程序控制器快速维修法”，解决了生产设备控制器故障难以查找的惯性疑难问题；发明的“变频器的原理与常见故障快速分析法”，成为解决变频器故障系列问题的重要指导方法，累计节约采购费用 200 余万元。他主持的“罗昭强技能大师工作室”，跻身“全国工人先锋号”行列。先后获全国技术能手、国务院政府特殊津贴、吉林省劳动模范、火车头奖章、吉林好人和最美职工等荣誉。2016 年获第十三届中华技能大奖。

全国五一劳动奖章获得者

李文龙，男，29 岁，中共党员，现为四方股份公司总装分厂钳工高级技师。他从事高铁动车组内装工作，精通国内外多种型号高速动车组及城轨地铁内装制造、装配工艺，具有独立研发、设计工艺装备及解决棘手技术难题的能力，有多项改进发明，推广应用到动车组生产领域，解决大量攻关问题，填补了动车组生产内装工艺改进成果中操作方法的空白。经常参加行业内外的技术交流、培训授课工作、职业技能大赛命题及担任答辩委考评，多次参加省市乃至全国的各种技能大赛并取得优异成绩。以他名字命名的“李文龙劳模工作室”共计完成各项攻关课题 22 项、解决现场棘手技术难题 130 余项、解决技术难题认定 210 项、绝招绝技认定 25 项，其中 18 项绝招、绝技、先进操作法得到推广应用，累计创造经济效益 850 余万元。先后获得国务院特殊津贴、全国技术能手、全国优秀农民工、齐鲁首席技师、山东省十佳创新型职工、山东省五四青年等荣誉称号。2016 年被授予全国五一劳动奖章。

领　军　人　物

【国家级领军人物】

第二批国家“万人计划”领军人才

单位	姓名
株机公司	樊运新

享受国务院政府特殊津贴

单位	姓名
齐齐哈尔公司	王胜坤　王建中
长客股份公司	邓　海　胡俊祥　何　岩
大连公司	曲天威　高云巍
唐山公司	尹　方　马永志　张　健
大连电牵公司	徐从谦
戚墅堰所	杨余明
大同公司	仝　雷
永济电机公司	邱文军
四方股份公司	梁建英　李文龙　吴冬华
浦镇公司	姚光虎
戚墅堰公司	何东英　薛良君
长江公司	汤楚强　王家福
株机公司	柳晓峰　桂志红
株洲电机公司	吴顺海
大连所	孔丽君
株洲所	刘国友

【省部级领军人物】

茅以升铁道工程师奖

齐齐哈尔公司　　刘振明
唐山公司　　王立夫
永济电机公司　　李　广
四方股份公司　　李　兵
四方车辆公司　　王晓峰
戚墅堰公司　　李培功
长江公司　　李晓军
株机公司　　王　位
株洲电机公司　　吴　勇
大连所　　李　瑜
四方所　　殷培强
株洲所　　许峻峰

第十三届茅以升铁道科学技术奖

四方所　　陈　凯
戚墅堰所　　关云辉
株洲所　　许峻峰

第十三届詹天佑铁道科学技术奖贡献奖

长客股份公司　　李　军

第十三届詹天佑铁道科学技术奖青年奖

齐齐哈尔公司　　雷恩强
四方股份公司　　李　兵
长江公司　　李晓军
株机公司　　康明明
四方所　　孙国斌

山东省泰山产业领军人才

四方股份公司　　周　勇

【中国中车领军人物】

中车科学家

齐齐哈尔公司　　李向伟
长客股份公司　　常振臣
大连公司　　高洪光
四方股份公司　　丁叁叁　吴冬华
株机公司　　陈喜红
株洲所　　忻　力

中车首席技术专家

齐齐哈尔公司　　魏鸿亮　刘振明　姜　岩　韩俊峰　陈增有
长客股份公司　　李　军　王春生　邓　海　李秋泽
大连公司　　项文路　安　军　杨守君　张思庆
唐山公司　　杜会谦　李明高　康洪军
大同公司　　仝　雷　张委袖
永济电机公司　　侯晓军　高永军
四方股份公司　　虞大联　韩晓辉　于延尊　杨基宏
浦镇公司　　楚永萍　黄文杰
戚墅堰公司　　李　亮　芮孟寨
长江公司　　焦　辉
株机公司　　樊运新　阮殿波　杨　颖　刘豫湘　彭奇彪　陈国胜　柳晓峰
株洲电机公司　　成　熹　李进泽　龙谷宗
大连所　　孔丽君
大连电牵公司　　李砾工　吴　涛
四方所　　刘宏友　李国平　王风洲　刁克军　刘　辉
戚墅堰所　　万升云　王有虹　钱坤才
株洲所　　郭淑英　周桂法　刘国友　王　进　李益丰　荣智林　何多昌　路向阳　姜其斌　王　奇　陈文光

中车首席管理专家

齐齐哈尔公司　　刘红生
长客股份公司　　黄　明

大同公司　马　君
四方股份公司　林贤军
戚墅堰所　王延花
株机公司　毛军明
株洲所　袁志刚　申宇翔
梁裕国

先　进　人　物

【国家级荣誉称号获得者】

全国优秀共产党员

长客股份公司　李万君

2015~2016 年度全国优秀企业家

株机公司　周清和

全国五一劳动奖章

四方股份公司　李文龙

全国最美职工

四方股份公司　宁允展

第十三届中华技能大奖

长客股份公司　罗昭强

第十三届全国技术能手

齐齐哈尔公司　王　海
唐山公司　苏　健
石家庄公司　刘志彬

中国质量奖提名奖

四方股份公司　宁允展

全国企业文化建设功勋人物

株洲电机公司　周军军

全国优秀共青团员

大连公司　于春生

全国青年志愿者优秀个人

戚墅堰公司　刘　星

【省部级荣誉称号获得者】

中央企业优秀共产党员

齐齐哈尔公司　徐世锋
唐山公司　张雪松
浦镇公司　陶良麒
长江公司　易　冉

中央企业优秀党务工作者

株机公司　傅成骏
四方所　张　波
中国中车总部　张之明

中央企业技术能手

齐齐哈尔公司　蔡天云　许文涛

火车头奖章获得者

齐齐哈尔公司　刘艳宾　付　勇
长客股份公司　王成强
沈阳公司　王宏志
大连公司　臧兰兰
唐山公司　郭　鹞
二七机车公司　王振安
二七车辆公司　谢玉峰
南口公司　张　钢
石家庄公司　王国强
大同公司　成鹏飞　仝　雷
太原公司　王来成
永济电机公司　胡腾飞
山东公司　王海静
四方股份公司　纪银波
成都公司　白凯仁
四方有限公司　郭宝军
洛阳公司　肖高华
西安公司　张　军
兰州公司　效建州
浦镇公司　郭　毅
戚墅堰公司　侯晓燕
长江公司　陈　浩　景传峰
资阳公司　李　化
眉山公司　胡　象
株机公司　王雄波
贵阳公司　沈廷瑶

四方所　　　　王黎明
戚墅堰所　　　阙红波
株洲所　　　　刘海涛
中国中车总部　张振翔

2013~2016 年度全国铁路体育先进个人

沈阳公司　　　郜玉怀
唐山公司　　　安荣楼
二七机车公司　郭春辉
大同公司　　　张跃福
太原公司　　　杨占平
山东公司　　　张远河
四方股份公司　卢世伟
成都公司　　　罗明亮
洛阳公司　　　王文清
长江公司　　　董　军
眉山公司　　　魏　伟
株洲电机公司　綦冠华
戚墅堰所　　　聂志镇

全国职工教育职业培训先进个人

大同机车技师学院扈成林
株机公司　　　毛军明
长江公司　　　毛琍玲
戚墅堰公司　　张　德
常铁校　　　　苗　苗
株洲所　　　　汤科勇
大同公司　　　刘金铎
西安公司　　　韩志坚
大连所　　　　王龙华
兰州公司　　　陈　志

北京市青年岗位能手

南口公司　　　蔡敬东

黑龙江省优秀党务工作者

齐齐哈尔公司　张玉祥

黑龙江省杰出青年

齐齐哈尔公司　黄君辉

黑龙江省优秀青年岗位能手

齐齐哈尔公司　德　欢　时明明　邱齐宇

吉林省优秀团员

长客股份公司　陈恩广

吉林省优秀团干部

长客股份公司　黄鹏程

吉林省杰出青年

长客股份公司　臧铁军

辽宁省优秀共产党员

大连公司　　　毛正石

辽宁省五一劳动奖章

大连公司　　　历学锋　牟良毅

辽宁省创新标兵

大连公司　　　曲天威

辽宁省优秀团干部

大连公司　　　孙雪峰

河北省五一劳动奖章

唐山公司　　　陈占峰　刘景涛

山西省五一劳动奖章

大同公司　　　张志和

山东省优秀共产党员

山东公司　　　刘红日

山东省优秀工会工作者

四方股份公司　张振辉

山东省优秀共青团员

四方有限公司　刘庆宽

江苏省劳动模范

浦镇公司　　　孙景南

江苏省优秀共青团干部

浦镇公司　　　韦　琳

江苏省青年岗位能手

戚墅堰所　　　马高峰

湖南省五一劳动奖章

株机公司　　　陈裕军

湖南省“百优工匠”

株机公司　　　刘　伟

第四届四川省敬业奉献模范

眉山公司　　　廖仲宾

四川省技术能手

眉山公司　　　甘俊林

四川省技能人才培育突出贡献个人

眉山公司　王　强

【中国中车荣誉称号获得者】

中国中车优秀共产党员

齐齐哈尔公司　葛云龙　何佰传　闻　海　胥　刚　林治江　韩志和
长客股份公司　罗昭强　艾子洋　邓　海　马梦林　张沛隆　孙玉东
沈阳公司　岳振义　马国辉
大连公司　臧兰兰　张志宇　姚　进　高中德
唐山公司　陈占峰　范乐天　杜永强　窦向坤
二七机车公司　孟政一　侯　咏
二七车辆公司　肖跃斌　郭　旭
南口公司　李铁路　刘迎军
石家庄公司　任建斌　东　伟
大同公司　王　政　谢曲波　李　彬　王宇飞
太原公司　刘文胜　郭世江　武　军
永济电机公司　张晓娟　刘维陆　梁志伟
山东公司　王朋德　陈　凯
四方股份公司　周　勇　曹洪凯　于延尊　刘志高
四方有限公司　王　滨　李守春
洛阳公司　王少强　王　贺　汤保国
西安公司　刘小强　郑继承　朱维嘉
兰州公司　赵建成　刘文夫
浦镇公司　姜艳林　李春勇
戚墅堰公司　张　忠　李　亮
长江公司　赵小龙　易　冉　董中友　徐筱琛　张德龙　芦　杰　武永亮
资阳公司　苏　彬　陈　铮
眉山公司　伍鸿斌　杨永祥　张显锋
成都公司　王泽辅　周　敬
株机公司　许景良　刘　波　杨　妍　陈裕军　颜　楠
株洲电机公司　臧苗苗　鲍克坚
贵阳公司　邓洪飞　沈廷瑶
大连所　王　瑞
大连电牵公司　姜　磊
四方所　刘同誉　薛浩飞
戚墅堰所　沙卫冲　杨　杰
株洲所　许　为　刘国友　程海涛　万　攀　申宇翔
天津公司　张　楠
广州公司　蒋　宽
广东公司　黄　帅
研究院　刘天赋
国际公司　刘少卿
租赁公司　王日强
财务公司　赵晓佳
物流公司　赵兴福
中铁装备公司　安波海
工程公司　张　涛
信息公司　王元元
置业公司　杨树双
产投公司　王永志
金控公司　程栋梁
常铁校　孙　洲
中国中车总部　辛　丽　杨英武

中国中车优秀党务工作者

齐齐哈尔公司　张玉祥　王晓军　袁希光　孟宪章　阎　艳
长客股份公司　李岩峰　胡　锐　李　欣　张　颖
沈阳公司　索文武
大连公司　孙文博　方志力　袁　勇
唐山公司　雷永川　王　刚　苗广斌
二七机车公司　王文军
二七车辆公司　刘　贞
南口公司　薛兰章
石家庄公司　高铁军
大同公司　邹　涛　揭利民　郑　云　王　忠

太原公司　高利昌　任迎琴
永济电机公司　宁文泽　王正学　郭秀文
山东公司　贾瑞金
四方股份公司　郚群亮　白　玉
四方有限公司　衣国新
洛阳公司　段学松　杨里忠
西安公司　魏川武　薛小林
兰州公司　赵　辉
浦镇公司　赵大斌　徐子心
戚墅堰公司　张　峰
长江公司　曾　岗　王东琦　于文杰　林　勇　何金磊
资阳公司　陈文国
眉山公司　郑　平　徐天鹏　张　海
成都公司　唐先俊
株机公司　何　辉　聂益利　曾一荣
株洲电机公司　胡宜平
贵阳公司　赵贵生
大连所　康铁男
大连电牵公司　孙　颖
四方所　韩　卫
戚墅堰所　孙周明　徐浩云
株洲所　阳校飞　刘建喜　潘　艺
天津公司　毕克永
广州公司　李明芳
广东公司　邓玉林
建工公司　王　猛
常铁校　沈　豪
中国中车总部　郎　杰　薛　松

集　体　荣　誉

【国家级集体荣誉】

中国百强企业奖
中国中车

中国创新企业奖
中国中车

中国品牌创新奖
中国中车

全国先进基层党组织
株机公司党委

国家级优秀科技创新团队
四方股份公司中国高铁科技创新研发团队

中国企业文化建设典范企业
株机公司
株洲电机公司

中国管理模式杰出奖
株机公司

中国出口质量安全示范企业
株机公司
永济电机公司

国家智能制造试点示范企业
四方股份公司

2016年中国标准创新贡献奖组织奖
株洲所

全国三八红旗集体
株机公司技术中心工业设计室

全国模范职工之家
永济电机公司工会

全国模范职工小家
株机公司机车事业部工会

中国质量奖
株洲所时代电气

中国质量奖提名奖
长客股份公司

全国质量信得过班组
唐山公司调试厂电气四班
戚墅堰所铸造技术工程部铝合金齿轮箱班

全国工人先锋号
大连公司铸锻分公司铸造车间造型大件组

全国安康杯竞赛优胜单位

大连公司

太原公司

株机公司

戚墅堰所

全国安康杯竞赛安全文化宣传工作先进单位

二七车辆公司工会

全国五四红旗团委

株洲所团委

2016 年度全国安全文化建设示范企业

大同公司

全国青年安全生产示范岗

株洲所中车时代新材弹性元件事业本部

永济电机公司线圈车间交流绝缘班

全国 2016 年度两化融合突出贡献单位

眉山公司

2016 年度国家知识产权示范企业

眉山公司

全国职工教育职业培训先进集体

大连机车技师学院

长客股份公司

铺镇公司

唐山公司

四方股份公司

齐齐哈尔公司

【省部级集体荣誉】

国资委 2013~2015 年任期考核品牌建设优秀企业

中国中车

中央企业十大品牌建设优秀企业

中国中车

中央企业先进基层党组织

长客股份公司党委

四方股份公司转向架分厂党总支

大连公司钢结构分公司党总支

株洲中车时代电气股份有限公司党委

中国机械工业科学技术奖一等奖

戚墅堰所高铁列车用高可靠齿轮传动系统

火车头奖杯

长客股份公司城铁客车业务部市场部

唐山公司涂装厂

四方股份公司技术中心

株机公司转向架事业部总成车间

株洲电机公司江苏中车电机有限公司

株洲所时代新材风电产品事业部

2013~2016 年度全国铁路体育先进单位

齐齐哈尔公司

长客股份公司

大连公司

永济电机公司

戚墅堰公司

资阳公司

株机公司

贵阳公司

株洲所北京中车重工机械有限公司

吉林省五四红旗团委

长客股份公司客车制造中心团委

吉林省五四红旗团支部

长客股份公司高速动车组制造中心调试车间团支部

辽宁省先进基层党组织

大连公司城铁分公司党总支部

辽宁省示范院士专家工作站

大连公司

辽宁省先进团委

大连公司团委

辽宁省优秀青年集体

大连公司团委

辽宁省五四红旗团支部

大连公司信息管理部团支部

天津市设备管理优秀单位

天津公司

河北省工人先锋号

唐山公司钢结构厂剪刀班

河北省质量管理小组活动优秀企业

唐山公司

河北省优秀质量信得过班组

唐山公司总装配一厂配管中心

山西省功勋企业

大同公司

山西省文明单位标兵

大同公司

山西省安全生产先进单位

大同公司

山西省五四红旗团委

大同公司团委

山西省五四红旗团支部

大同公司实业公司机电设备厂团支部

太原公司转向架团支部

江苏省青年文明号

戚墅堰所齿轮部 CRH380 试验组织线

江苏省先进基层党组织

浦镇公司党委

首届江苏省工业设计大赛金奖

浦镇公司空轨列车

第二届湖南省十大知识产权领军企业

株机公司

湖南省企业文化建设示范基地

株机公司

【中国中车集体荣誉】

中国中车先进基层党组织

长客股份公司党委

大连公司党委

唐山公司党委

四方股份公司党委

株机公司党委

株洲所党委

齐齐哈尔公司

冲压车间党支部

黄骅港检修分厂党支部

集装箱分公司党支部

哈尔滨公司冲压分厂党支部

长客股份公司

动力厂党委

生产物控部党总支

转向架制造中心轮轴车间党支部

长春轨道公司长客物流公司党支部

沈阳公司

机动分厂党总支

大连公司

电气分公司党总支

客户服务中心党支部

信息管理部党支部

唐山公司

调试厂党总支

内饰件厂党总支

天津轨道公司党总支

二七机车公司

财务部党支部

二七车辆公司

车体车间党总支

南口公司

动电厂党支部

石家庄公司

策划财审党支部

大同公司

人力资源部（组织部）党支部

备料车间党支部

机车电器车间党支部

太原公司

车辆分厂党总支

转向架车间党支部

永济电机公司

西安永电电控分厂党支部

检修事业部党支部

山东公司

华腾环保公司党总支

四方股份公司

总装分厂第二党支部

技术中心车体开发部党支部

四方有限公司
　车体分厂党支部
洛阳公司
　洛阳分部机车组装车间党支部
　襄阳分公司生产安全党支部
西安公司
　客修事业部总装车间党支部
　货修事业部配件车间党支部
兰州公司
　风电事业部党支部
浦镇公司
　转向架车间党支部
戚墅堰公司
　工艺技术党支部
长江公司
　株洲分公司备料车间党支部
　铜陵公司轮轴车间党支部
　常州分公司装备管理党支部
　武汉分部分解车间党支部
　总部机关市场营销党支部
资阳公司
　资阳中车电气科技有限公司党委
眉山公司
　眉山中车紧固件科技有限公司党支部
　产品开发部党支部
成都公司
　转向架分厂党支部
株机公司
　机车事业部党委
　转向架事业部党委
　审计与风险管理部党支部
株洲电机公司
　牵引变压器事业部党总支
贵阳公司
　转向架车间党支部
大连所
　机关一党支部
大连电牵公司
　网络系统党支部
四方所
　钩缓党支部
戚墅堰所
　技术党总支
株洲所
　研究院基础与平台研发中心党总支
　时代电气制造中心党总支
　时代电动党总支
天津公司
　机关三党支部
广州公司
　制造中心党支部
广东公司
　技术党支部
工程公司
　土建党支部
常铁校
　机关党支部
中国中车总部
　人事部（党委干部部、外事办）党支部
　总裁办公室党支部

中国中车一级子公司“四好”领导班子

四方股份公司
株洲所
株洲电机公司
山东公司
成都公司
四方所
石家庄公司
大连电牵公司
南方汇通公司
置业公司
永济电机公司

统计资料

责任编辑　程伯瑶

2016年中国中车主要经营指标完成情况综合表（表1）

2016年中车股份利润表及现金流量表相关科目变动分析表（表2）

2016年末中车股份资产及负债状况表（表3）

2016年中车股份主营业务分行业、分业务、分地区情况（表4）

2016年末中车股份主要固定资产、设备综合汇总表（表5）

2016年末中车股份所属一级子公司主要固定资产排序（表6）

2016年中车股份所属一级子公司主要产品产量表（表7）

2016年精准扶贫工作情况统计表（表8）

表 1　2016 年中国中车主要经营指标完成情况综合表

指标名称	单位	实际完成	名　　称	单位	实际完成
营业总收入	亿元	2331	当年新签生产订单	亿元	2626
利润总额	亿元	164	其中：海外订单	亿元	619
归属母公司净利润	亿元	57	期末手持未完生产订单	亿元	1881
资产总计	亿元	3589	其中：海外订单	亿元	806
负债总计	亿元	2307	工业总产值	亿元	2263
所有者权益合计	亿元	1282	能耗总量	吨标煤	641003
净资产收益率（不含少数股东权益）	%	9.46	新造及修理机车产量	台	1550
资产负债率	%	64.28	新造及修理动车组产量	辆	9259
总资产周转率	次	0.68	新造及修理城轨、地铁产量	辆	5664
固定资产投资完成额	亿元	95	新造及修理客车产量	辆	5862
劳动生产总值（增加值）	亿元	604	新造及修理货车产量	辆	71481

表 2　2016 年中车股份利润表及现金流量表相关科目变动分析表

单位:千元　币种:人民币

科　　目	本期数	上年同期数	变动比例（%）
营业收入	229,722,154	241,912,636	-5.04
营业成本	181,964,676	193,021,700	-5.73
销售费用	7,249,871	7,953,534	-8.85
管理费用	21,828,673	22,331,608	-2.25
财务费用	1,003,641	660,324	51.99
经营活动产生的现金流量净额	20,986,379	14,981,510	40.08
投资活动产生的现金流量净额	-24,708,539	-5,391,870	-
筹资活动产生的现金流量净额	1,306,378	-16,687,421	-
研发支出	9,684,499	9,950,212	-2.67

表 3　　2016 年末中车股份资产及负债状况表

单位：千元　币种：人民币

项目名称	本期期末数	本期期末数占总资产的比例（%）	上期期末数	上期期末数占总资产的比例（%）	本期期末金额较上期期末变动比例（%）
拆出资金	-	-	1,200,000	0.38	-100.00
以公允价值计量且其变动计入当期损益金融资产	731,916	0.22	3,424	-	21,276.05
应收票据	15,099,951	4.46	10,166,491	3.26	48.53
其他应收款	4,420,452	1.31	2,870,805	0.92	53.98
一年内到期的非流动资产	8,166,806	2.41	4,440,493	1.42	83.92
持有至到期投资	966,970	0.29	197,928	0.06	134.49
长期股权投资	8,471,976	2.50	3,612,877	1.16	134.49
短期借款	21,994,384	6.50	7,365,513	2.36	198.61
吸收存款及同业存放	2,711,370	0.80	1,861,947	0.60	45.62
一年内到期的非流动负债	8,094,882	2.39	5,008,060	1.61	61.64
其他流动负债	55,298	0.02	6,000,000	1.92	-99.08
长期借款	3,721,502	1.10	6,633,689	2.13	-43.90
应付债券	10,749,910	3.18	7,682,564	2.46	39.93
其他非流动负债	652,551	0.19	226,495	0.07	188.11

表4　2016年中车股份主营业务分行业、分业务、分地区情况

单位：千元　币种：人民币

主营业务分行业情况						
分行业	营业收入	营业成本	毛利率（%）	营业收入比上年增减（%）	营业成本比上年增减（%）	毛利率比上年增减（%）
轨道交通设备及其延伸产业	229,722,154	181,964,676	20.79	-5.04	-5.73	增加0.58个百分点
主营业务分业务情况						
分业务	营业收入	营业成本	毛利率（%）	营业收入比上年增减（%）	营业成本比上年增减（%）	毛利率比上年增减（%）
铁路装备	106,896,516	79,811,392	25.34	-17.90	-19.61	增加1.59个百分点
城轨与城市基础设施	27,140,808	22,726,108	16.27	10.27	5.68	增加3.64个百分点
新产业	57,954,114	44,118,719	23.87	9.51	8.28	增加0.86个百分点
现代服务	37,730,716	35,308,457	6.42	10.39	12.09	减少1.42个百分点
合计	229,722,154	181,964,676	20.79	-5.04	-5.73	增加0.58个百分点

主营业务分地区情况			
分地区	营业收入	营业收入占总收入比（%）	营业收入比上年增减（%）
中国大陆	210,670,421	91.71	-2.17
其他国家和地区	19,051,733	8.29	-28.30

表 5　2016 年末中车股份主要固定资产、设备综合汇总表

<table>
<tr><th>序号</th><th>项　目</th><th>单位</th><th>年度数值</th></tr>
<tr><td rowspan="2">一</td><td>固定资产总值</td><td>万元</td><td>7,219,899</td></tr>
<tr><td>其中净值</td><td>万元</td><td>4,485,252</td></tr>
<tr><td rowspan="2">二</td><td>机械动力设备原值</td><td>万元</td><td>3,414,842</td></tr>
<tr><td>其中净值</td><td>万元</td><td>1,766,287</td></tr>
<tr><td rowspan="4">三</td><td>用地总面积</td><td>万平方米</td><td>3,584</td></tr>
<tr><td>（一）生产用地（含研究所科研用地）</td><td>万平方米</td><td>3,143</td></tr>
<tr><td>（二）生活用地</td><td>万平方米</td><td>140</td></tr>
<tr><td>（三）其它用地</td><td>万平方米</td><td>100</td></tr>
<tr><td rowspan="3">四</td><td>房屋构筑物面积</td><td>平方米</td><td>13,218,753</td></tr>
<tr><td>（一）生产房屋（含研究所科研用房屋）</td><td>平方米</td><td>11,261,027</td></tr>
<tr><td>（二）生活福利房屋</td><td>平方米</td><td>720,261</td></tr>
<tr><td rowspan="7">五</td><td>机械动力设备</td><td>台</td><td>131,701</td></tr>
<tr><td>其中：主要生产设备</td><td>台</td><td>74,792</td></tr>
<tr><td>重点设备</td><td>台</td><td>7,582</td></tr>
<tr><td>高精尖设备</td><td>台</td><td>2,839</td></tr>
<tr><td>特种设备</td><td>台</td><td>13,438</td></tr>
<tr><td>1990 年前设备</td><td>台</td><td>8,836</td></tr>
<tr><td>设备出租、出售</td><td>台</td><td>3,975</td></tr>
<tr><td rowspan="4">六</td><td>铁路及电力线路、动力管道</td><td>千米</td><td>114</td></tr>
<tr><td>（一）厂（所）区铁路（不含厂房内铁路）</td><td>千米</td><td>23,445</td></tr>
<tr><td>（二）高压电力线路（6 千伏以上的架空及电缆线路）</td><td>千米</td><td>16,054</td></tr>
<tr><td>（三）动力管道（蒸汽、上水、风、乙炔、氧气、煤气、天然气等）</td><td>千米</td><td>23,936</td></tr>
</table>

表 6　　2016 年末中车股份所属一级子公司主要固定资产排序

序号	单位	固定资产总值（万元）	序号	单位	机械动力设备原值（万元）	序号	单位	用地总面积（万平方米）	序号	单位	房屋构筑物面积（平方米）
1	长客股份公司	988,105	1	长客股份公司	381,168	1	长客股份公司	329	1	长客股份公司	1,221,016
2	株洲所	721,541	2	株洲所	302,275	2	齐齐哈尔公司	304	2	齐齐哈尔公司	924,107
3	四方股份公司	649,357	3	四方股份公司	251,739	3	株洲所	249	3	四方股份公司	885,573
4	唐山公司	539,423	4	唐山公司	235,670	4	唐山公司	219	4	唐山公司	881,779
5	齐齐哈尔公司	458,517	5	齐齐哈尔公司	222,100	5	长江公司	215	5	株洲所	818,657
6	长江公司	356,394	6	戚墅堰所	189,818	6	大连公司	188	6	长江公司	690,775
7	戚墅堰所	324,957	7	长江公司	187,830	7	山东公司	149	7	大连公司	634,454
8	大连公司	297,680	8	大连公司	164,889	8	洛阳公司	142	8	贵阳公司	611,203
9	株机公司	274,920	9	株机公司	155,417	9	四方股份公司	134	9	戚墅堰所	479,146
10	浦镇公司	226,687	10	大同公司	129,222	10	株机公司	119	10	株机公司	467,478
11	永济电机公司	203,671	11	戚墅堰公司	107,363	11	贵阳公司	107	11	四方有限公司	440,958
12	资阳公司	199,965	12	浦镇公司	102,993	12	浦镇公司	107	12	洛阳公司	378,842
13	大同公司	197,418	13	资阳公司	97,821	13	太原公司	106	13	山东公司	354,933
14	戚墅堰公司	181,495	14	永济电机公司	96,517	14	永济电机公司	103	14	沈阳公司	354,392
15	太原公司	167,015	15	沈阳公司	82,787	15	大同公司	99	15	戚墅堰公司	343,769
16	二七机车公司	120,236	16	西安公司	79,586	16	戚墅堰公司	98	16	资阳公司	316,510
17	沈阳公司	112,055	17	南口公司	64,304	17	资阳公司	90	17	浦镇公司	311,146
18	石家庄公司	111,873	18	二七机车公司	60,242	18	戚墅堰所	85	18	大同公司	304,650

续上表

序号	单位	固定资产总值（万元）	序号	单位	机械动力设备原值（万元）	序号	单位	用地总面积（万平方米）	序号	单位	房屋构筑物面积（平方米）
19	西安公司	109,244	19	山东公司	59,859	19	沈阳公司	84	19	眉山公司	303,255
20	四方所	106,806	20	太原公司	49,679	20	二七机车公司	83	20	西安公司	277,580
21	南口公司	104,550	21	眉山公司	46,995	21	眉山公司	79	21	永济电机公司	263,618
22	株洲电机公司	92,306	22	洛阳公司	45,188	22	四方有限公司	73	22	太原公司	258,772
23	四方有限公司	86,878	23	株洲电机公司	41,502	23	兰州公司	70	23	二七机车公司	209,509
24	山东公司	86,514	24	二七车辆公司	38,074	24	西安公司	66	24	南口公司	209,000
25	洛阳公司	80,145	25	四方有限公司	37,795	25	二七车辆公司	63	25	石家庄公司	206,615
26	眉山公司	78,830	26	四方所	37,047	26	南口公司	48	26	兰州公司	194,019
27	广州公司	65,198	27	兰州公司	29,533	27	石家庄公司	42	27	二七车辆公司	193,647
28	兰州公司	59,837	28	石家庄公司	28,516	28	天津公司	35	28	天津公司	175,076
29	二七车辆公司	57,573	29	广州公司	24,693	29	株洲电机公司	25	29	四方所	165,111
30	大连电牵公司	42,836	30	大连所	21,229	30	广州公司	25	30	株洲电机公司	131,005
31	贵阳公司	38,519	31	贵阳公司	20,815	31	大连所	23	31	广州公司	106,591
32	投资公司	34,051	32	大连电牵公司	19,370	32	四方所	18	32	大连所	42,605
33	大连所	28,455	33	天津公司	2,706	33	大连电牵公司	6	33	投资公司	30,392
34	天津公司	14,302	34	投资公司	100	34	投资公司	0	34	大连电牵公司	30,313
35	物流公司	2,548	35	物流公司	0	35	物流公司	0	35	物流公司	2,255
36	**中车合计**	7,219,899	36	**中车合计**	3,414,842	36	**中车合计**	3,584	36	**中车合计**	13，218，753

表7　2016年中车股份所属一级子公司主要产品产量表

序号	业务板块	单位	实际完成	序号	业务板块	单位	实际完成
一	**新造机车**	**台**	470	7	西安公司	辆	1,310
1	株机公司	台	146	8	太原公司	辆	758
2	大连公司	台	161	9	贵阳公司	辆	200
3	大同公司	台	55	10	石家庄公司	辆	221
4	戚墅堰公司	台	51	六	**修理货车**	**辆**	53,606
5	资阳公司	台	52	1	沈阳公司	辆	10,058
6	二七机车公司	台	1	2	石家庄公司	辆	9,361
7	四方有限公司	台	4	3	长江公司	辆	8,960
二	**修理机车**	**台**	1,080	4	齐齐哈尔公司	辆	6,075
1	洛阳公司	台	304	5	西安公司	辆	4,439
2	戚墅堰公司	台	208	6	二七车辆公司	辆	2,811
3	兰州公司	台	149	7	太原公司	辆	3,093
4	四方股份公司	台	131	8	贵阳公司	辆	8,809
5	太原公司	台	113	9	山东公司	辆	0
6	大同公司	台	95	七	**新造动车组**	**辆**	3,547
7	二七机车公司	台	52	1	四方股份公司	辆	1,632
8	大连公司	台	18	2	长客股份公司	辆	976
9	广州公司	台	376	3	唐山公司	辆	488
10	天津公司	台	293	4	四方有限公司	辆	373
三	**新造普通客车**	**辆**	1,279	5	浦镇公司	辆	40
1	唐山公司	辆	517	6	株机公司	辆	38
2	浦镇公司	辆	542	八	**修理动车组**	**辆**	5,712
3	长客股份公司	辆	115	1	四方股份公司	辆	3,808
4	四方有限公司	辆	29	2	长客股份公司	辆	824
5	四方股份公司	辆	42	3	唐山公司	辆	408
6	戚墅堰公司	辆	34	4	浦镇公司	辆	7
四	**修理普通客车**	**辆**	4,583	5	四方有限公司	辆	665
1	四方股份公司	辆	895	九	**新造城轨地铁**	**辆**	5,107
2	长客股份公司	辆	1,081	1	长客股份公司	辆	1,313
3	唐山公司	辆	750	2	浦镇公司	辆	954
4	四方有限公司	辆	780	3	四方股份公司	辆	711
5	浦镇公司	辆	631	4	株机公司	辆	1,548
6	西安公司	辆	446	5	大连公司	辆	300
五	**新造货车**	**辆**	17,875	6	上海公司	辆	182
1	齐齐哈尔公司	辆	3,867	7	四方有限公司	辆	12
2	长江公司	辆	4,550	8	唐山公司	辆	87
3	眉山公司	辆	1,897	十	**修理城轨地铁**	**辆**	430
4	山东公司	辆	1,801	1	大连公司	辆	20
5	二七车辆公司	辆	2,082	2	四方股份公司	辆	294
6	沈阳公司	辆	1,189	3	上海公司	辆	116

表 8　　2016 年精准扶贫工作情况统计表

单位：万元　币种：人民币

指　　标	数量及开展情况
一、总体情况	
其中：1. 资金	806
2. 帮助建档立卡贫困人口脱贫数（人）	2,500
二、分项投入	
1. 产业发展脱贫	
其中：1.1　产业扶贫项目类型	√ 农业产业扶贫　□ 旅游扶贫 √ 电商扶贫　□ 资产收益扶贫 □ 科技扶贫　□ 其他
1.2　产业扶贫项目个数（个）	5
1.3　产业扶贫项目投入金额	750
1.4　帮助建档立卡贫困人口脱贫数（人）	2,500
2. 教育脱贫	
其中：2.1　资助贫困学生投入金额	28
2.2　资助贫困学生人数（人）	80
3. 兜底保障	
其中：3.1　帮助“三留守”人员投入金额	4
3.2　帮助“三留守”人员数（人）	20
3.3　帮助贫困残疾人投入金额	30
3.4　帮助贫困残疾人数（人）	280

附 录

责任编辑　肖洪乐

中长期铁路网规划

2016年铁道统计公报

中国中车股份有限公司未来发展的讨论与分析

中长期铁路网规划

国家发展改革委　交通运输部　中国铁路总公司

（经国务院授权发布）

2016年7月

前　言

铁路是国民经济大动脉、关键基础设施和重大民生工程，是综合交通运输体系的骨干和主要交通方式之一，在我国经济社会发展中的地位和作用至关重要。加快铁路建设特别是中西部地区铁路建设，是稳增长、调结构，增加有效投资，扩大消费，既利当前、更惠长远的重大举措。党中央、国务院高度重视铁路发展。2004年国务院批准实施《中长期铁路网规划》以来，我国铁路实现了快速发展。为加快构建布局合理、覆盖广泛、高效便捷、安全经济的现代铁路网络，更好发挥铁路骨干优势作用，推进综合交通运输体系建设，支撑引领我国经济社会发展，在深入总结原规划实施情况的基础上，结合发展新形势新要求，修编了《中长期铁路网规划》。本规划是我国铁路基础设施的中长期空间布局规划，是推进铁路建设的基本依据，是指导我国铁路发展的纲领性文件。规划期为2016-2025年，远期展望到2030年。

一、规划基础

（一）发展现状。

2004年《中长期铁路网规划》实施以来，我国铁路发展成效显著，对促进经济社会发展、保障和改善民生、支撑国家重大战略实施、增强我国综合实力和国际影响力等发挥了重要作用，受到社会的广泛赞誉和普遍欢迎，成为现代化建设成就的重要展示。

1.基础网络初步形成。中西部地区铁路加快建设，跨区域快速通道基本形成，高速铁路逐步成网，城际铁路起步发展，路网规模不断扩大，保障能力明显增强。截至2015年底，全国铁路营业里程达到12.1万公里，其中高速铁路1.9万公里。

2.服务水平明显提升。东部地区路网优化提升，中西部地区路网覆盖扩大，四大板块实现高速铁路连通，重点物资和快捷货运服务能力增强，综合枢纽有机衔接配套，技术装备水平大幅提高，建立了信息服务平台，整体服务水平不断提升。

3.创新能力显著增强。以高速、高原、高寒、重载铁路发展为依托，工程建造、装备制造、系统集成等创新成果显著，自主发展能力与核心竞争力不断增强，我国铁路总体技术水平进入世界先进行列，高铁成为我国走出去的亮丽名片。

4.铁路改革实现突破。铁路实行政企分开，出台了改革铁路投融资体制、实施土地综合开发、批准设立铁路发展基金、鼓励和扩大社会资本投资铁路建设等一系列政策措施，中央和地方支持铁路建设力度持续加大。

总体上看，当前我国铁路运能紧张状况基本缓解，瓶颈制约基本消除，基本适应经济社会发展需要。但也应看到，与经济发展新常态要求、与其他交通运输方式、与发达国家水平相比，我国铁路仍然存在不足，主要体现在：一是路网布局尚不完善。区域布局不均衡，尤其是中西部地区发展不足，路网覆盖仍需进一步扩大。二是运行效率有待提高。重点区域之间、主要城市群之间的快速通道存在通而不畅，部分跨区域通道能力仍然紧张。三是结构性矛盾较突出。网络层次不够清晰，城际客运系统发展缓慢，现代物流、综合枢纽、多式联运等配套设施和铁路集疏运体系以及各种交通运输方式衔接有待加强。四是支持政策尚需强化。随着铁路快速发展，铁路建设资金筹集难度增加，债务不断攀升，经营压力加大，铁路发展面临新挑战，需进一步加大政策支持，继续深化铁路改革。

（二）形势要求。

我国正处于全面建成小康社会的决胜阶段，经济社会发展 面临的新趋势新机遇，对铁路发展提出新的更高要求。

推进供给侧结构性改革，要求扩大铁路有效供给。随着我国综合实力和国民收入稳步提高，“新四化”同步发展，运输需求不断扩大，客运将保持快速增长，货运结构变化显著。着眼“两个一百年”奋斗目标，主动适应和引领经济发展新常态，保持经济中高速增长、迈向中高端水平，必然要求增加铁路公共产品和服务有效供给，注重提高供给质量和效率，降低社会物流成本，补齐基础设施短板，全面增强铁路保障能力，为经济发展增添新动能。

拓展区域发展空间，要求强化铁路支撑引领作用。继续实施西部开发、东北振兴、中部崛起、东部率先的区域发展总体战略，重点实施“一带一路”建设、京津冀协同发展、长江经济带发展三大战略，推进城乡一体化和新型城镇化，实施贫困地区脱贫攻坚，必然要求建设横贯东中西、沟通南北方的铁路大通道，形成区域覆盖广泛、服务层次多样的现代铁路网络，支撑陆海双向全面开放、城乡区域协调发展。

构建综合交通运输体系，要求发挥铁路绿色骨干优势。树立绿色发展理念，贯彻生态文明建设要求，加快转变交通发展方式，推进交通运输低碳发展，提升综合运输通道效能，必然要求合理配置交通资源、优化交通运输结构，充分发挥铁路运能大、效率高、排放少、占地省的比较优势和骨干作用，为构建现代综合交通运输体系和推进生态文明建设做出新贡献。

贯彻总体国家安全观，要求提升铁路应急保障水平。维护国家安全稳定和长治久安，推进经济建设与国防建设融合发展，必然要求强化铁路快速投送能力，有效增强国防交通保障水平；统筹布设干线通道与辅助联络线路，增强路网灵活性、通达性与可靠性，不断提升应对突发事件及自然灾害的应急保障能力。

厚植行业发展优势，要求建设现代铁路基础网络。当前，新一轮科技革命和产业变革与我国加快转变经济发展方式形成历史性交汇。站在新的历史起点上，我国铁路具备实现由大向强发展的内在条件和外在要求，必然要求抓住机遇，顺势而为，加快构建发达完善、竞争力强、引领发展的现代铁路网，促进运营管理、服务品质、人才科技、关联产业、治理能力等全方位提升。

二、总体思路

（一）指导思想。

全面贯彻党的十八大和十八届三中、四中、五中全会精神，以邓小平理论、“三个代表”重要思想、科学发展观为指导，深入贯彻习近平总书记系列重要讲话精神，按照“五位一体”总体布局和“四个全面”战略布局，牢固树立和贯彻落实创新、协调、绿色、开放、共享的新发展理念，主动适应和引领经济发展新常态，推进供给侧结构性改革，遵循铁路发展规律，发挥铁路骨干优势作用，以增加有效供给、明晰功能层次、提升服务效能、兼顾效率公平为重点，着力构建布局合理、覆盖广泛、高效便捷、安全经济的现代铁路网络，全面提升铁路核心竞争力和服务保障能力，为构建现代综合交通运输体系、促进经济社会持续健康发展、实现“两个一百年”奋斗目标提供有力支撑。

（二）基本原则。

支撑引领、创新发展。以改革创新的精神破解铁路建设难题，推进铁路转型升级、提质增效，不断增强铁路发展动能和可持续发展能力。兼顾经济效益与社会效益，通过扩大完善铁路基础设施网络和提升铁路运输服务水平，支撑和引领经济社会相关领域深度融合发展。

科学布局、共建共享。统筹考虑人口城镇布局、产业资源分布、国土空间开发、精准扶贫脱贫、对外开放合作、国防战略等经济社会发展要求，坚持“一张网”规划，强化需求导向，科学布局网络，合理确定规模，扩大有效供给，让人民群众更具获得感。

层次清晰、协调优化。统筹高速与普速、新建与既有、枢纽与通道以及不同地区铁路协调发展，注重路网配套设施系统协调，强化主通道，疏通微循环，实现网络结构优化、层次清晰和效率效益最大化。

衔接高效、开放融合。以开放融合理念加强与“十三五”综合交通运输体系规划的有效衔接，做好与公路、民航、水运等其他交通方式发展统盘安排，构建现代综合交通运输体系，提升综合交通服务水平和运输效率。树立开放意识和国际视野，推进周边互联互通，形成国际运输通道，扩展国际合作发展新空间。

安全可靠、绿色集约。牢固树立安全发展观念，深入实施军民融合发展战略，着力提高安全性和可靠性，提高国防交通和应急保障能力。坚持绿色发展，加强生态环境保护，综合高效利用土地、通道、岸线及枢纽资源，集约和引导空间综合开发利用。

（三）规划目标。

到2020年，一批重大标志性项目建成投产，铁路网规模达到15万公里，其中高速铁路3万公里，覆盖80%以上的大城市，为完成“十三五”规划任务、实现全面建成小康社会目标提供有力支撑。到2025年，铁路网规模达到17.5万公里左右，其中高速铁路3.8万公里左右，网络覆盖进一步扩大，路网结构更加优化，骨干作用更加显著，更好发挥铁路对经济社会发展的保障作用。展望到2030年，基本实现内外互联互通、区际多路畅通、省会高铁连通、地市快速通达、县域基本覆盖。

——完善广覆盖的全国铁路网。连接20万人口以上城市、资源富集区、货物主要集散地、主要港口及口岸，基本覆盖县级以上行政区，形成便捷高效的现代铁路物流网络，构建全方位的开发开放通道，提供覆盖广泛的铁路运输公共服务。

——建成现代的高速铁路网。连接主要城市群，基本连接省会城市和其他50万人口以上大中城市，形成以特大城市为中心覆盖全国、以省会城市为支点覆盖周边的高速铁路网。实现相邻大中城市间1～4小时交通圈，城市群内0.5～2小时交通圈。提供安全可靠、优质高效、舒适便捷的旅客运输服务。

——打造一体化的综合交通枢纽。与其他交通方式高效衔接，形成系统配套、一体便捷、站城融合的铁路枢纽，实现客运换乘“零距离”、物流衔接“无缝化”、运输服务“一体化”。

三、规划方案

（一）高速铁路网。

为满足快速增长的客运需求，优化拓展区域发展空间，在“四纵四横”高速铁路的基础上，增加客流支撑、标准适宜、发展需要的高速铁路，部分利用时速200公里铁路，形成以“八纵八横”主通道为骨架、区域连接线衔接、城际铁路补充的高速铁路网，实现省会城市高速铁路通达、区际之间高效便捷相连。

因地制宜、科学确定高速铁路建设标准。高速铁路主通道规划新增项目原则采用时速250公里及以上标准（地形地质及气候条件复杂困难地区可以适当降低），其中沿线人口城镇稠密、经济比较发达、贯通特大城市铁路可采用时速350公里标准。区域铁路连接线原则采用时速250公里及以下标准。城际铁路原则采用时速200公里及以下标准。

1.构筑 “八纵八横”高速铁路主通道。

（1）“八纵”通道。

沿海通道。大连（丹东）～秦皇岛～天津～东营～潍坊～青岛（烟台）～连云港～盐城～南通～上海～宁波～福州～厦门～深圳～湛江～北海（防城港）高速铁路（其中青岛至盐城段利用青连、连盐铁路，南通至上海段利用沪通铁路），连接东部沿海地区，贯通京津冀、辽中南、山东半岛、东陇海、长三角、海峡西岸、珠三角、北部湾等城市群。

京沪通道。北京～天津～济南～南京～上海（杭州）高速铁路，包括南京～杭州、蚌埠～合肥～杭州高速铁路，同时通过北京～天津～东营～潍坊～临沂～淮安～扬州～南通～上海高速铁路，连接华北、华东地区，贯通京津冀、长三角等城市群。

京港（台）通道。北京～衡水～菏泽～商丘～阜阳～合肥（黄冈）～九江～南昌～赣州～深圳～香港（九龙）高速铁路；另一支线为合肥～福州～台北高速铁路，包括南昌～福州（莆田）铁路。连接华北、华中、华东、华南地区，贯通京津冀、长江中游、海峡西岸、珠三角等城市群。

京哈～京港澳通道。哈尔滨～长春～沈阳～北京～石家庄～郑州～武汉～长沙～广州～深圳～香港高速铁路，包括广州～珠海～澳门高速铁路。连接东北、华北、华中、华南、港澳地区，贯通哈长、辽中南、京津冀、中原、长江中游、珠三角等城市群。

呼南通道。呼和浩特～大同～太原～郑州～襄阳～常德～益阳～邵阳～永州～桂林～南宁高速铁路。连接华北、中原、华中、华南地区，贯通呼包鄂榆、山西中部、中原、长江中游、北部湾等城市群。

京昆通道。北京～石家庄～太原～西安～成都（重庆）～昆明高速铁路，包括北京～张家口～大同～太原高速铁路。连接华北、西北、西南地区，贯通京津冀、太原、关中平原、成渝、滇中等城市群。

包（银）海通道。包头～延安～西安～重庆～贵阳～南宁～湛江～海口（三亚）高速铁路，包括银川～西安以及海南环岛高速铁路。连接西北、西南、华南地区，贯通呼包鄂、宁夏沿黄、关中平原、成渝、黔中、北部湾等城市群。

兰（西）广通道。兰州（西宁）～成都 （重庆）～贵阳～ 广州高速铁路。连接西北、西南、华南地区，贯通兰西、成渝、黔中、珠三角等城市群。

（2）“八横”通道。

绥满通道。绥芬河～牡丹江～哈尔滨～齐齐哈尔～海拉尔～满洲里高速铁路。连接黑龙江及蒙东地区。

京兰通道。北京～呼和浩特～银川～兰州高速铁路。连接华北、西北地区，贯通京津冀、呼包鄂、宁夏沿黄、兰西等城市群。

青银通道。青岛～济南～石家庄～太原～银川高速铁路（其中绥德至银川段利用太中银铁路）。连接华东、华北、西 北地区，贯通山东半岛、京津冀、太原、宁夏沿黄等城市群。

陆桥通道。连云港～徐州～郑州～西安～兰州～西宁～乌鲁木齐高速铁路。连接华东、华中、西北地区，贯通东陇海、中原、关中平原、兰西、天山北坡等城市群。

沿江通道。上海～南京～合肥～武汉～重庆～成都高速铁路，包括南京～安庆～九江～武汉～宜昌～重庆、万州～达州～遂宁～成都高速铁路（其中成都至遂宁段利用达成铁路），连接华东、华中、西南地区，贯通长三角、长江中游、成渝等城市群。

沪昆通道。上海～杭州～南昌～长沙～贵阳～昆明高速铁路。连接华东、华中、西南地区，贯通长三角、长江中游、黔中、滇中等城市群。

厦渝通道。厦门～龙岩～赣州～长沙～常德～张家界～黔江～重庆高速铁路（其中厦门至赣州段利用龙厦铁路、赣龙铁路，常德至黔江段利用黔张常铁路）。连接海峡西岸、中南、西南地区，贯通海峡西岸、长江中游、成渝等城市群。

广昆通道。广州～南宁～昆明高速铁路。连接华南、西南地区，贯通珠三角、北部湾、滇中等城市群。

2.拓展区域铁路连接线。在“八纵八横”主通道的基础上，规划建设高速铁路区域连接线，进一步完善路网、扩大覆盖。

东部地区。北京～唐山、天津～承德、日照～临沂～菏泽～兰考、上海～湖州、南通～苏州～嘉兴、杭州～温州、合肥～新沂、龙岩～梅州～龙川、梅州～汕头、广州～汕尾等铁路。

东北地区。齐齐哈尔～乌兰浩特～白城～通辽、佳木斯～牡丹江～敦化～通化～沈阳、赤峰和通辽至京沈高铁连接线、朝阳～盘锦等铁路。

中部地区。郑州～阜阳、郑州～濮阳～聊城～济南、黄冈～安庆～黄山、巴东～宜昌、宣城～绩溪、南昌～景德镇～黄山、石门～张家界～吉首～怀化等铁路。

西部地区。玉屏～铜仁～吉首、绵阳～遂宁～内江～自贡、昭通～六盘水、兰州～张掖、贵港～玉林等铁路。

3.发展城际客运铁路。在优先利用高速铁路、普速铁路开行城际列车服务城际功能的同时，规划建设支撑和引领新型城镇化发展、有效连接大中城市与中心城镇、服务通勤功能的城市群城际客运铁路。

京津冀、长三角、珠三角、长江中游、成渝、中原、山东半岛等城市群，建成城际铁路网；海峡西岸、哈长、辽中南、关中、北部湾等城市群，建成城际铁路骨架网；滇中、黔中、天山北坡、宁夏沿黄、呼包鄂榆等城市群，建成城际铁路骨干通道。

（二）普速铁路网。

扩大中西部路网覆盖，完善东部网络布局，提升既有路网质量，推进周边互联互通，形成覆盖广泛、内联外通、通边达海的普速铁路网，提高对扶贫脱贫、地区发展、对外开放、国家安全等方面的支撑保障能力。到2025年，普速铁路网规模达到13.1万公里左右，并规划实施既有线扩能改造2万公里左右。

1.形成区际快捷大能力通道。推进普速干线通道瓶颈路段、卡脖子路段及关键环节建设，形成跨区域、多径路、便捷化大能力区际通道。结合新线建设和实施既有铁路扩能，强化集装箱、快捷、重载等运输网络，形成高效率的货运物流网，提高路网整体服务效率，扩大有效供给。

（1）京津冀～东北通道。利用京哈、津山、沈山、哈大、集通等铁路，实施京通、平齐等铁路扩能，构建北京（天津）～沈阳～哈尔滨～绥芬河（同江）、北京（天津）～通辽～齐齐哈尔～满洲里等进出关通道，连接京津冀、辽中南、哈长城市群。

（2）京津冀～长三角、海峡西岸通道。利用京沪、京九、华东二通道、皖赣、金温、赣龙等铁路，建设阜阳～六安～景德镇、衢州～宁德、兴国～永安～泉州等铁路，实施皖赣等铁路改造，构建北京（天津）～济南～上海（杭州、宁波）、北京（天津）～商丘～南昌～福州（厦门）通道，连接京津冀、长三角、长江中游及海峡西岸城市群。

（3）京津冀～珠三角、北部湾通道。利用京广、京九、湘桂、焦柳、大湛等铁路，建设龙川～汕尾等铁路，实施焦柳、洛湛南段扩能改造，构建北京～武汉～广州（南宁）、北京～南昌～深圳通道，连接京津冀、中原、长江中游、珠三角及北部湾等城市群。

（4）京津冀～西北（西藏）通道。利用京包兰、临哈、南疆以及京广、石太、太中银、兰青、青藏等铁路，实施青藏铁路格拉段、南疆铁路等扩能改造，建设柳沟～三塘湖～将军庙铁路，构建北京（天津）～呼和浩特～乌鲁木齐～喀什、北京（天津）～石家庄～太原～兰州～西宁～拉萨通道，连接京津冀、兰西城市群及西藏地区。

（5）京津冀～西南通道。利用京广、沪昆、南北同蒲、西康、襄渝、成昆、内昆等铁路，构建北京～西安（长沙）～川、渝、黔、滇通道，连接京津冀与滇中城市群。

（6）长三角～西北通道。利用京沪、陆桥以及宁西铁路等，实施西平铁路、宝中铁路平凉至中卫段扩能、三门峡经禹州至江苏沿海港口铁路，构建长三角～西安～乌鲁木齐～阿拉山口（霍尔果斯）通道，连接长三角、中原、关中平原、兰西城市群。

（7）长三角～成渝通道。利用京沪、宁西、宁启、铜九、武九、武襄渝、达成、成渝等铁路，实施南京～芜湖～铜陵～九江铁路等扩能改造，建设九江～岳阳～常德、黔江～遵义～昭通～攀枝花～大理铁路，规划研究沿江货运铁路，构建上海～南京（合肥）～武汉～重庆～成都沿江通道，连接长三角、长江中游、成渝城市群。

（8）长三角～云贵通道。利用沪昆、金温铁路等，建设宁波（台州）～金华、温州～武夷山～吉安、赣州～郴州～永州～兴义铁路，实施衡茶吉铁路扩能，构建长三角、长江中游至云贵地区通道。

（9）长三角～珠三角通道。利用沪昆、京九、京广等铁路，实施赣韶铁路扩能，连接长三角、珠三角城市群。

（10）珠三角～西南通道。利用京广、沪昆、渝黔、广茂、黎湛铁路等，建设柳州～梧州～广州、韶关～贺州～柳州～百色铁路，实施渝怀、黔桂、南昆铁路扩能，构建珠三角至西南地区通道。

（11）山东半岛～西北通道。利用胶济、石德、石太、太中银、兰新铁路等，建设平凉经固原至定西等铁路，构建山东半岛西向联系通道。

（12）西北～西南通道。利用兰新、陇海、宝成、包西、兰渝、西康、襄渝、渝黔、成昆、内昆等铁路，建设库尔勒～格尔木、格尔木～成都等铁路，构建西北（含呼包鄂榆）至西南地区通道。

同时，利用大秦、神朔、朔黄、张唐、新菏兖日、山西中南部、宁西等铁路，建设蒙西至华中地区、庆阳～黄陵、庆阳～平凉、神木～瓦塘等铁路，构建西煤东运、北煤南运、海（江）铁联运大通道，完善煤炭集疏运系统，提升煤运通道能力。

2.面向“一带一路” 国际通道。推进我国与周边互联互通，完善口岸配套设施，强化沿海港口后方通道。

西北方向。规划建设克拉玛依～塔城（巴克图）、喀什～伊尔克什坦、喀什～红其拉甫、阿勒泰～喀纳斯（吉克普林）、阿勒泰～吉木乃等铁路及满都拉、乌力吉、老爷庙等口岸铁路。

西南方向。实施南宁～凭祥铁路扩能，规划建设芒市～猴桥、临沧～清水河、日喀则～吉隆、日喀则～亚东、靖西～龙邦、防城港～东兴等铁路。

东北方向。实施集宁～二连浩特铁路扩能，规划建设伊尔施～阿日哈沙特、海拉尔～黑山头、莫尔道嘎～室韦、古莲～洛古河、虎林～吉祥、密山～档壁镇、南坪～茂山、开山屯～三峰、长白山～惠山、盘古～连崟等铁路。

沿海方向。以大连、秦皇岛、天津、烟台、青岛、连云港、上海、宁波—舟山、福州、泉州、厦门、汕头、深圳、广州、茂名、湛江、海口等沿海城市及重要港口为支点，畅通港口城市后方铁路通道及集疏运体系，构建连接内陆、铁海联运的国际交通走廊。

3.促进脱贫攻坚和国土开发铁路。

扩大路网覆盖面。建设安康～恩施～张家界、赣州～郴州～永州～兴义、阜阳～六安～景德镇、温州～武夷山～吉安、兴国～永安～泉州、黔江～遵义～昭通～攀枝花～大理、宁德～南平、瑞金～梅州、建宁～冠豸山、韶关～贺州～柳州～百色、黄陵～庆阳～平凉～固原～定西、额济纳～酒泉、汉中～巴中～南充、贵阳～兴义、黄桶～百色、涪陵～柳州、泸州～遵义、师宗～文山、临沧～普洱等铁路。

完善进出西藏、新疆通道。建设川藏铁路雅安～昌都～林芝段、滇藏铁路香格里拉～邦达段、罗布泊～若羌～和田、成都～格尔木、柳沟～三塘湖～将军庙、西宁～玉树～昌都铁路，研究建设新藏铁路和田～日喀则段，形成进出西藏、新疆、青海及四省藏区的便捷通道。

促进沿边开发开放。建设韩家园～黑河、孙吴～逊克～乌伊岭、鹤岗～富锦、创业～饶河～东方红、东宁～珲春等东北沿边铁路，芒市～临沧～文山～靖西～防城港等西南沿边铁路。

4.强化铁路集疏运系统。以资源富集区、主要港口及物流园区为重点，规划建设地区开发性铁路以及疏港型、园区型等支线铁路，形成干支有效衔接、促进多式联运的现代铁路集疏运系统，畅通铁路运输的“最先一公里”和“最后一公里”。

上述路网方案实现后，远期铁路网规模将达到20万公里左右，其中高速铁路 4.5 万公里左右。

（三）综合交通枢纽。

统筹运输网络格局，按照“客内货外”的原则，优化铁路枢纽布局，完善系统配套设施，修编铁路枢纽总图。创新体制机制，统筹建设运营，促进同步建设、协同管理，形成系统配套、一体便捷、站城融合的现代化综合枢纽。研究制定综合枢纽建设、运营、服务等标准规范。构建北京、上海、广州、武汉、成都、沈阳、西安、郑州、天津、南京、深圳、合肥、贵阳、重庆、杭州、福州、南宁、昆明、乌鲁木齐等综合铁路枢纽。

1.客运枢纽。按照“零距离”换乘要求，同站规划建设以铁路客站为中心、与其他交通方式有机衔接的综合交通体，特大城市要强化铁路客运枢纽、机场、城市轨道交通的便捷联接。实施站区地上地下立体综合开发，打造高效便捷的综合客运枢纽和产城融合发展的临站经济区。同步强化客运枢纽场站设施，完善动车段（所）、客运机车车辆以及维修设施，完善客运枢纽（高铁车站）快件集散等快捷货物服务功能设施。

2.货运枢纽。合理布局铁路物流中心、铁路集装箱中心站及末端配送服务设施，扩大货物集散服务网络。按照“无缝化”衔接要求，完善货运枢纽多式联运、集装箱运输、邮政快递运输、国际联运以及集疏运等“一站式”服务设施，提升枢纽集散能力和服务效率。优化货运枢纽编组站，完善货运机车车辆设施。布局建设综合维修基地、应急救援基地以及配套完善铁路战备设施等。以发展枢纽型园区经济为导向，推进传统货运场站向城市物流配送中心、现代物流园区转型发展。

四、保障措施

（一）深化投融资体制改革。用改革精神破解铁路投融资等难题，创新市场化融资方式，放宽市场准入，培育多元投资主体，鼓励支持地方政府和广泛吸引包括民间、外资在内的社会资本参与投资铁路建设，形成国家投资、地方筹资、社会融资相结合的多渠道、多层次、多元化铁路投融资模式。充分用好国家支持铁路建设的政策措施，完善铁路发展基金募集方式和扩大规模，支持地方设立铁路发展基金，继续发行政府支持的铁路建设债券，创新发行品种和方式，筹集长期、低成本的建设资金。实施差异化投融资政策，建立长效机制，提高中央资金对中西部铁路建设投入比重。在理顺铁路运价、建立公益性运输核算制度的基础上，研究建立公益性、政策性补贴机制，完善土地综合开发配套政策，健全规范财务清算规则及体系，落实并发挥好铁路投融资体制改革配套政策的组合效应，为社会资本进入创造便利条件。

（二）培育壮大高铁经济。以高速铁路通道为依托，引领支撑沿线城镇、产业、人口等合理布局，促进区域密切交流合作和资源优化配置，加速产业梯度转移和经济转型升级，培育壮大高铁与经济深度融合发展的高铁经济新业态。以高铁站区综合开发为载体，发展站区经济，引导和推动站区现代物流、商贸金融、电子商务、旅游餐饮等关联产业聚集和规模发展，努力形成品牌效应和规模效益。综合开发收益弥补铁路建设与运营。

（三）科学组织项目建设。按照规划确定的功能定位和建设标准，充分考虑工程条件和经济发展实际，尊重铁路技术特点和客观规律，合理把握建设时机，有序均衡推进项目实施。“十三五”时期要服务支撑全面建成小康社会目标以及“三大战略”和脱贫攻坚，继续保持合理建设规模，既抓好在建项目尽快建成投产，又推动实施一批重大标志性项目。深入做好项目前期工作，加强技术经济综合比选，因地制宜选择经济适用的建设标准和建设方案，科学合理、公正客观地确定线路走向和站点设置，着力提高项目决策科学化水平。

（四）构建综合交通运输体系。发挥铁路比较优势和骨干作用，构建与公路、民航、水运等其他交通方式有机衔接的综合交通运输体系，统筹考虑运价调整、运营体制调整、财政支持、调动地方政府积极性等因素，推动协同发展，促进综合社会效益提升。加强铁路规划与城市总体规划、土地利用规划等的衔接，优化交通网络布局，统筹铁路与其他交通方式共用交通走廊、跨海、过江等通道资源。加强综合客运枢纽建设，强化铁路与城市公共交通、市域（郊）铁路、公路客运、机场等有效衔接，提高枢纽中转及集疏散效率。促进铁公水等多式联运，大力发展铁路集装箱运输，实施铁路引入重要港口、公路货站和物流园区等工程，打通运输“前后一公里”，畅通网络微循环。

（五）强化人才科技支撑。贯彻落实国家创新驱动发展战略，主动对接《中国制造2025》，加大基础研究和科研攻关，着力推进以高铁关键技术创新为重点的装备自主化及产业高端化集群发展，全面提升自主创新能力和产业高端化水平，积极推动铁路“走出去”。加强人才队伍和国家重点实验室等创新平台建设。同步推进“互联网+铁路”建设，完善公共信息服务平台，推进铁路与其他运输方式的公共服务信息共享，配套运用先进适用技术装备，发展智能化铁路，促进铁路运输、服务方式、经营模式等发展方式深刻变革，全面提升铁路现代化水平。

（六）提升可持续发展能力。研究化解铁路债务的有效措施，逐步改善铁路企业债务结构。加大力度盘活存量资产，加强土地资产评估等工作，落实国家支持铁路实施土地综合开发的政策，支持铁路企业对车站和线路用地一体规划，加强地上、地下空间的综合开发，提升增量资产收益。研究出台促进铁路运输业发展的指导意见，适应市场需求变化，发展高铁快运和零散货物快捷运输，发挥价格机制作用，大力开拓运输市场，全面提升服务水平，扩大产品和服务有效供给，增强铁路企业市场竞争力，加快向现代物流企业转型发展。深入挖掘潜力，改革经营体制，发挥市场力量，深入实施多元化经营战略，延伸产业链和服务链，不断提升铁路经营效率效益。深化铁路企业改革，加快建立现代企业制度，推动市场化经营，强化内部管理，促进降本增效，增强内生动力与发展活力，发挥铁路总公司在铁路建设中的关键作用。牢固树立安全发展观念，强化安全管理，确保铁路持续安全稳定。

（七）健全规划实施机制。充分发挥中央、地方、企业积极性，进一步完善合作机制，拓展合作方式，形成铁路建设合力，营造铁路发展良好环境。不同地区、不同属性铁路建设项目实行分类投资建设。统筹考虑筹资能力和可持续性，尽早商定并合理分摊铁路建设出资比例，落实好出资主体责任。建立高效联动的协商工作机制，落实年度计划安排，明确责任分工，简化行政审批，确保规划有序实施和目标任务完成。要把军民融合发展的理念和要求贯穿铁路建设全过程，增强铁路基础设施建设对国防建设的整体支撑能力，提升国防交通保障水平。

（八）加强过程监管评估。修订完善铁路法律法规和技术规范体系，切实加强铁路行业监督管理，营造和维护公平有序的市场环境。强化规划指导作用，维护权威性和严肃性，不得随意变更规划内容，项目实施应严格按照国家有关审批程序办理。发展改革委会同有关部门要加强跟踪指导、统筹协调，及时总结评估规划实施情况，协调解决有关问题，重大事项及时报告国务院。

五、环境影响评价和要求

（一）对规划的环境影响总体评价。本规划与“十三五”规划纲要和其他交通运输规划，以及《中共中央国务院关于加快推进生态文明建设的意见》《国家新型城镇化规划（2014-2020年）》《全国主体功能区规划》《节能中长期专项规划》等做了有效衔接，坚持绿色发展理念，注重提升资源、能效综合利用水平，较好地与各类环境敏感区相协调，对气环境、声环境和水环境的影响均在可控范围之内，对构建绿色综合交通运输体系、推进生态文明建设将发挥重要作用。

（二）预防和减轻不良环境影响的措施。一是坚持“保护优先、避让为主”的路网布设原则，加强对沿线环境敏感区保护。合理设计项目线路走向和场站选址，尽量利用既有交通廊道，避开基本农田保护区，避绕水源地、自然保护区、风景名胜等环境敏感区域以及水土流失重点预防区和治理区。二是做好超前规划，国土、环保等部门提前介入，为项目勘察设计、预留建设用地等前期工作提供有力保障。加快研究制定增加耕地用于占补平衡和重大工程补充耕地国家统筹等办法，严控增量用地、优先利用存量，加强铁路建设工程及车站节能、节地设计，高效实施土地综合开发利用。发展先进适用的节能减排技术，加强新型智能、节能环保等技术装备的研发和应用，优化运输组织，提高运输效率。三是开展环境恢复和污染治理，做好地形、地貌、生态环境恢复和土地复垦工作；采取综合措施有效防治铁路沿线噪声、振动；做好水土保持等生态保护，加强生态恢复工程，注重景观恢复和铁路绿色通道建设；大力推广采用环保新技术，促进废气、废水和固体废物的循环使用和综合利用。四是严格遵守环境保护相关法律法规，在中长期铁路网的规划和建设过程中切实落实环境影响评价制度。

附图：1.中长期铁路网规划图（略）

2.中长期高速铁路网规划图（略）

（摘自国家发展改革委网站）

2016 年 铁 道 统 计 公 报

2016 年，全国铁路全面贯彻党的十八大和十八届三中、四中、五中、六中全会精神，深入贯彻习近平总书记系列重要讲话精神和治国理政新理念新思想新战略，主动适应经济发展新常态，深化铁路供给侧结构性改革，铁路安全、建设发展、客货运输、科技创新取得新成绩。

一、运输生产

旅客运输。全国铁路旅客发送量完成 28.14 亿人，比上年增加 2.79 亿人，增长 11.0%。其中，国家铁路 27.73 亿人，比上年增长 11.1%；全国铁路旅客周转量完成 12579.29 亿人公里，比上年增加 618.69 亿人公里，增长 5.2%。其中，国家铁路 12527.88 亿人公里，比上年增长 5.2%。

全国铁路旅客运输量

指　　标	单　位	2016 年	比上年±%
旅客发送量	万人	281405	11.0
国家铁路	万人	277301	11.1
旅客周转量	亿人公里	12579.29	5.2
国家铁路	亿人公里	12527.88	5.2

货物运输。全国铁路货运总发送量完成 33.32 亿吨，比上年减少 0.26 亿吨，下降 0.8%。其中，国家铁路 26.52 亿吨，比上年下降 2.3%。全国铁路货运总周转量完成 23792.26 亿吨公里，比上年增加 37.95 亿吨公里，增长 0.2%。其中，国家铁路 21273.21 亿吨公里，比上年下降 1.5%。集装箱、商品汽车、散货快运量比上年分别增长 40%、53%和 25%。

全国铁路货物运输量

指 标	单 位	2016年	比上年±%
货运总发送量	万吨	333186	−0.8
国家铁路	万吨	265206	−2.3
货运总周转量	亿吨公里	23792.26	0.2
国家铁路	亿吨公里	21273.21	−1.5

换算周转量。全国铁路总换算周转量完成36371.56亿吨公里，比上年增加656.65亿吨公里，增长1.8%。其中，国家铁路33801.08亿吨公里，比上年增长0.9%。

运输安全。全年未发生特别重大、重大铁路交通事故，铁路交通事故死亡人数比上年下降10.1%。

二、铁路建设

全国铁路固定资产投资完成8015亿元，投产新线3281公里，其中高速铁路1903公里。

路网规模。全国铁路营业里程达到12.4万公里，比上年增长2.5%。全国铁路路网密度129.2公里/万平方公里，比上年增加3.2公里/万平方公里。其中，复线里程6.8万公里，比上年增长5.2%，复线率54.9%，比上年提高1.4个百分点；电气化里程8.0万公里，比上年增长7.4%，电化率64.8%，比上年提高3.0个百分点。西部地区铁路营业里程5.0万公里，比上年增加2230.9公里，增长4.6%。

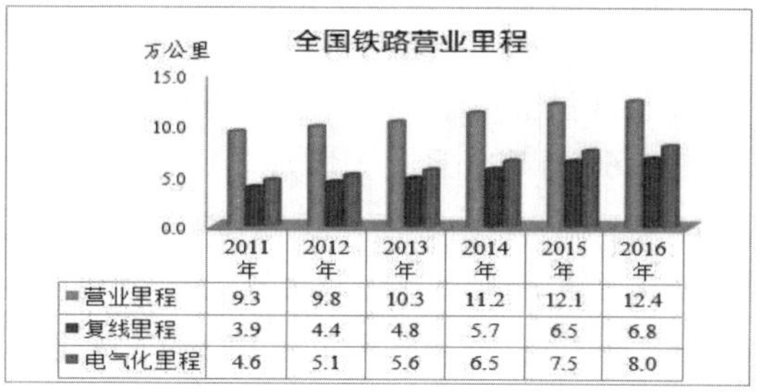

移动装备。全国铁路机车拥有量为2.1万台，比上年增加87台。其中，内燃机车占41.8%，比上年下降0.9个百分点；电力机车占58.1%，比上年提高0.9个百分点。全国铁路客车拥有量为7.1万辆，比上年增加0.3万辆。其中，动车组2586标准组、20688辆，比上年增加380标准组、3040辆。全国铁路货车拥有量为76.4万辆。

三、标准和科技创新

重要技术标准制定。发布《铁路列车荷载图式》《动车组车体结构强度设计及试验》《列控中心技术条件》等116项铁路技术标准。发布《铁路隧道设计规范》《铁路通信设计规范》《铁路动车组设备设计规范》等11

项铁路工程建设标准。

知识产权及获奖成果。铁路行业《高速铁路标准梁桥技术与应用》《基于耦合动力学的高速铁路接触网/受电弓系统技术创新及应用》《跨江越海大断面暗挖隧道修建关键技术与应用》等3项科技成果荣获2016年度国家科学技术进步二等奖，《高速铁路轨道平顺性保持技术》荣获2016年度国家技术发明二等奖。铁路行业“双阀双布袋袖阀管注浆方法”“一种正线道岔稳定车及其作业方法”“接触网悬挂状态监测系统”“一种长距离大坡度斜井全断面岩石掘进机”“一种高速铁路无砟轨道自充填混凝土专用改性剂”“铁路铺轨机的导轨自动化回送系统”等荣获第十八届中国专利优秀奖。

四、节能减排

综合能耗。国家铁路能源消耗折算标准煤1591.60万吨，比上年增加14.25万吨，增长0.9%。单位运输工作量综合能耗4.71吨标准煤/百万换算吨公里，与上年持平。单位运输工作量主营综合能耗4.15吨标准煤/百万换算吨公里，比上年增加0.08吨标准煤/百万换算吨公里，增长2.0%。

主要污染物排放量。国家铁路化学需氧量排放量1965吨，比上年减排41吨，降低2.0%。二氧化硫排放量23924吨，比上年减排3851吨，降低13.9%。

沿线绿化。国家铁路绿化里程4.57万公里，比上年增加0.12万公里，增长2.7%。

注：1. 除注明外，国家铁路含控股合资铁路。

2. 客货发送量、客货周转量为确报数，其余数据均为速报数。

3. 统计范围不含港澳台。

4. 除注明外，比上年为同口径。

（摘自铁路局网站）

中国中车股份有限公司未来发展的讨论与分析

一、行业格局和趋势

1. 政治环境

当前国内外环境依然错综复杂。全球经济复苏的步伐依然艰难，贸易保护主义强势回归,地缘政治风险上升，对政商关系、营商环境造成很大的不确定性。全球治理体系深刻变革，发展中国家群体力量继续增强，国际投资贸易规则体系加快重构，多边贸易体制受到区域性高标准自由贸易体制的挑战。受发达国家“再工业化”、“制造业回归”和发展中国家低成本竞争的“双向挤压”，我国制造业参与国际竞争的环境日趋严峻。国内经济下行压力加大，经济运行新常态特征更加明显，环境资源约束增强，传统制造业产能过剩，经济增速换档、结构调整阵痛和新旧动能转换相互叠加，企业生存发展压力加大，供给侧改革持续深入，提质增效、转型升级的要求更加紧迫。

2. 经济环境

世界多极化、经济全球化、文化多样化、社会信息化深入发展，和平与发展的时代主题没有变。为促进经济增长，不少国家放宽了重点领域的投资限制，为我国企业实施全球布局和开展国际化经营提供了难得的机遇。我国经济长期向好的基本面没有改变，“十三五”时期是我国全面建成小康社会的决胜阶段，新型工业化、信息化、城镇化和农业现代化深入发展，新的增长动力正在孕育形成；东部率先发展、西部大开发、东北振兴和中部崛起仍大有可为，“一带一路”、京津冀协同发展和长江经济带战略再添新动力。国企国资改革步入攻坚期，国家“十三五”规划纲要以及中央企业十三五发展规划，提出“要坚定不移把国有企业做强做优做大，培育一批具有自主创新能力和国际竞争力的国有骨干企业”，为中国中车指明了改革发展方向。

3. 市场环境

未来几年，轨道交通装备需求总体稳定。铁路建设将继续为经济发展和民生改善发挥作用。近期颁布实施的《中长期铁路网规划》，提出要“完善普速铁路网，建成高速铁路网，打造综合交通枢纽，构建现代综合交通运输体系”。到2020年，铁路营业里程将达到15万公里，其中高铁营运里程将达到3万公里，覆盖80%以上的大城市，铁路投资将超过3.5万亿，铁路装备投资规模将达到5000亿，“十三五”期间需求总体平稳。客运换乘“零距离”、物流衔接“无缝化”、运输服务“一体化”，对铁路装备提出了更高的要求，市场需求结构性不平衡的矛盾仍然突出。城市轨道交通继续保持增长，随着新型城镇化、城市群建设进程的不断加快，城市轨道交通将逐步成为国民经济新的增长点。随着城市申报轨道交通建设政策的放宽，城市轨道交通还会有一定的增长空间，PPP模式将会成为轨道交通领域的重头戏。中国中车必须充分发挥独有的行业优势，大力发展工程总包业务，努力向产业链前端的基础设施建设管理延伸，向配套机电系统延伸，向后期运营和维护环节延伸。

4. 产业技术政策

以信息网络、智能制造、新能源和新材料为特征的新一轮科技革命迅猛发展，颠覆性技术创新大量涌现，轨道交通装备制造业作为高端制造的代表，变革趋势明显。“十三五”期间，国家将创新列为五大发展理念之首，深入实施 “互联网+”“双创”“中国制造 2025”等系列创新行动，深化科技体制改革，完善创新体系，引导构建产业技术创新联盟。构建产业新体系，推动发展战略性新兴产业，促进产业组织、商业模式、供应链、物流链等基于互联网的各类创新，推动生产性服务业向专业化和价值链高端延伸，新技术、新产业、新业态蓬勃发展，产业发展空间巨大。《“十三五”国家战略性新兴产业发展规划》和《战略性新兴产业重点产品与服务指导目录》以及配套支持政策，进一步推动战略性新兴产业和生产服务业发展。中国中车大力拓展新能源装备、新能源汽车、新材料、环保水处理等，具有广阔的发展前景。

二、发展战略

“十三五”时期是中国中车在新形势下向新目标迈进的第一个五年。结合国家有关产业发展以及对主要目标市场的综合分析，中国中车“十三五”期间战略规划的指导思想为：贯彻党的十八大和十八届历次全会以及国家“十三五”规划纲要精神，牢固树立和贯彻落实创新、协调、绿色、开放、共享的发展理念，以提高发展质量和效益为中心，汇聚创新、变革、融合三大动力，抓好国际化、多元化、高端化、数字化、协同化五大任务，强化体制、资源、管理、风控和党建五方面保障，提升创新引领和国际竞争能力，实现更高质量、更有效率和更可持续发展，为成为以轨道交通装备为核心，全球领先、跨国经营的一流企业集团奠定坚实基础。

中国中车业务发展规划：

铁路装备业务：主动适应国内外运输市场变化和技术发展趋势，加快铁路客货运技术、产品和服务模式创新，满足铁路先进适用和智能绿色安全发展要求，全面适应铁路运输企业转型升级和综合交通运输体系建设需要。抓住“一带一路”以及国际产能合作机遇，做好以中国标准动车组为代表的轨道交通装备、技术、服务整套解决方案和标准输出，建立全球化业务协同平台，加快“走进去”步伐。打造系列化、模块化、标准化的产品结构和技术平台，强化关键零部件的创新能力建设与内部配套，发展高级修能力，推进服务化转型，加快向提供系统解决方案转变。

城轨与城市基础设施业务：面向全球市场加快城轨车辆产品开发和创新，持续完善产品结构，以高品质的产品和服务牢牢占据国内市场、不断扩大国际市场。抓住全球城镇化建设发展机遇，以城市轨道交通为重点，发挥中国中车在装备制造、业务组合、产融结合等综合优势，提高建设工程总包能力，拓展运营服务总承包能力，不断拓展城轨与城市基础设施业务规模。

新产业业务：按照“相关多元、高端定位、资源匹配、行业领先”的原则，以高分子复合材料、工业传动系统、风电装备、新能源汽车、环保水处理装备、海工装备等为重点，加快培育一批核心能力突出、行业地位领先、带动效果显著的业务集群，促进相关多元发展。

现代服务业务：围绕产业转型升级，大力推进制造业与服务业融合发展，稳步拓展金融服务、租赁、投融资、物流贸易现代服务业务。

国际业务：抓住“一带一路”、国际产能合作等战略机遇，以轨道交通装备业务为重点并带动相关产业，全力进军国际市场，全面提升国际化经营能力，加快实现由国内市场向全球市场、由“走出去”向“走进去”、由本土企业向跨国企业转变。

三、可能面对的风险

1. 政策风险

轨道交通设备制造业准入政策、城轨交

通产业政策以及新产业板块产业政策的变化可能导致市场环境和发展空间出现诸多不确定因素，给中国中车的战略和经营带来风险。

应对措施：及时收集相关产业政策及行业规划信息，做好政策和趋势研究，积极应对可能发生的政策和产业规划出现的变化。夯实内部管理，提高中国中车经营管理水平，降低营运成本，努力提高经营效率，增强抵御政策风险的能力。

2. 市场风险

国内市场风险：国内铁路市场增长趋缓，铁路客货运输改革调整优化产品结构，市场需求可能出现结构性调整。

应对措施：积极对接主要客户，搜集国家经济、政治、行业等信息，做好市场趋势的研究、预测，通过转变发展模式，优化中国中车产业结构，拓展新的商业模式等措施应对风险。

国际市场风险：国际政治经济格局错综复杂，国际贸易保护主义有所抬头，世界经济复苏缓慢，国际市场不确定不可控因素增加。中国中车“国际化”战略推进的同时也将加大海外市场中的市场和运营风险。

应对措施：精心做好顶层设计，科学谋划中长期国际化发展路径，完善国际业务管理体系，加强对全球公司管理架构、跨国管控模式、境外公司的研究与实践，加强总部自身建设，提升跨国经营能力。积极主动靠近用户，深入了解用户需求，加强市场研究，充分发挥中国中车产品、成本和技术优势，利用全球资源，为客户提供系统解决方案和增值服务。深度推进“本地化制造、本地化用工、本地化采购、本地化维护”四本模式，扩大海外业务规模，快速、有序、精准推进中国中车国际化，实现国际化中国中车。

3. 产品质量风险

铁路市场主要客户全力构建人防、物防、技防“三位一体”的安全保障机制，确保铁路安全，对轨道交通产品质量的安全性、可靠性提出了更高要求，给在不断完善产品谱系的同时还需继续深化技术创新给中国中车带来更大挑战。

应对措施：深入推进中国中车特色质量管理体系建设，加快质量管理标准建设，打造可复制、可移植、可认证、可评价的中国中车特色质量管理标准，严把设计、制造和采购各个环节，强化产品实现全过程和全生命周期的质量管理，确保产品经得起运营的检验、社会的考验，确保行车安全。

4. 产业结构调整风险

由于历史原因，中国中车轨道交通部分板块存在结构性产能过剩矛盾，面临产业结构性调整。因产业关联度、产业基础、技术条件、资源禀赋等方面因素，给企业的产业结构转换带来诸多的困难与风险。

应对措施：已成立专门机构研究轨道交通业务板块改革方案，按照不同板块不同策略原则，通过业务重组、压缩产能等方式，激发企业活力，逐步形成资源共享、发展共赢的格局，持续优化轨道交通资源配置，实现资源效益最大化、企业利益最大化。

5. 汇率风险

随着中国中车国际化经营步伐加快，企业产品出口、境外投资、并购等经营活动不断增多，可能因汇率波动引发各种风险。如以外币计价交易的活动中，由于交易发生日和结算日汇率不一致而形成的外汇交易风险；由于汇率波动造成境外企业价值变化的风险等。

应对措施：密切关注汇率变动趋势，加强企业相关人员的风险防范意识，建立汇率风险防范机制，灵活采用不同货币成交等方式，运用金融避险工具应对汇率风险。

（摘自中国中车2016年年度报告）

索　引

使用说明：

一、本索引采用主题分析法编制，将年鉴中具有实际检索意义的条目按音序法进行编排；综述类条目因重复出现不列入编制。

二、索引款目后的数字表示该内容所在的页码，数字后的字母（a、b）表示栏别，即版面的左、右栏。

A

B

C

D

E

F

G

H

J

K

L

M

N

O

P

Q

R

S

T

W

X

Y

Z

图书在版编目（CIP）数据

中国中车年鉴. 2017/《中国中车年鉴》编委会编. —北京：中国铁道出版社，2017.6

ISBN 978-7-113-23468-3

Ⅰ. ①中… Ⅱ. ①中… Ⅲ. ①机车—车辆工厂—中国—2017—年鉴 Ⅳ. ①F426.472-54

中国版本图书馆 CIP 数据核字（2017）第 184046 号

书　　名：中国中车年鉴（2017）
作　　者：《中国中车年鉴》编委会

责任编辑：罗桂英　　　**电话**：51873698
责任校对：龚长江
责任印制：赵星辰

出版发行：中国铁道出版社（100054，北京市西城区右安门西街 8 号）
网　　址：http://www.tdpress.com
印　　刷：大连内燃机车研究所科技服务公司印刷厂
版　　次：2017 年 6 月第 1 版　　2017 年 6 月第 1 次印刷
开　　本：787 mm×1092 mm　1/16　印张：31　插页：84　字数：719 千
书　　号：ISBN 978-7-113-23468-3
定　　价：260.00 元
